2019年度国家出版基金资助项目"中国农村调查
（村庄类）·黄河区域"的成果之一

教育部人文社会科学重点研究基地华中师范大学中国农村研究院
2016年基地重大项目"作为政策和理论依据的深度中国农村调查
与研究"（16JJD810004）的成果之一

华中师范大学中国农村研究院"2015版中国农村
调查"的成果之一

# 中国农村调查

徐勇 邓大才
主编

江苏人民出版社

• 总第 51 卷

• 村庄类第 20 卷

• 黄河区域第 1 卷

• 永年县 · 封丘县

图书在版编目(CIP)数据

中国农村调查. 总第51卷, 村庄类. 第20卷, 黄河区域. 第1卷/ 徐勇, 邓大才主编. —南京：江苏人民出版社, 2020.9

ISBN 978-7-214-22862-8

Ⅰ. ①中… Ⅱ. ①徐… ②邓… Ⅲ. ①农村调查—研究报告—中国 Ⅳ. ①F32

中国版本图书馆 CIP 数据核字(2018)第 254681 号

| | |
|---|---|
| 书　　　名 | 中国农村调查(总第51卷・村庄类第20卷・黄河区域第1卷) |
| 主　　　编 | 徐勇　邓大才 |
| 责 任 编 辑 | 汪意云 |
| 特 约 编 辑 | 陈俊阳 |
| 装 帧 设 计 | 姜　嵩 |
| 出 版 发 行 | 江苏人民出版社 |
| 出版社地址 | 南京市湖南路1号A楼, 邮编:210009 |
| 出版社网址 | http://www.jspph.com |
| 照　　　排 | 江苏凤凰制版有限公司 |
| 印 刷 者 | 苏州越洋印刷有限公司 |
| 开　　　本 | 787毫米×1092毫米　1/16 |
| 印　　　张 | 44.25 |
| 插　　　页 | 6 |
| 字　　　数 | 812千字 |
| 版　　　次 | 2020年10月第1版　2020年10月第1次印刷 |
| 标 准 书 号 | ISBN 978-7-214-22862-8 |
| 定　　　价 | 765.00元(精装) |

出 版 人　徐　海
出版统筹　杨建平　鲁从阳
策划编辑　汪意云　陈俊阳

(江苏人民出版社图书凡印装错误可向承印厂调换)

# 《中国农村调查》编辑委员会

主　　编　　徐　勇　邓大才

**编辑委员会成员**　（以姓氏笔画为序）

| | | | | |
|---|---|---|---|---|
| 丁　文 | 马　华 | 万婷婷 | 邓大才 | 王　静 |
| 王　勇 | 王义保 | 石　挺 | 卢福营 | 冯春凤 |
| 刘义强 | 刘金海 | 刘筱红 | 李华胤 | 李海金 |
| 朱敏杰 | 任　路 | 汤晋苏 | 肖盼晴 | 何包钢 |
| 应小丽 | 吴晓燕 | 陆汉文 | 陈军亚 | 张大维 |
| 张向东 | 张利明 | 张晶晶 | 胡平江 | 郝亚光 |
| 姚锐敏 | 徐　勇 | 徐　剑 | 徐小青 | 徐增阳 |
| 董江爱 | 黄振华 | 詹成付 | 彭正德 | 熊彩云 |

**本卷编辑整理**　　李华胤

# 总　序

2015年是华中师范大学中国农村研究院历史上的关键一年。在这一年，本院不仅成为完全独立建制的研究机构，更重要的是进一步明确了目标，特别是进行学术整合，构建了一个全新的调查研究计划。这一计划的内容包括多个方面，其中，中国农村调查是基础性工程。从2015年开始出版的《中国农村调查》便是其主要成果。

学术研究是一个代际接力、不断提升的过程。农村调查是本院的立院之本，兴院之基。本院的农村调查经历了三个阶段。

第一阶段主要是基于项目调查基础上的个案调查（1985—2005年）。

20世纪80年代开启的中国改革开放，起始于农村改革。延续20多年的人民公社体制废除后，农村的生产功能由家庭所承担，社会管理功能则成为一个新的问题。这一问题引起我院学者的关注。1928年出生的张厚安先生是中国政治学恢复以后较早从事政治学研究的学者之一。他与当时其他政治学者不同，比较早地关注农村政治问题，并承担了农村基层政权方面的国家研究课题。与此同时，本校其他学者也承担了有关农村政治研究的课题。1988年，这些学者建立起以张厚安先生为主任的农村基层政权研究中心，由此形成了一个自由结合的学术共同体。

作为一个学术共同体，农村基层政权研究中心有其研究宗旨和方法。在学术共同体建立之初，张厚安先生就提出了"三个面向，理论务农"的宗旨。"三个面向"是指面向社会、面向基层、面向农村。"理论务农"是指立足于农村改革实践，服务于农村改革实践。这一宗旨对于政治学者是一个全新的使命。政治学研究政治价值、政治制度与政治行为。传统政治学更多研究的是国家制度和国家统治，以文本研究为主要研究方法。"三个面向"的宗旨，必然要求方法的改变，这就是进行实地调查。自学术共同体形成开始，实地调查便成为我们的主要研究方法。

自20世纪80年代中期，以张厚安先生为领头人的学者就开始进行农村调查。最初是走向农村，进行全国性的广泛调查，主要是面上了解。1995年，在原农村基层政权研究中心的基础上，成立了农村问题研究中心，由张厚安先生担任主任，由1955年出生的中年学者徐勇教授担任常务副主任。新的中心的研究重点仍然是基层政权与村民自治，但领域有所扩大，并将研究方法概括为"实际、实证、实验"，更加强调"实"。这种务实的方法开始引起了学术界的关注，并注入国际学术界的一些研究理念和方法。我们的农村调查由面上的了解走向个案调查。年届七旬的张厚安先生亲自带领和参与个案村庄调查，其代表作是《中国农村村级治理——22个村的调查与比较》。这一项目在全国东、中、西三个地区选择了6个重点村和18个对照村进行个案调查，参与调查人员数十人，并形成了一个由全国相关人员参与的学术调查研究团队。

第二阶段主要是基于机构调查基础上的全面调查（2005—2015年）。

1999年，国家教育部为推动人文社会科学研究，启动了教育部人文社会科学重点研究基地建设。当年，华中师范大学农村问题研究中心更名为"华中师范大学中国农村问题研究中心"，由徐勇教授担任主任。2000年，中心成为首批教育部人文社会科学重点研究基地。在基地成立之前，以张厚安教授为首的研究人员是一个没有体制性资源保障，纯因个人兴趣而结合的学术共同体，有人坚持下来，也有人离开。成为教育部基地以后，中心仍然坚持调查这一基本方法，并试图体制化。其主要进展是在全国选择了20多家机构作为调研基地，以为全国性调查提供相应的保障，并建立相互合作关系。

作为教育部重点基地，中心是一个有一定资源保障的学术共同体，有固定的编制人员，也有固定的项目经费，条件大为改善，但也产生了新的问题。这就是农村调查根据各人承担的研究项目而开展。这不仅会造成研究人员过分关注项目资源分配，更重要的是造成调查研究的"碎片化"和"片断化"，难以形成整体和持续性的调查。同时，研究人员也会因为理念和风格不同而产生分歧，造成体制性的学术共同体动荡。为了改变调查研究项目体制引起的"碎片化"倾向，2005年，徐勇教授重新规划了基地的发展，提出"百村观察计划"，计划在全国选择100多个村进行为期10年、20年、30年以至更长时间的调查和跟踪观察。目标是如建立气象观测点一样，能够及时有效地长期观测农村的基本状况及变化走向。这一计划得到时任华中师范大学社会科学研究处处长的石挺先生的鼎力支持。2006年，计划得以试行，主要由刘金海副教授具体负责。最初的试点调查村只有6个，后有所扩展。2008年，在试点基础上，由邓大才教授主持，全面落实计划，调查团队根据严格的抽样，确定了200多个村和3000多个农户的调查样本。

"百村观察"是一项大规模和持续性的调查工程，需要更多人的参与。同时它又是一项公共性的基础工程，人们对其认识有所不同。因为它要求改变项目体制造成的调查"碎片化"和研究"个体化"的工作模式。为此，学术共同体再次发生了有人退出、有人坚持、有人加入的变化。

2009年正式启动的"百村观察计划"，取得了超出预想的成绩：一是从2009年开始，我们每年都要对样本村和户进行调查，调查内容和形式逐步完善，并形成相对稳定的调查体系。除了暑假定点调查以外，还扩展到寒假专题调查。每年参与调查的人员达500人左右，并出版《中国农村调查》等系列著作。二是因为是大规模的调查，可以进行分析，并在此基础上形成调查报告，提供给决策部门，由此也形成了"顶天立地"的理念。"顶天"就是为决策部门服务，"立地"就是立足于实地调查。这一收获，使中心得以在教育部第二次基地评估中成为优秀基地，并于2010年更名为"华中师范大学中国农村研究院"，由徐勇教授担任院长，邓大才教授担任执行院长。三是形成了一支专门的调查队伍并体制化。起初的调查者有相当部分是没有受到严格专业训练的志愿者。为了提高调查质量，自2012年起，研究院将原来分别归于导师名下指导的研究生进行整合，举办"重点基地班"。基地班以提高学生的调查研究能力为导向，实行开放式教学、阶梯性培养、自主性管理，形成社会大生产培养模式，改变了过往一个老师带三五个学生的小作坊培养方式。至此，农村调查完全由受到专门调查和学术训练的人员承担，走向了专业化道路。四是资料数据库得以建立并大大扩展。过往的调查因为是项目式调查，资料难以统一保管和使用。2006年，我们启动了中国农村数据库建设。随着"百村观察计划"的正式实施，大量数据需要录入，并收集到许多第一手资料，资料数据库得以迅速扩展。

第三阶段主要是基于历史使命基础上的深度调查（2015年至今）。

农村调查的深入和相应工作的扩展，势必与以行政方式组织科研的现行大学体制产生碰撞。但是，已经有一个良好开端的调查不可停止。适逢中国的智库建设时机，2015年，华中师范大学中国农村研究院成为完全独立建制的研究机构，由1970年出生的邓大才教授担任行政负责人。

中国农村研究院独立建制，并不简单是成为一个独立的研究机构，而是克服体制障碍，进一步改变学术"碎片化"倾向，加强整合，提升调查和研究水平，目标是在高等学校中建设适应国家需要的智库。实现这一目标有五大支撑点：一是大学术，以政治学为主，多学科参与，协同研究；二是大服务，继续坚持"顶天立地"的宗旨，全面提高服务决策的能力，争取成为有影响力的决策咨询机构；三是大调查，在原有"百村观察计划"基础上构建内容更加丰富的农村调查体系，争取成为世界农村调查重镇；四是大数据，收集和扩充农村资料和数据，争取成为最为丰富的农村资料数据库；五是大平台，将全校、全省、全国，乃至全球的农村研究学者吸引并参与到农村研究院的工作中来，争取成为世界性的调查研究平台。这显然是一个完全不同于以往的宏大计划，也标志着中国农村研究院的全新起步。

独立建制后的中国农村研究院仍然将农村调查作为自己的基础性工作，且成为体制性保障的工作。除了"百村观察计划"的持续推进以外，我们重新设计了2015版的农村调查体系。这一体系包括"一主三辅"："一主"即以长期延续并重新设计的"中国农村调查"为主体；"三辅"包括"满铁农村调查"翻译、"俄国农村调查"翻译和我们团队到海外农村进行实地调查的"海外农村调查"，目的是完善农村调查体系，并为中国农村调查提供借鉴。

现代化是一个由传统农业社会向现代工业社会转变的过程，这一转变是从农村开始的。农村和农民成为现代化的起点，并规制着现代化的路径。19世纪后期，处于历史大转变时期的俄国，数千人参与对俄国农村的调查，持续时间长达40多年。20世纪上半叶，日本在对华扩张中，以南满洲铁道株式会社为依托开展对中国农村的大规模调查，持续时间长达40多年，形成著名的"满铁调查"。进入21世纪，中国作为一个世界农业文明最为发达的大国，正在以超出想象的速度向现代工业文明迈进。中国需要也应有能够超越前人的大规模农村调查。"2015版中国农村调查"正是基于这一历史背景设计的。

"2015版中国农村调查"超越过往的项目或者机构调查体制，而具有更为宏大的历史使命：一是政策目的。智库理所当然要出思想，但"思想"除了源自思考以外，更要源自可供分析的实地调查。过往的调查虽然也是实地调查，但难以对调查进行系统化的分析，并根据调查提出有预见性的结论。在这方面，19世纪的俄国农村调查有其长处。"2015版中国农村调查"将非常重视实地调查的可分析性和可预测性，以此提高决策服务成效。二是学术目的。调查主要在于知道"是什么"或者"发生了什么"，是事实的描述。但是，这些事实为什么发生？其中存在什么关联？这是过往调查关注比较少的。以致大量的调查难以进行深度的学术开发，学术研究主要依靠的还是规范方法，实地调查难以为学术研究提供必要的基础，由此会大大制约调查的影响力。"2015版中国农村调查"特别重视实地调查的深度学术开发性，调查包含着学术目的，并可以通过调查提炼学术思想。其作为一种有实地调查支撑的学术思想也可以间接影响决策。为此，"2015版中国农村调查"在设计时，除了关注"是什么"以外，也特别重视"为什么"，试图对中国农村社会的底色及其变迁进行类似于生物学"基因测序"的调查。三是历史传承目的。在现代化进程中，传统农村正在迅速消逝。"留得住乡愁"需要对"乡愁"的记录和保存。20世纪以来，中国农村发生了太多的变化，中国农民经历了太多的起伏，农民的历史构成了国家历史不可或缺的部分。"2015版中国农村调查"因此特别关注历史的传承。

基于以上三个目的，"2015版中国农村调查"由四个部分构成：

其一，口述史调查。主要是通过当事人的口述，记录20世纪上半期以来农村的变化及其对当事人命运的影响。其主体是农民个人。在历史上,他们是微不足道的,尽管是历史的创造者,但没有历史记载他们的状况与命运。进入20世纪以后,这些微不足道的人物成为"政治人物",尽管是"小人物",但他们是大历史的折射。通过他们自己的讲述,我们可以更加充分地了解历史的真实和细节,也可以更好地"以史为鉴"。口述史调查关注的是大历史下的个人行为。

其二,家户调查。主要是以家户为单位的调查,了解中国农村家户制度的基本特性及其变迁。中国在历史上创造了世界最为灿烂的农业文明,必然有其基本组织制度支撑。但长期以来,人们只知道世界上有成型的农村庄园制、部落制和村社制,而没有了解研究中国自己的农村基本组织制度。受20世纪以来的革命和现代化思维的影响,人们对传统一味否定,更忽视对中国农村传统制度的科学研究,以致我们在否定自己传统的同时引进和借鉴的体制并不一定更为高明,使得中国农村变迁还得在一定程度上向传统回归。实际上,中国有自己特有的农村基本组织制度,这就是延续上千年的家户制度。家户调查关注的是家户制度的原型及其变迁,目的是了解和寻求影响中国农业社会变迁的基因和特性。

其三,村庄调查。主要是以村庄为单位的调查,了解不同类型的村庄形态及其变迁、实态。农村社会是由一个个村庄构成的。与海洋文明、游牧文明相比,农业文明的社会联系更为丰富,"关系"在中国农村社会形成及演变中居于重要地位。中国在某种意义上说是一个"关系国家",但是作为一个历史悠久、人口众多、地域辽阔、文明多样的大国,关系格局在不同的地方有不同的表现,由此形成不同类型的村庄。国家政策要"因地制宜",必须了解各个"地"的属性和差异。村庄调查以"关系"为核心,注重分区域的类型调查。通过不同区域的村庄形态和变迁的调查,了解和回答在国家"无为而治"的传统条件下,一个超大的农业社会是如何通过自我治理实现持续运转的;了解和回答在国家深度介入的现代条件下,农业社会是如何反应和变化的。

其四,专题调查。主要是以特定的专题为单位的调查,了解选定的专题领域的状况及其变化。如果说前三类调查是基本调查的话,专题调查则是专门性调查,针对某一个专题领域,从不同角度进行广泛深入的调查,以期获得对某一个专门领域的全面认识和把握。

"2015版中国农村调查"是一项世纪性的大型工程,它是原有基础的延续,也是当下正在从事,更是未来需要长期接续的事业。这一事业已有数千人参与,特别是有若干人在其中发挥了关键性作用;当下和未来将有更多的人参与。历史将会记录下他们的功绩,他们的名字将与我们的事业同辉!

2016年6月,教育部公布了对人文社会科学重点研究基地的评审结果,我院排名全国第一,并再获优秀。这既是对过往的高度肯定,也是对进一步发展的有力鞭策。为此,本院再次明确自己的目标,这就是建设全球顶级农村调查机构、顶级农村资料数据机构,并在此基础上,形成自己的学术领域和学术风格,而达到这一目标,需要一代又一代人克难攻坚,不懈努力!

徐　勇

2015年7月15日初序

2016年7月15日补记

# 凡 例

作为教育部人文社会科学重点研究基地，华中师范大学中国农村研究院历来重视农村调查与研究，《中国农村调查》（村庄类）是基地新版"中国农村调查"项目的重要成果，在付梓之际，特做以下说明。

1. 根据徐勇教授提出的"中国农村七大区域学说"，即华南区域、长江区域、黄河区域、西南区域、西北区域、东北区域、东南区域，本项目在借鉴日本满铁调查的基础上，按照七大区域的次序，进行村庄形态与实态的调查。这也是整个项目实施所遵循的技术路线。

2. 在村庄调查点的选取上，结合"中国农村七大区域学说"，依据每个区域所辐射的省、市、县，一是按照每个地级市两个县、每个县一个村的标准，二是按照典型点与普遍点结合的原则，三是按照中心与边缘结合的原则，随机抽样选点。每个村庄一位调查员，在调查之前均受过严格的学术培训，每个村的调查时间为60天以上。

3. 每一篇村庄调查报告的写作分为村庄由来与形成、自然、经济、社会、文化、治理六章，以"传统形态—变迁—当下实态"为主线，进行写作。在每篇报告的后面附有调查员的调查小记、调查日记等，以供读者了解整个调查的心路历程。

4. 在报告的写作中，县名、镇名、村名、人名、部门单位等均为实名。但是，报告中所出现的照片、人名、数据等信息，均得到了访谈对象或数据提供对象的口头授权或书面授权。另外，档案材料、政府部门提供的资料、历史材料等，在写作中均做了详细的引用说明。

5. 农村传统形态的调查，主要靠老人口述来获取信息、数据，因而报告中的数据可能不甚精确，仅供参考，也请各位读者、学者在引用、使用的过程中，酌情处理。

6. 农村变迁调查会涉及土地改革、"文化大革命"、"四清"等内容，但是，调查者均怀揣学术研究之心，从农村变迁与发展的历史视角去调查与写作，力求客观、真实地再现中国农村的历史变迁。

7. 在出版方面，项目组组建了审稿与编辑小组，严格审查、校审每一篇村庄调查报告，并从中挑选优秀报告，分七大区域，集结成卷出版。

8.《中国农村调查》（村庄类）的重点在于传统形态的调查，是一项抢救历史的学术工程。由于时间仓促，其中不免有错漏，也希望海内外学术界、读书界提出批评、建议，帮助我们提高这套丛书的质量。

《中国农村调查》编辑组

2016年12月19日

# 目录

村庄类分序　质性研究视角下农村区域性村庄分类 ·········· 1

　　一、"因地"与"分类"：质性研究方法 ·········· 1

　　二、"分"与"合"：维度与条件 ·········· 3

　　三、作为农村研究对象的区域 ·········· 6

　　四、作为农村研究对象的村庄 ·········· 8

　　五、作为农村研究对象的区域性村庄分类 ·········· 12

## 情推理助：农商结合型村庄的发展与治理
## ——黄河区域河北铺村调查

**第一章　河北铺村的由来与演变** ·········· 23

　第一节　村落形成 ·········· 23

　第二节　村名由来 ·········· 26

　第三节　河北铺村建制沿革 ·········· 28

　第四节　河北铺村当下概况 ·········· 29

**第二章　河北铺村的自然形态与实态** ·········· 32

　第一节　自然地理 ·········· 32

　　一、地形地貌 ·········· 32

　　二、气候特征 ·········· 33

　　三、土壤特征 ·········· 34

　　四、水源特征 ·········· 35

　　五、交通状况 ·········· 35

## 第二节　干旱与水利
一、干旱概况 ································································· 37
二、水与生活 ································································· 37
三、水与生产 ································································· 39

## 第三节　平原与麦作
一、田块 ····································································· 41
二、边界 ····································································· 43
三、田地耕种 ································································· 44

## 第四节　村落空间格局
一、民居与村庄 ······························································· 46
二、神居与村庄 ······························································· 50
三、公共空间与村庄 ··························································· 52

## 第五节　河北铺村自然变迁与实态
一、农田 ····································································· 53
二、水井与灌溉 ······························································· 54
三、生活用水 ································································· 55
四、交通状况 ································································· 56
五、居住特征 ································································· 56

# 第三章　河北铺村的经济形态与实态 ············································ 58
## 第一节　人与土地及其生产能力
一、人与土地的关系 ··························································· 58
二、人与生产能力的关系 ······················································· 61

## 第二节　产权与产权关系
一、土地产权概况 ····························································· 66
二、土地所有类型 ····························································· 68
三、土地买卖关系 ····························································· 69
四、土地租佃关系 ····························································· 71
五、土地典当关系 ····························································· 75
六、土地置换关系 ····························································· 76

| 第三节 | 经营与经营关系 | 77 |
| --- | --- | --- |
| | 一、经营单位 | 77 |
| | 二、经营分工 | 77 |
| | 三、经营与合作 | 78 |
| | 四、经营与市场 | 79 |
| 第四节 | 交换与交换关系 | 84 |
| | 一、交换活动 | 84 |
| | 二、交换关系 | 101 |
| 第五节 | 分配与分配关系 | 102 |
| | 一、分配权 | 102 |
| | 二、分配次序 | 103 |
| | 三、农产品的分配 | 103 |
| | 四、现金收入的分配 | 103 |
| | 五、分配结果 | 104 |
| 第六节 | 消费与消费关系 | 104 |
| | 一、消费决策 | 105 |
| | 二、消费权 | 105 |
| | 三、消费内容及其关系 | 105 |
| 第七节 | 继承与继承关系 | 109 |
| | 一、继承权 | 109 |
| | 二、继承物 | 110 |
| | 三、分家及分家关系 | 110 |
| 第八节 | 河北铺村经济变迁 | 112 |
| | 一、土地改革运动时期的村落经济 | 112 |
| | 二、集体化时期的村落经济 | 113 |
| | 三、土地承包到户时期的村落经济 | 113 |
| 第九节 | 河北铺村经济实态 | 114 |
| | 一、标准件产业 | 114 |
| | 二、市场交换 | 115 |

三、家庭消费 ······························································· 116
　　四、财产继承 ······························································· 116

## 第四章　河北铺村的社会形态与实态 ································· 117

### 第一节　血缘与血缘关系 ················································ 117
　　一、嫡亲及其关系 ························································ 117
　　二、姻亲及其关系 ························································ 119
　　三、干亲及其关系 ························································ 120

### 第二节　地缘与地缘关系 ················································ 122
　　一、邻居及其关系 ························································ 122
　　二、熟人及其关系 ························································ 125

### 第三节　业缘与业缘关系 ················································ 126
　　一、牲口买卖与头经纪 ·················································· 126
　　二、煤的买卖 ······························································· 128

### 第四节　信缘与信缘关系 ················································ 131
　　一、信缘主体 ······························································· 131
　　二、信缘活动：庙会 ····················································· 132
　　三、信缘组织：西顶会 ·················································· 133

### 第五节　交往与交往关系 ················································ 134
　　一、交往对象 ······························································· 134
　　二、交往原则 ······························································· 136
　　三、交往的纠纷与断绝 ·················································· 137

### 第六节　流动与流动关系 ················································ 137
　　一、因贫穷而流动 ························································ 137
　　二、因战争而流动 ························································ 139
　　三、因职业而流动 ························································ 141
　　四、因罪行而流动 ························································ 141
　　五、因居住而流动 ························································ 141

### 第七节　分化与分化关系 ················································ 141
　　一、职业分化 ······························································· 141

二、家族分化 ············································································· 153
　　三、权力分化 ············································································· 153
第八节　冲突与冲突关系 ································································· 155
　　一、村民间冲突 ········································································· 155
　　二、汉奸与村民冲突 ··································································· 156
　　三、"底线"与村民冲突 ······························································ 158
第九节　保护与保护关系 ································································· 158
　　一、老弱寡与保护关系 ······························································· 158
　　二、更夫与保护关系 ··································································· 159
　　三、巡夜人与保护关系 ······························································· 161
　　四、国公会与保护关系 ······························································· 161
　　五、天灾与保护关系 ··································································· 162
第十节　河北铺村社会变迁与实态 ·················································· 163
　　一、土地改革运动时期的社会 ···················································· 163
　　二、集体化时期的社会 ······························································· 164
　　三、土地承包到户时期的社会 ···················································· 165
　　四、当下村落社会 ····································································· 165

第五章　河北铺村的文化形态与实态 ················································· 167
　第一节　崇拜与崇拜关系 ······························································· 167
　　一、祠堂及其关系 ····································································· 167
　　二、祖先及其关系 ····································································· 168
　　三、祖坟地及其关系 ································································· 168
　　四、祭祖及其关系 ····································································· 170
　　五、家祭及其关系 ····································································· 170
　　六、孝道及其关系 ····································································· 171
　第二节　信仰与信仰关系 ······························································· 172
　　一、家神 ·················································································· 172
　　二、鬼怪 ·················································································· 173
　　三、信仰关系 ··········································································· 174

### 第三节　思维与思维关系 ································· 175
  一、经验思维与思维关系 ································· 175
  二、务实思维与思维关系 ································· 176
  三、循环思维与思维关系 ································· 176
  四、中庸思维与思维关系 ································· 177
  五、平均思维与思维关系 ································· 178

### 第四节　态度与态度关系 ································· 178
  一、生育态度及其关系 ································· 179
  二、生产态度及其关系 ································· 183
  三、生活态度及其关系 ································· 184
  四、政治态度及其关系 ································· 184
  五、人生态度及其关系 ································· 185

### 第五节　习俗与习俗关系 ································· 186
  一、婚姻习俗及其关系 ································· 186
  二、丧事习俗及其关系 ································· 198
  三、节庆习俗及其关系 ································· 205
  四、日常习俗及其关系 ································· 210

### 第六节　规训与规训关系 ································· 214
  一、家庭教育及其关系 ································· 214
  二、私塾教育及其关系 ································· 215

### 第七节　文娱与文娱关系 ································· 219
  一、节庆娱乐及其关系 ································· 219
  二、日常娱乐及其关系 ································· 222

### 第八节　河北铺村文化变迁 ································· 224
  一、土地改革运动时期的文化 ································· 224
  二、集体化时期的文化 ································· 224
  三、土地承包到户之后的文化 ································· 225

### 第九节　河北铺村文化实态 ································· 225
  一、文化信仰 ································· 225

二、文化习俗 ································· 226
　　三、教育娱乐 ································· 226

# 第六章　河北铺村的治理形态与实态 ························ 227
## 第一节　村落治理与治理关系 ························· 227
　　一、治理主体 ································· 227
　　二、治理主体之间的关系 ·························· 232
　　三、治理内容及其关系 ··························· 233
　　四、治理规则及其关系 ··························· 233
　　五、管事的及其关系 ···························· 234

## 第二节　民团治理与治理关系 ························· 235
　　一、黑团 ··································· 235
　　二、联庄会 ································· 239

## 第三节　家户治理与家户关系 ························· 240
　　一、家户治理主体 ······························ 240
　　二、家户治理内容 ······························ 241
　　三、家户治理规矩 ······························ 244

## 第四节　亲族治理与治理关系 ························· 247
　　一、亲族治理主体 ······························ 247
　　二、亲族治理内容 ······························ 248
　　三、亲族治理过程 ······························ 249
　　四、亲族治理关系 ······························ 250

## 第五节　信缘治理与治理关系 ························· 251
　　一、寺庙及其关系 ······························ 251
　　二、会道门及其关系 ···························· 252

## 第六节　河北铺村治理变迁 ·························· 257
　　一、土地改革运动中的治理 ························ 257
　　二、农业合作化运动中的村落治理 ···················· 258
　　三、人民公社时期的治理 ·························· 259
　　四、家庭联产承包责任制时期的治理 ··················· 260

第七节　河北铺村治理实态 ……………………………………………… 261
　　　　一、村两委与治理 …………………………………………………… 262
　　　　二、家族与治理 ……………………………………………………… 263
　　　　三、庙宇与治理 ……………………………………………………… 264

附录一：河北铺村调查小记 …………………………………………………… 265

附录二：河北铺村调查日记 …………………………………………………… 269

# 官民共治：黄泛区移民型村庄的权力与秩序
## ——黄河区域夏侯村调查

第一章　村落的由来与演变 …………………………………………………… 309
　第一节　村庄的由来与形成 ………………………………………………… 309
　　　　一、天灾人祸，不毛之地 …………………………………………… 310
　　　　二、响应号召，迁居移民 …………………………………………… 310
　　　　三、姓氏交融，分片居住 …………………………………………… 311
　　　　四、迁徙返乡，叶落归根 …………………………………………… 313
　第二节　村庄的建制与沿革 ………………………………………………… 316
　　　　一、明清以前时期 …………………………………………………… 316
　　　　二、清末至民国时期 ………………………………………………… 317
　　　　三、1949 年以后 ……………………………………………………… 318
　第三节　村庄当下概况 ……………………………………………………… 319
　　　　一、地理位置 ………………………………………………………… 319
　　　　二、村庄基本情况 …………………………………………………… 319

第二章　夏侯村的自然形态与实态 …………………………………………… 322
　第一节　自然形态概况 ……………………………………………………… 322
　　　　一、气候特征 ………………………………………………………… 322
　　　　二、地形地貌 ………………………………………………………… 324
　　　　三、自然灾害 ………………………………………………………… 326

　　　　四、土壤品级 ……………………………………………………… 331

　　　　五、交通概况 ……………………………………………………… 333

　　第二节　干旱与水利 ………………………………………………… 335

　　　　一、村庄共有之水利：坑 ………………………………………… 335

　　　　二、宗族联合之水利：井 ………………………………………… 338

　　第三节　平原与麦作 ………………………………………………… 342

　　　　一、麦地与产量 …………………………………………………… 342

　　　　二、犁地与上粪 …………………………………………………… 344

　　　　三、下种与插苗 …………………………………………………… 346

　　　　四、割麦与晒场 …………………………………………………… 348

　　　　五、捡麦穗 ………………………………………………………… 350

　　第四节　聚居与空间 ………………………………………………… 351

　　　　一、高度聚居 ……………………………………………………… 352

　　　　二、人祖共居 ……………………………………………………… 355

　　　　三、人神依居 ……………………………………………………… 356

　　第五节　夏侯村自然变迁与实态 …………………………………… 358

　　　　一、盐碱地改良 …………………………………………………… 358

　　　　二、黄患的治理 …………………………………………………… 359

　　　　三、麦作的延续 …………………………………………………… 360

第三章　夏侯村的经济形态与实态 ……………………………………… 361

　　第一节　人地关系及生产能力 ……………………………………… 361

　　　　一、土地占有极度不均 …………………………………………… 361

　　　　二、生产能力差异大 ……………………………………………… 364

　　第二节　产权与产权关系 …………………………………………… 372

　　　　一、土地产权类型 ………………………………………………… 372

　　　　二、土地买卖 ……………………………………………………… 378

　　　　三、土地租佃 ……………………………………………………… 383

　　　　四、土地典当 ……………………………………………………… 385

　　第三节　经营与经营关系 …………………………………………… 388

一、经营主体 389
　　二、经营分工 391
　　三、雇工经营 393
　　四、合作经营 397
第四节　交换与交换关系 400
　　一、村内集会 400
　　二、村外集会 403
　　三、市场活动 406
　　四、借贷关系 410
第五节　分配与分配关系 414
　　一、分配单位 414
　　二、分配权 416
　　三、分配内容 418
　　四、分配关系 422
第六节　消费与消费关系 424
　　一、家庭消费及其关系 424
　　二、村庄集体消费及其关系 428
第七节　继承与继承关系 430
　　一、继承权获得及其关系 430
　　二、分家继承及其关系 433
　　三、抱养继承及其关系 435
　　四、过继继承及其关系 438
第八节　夏侯村经济变迁 442
　　一、两次土地改革 442
　　二、集体化时期 444
　　三、家庭联产承包责任制时期 445
第九节　夏侯村经济实态 446
　　一、产权 446
　　二、生产经营 447

三、家庭分配 ································································· 448

　　四、市场交换 ································································· 448

　　五、家庭财产继承 ···························································· 449

## 第四章　夏侯村的社会形态与实态 ············································ 450

### 第一节　血缘与血缘关系 ····················································· 450

　　一、家庭及其关系 ···························································· 450

　　二、亲戚及其关系 ···························································· 453

### 第二节　地缘与地缘关系 ····················································· 457

　　一、地缘主体 ································································· 457

　　二、地缘关系 ································································· 459

### 第三节　业缘与业缘关系 ····················································· 462

　　一、集会组织 ································································· 463

　　二、行户组织 ································································· 466

### 第四节　信缘与信缘关系 ····················································· 467

　　一、家神信仰及其关系 ······················································· 468

　　二、神庙信仰及其关系 ······················································· 470

### 第五节　交往与交往关系 ····················································· 474

　　一、家庭内部交往 ···························································· 474

　　二、亲戚交往 ································································· 477

　　三、村庄内部交往 ···························································· 480

　　四、村庄外部交往 ···························································· 482

### 第六节　流动与流动关系 ····················································· 484

　　一、土地与人口流动 ························································· 485

　　二、职业流动 ································································· 486

　　三、灾害流动 ································································· 488

　　四、国家政策流动 ···························································· 489

　　五、战乱流动 ································································· 489

### 第七节　分化与群体关系 ····················································· 492

　　一、血缘分化 ································································· 492

二、家庭财富分化 ················································································ 493

　　三、职业分化 ···················································································· 494

第八节　冲突与冲突关系 ············································································ 497

　　一、家庭内部冲突 ············································································ 497

　　二、村庄内部冲突 ············································································ 500

　　三、村庄与村庄的冲突 ······································································ 503

第九节　保护与保护关系 ············································································ 504

　　一、家庭保护 ··················································································· 504

　　二、亲戚保护 ··················································································· 506

　　三、村庄保护 ··················································································· 507

　　四、土匪保护 ··················································································· 508

　　五、国家保护 ··················································································· 509

第十节　夏侯村社会变迁 ············································································ 509

　　一、1949年以前的传统时期 ······························································ 510

　　二、土地改革时期 ············································································ 510

　　三、集体化时期 ··············································································· 511

　　四、包产到户后的村庄社会 ······························································ 511

第十一节　夏侯村社会实态 ········································································ 512

　　一、血缘关系 ··················································································· 513

　　二、地缘关系 ··················································································· 513

　　三、信缘关系 ··················································································· 513

　　四、社会交往 ··················································································· 514

　　五、社会流动 ··················································································· 514

　　六、社会分化 ··················································································· 515

　　七、社会冲突 ··················································································· 515

　　八、社会保障 ··················································································· 515

第五章　夏侯村的文化形态与实态 ······························································ 517

　第一节　祖先崇拜与崇拜关系 ································································· 517

　　一、族谱 ·························································································· 518

二、祖轴 ……………………………………………………………… 519

　　三、老坟地 …………………………………………………………… 520

　　四、祭祖仪式 ………………………………………………………… 522

第二节　信仰与信仰关系 ………………………………………………… 525

　　一、天地全神 ………………………………………………………… 525

　　二、巫婆 ……………………………………………………………… 526

　　三、算命先生 ………………………………………………………… 528

第三节　思维与思维关系 ………………………………………………… 529

　　一、宿命思维 ………………………………………………………… 529

　　二、勤俭思维 ………………………………………………………… 530

　　三、平均思维 ………………………………………………………… 531

　　四、矛盾的流动思维 ………………………………………………… 534

第四节　态度与态度关系 ………………………………………………… 535

　　一、生育态度与态度关系 …………………………………………… 535

　　二、生产态度与态度关系 …………………………………………… 538

　　三、生活态度与态度关系 …………………………………………… 540

　　四、社会态度与态度关系 …………………………………………… 541

　　五、政治态度 ………………………………………………………… 542

第五节　习俗与习俗关系 ………………………………………………… 543

　　一、婚丧习俗与习俗关系 …………………………………………… 543

　　二、节庆习俗与习俗关系 …………………………………………… 566

第六节　规训与规训关系 ………………………………………………… 571

　　一、家庭教育 ………………………………………………………… 571

　　二、私塾教育 ………………………………………………………… 572

　　三、宗族教化 ………………………………………………………… 574

　　四、政治教化 ………………………………………………………… 575

第七节　文娱与文娱关系 ………………………………………………… 575

　　一、节庆文娱 ………………………………………………………… 576

　　二、日常文娱活动 …………………………………………………… 578

##### 第八节 夏侯村文化变迁 ·········· 580
一、1949 年前的传统文化 ·········· 580
二、革命文化 ·········· 581
三、改革开放时期的文化 ·········· 582

##### 第九节 夏侯村文化实态 ·········· 583
一、祖先崇拜 ·········· 583
二、信仰 ·········· 583
三、生育观念 ·········· 584
四、教育 ·········· 584
五、文化习俗 ·········· 584
六、文化娱乐 ·········· 585

### 第六章 夏侯村的治理形态与实态 ·········· 586

##### 第一节 政权治理与治理关系 ·········· 586
一、保甲制度 ·········· 586
二、政权治理主体 ·········· 587
三、政权治理事务 ·········· 592
四、政权治理方式 ·········· 597

##### 第二节 村落治理与治理关系 ·········· 598
一、村庄治理主体 ·········· 598
二、村庄治理事务 ·········· 602
三、村庄治理方式 ·········· 603

##### 第三节 家庭治理与治理关系 ·········· 605
一、家庭权力结构 ·········· 605
二、家庭治理内容 ·········· 608
三、家庭治理方式 ·········· 611

##### 第四节 亲族治理与治理关系 ·········· 613
一、门派治理及治理关系 ·········· 613
二、亲戚治理与治理关系 ·········· 616

##### 第五节 信缘治理与治理关系 ·········· 618

一、淳于古寺与治理主体 ································· 619

　　　二、淳于古寺与村庄治理 ································· 620

　　　三、淳于古寺与家庭生活 ································· 621

　第六节　业缘治理与治理关系 ································· 622

　　　一、村庄集会治理 ······································· 622

　　　二、行户治理 ··········································· 624

　　　三、手艺人的规矩 ······································· 625

　第七节　夏侯村治理变迁 ····································· 627

　　　一、1949年以前的村庄治理 ······························· 627

　　　二、土地改革时期的村庄治理 ····························· 628

　　　三、集体化时期的村庄治理 ······························· 629

　　　四、包产到户后的村庄治理 ······························· 629

　第八节　夏侯村治理实态 ····································· 630

　　　一、选举与村治 ········································· 630

　　　二、人才外流与村治困境 ································· 630

**附录一：夏侯村调查小记** ··································· 632

**附录二：夏侯村调查日记（节选）** ··························· 635

**本卷后记** ················································ 677

# 村庄类分序

## 质性研究视角下农村区域性村庄分类

徐 勇

在我国,经历了数十年的艰苦探索,且付出了沉重代价,才得以形成农村基本的经营制度及相应的基本政策和基本方法,即以家庭经营为基础,统分结合,双层经营,宜统则统,宜分则分,因地制宜,分类指导。但在实际进程中,为什么和怎么样才能做到"宜统则统、宜分则分","因地制宜",进行"分类指导",却还有待继续深入探讨。在实践中往往出现的是"统得过死,分得过多",或者"一刀切",很难因地制宜,分类指导做出决策。其重要原因之一就是对"地"的属性和"类"的区分缺乏深入调查和研究,对整个农村实际情况的认识更多的是片断的、零碎的、表层的。这就需要学界对中国农村进行深入调查和深度研究,以为因地制宜,分类指导的国家决策提供依据。而"区域性村庄",则是农村研究的重要内容。自 2015 年,华中师范大学中国农村研究院开启大规模的"2015 年版中国农村调查"工程,其中包括对中国七大区域的村庄进行调查。为什么要进行区域性村庄调查,为什么要分为七大区域进行村庄调查?以下就此做出说明。

### 一、"因地"与"分类":质性研究方法

社会科学是现代社会分工的产物。作为一种社会科学研究,重要的不是发表政策言论,而是为制定政策提供理论与实际依据,供决策者参考和选择。这是现代社会分

工的要求。学者只有寻找到最适合于自己的位置，才能发挥自己独特的优势。长期以来，从事农村研究的学者不少，发表的成果更是浩如烟海，但是能够对决策层产生直接或间接、短期或长期影响的成果却少之又少。作为学人，我们可以对政策发表意见，乃至评头论足，但最重要的是要反思，学者对政策的制定提供了什么有独特价值的贡献？

中国是一个历史悠久、地域辽阔的大国，地区发展不平衡。因此，"因地制宜与分类指导"成为制定农村政策的基本原则，也是农村研究的重要目标。所谓"因地制宜"，就是根据各地的实际情况，制定适宜的办法。这就意味着，此"地"与彼"地"不同。所谓"分类指导"，就是根据事物的类型状况进行有针对性的指导。这就意味着，此"类"与彼"类"不同。因此，"地"和"类"是在比较中界定的，具有一种区别于其他"地"和"类"的特质或特性。农村研究最重要的是准确把握"地"和"类"的属性和特质，政策制定者才有可能"因地"和"分类"做出决策。

社会科学研究不同一般的言论发表，特别需要方法论的自觉，并选择最为适合的方法达到自己的研究目的。农村研究要准确把握"地"和"类"的属性和特质，需要研究者在学术目标指导下，进行实地调查，收集资料，通过分析来完成，因此特别适合于"质性研究"（又被称为"质化研究""质的研究"）方法。这一方法被认为是"以研究者本人作为研究工具，在自然情境下采用多种资料收集方法对社会现象进行整体性探究，使用归纳法分析资料和形成理论，通过与研究对象互动对其行为和意义建构获得解释性理解的一种活动"[1]。质性研究方法为什么是最为适合的方法呢？

首先在于以实际调查为基础的多种资料的收集。农村研究要了解"地"和"类"的属性，需要直接面对"地"和"类"加以认识，而不能凭空想象。即使是文学作品特别强调想象力，也有必要的实体基础。正如鲁迅所说，"燕山雪花大如席"尚属正常的夸张，而说"广州雪花大如席"就太离谱了。正因为如此，做农村研究的，一开始就将实地调查作为首要方法。人类学、民族学、社会学等重视实地调查的学科成为农村研究的重要支撑。实地调查的目的是认识对象，收集资料，但收集资料不仅仅依靠实地调查，还需要其他方法加以补充，如历史文献资料的收集等。

其次在于整体性探究。农村研究要了解"地"和"类"的属性，需要在整体比较中发现。换言之，农村研究不能仅仅只是对某一个"地"和"类"进行了调查便可以得出结论，它需要对构成"地"和"类"的范围进行整体比较才能发现此"地"与彼"地"、此"类"与彼"类"的不同。在农村研究中，我们经常会看到对村庄的分类，

---

[1] 陈向明：《质的研究方法与社会科学研究》，教育科学出版社2000年版，第12页。

但这种分类大多属于研究者对某一个地方和类型进行调查后得出来的结论,而不是整体内相同维度中的差异比较,因此很容易产生一村一类型的轻率结论。所以,为了在普遍性中发现差异性,质化研究并不排斥量化研究。只是量化研究很容易采用他人资料和数据,往往会造成资料来源的同质性而无法发现"地"和"类"的差异性。

再次在于通过归纳产生理论。农村研究要了解"地"和"类"的属性,调查和比较是基础,最后要产生结论和理论,即通过调查和比较,我们能够做出什么判断,并提供给他人。从提供理论的角度看,质性研究与其他研究没有区别,区别在于如何得出理论。质性研究是通过归纳的方法产生理论的,这不同于理论演绎和量化假设。为了得出准确的判断,质性研究要求在自然情境下,而不是人为制造的场景下,通过客观中立的调查,获得完整准确的材料,然后对材料加以归纳,最后得出结论。只有这样,我们对"地"和"类"的界定才是可供参考和验证的。

第四在于与对象的互动。农村研究要了解"地"和"类"的属性,要在与对象互动中发现。因为,农村研究的"地"和"类"与一般自然界的"地"和"类"有所不同,它是自然—社会—历史交互作用的产物。研究者在进行调查时,不仅要把握自然环境,而且要掌握人文社会和历史,调查中要与人交往和互动,才能发现"地"和"类"的属性及其与他"地"和"类"的区别。如在调查中,我们可以通过方言发现某"地"和"类"的属性及其区别,但方言只有在与对象互动中才能意识到。

## 二、"分"与"合":维度与条件

农村研究关注"因地"与"分类",均涉及整体与部分的关系。"因地"通常是指在一个国家整体内,由于条件不同而形成不同地方的特点;"分类"通常是指对一个事物整体内的不同要素区分为不同类型。如何界定农村研究中的整体与部分的关系呢?这就需要寻找统一的维度。这一维度就是"分"与"合"。

"分"是由整体中分化或产生出部分,包括分开、分散、分化、分离等。"合"是指各个部分合为一个整体,包括合作、合成、整合、结合、联合等。"分"在于个别性、部分性,"合"在于一般性、整体性。

"分"与"合"是人类社会一般的表现形态。中国著名小说《三国演义》开篇就表达:"话说天下大势,分久必合,合久必分。"现代社会科学通过不同的科学概念对"分"与"合"的状态进行概括,如经济学领域的"分工"与"合作",社会学领域的"社会分化"与"社会整合",政治学领域的"分权"与"集权"等。

人类是作为个体的"人"与作为整体的"类"共同构成的。从人类社会的发展看，"分"通常意味着变化，由一个整体向不同部分的变化过程。如在中国，由"天下为公"分裂为"天下为家"，由"天下为家"分裂为"天下为人"，整体社会不断裂变为一个一个独立的个体，先是家庭，后是个人。"合"通常意味着秩序，由不同的部分通过一定方式形成一个有序的整体。整体尽管会裂变为个体，但个体不可能脱离整体而存在，任何个体都是相对整体而言的。将不同的个体结合为整体就会形成一种秩序。有序，整体就会存在；无序，整体就会解体。"天下为公"尽管会裂变为"天下为家"，但是一个个"家"又会结合成为"国"和"天下"。如"齐家治国平天下"，"齐""治""平"就是结合的机制与手段。"分"与"合"是相对而言的，是部分与整体的关系。这一关系是农村研究中的"因地"和"分类"的基本维度。

人类社会的"分"与"合"不是无缘无故发生的，必然受条件的制约。马克思说："人们自己创造自己的历史，但是他们并不是随心所欲地创造，并不是在他们自己选定的条件下创造，而是在直接碰到的、既定的、从过去承继下来的条件下创造。"[1] 构成农村研究中的"地"与"类"的条件并影响农村社会"分"与"合"的条件主要有：

（一）自然条件

自然是指人所面对的宇宙万物，是宇宙生物界和非生物界的总和。对于农村来说，自然具有十分特殊的意义。这在于农村是农业产业为基础的，而农业与工业相比，对自然具有高度的依存度。自然条件为人们的生存设置前提条件，构成人们生存的自然环境。愈是人类早期，受自然条件的制约愈大；愈是农业社会，对自然条件的依赖愈大，甚至赋予其神圣价值，如"风水"。

自然条件是由各种自然因素（包括人化自然）构成的自然环境系统，主要包括：天（气候）、地（地形）、水、土、区位等，形成了所谓的"一方水土"，即"地"，并分为不同的类型。而"一方水土养育一方人"，不同地方会产生不同人的特性和行为。法国启蒙学者孟德斯鸠认为，气候是人的品性和行为的决定因素，"气候的权力强于一切权力"。酷热有害于力量和勇气，寒冷赋予人类头脑和身体以某种力量，使人们能够从事持久、艰巨、伟大而勇敢的行动，因此，"热带民族的懦弱往往使他们陷于奴隶地位，而寒带民族的强悍则使他们保持自由的地位。所有这些都是自然原因造成的"。[2] 孟德斯鸠可能言过其实，但自然条件对人类社会的影响无疑具有重大作用，并制约着"分"与"合"。一般来讲，在自然条件比较适宜的地方，"分"的可能性更大；而为了

---

[1]《马克思恩格斯选集》第1卷，人民出版社1995年版，第585页。
[2] 参见［法］孟德斯鸠《论法的精神》（上卷），许明龙译，商务印书馆2013版，第321页。

应对恶劣的条件,"合"的可能性更大。

(二)社会条件

社会是人们通过交往形成的社会关系的总和,是人类生活的共同体。社会是由各种要素构成的社会环境系统,主要包括:以物质生产为基础的经济要素、以人口生产为基础的社会因素、以观念生产为基础的文化因素和以治理生产为基础的政治因素。不同性质的要素,决定了社会分为不同的形态。而人类社会形态又是在一定的空间里存在的。法国学者列斐伏尔认为:"社会生产关系仅就其在空间中存在而言才具有社会存在;社会生产关系在生产空间的同时将自身投射到空间中,将自身铭刻进空间。否则,社会生产关系就仍然停留在'纯粹的'的抽象中。"[1] 因此,不同的社会条件便造成不同的"地"和"类",对人的行为产生直接的作用,并成为造成人类社会"分"与"合"的直接因素。如在自然经济条件下,"合"的可能性更大,最小的经济单位也是作为共同体的"家";在商品经济条件下,"分"的可能性更大,最小的经济主体可以是作为个体的个人,商品经济伴随着社会分化,当然也意味着更高层次的社会整合。

(三)历史条件

人类社会是一个不断生长、发展、演化的漫长进程。无论是自然,还是社会,都是在历史进程中变化并构成人类存在条件的,由此构成由不同文明断层组合的历史形态。只有将自然和社会条件置于不同的历史形态中才能发现其动态演化的过程,也才能更准确理解"地"与"类"的特性和对人的行为的制约。如人类社会就是共同体裂变为个体,分化为不同个体的过程,同时也是一个由不同个体结合为新的共同体的历史演变过程。"分"与"合"贯穿于整个历史过程之中,但在不同的历史时空里表现形式则不一。德国社会学家滕尼斯在其《共同体与社会》一书中便表达了这一思想。马克思更是从自由的角度论述了个人与共同体("类")结合的演变及其不同类型,指出:"从前各个人联合而成的虚假的共同体,总是相对于各个人而独立的;由于这种共同体是一个阶级反对另一个阶级的联合,因此对于被统治的阶级来说,它不仅是完全虚幻的共同体,而且是新的桎梏。在真正的共同体的条件下,各个人在自己的联合中并通过这种联合获得自己的自由。"[2] 人类社会是一个过程,形成不同的层面,有的进化时间长,层面多,有的反之。因此,对农村研究中的"地"与"类"及其"分"与"合"的考察,要十分注意历史条件。

---

[1] 转引自[英]德雷克·格利高里、[英]约翰·厄里编《社会关系与空间结构》,谢礼圣、吕增奎等译,北京师范大学出版社2011年版,第95页。
[2] 《马克思恩格斯选集》第1卷,人民出版社1995年版,第119页。

历史是一个过程。这一过程是由不同阶段与节点构成的。中国农村研究的历史维度主要有两个：一是传统与现代。一般来讲，人们将农业社会称为传统社会，将工业社会称为现代社会。由此，现代工业社会之前的社会都可以称之为农业社会。现代化就是由传统农业社会向现代工业社会转变的过程。传统性与现代性是了解作为农村研究对象的区域性的重要历史维度。二是形态与实态（1949年前后）。在传统农业社会，由于各种条件的制约，区域的异质性差别非常突出，并构成不同区域的传统形态。而现代国家则是一个由多样性向一致性、一体性变迁的过程。但是这一过程正在变化之中，尚未完全定型，因此构成当下的研究者着手研究时的实际状态。在中国，形态与实态的分界线可以1949年为界。尽管1949年前，中国的传统形态已有些许变化，但由"改朝换代"的高层变动到"改天换地"的全面变革则在1949年以后，且这一变革尚处于了而未了的过程之中。

只有在充分了解自然、社会和历史条件的基础上，我们才能有效地"因地"和"分类"，了解人为何而"分"，因何而"合"，其内在的机理如何。

### 三、作为农村研究对象的区域

"因地"着重于整体中不同部分，"分类"也在于对整体中不同类型加以区分。就整体和类型单位而言，国家是整体，"地"和"类"分别是国家整体之下的不同部分。换言之，国家是由不同的部分构成的。农村研究要通过调查和归纳方法，研究一个国家的"地"和"类"的特性，但我们不可能穷尽所有对象，而且也没有必要。如中国有数十万个村庄，数亿农村人口，我们不可能，也没有必要都进行调查，再归纳出"地"和"类"的属性。这就需要寻找合适的研究单位。而区域是重要的研究单位。

区域是一个地域空间概念。一定地域总是由不同的区域所构成的。农村研究要了解的"地"和"类"，总是存在于一定的区域空间内。在农村研究中，引进"区域"单位是非常必要的。

从农村研究传统看，主要有两种研究单位。一是整体国家的视角，即将全国整体作为研究对象，是一种宏大叙事式的宏观研究。这种研究的资料来源主要是档案文献，或者理论建构，其成果甚多。代表性著作有费孝通的《乡土中国》等。这种研究将国家作为一个整体研究，具有高度的概括性，但也存在相当的局限。例如，《乡土中国》一书就主要是基于中国核心区域的研究，而许多次生区域或边缘区域的现象就被忽视。

二是个案社区，即将某一个个案作为研究对象，是一种微小叙事式的微观研究。

目前，这种研究日益增多。可以费孝通的《江村经济》为代表。这种研究主要是基于实地调查，其优点是可以进行深入的挖掘。但其也有一定的限度：一是在社会多样化的条件下，一个案例很难解释一类现象；二是因为选取的案例不同，一个地区可以得出完全不同，甚至自相矛盾的结论。

因此，为了弥补现有研究的不足，需要借助于其他学科在研究方法上的进展。近些年来，历史学界开始注意寻找新的研究视角，也就是区域性研究。傅衣凌先生提出："由于生产方式、社会控制体系和思想文化的多元化，由于这种多元化又表现出明显的地域不平衡性和动态的变化趋势，中国传统社会产生了许多西欧社会发展模式所难以理解的现象。"[1] 而杨念群则从方法论的角度提出了"中观"理论。由于区域社会研究进展较快，产生了不少区域性研究成果，它们开始被视为某种"学派"。其中，山西大学和南开大学对华北农村的研究被视为一派，而基于对华南农村的研究也出现了所谓的"华南学派"等。

与中国学界的情况类似，国外对于中国问题的研究视角也经历了一个由整体到部分的变化过程。在早期，比较多的研究是国家整体研究，以美国学者费正清的《美国与中国》一书为代表。后来，随着美国学者柯文《在中国发现历史》一书的问世，区域社会研究开始迅速增多，其代表性著作有美国学者裴宜理（Elizabeth J. Perry）的《华北的叛乱者与革命者：1845—1945》、美国学者黄宗智的《长江三角洲的小农家庭与乡村发展》和《华北的小农经济与社会变迁》、美国学者濮德培（Peter C. Perdue）的《榨干土地：湖南的政府与农民，1500—1800》等。

现有的区域社会研究无疑大大弥补了原有学术传统的不足。但是，对于"地"和"类"的农村研究来说，它们仍然不够理想。其主要在于：相当多数的区域研究，只是对某一个地区的某一现象的研究，更多属于国家整体之下的地方性研究，如华南的宗族研究，华北的水利社会研究，湖南的土地、农民与政府研究，等等。有学者甚至将区域史与地方史加以等同，认为"区域史，又称地方史"[2]。

严格来说，区域研究不能等同于地方研究，区域社会研究的价值不仅仅在于对某一个地方的现象的研究，更重要的是寻求造成区域性特性的构成要素，从而形成区别于其他区域的特质。因此，区域研究至少有两个基本特征：一是同质性，即同一区域具有大体相同的特质，正因为这一特质而导致该区域相类似的现象较多，具有区域普遍性。当然这种同质性并不是区域现象的绝对同一性，主要在于其规定的现象多于其

---

[1] 傅衣凌：《集前题记》，收于《明清社会经济史论文集》，人民出版社1982年版。
[2] 李玉：《中国近代区域史研究综述》，《贵州师范大学学报（社会科学版）》2002年第6期。

他区域。二是异质性,即不同区域具有比较明显的差异性特征,正因为这一特质促成该区域同类现象不同于其他区域的同类现象。无论是同质性,还是异质性,都需要经过比较才能体现。而比较则需要有确定的标准。因此,区域研究与地方研究都属于国家整体的部分研究,但又有不同。地方研究可以不用比较,是某个地方就是某个地方,其研究限定于某个地方。而区域研究一定要发现该区域与其他区域所不同的特质,一定是在比较中才能发现其特质,且这种特质是内生的、内在的,而不只是外部性的现象。

作为农村研究对象的区域性,主要是指某类现象在某个区域内更为集中,并因此与其他区域不同。在中国,最大的区域差异是北方与南方。中国地理分布的分界线之一是秦岭—淮河一线,以北为北方区域,以南为南方区域。费正清曾描述道:"凡是飞过大陆中国那一望无际的灰色云天、薄雾和晴空的任何一位旅客,都会显眼地看到两幅典型的画面,一幅是华北的画面,一幅是华南的画面。"[1] 在世界上,很难找到有中国这样南北差异之大,并对经济社会政治产生巨大影响的国家。中国历史上就曾数度出现过南北分化、分裂、分治时期,如南朝、南宋。南北差异也给政治决策和走向带来影响,如开辟大运河,首都东移和北进,政治过程中的南巡和北伐等。这都表明中国北方和南方有着不同的自然—社会—历史土壤,会生长出不同的结果。如我国农村合作化起源于北方,而分田到户则发源于南方。因此,将区域性作为农村研究的对象,有利于根据区域性特质,"因地制宜"和"分类指导"。

## 四、作为农村研究对象的村庄

国家是由不同区域构成的空间单位。一般来讲,区域的范围比较大。要对区域内的所有对象进行调查研究,不可能也无必要。由此需要进行二次分类。村庄则是农村研究的基本单位,也是发现区域特性的重要基础。只有通过对村庄性的深刻把握才能深入把握区域性。

农村社会由一个个村庄构成。村庄是农村社会成员的地域聚落。农民的生产、生活和社会交往都是在村庄内完成的。对于传统社会的农民来说,村庄就是其世界,人的终生都可能在村庄内度过,因此有所谓"十里不同音,百里不同俗"的说法。愈是进入现代社会,村庄的地位愈是重要。1949 年以后,伴随着集体化,村庄成为具有明确和固定边界的单位,集体经济以村庄为单位组织,即"村集体"。同时,村庄也成为

---

[1] [美] 费正清:《美国与中国》,世界知识出版社 1999 年版,第 4 页。

国家治理的基本单位,即"行政村"。

更重要的是,村庄不仅仅是农业空间聚落,而且是人与人的结合,并形成人与人之间的关系及其相应的意识形态。透过村庄这一微观的社会组织,我们有可能发现整个农业社会及其区域性特质的构成要素。法国学者列斐伏尔认为:"社会生产关系仅就其在空间中存在而言才具有社会存在;社会生产关系在生产空间的同时将自身投射到空间中,将自身铭刻进空间。否则,社会生产关系就仍然停留在'纯粹的'的抽象中。"[1] 农业社会关系及其区域性特质都将通过一个个村落空间体现出来。换言之,没有村庄载体,农业社会及其区域性就无从充分展示出来。因此,村庄是农村社会一个完备的基本组织单位,亦成为农村研究的基本单位。

将村庄作为农村研究的基本单位,并通过村庄性把握区域性,对于运用质化研究方法把握农村研究中的"地"与"类"具有重要价值。

与量化研究强调普遍性相比,质性研究更强调深度性,即通过深度调查,"将一口井打深",来获得对对象特性的深入理解。因此,质性研究十分强调"扎根理论"和"深描"。

"扎根理论"是质性研究的一种重要方法。"扎根理论方法包括一些系统而又灵活的准则(guideline),让你搜集和分析质性数据,并扎根在数据中建构理论。"[2] 这一方法要求:第一,进入现场搜集和分析,这是前提;第二,数据是质性数据,得是最能反映对象本质特征的数据;第三,扎根于所搜集的数据之中建构理论,而不是在数据之外推导出来理论。因此,运用扎根理论方法,进入村庄现场调查,是了解村庄特性的有效方法。

"深描"作为质性研究方法,是相对"浅描"而言的,特别强调互动性、过程性、细节性和情境性。[3] "深描"最早用于人类学研究,是基于一种异文化的调查研究方法,用此方法可以更好地发现和比较不同对象的特质,也是发现村庄特性的有效方法。尽管"深描"注重细节,甚至微不足道的小事,但是决不是什么小事都要进行研究,恰恰相反,对对象必须有所取舍,以选择最能达到研究目的的对象。[4] 这种研究显然有助于在比较取舍中把握村庄的特性。

质性研究的"扎根理论"和"深描"都特别强调研究者的亲身调查与经验。但是,

---

[1] 转引自〔英〕德雷克·格利高里、〔英〕约翰·厄里编《社会关系与空间结构》,谢礼圣、吕增奎等译,北京师范大学出版社2011年版,第95页。
[2] 〔英〕凯西·卡麦兹:《建构扎根理论:质性研究实践指南》,重庆大学出版社2009年版,第3页。
[3] 参见陈向明《质的研究方法与社会科学研究》,教育科学出版社2000年版,第347页。
[4] 参见澜清《深描与人类学田野调查》,《苏州大学学报(哲学社会科学版)》2005年第1期。

要让调查者对调查区域的所有村庄进行调查，然后产生结论，是不可能，也没有必要的。村庄在英文中为"village"。有一句西方谚语说，"Every village has its idiosyncrasy and its constitution"，就是说每一个村庄，都有自己的特性和脾气。但每一个村庄也有其同类型的共同性。我们可以通过寻找其共同性把握某区域的村庄性。这就需要寻找符合区域理想类型的村庄。

理想类型研究是德国社会学家韦伯所创立的研究方法。这种研究将事物的本质特性抽象出来，加以分类，如韦伯将统治合法性的类型分为三类。在农村研究中，可以借用这一研究思路和方法，选择最符合区域性特征的村庄进行深度调查。区域性特征就是研究者的目标和理想类型。只要选择若干最能体现区域性的村庄进行调查研究，就有可能从总体上把握该区域类似村庄的共同特征，而不必要对所在区域的所有村庄都进行调查研究。因此，村庄性与区域性是相联系的。只有从区域性整体特征出发，才能选择最能反映区域特征的村庄；只有深度把握村庄特性，才能充分说明区域特性。

相对区域而言，村庄的范围小得多，更容易做深度调查基础上的质化研究，将区域性具体化、实证化、动态化。"因地制宜"的"地"和"分类指导"的"类"最具体和最终体现在村庄属性上。由此要根据不同的标准对村庄加以分类。在对村庄性研究中，以下标准及其分类非常重要：

1. 以村庄名称为标准的分类。村庄名称是一种符号，通过这一符号，可以发现某类村庄的特质。在中国，村庄的"姓"以人的姓命名的非常多，反映了血缘关系与农耕社会同一体的特质。但在不同区域，村庄的"名"却有区别。如在黄河区域，村庄更多是以庄、寨、营、屯、卫等冠名，村庄的建构性、群体性强；在长江区域，村庄更多是以村、冲、湾、垸、岗、台等冠名，村庄的自然性、个体性强，与水相关。

2. 以居住状态为标准的分类。村庄是农村社会成员的居住聚落。村庄名称是一个村庄的标识和指称。这种标识和指称并不是随心所欲的想象，而有其内在的含义，反映了一种居住状态。根据居住状态，可以分为"集居村"和"散居村"。庄、寨、营、屯、卫、店等，更多的是一个人口居住相对集中的农村聚落，集居、群居，集聚度高，属于集居型村庄，即"由许多乡村住宅集聚在一起而形成的大型村落或乡村集市。其规模相差极大，从数千人的大村到几十人的小村不等，但各农户须密集居住，且以道路交叉点、溪流、池塘或庙宇、祠堂等公共设施作为标志，形成聚落的中心；农家集中于有限的范围，耕地则分布于所有房舍的周围，每一农家的耕地分散在几个地点"[1]。

---

[1] 鲁西奇：《散村与集村：传统中国的乡村聚落形态及其演变》，《华中师范大学学报（人文社会科学版）》2013年第4期。

村、冲、湾、垸、岗、台等，更多的是人口居住相对分散的农村聚落，主要是散居，甚至独居，分散度高，属于散漫型村庄，即"每个农户的住宅零星分布，尽可能地靠近农户生计依赖的田地、山林或河流湖泊；彼此之间的距离因地而异，但并无明显的隶属关系或阶层差别，所以聚落也就没有明显的中心"[1]。鲁西奇认为，传统中国的农村聚落状态，"从总体上看，北方地区的乡村聚落规模普遍较大，较大规模的集居村落占据主导地位"；而在南方地区，"大抵一直是散村状态占据主导地位；南方地区的乡村聚落，虽然也有部分发展成为集村，但集村在全部村落中所占的比例一直比较低，而散村无论是数量，还是居住的人口总数，则一直占据压倒性多数"[2]。

3. 以村庄形成为标准的分类。无论是集村，还是散村，都是历史进程中形成的。根据村庄形成的标准，可以分为自然村和行政村。自然村是由村民经过长时间聚居而自然形成的村落。其语音相对独立统一，风俗习惯约定俗成，以家族为中心。自然村数量大、分布广、规模大小不一，有仅个别住户的孤村（如在山区），也有数百人口的大村（如在人口稠密的平原地区）。自然村是农民日常生活和交往的单位，但不是一个社会管理单位。为便于国家管理，国家建构了农村社会管理单位，即行政村。行政村是为实现国家意志而设立的，是一种体制性组织，又称为"建制村"。在不同的时代，行政建制名称不一样。如秦汉时期的乡里、明清时期的保甲。自然村与行政村有可能相重合，也有可能不一致。在南方散村区域，自然村一般较小，通常是若干个自然村合为一个行政村。在北方集村区域，自然村较大，往往是一个自然村为一个行政村。显然，自然村与行政村的合一，有助于国家意志的贯彻实施，村与户的关系更为紧密。

4. 以血缘关系为标准的分类。无论是自然村，还是行政村，其基本组织单元都是由血缘关系构成的家庭。血缘关系是农村村庄存在的基本关系。在中国，血缘通常以姓氏加以表征。根据血缘关系，村庄可以分为"单姓村"和"多姓村"。单姓村指一个村一个姓氏。如宗族社会的村庄通常都是单姓村，自然村往往是单姓村。多姓村指一个村庄由多个姓氏的人构成，意味着村庄成员来自不同的血缘家庭，村庄的因地缘结合的特征突出。而"多姓村"又可以进一步分类："主姓村"和"杂姓村"。前者意味着以一个，或者若干个姓为主，后者看不出明显的主姓。

根据不同标准，村庄还可以进一步细化，如根据经济水平分为贫困村和富裕村；根据产业类型，可以分为农业村、牧业村、农工商合一村；根据村庄成长历史，可以

---

[1] 鲁西奇：《散村与集村：传统中国的乡村聚落形态及其演变》，《华中师范大学学报（人文社会科学版）》2013年第4期。
[2] 鲁西奇：《散村与集村：传统中国的乡村聚落形态及其演变》，《华中师范大学学报（人文社会科学版）》2013年第4期。

分为历史名村、移民新村；根据民族归属，可以分为汉族村、少数民族村，等等。但就作为农村研究对象的村庄性而言，村庄的分类不是随意和无限的，而要与区域性的理想类型关联起来，寻找村庄分类对于理解区域性和村庄性的价值与意义。比如，集聚和散居不仅仅是一种居住形态的差异，同时也蕴育着人与人之间的结合关系及其意识形态，从而建构起"村庄性"。鲁西奇就认为："采用怎样的居住方式，是集中居住（形成大村）还是分散居住（形成散村或独立农舍），对于乡村居民来说，至关重要，它不仅关系到他们从事农业生产的方式（来往田地、山林或湖泊间的距离，运送肥料、种子与收获物的方式等），还关系到乡村社会的社会关系与组织方式，甚至关系到他们对待官府（国家）、社会的态度与应对方式。"[1] 而在法国学者阿·德芒戎看来：每一居住形式，都为社会生活提供一个不同的背景；村庄就是靠近、接触，使思想感情一致；散居状态下，"一切都谈的是分离，一切都标志着分开住"。因此，也就产生了法国学者维达尔·德·拉·布拉什所精辟指出的村民和散居农民的差异："在聚居的教堂钟楼周围的农村人口中，发展成一种特有的生活，即具有古老法国的力量和组织的村庄生活。虽然村庄的天地很局限，从外面进来的声音很微弱，它却组成一个能接受普遍影响的小小社会。它的人口不是分散成分子，而是结合成一个核心；而且这种初步的组织就足以把握住它"。[2] 所以，村庄分类不是为了分类，更主要的是通过分类，更好地把握村庄性乃至区域性。

## 五、作为农村研究对象的区域性村庄分类

"分"与"合"是对人类社会的存在状态，也是农村研究的基本标准。由于自然—社会—历史的条件不同，"分"与"合"在一个国家内不同农村区域的表现形式不一样，使得某些村庄在一定区域存在多一些，某些村庄在一定区域存在少一些，由此构成不同的区域性村庄。

根据"分"与"合"的维度与自然—社会—历史条件，执照典型化分类的标准，我们可以将中国农村分为以下七大区域性村庄：

1. "有分化更有整合"的华南宗族村庄

"聚族而居"是华南宗族村庄的存在状态。血缘关系是人类最原始、最基本、最古

---

[1] 鲁西奇：《散村与集村：传统中国的乡村聚落形态及其演变》，《华中师范大学学报（人文社会科学版）》2013年第4期。
[2] ［法］阿·德芒戎：《人文地理学问题》，葛以德译，商务印书馆1993年版，第192页。

老的关系。人类最初是以"群"（"类"）的方式生存，早期传统农村实行"聚族而居"，通过一个个由血缘姓氏结合而成的宗族将农村社会成员组织起来，形成"家族同构、族高于家"的宗族村庄。宗族村庄普遍存在于早期中国农耕区域。在漫长的历史长河里，由于多种原因，"聚族而居"的宗族村庄社会四分五裂为一个个个体家庭构成的分散型村庄。但在中国的南方，特别是赣南、闽西南、粤东北、浙南、皖南、湘南、鄂南、四川等区域尚存在比较完整的宗族村庄。这类宗族村庄因集中存在于赣南、闽西南、粤东北等地，所以以"华南宗族村庄"加以概括，其最典型的特征就是保留了完整的传统宗族社会，构成了中国传统农村的历史底色。

需要说明注意的是，华南是一个区域性概念，并不是所有的华南区域的农村都是以宗族村庄的形式加以体现，也不是只有华南才有宗族村庄，而是指宗族村庄在华南区域更为集中，保存得更为完整。我们通过对华南区域的宗族村庄的了解，则基本可以把握宗族村庄的整体状况。

华南宗族村庄的气候环境和水利条件适宜于农耕，属于水稻产区。许多村庄交通便利，有一定的商业，但总体来看，地理位置偏僻，处于国家地域中的边缘地带。与南方区域的散村形态不同，宗族村庄通常为集居形态。这与宗族村庄大多因战乱迁移，特别注重整体安全有关。

"有分化更有整合"是宗族村庄的鲜明特征。宗族与氏族不同，它是以个体家庭为基本单位的。如果说宗族是"大家"，那么，个体家庭则是"小家"，只是"小家"是由以共同的祖宗为纽带的宗族"大家"分化出来的。"小家"尽管有相对独立性，但是与宗族"大家"有紧密的联系，宗族村庄通过共同的血缘关系、财产关系、社会关系、文化关系和治理关系将各个小家和个人结合或者整合在一起，形成以血缘关系为基础的共同体。这类村庄有"分"，但更有"合"，或者更强调"合"，并有促进"合"的机制。因此，宗族村庄以宗族整体性为最高标准，其内部存在差异性，但更有将差异性抑制在整体性框架内的机制，从而形成宗族村庄秩序。

宗族村庄在"因地"和"分类"的农村研究中具有重要价值。其核心是整体性与差异性、"分"与"合"的并存，特别是在如何"分"与"合"方面有诸多机制。如通过适度的"分"获得宗族竞争活力，通过公共财产形成维系宗族共同体的财产基础。中国农村改革权威杜润生就在论证"分田到户"的合理性时指出："所有权和使用权的两权分离，过去在中国社会也曾经存在过，但不是很普遍，比如，村庄的祠堂地、村社土地一类。"[1] 当下，许多地方以行政村为基础的村民自治陷入困境，而在广东清远

---

[1] 杜润生：《杜润生：中国农村体制变革重大决策》，人民出版社2005年版，第153页。

市农村的村民自治却十分活跃，其重要原因是以宗族为基础的自然村作为自治载体，并以自然村的自治推动着土地的整合。

正因为宗族村庄存在久远，至今仍然有很大影响，且内在机理仍然有重要价值，所以成为农村研究中的重要对象，产出的成果也较多。只是对这类村庄为何存在，如何存续还有许多未解之谜，也还存在许多问题需要通过调查进一步探讨。如研究中国宗族村庄的权威专家弗里德曼将水稻种植作为宗族村庄存续的理由之一，但是我们如果进一步追问，同样是水稻区，为什么有的宗族村庄未能存续呢？显然，宗族村庄还有许多问题有在充分调查基础上进行研究的必要。

2. "有分化缺整合"的长江家户村庄

"随水而居"是长江家户村庄的存在形态。气候与水对于农业具有至关重要的影响。以秦岭—淮河为界，中国形成南北两大区域，分别有两大水系，即南方的长江与北方的黄河，由此构成南北两大农村核心区域，并具有各自的特质。在长江流域，特别是长江中上游，即四川、重庆、湖北、湖南、江西、安徽等地，主要为平原与丘陵，主产水稻，属于稻作区，人们随水而居。自然村和散居村多，村名大多与水相关，如冲、湾、垸、岗、台等。一个个家户星罗棋布，散落于平面形态的小块水田旁，形成最为典型的传统小农经济，即一家一户、农业与手工业结合、自给自足的自然经济。在自然经济形态占主导地位的传统社会，小农经济状态决定着国家的兴衰，所谓"湖广熟，天下足"。长江中上游区域最为典型的特征是家户小农经济基础上的家户社会。家户社会以血缘关系为基础，以裂变的个体家庭为中心和本位，不同于宗族社会。

"有分化缺整合"是长江家户村庄的鲜明特征。如果将"聚族而居"的宗族村庄视为大树的话，那么，"随水而居"的家户村庄则是大树的枝丫和树叶。只是与宗族村庄不同，家户村庄的个体家户与远祖缺乏内在的联系，犹如脱离了树干，散落在各地的枝叶。个体家户及其相近的亲族在日常生活中占主导地位，近亲愈近，远亲愈远，缺乏共同祖宗崇拜、共同地域、共同财产、共同社会关系、共同价值、共同治理等机制将一个个个体家户联结起来，形成具有整体性的共同体。家户本位的私人性、差异性、竞争性强，村庄联系和合作的整体性、共同性弱。

家户村庄是最为典型的中国农村底色。毛泽东在1940年代就指出："在农民群众方面，几千年来都是个体经济，一家一户就是一个生产单位，这种分散的个体生产，就是封建统治的经济基础，而使农民自己陷于永远的穷苦。克服这种状况的唯一办法，就是逐步地集体化；而达到集体化的唯一道路，依据列宁所说，就是经过合作社"[1]。

---

[1] 《毛泽东选集》第3卷，人民出版社1991年版，第931页。

由分散的个体家户生产走向农民合作的集体生产，是中国农业社会主义改造的基本前提。只是这种改造带有很强的国家整合的特点，换言之，农村的"合"主要是外部力量推动，由此形成的人民公社统一经营体制缺乏必要的农村社会基础。而对公社统一经营最不适应且率先对这一经营体制进行挑战，探索包产到户（民间习称"分田单干"）的则集中于长江中上游区域。民间一度流行"要吃粮，找紫阳；要吃米，找万里"[1]的说法。邓小平就表示：以包产到户为主要内容的农村改革"开始的时候，有两个省带头。一个是赵紫阳同志主持的四川省，那是我的家乡；一个是万里同志主持的安徽省"[2]。

当然，家户村庄也有其限度。一家一户为单位的家户村庄将个体家户的私人性激发出来，分化带来了活力，但由于缺乏必要的横向机制将一家一户联结起来，形成有机的整体，只能依靠政府的纵向整合，而这种整合往往会进一步弱化家户村庄的公共性。在当下的新农村建设中，人们会经常发现，由于一家一户分散的原因，造成道路难修、水管难通等。因此，对于"有分化缺整合"的长江家户村庄而言，在私人性基础上发育和形成公共性，还有大量问题需要研究。而这对于全国也具有普遍性价值。

3. "弱分化强整合"的黄河村户村庄

"集村而居"是黄河村户村庄的存在形态。黄河区域主要指黄河中下游区域，包括陕西、山西、河南、河北、山东等地。这一区域本是中华农业文明的主要发源地。农业文明最早就是以人们群居的村庄聚落形态表现出来的。同时，黄河区域紧邻北方游牧区域，长期是国家的政治中心地带，受战乱的影响深远。黄河区域农耕的自然条件与长江区域截然不同，属于干旱区，主产小麦等旱作物，地势平坦。一个个村庄聚集在一大块农田麦田旁边。村庄大多以庄、寨、营、屯、卫等命名，属于人口集居村庄。本来，宗族社会最早起源于黄河区域，后因为战乱、灾害等原因，南移到华南。黄河区域由宗族社会而裂变为个体家户社会。但因为自然—社会—历史原因，黄河区域村庄的存在形态在于其集聚性、集体性，个体家户集聚、集中在一个空间领域，村庄群体与家户个体具有紧密的依赖关系，由此构成村户社会，与长江区域的分散性、个体性的家户村庄形成鲜明的差别。

"弱分化强整合"是黄河村户村庄的鲜明特征。自然条件、社会条件和历史境遇的同一性，使得黄河区域村庄内部的分化程度不高，或者分化比较简单。同时，黄河区

---

[1] 赵紫阳于1975—1979年间担任中共四川省委书记，万里于1977—1979年间担任安徽省主要领导。他们在任职期间都积极支持以家庭为生产经营单位的农村改革。
[2] 中共中央文献研究室：《十二大以来重要文献选编》（下），人民出版社1988年版，第1443页。

域的农村社会成员的集聚度高，人与人之间的联系紧密，村民之间的横向联系较强，特别是由于外部自然条件恶劣（如缺水）和社会条件严酷（如经常性战乱）而产生的强制性整合，导致村庄的集体依赖性和整体性强。如果说，在中国，少数民族进入中原地区后会"汉化"，那么，中原地区也会"胡化"。其游牧民族的部落群体对于中原，尤其是黄河区域有很大影响。这也是黄河区域村庄整体性强的重要原因。总体上看，黄河区域的村庄地域整体的地位高于血缘家户个体，集体意识和行动能力强。

黄河区域的村户村庄在中国农村社会变迁中有其特殊地位。在20世纪，中国共产党改造传统个体家户社会的依据是一家一户小农经济，通过集体合作的集体化，避免社会分化。但集体化最早起源于黄河区域。例如，山西的张庄早在1940年代后期土地改革刚结束时，就开始了集体互助。1950年代农业集体化进程中的模范典型也大多产生于黄河区域。例如，山东的厉家寨就被视为合作化的典范。人民公社最早发源于河南和河北。在人民公社化的进程中，最早实现人民公社化的9个省，有8个在黄河区域。[1] 到六七十年代，作为全国集体经营旗帜的大寨则位于山西。直到1980年代后，黄河区域还有一些村庄仍然在坚持集体统一经营。

当然，黄河区域的集体化在相当程度上是特定的自然—社会—历史条件造就的，具有强大外部整合的特点，村庄缺乏个体性和差异性，也缺乏竞争和活力。随着社会发展，家户在农村社会的地位愈益突出，社会分化、分离性增强。但是，其集体性、整体性、共同性的历史底色仍然存在，且还会发挥作用。如在黄河区域的山东、河南、山西、河北等地，以行政村为单位的农民股份合作、农村城镇化、农村社区建设、农村村民代表会议等发展较快。因此，对于"弱分化强整合"的黄河区域村庄来说，如何在社会分化日益突出的基础上，推进自愿基础上的社会联合、社会合作，具有重要价值，也具有普遍意义。

4. "小分化大整合"的西北部落村庄

"逐草而居"是西北部落村庄的存在形态。中华文明是在农业文明与游牧文明互动中形成的。游牧文明主要发生和存在于西北区域。游牧是一种不同于农耕的生产方式，具有很强的流动性和不可控性。以游牧为生的人通过一个个部落群体组织起来，共同应对外部挑战。一个个部落逐草而居，分布于茫茫草原上。在农业文明与游牧文明互动中，游牧部落会受到农耕家户的影响，农耕家户也会受到游牧部落的影响。如黄河区域的集体性既有古典的宗族社会影响，也有游牧部落的影响。西北区域主要包括新

---

[1] 参见《当代中国农业合作化》编辑室编《建国以来农业合作化史料汇编》，中共党史出版社1992年版，第501页。

疆、内蒙古、西藏、甘肃、青海、宁夏等牧区，其典型特征是部落村庄。

"小分化大整合"是西北部落村庄的鲜明特征。家庭是部落构成的微小单元，但家户寓于部落之中，部落的地位远高于家户，其内部的分化程度非常小。同时，为了应对恶劣的环境，部落之间还会形成联盟，由此形成大整合。这种整合不同于黄河区域以村庄为单位的整合，而经常会超越一个个部落单位，从而获得更为强大的整体性和集体行动能力。传统游牧部落以"十户长""百户长""千户长"作为组织建制，便反映了大整合的特点。这也是游牧民族得以经常战胜农业民族的重要组织原因。

西北部落村庄在中国农村社会变迁中有其独特地位，并形成鲜明特色。农村村庄本来是固定在一个地域上的农民聚落。而部落村庄的特点是流动性，并在流动中形成整体性和共同性。长江区域家户村庄因"随水而居"产生的是分散性、个体性，西北区域部落村庄则因"逐草而居"产生的是集聚性和整体性。同时，西北部落村庄位于国家边陲的浩瀚草原中，流动性强，其特点突出，治理难度大。如何针对这一特点，"因地制宜"进行"分类指导"，是国家治理的重大问题。如在流动性的西北区域，实行与内地"包产到户"类似的农业政策，其难度就较大。

5. "低分化自整合"的西南村寨村庄

"靠山而居"是西南村寨村庄的存在形态。中华文明是在由核心向边缘不断扩展中形成的。除了黄河、长江等核心区域以外，还有广阔的边缘区域。与茫茫草原和沙漠地带的西北边缘区域不同，处于崇山峻岭之中的西南边缘区域与核心区域的互动较少，相对封闭，主要包括广西、贵州、云南，以及四川、重庆、湖北与湖南部分被称为少数民族地区的区域。这些区域远离政治中心，自然条件恶劣、文明发育进程较缓，有自己独特的自然、社会、文化与政治形态。为了应对环境，人们大多"靠山而居"，以山区村寨的小集居、大散居的方式居住、生活，村庄大多以"寨""屯"之类的集居聚落命名。尽管家庭是基本单元，但村寨共同体的地位高于个体家户。因此，西南区域村庄组织形态是村寨社会。

"低分化自整合"是西南村寨村庄的鲜明特征。由于自然、社会和历史条件的同一性，西南村寨的社会分化程度很低，人们世世代代过着相同的生活，与外部交往很少。正是在封闭的生活空间里，形成了独特的习俗，人们根据世代传承的习俗进行自我调节，其自我整合的自治性强。与此同时，由于位置偏远，中央政府对于这些地区实行"因俗而治"的政策，使得村庄自我调节得以长期存续。

与黄河区域村户村庄的集体性主要是外力推动不同，西南村寨的合作与集体性主要源于内在的动力与机制，是人们长期共同生活中获得的一种自我认同。这种基于村民自我认同的集体性比较容易达成一致，进行有效的自我治理。人民公社体制废除以后，中国在村一级实行村民自治，其制度来源于广西自治区的合寨村。在西南区域，实行自治更多带来的是团结，而不像社会分化程度比较高的地方，实行自治往往带来的是进一步的分裂、分散。当然，西南区域村寨的"低分化自整合"与其地理位置和交通条件相关，随着交通和通信条件的改善，其对外开放程度提高，"低分化自整合"的形态也在悄然发生变化。

6."高分化高整合"的东南农工村庄

"逐市而居"是东南农工村庄的存在形态。文明可以分为原生、次生、再生等不同层次。再生即在原生文明基础上再生出一种新的文明形态。中国的东南区域，包括江苏、浙江、福建、广东等地本属于南方农耕区域，具有农业社会底色，且属于农业文明非常发达的地区，如长江三角洲和珠江三角洲，曾经有"苏常熟，天下足"之说，江苏和浙江更号称"天下粮仓"。但这些地方属于沿海地带。随着文明的进步，人们除了以农业获得生存资料以外，还试图通过工业和商业获取生存和发展，而东南沿海赋予这一地带优越的条件，使得这一区域的人们率先挣脱土地和农业的束缚，形成农业与工业、商业相结合的村庄。工商业与市场和城市相关。人们"逐市而居"，尽管仍然是农村聚落，但与城市和市场联系非常紧密。这与"小村庄小集市"的长江家户村庄形成明显的差异。

"高分化高整合"是东南农工村庄的鲜明特征。农工村庄的商品经济较为发达，开放度高，与市场和城市联系紧密，社会分化程度高。这种分化不再限于农业村庄，而是跨越村庄，与城市和市场相关。如1949年前，东南区域出现许多城居地主和工商业地主，这与其他区域主要是在村的"土地主"有所不同。伴随高分化的是高整合，这种整合也不再只是局限于村庄内部，而是跨城乡，以市场为中心的整合。人们之间的横向联系不仅仅限于乡土人情，更重要的是市场理性网络。村庄只是整个市场社会之中的一个环节。

东南农工村庄在整个中国农村变迁中处于领先地位。除了领先于农业文明以外，也领先于工业文明。在中国由农业社会向工业社会转变中，率先崛起的就是东南农工村庄。费孝通先生在其著名的《江村经济》中提出了通过"草根工业"解决中国农村农民问题的超前思路，得益于他在其家乡——江苏吴江的调查。改革开放以来领先于中国的"苏南模式""温州模式"和"珠三角模式"都位于东南区域。只是随着工业化、城镇化，这一区域的农业底色逐渐消退，但其底色却规制着这一区域的工业化和城镇化道路，如"小城镇大市场"。

### 7. "强分化弱整合"的东北大农村庄

"因垦而居"是东北大农村庄的存在形态。包括黑龙江、吉林、辽宁及部分内蒙古地方的东北区域,原属于非农耕区,且是满族圈禁的地带。只是在数百年前,这一地方因为地广人稀,土地肥沃,导致大量来自山海关内的农民迁移到那里开荒垦殖,将其变为农耕区,俗称"闯关东"。在金其铭看来,"东北的农村聚落实际上是华北聚落的一个分支"[1]。这一地带是狩猎、游牧、农耕的混合文明区域,又属于边疆地区,具有晚开发、跳跃性、移动性特性,农耕文明的历史短暂,但地域辽阔,人少地多,与核心地带的"人多地少"形成鲜明的区别。广阔的大平原、广袤的大草原、广大的大森林,使这里以"大"为特(当地称"大"为"海"),并为"大农业""大农村""大农民"提供了基础,与长江地带的小农有着明显的区别。农村社会成员"因垦而居",属于集居村庄,大多以"屯""堡"之类的集聚村落命名。

"强分化弱整合"是东北大农村庄的鲜明特征。开荒垦殖意味着原地荒无人烟,人们依靠强力获得土地而定居,并产生社会分化。这种分化不是经长期历史自然形成的,而具有很显著的突然性、人为性和强力性。同时,国家治理的缺失,也造成了社会的强力占有和争夺,"匪气"和"匪患"严重。正因为如此,尽管东北村庄以集居方式存在,但相互间的横向联系纽带缺失,村庄犹如一个"拼盘",人虽在一起,但缺乏共同财产和共同心理认同,村庄整合度弱。

由于优越的自然地理条件,东北可以在大农业发展方面发挥重要作用。如中华人民共和国建立以后,东北的"北大荒"成为"北大仓"。改革开放以来,东北成为村民自治"海选"的发源地。但是,"人心不齐"的弱整合也制约着东北大农村庄的发展。人们难以通过村庄提供大农业发展需要的社会服务。一家一户的生产经营方式仍然占主导地位。而东北的"海选"恰恰是因为缺乏村庄共同性而产生的不得已的行为,也正因为缺乏共同的心理基础,"海选"之后的治理仍然困难。

---

[1] 金其铭:《中国农村聚落地理》,江苏科学技术出版社1989年版,第137页。

# 情推理助：
# 农商结合型村庄的发展与治理

## ——黄河区域河北铺村调查

刘 燕[*]

[*] 刘燕，女，汉族，江西省赣县人，华中师范大学中国农村研究院（政治科学高等研究院）2016级博士研究生。

# 第一章  河北铺村的由来与演变

河北铺村是一个古老的村庄。元末明初的时候，村中已有侯、崔、孟、晋四姓人家居住。现在的铺村有赵、李、王、晋、侯等姓氏40多个。中华人民共和国成立后，随着永年标准件产业的兴起，河北铺村由农业村变成了地地道道的工业村。目前，河北铺村已经基本建设成为宜居、宜业、宜游，集观光、休闲、度假等为一体的美丽乡村，向世人展示着其"天下第一铺"的美好风采。

## 第一节  村落形成

河北铺村的始建年代无考。在此，我们以时期为节点，从元末明初开始，以村中几个始迁姓氏的居住方位来考察各个时期村落形成的大致过程。

### 一、元末明初

元末明初，村中有侯、崔、孟、晋四姓。这四个姓氏的人家都居住在驿路东边，从北到南依次为孟、侯、崔、晋。他们被称为河北铺村的老户。驿路自古就有，它从村中间贯穿而过，呈南北走向。在孟姓和侯姓人家的中间有一条东西偏东北走向的宽过道，被称为王家巷子。巷子里住有比侯、崔、孟、晋四姓人家稍晚一点来到铺村的王姓人家。元末明初时期，村落的概况如图1-1所示。

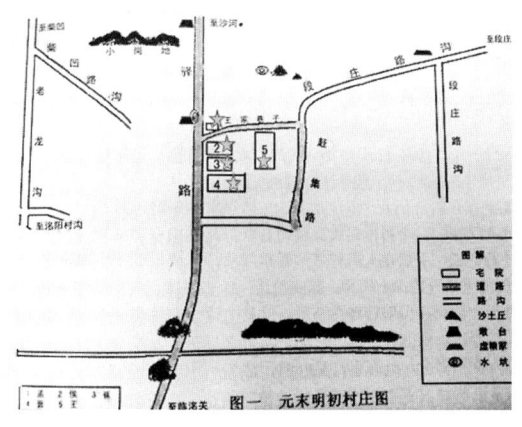

图1-1  元末明初村庄

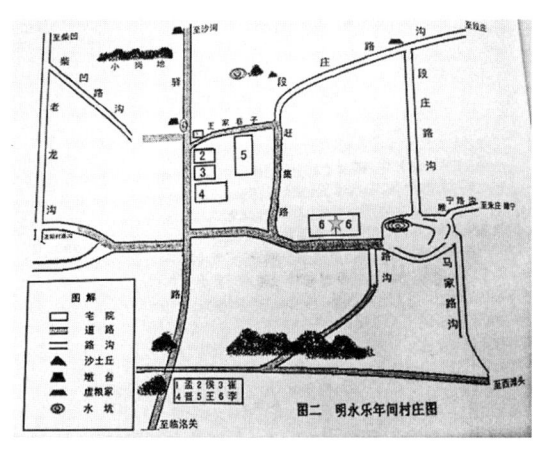

图1-2 明朝永乐年间村庄

## 二、明朝时期

明朝永乐二年（1404年），今村内李姓始祖李白玉奉诏由山西洪洞县李家庄迁至河北铺村，卜居在赶集路以东凸起的台地上。后来，另一李姓人家从临洺关迁至河北铺村，也卜居在那片台地上。明朝永乐年间，村落的概况如图1-2所示。

村东赶集路的形成据说是这样的：在河北铺村的东北方向有一个叫段庄的村子。旧时，段庄很多村民从事织布袋、织笼头、烘炉打铁三个行业。因为离临洺关镇的集市近，且临洺关镇集市大，集日也多，所以，村民们生产出来的东西大多拿到临洺关镇集市上售卖。而段庄的村民去临洺关镇赶集必须经过河北铺村，先经过河北铺村的王家巷子，然后再经驿路到临洺关镇。那时，段庄村民为了不经过王家巷子少走些路，就通过一条斜道直接穿到了驿路。后来，走的人多了，那条斜道就成了一条路，并且被人们取名为"赶集路"。

明朝嘉靖年间，今东街（当时还是路）两旁相继建了关帝庙、土地庙、菩萨庙、李氏祠堂等建筑物。嘉靖末隆庆初，段大贞家从临洺关迁至河北铺村，卜居在赶集路以东的台地上。但住路南，与李姓人家隔路相望。至此，河北铺东街由此而形成。

明朝万历五年（1577年），今村内赵氏家族的五世祖赵嵩从东滩头村迁至河北铺村。赵嵩是个打铁匠，为了更好地做生意，他选择卜居在人流量较多的驿路西边。由此，河北铺村的中心开始向南转移。驿路西边地势低下，水涝灾害多，村民们都不愿意居住在那。而赵嵩选择卜居在这除了为了更好地做生意外，还有一个重要原因：根据五行易理西方属金，金有助于从事金属行业的人。后来，赵氏家族又聚居在村西北隅的乾方，乾属阳金，即旺丁，又旺财，赵氏家族由此也成了村中最有财势的家族。明朝万历五年时期，村落的概况如图1-3所示。

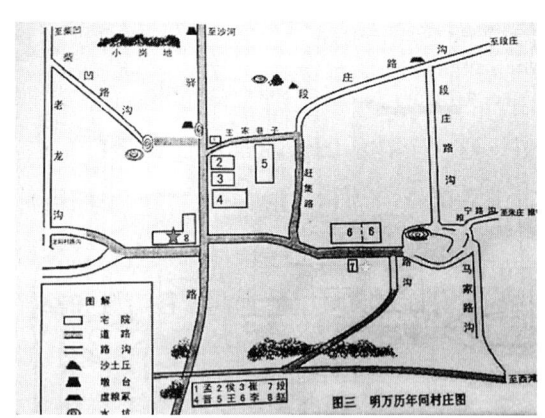

图1-3 明朝万历年间村庄

明朝崇祯五年（1632年），永年县广平府为了弘扬儒学，把瓜井村冉子墓的神道延伸到铺村，并在尽头处立了一块写有"孔门德行冉子伯牛神道"的碑。由此，铺村十字街的雏形形成。

三、清朝时期

清朝顺治元年（1644年），赵文渊因入赘从沙河县中旺村迁至铺村，卜居在驿路西边的古墩台南边（现北街）。

清朝康熙年间，赵嵩后裔家族逐渐壮大，支系众多，到乾隆年间各自开始在今天的十字街周围建立宅院。所建宅院多为四合院，院内盖有楼房，绕院留有更道。至此，河北铺村十字街形成，并有东西南北街之分。

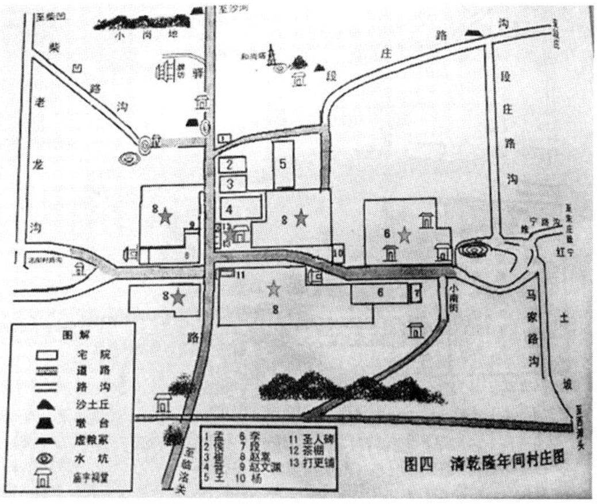

清朝乾隆三十七年（1773年），在北京担任卫千总之职的赵鹏举在西街路北建新府邸。同年七月，赵嵩后人又在南街路东和地藏王庙以东建新府邸。乾隆年间，韩姓、杨姓、仇姓先祖先后迁至河北铺村卜地立庄。乾隆年间该村落的概况如图1-4所示。

图1-4 清朝乾隆年间村庄

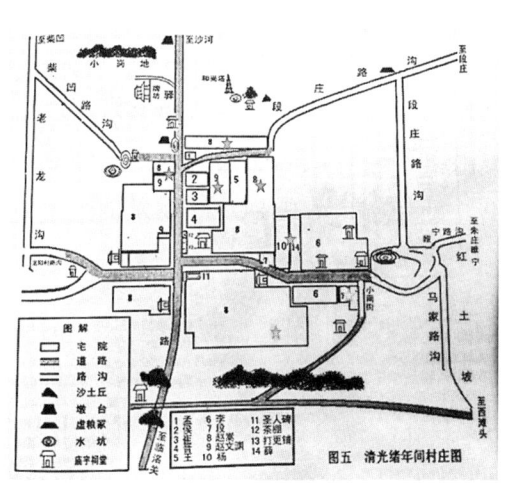

图1-5 清朝光绪年间村庄

清朝嘉庆至道光年间，赵含贞、赵含珠、赵含斌后人在北街建宅第数处，约400余间，后世称为进士府。同时，赵家在北街、西街、南街也新建了多处宅第。同治末年，赵嵩后裔在十字街西南隅稍南建赵氏祠堂。村中建筑也增加了许多。清朝末年，又有杨姓、许姓、曲姓、魏姓、薛姓、夏姓、邢姓、吴姓因干活、投奔亲戚、做生意等原因相继迁至河北铺村。清朝末年时期，村落的概况如图1-5所示。

四、民国时期

民国元年至二十五年（1912—1926年），有浦、陈、张、单、孟、方、曲等姓因干活、投奔亲戚、做生意等原因相继迁至河北铺村。民国二十六年后

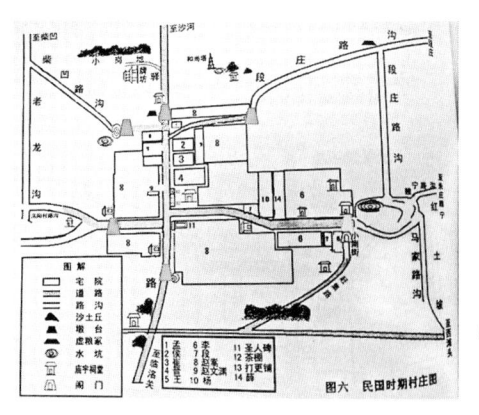

图 1-6 民国时期村庄

（1937年），又有郝姓、武姓、申姓、何姓、宋姓、叶姓、燕姓、高姓等因干活、亲戚、做生意等原因相继迁至河北铺村。民国二十九年（1940年），为了防匪寇，河北铺村在通往村外的六个街口分别建造了阁门。由此，河北铺村的村庄布局基本形成。民国二十九年（1930年）时村落的概况如图1-6所示。

## 第二节 村名由来

河北铺村是一个古老的村庄，原名高家寨。"高"并非姓氏，而指地形。河北铺村位于洺河北岸，是一自然高地。据《永年县志·兵事录》记载：唐武德四年（621年）七月，秦王李世民与窦建德故将刘黑闼战于洺水上。建中二年（781年），魏博节度使田悦叛唐，举兵寇邢、洺，将兵数万围临洺。特别是宋靖康之后，宋将宗泽镇守邢、洺、磁与金对垒多年。这些战争都与临洺关镇有关，而位于临洺关北三里的河北铺村则经常建立营寨等军事设施，驻扎军队。所以，其村名也以"寨"字命名。

金代，战争骤起，出于军事需要，金章宗下令在驿路设急递铺。《金史·章宗四》记载："六月乙卯，初置急递铺，腰铃传递，日行三百里，非军期、河防不许起马。"在河北铺村刚好设有一急递铺。急递铺的名字一般以所临村庄名字命名，因此河北铺村的急递铺那时被命名为高家寨铺。因为方言谐音的原因，有人把"高家寨铺"听成"高家台铺"。

元末明初各地农民的反元起义，尤其是靖难之役，使得中原一带的村庄十室九空、几无人烟，驿路上的急递铺也都遭到破坏。明迁都北京后，在金、元急递铺的基础上进行改制和修复。鉴于驿路沿线有些村庄已经不复存在，所以在急递铺铺名的使用上，原临村庄还有人的仍用旧名，没有人或是人很少的就另取新的名字。当时高家寨村只剩下崔、晋、孟、侯四户人家，已不成一个村庄，所以急递铺就以其地理位置处洺河以北而改名为河北铺。乾隆朝和光绪朝《永年县志》的递铺章节都有"河北铺，即高家寨铺"的记载。

明初实施大迁民，河北铺急递铺旁增加了新的住户。随着人口的繁衍，河北铺急递铺旁居住的人口越来越多，那时人们习惯性地用"铺上"来称呼自己住的地方。但是，"铺上"这个词不能准确地描述自己住的位置，于是，人们就用"河北铺"来称呼自己的住处。后来，"河北铺"也就成了村名。关于"河北铺"这一村名较详细的文字记载有两处。一是在赵氏祠堂主殿墙垒砌的一块刻石之上，有这样一段文字："至万历五年，五世祖讳嵩，又自东滩头迁居河北铺村。"二是光绪《永年县志》上有记载说，"崇祯五年，知府刘养粹、同知崔爵畴、通判罗天象、推官袭铭同立碑于河北铺大道侧，碑署：孔门德行冉子伯牛神道"。由此也可知，"河北铺"这一村名最晚可追溯到明朝万历五年。河北铺村村名沿革如表 1-1 所示。

表 1-1 河北铺村村名沿革

| 时代 | | 村 名 | 铺 名 | | | |
|---|---|---|---|---|---|---|
| | | | 正 名 | | 别 名 | |
| 金 | | 高家寨 | | | | |
| 元 | | 高家寨 | 高家寨 | | | |
| 明 | 初期 | 高家寨 | 高家寨 | | | |
| | 中期 | 嘉靖二十八年（1549年） | 高家寨 | 高家寨 | 河北铺 | |
| | 晚期 | 万历五年（1577年） | 河北铺 | 高家寨 | 崇祯五年（1632年） | 河北铺 |
| | | 崇祯五年（1632年） | 河北铺 | | | |
| 清 | 初期 | 顺治十七年（1660年） | 河北铺 | 高家寨 | 河北铺 | |
| | 中期 | 嘉庆十五年（1810年） | 河北铺 | 乾隆二十一年 | 高寨 | 乾隆二十一年（1756年） | 河北铺 |
| | | 嘉庆二十二年（1817年） | 河北铺 | | | | |
| | | 嘉庆二十四年（1819年） | 河北铺 | | | | |
| | 晚期 | 光绪三年（1877年） | 河北铺 | 光绪三年 | 高寨 | 光绪三年（1877年） | 河北铺 |
| | | 光绪十六年（1890年） | 河北铺 | 光绪十九年 | 高家寨 | 光绪十九年（1893年） | 河北铺 |
| 中华民国 | | 河北铺 | | | | |
| 中华人民共和国 | | 河北铺 | | | | |

资料来源：赵海京主编：《河北铺村志》，北京图书出版社 2014 年版。

## 第三节 河北铺村建制沿革

春秋时,河北铺村属晋。战国时,河北铺村属赵。汉、晋、南北朝时期,河北铺村属易阳县。隋唐时期,河北铺村属临洺县。宋熙宁六年(1073年),临洺县改县为镇,属于永年县,河北铺村也随之属于永年县。明代实行社甲制,永年县分4乡、23社、5屯,社屯各分10甲,河北铺村属于西乡双陵社八甲。清代沿袭明制。民国十九年(1930年),永年县设5个区,河北铺村属于第四区,区公所设在临洺关镇。民国二十八年(1939年),河北铺村属于第五区,区公所设在大北汪。民国二十九年(1940年),河北铺村属于小北汪区,区公所设在小北汪。

表1-2 1947年以前河北铺村的隶属沿革

| 时　期 | 隶　属 |
| --- | --- |
| 春秋 | 属晋 |
| 战国 | 属赵 |
| 汉、晋、南北朝 | 属易阳县 |
| 隋唐 | 属临洺县 |
| 宋熙宁六年(1073年) | 临洺县改县为镇,属于永年县,河北铺村也随之属于永年县 |
| 明代 | 永年县分4乡、23社、5屯,社屯各分10甲,河北铺村属于西乡双陵社八甲 |
| 清代 | 沿袭明制 |
| 民国十九年(1930年) | 永年县设5个区,河北铺村属于第四区,区公所设在临洺关镇 |
| 民国二十八年(1939年) | 河北铺村属于第五区,区公所设在大北汪 |
| 民国二十九年(1940年) | 河北铺村属于小北汪区,区公所设在小北汪 |

**资料来源:** 赵海京主编:《河北铺村志》,北京图书出版社2014年版。

1947年,全县设8个区1个镇,河北铺村属第四区,区公所设在施庄。1953年,实行小乡制,全县划为6个区2个镇93个乡,河北铺村属于西滩头乡第四区。1957年,撤区并乡,永年县改为29个乡2个镇,河北铺村属于朱庄乡。1958年8月,成立人民公社,公社下设管理区,河北铺村属于临洺关人民公社河北铺管理区。1961年,缩小公社规模,河北铺大队属于河北铺公社。1982年9月,改公社为乡,河北铺村属于河北铺乡。1996年1月,永年县"撤区并乡扩镇",河北铺乡并入临洺关镇,河北铺村随之属于临洺关镇。

表 1-3　1947 年以后河北铺村的隶属沿革

| 时　间 | 隶　属 |
|---|---|
| 1947 | 全县设 8 个区 1 个镇，河北铺村属第四区，区公所设在施庄 |
| 1953 | 实行小乡制，全县划为 6 个区 2 个镇 93 个乡，河北铺村属于西滩头乡第四区 |
| 1957 | 撤区并乡，永年县改为 29 个乡 2 个镇，河北铺村属于朱庄乡 |
| 1958.8 | 成立人民公社，公社下设管理区。河北铺村属于临洺关人民公社河北铺管理区 |
| 1961 | 缩小公社规模，河北铺大队属于河北铺公社 |
| 1982.9 | 改公社为乡，河北铺村属于河北铺乡 |
| 1996.1 | 永年县"撤区并乡扩镇"，河北铺乡并入临洺关镇，河北铺村随之属于临洺关镇 |

资料来源：赵海京主编：《河北铺村志》，北京图书出版社 2014 年版。

## 第四节　河北铺村当下概况

河北铺村位于永年县城西北方向，面积 4.5 平方公里，属平原地形，为单一民族聚居的村落。截至 2016 年，河北铺有 1500 户，4794 口人。全村有 48 个姓氏 93 个宗族。村西紧邻 107 国道和京广铁路，村东为 107 国道复线，村南有永河公路穿村而过，交通便利，地理位置优势显著。

河北铺村实行村民自治制度，被评为"先进村街"。现有 11 个村民小组，22 个村干部，9 个两委，13 个小区长。其中，女性干部 2 个，非党员 14 个。村干部的平均年龄为 45 岁，书记为 51 岁，另有 1 个大学生村官，领导班子较为年轻。换届的时候先选支委后选村委，村干部由村民投票选举产生。届时，村中会设置 5 个投票箱，其中流动投票箱 4 个，固定投票箱 1 个。河北铺村有 117 个中共党员，被分为 4 个党小组，多次被评为"红旗党支部"。其中，35 岁以下的党员有 21 个，36—59 岁之间的有 39 个，60 岁以上的有 57 个。河北铺村有 3 个县人大代表，10 个乡镇人大代表，95 个村民代表。其中，有 1 个村干部被选举为县级人大代表，3 个村干部被选举为乡镇人大代表。2015 年，河北铺村召开过 15 次两委联席会议，3 次全体党员会议，6 次村民代表会议，1 次村民大会，1 次民主评议两委会议。

20 世纪 80 年代中期，107 国道、永鸡路两侧木材市场兴起。村党支部抓住机遇，因势利导，给予全方位支持。与此同时，永年标准件产业兴起，河北铺村一批具有商品意识的村民成了标准件产业大军的开拓者和先行者。此后，标准件产业成为河北铺村的主导产业。标准件产业的发展使得河北铺村工农业总产值实现了百倍翻番：2001 年，全村总收入是 28584 万元，是 1978 年全村总收入 93.6249 万元的 304 倍。2007 年全村总收入是140016万元，是2001年的4.9倍。2012年全村总收入4811133万元，是2007年的3.43倍。在总收入中，工（副）业所占比例越来越大，农业所占比例越来越小。1978年，工（副）农业比例是96.4∶3.6。2012年，工农业比例是99.39∶0.61。由此，河北铺村已经成为地地道道的工业村，成为企业的生活区。历年来河北铺村全村收入如表1-4所示。

表1-4 历年来河北铺村全村总收入

| 年　份 | 总收入（万元） | 同比倍数 | 工（副）农业比例 |
| --- | --- | --- | --- |
| 1978 | 93.6249 | — | 96.4∶3.6 |
| 2001 | 28584 | 304 | — |
| 2007 | 140016 | 4.9 | — |
| 2012 | 4811133 | 3.43 | 99.39∶0.61 |

**资料来源**：赵海京主编：《河北铺村志》，北京图书出版社2014年版。

随着村庄经济的快速发展，村民们的生活水平也得到了极大提高。2001年，全村人均收入为3175元，2004年为3981元，2007年增至5100元。现在村民们的人均纯收入已经达到13895元。如今，一走进河北铺村，到处是车水马龙的繁忙景象。村民们开轿车、住新房，衣着、饮食和城市已经没有太大的区别。据统计，2012年全村有轿车460辆，大货车168辆，客货车31辆，面包车79辆。奥迪、奔驰、桑塔纳等豪华轿车在村中随处可见。村内的超市、店铺、商贩供应着各种食品、生活用具、衣物，村民们足不出村就能解决基本的生活消费问题。各种现代化的家具，如热水器、多功能冰箱、电磁炉、微波炉、壁挂式彩电等等，也进入了村民们的家中。随着越来越多的村民入住新民居凤凰小区，该村的城镇化进程进一步加快。但是，村中也不乏一些生活较困难的家庭。河北铺村现有48个人被评为低保户，他们每年都靠政府给的补贴维持生活。

在基础设施建设方面，河北铺村依托进士府传统文化和标准件主导产业两大优势，以高标准、高规格为要求，总投资1400余万元，建设了"进士府"和"中国标准件特色小镇"景观带。建设了幸福里特色步行街、古戏楼。完成了民居改造、安全用水、污水排放、街道硬化、厕所改造、清洁能源利用、公募工程。开展了"三清一拆"行动和垃圾治理，设立垃圾转运站。建设了功能齐全的篮球场、健身广场、生态停车场。完成绿化面积2.6万平方米，使村庄绿化覆盖率达37%。目前，河北铺村已经基本建设成为宜居、宜业、宜游，集观光、休闲、度假等为一体的美丽乡村。

河北铺村自古以来就重视文化的发展。现在村中有赵海京、李献民、赵新成 3 个文化发展人员，专门负责村中的文化事宜。村内有城北实验学校一个小学，金宝贝、幸福时光、金色阳光 3 个幼儿园。据不完全统计，河北铺村的在读大学生有 40 多个，其中一个在澳大利亚留学。河北铺村的文化娱乐活动较为丰富，其民间文化娱乐组织有秧歌队、体能赛队、太极队和舞蹈队。为了弘扬村中的传统文化，村中专门建有村史馆、进士府、进士雕塑公园、古铺今朝苑文化广场。此外，驿站的重修、汉代跨街钢结构牌坊和石牌坊的建设也无不在向人们展示着河北铺村村民对于传统文化的重视。村中流传的故事、传说、歌谣、歇后语赞美着真善美、鞭挞着假恶丑，让村民们自觉或是不自觉地从中受感染、获启发。村民们也正努力地向世人展示其"天下第一铺"的美好风采。

# 第二章 河北铺村的自然形态与实态

河北铺村属于半湿润大陆性季风气候，大多时间处于干旱状态，土质以轻壤为主，沙壤、黏壤次之，外来河水、径流水、地下水是村民们的主要水资源。随着工业化进程的推进和厂房的建立，河北铺村已经由传统的农业村变成了地地道道的工业村，村中的自然环境也发生了翻天覆地的变化。为此，本章节将从自然地理、干旱与水利、平原与麦作、居住格局四个方面考察河北铺村的自然形态与实态。

## 第一节 自然地理

河北铺村位于永年县西北部，属扇形倾斜式平原。为了躲避北风，河北铺村选择坐落在低地。河北铺村属于半湿润大陆性季风气候，全年四季分明，光照充足，这为农作物的生产提供了较好的气候条件。自古以来，河北铺村交通便利，有驿路、木桥、铁路、公路桥、公路等多种交通方式，与周边村庄的距离也较近。这既促进了村庄经济的发展，也促进了与周边村庄的交流与合作。

一、地形地貌

永年县地势西高东低，自西向东分别为低山丘陵、山前倾斜平原、平原和洼地。河北铺村位于永年县西北部，海拔61—66.4米，为受洪积和沙河、洺河冲积而形成的扇形倾斜式平原。河北铺村位于缓坡地带，村庄北面、西面和东面地势偏高，南面和西南方向地势偏低,整个村庄的地形近似簸箕。为了躲避北风,河北铺村并没有坐落在地势比较高的地方,而是选择在低地建村。"西边高,东边低,大体上是这样的。我们村所在的地方背风。"村中老人说道。

受地形的影响,村中地上水、地下水大都由西往东流。由于山洪雨水的冲积,河北铺村形成了11条老路沟:1条睢宁路沟、1条马家路沟、1条小南街路沟、1条老龙沟、1条驿路沟、2条柴凹路沟、2条段庄路沟和2条洺阳村路沟。雨水都经由路沟排往村外。由此,村外也形成了7大水坑:东坑、老仙庙西麻秆坑、赵氏祠堂南边坑、关帝庙北边坑、榆树坑、杨树坑和北阁门坑。"村头儿都有水坑,下雨的时候水都往那个地方流。东边的段庄路沟有一丈多深,南边的水经路沟流去洺河。西边有个杨树坑,很大,有三四亩地大,下雨的时候水都往那儿流。西边玉皇庙那儿也有路沟。"村中老人说道。农作物麻在夏秋收割后要将其束成一捆扔在有水的地方浸泡,等其外皮腐脱后捞出,趁湿剥取后便为麻。麻可制成线绳,用来捆箔、麦秆、草苫等。所以,村民们多在村边地头有坑有水的地方种植。

## 二、气候特征

河北铺村属于半湿润大陆性季风气候。全年气候特征为:四季分明,气候温和,光照充足,雨热同季,干旱同期。春季增温快,风大,雨少,蒸发多。夏季天气炎热,雨量多而集中,大雨和暴雨天气较多,有时还有持续的阴雨天。秋季天高气爽,风和日丽,或阴或晴,旱涝不定。冬季天寒风多,雨雪稀少,天晴而寒冷。河北铺村气候特征的相关指数见表2-1。

表2-1 河北铺村气候特征相关指数情况

| 指 数 | 年平均值 | 最大、最小值 |
|---|---|---|
| 气温(摄氏度) | 13 | 最热月为7月,最冷月为1月 |
| 地温(摄氏度) | 15.8 | — |
| 降雨量(毫米) | 503.6 | — |
| 蒸发量(毫米) | 1197.5 | 6月蒸发量最大,12月和1月蒸发量最小 |
| 日照时数 | 2463.8 | 5—6月日照时数最多,平均每天8.6小时 |
| 相对湿度 | 67% | 7、8月份最为潮湿,1、2月份最为干燥 |
| 风速(米每秒) | 2.7 | — |

资料来源:赵海京主编:《河北铺村志》,北京图书出版社2014年版。

河北铺村1、2、5、6、11、12月为干旱期,7、8月为湿润期,3、4、9、10月为半干旱期,一年12个月大多数时间处于干旱状态。因此,其气候特征决定了在本地种植下列农作物是较为适宜的：一是耐旱性强、生长期短的谷子。虽然谷子的产量不是很高，但是村中老人回忆说："谷子在河北铺村的种植面积很大，占粮田的三分之一。"旧时，村民们办红白喜事、招待亲友谷子都是必备主食。此外，村民们还用谷子酿酒、制醋、喂牲口。二是耐旱的高秆作物高粱。虽然过去的生产条件很差，但是，河北铺村曾大面积地种植高粱。村民们除了用高粱做口粮外，还用来喂大牲畜、酿酒。三是抗干热性强、生长周期短的大麦。春天常常是村中穷人家庭青黄不接的季节，大麦因其成熟期早，三月黄四月就可收割，被村民们称为"救命粮"。虽然大麦的种植面积不大，但是，每到春天村民们就盼着地里的大麦早日成熟。

河北铺村由于春季雨水少，俗有"春雨贵如油"之说。旧时，村民们种小麦靠天收。春天播种的时候有雨，墒情好，就能及时播种。如少雨或是无雨，便不能播种。来年春天，小麦也需要遇上几场雨才能有好收成。受生产条件的制约，1945年以前河北铺村的小麦种植面积不足总耕地面积的五分之一，而且品种也不好，收成低。

### 三、土壤特征

1945年以前，河北铺村有7400多亩耕地，其中300亩为外庄地。据《永年县农业自然资源数据》载：河北铺村地貌属于冲积扇平原类型，土质以轻壤为主，沙壤、黏壤次之。其相关指数如表2-2所示。

表2-2 河北铺的土壤耕层相关指数

| 厚度 | 0~20 cm | 有机质 | 1.25% | 全N | 0.061 669% |
|---|---|---|---|---|---|
| 矸解N | 53 PPM | 速效P | 7.9 PPM | 速效K | 163 PPM |
| 平均含量 | | | | | |
| 有效铁 | 4.37 PPM | 有效锌 | 1.83 PPM | 有效锰 | 6 PPM |
| 有效铜 | 3.02 PPM | | | | |

**资料来源**：赵海京主编：《河北铺村志》，北京图书出版社2014年版。

河北铺村土地的问题主要表现在以下三个方面：一是沙圪垯。河北铺村村北、村南、西大河耕地上有5个大沙圪垯。沙圪垯不仅因浇水问题而耕作困难，而且土壤贫瘠，难有收获。二是茅草岗。河北铺村有里层地茅草岗、西大河茅草滩、铁路中间茅草三大茅草地。在茅草地种植的作物也难有收获。三是大小沟。旧时，河北铺村村里有3条大沟，8条小沟。这些大小沟长短不一、宽窄不等、深浅不同，其不规则的分布和走向使得村庄耕地大小不等、高低不一。

旧时，村民们农业生产上抗御自然灾害的能力差，稷、黍、荞麦等杂粮因其耐旱、耐瘠、生长期短的优势而大面积种植。还有长得像高粱的粮食作物合的，村民们会在贫瘠的旱地里小面积种植。次地上，村民们会成片地种植芝麻；少数村民会在村南的沙土地上零星地种植花生。此外，村民们会在闲散之地种植蓖麻，收获后用其籽换取食油。河北铺村的富裕人家一般会有自己的菜园，专门用来种植蔬菜。一般的村民家庭则是在浇水方便的井台周边、垄沟两边零星分散、少而全地种植。

四、水源特征

河北铺村的水资源主要有三种：一是外来河水。河北铺村村南的洺河属于季节性河流，其来水和汛期同期，年平均来水量为1.15亿立方米。二是径流水。径流水主要来自降水。河北铺村年平均降水量为521.9毫米。各月降水极不平均，全年降水量70%以上集中于6—9月份，其他月份降水量很少，甚至无雨。年际降水量变化更大，丰水年降水量为650毫米，平水年为481毫米，枯水年为381毫米。三是地下水。河北铺村的人畜、灌溉用水大多数是地下水。

关于村中的地下水，村中老人这样说道："一般情况下不缺水，不干旱。都是水浇地，地都能浇。水位都很高，井一般就是五六米，河地的话三四米，就是那么浅。东边的地最深的有20米，北边的洼地10来米深，北边的岗地是15米，村南的地是三四米，村西边的地是10来米深。"棉花在生长过程中需要从土壤中吸收大量的水分，河北铺村丰富的地下水资源为其消除了后顾之忧。据村中老人回忆，旧时，河北铺村种植棉花的多，种植粮食的少，最多时棉花的种植面积占耕地总面积的70%。棉花在村民们的日常生活中也发挥了巨大的作用。棉絮可做纺织原料，棉籽可榨油，棉籽皮、饼可做饲料。在煤炭短缺的时候，棉柴还是烧火做饭的上等燃料。

五、交通状况

自古以来，河北铺村便交通便利，来往人员较多。其交通方式主要有以下几种：

1. 驿路。河北铺村有一条贯穿村中、南北走向的驿路，且设有递铺和墩台，主要负责朝廷与地方之间诏书和公文的传递。旧时，驿马和铺卒经常从村中经过。据相关资料记载，大金朝的宣宗皇帝，明朝的嘉靖皇帝，清朝的乾隆皇帝、光绪皇帝，其銮驾都曾从河北铺村经过。

2. 木桥。清末民初的时候，为了方便行人过往，桥会集资购买了40亩河滩地作为桥会地，桥会地的出租收入用作在洺河上搭建木桥的修桥资金。为了避免洪水将木桥的木料冲走，这座木桥冬春季节架起，夏秋季节拆掉。木桥架起后，村民们就可经木桥去往临洺关镇。

3. 铁路。光绪二十八年（1902年），村西的京汉铁路开始兴建，到光绪三十年（1904年）通车。由此，河北铺村人也成为第一批看到火车运行的永年县人。

4. 公路桥。民国二十七年（1938年），日本人出于军事需要，在河北铺村村南的洺河上修建了一条公路桥，取名为"新民桥"。

5. 公路。民国二十八年（1939年），日本人在河北铺村修了两条公路：一条在玉皇庙东、西圪东、北圪西一线，这条公路南至临洺关镇，北至沙河县边界。另一条是在驿路西边、铁路东边，这条公路不穿过河北铺村，但与驿路平行。民国三十二年（1943年），日本人沿洺河北岸在河北铺村修筑了洺曲汽车路。这条公路呈西南—东北走向，可由临洺关镇至曲陌。

河北铺村不仅交通便利，而且其与周边村庄的距离也较近。村南与临洺关镇隔河相望，相距1.5公里。村西与洺阳村相距2.5公里。村西北与柴凹村相距1.5公里，与曲屯村相距2.5公里。正北与沙河市相距5公里。村东北与段庄村相距2.5公里。正东与朱庄村相距2.5公里，与睢宁村相距4公里。东南方向与西滩头村相距1公里，与东滩头村相距2.5公里。[1] 河北铺村与周边村庄的方位、距离关系如图2-1所示。

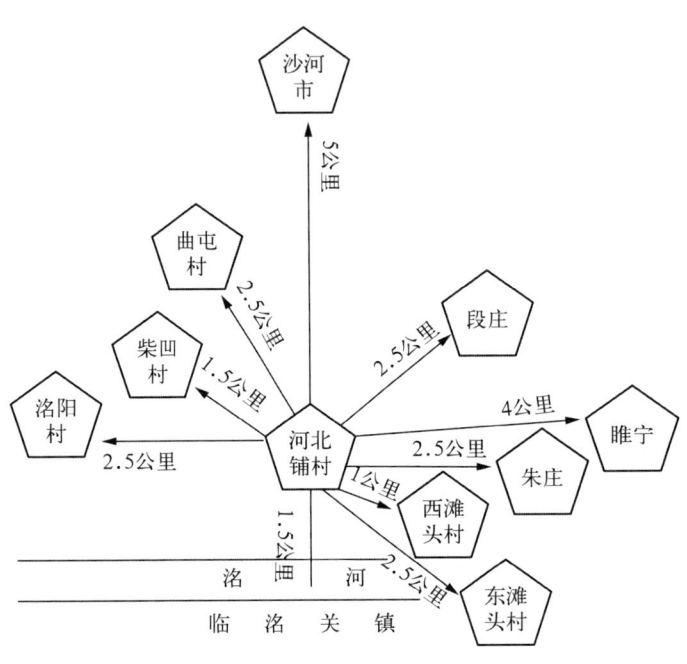

图2-1 河北铺村周边村庄的方位、距离

便利的交通和较多的来往行人在一定程度上促进了村庄经济的发展及其与周边的交流与合作。如民国期间，南街的赵金钰和东街的赵雨奎分别在南街和东街开了车马店。又如河北铺村一些"行好"[2] 的村民联合滩头、柴凹等村村民成立了桥会，为村民们搭建过洺河的桥梁。

---

1 数据源自赵海京主编《河北铺村志》，北京图书出版社2014年版。
2 具有宗教信仰的人做善事。

## 第二节 干旱与水利

河北铺村除了7、8月份属于湿润期,其他时间大多处于干旱状态,且春旱多、秋旱较少。虽然,村南有条洺河,但是由于地势的原因,村民们很少取用河水。河北铺村有8口官井,有些人家还自己挖有水井,解决了村民们的生活用水问题。旧时,河北铺村地里也有100多口水井。因为水井多,所以村中很少出现生产、生活用水不够的现象。

### 一、干旱概况

河北铺村1、2、5、6、11、12月为干旱期,3、4、9、10月份为半干旱期,7、8月为湿润期,一年12个月大多数时间处于干旱状态。其旱灾的特点是春旱多,秋旱较少。春旱影响春播,成为制约农业生产发展的重要原因。河北铺村属于山前平原区,年平均降雨量为503.6毫米,降雨量较小。民国年间,河北铺村发生过4次旱灾,分别是1920年、1930年的春旱,1942年的春夏大旱和1943年2—7月的干旱。1943年的干旱使得粮食价格乱涨,每斗小麦由4元涨至120元。但是,其地下水资源丰富,村中老人回忆说,民国年间河北铺村的地下水位为6米左右。所以,提取地下水成了村民们解决旱灾的主要方式。

### 二、水与生活

河北铺村村南有条洺河,洺河上冬春季节会搭建木桥,村内有官井,有些村民家中也打有自家的水井。无论是洺河、木桥,还是官井、村民自家的水井,都在深刻地影响着村民们的生活。

#### (一)洺河与生活

以前河北铺村村南没有河,为一片地。据说,地中间有一条界线,界线南边属于临洺关镇,界线北边属于河北铺村。至于洺河的形成,村中有这样的说法:

有条河从西边过来,在河北铺村村北流过。后来那河水流到羊城后被挡住了去向,水流便往南走。到了裴坡庄后,水流又被挡住了,就拐弯往东北方向走,流到了现在的河北铺南边。从此以后,河北铺南边也就有了一条河流,是为洺河。洺河的形成如图2-2所示。

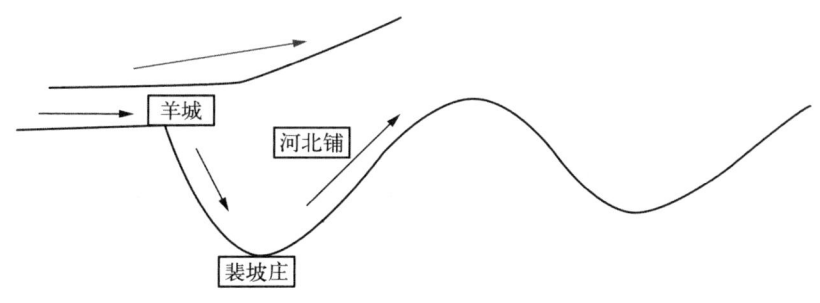

图2-2 洺河的形成

洺河形成后，洺河两岸的人都可以使用，可以随意在河里面打渔、玩乐，没有明确的产权。"洺河里有好多鱼。以前，夏天的时候大家会脱了衣服坐在里面，好多鱼就围着你，我们就在里面做'鱼疗'。"村中老人说道。但是河道的南北岸则成为村庄的边界，北岸属于河北铺村，南岸属于临洺关镇。

洺河有个别名叫"泻度河"。它每年一下雨就会涨水，而且还涨得很猛，不下雨的时候河水则又会立马降下去。种的作物都会被水冲走。河滩地一般都没人耕种。对于河滩地的收益，村中有这样一句话："卖豆腐制下河滩地，浆里来，水里去。"这很好地描述了河滩地的低收益。因此，河滩地没有产权，不属于谁，谁愿意种就种。

(二) 桥与生活

清末民初，河北铺村联合滩头、柴凹等村成立了桥会。为了方便行人，桥会会在洺河上搭建木桥。桥会集资购买了河滩地40亩，叫作"桥会地"。这地用来出租，出租的收入作为修桥的资金。桥会一直维持到1937年。洺河上的木桥冬春季节搭建，夏秋季节拆掉。"冬天的水位也不高，但是冷，大家都穿着棉裤、棉袜。夏天的水也不高，到膝盖处，大家直接脱了鞋蹚水就过去了，不用桥。"村中老人回忆道。

桥搭好后，桥会会在桥头盖个房子，让一个人在那儿收过桥费。过桥费没有固定的标准，可以商量着给，乞丐则直接让过去。对于那种穿得还不错，看起来像个白面书生的人就让其交钱。此外，挑货郎、推车的要多给一点钱。有时候推车的推不动了，收钱的人还要去帮忙推一下。

修桥属于公益，村中的有钱人对于这种"赔本"的事情一般都不参与，而且他们忙着做生意挣钱也没时间参加。村中游手好闲的人也不会参加。参加桥会的人家庭条件一般都不是很好，但是他们都有着一颗"行好"的心，为人忠厚老实、勤奋肯干。他们修桥的目的不是为了挣多少钱，而主要是为了方便群众，想为群众办好事。

村中老人回忆说，大集体的时候村中也组织过修木桥。木桥的木料和搭桥的工钱都由村集体提供。村集体搭建的桥梁比私人搭建的会大一些，而且私人搭建的木桥只能过小车，集体搭建的则能过马车。因为那时的木料值钱，所以即便是村集体搭建的桥也得找人看着，不然有人会去偷桥上的木头。

(三) 官井与生活

河北铺村总共有8口官井，北街4口、西街1口、东街2口、南街1口，东西南北街每条街都有。官井属于公用的水井，人人都有份，谁都可以去那儿挑水喝，别的街的人也可以去。外村的只有在碰见干旱，自己村没水的时候才来。不然，一般都不来。来了就跟村里人一起排队打水，一个跟着一个。"官井从我记事的时候就有了。大集体的时候就是生产队打的，为了方便群众。如土地庙前有空地，在那儿打了一个。"村中老人回忆道。官井没有专门的人管理，打水需要的大绳、水钩、铁链子之类的东西在装上后就不卸下来了，也没人拿。

（四）自家的水井与生活

有些村民为了方便，会在自己家里打个水井。自家打井的都是土财主以上的农户，家庭条件一般的村民家打不起，有些贫困的村民连生活都顾不上。村民们自己家打的水井一般都比较小，官井则大一些。水井打好后，邻居们也可以来打水。水井里打水用的工具都是主人家自己制，如果用坏了，也主人家自己修，不用别人修。

三、水与生产

虽然洺河一年四季不断流，但是因为河与地面的落差太大，不方便取水，所以村民们并不会用洺河里的水灌溉。但总的来说，最主要的原因还是村民在地里打有灌溉的水井，且水井里的水够用。

（一）地里的灌溉水井与生产

据村中老人回忆，旧时全村地里有100多口水井。因为水井多，所以村里很少出现干旱的现象。地里灌溉用的井有的是村民自己出钱打的。家里有10亩以上土地的一般都会自己打井，地少的则不会，如二三亩的。有的则是合伙打的，但是不多。"合打时间长了矛盾大。不浇水的时候都不浇水，要浇水的时候都要浇水。"村中老人回忆道。

井打好后，相互间关系好的地邻们可以借用，不用给报酬。但是，用的时候得跟主人说一声。如果主人白天要用，那么他就只能晚上用。即便主人家不在，也可以用。所以，村中以前没有偷水的现象。旧时，灌溉一天只能浇两亩地，财主们因为地多，自己都不够用。所以，财主家的井一般不借给别人用。尤其是夏天的时候，每隔一周，最多10天，就得灌溉。有些水不够用的村民会在井中挖"井中井"，往井里下套盘或是打竹竿（如图2-3所示），用更深的地下水。"一层不够用两层，两层不够用三层。井里的水用不完，用了又会渗出来。再下一个泥层，往下打就可以用到更多的水。"村中老人说道。

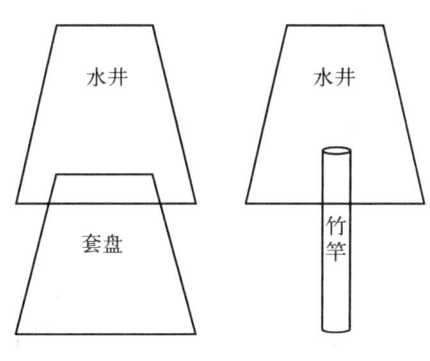

图2-3 井中井

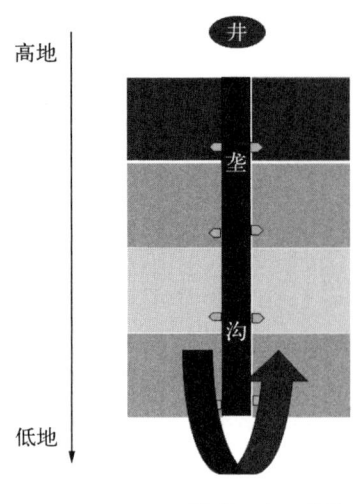

图2-4 垄沟

1. 垄沟与生产

村民们在地里灌溉的时候都是使用垄沟，垄沟有公有的也有私有的。私有的垄沟由各家各户自己修建。地宽的就自己打；地都不宽的地邻家则可以合着打一条垄沟，浇水的时候两家一起浇。高低不平的地方还一般都设有公用的垄沟，这垄沟大家都可以用。所以，当大家都想用这垄沟的时候，就难免会产生矛盾。当自己的地离水源比较远必须穿过别人的地才能将水引至自己地里时，村民们也能把别人的地当作垄沟将水引至自己地里。垄沟里的水通过水口往地里流，水口都在地中间打。一块地灌溉好后就将其水口堵住，然后再灌溉下一块地（如图2-4所示）。

2. 水井与灌溉

旧时，由于地势的原因村民们的地都是高高低低的。村民们一般将水井打在地势较高的地方，灌溉的时候从水井边开始灌溉，让水从高往低流。灌溉的时候一般按"U"形路线进行，从近到远，再从远往回灌溉（如图2-5所示）。第一次灌溉定好路线后，以后也都按照这个路线。村民们灌溉用的工具叫"姑娘的"，与其配套的装水的那个工具叫水簸箕。

水井和地的位子对灌溉有着极大的影响。位子不同，其灌溉方法也不同。概况起来主要有以下几种情况：

（1）井在高处，地在低处。这种情况就直接用水井里的水灌溉两边的地（如图2-5所示）。

（2）井和地同在一个平地上。这种情况就在井和地之间直接垫个垄口让水流过去（如图2-6所示）。

图2-5 水井

（3）地高，井低。在挨着地的较低的地方掏个小井，让水井里的水流到小井里，然后再在地势较高的地边按个"姑娘的"，把水提上地里（如图2-7所示）。

（4）井、地都在高处。在井和地之间用土垫一个垄沟，通过垄沟往地里引水。如果在水井和地之间有可以用的别人的垄沟，则可以借用别人的垄沟直接将水引至地里（如图2-8所示）。

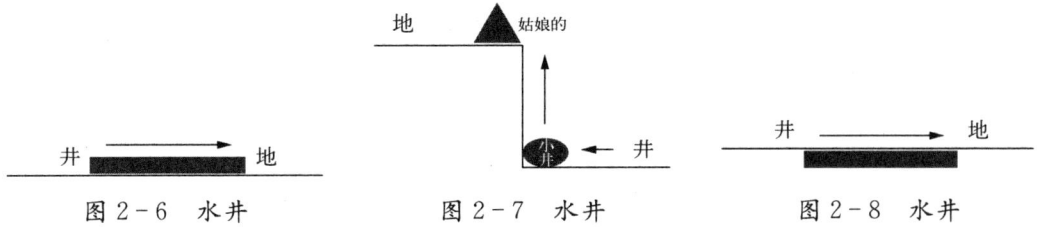

图 2-6　水井　　　　图 2-7　水井　　　　图 2-8　水井

（5）井和地都在坡上。在坡上的地属于旱地，给其灌溉只能借用别人的水井。如图 2-9 所示，井 1 是自家的，井 2 是别人的，那么灌溉的时候就只能借用井 2 的水。

（6）自家的井离地远。就近借用别人的井，垄口也可借用别人的。如图 2-10 所示，井 1 是自己的，井 2 是别人的，那就借用井 2 的水灌溉。

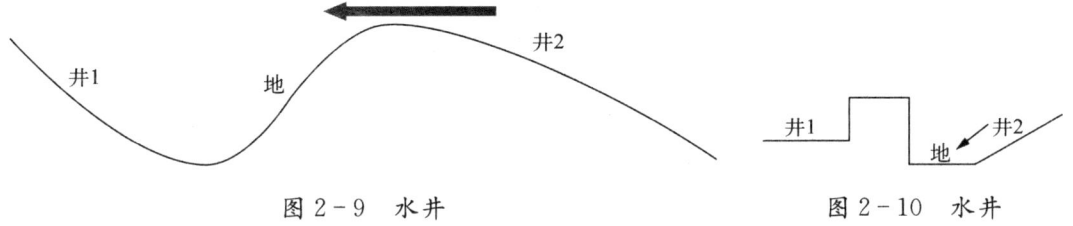

图 2-9　水井　　　　　　　　　　图 2-10　水井

## 第三节　平原与麦作

河北铺村的平原地形为村民们大面积地种植小麦、谷子等农作物提供了良好的基础。"摇头地"被村民们认为是上等好地，因此，村中有"有钱难买摇头地"的说法。土质、平整度、灌溉条件是村民们评价土地好坏的标准。传统时期，村民们在耕种的过程中会互帮互助，共同完成收割。

一、田块

（一）形状

旧时，河北铺村的土地都是一方一方的。一方的最大面积有二三顷[1]，但一般都是二三十亩地一方。不同的方有不同的朝向，即有南北针，也有东西针。但是，同一方的地则都是南北针或东西针。这一是因地形而造，二是为了方便灌溉。如果一片地是东边高、西边低，那么就造成东西针，让水往西流。不同的方有不同的朝向，这就使得河北铺村的土地呈不规则状，方与方之间是"横七竖八的"。"如村南的地有一片是南北针，另一片则是东西针，都不规则。这跟后来大集体不一样，大集体的时候都归

---

[1] 一顷为一百亩。

为大方。"村中老人说道。同在一方的土地不一定都是一个人的，通常是好多人的。对此，村中有一老人回忆道："村南的那方地有100多亩。但是，我家的就是其中的10来亩，其他的都是别人的。"

传统时期，河北铺村财主家的土地面积大，30—50亩不等，有的还是大方地。一般村民家的土地就十二三亩，最多的二十来亩。有些中农户家的土地最多可达30亩。村民们认为面积十多亩、有自打水井的土地是较为适宜的，农闲的时候自己耕种，农忙的时候就雇用短工。

（二）质量

河北铺村中的土地有好地、赖地之分。好地、赖地的区分标准：一看土质，二看土地的平整度，三看是否有较好的灌溉条件。好地，土质好、肥沃、产量高。河北铺村西边的"摇头地"被认为是上等好地。对于"摇头地"过去村中有"有钱难买摇头地"的说法，便别人出高价钱都不卖。赖地则是那些土质差、地面不平整、坑坑洼洼的土地（如沙土地），上面土、下面沙的土地，地势不平坦（如这头高、那头低、中间洼）的土地。好地的产量可达四五百斤，赖地则只有两三百斤。

土地出租的时候，好地、赖地存在着较大的差别。好地的租金多，要求给较多的粮食；赖地租金少，要求给的粮食少一些。无论好地、赖地都有人租，到底租好地还是赖地不由村民们的心意决定，而是看有什么样的地出租。有好地就租好地，有赖地就租赖地，这由不得自己挑。

（三）名字

河北铺村的土地都有名字，其名字有的按地形取，有的按人名取，有的按种植物取，具体如表2-3所示。

表2-3 河北铺村土地地名

| 序号 | 缘由 | 地名 |
| --- | --- | --- |
| 1 | 地形 | 台上地、北洼地、小岗地、长畛地、头畛地、旗尖地等 |
| 2 | 人名 | 喜所坑地、春芳坑地、绍孟地、天保地、克勤地等 |
| 3 | 种植物 | 白花地、梨园地、桑园地、桃树地、杏树地等 |
| 4 | 寺庙 | 西庙前地、南庙地、庙前地、北庙地、和尚地等 |
| 5 | 坟地 | 段家坟地、李家坟地、杨家坟地等 |
| 6 | 树木 | 杨树坑地、榆树坑地、杨树行地等 |
| 7 | 河流、桥 | 小河地、南河地、西河圪垯地、小早桥地等 |
| 8 | 姓氏 | 温家地 |

续表

| 序 号 | 缘 由 | 地 名 |
|---|---|---|
| 9 | 水井、水沟 | 小井地、水沟地 |
| 10 | 职业 | 王八[1]地 |
| 11 | 历史遗迹 | 长安铺[2]地、大场地[3]、小场地 |

平时，这些地名既方便村民们外出耕种（如村民们去地里干活的时候可以直接说去哪块地里），也方便村民们进行土地买卖时契约的誊写（村民们在契约上可以直接明了地记录买卖的是哪块田地）。"地名是多年流传下来的，我记事起就有了。一个名字不是一家人的地，是好多家人的地。"村中老人说道。

（四）距离

河北铺村的土地围绕着村民们居住的房屋分布，并以房屋为中心点向外扩散，整体上大致呈东北方向土地多、西南方向土地少的状态。一出村口就是村民们的土地，离村最远的土地在村庄北边，距村庄五里远。那儿有一个古时的墩台，叫"长安铺墩台"。

过去，对于那些距离村庄较远的土地，村民们耕种的时候会用大车将所需农具等拉去地里。中午，种地的人不回家吃饭，由家人将饭送至地里。吃完饭后，村民们就在地里休息，下午干完活后再回家。那些家里没有大车，但是地又比较远的村民则将农具等放在拖车[4]上，让牲口拉着去地里。

二、边界

（一）边界与村庄

据村志记载，1947 年河北铺村北接段庄、曲屯，东临朱庄、睢宁、瓜井，西接柴凹村、洛阳村，南临洺河。河北铺村与邻村以河流和土地为村与村之间的边界，村民的地在哪儿，村庄的边界就在哪儿。"我的地在哪儿（哪儿）就是边界。边界都是地，没有山，南边是洺河。"村中老人回忆道。

村庄边界不是固定不变的。如果村民将作为村庄边界的地卖给邻村，那么这块地从此就归属邻村，村庄的边界要相应地发生变化。如果村民将作为村庄边界的地卖给其他村而非邻村的人，那么村庄的边界不变，这地就叫"外庄地"。村庄的边界就以村民们的"文约"即地契为标准，村里并不进行公示。"就是（通过）各家各户的地契来

---

[1] 旧时唢呐艺人地位低下，被称为"王八"。
[2] 此处有一墩台，名"长安铺"。
[3] 古代练兵的场地。
[4] 没有车轮，由木板组合而成。

证明。村里没有什么证明。（只需）是这个村的人，是这个村的地，这个就是边界。"

为了标明边界线，村民们会在地的边界上挖个1米多深的洞，在洞里撒下白色的石灰。为了方便寻找，村民们会在石灰上面插个桑树桩。"有纠纷的时候就挖出来，看是你吃我的地了，还是我吃你的地了。"村中老人回忆道。如果发生边界纠纷，既可由发生纠纷的双方通过打官司的方式处理，也可以请双方的村干部进行协商处理。村庄边界上的树是谁种的就归谁，水井是谁打的也归谁。

（二）边界与分家

分家分田时按儿子个数平均分配。当家人会请家族中的"家长"，[1] 管事的和叔伯辈的人担任公证人并一起商量讨论。分田以田埂为界，并打洞下灰橛，上面插个桑树桩标注。边界定好后即到县里更改田契，将老契换成新契。边界不能随意侵占，若侵占过分，就请管事人来定夺并查看灰橛。若纠纷严重还能见官打官司。

（三）边界与买卖

村民家里遇见困难、疾病急需用钱，或是败家子们需要钱赌博、抽大烟的时候，会将田地拿去卖。买卖田地需要经纪人做介绍。卖之前先告知经纪人，经纪人找好买家后就将田地卖出。田地买卖的时候要请土地的四邻、村长、地方和管事人做见证。买卖双方立契约，写明卖地原因、亩数和土地位置，之后所有参与管事的人都要在契约上签字画押。卖家将地契交给买家，买家拿着老地契去县里换新地契，至此整个土地买卖过程完成。事后，买方要摆"合食"宴请土地的四邻和参与了土地买卖的管事人。

三、田地耕种

（一）种子

旧时，村民们的种子都是自家留，自己挑选、备用。具体留多少、留什么则根据自家的耕种面积和耕种意愿而定。村民们种一亩麦子需要15斤种子，但是村民们一般会多留一些。播种后，如果麦子有多，那么村民们就将多余的种子当粮食使用。"过去的种子简单，今年种这个，明年还种这个，导致产量低。"村中老人说道。

村民们预留的种子一般都够用。但是，如果万一不够，那么村民们一是可以去市场上买，二是可以向与自家关系好的亲朋、邻居借。所谓"有借有还再借不难"，所以，借种子后也得还。还的时候一般是借多少还多少。但是，有些村民认为借东西也是个人情，所以在还的时候会多还一些。村中老人回忆道："村中也有些人在借了别人

---

[1] 本报告中"家长"有两种释义，一为某家庭中的当家人，一为家族中年长的管事人。为示区别，当表示后一种意思时一律加引号，表前者时则不加。此处即为后一种意思。——编者注

的种子后不还，或者是还得不够数，如十斤还九斤半，或是还更差的给别人。这人不行，以后就没人借给他了。"

（二）请工与帮忙

河北铺村的粮食一年两收：夏收和秋收。夏收收麦子，秋收收谷子。村民们耕种一般以一家一户为单位。家里有二三十亩地的村民平时一般都自家人耕种，农忙顾不过来的时候就请短工。"我家是中农户，二十多亩地，平时自己和父亲就种完了。上午种一亩，下午种一亩，两天两个人就是四亩地。一般情况下，不用别人，就是自己。"村中老人说道。村民们请工、需要人帮忙一般是在锄小苗、浇水、收秋、收夏、种秋的时候。请工或是找人帮忙，村民们一般找家中地少、劳动力多的。富农、财主家则常年雇有长工。

（三）灌溉

村中的中农户一般都有水车、有牲口，能自家去浇地。如果劳动力不足，一般通过以下方式解决：一是可以花钱雇人浇地。雇人一般雇5个，4个人负责提水，1个人负责塞垄口。塞垄口被视作休息，由5个人轮流干。二是请亲戚朋友帮忙。"以前，我姑姑家的儿子就会过来帮我家浇水，他家地少。"村中老人回忆。三是可与地邻家合作。但是，如果一方有三亩地，另一方有五亩地，那么，这多出来的土地亩数就可以折算成工钱，以工换工。

（四）损苗赔偿

如果村民们地里的庄稼苗被牲畜损坏了，是否赔偿一般要视情况而定：一是看其损坏的程度。如果损坏不多，肇事方去给受损方道歉的时候，受损方可以不让其赔偿。如果损坏比较多，则按照受损土地面积的大小，能得多少收益进行赔偿。二是看肇事方和受损方双方的关系。如果双方关系好，受损方可以不让其赔偿。如果双方关系不好，有矛盾，甚至是比较大的矛盾，那么不仅要赔偿，还可能导致更大的冲突。三是看是否故意。如果是故意的，那么不仅会让其赔，而且还可能让其见官。

（五）扬场上供

旧时，村民们扬场完后有上供的习俗。扬场是个力气活，自家的劳力往往不足，所以，每到扬场的时候村民们就会花钱雇劳力。因扬场的人劳动量较大，所以主家得时不时地送东西给他们吃，叫作"吃点饭"。夏天的时候，"点饭"一般是馒头、鸡蛋加几个炒菜。秋天的时候则一般是高粱面糊。扬场做完后，村民们就用准备好的菜、馒头去自家的地里上供，祈求保佑多收点粮食。上完供，供品会让扬场的人一起分享，如果有多也会让其带些回家。

## （六）晒麦子

过去，村民们将麦子收回来后，就在自己家的院子或屋顶上晒。不会在街上晒。晒干后就直接入仓。如果自家的院子或屋顶不够用，可以借用邻家的院子或屋顶，不用给报酬。

## （七）拾麦穗

村民们在收割完麦子等农作物后，会去地里拾一些剩下的、没收到的麦穗等。自家拾完后，会让别人去自家地里拾，拾的人不用征得土地主人的同意。拾的人都是些家里没地，或是种了地但是收的粮食不够吃的穷人们。他们一天可以拾得三五斤粮食，除了麦子、谷子等粮食，他们还拾棉花。

## 第四节　村落空间格局

传统时期，河北铺村的宅院类型主要有四合院、多重院、大众式和廊连四种。虽然村中的房屋布局没有规划，但是房子与房子之间却有着严格的界线，并且还需留出滴水地和采光的空间。此外，村中有7座庙，1个和尚塔。为了防盗、防土匪，保卫村民们的安全，村中还修建了7座阁门。村公所、饭场、乱葬岗、麦场和寺庙则作为公共场所，在村民们的生活中扮演着重要角色。

### 一、民居与村庄

（一）民宅

旧时，河北铺村村中的房屋布局没有规划，不成排，要么弯弯曲曲的，要么就是散的。村民们的房屋类型大致有三种：平顶式、瓦房式和海青式。其中，瓦房式的全村有60多座，海青式的有13座，其他的都为平顶式，平顶式的最多。

村民们房屋的朝向大体都是一致的。堂屋都朝着向阳的方向，坐北朝南，而门楼则各具特色。河北铺村的门楼大体上有这几种样式：瓦房顶式、平顶式、卷棚式、海青式、园卷门式、"猪拱嘴"式。不同的门楼代表不同的家庭，并在一定程度上反映了其经济水平和家庭地位：海青式门楼的脊上有跑兽，这一般是有功名人的宅第，比如说进士府。卷棚式门楼多半是富裕人家的宅第。园卷门式则一般是开设的马车店。

村民们建房子的时候要先盖里面的房子，后盖门楼，门楼一定得留到最后盖。对此，村中有"盖房子先把里面盖好"这样的说法。有的人家先将门楼盖好，但是盖好门楼后，里面的房子就会怎么都盖不起来。村民们也不知道怎么解释这个事情。此外，门楼一般不能比堂屋和配房高。堂屋、门楼、配房的高度应依次为：堂屋最高，其次是东屋，然后是西屋，最后是门楼。

村民们的房子都有严格的界线。对于房界，村民们会在房界边打洞放灰橛标注。自家的房屋面积是多大就多大，村民们不会随意侵占别人的房界，也不让别人侵占自己的房界。旧时，土地属私人所有，村民们的房产地都是通过买卖交易而来。图2-11是民国六年（1917年）河北铺村中的一份宅基地买卖契约。房产交易的时候不仅要通知四邻，还要请村长、地方、管事的、村中有威信的人来当中人。交易后房产的界

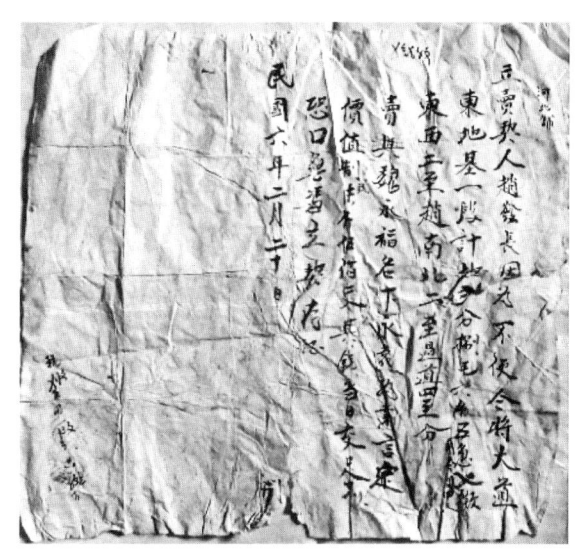

图2-11 宅基地买卖契约

线都会清晰地写在契约上，并以契约为证。买卖后，买方摆合食宴请四邻和中间人。旧时，河北铺村同一个姓氏或是同一个家门的村民偏向于将房屋坐落在一块儿。如图2-12所示，村中的赵姓、李姓、薛姓、杨姓、崔姓、晋姓、侯姓等都是成片地聚居在一块儿。但是，即便是同一个姓氏或家门，村民们对房屋的界线也格外地讲究，寸土不让。如果邻居之间因为房界发生了纠纷，那么可先由四邻调解，调解不成再找"家长"或是族中管事的，再不成就见官找村长、地方，或是打官司。

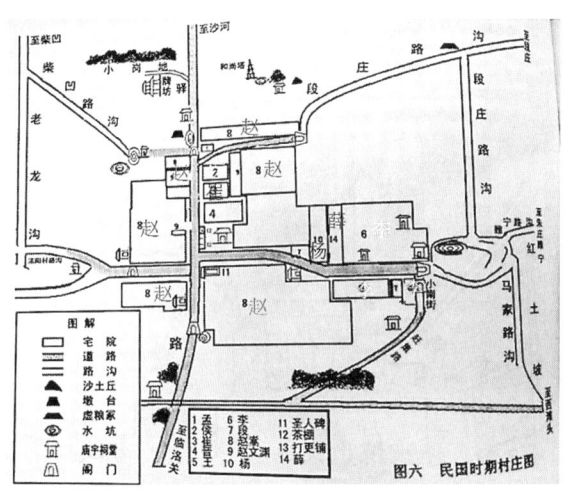

图2-12 河北铺村民居分布

如果要挨着别人的房子建房，为了避免发生矛盾，建房的时候要跟左邻右舍商量。村民们建房都自己垒墙，不会与邻居建公共墙。相互挨着的房子，垒墙的时候可以不隔开，让墙碰着墙。如果自家不用在与邻居家挨着的那一面架设东西，那么村民们可以直接用邻家的墙面而只垒三面墙，而且可以不用给邻家钱。"用别人的墙没事，我的墙他用，他的墙我用。但是不能占着。"村中老人说道。但是，在房屋的高度上，挨着建的南面房子的后檐要和北面房子的前檐一样高。不然，北面房屋的主人就会不同意。房屋的地基也是南面

低，北面高，越往北越高。胡同亦如此。

河北铺村有许多房子都是楼房，建楼房的时候得与邻居家的房子隔开一段空地，自家房子的影子不能遮住邻居家的房子，不能影响邻居家房屋的采光。村民们一般都让雨水往自家院里流。但是，也有村民让雨水流往院外。如果让雨水流往院外，那就得在房屋周围留开滴水地（如图2-13所示）。滴水地一般2米宽，也算作自己的宅基地面积。村民院里的水都通过一个暗渠流往院外，汇到胡同。自家的水不能流到邻居家，不然，可能导致打官司。因此，这就需要与邻居家空开一片流水地。邻居之间空开的流水地一般是1米或1.5米宽。在河北铺村，流出胡同的水的流动方向里有个讲究——水要绕门流。如，胡同的水往南流，那么胡同两边的人家的出水口都得在大门的北边，让水绕过大门往南流（如图2-14所示）。

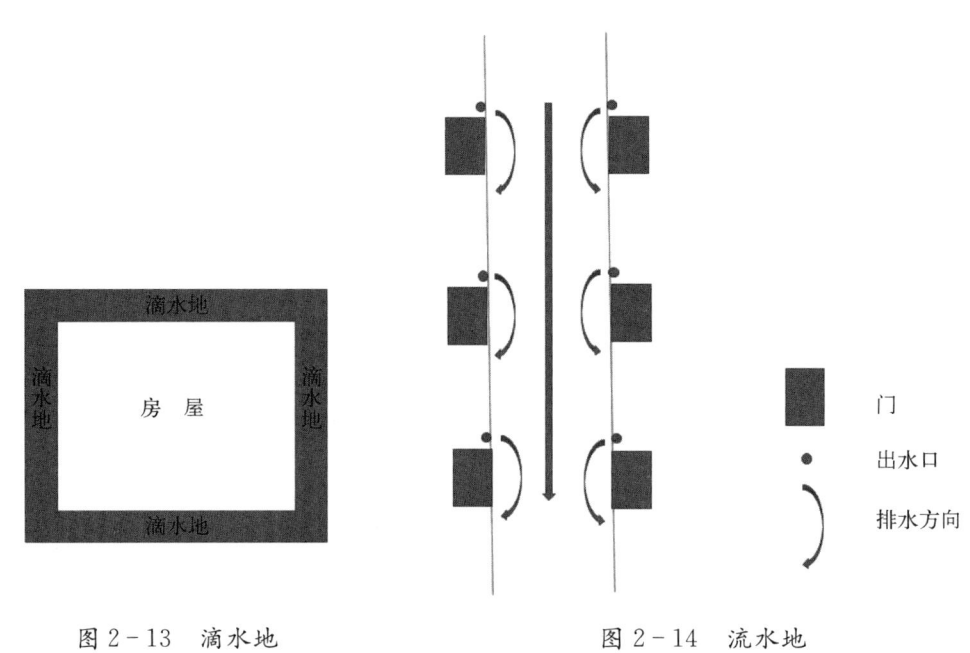

图2-13　滴水地　　　　　　图2-14　流水地

在旧时，村民们宅院的类型主要分为四合院、多重院、大众式和廊连。其中，四合院全村有51户，多重院全村有60户，约占全村宅院的37%。大众式宅院多是村中的中等户、中下等户居住，这类宅院占约占全村院落的25%。村民们对房屋的规模都比较看重，羡慕那些有大房子的人家。"前圈盆，后即起，一进三团院"，在村中是比较气派的房屋，推开门往里看，一节比一节高，如进士府的房子就是这样的。而且，进士府还有楼房，晚上灯笼一挂，满院都灯火辉煌。但是，这只有有钱人家才能盖得起。"一般的农民家也想盖大房子，但是没钱，就只能盖个下雨天能遮雨、冬天能避寒的房子。用土垛墙，上面弄点梁，铺点草。"村中老人说道。

正所谓"吃饭穿衣看家门",吃饭、穿衣都得看与自家家门相不相称。所以,村民们盖房子也得看其家庭条件。为此,村中一老人回忆了他家盖房子的过程:

> 以前,爷爷家是土财主。一开始家里住的是土房。后来慢慢地家里稍微有点钱了,比较富裕一点了,就盖了个砖房。那时的砖房叫"里生外熟",墙体外面是砖、里面是土坯。盖好后,家里又有钱了后又盖了两个配房。最后,家里的房子就有三个头屋,两个配房,还有院子。

(二)村庄防卫设施

1. 阁门

为了防盗、防土匪,保卫村民们的安全,1940年河北铺村建了7座阁门(如图2-15所示)。这7座阁门分布在东街、西街、南街、北街、北巷子东口、北巷子西口和东街小南街。

阁门的修建属于公共性事务,由村长组织村民修建。黑团等组织抢劫的对象都是村中的有钱人、富人,因此,修建阁门的资金主要向村中的富户筹集。有钱的就多出一

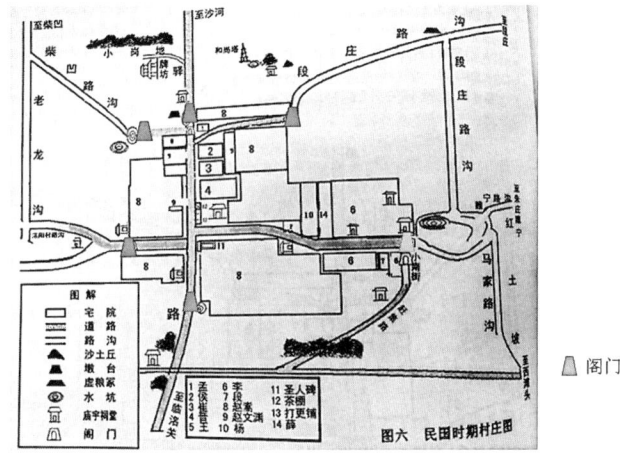

图2-15 阁门

点,稍微差一点的就少出点。虽说穷人家里没什么可抢,也不怕被抢,只求家里下雨天不漏雨、冬天不冷就行,但是出于对村庄整体安全的考虑,穷人也以出工的方式参与阁门的修建。"外面都是地,我们村的房子好且高,再往外垒个墙,安上门,晚上锁住。这都是村里面自己建的。"村中老人回忆道。如果阁门坏了,其修建工作也由村长组织。

阁门建好后,村长专门安排了几个巡夜的人负责阁门的开关,其工资由村长统一支付。阁门的钥匙都在村公所的墙上挂着,"巡夜的人去拿钥匙,白天或是晚上就去开关门,这都是巡夜的干。"村中老人回忆道。因为夏天天黑得晚一点,所以,阁门关门的时间夏天会稍微晚一点,冬天则早一些。由于村中有人要做生意,所以早晨一般都开门开得早,天刚刚亮就开门。晚上阁门关了之后一般就没人出去了,因为外面土匪多、劫匪多,出去后就会被抢。"我们村地主有钱。一般的村子没有阁门,你想什么时

候出去就什么时候出去。"村中老人回忆道。

2. 瞭望房

河北铺村东街土地庙那儿有个房子，黑团把它当作瞭望房，用来观察村庄及村庄周围的情况。一旦有情况便及时汇报。

据村中老人回忆，那个房子是清朝的一个财主建的。房子有两层，所处的地势比较高，楼顶上还建了个小房间。在那房子的楼顶上环顾四周，基本上可以看到整个村的情况。民国年间，村中一户财主家道衰败，于是便把这房子卖给了另一个村民。这村民是河北铺村一个姓方的人家的倒插门女婿，人很有能耐。他开纺纱厂纺纱，还在临洺关镇开了个收棉花的花店。因为产业都在临洺关，平时一家人也都住在临洺关，不住在村里。所以，这房子买了之后就一直空着。

那个房子不仅地势高、坚固，而且还临街，村里有什么事情在上面一看就知道，外面的人很难打进去，是个易守难攻的地方。后来，黑团来了之后就把这房子占了，他们用了这房子的后半截并在上面看守村子。"黑团把这个地方当成他的公馆，经常在那里驻兵。其他地方都很矮，那个地方可以把整个村都看到。那个房子就像个瞭望塔，一旦有情况便可及时汇报。"村中老人回忆道。因为房子的主人有时候也要靠着黑团，依仗黑团的势力，所以，黑团占了这个房子后，那主人并没有说什么。"要是惹了黑团他们就会来找你事，开条子、讹诈，所以（双方）就互相勾结、互相依赖，我仗你的势，你占我的房，互相都是有牵连的。"村中老人回忆道。

二、神居与村庄

旧时河北铺村有7座庙和1个和尚塔。这7座庙分别是南街的千佛寺、东街的关帝庙和土地庙、北街的三教堂、西街的玉皇庙、十字街的地藏王大庙、洺河边的河神庙（如图2-16所示）。

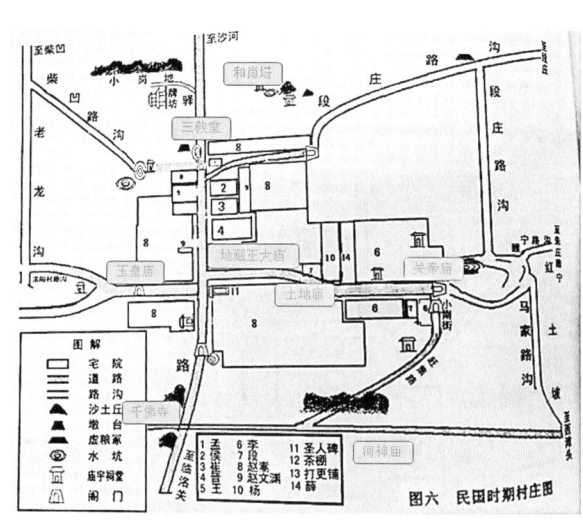

图2-16 铺村寺庙分布

（一）千佛寺

千佛寺以前叫千佛庵，寺内供奉有1000尊木雕佛像。千佛寺原址坐北朝南，南北长约35米，东西宽约19米。有庙地246亩，其中庙西墙外有80余亩，铁路西有100亩，村北和尚坟有30亩，村东北岗地有16亩，村东有20亩。此外，千佛寺还有石磨、石碾等庙产。

据村中老人回忆，因为日本人信佛，所以，为了不让日本人骚扰自家，村民们在1937年日本人进入中原后大抢千佛寺里面的小佛爷。不仅本村的村民抢，邻村的村民也来抢，千佛寺里面的小佛爷在那时就都被村民们抢完了。但是，将老佛爷摆在家中有时也不一定起作用，日本人想杀人的时候还是会杀。

（二）关帝庙

据说，村民们刚迁来的时候，村里人烟稀少、住户分散，不时遭到强盗骚扰。于是村民就联合起来结成同盟。议事的场所供奉着关羽，人人都发誓要像关羽那样讲义气、守信用，这个场所后来就成了关帝庙。关帝庙南北长约17米，东西宽约17米，为一独院建筑。村民们去关帝庙烧香磕头，多是求平安、求买卖顺当等等。

（三）三教堂

三教堂集佛、道、儒三教为一体，里面供奉着释迦牟尼、大清道德天尊、孔圣人。此外，还供奉着花神奶奶和麦王奶奶。村民们种棉花、小麦多，所以就求其保佑多收点棉花和麦子。三教堂原址南北长约30米，东西宽约19米，有2亩庙地。

（四）玉皇庙

玉皇庙供奉着玉皇大帝。村中老人说，玉皇大帝是天神，白天是个皇帝，管理民间，人的寿命就由玉皇大帝决定的，晚上则上天管理天上的事情。玉皇被称为老天爷，主管着风、雨、雷、电、冰雹等，直接关乎五谷的丰收与否，所以村民们都对其很崇敬。玉皇庙原址南北长约25米，东西宽约20米，有1亩庙地。

（五）地藏王庙

地藏王庙主祀地藏王菩萨。村中老人说，人死了以后，如果生前办了坏事就要下地狱。但是，地藏王菩萨都愿意让大家往天上升。地藏王庙原址南北长约50米，东西宽约30米。主殿面阔三间，东山头外有一小配殿，殿后是菜地，偏东侧有一口水井。东有瓦房配殿五间，最南侧的配殿后墙一米外往南至南墙基有六间平房，为戏房。院子的东南侧有钟楼，西南角有一块搭戏台的空地。

（六）土地庙

土地庙供奉土地爷，原址东西长约18米，南北宽约17米，坐西朝东。村里有人去世了，其家人就要去土地庙那儿报庙、"压魂"，把人的灵魂压在土地庙，让土地爷给其往上报。关于土地庙，村中老人说了这样的怪事：河北铺村的土地庙坐落在东街的中间，所以村里一旦有人去世，死的人的数量就会逢双。如果今天死了一个，过不了几天村里就会又死一个。如果死了5个，过不了几天也会又死一个。总是要逢双。

### （七）河神庙

河神庙供奉河神。寺庙的面积不大，就1间房，2亩庙地。村民们祭拜河神是希望河神能保佑洺河水不要把村民们的地淹了。"现在这个河神庙没有了。那个庙是很多年前遗留下来的，跟谁也没关系，占用的就是公家的地。"村中老人说道。

### （八）和尚塔

村东北岗地建有一座和尚塔，里面埋葬了一位住持。和尚塔占用的是千佛寺的庙地，千佛寺的和尚死了之后就埋在那里。

## 三、公共空间与村庄

河北铺村的公共场所主要为村公所、饭场、乱葬岗、麦场和寺庙。这些公共场所在村民们的生活中扮演着重要的角色，与村民们的生活息息相关。

### （一）村公所

旧时，村公所在地藏王大庙的对面，左边是三和堂和几户人家。村公所就一个北屋、一个大院和一个大门。北屋是平房，大门没有挂牌子。村公所的大院谁都可以进去，平时村长们待在那儿的时间不多。据村中老人回忆，李老申当村长的时候待在村公所的时间比较多，像赵恩源当村长的时候则住在临洺关镇，很少待在里面。村民们平时如果与人打架斗殴了就会去那儿找村长调解。"村民们都顾着干活，一般没事就不会去那个地方，也不会去那儿玩。那个地方空出来也没人占。黑团来这儿的时候还嫌这个地方烂。"村中老人回忆道。1945年后，村公所被改为了公办学校。

### （二）饭场

过去，村里有许多饭场，走一段一个，因此，那时的饭场被叫作"饭十里"。夏天的时候村民们选个空旷、平坦、能坐的地方就能当饭场。冬天的时候，村民们则喜欢蹲在背墙根，因为那个地方暖和。但是，无论是夏天还是冬天，村民们都一定会选择干净的地方，有粪堆的地方没人去。"村民们吃的饭菜不是很好，都是用高粱面打糊糊，然后加些洋姜菜，装好端着就去街里饭场吃。那时，村民们都喜欢用大碗装着吃。"村中老人回忆。

饭场都是男的去，女的不去。男的不管是老的还是少的都可以去。男的到了那儿之后就蹲在一块儿，围在一起，或是坐成一排。然后大家你吃我的菜，我吃你的菜。村民们在饭场吃饭的时候没有座位的秩序讲究，都是随意地找个位子。有时候大家吃完饭也不走，就一起坐那儿聊天、拉扯闲话。虽是扯闲，但是也难免有些人扯着扯着就抬起杠来。抬杠后，这两人就再也不会坐在一起吃饭。就算都去了饭场，也是互相不说话，一人坐一边。大集体以后，女的也可以端着饭去饭场吃，但是大多数女的还是不会去。

（三）乱葬岗

河北铺村村南有一块乱葬岗。村里没有坟地的人，或是经济条件差的穷人家有人去世了就可以埋在那儿。在乱葬岗埋葬不用钱，也不用经过谁的同意，没人管，无论哪个姓氏的人都可以埋葬在那里。

（四）麦场

河北铺村东西南北村头都有麦场，有的一块，有的两块，有的三块。有的麦场面积还比较大，有二三亩。5月打场的时候，村民们使用麦场讲究"就近"原则，自己的地离哪块麦场近就用哪块。

麦场有公共的，也有私人的。公共麦场使用的人多，因此会有人提前去占场。有些村民会自己压麦场，压麦场就在自己的地里压，压好直接打麦子。自己压麦场的村民一是家里有10亩以上土地的，二是地离公共麦场远的。压麦场的时候，有的地邻家也会来帮忙。压好后，这些地邻家可以在这麦场上打场，不过那些没有帮忙压场的人也可以用。有的村民不自己压麦场，而是让雇用的短工压。压完后，自己先打。自己打完后，再让别人用。"用的时候要跟自己说，都是邻居，要有个先来后到，要排队。"村中老人说。

## 第五节　河北铺村自然变迁与实态

人民公社化后，河北铺村很注重农田基本建设，为此，还掀起了"重新安排河北铺河山"的土地建设高潮。随着工业化进程的推进，2012年时其工（副）农业比例已经为99.39∶0.61。如今，河北铺村兴建了新民居——凤凰园小区。凤凰园小区的建成在一定程度上影响着村民们的生产、生活方式，改变着村民们的风俗习惯。

一、农田

民国时期，河北铺村土地坡岗起伏、地畛犬牙交错、浇水不便等问题一直制约着村民的农业生产。为了改造农田，村民们采取了以下措施：

（一）平整土地

人民公社化后，河北铺村很注重农田基本建设，把农田基本建设视为高产稳产的最基本条件。1965年，河北铺村制定的《河北铺大队关于1966年至1975年发展农业生产规划的意见》中提出"要大搞土地基本建设，建设高产稳产田"，要求各生产队农闲大搞、农忙小搞，让块块耕地旱能浇、涝能排，彻底消灭低产田。1975年，河北铺村制定的《1976年至1980年五年规划》中提出,要把拉全村后腿的"三跑田[1]"改造好。为此,河北铺村组建了以青年民兵为主体的农田基本建设大军,掀起了"重新安排河北铺河山"的土地建设高潮。

一是搬掉沙圪垯。河北铺村的村北、村南、西大河耕地上有5个大沙圪垯。这些沙圪垯不仅使浇水困难导致耕作不便,而且还使土质贫瘠,有其地而无收获。

二是消灭茅草岗。河北铺村有里层地茅草岗、西大河茅草滩、铁路中间茅草窝三大茅草地。在搞农田建设的时候,村民们将茅草地全部深挖1米,让其寸茅不生,彻底消灭茅草。

三是填平大小沟。河北铺村有3条大沟,8条小沟,其不规则的分布和走向严重影响了机械化耕种。为了实现园田化,河北铺村将全村土地规划成8个方,以方为单位,设计田间路、路边井,方内有圪垯平圪垯,有沟平沟。

四是攻克四大工程。四大工程指水沟地、小岗地起高垫低工程,温家地及其左右一带起南垫北工程,东北岗、五碑楼地起北垫南工程,西大河起高垫低工程。

经过大量人力物力财力的投入,河北铺村终于在1978年实现了土地成方、树木成行、机井打在路两旁的原定目标。

(二)修坝造田

河北铺村南洺河边有大量可利用的滩涂地。1965—1968年,河北铺大队组织社员沿着洺河北岸修筑了一条长1000多米、高4米的防洪防沙大坝。为了抵制流沙的侵害,村民们在坝上种植了桑树等植物。此外,村民们还在坝外翻沙覆土,改良土壤。据统计,通过这种种措施河北铺村共造田320亩。并且,村民们还通过打井、增施农家肥等措施,将其全部改造为高产稳产田。

1978年,河北铺村的工(副)农业比例为46∶54;2001年,工(副)农业比例为79∶21。2007年,工(副)农业比例为96.4∶3.6。2012年,工(副)农业比例为99.39∶0.61。此时,河北铺村已经成为一个地地道道的工业村。随着河北铺村工业化进程的推进和厂房的建立,其耕地面积逐渐减少。据统计,2016年其耕地面积仅为100亩。

二、水井与灌溉

随着电力机械提水的普及,河北铺村对砖井、木管井、水泥管井等各种类型的机井进行了改造和发展。1957年,河北铺村组织打井队,用人工木架子打井。全村在原有水利设施基础上,又先后打了3眼机井,并购置了6台锅驼机、煤气机作为动力带

---

[1] 浇水水跑、刮风沙跑、施肥肥跑。

动离心式水泵浇地。此时，全村除了少量高岗坡地，其他土地全部成为水浇地。

1960年代，村中掀起了打井高潮。据统计，1964年冬至1965年冬，河北铺村11个生产队共用打井工52590个，占当年用工总量的23.95%。按当年各队工值计算，仅打井一项折款就为36996.29元，占当年生产费的27.16%。1960年代末，河北铺村实现了百亩一眼井的目标。此外，1961年，河北铺村增添了立式柴油机，成立专门机构统一为各生产队浇地，机浇率为44.5%。1962年，电动机成为主要动力机械，逐渐取代了锅驼机、煤气机、柴油机。1965年，全村4000亩耕地全部实现电浇。[1]

1970年代，实现了50亩一眼井的目标，并全部实现机电配套。1975年，河北铺村在小河地用密封泵抽水，出水量很大。为此，村民们编了一个顺口溜：密封井就是好，新井旧井都能搞。

1980年代实行大包干后，机井由个人承包，承包人根据浇地时间收取浇地费用，机井、电机、水泵的维修和更新费用由村委会或村民小组负责。1990年代，地下水位下降到20米，2009年又下降到30米。村民们采用接续水管的方法走出这一困境，但是出水效率不高，浇地成本随之增加。为此，村民们的浇水费用从刚开始的6元逐渐增加到7元、8元、9元、10元、11元，最后到12元。如今，村民们都已从事工业、商业或第三产业，灌溉和灌溉水井都成为往事而留在村民们的记忆里。

### 三、生活用水

1963年7月下旬因连续降大雨，8月2日洺河水高涨，4日洪水进村，深达丈余。洪水过后，河北铺村不少私人院井、廊连井报废，村民们都使用街上的官井。官井上有一种固定的打水装置，叫"姑娘的"。村民们各家各户都备有水桶去井里打水。1950年代的时候，村民们用的水桶都是木制的，1960年代则改为了铁制水桶。

1970年代初，河北铺村从南河水塔铺设水管引水到村里，并在每条街安了两三个水龙头。从此，村民们开始吃上自来水，去井里打水的历史画上了句号。1979年6月12日，河北铺村在西街建成水塔，村民们家家户户安上了水龙头。自此，村民们结束了去街上挑水的历史。

1980年代，村庄逐渐扩大，原有水塔已经不能满足群众的需要。1981年，河北铺村在村后东街建了一个小水塔，解决了部分农户吃水难的问题。

1990年代初，河北铺村出现了许多厂摊，业主、村民们为了方便用水，从大名、魏县等地请来打小井专业队，在厂摊、院里打小井。小井一般深四五十米，装有专用的潜水泵，随开随用。

---

[1] 数据源于赵海京主编《河北铺村志》，北京图书出版社2014年版。

2009年、2011年，村委会投资50万元，在西街水塔、北街东头分别打了一口300米深的深井。为了改善村民的用水条件，村委会又投资34万多元，更新了东街、北街、北东街的水管道，使村民全天24个小时都能用上水。

四、交通状况

河北铺村有东、西、南、北四条街。1970年代前，四条街道一直是土路，一遇阴雨天气便泥泞难走。1977年，河北铺村靠集体的力量把四条街及北巷拓宽冲直，并把南、西、北三条大街铺设为柏油路，成为永年县村级街道硬化第一村。据统计，当时的硬化里程为1200米。1986年，东街铺设为水泥路面。1997年，东街关帝庙至107复线一段土路拓宽取直，铺成水泥路面。2007年8月，重铺北街至后东街口水泥路面。2007年11月，26户村民集资4.22万元，将全长266米的柴凹路一段土路铺设成4.65米宽的水泥路面。至此，全村大街全部硬化。

1960年代，京广公路改土路面为泥结碎石路面，1975年5月又改建为柏油路面。1976年，永鸡公路改为柏油路面。1977年，洺河公路大桥建成通车。1966年，洺河公路大桥再次改建，成为今天的107国道。1997年，洺河第二公路大桥建成，县城环城路通过第二公路大桥向北延伸，称107复线。2004年8月，永鸡公路升为省道，改称永河公路，并再次拓宽，通到曲周县南疃，与邢临路接通。1960年代末，县城临洺关镇至曲陌、正西、邯鸡、邯邢各地的客运线相继开通；沙河县至济南及全国各大城市的客车都从河北铺村经过，至此，村民们走亲访友、旅游、外出做生意等都异常的方便。这极大地促进了其经济发展及与外界的交流。此外，村民们的交通工具无论在数量还是种类上都有了极大的改变，旧时的牛车、马车已不复存在。具体情况如表2-4所示。

表2-4　河北铺村交通工具　　　　　　　　　　（单位：辆）

| 年　份 | 轿　车 | 面包车 | 客货两用车 | 大货车 | 叉　车 | 总　数 |
|---|---|---|---|---|---|---|
| 2008 | 362 | 108 | 18 | 14 | 10 | 512 |
| 2012 | 460 | 79 | 31 | 18 | 150 | 738 |

**资料来源：** 赵海京主编：《河北铺村志》，北京图书出版社2014年版。

五、居住特征

传统时期，河北铺村为数不多的富户住有楼房、海青式房、一进二重、一进三重或四合院。大部分村民的住房都很简陋，多为一间独房。孩子们长大了，实在不能再住在一起了，就再盖一座配房。

1960年代，村民们的住房条件有了很大的改善。所建新房讲究实用，样式全是房顶可用来晒东西的平顶房。但是，村民们住房质量的提高还是相对有限。如许多村民结婚的新房多是把旧房子草草整理一下：有的是把房内原灰墙铲去再抹上一层灰。有的是用白石灰水把旧墙再刷刷，门窗上再涂上一层油漆算作新房。1970年代，随着"出厦甩袖"样式的出现，村民们开始用机制红砖垒墙，并采用"沙浆灰满摊、大灰缝、水泥构缝"的新工艺，传统的"小白灰道""里生外熟"墙体成为历史。1980年代，砖木结构的房屋逐渐减少，水泥梁、水泥预制板、水泥过木逐渐成为主要建筑材料。1986年村民们建房开始使用水磨石、马赛克，也有使用瓷砖的。1990年代，钢筋混凝土结构的房屋取代了砖木结构的房屋。

2010年，河北铺村动工兴建新民居凤凰园小区。凤凰园小区位于河北铺村东北方向，占地65亩，总建筑面积6.8万多平方米，可供600户人居住。园区内宜居宜业，还配有体育场馆、幼儿园、车库等。凤凰园小区的建成改变了村庄的传统布局，改变了村民们的生产、生活方式，也改变了村民们的一些生活习性和风俗习惯。

# 第三章 河北铺村的经济形态与实态

河北铺村自古以来就是个经济条件较好的村庄。不仅人少地多,村内有较多商铺,而且距临洺关镇近,村民们可较方便地将自家农产品挑去集市交易。如今,河北铺村已经成为全国最大的标准件集散地,被阿里巴巴评为全国"淘宝村"。基于此,本章将从人与土地及其生产能力、产权、经营、交换、分配、消费、继承七个方面去考察河北铺村传统的经济形态,并进一步考察河北铺村的经济变迁与实态。

## 第一节 人与土地及其生产能力

传统时期,河北铺村是一个人少地多的村庄,富户和贫困农民的人均耕地占有量相差 50.09 亩。平时,家中有剩余劳动力的会去打长短工。村民们各家各户一般都有自己的农具,有些村民则会合伙添置大车之类的大型农具。农闲的时候,村民们会做些副业,如纺花织布、做帽花等。

### 一、人与土地的关系

1945 年以前,河北铺村有 300 多户,1200 多口人,7300 亩耕地(300 亩为外庄地),属于"人少地多"的村庄。但是,其中 24 户富户共 100 口人占有 5200 亩土地,300 多户贫困农民共 1100 多口人只占有 2100 多亩土地(如图 3-1 所示)。[1]

---

[1] 数据源于赵海京主编《河北铺村志》,北京图书出版社 2014 年版。

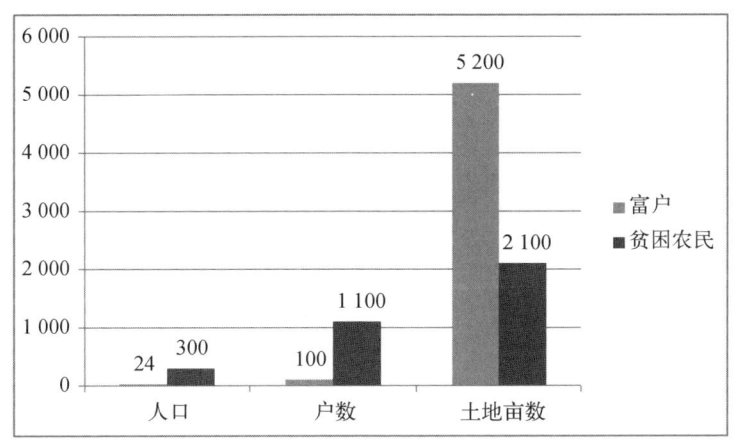

图 3-1 河北铺村富户与贫困农民的人口、户数和土地亩数

按人均计算，全村耕地的人均占有量为 6.08 亩，富户的人均耕地占有量为 52 亩，贫困农民的人均耕地占有量为 1.91 亩。富户与贫困农民的人均耕地占有量相差 50.09 亩（如图 3-2 所示）。河北铺村因为人少地多，所以没有村民因为没有土地或租种土地而外迁，都在村里租种本村财主的土地。

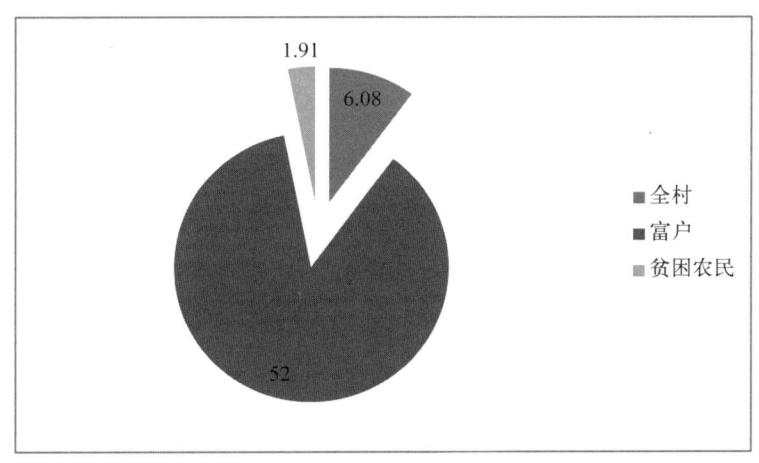

图 3-2 人均耕地占有量（单位：亩）

村中老人回忆说，1945 年前河北铺村有的财主家里有两三顷（1 顷＝100 亩）土地，而一般的村民家里土地很少，有的不仅没有土地，甚至还处于"房没一间，地没一垄"的窘迫境地。"财主家地很多，穷人家（地）很少，有的人家还没房，有房子也是破房子，下雨还漏。"村中老人回忆道。如村民赵丙月家：其祖父家里有 6 口人，180 亩土地，63 间房，2 辆大车，5 头牲口，2 个长工，在临洺关镇开过商铺。其父亲有 235 亩土地，3 辆小车，2 辆大车，1 辆轿车，7 头牲口，雇用了 3 个长工，在临洺关镇有 30 间门市。其本人分家分得土地 51 亩，房 19 间（其中楼房 5 间，平房 14 间），

骡、驴各1头，水车1辆，石碾1个，雇用了1个长工。而村中那些无房无地的贫困农民则靠给财主打短工、做小买卖、卖烧饼维持生活。有些没房没地的人就去庙里看庙，甚至有些人因为生活窘迫而去当黑团。1969年河北铺大队的阶级成分情况也可以反映出当时村民们因土地占有量的不同而形成的群体差异（如表3-1、图3-3所示）。

表3-1 1969年河北铺大队阶级成分

| 阶级成分 | 户 数 | 人 口 |
| --- | --- | --- |
| 贫下中农 | 476 | 2 007 |
| 中农 | 129 | 501 |
| 上中农 | 28 | 108 |
| 地富 | 33 | 95 |
| 地富子女 | 23 | 97 |
| 其他 | 10 | 36 |

资料来源：赵海京主编：《河北铺村志》，北京图书出版社2014年版。

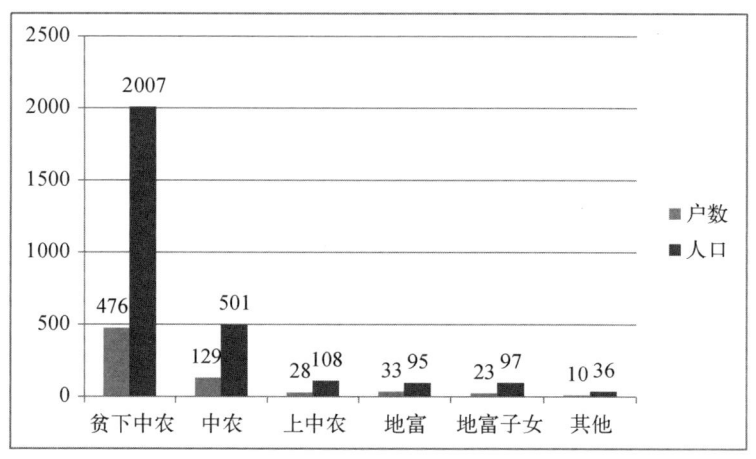

图3-3 1969年河北铺大队阶级成分

旧时，村中没有土地的村民也可以去开荒。开荒主要在四个地方：一是村南的河滩地。河北铺村村南有条洺河，那儿有许多河滩地。有些河滩地以前是私人的土地，后来被河水冲了就变成了河滩地。河滩地不用交粮差，即使是开荒后也不要。村民们谁都可以去河滩地开荒，没人管。有些人在河滩地开荒后就在那里种粮食，但是一旦河水涨起来冲了便没有了，收成较难保证。二是路沟地。路沟处可以开荒，但是面积很小。三是铁路西的茅草岗。茅草岗那儿可以开荒，但都是旱地，且没有水井，灌溉是个大问题。四是坟地里的小空地。有些家里没地的穷人会在坟地里的小空地上撒些小菜籽种小菜。但是这都限于自家人，别人不可以去。

## 二、人与生产能力的关系

生产能力直接影响着生产水平。本部分将从劳动力、劳动工具、劳动分配三个方面考察传统时期河北铺村的生产能力及其关系。

### （一）劳动力

家里能干活的就都是劳动力。劳动力一方面分男女，男劳动力干重活，女的多干轻活。在日本人到来以前，富裕人家的女的不下地，农民家的妇女要下地干活，也走街串巷。村中老人说："家庭里其他的活儿，如果劳动力少，那么女的就也得去。小脚也能干，成形后能走。"但是，在日伪时期，村中年龄大的女的敢出去，年轻的姑娘、妇女则不敢出去。"以前的女的出来都要穿烂衣服，往脸上抹黑，不敢打扮得太漂亮地出来。就算是漂亮的也要装得老一点，装得不好看，不那样不行。"村中老人回忆道。另一方面分年龄，年轻的劳动力干活有劲、卖力，年纪大的劳动力则相对差一些。尤其是在短工市场，雇主都愿意雇用年轻、有劲的，不愿意雇用年纪太大的。60岁之后，村民们便不再干农活，就在家里面做些小事情，看看院子。

家中劳动力多者可以有更多的人干活，如果有剩余的劳动力，那么还能让其去打打长短工，或者从事副业做小生意。但是，劳动力多的家庭其土地并不一定多，家庭也并不一定富裕。有些家庭因为人口太多而家庭负担重，没钱让孩子们上学。有些家庭为了生存，在孩子们很小的时候就将其送去学徒、做手艺。有些村民为了有饭吃，能填饱肚子，还将孩子送去学在那时被人们看作比较低贱的行当，如唱戏、剃头。而家中劳动力较少者却也不一定生活困难，有些家里土地较多者会通过雇工的方式解决劳动力不足的问题，或在农忙的时候请亲戚朋友帮忙。对于来帮忙者，主家要管其三餐。而雇工则可管可不管，不管饭的就工钱多一些。

### （二）劳动工具

1. 生产工具

旧时，河北铺村村民使用的主要农业生产工具如表3-2所示。通常，需要种地的村民家里都会备有一些常用的农具，村中老人说，锄头、镬头和铁耙子80%的村民家中有，只有少数的村民家里没有。像平时用得比较多的锄头有些村民家里还备有三四个。村民们的农具要么在集市上买，要么在铁匠铺买，或者让打铁匠打制。小型的农具村民们一般都是各家各户自己买，大型的农具如大车之类的可以与人合伙添置。村民们的农具都是个人私有，没有家户共有或村落共有的农具。如果自家的农具不够用或没有所需的农具，那么村民们可以向与自己关系好的邻居或者朋友借。合伙添置的农具则合伙方协商使用。

表 3-2　河北铺村 1945 年前的主要的农业生产工具

| 类　型 | 生产工具 |
|---|---|
| 耕翻类 | 木把铁辕犁、镢头、三齿钩、铁锨、木框长短铁齿耙、耢、铁耙子 |
| 播种类 | 木耧、砘、耙、木刮子、镢头、锄、小铁刮子 |
| 灌溉类 | 三角的、四角的、辘轳、二安头、滑车的、栲栳、筲 |
| 收获类 | 镰、杈、石磙、小排杈、刮板、竹笆子、掠耙、木锨、筛子、粪箕、簸箕、布袋 |
| 运输类 | 扁担、拖车、手推车、拱车的、铁轮大车、跨篓、荆条篮、筐、篓子、车笆 |
| 加工类 | 石磨、石碾、杵臼、铡刀、斧刀 |
| 牲畜类 | 马、骡、驴、牛 |

**资料来源**：赵海京主编：《河北铺村志》，北京图书出版社 2014 年版。

2. 生产工具的借用

日常，当村民们家里的生产工具不够用的时候也会互相借，尤其是那些制不起生产工具的小家小户。村民们相互借生产工具主要是向与自己住得比较近的邻居借，一般不会跑很远去借。生产工具一般就借一两天，不会借很长的时间。生产工具借用后，村民们不用给付报酬，也不用用人工还。"我家有这个，你家有那个，就相互借，我家没有的就上别人家借。"村中老人说。生产工具的借用分为两种：

一是农具。借得比较多的小农具一般是镢头、粪钩、铁叉子，大农具则是篓、耙、耢、犁。如果借的农具在用的过程中被弄坏了，那么就由借农具的这一方负责修理，如果修理不好就要给人买一个新的农具。

二是牲口。据村中老人回忆，村中 60%—70% 的人家都有牲口。因为牛好喂养，容易养活，骡马不好喂养且娇气，累了、出汗了还容易生病，所以，村民们的牲口主要是牛，很少骡子和马。而且骡马贵，一般人买不起，所以有钱人家才喂大牲口骡、马，一般的村民就喂小牲口驴、牛。"这些牲口干农活的力气都差不多，骡马主要是走亲戚的时候需要。骡马大、风光、气派。马车、骡车比牛车、驴车好看。"村中老人说道。旧时，家中有无大牲口是穷与富的主要标志。不过，牲口的借用要看关系，相互之间关系好的才借，没那个关系的一般都不乐意借、不会借，要借的人也会不好意思去借。牲口的借用和农具的借用在时间长短上有不同，牲口一般是借一天或半天，不会连着借好几天，而且牲口不会放在别人家里过夜。"借一天或是半天。借半天中午就还回来，借一天，中午在他家休息，下午就送回来。"村中老人说道。此外，在借用的方式上也不一样，牲口的借用方式主要有以下几种：

（1）相互配套借用。如果一户人家有一头牛，另外一户人家有一头驴，或是一户人家有一头大牛，另一户人家有一头小牛，那么这两家的牲口就可以相互间配套着一起使用。今天为其中一户人家干活,明天再为另一户人家干活。具体先为哪家干活、怎么干则由双方协商而定。

(2)单方借用还草料。如果一户人家有牲口,另一户人家没有,双方关系很好,那么没有的那一方可以向有的那方借用,然后还的时候给对方一些草料。"如果是他家想借我的牲口,牲口是个吃草吃料的东西,不多向外借,借了就要好好加料,好好喂养。"村中老人说道。村民们还草料的时候都是还细料,有的还黑豆,有的还玉米,二三斤就可以,不用很多。"给牛吃黑豆的还不多,一般都舍不得给它吃。黑豆一般都是喂大牲畜骡马的,把黑豆炒炒就很香,磨成粉撒在草料上,牲口就吃得多了。"村中老人说。如果借别人家的牲口磨面,那么也可以把米糠之类的东西送给牲口的主人。

(3)借用换工、给工钱。如果一户人家有牲口,另一方来借用,那么这户人家可以人与牲口一起去为那户人家干活,等自己家有活儿要干的时候,那户人家就也要来为自家干活,双方互相帮助。"这就是人工换牛工,就是我家没牛,借你家的牛耕地了,那我再去你家干两天的活儿。"村中老人说道。如果借用的这一方不为对方干活,那么就给工钱。"给你犁了多少亩地,就给多少钱。这个有时还要排号,一个个犁。"村中老人回忆道。

如果牲口在借用的过程中受伤了,那么就得赔。如果跌死了,还得给人再买一头。但是,"借牛犁地受伤的现象很少。骡马都是一样的,弄伤了就得赔。不过,借骡马的不多。"村中老人说。

3. 耕牛

旧时,河北铺村大多数种地的村民都会养牛。村民们一般都养一头牛,养两头的很少。有些土地多、农活多的村民会养好几头牛。而那些土地少、农活不多的则会选择与人合伙养牛。合伙养牛主要考虑以下几个方面:

一是合伙人的数量。合伙养牛的一般是两户人家。这两户人家通常都不是很富裕,农活也不多,不需要单独买一头牛。但如果自己不养牛的话又会不方便,所以就一起合养,合养后两家就都可以用。

二是合伙人的关系。合伙养牛的这两户人家居住距离的远近并没有多大影响,即便一个住北街、一个住南街也没关系。相互间关系的好坏才是决定合伙与否的关键性因素。"一起买牛的两个人关系很好,就像亲弟兄样的。"村中老人说。

三是与别人相互借牛用。养牛后除了自己用,也可以将牛借给别人用。一头牛力气小,犁地犁得不深,两头牛一起的话就能犁得深一些。所以,如果自己家有牛的话就可以与别人相互借牛,跟别人合作用两头牛一起犁地。

买牛的钱由合伙养牛的人一起支付。牛买回来之后草料合摊，喂养则是谁家有喂牛的地方就放谁家。牛就放一户人家喂养，另一方要用的时候直接用就好了。"合养，不需要今天在这家，明天在那家。这个牛在他家，他喂得多，他可以用来拉磨或干其他的，这是他的权利。"村中老人说。如果有新出生的小牛，这小牛归两家人共同所有。如果新出生的小牛长得不好，那么就把它卖了；如果新出生的小牛长得很好，就把老牛卖了养小牛，卖牛的钱两家平分。

当不用耕地或拉磨干活的时候，尤其是秋天的雨季，村民们会将牛牵出去放。放牛一般是在午后，家里的大人或小孩都可以去，地点一般在村南的河滩地。因为地里有庄稼，所以村民们放牛的时候要牵着、看着。"拿着链和钉橛去，牛就跑不远了。然后我就在那儿割草，等牛吃饱了，我草也割好了。白天在外面吃，晚上回来就吃割的草。"村中老人说。无论喂牛或是放牛都不需要合伙养牛的这两户人家轮着，村民们对于这事不会算那么清，他们说不然就不合买了。农忙的时候，如果两家都要用牛，那么则相互商量着，两家轮着用。

如果牛生病了，看病不需要很多钱的话，那么喂牛的这一家会直接把给牛看病的医药费付了。如果看病需要很多钱，就会跟另一方说，由两家一起出医药费。如果医治不好要死，一般会在还没死的时候把它卖给屠夫，然后用卖来的钱再去买一头，钱不够就两户人家再摊。

如果家里的牛被偷了，只能自己去找，村长、家族的"家长"或是管事人都不管这事。如果最后实在找不到，那也就只能自认倒霉。"有的偷牛的一偷到就把牛宰了。过去偷牛的多，偷了就宰了，不卖，卖了就被认出来了。这个找人解决不了，没人管。"村中老人说道。

4. 耕牛的借与租

村民们自己家没有牛的话可以去向与自家关系好的村民借。如果对方的牛是与人伙养的，只需向喂牛的那户人家借用就行，不需要跟伙养的另一方商量。"往外借也可以，他有这个权利，另一方也不管。在我家养，我有权利支配，你要用就来牵。"村中老人说。

借出去的牛还回来后，需要休息一段时间，具体休息多久就看是什么时候还回来的。如果是中午还回来的，就让它吃点东西中午休息下，午后再出去干活。如果是晚上还回来的，那就要不停地给牛加草料，让它吃好、休息好。"晚上12点前喂好，12点以后它要休息，就要卧着慢慢吃。牛吃东西快，它有倒嚼的习惯。骡马就不是，它们吃得慢，不能倒嚼。"村中老人说。牛借出去之后，有的人家舍不得给它吃料，有的人家舍得给它吃料，还给它吃好料（如小米）。牛还回来生病了，如果是一点点小毛病就不跟对方说，自己医治。但是，一般情况下如果对方知道牛还回来后病了，他会主动过来支付牛的医药费。

没有牛的村民还可以租别人的牛。租用后就直接支付工钱，按一天多少工钱算。此外，有些没有牛的人也会用人力拉犁的方式耕地。

（三）劳动分配

一般情况下，男劳动力一是下地干农活，二是在家干喂牲口、垫圈之类的重体力活。女劳动力则一般在家干些做饭、洗衣服之类的家务活，另外还得纺织、做衣服。如果男女劳动力一起下地干活，那么男劳动力主要做翻耕之类的重活，女的则做些像摘棉花之类的比较轻的活儿。如果家里没有男劳动力，但是有土地，那么可以根据农活工作量的大小来选择雇用长工或短工。孩子们长大了，可以算个劳动力了，就会让其去干活。但是，如果孩子在上学，平时就不让其干农活，只会让其放学后在家帮忙做些家务活，如挑水、扫地之类的。不过，农忙的时候私塾会放假，让孩子回家帮忙干活。"以前也放假，学校放农忙假，小孩也会去帮大人割麦子。先生家里也有地，也要下地割麦子。"村中老人回忆道。家里的匠人如果已经专门以做手艺为生，那么家里的农活就不让他干，雇短工干，他在外面做手艺可以挣更多的钱。如果匠人比较闲，业务不多，农忙的时候就让其帮忙干活。有钱的财主家，男劳动力主要是出租土地、经商做生意，女的在家不用干活。

旧时，村民们干农活天刚蒙蒙亮的时候就起床往地里走。村中老人回忆说："夏天4点钟，有的时候星星都还能看到就出去了。"早晨干完活后有的就在地里休息，让家人把饭送到地里，不回去吃饭。中午的时候，干活的地离家近就回家吃饭，离家远就由家人将饭送到地里。他们吃完饭后就在地里躺着午休，下午干完活儿后再回来。春秋天的时候村民们干活的时间长，冬天则是下午3点才开始干活。旧时没有钟表，所以村民们在地里干活中午的时候通过以下方式来把握时间：一是看天上的太阳，太阳在正南就是正午；二是听火车的声音，每到12点的时候，村西的铁路上就有火车路过；三是凭感觉，村民们干活干习惯了，头脑里都有一个大概的时间。下午则是天一黑就收工回家。秋天与五月是农忙时节，村民们要忙着收割、播种、打场等。长期面朝黄土背朝天的生活让村民们尤其是小孩对下雨天有了一种特别的感情。"小的时候就盼下雨。下雨就高兴得不得了，还精神，还愿意上雨里淋淋。可以不干活在家坐着，可以去找朋友玩。这个时候大家就都休息，睡大觉。"村中老人回忆道。

农闲的时候，村民们虽然不用忙着干各种农活，但是也不会闲着。有的村民会去做些副业，如女的在家纺花织布做鞋袜，还做帽花。做好后，男的就会拿去卖，去外村走街串巷地卖。但是，做小买卖副业的村民不多，因为很多村民不懂，不会做买卖。有些孩子也会自己找事情做。"背个背篓，拿个粪叉，戴个帽子去外面拾粪。天黑了就回家，大人见了就高兴。过去没有什么肥料，都用这个有机肥。"村中老人回忆说。

## 第二节　产权与产权关系

河北铺村的土地产权大多归私人所有，土地所有者可以对土地进行买卖、出租、典当等。此外，也有公有土地，如宗族土地、村南的河滩地、乱葬岗等。村民们在确定土地产权的时候，要请土地的四邻、村长、地方和管事的人一起为其做见证。最后，买方要"摆喜面"请管事人和土地的四邻一起吃饭。

### 一、土地产权概况

（一）产权所属

旧时，村中土地除了村南的河滩地和乱葬岗，其他的都属私人所有。村南的河滩地收成无保证，谁都可以在那儿种植作物，种了之后还不用交粮差。乱葬岗没人管理，村中无论哪个姓氏的人都可以在那儿埋葬。据村中老人回忆，很多人将家中的死婴埋葬在那里，有些婴儿因埋葬得浅，会被狗刨出来吃。河北铺村有八口官井。这八口官井谁都可以用，归全村人所有。官井没人管理，但据村中老人回忆，河北铺村并没有出现过破坏官井的情况。因为地里都有水井，所以官井里的水一般用来喝，很少用来灌溉。洺河从河北铺村村南经过，其河北铺段归洺河两边的河北铺村和临洺关镇共同所有。

（二）产权认定

村民们购买土地的时候需要请土地的四邻、村长、地方和管事的人一起为其做见证，并在文书上签字画押。卖方将地契给买方后，买方要去县里将旧地契换成新地契，以实现土地产权归属的变更。此外，千佛寺、地藏王大庙、三教堂、玉皇庙都有庙地，庙地的产权归属寺庙，其收入由庙里支配。村中一些家族有祖坟地，祖坟地的产权归属家族，由族人共同享有。赵氏家族置有祖会地，祖会地归属赵家族人。每年正月初三上坟后，赵氏家族都会用祖会地的收入按族人家中的男丁数发放白面馒头。为了更好地耕种土地，村民们也能换地。换地的双方必须关系好，关系差则换不成。换地的时候不需要请见证人，只需换地的双方交换地契就行。

（三）产权边界

1. 土地边界。村民们的土地都用田埂隔开，以田埂为界。田埂一般1—2尺宽，由土地两边的人共同享有。此外，村民们会在土地的边界处打洞下灰橛并在上面插上桑树桩来标注土地的界线。在地里种树要经过地邻家的同意，如果将树种在了公共的边界上，那么这树就归属于双方。

2. 村庄边界。河北铺村北接段庄、曲屯，东临朱庄、睢宁、瓜井，西接柴凹村、洛阳村，南临洺河。河北铺村以河流和土地作为村庄的边界，村民的地在哪里，村庄的边界就在哪里。"我的地在哪儿哪儿就是边界，边界都是地，没有山，南部有个洺河。"村中老人回忆道。村庄的边界不是固定不变的。如果村民将村庄边界的地卖给邻村，那么这块地从此就归属邻村，村庄的边界也相应地发生变化。如果村民不将村庄边界处的地卖给邻村而是卖给其他村，则村庄的边界不变，这地就叫"外庄地"。村庄的边界以村民们的地契为准，村里并不进行公示，"就是靠各家各户的地契来证明，村里没有什么证明。是这个村的人，是这个村的地，这个就是边界。"村中老人回忆。为了标明边界线，村民们会在地的边界上挖个一米多深的洞，在洞里撒下白色的灰橛。为了方便寻找，村民们会在灰橛上面插个桑树桩。村庄边界上的树谁种的归谁，水井也是谁打的归谁。

3. 房屋边界。村民们的宅基地通过购买或继承而来。购买的时候需要请房屋的四邻、村长、管事人来当证明人。房屋边界通过房契公证，并通过打洞下灰橛标示。宅基地和房屋都能出售，出售的时候先经四邻，如果四邻不要，再将房屋卖给别人。

4. 河流边界。村南以洺河中心为界，河的北边属于河北铺村，河的南边属于临洺关镇。河边的河滩地没有边界，想种的人可圈地而种。

（四）产权纠纷

村民们在日常生活中常常会因为边界问题而发生产权纠纷。"地边不断地向别人的田靠，一点点的时候我可以不吭，但是，时间长了，多了，那就要说对方了。这人的心眼不平。"村中老人说。土地、村庄、房屋的边界受侵犯后，都可以通过挖灰橛的方式重新找回。"有纠纷的时候就挖出来，看是你吃我的地了，还是我吃你的地了。"村中老人回忆道。若是家户与家户之间发生了产权纠纷，可先由邻居出面调解。调解不好可以再找家族里的"家长"或是管事的，再不行就通过打官司的方式处理。若是家户与家族之间发生了产权纠纷，那就直接由家族里的"家长"和管事人出面调解，调解不好再打官司。如果是村庄之间发生了产权纠纷，就由双方的村干部协商处理。纠纷调解好后，双方是否还来往要看调解时双方的气氛。如果是和平解决，以后还会来往。如果调解时双方闹得不可开交，那以后就不来往了，有些还成了仇家。

## 二、土地所有类型

### (一) 地主土地

河北铺村 24 户富户，100 口人，占有 5200 亩土地。按人均计算，富户的人均耕地占有量为 52 亩，比全村的人均耕地占有量多出 45.92 亩。村中富户的土地首先选择雇用长短工来耕种，如果长短工耕种不了那么多，再将多余的土地租种出去。外村的村民也能来河北铺村租种土地，但是，村民们会优先选择将土地租种给本村人。交租的时候佃户将粮交至东家家里。河北铺村的财主多居住在本村，不在村的财主很少。财主们平时除了出租土地收租，有些还在城里做生意，如开铺点、绸缎庄、饭庄等。据村中老人回忆，旧时，临洺关镇有 400 个门市都是河北铺村的。这些门市都用来出租，靠收租挣取收益。"可以在城里做生意，可以去门市上看看，但是不在那里住。不管弄什么都是为了多挣钱。家里有房子，家里有人伺候。"村中老人说。

### (二) 自耕农土地

除了富户，河北铺村其他的 300 多户村民，1100 多口人，占有 2100 多亩土地。按人均计算，其人均耕地占有量为 1.91 亩，比全村的人均耕地占有量少 4.17 亩，比富户的人均耕地占有量少 50.09 亩。村中那些有地、有钱、有牲口，一年四季不断粮，不会饿肚子，用得起短工却用不起长工的人家叫土财主，亦被称为"二百户"或"敖包财主"。这些土财主们家里有钱，但是没后台，所以他们在村中经常被黑团要钱要粮，而且要得最多。"大地主家他不敢拿，人家有势力，没钱的穷人也没什么东西，所以就问中农户要钱，让他们掏钱。"村中老人回忆。交粮差的时候也是如此，村中有钱有势的富户可以少交或不交，但是土财主们则是让交多少就要交多少。"掏钱的都是中农户，土财主一般没有官场势力。大地主有权有势惹不起可以不掏。到底是少交还是不交，就看其权力的大小以及在官场是否有人。"村中老人回忆道。

### (三) 宗族土地

河北铺村有大大小小姓氏 48 个，但是只有赵氏家族有祖会地。赵氏家族的祖会地由赵祖会管理，祖会地不请长工耕种，而是用来出租。本村抑或外村的人都可以租种，租金也都一样。祖会地的收入归赵氏家族所有，用于祭祖、修缮祠堂等公共开支，由全族人共享。但是，并不用于对族中的困难家庭进行救济。

### (四) 村落公共土地

村南的河滩地和乱葬岗属于村庄的公共土地。河滩地有的是被河水冲刷而成，有的是私人的土地遭河水淹没而成。河滩地无人管理，村民们谁都可以去那儿开荒，开荒后的收益归开荒人所有。因河滩地收成无保证，所以，在河滩地开荒后不用交粮差。

乱葬岗也无人管理，村中无论谁家有人去世了都可以埋葬在那儿。

### 三、土地买卖关系

旧时，村民可以自由买卖土地。村民们卖地有两个原因：一是家里遇见困难，"实在没法了"。如果能借钱渡过难关是坚决不会卖地的。"一般情况下家里有地就能顾上生活，卖地就像割肉一样，没有最大的困难不会卖，我会卖就是急着办事，急着要钱。"村中老人说。二是被强买强卖。如果财主或恶霸想要买村民的土地而村民不卖，那他们就会利用各种间接的手段逼迫村民们卖地。如让黑团的人去其家中找事，或者让黑团的人对其家人进行绑票。遇此情况，村民也就只好把自己的地给卖了。"我家有势力，跟官场有关系，我不直接找你事，间接地找你事，你需要用钱，就把地卖给我了。"村中老人回忆道。

据统计，1949年前全村300多户，1200多人，总共有7300亩土地。其中富户24户，100口人，占有5200亩土地；贫困农民近300户，1100多口人，占有2100多亩土地。"河北铺，像赵家，有探花，有进士，还有举人、秀才，他们家里在朝中有人有势，所以有钱。有钱就买地买房，买了就往回收钱收租。"村中老人回忆道。河北铺村民大部分土地在本村，也有少部分地在外村。家中土地超过100亩的就算作财主。财主家一开始地也少，但是通过几代人"滚雪球"式的积累，地多了，就逐渐地发展成了财主。"今年年成好，收的东西多，钱花不了再买几亩地。自己种不了就用短工。短工还不行，就用长工。"村中老人回忆道。当家里的土地越来越多后，财主们就不干活了，他们请人管账管财产，自己不干活也有钱花。

（一）先后顺序

河北铺村村民卖地的时候有个先后顺序，一般是"先经四邻"。也就是说，卖地的时候一般是先问自己地界周边的四户人家要不要。如果卖方给出价钱后，四邻有要买的，那么就不能卖给别人。只有卖方给出价钱后四邻没有要买的，才可以再卖给别人。"如果要降价卖地，那么也还是得先经过四邻，他们不要了再问别人。"村中老人回忆道。如果四邻不需要买地，那么可以将地卖给亲戚。旧时，有亲戚买亲戚的地的情况，但是不多。因为如果两家是亲戚，一方因有困难要卖地，另一方不会忍心看着他把地卖了，而是会借钱给他帮他渡过难关。如果卖地的这一方实在是因为困难种不了地了，那么亲戚就会把他的地买下，并且还会给他较多的钱。"你家有困难，你卖给我，我要是不要你的地，你就卖给别人了。这个亲戚就把这个地要下了。"村中老人说。此外，还可以将地卖给外村人。但是河北铺的地卖给外村人的少，一般都是河北铺的人去外村买地，这些地就成为了河北铺的外庄地。"地卖给外村的少，都是卖给本村的，本村没人要了再卖给外村。买外村的地没有什么特殊的要求，就是一个买一个卖，买了地就出租。"村中老人回忆道。

（二）丈量土地

土地的买卖按亩计算，卖地的时候要先对土地进行丈量。土地的丈量由村中比较有威信的管事人负责，管事人包括经纪人、中人和地方等。丈量完后要给管事的一定的报酬。丈量的时候还要将土地的四邻一起叫来，让其在旁边看着。

（三）买卖价格

土地的买卖价格因地而异，其高低主要看三个方面：一是看土质好不好，沙土地产量低。二是看浇水方不方便，有没有水井。三是会不会被水淹，洺河边的地就容易被水淹。买卖的时候土地具体价格的确定，一是"随行就市"，二是要经双方讨价还价。"什么都有个行情，什么时候定什么价格，有高有低。还可以互相讨价还价。说好了就摆合食。"村中老人回忆道。但是，如果赶上家里有困难急需要用钱，那么不管是什么地，什么行情，原本该卖300块钱的地200块钱也会卖，付钱就给地。土地买卖不采取先支付订金的形式，而是一次性结清。经纪人在土地买卖完成后，按照土地买卖价格的2%或3%向买方抽取相应的报酬。

（四）地契

买卖双方达成协议后，在管事人的签字做证下签订文书（如图3-4、3-5所示）。卖方将老地契给买方，买方再将地契拿去县里换取新的地契。"国民党、清朝都有文书，到县里盖公章，两边各按一个，然后再按个骑缝章，你的地就卖给别人了。"村中老人回忆道。

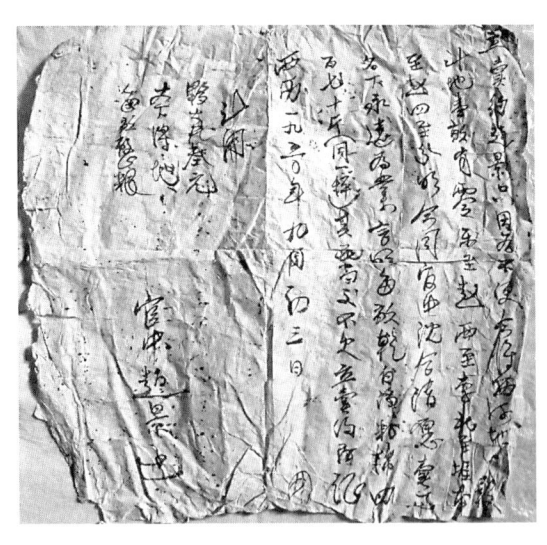

立卖约赵影只因为不变，今将西河地一段计地壹亩有零。东至赵，西至李，北至庄，南至赵，四至分明。今同管中人审核请愿卖与名下永远为业。言明每亩千白净粮棉，四百七十斤（同一称）其死当交不欠立卖约为证。

西历一九五零年九月初三日

计开
合大洋三元
丈下得地
每亩整粮

官中人  赵影只

图3-4　土地买卖契约　　　　图3-5　土地买卖契约

## （五）摆喜面[1]

买方买地后，其亲戚不会特意来祝贺。但是，买方要摆喜面请管事人和土地的四邻一起吃饭。摆喜面的时候，买方的本家或亲戚会来帮忙招待客人，给客人们端茶倒酒。

## （六）粮差

粮差按照土地面积缴纳。每年缴纳粮差的时候村长都会在村里催。地方把村民们的粮差收好后交给村长，村长再统一往上交。交完粮差，村长回来后将条据发给大家。粮差缴纳的数量并不是每年都一样，具体交多少"年年定"。"村长可以决定每户交多少，村民不知道上面要多少，村长说要多少就多少。"村中老人回忆道。并且，村长可以不交粮差，上面要多少粮差，他可以把自己要交的那部分粮差分摊给村民，让村民们交。村长不仅可以不交，还能从大家交的粮差里面留出一部分给自己。此外，租出去的外庄地的粮差由佃户缴纳。按照村民们的说法，东家只负责收取其应得的租金，其他的事情一概不管，都由佃户负责打理，佃户既缴纳租金，也缴纳粮差，但是其租金会低一些。

有钱有势的大户跟村长都有联系，有关系，所以他们可以少交，甚至不交，村长把他们应该交的那部分摊派给其他人。少交还是不交主要看其权力的大小以及跟官场人的联系。势力大的大户村长也惹不起，而一般的土财主则是村长说要多少他们就交多少。"掏钱的都是中农户，土财主一般没有官场势力。大地主有权有势可以不掏。"村中老人回忆道。有些交不起粮差的人会选择逃走。但是，"跑得了和尚跑不了庙"，最后也还是得借钱回来交粮差。租的土地粮差由东家交，佃户不交粮差。"种地的就是种你的地，谁的地谁纳粮，我名下没有地。旧社会有账簿，你有地就你交，我租的你的地就不交，户口上没有地。"村中老人回忆说。

## 四、土地租佃关系

河北铺村村民的土地一般是自己耕种或是雇用长短工来耕种，将土地租给别人耕种的较少。土地用于出租后就很少再收回来自己耕种。"本村的土地太多，自己耕种不了就往外租一部分。用于出租的土地一般都是外庄地，本村土地出租的少。"村中老人回忆道。将土地租佃给别人主要有以下三种情况：

一是有钱人家自己不种地或是自己种不了那么多，就把地租出去，租给那些没地但是有劳力的人。"租地的人自己家没地有劳力，你要不租别人的地，家里的劳力干吗，没法。"村中老人回忆道。

---

[1] 即摆宴席。

二是有些家里有地的村民,因劳动力多,自己家的地不够种,就再去租种别人的地。这些人租种别人的地不是为了挣多少钱,主要是为了多收点粮食,有了粮食就能顾上温饱。"家里有劳力坐着没事,做买卖又没资本,就租别人的地,到年终了多收一点。"村中老人回忆道。

三是当地出租。当急着用钱的时候,当方把地典当给典方获得自己所需要的钱。但是地还是当方种,典方每年向当方收取租金。

当亲戚和别人都想租种自己的地的时候,租种给谁就看跟亲戚的关系好不好了。如果跟亲戚的关系好,那么就租种给亲戚,即使别人的价钱更高也还是租种给亲戚。"租给亲戚有些租金要少一点。我给了你地,你就有饭吃了。不然我的女儿嫁到你家受罪啊?我给你几亩地你好好干。"村中老人回忆说。但是,如果与亲戚的关系不好或是亲戚的为人不好、不诚实,那么就会选择租给别人而不租给亲戚。佃农和财主有一个双向选择的过程,财主在选佃农的同时,佃农也在选财主。"人都有个名(声),都知道哪个地主怎么样。佃农租地的时候也看地主好不好说话,同样的交租,说话难听,还催你,不好的就不打交道,惹不起。"村中老人回忆道。

租佃关系确立后,财主只要将地给佃户耕种即可,不需要为其提供房子。佃户可以随意决定种什么,粮食作物抑或经济作物都行,地主对此并不干涉。外村没地,在家没活干,但是想租种土地的人会通过中间人介绍来河北铺村租地,并且还专门在村中租房子住。

(一)租金

河北铺村的地租分为三种形式,具体采用哪种形式则依据各自的家庭条件而定:一是五五分成。村民们租种富户的地,用自己的种子、肥料、农具、牲口等,富户只出土地,粮食收割后村民和富户一人一半,五五分成。二是三分之二归富户,三分之一归佃户。村民租种地主的地只出劳动力,土地、种子、农具、牲口都用富户家的,一年收获的粮食三分之二归富户,三分之一归佃户。三是定额地租。这就是在一开始租种土地的时候就言明租额,无论是丰收年还是减产年佃户都要交那么多地租给富户。这种地租形式在丰收年的时候对佃户没什么影响,就怕减产年。"给你的东西有数了,剩下的就都是我的。固定地租会让村民们感觉自由点,有的人就愿意这样,他会多投资点,能多得一点东西。"村中老人回忆道。

考虑到有减产年和灾荒年,财主们出租土地一般都采用固定地租,不用分成地租。这有两方面的原因:一是如果租种的是外庄地,那人具体收了多少粮食说不清,分成的话矛盾太大,所以就按一亩地交多少粮食交租金。二是如果土地遭受天灾,租种方是一点都没有收到,还是收了一点点,这个也说不清,所以也按照固定数目收租,不管对方收了还是没收,就交这么多。"如果分成的话说不清,矛盾太大,收了1000斤说是800斤,你又不知道,我说多少是多少。"村中老人回忆道。所以,如果遇见天灾,干旱减产或是土地被水淹了,都是按照合同上的约定给租金。有些心眼儿好的财主会让土地租种者少交点地租。但是,如果遇见的是刻薄财主,那么他不仅不会允许不交或少交,还可能让人去其家里搜粮食。

土地租金都以粮食交付。"那时的银行叫中日联合银行,票子叫'鬼子票'。今天的盐一万一斤,明天两万一斤。所以以前的租金都用粮食。"村中老人回忆道。具体交多少双方可以相互协商。如果财主要的太多,土地租种者可以与其讨价还价。租金一年两季交,五月和秋季。"五月收了麦子交,还有就是秋天收了玉米、谷子的时候交。它们的价钱不一样,麦子贵、小米贱。具体交多少双方协商,定了就按这个办。"村中老人回忆道。交租金的时候,要佃农自己将粮食送至财主家里。交完租,财主家会给其打一个条子,作为交了租金的收据。对于那些没有交租金的,财主会派人去其家里催。如果暂时交不起租金,允许其推迟一些日子,但是不能不交。遇见收成好的年份,财主一般也不会涨地租,因为今年好,明年又不一定了。

(二)租期

土地租种的期限由双方自行协商,一年、两年或是三年,但是租种一年的不多。因为如果财主的地好,肥沃,租种土地的人就不会对土地进行投资,不给上肥,而是直接用这地种一年,那么这地明年就薄了;如果地主的地不好,不肥沃,那么租地的人又不会租。"我要上肥料,要投资,我种了一年你就不给我种了,我也不干。"村中老人说。所以,一般是租种三年。"我今年投资,肥料上得多,收得多,明年养好了,又收一年,后年不想种你的地了,我就不投资了。"村中老人回忆道。在土地租种期限确定的过程中,土地租种者和出租者都在相互算计着。

虽然说土地租种的契约上明确地写出了租种的期限,但是如果租种土地者不按期交租,那么土地出租者有权将地要回来。"你租我的地不给我交租,我就不让你种,合同会写明这个事。说好是三年,但是一年的地租你都不给,还三年。"村中老人回忆道。如果租种土地者能够按时交租,说话算话,那么就会一直将地租给他种,与其续租。"在合同上再签个字,再租几年。不用再写也可以,有的另写合同,再租三年。"村中老人回忆道。因为地租不是一成不变的,所以续租的时候地主可能会涨价。土地租种者接受涨价的话,就可以继续租种;不接受涨价的话,就只能让别人来租种。

### (三）中间人

租地都要通过中间人，即使是租给本村人也要通过中间人。要租种土地的人和有地出租的人都告知中间人，中间人知道后就相互做介绍。"如果是赖皮的人、吃喝嫖赌的人，经纪不管，管不了，租给他，他还能给你把地卖了。种不好就不给介绍，介绍丢人。"村中老人回忆道。因此，在介绍之前，中间人会事先对要租地的人进行一些了解。当土地出租介绍成功后，租种土地和出租土地的人都要给中间人一定的报酬。

### （四）契约

土地租种的契约上会写好双方租种的条件，如租金、租期等。虽然不盖公章，但是中间人要签字，买卖双方要按手印。写好后，一式两份。"即使租给亲戚也写，亲戚也有说赖话的，有中间人赖话就不好说。"村中老人回忆道。

### （五）主佃关系

旧时，佃客称呼财主为东家，称呼财主的儿子为少爷、公子。

平时，佃客不需要帮财主干什么活儿。但是，如果财主将地租给亲戚，那么该亲戚在干完自己的活儿后，会去帮其干活。"因为你救济我了，秋天五月我就去给你割麦子（收秋）。如果是其他人就不干了，自己家的活儿都干不了。"村中老人回忆道。

佃客和财主平时很少往来，一般就是种地交租，交了租金也就没什么事了。如果财主家办喜事，佃客会主动上门随个礼钱。"你对我们不错，你家办喜事，就给你随个礼钱，就是个'敬情'。你家有钱有势，不敢惹你，本来给100的，我给你150。"村中老人回忆道。逢年过节的时候，佃客为了"攀高""攀高门楼"，也会给财主送点礼。还有些人给财主家送礼是因其官场里有人，想让其帮忙办事情。佃客家办喜事请财主，一是为了让其帮助自己，二是为了让其给自己撑场子。"请地主无非是想让他救济我，家里困难你借我个钱。或是请你来喝酒，让你来捧捧场。"村中老人回忆道。对于佃农们的邀请，财主一般不去，但是会派个人去。

佃农租种财主的地，与财主家就是有点关系。但是，当佃农家里出事遇见困难了，财主会借钱给他就算不错了。财主对佃农没有一定的救济或帮忙关系。"地主认为这个人不错，就借给你钱，到时你还我，利息的高低就看相互间关系的好坏程度了。"村中老人回忆道。

当佃农与别人家闹纠纷了，如果是佃农被别人欺负，且财主觉得佃农人品比较好，那么就可能会帮其说话。但是，如果是佃农欺负别人，且其人品不好，那么财主就不会帮其说话，除非财主本身人品也不太好，与佃农是同一类人。这时，周边的四邻就会说这佃农是那财主的狗腿子，说佃农是狗仗人势。

当佃农家被抓壮丁了，东家是否对其进行帮助得看其与财主家的关系。如果其与财主的关系不错，且财主本身也是有钱有势的人，那么就能请他帮忙把人要回来。要人的时候，有些可以不用钱，有些多少还是要给点钱。"一般是没有一定的关系，他不管你这个事情。"村中老人回忆道。

财主和佃农一般不会闹什么纠纷，佃农一般也不敢跟财主闹纠纷。主佃双方万一有意见上的不合，东家是个开明财主的话可能会跟佃客商量，但如果是个恶霸财主，那么佃农就只能是敢怒不敢言了。

（六）转租

在土地租种期间，如果自己因为家里有事不能再租种土地了，可以将土地转租给别人。但是，转租的时候得跟财主说，还要告知当时为自己做介绍的经纪人。"你转让给别人，还得看这个人可靠不可靠，要是这人不可靠就不行，到时要不了租金。如果有特殊情况，可以把地收回去。"村中老人回忆道。转租后，当初自己与财主签订的土地租种文书在签好转租证明后就直接转给承租人，那人直接将地租交给财主。

五、土地典当关系

家里有困难，急着用钱的人可以把地典当出去。"你有钱，地给你，但不是卖给你，你给我多少钱，几年后我再拿钱赎回来。"村中老人回忆道。是否典当、典当多久都由当家人说了算，其他人不能做决定。典当既可典当给本村人，也可典当给外村人。一年四季什么时候都可以典当。如果是在地里的粮食快要成熟的时候典当，那就可以连苗带地一起典当，地里的青苗也折算个价钱。

典当的价格无论典当给谁都是一样的，即便是自己的亲兄弟、亲戚也不能少。在遇见困难的情况下，如果亲兄弟、亲戚能帮且愿帮自己的话就会直接借钱给自己渡过难关。如果他们不帮自己，那就还是按与别人一样的价钱典当。"我有困难了，你有钱，就会直接给钱。如果你不认这个亲弟兄了，那就是典当给你，跟别人一样的。我急用钱，尽管是亲弟兄，价格上也不能少。"村中老人回忆道。典当的价格根据土质的好坏和用水的方便度而有所不同，土质好、灌溉方便的地价格高，土质差、灌溉不方便的地价格低。"有的沙地、黏土地、旱地、不能浇水的地，就价格低。像南河的地，不到时间就风干了。好的地就价格高。"村中老人回忆道。典当的时候具体当好地还是当差地，就看所需钱的多少了。如果需要的钱多就典当好地，如果需要的钱少就典当差地。

典当的时候一般都要通过经纪人，不然没人当证人。经纪人会向双方收取一定的报酬，典方收得多、当方收得少。典当要写临时的文书。因为不是卖地，所以就只需请村长、地邻和管事的人做证并在文书上签字即可,不需要去县里盖公章。典当的时间双方协商,三年、五年或是其他,到期后赎回。赎回的时间一般按照契约上约定的日期。如果有钱了,当方也可以与典方协商提前赎回,但是在赎回时要付给典方一定的利息作为赔偿。"你说了三年,两年就往回要,租金要给退回去,还得出点利息,不能白让你吃一年。"村中老人回忆道。到期了,典方会问当方要不要把地拿回去。如果当方还是困难,没钱赎回去,那么双方可以商量续当,再当几年。关于典当,村中老人回忆了一个这样的故事:

> 1943年,黑团写了个条子到老人家里,说老人家与八路通商,要老人家交1000块的罚款。虽然知道根本就没有这事情,就是黑团故意来讹诈的,但也还是得老老实实地交钱。老人的爷爷为了交这1000块钱就把家中的骡子卖了,卖了800块钱,还差200块。于是,老人的爷爷就把4亩地典当给了别人,把剩下的200块钱也给黑团送去了。1944年,老人的爷爷被要求赎回地。老人的爷爷就把钱给经纪人,让经纪人把钱转给对方。但是,这经纪人当时吸大烟,当老人的爷爷把钱给他后,他并没有把钱给对方,而是自己拿去抽大烟花掉了。1945年,老人的爷爷已经去世,对方拿着文书来向老人的父亲要钱。老人的父亲觉得奇怪,他说他们已经把钱给经纪人了。当再次找到经纪人后,才知道原来这经纪人没有把钱给对方。无奈之下,老人的父亲又拿了200块钱给对方,把典当的文书拿回来了。

土地典当后,因为地还是在当方的名下,所以粮差还是当方交。典方典地后,可以转租。"典当给你了,你有使用权,就可以转租给别人收租子。这个钱就归他自己。"村中老人回忆道。

### 六、土地置换关系

为了方便耕种,使土地离家近一点,关系不错的两户人家可以互换土地。换过后,两家再找个中人,双方把地契换了。"你的文书给我,我的文书给你,这样就没有后遗症。得过户。"村中老人回忆道。因为都是住在一块儿的人,所以换地也就不需要像卖地那样特意告知四邻,也不用经其同意。互换的两块地如果一块大、一块小,那么就从经济上找齐,一块3亩的地与一块2.8亩的地换,剩下的2分地就算钱补差价。但是,两块地的质量不能相差得太多,"如果一个是好地,一个是河滩地,一般是不换的,即使是亲戚也不换,差距太大。投资后水一冲就没了。"村中老人回忆道。如果想换地，但是两家的关系不好，那这事就难办了。

## 第三节 经营与经营关系

传统时期，河北铺村村民以一家一户为其土地经营的基本单位。家长则是主要经营者，农作物的种植、买卖、租佃等都由家长说了算。但是，如果儿子们有更好的建议也可以跟当家人说，大家一起商量。家中劳动力不足的人既可以通过换工的方式与别人交换劳动力，也可通过请长短工、小觅汉的方式获得。

### 一、经营单位

河北铺村以一家一户为其土地经营的基本单位。如果是小家小户，土地不多，则不需要与人合作，自家就能完成所有的生产环节。"男女老少都出动，自己播种、按苗、划沟、放种子、浇水，这些工序一个撵一个，都是自己干，都能做好。"村中老人说道。如果家里土地比较多，可以请与自家关系好的、家里劳动力多的帮忙。"我家的劳力多、地不多，你家的地多、劳力不多，尤其是春天抢种的时候要相互帮助，劳力多的可以帮助劳力少的，不然过了这几天，苗就上不来了。"村中老人说。

无论是自有土地还是租的土地，农户们都能自己决定种什么作物，东家、家族的"家长"或是村长都不能干涉。村民们种植作物主要是根据农谚进行，到了什么季节就种什么作物，如"白露早，寒露迟，秋风种麦正应时""收花不收花，全在正月二十八""谷雨麦挑旗，立夏麦晒芒，小满麦断根，芒种见麦茬""枣发芽，种棉花"等。

### 二、经营分工

河北铺村家庭土地的经营、买卖、租佃、典当等都由当家人说了算。但是，如果儿子们有更好的建议也可以跟当家人说，当家人可以和家人一起商量。当家人会在前一天晚上安排好家里的农活，第二天一早家人起来后就可以直接去地里干。如果当家人也下地干农活，那么当家人会领着儿子们一起干，当家人让干什么就干什么。如果家里的大儿子可以领头干活，那么就会让大儿子领着其他的儿子去干。"大儿子年龄大，懂得多。兄弟小，他（们）除一垄地，大儿子就得除两垄。一般都是大的干得多，小的有照顾。"村中老人回忆道。对于当家人安排的农活，有些懒、淘气、调皮的孩子则不会好好干。

旧时，村民们家里的钱都统一由当家人管理。当家人让儿子们外出做小买卖、做副业，挣的钱在回家后都要交给当家人，儿子们不能藏私房钱。家人需要用钱的时候就跟当家人说，向当家人申请。当家人根据具体的事情决定是否给以及给多少。过年的时候,当家人会在年前主动给家人一些零花钱,具体给多少则看家庭条件。过去,儿媳妇回娘家要买比较多的礼物,所以儿媳妇回娘家的时候当家人会给其一些钱买礼物。儿媳妇的嫁妆钱可以自己留着用。

三、经营与合作

(一)换工

"换工"就是村民们你帮助我干活,我帮助你干活,一般是农忙的时候换得多。换工要看相互之间的关系,通常是关系不错的换。换工的一般是男的,男的跟男的换;女的就在家里,不换工,不去给别人干活。换工一般是本村与本村的换,不和外村的换。换工的时候村民们都自带农具,干什么活带什么农具。如果自己带过去的农具用坏了,那就自己修。如果是主人家的农具被用坏了,那就由主家自己负责。村民们换工不分技术工和普通工,而且,两家关系不错的话可以用牛工换人工:一方给另一方犁地,另一方给这方干几天活。换工的时候主家要管饭,在谁家干活谁家管,干几天管几天,一天三餐。但是,有的人会自己在家吃了早饭再去。

1945年前,地多、劳动力少的村民如地主、富农、上中农,大多通过雇用长短工完成家里的农活。1945年后,村民们都分到了土地,耕者有其田,这时的换工现象较为明显。"分阶段的。1949年前是长短工,1949年后就是换工。你给我干,我给你干,大家相互抵消。多干点少干点都无所谓。"村中老人回忆道。尤其是初级社、高级社的时候,碰上对方活儿比较多、相互间关系又比较好的,家里的女性也去给对方帮忙干活,有些全家都去。

(二)护秋的与庄稼看护

看青的在河北铺村也叫"护秋的",就是秋天给村民们看庄稼的人。"五月看的不多,麦子一大片不好偷。谷子、棉花、高粱这个东西好偷。过去小偷偷棉花都是倒退着偷,高粱就直接割。所以,护秋一般是在秋天。"村中老人回忆道。河北铺村由黑团的人负责护秋。在村民们的田地里比较高的地方建有大土圪垯。那大土圪垯就像个瞭望台,护秋的就在里面往四边看。过去晚上也看青,大土圪垯里面有床,护秋的晚上就在里面睡。村东南西北的地里都建有大土圪垯,晚上的时候并不是每一个大土圪垯里面都有护秋的,他们不一定在哪个大土圪垯里面。过去偷庄稼的主要有三种人:一是不干活还想吃好喝好的人。这些人偷了人家的粮食就拿去卖。二是吸大烟的。有些吸大烟的人夜间会去偷别人的庄稼(如棉花等),然后拿回家。三是家庭贫困者。有些是家里没粮食吃,饿得不得了,就跑去地里偷点东西拿回家糊口。

护秋的抓住小偷后,可以交给村长处理。据村中老人回忆,那时偷粮食被抓着的话会被罚游街,然后自己喊自己偷粮食了。如果村民们的粮食被偷了,护秋的没抓住小偷,那么这被偷的村民也就只能认倒霉了,护秋的不会对他进行赔偿。"有的护秋的没有那个责任心,就是挂着个号,不给你看,偷了就说偷了。有的还贼喊捉贼。"村中老人回忆道。

### 四、经营与市场

#### (一)请工

请工请的人一般都是有技术的,如请来家里当管家、会计等等。请工一般是有钱人家请,无论本村或是外村的人都可以请。请工一般有两个依据:一是依据对方的技术,看活干得好不好。二是依据双方的关系,一般都会偏向于请与自己关系比较好的。请工的工资比一般人的工资高,而且,如果活干得好,有些主家还给他们加工资。请工既可以自己找,也可以通过中间人介绍。具体请多久则看请这人干什么活儿,有的活儿一天就干完了,有的则是成一年、两年、三年地请。如果发现请来的人品行不好,则可将其辞退。

但是,村中老人说,并不是所有干技术活的人都可以被称为是请工。像骟牛佬、阉猪佬这些人干的虽是技术活,但是请他们不叫请工。像请木匠师傅之类的人来家里干活也不叫请工,虽然称呼的时候会带个"请"字,但是他们并不叫请工,只是个技工。

#### (二)短工

短工按日计算工钱。以前请短工一般都是在三秋三夏的时候。三夏在五月,那时既要割麦子,又要播种,还要管理。三秋则要收玉米、播种、管理。请短工既会找外村的,也会找本村的。以前河北铺村南门那儿有短工市场,那里的人尽是打短工的,既有本村人,也有外村人。许多人会扛着锄头去那儿找活干。家里需要雇用短工的就去那儿找,要几个找几个。河北铺村西边的山区旱,一下雨的时候就需要大量的短工干活,所以河北铺村的村民还会去那儿打短工。"像我们村,地多,我们村的人一般都是在自己村,不会去别的村。即使有去也不多,就是嫌自己挣得不多,就出去了。"村中老人回忆道。大家选短工的时候都愿意选那些把锄头擦得干干净净的人,那些锄头很脏、上面都是泥的人,大家一般都不愿意要,因为他们让人觉得懒散。所以,短工们相互间也有竞争。村民们请短工并不会固定雇用对象。只有在请了一些人干活还没干完的情况下,才把他们请回来把剩下的活儿干完。

村民们雇短工一般都倾向于找干活干得又快又利索的,多快好省型的。雇短工的时候对于自家的亲戚当然会有些照顾。但是,如果这亲戚什么活儿都不会,干活不成个样子，那就不请他了。有的时候，有些人还不愿意被亲戚请去干。因为被亲戚请去不好讲价钱，如果被别人家请去则可以和对方讨价还价。

（三）长工

1945年前，河北铺村的财主、富农等有钱有势的家庭或是缺少劳力的家庭会雇用长工为自家干农活。

请长工都请男的，不请女的。长工的年龄一般在40岁到50岁之间，最多不超过60岁。这个年龄段的长工一般什么农活都会干，如扬场、翻磙、装车、垛垛。村中老人回忆说："财主见了长工后首先就会问长工会干些什么农活，一般要什么都会的。干得好的就留下，干得不好就辞退了，什么农活都会才能长年在。"此外，还要求长工为人可靠、老实，干活实在，脾气好，这样才能在财主家干得时间长。如果长工来到主家后，今天少这个东西，明天少那个东西，那就不会用他。有些长工家里也有地，但是家里不富裕，为了生存就去给人当长工。雇用后，如果是被财主家雇用，就称呼主家为"东家"，称呼主家的儿子们为"少东家"。如果是被一般的农户家雇用，那么则可按辈分称呼。"家里的长工跟我的爸爸年龄差不多，自己家不是财主，不是大富家，那人辈分大，我爸爸喊他叔叔，我爷爷跟他称兄道弟。"村中老人回忆道。

村民们雇用长工有的是自己找，有的则是通过别人介绍。介绍人不是专门从事介绍的，只是与财主家关系较好，要么是亲戚，要么是朋友。所以，无论财主还是长工都不需要特意酬谢，不需要为介绍支付费用，也不需要请吃饭，纯属帮忙。介绍都是介绍自己熟悉的、觉得不错的人。介绍好后，主雇双方自己商谈工资。为了节省支出，财主家一般最多请两个长工。所谓"一山不容二虎"，长工与长工之间也有竞争，会在财主面前争宠。村中老人回忆，以前有两个长工比赛摇耧撒子，一人一次只能摇一个，而另一人一次却能摇两个。长工们都想让财主喜欢自己，这样在财主面前说话就吃香，财主也会给自己更多的东西。所以，如果一方嫉妒另一方就很容易产生矛盾，也难管理。"财主就靠一个，一个心腹，就靠你把这个事情搞好。如果是用两个长工，那么就一个是头，另一个要服他的管理。"村中老人回忆道。长工的雇用不分本村、外村，"请长工，本村、外村的都有。有几个长工解放后还当了工会、农会主任，都是外村的。"村中老人回忆道。一旦被雇用就长年住在财主家。除了农田里的活儿，长工还得做家里的活儿，如喂牲口、烧水、扫院落、装粪等等。

财主和长工主雇关系的确定，有些是通过口头约定的方式，有些则是通过立契约的方式。契约上会写明雇用的时间、报酬、介绍人和主雇双方。时间一般是先定三年，也有定一、二、五年的，具体时间双方自己协定。在契约写明的时间内，如果长工的工作让财主不满意，财主可以无条件地辞退长工。但是，如果长工不满期要辞工，有些财主则要扣除长工一定的报酬作为赔偿。据村中老人回忆，长工和财主总体上维持着较好的关系，"长工跟地主的关系一般都挺好，有的干得好的干六七年。解放后土改，都有人不好斗。你对我不赖，挺好的，长工就不斗地主了"。有的村民家雇一个长工，有的则雇多个。当雇用多个的时候，长工里就有个头儿，东家有事情的时候都把事情交代给头儿，其他的长工得服从他的管制。"小地主就用一个长工，然后雇几个短工。大地主家就是用一个心腹长工，然后雇好多长短工。"村中老人说道。而且，头儿的工资要高于其他人的。秋天、五月农忙的时候，有些东家还会让长工替自己去短工市场雇短工，需要多少工钱也由长工去账房领取。需要人手的时候，如果长工家里有人，他也能叫自己家的人去干活，一样地给报酬。

长工吃住都在财主家里，但是财主吃住在前院，长工吃住在后院。后院有几间房，用于农具存放、牲口喂养以及长工们生活住宿。晚上长工也得干活，要喂牲口、垫圈。有时，东家家里如果有不穿的衣服会给长工。冬天的时候，有些东家会让内当家的给长工做大棉鞋、棉袜。"这是人心换人心。你对长工好，长工就干得好，干活的时候就像自己的样的。"村中老人说道。长工的衣服都是自己洗。如果家在本村，那么也可以拿回家让媳妇洗。平时，长工不从正门进出，而是经过道一出入，从后院的门直接进入后院（如图3-6所示）。长工有事找财主的时候才去前院，一般则在后院。

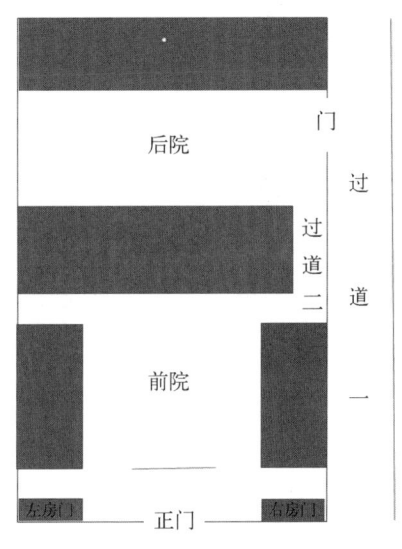

图 3-6 院落结构

长工都很勤快，每天早起晚睡。他们通常天一亮就起床去地里干活，有时还得催促短工跟着一起去干活。早晨干完活儿后就在地里休息，东家派人把饭送到地里，不回去吃饭。中午的时候，如果干活的地离家近，那么就可以回去吃饭。如果干活的地离家里远，那么还是由东家派人将饭送去地里。他们吃完饭后就在地里躺着午休，下午干完活儿后再回去。春秋天的时候长工们干活的时间长，冬天则是下午3点才开始干活。下午是天一黑就下班。如果家里没有特殊的事情，长工一年365天都在东家家里干活。但是，长工家里有事情或是逢年过节的时候也可以向东家请假回家。请假的时间不能很长，一般都是三五天，如果是婚丧嫁娶之类的事情，假期可以长一些。而且，长工请假回家的时候还得找一个人替代他，干他干的活儿。找的人也必须是老实肯干的。如果长工与东家的关系比较好，那么东家会给替代人工钱；如果东家比较计较，那么长工就自己发工资给替代人。

日常，财主和长工不会在一个桌子上吃饭，财主们在前院吃，长工们在后院吃。饭菜做好后，有人将饭菜送至后院。饭菜主要以板子面、窝头、高粱面和大锅菜为主。长工们吃的东西和财主有一定的区别：当家的财主和其父母"白馒头管饱"；媳妇和其他家人每人只有一个白馒头，"大麦面蒸的黑馒头管饱"；长工则基本上是"黑馒头管饱"，大锅菜加黑馒头。长工一般是不过生日的。"穷人的生日没人管，一般是不管，也不会给财主说。如果与财主关系好的话，财主就会说给你弄碗长寿面。主要看关系。"村中老人回忆道。逢年过节的时候，财主会给长工们加餐。如端午节的时候吃粽子，中秋节的时候会发月饼和苹果、石榴之类的水果。过年的时候，除了会给长工弄些好酒好菜，还会给些米面让长工带回家。关于过节，村中有一个这样的故事：

> 相传，有个吝啬的财主在端午节的时候包了许多种馅儿的粽子，小米、酱米糖等等。但是，在给长工送粽子的时候，财主却让人先送小米馅儿的，后送酱米糖馅儿的。因为长年吃小米面、小麦面，而且还经常吃不饱，长工们看见粽子后一下就吃了好多，一会儿就吃饱了。所以，当财主再让人送来酱米糖馅儿的粽子的时候，他们再也吃不下了，只能看着那些好吃的粽子。

长工的工资通常以粮食计算，他们的工资只能养活自己，解决自己的吃穿，不能养活家人。长工的工资有的按季度发放，有的按年度发放。但是，如果长工家里有急事，可以提前支取，正式领工资的时候再扣。财主家的长工工资由账房发放。遇见旱年等天灾的时候，虽然粮食减产，但是不减长工的工资，长工的工资照给。在一般情况下，如果长工患了感冒之类的病，财主会为其看病，养病期间不扣工资。但是，如果长工患了医治不好的病，财主则会将其辞退。如果家里有事，长工可以请假回家，请假期间不扣工资，但是时间不能太长。有些刻薄的财主因长工请假时间太长，不仅扣其工资，还将其辞退。如果长工家里有事可以向东家借钱，但是不会借多。如果要借多，得东家觉得这长工人好，确实可靠。

长工家办红白喜事的时候会请财主参加。财主一般情况下都会参加，有些还会送些礼物。但是，有些刻薄的地主不仅很难批准请假，而且还扣长工的工资。长工办红白喜事一般都比较简单，所以，在外村当长工的除了请财主，外村的其他人一般都不请。"外村的长工自家办红白好事，不会请外村的人参加，自己回去办就好了。也请不动,本村的都请不了。他们家里本来就穷,自己有钱就不会去当长工了。"村中老人回忆道。有些关系较好的长工相互之间也会保持一定的人情往来。财主家的亲戚一般不会与财主家的长工有关系往来,只与财主有联系。正如村中老人所说,一般都是同一水平的人在一起玩,有钱的跟有钱的在一起,没钱的跟没钱的在一起。

过年的时候,长工要去给财主拜年。拜年的时候,长工要对财主说"给老太爷拜年",然后下跪,再拜三拜,叫"小三拜"。拜年的时候长工不用给财主带礼物,财主也不会给长工礼物。长工的家人不用去给财主拜年。拜年一般是在初一,如果是本村的还能领着孩子一起去给东家拜年。如果是外村的,还请假回家了,那么就可以初八初九回来后再拜,说给东家拜晚年。

外村人在本村当长工,不用向本村的村长、保长汇报,不需要征得他们的同意,只要长工和财主双方说好就行。财主家的长工一般不会被抓壮丁:一是由于长工的年龄一般都偏大,而壮丁的年龄一般要求在20多岁。二是由于财主和官场上的人有联系,所以抓壮丁一般也就不会去财主家抓。

(四)长短工

长短工的雇用时间按季算,一季或是两季、三季。一般开春的时候就有人用,从春天雇用到秋天,10月份终止。正因为如此,长短工之间的竞争较为激烈。"一年用三个长短工,到了10月份了,没活儿了,多一个人就多一个人的费用,就要辞退掉两个不那么好的。"村中老人说长短工既有本村的也有外村的,受雇期间住财主家,与长工住一起。长短工与长工相比,除了雇用时间上的不一样外,其工资也较低。这主要是由于长工什么农活都会干,"干活全","一个是将才,一个是帅才,长短工要听长工的,让他干吗就干吗"。长短工和长工之间一般不会有什么矛盾,但是有些嫉妒长工受财主器重的长短工也会与长工产生矛盾。"你受地主器重,地主对你好,他心里就嫉妒。顶门流水,看谁干得好就留谁,干得不好就不留了,所以长工、长短工之间也会有竞争。"

(五)小觅汉

小觅汉一般都比较年轻,十六七岁。他们吃住都在东家,干些力所能及的事情。"看这个小孩干活聪明不聪明,勤劳不勤劳。东家觉得他挺好就让扫地、扫院子,看孩子,领着孩子玩,喂牲口。"村中老人说道。如果要小觅汉下地干活,那么就要有人指挥。小觅汉一般不会多用,就一个,有的一干还一两年。如果这孩子勤劳,又会说话,讨人喜欢,那么在他娶媳妇的时候,东家会给其买东西、买衣服,当自己的孩子看待。

(六)婆娘和小妮儿

以前的财主生了小孩后,自己不喂养的就请婆娘喂养。婆娘一般请30多岁成了家的。除了婆娘,财主家还请小妮儿,也就是丫鬟。小妮儿一般都是十四五岁的小姑娘。无论是婆娘还是小妮儿,都要经介绍人介绍,介绍都不用介绍费。婆娘和小妮儿与财主一起住在前院,住在左右房门里(见图3-6)。吃饭的时候,婆娘、小妮儿要先伺候财主一家人吃完,然后自己才能吃饭。如果是财主媳妇的婆娘或小妮儿要请假回家,那么在她们向财主媳妇请假后,财主媳妇还得向老太太请示。有些与老太太关系好的婆娘或小妮儿也可直接向老太太请假。有些与财主家关系较好的小妮儿会被财主家认成干闺女,在出嫁的时候被其当自己闺女看待,为她买衣服、办嫁妆、操办婚礼。

## 第四节 交换与交换关系

河北铺村村民们的市场交换活动既可以在村内进行,也可以在村外进行。河北铺村内有茶棚、馒头坊、油坊、香油坊、杂货铺、白酒铺等做小买卖的。此外,还有被叫作"挑八股绳的"货郎担来村中。临洺关镇和刘营则是村民们赶集的地方,每逢赶集的时候村民们都会带些自家种的粮食、蔬菜,自家织的土布、口袋去集市上售卖。

一、交换活动

(一)村内交易

旧时,河北铺村村内有茶棚、馒头坊、油坊、香油坊、杂货铺、白酒铺等做小买卖的,做这些小买卖的都是河北铺村本村人。这些做小买卖的方便了村民们的日常生活,也活跃了村庄的经济。村民们购买这些商品的时候有的用货币交换,有的则用物交换。村民们购买商品的时候如果没有钱,那些有信任度的人会被允许赊账。虽是小买卖,但也并不是所有的人想做就能做的。做小买卖的人得具备以下几个条件:一是得有做买卖的心眼儿,有自己的计划。二是要会打算、灵活,知道东西从哪儿买,去哪儿卖,知道自己的东西到底能值多少钱。三是要有本钱,没有本钱做不了买卖,有本钱才能做。旧时,做买卖的人不是很多,村民们一般都以农业为主。村中老人回忆道:"商人不是很多。农民就是种地,做不了买卖,有的买地买不起的就跑外村租地、种地。"

1. 茶棚

在地藏王大庙那儿有一个茶棚,茶棚由五间房子构成,它的名字就叫"茶棚"。茶棚的房子归属地藏王大庙,坐东朝西,两边是两个套间,中间有三间房子。茶棚经营小生意，平时卖些包子、面条、烧饼之类的东西，村民们可以在那儿喝茶、吃饭——它就像个茶馆。茶棚紧邻驿路，经常有行人经过，行人累了、饿了、渴了就可以在那儿休息、吃饭。鉴于当时比较复杂的社会环境，在茶棚吃饭、休息的一般都是男的，没有女的。"没有女的去那个地方吃饭，不敢去，都是男的。女的都是家庭妇女，不去外面吃饭。赶庙会吃饭也是在亲戚家吃，很少去街上吃。"村中老人回忆道。

夜间，茶棚会卖些包子、面条之类的东西。同时，它还是村民们娱乐消遣的地方。无论大人还是小孩都喜欢去那儿。村里会说书的人会在那儿说书，说三国或是讲故事。村里有个叫"徐老黑"的老头儿好讲故事，经常晚上去茶棚给大家讲故事。"每次他讲故事的时候就好多人都围在那里听。到了那里谁想讲什么就说什么。就是在那里娱乐。"村中老人回忆道。

旧时，茶棚由私人开办。1945年，茶棚由一个叫韩福奎的人开办，其家庭情况参见表3-3。韩福奎是个掌灶的大师傅，会做饭。韩福奎在家排行老大，还有两个弟弟，分别叫韩福堂、韩福同。韩福堂1949年后当了农会主任，高级社的时候还是高级社的社长。韩福同则卖杂面。韩福奎的茶棚雇了工。"雇工就是本村的。不用很多人，一两个。就是小伙计，没有什么关系，就是雇个人在那儿帮忙，小饭铺，店不大。"村中老人回忆道。茶棚的雇工只在茶棚干活，不能收钱，就算有时收了也得立马交给掌柜。

1946年至1948年茶棚被改为了车马店，行人可以去那儿住宿。车马店由三个人开办，这三个人分别是武长宣、燕好智和王贵荣。此时，车马店的房子归属农会，车马店的老板要向农会交房租。

表3-3 河北铺村部分开茶棚的家庭情况

| 姓　　名 | 土改时阶级成分 | 家庭基本情况 | 家庭简史 |
| --- | --- | --- | --- |
| 韩福奎 | 贫农 | 家里4口人，无房无地 | 其父亲有6间房，无地，靠开饭铺维持生活。韩福奎本人靠开饭铺、给财主打短工维持生活 |

2. 馒头坊

河北铺村有三家馒头坊。这三家的主人分别是李春芳（东街）、李思湘（东街）和赵老九（北街），其家庭情况见表3-4。

三家馒头坊都没有取特定的名字。在这三家馒头坊中，李春芳家的馒头蒸得最好。他们家蒸的馒头面硬，被称为"脆面馒头"，有八个角。其余的两家馒头坊蒸的馒头面软，竖不起来。村民们都觉得李春芳家的馒头好吃。

旧时，村民们买馒头是用小麦换的，且只能用小麦换，不能用其他诸如谷子、高梁之类的粮食换。换馒头的比例是 1.3 斤小麦换一斤馒头。旧时的馒头论斤卖，用秤称。"一斤麦子可以出 85 个面。馒头都用硫黄熏，熏了就白了，所以以前的馒头都是外面白、里面黑。"村中老人回忆道。

村里人家家户户都会去换馒头，但并不是每家每户每天都去。村民们一般在以下几种情况下会去换馒头：一是家里的面少了。二是家里急着用人，雇了工、请了人，自己蒸不了又急需用，就直接去换蒸好了的。三是家里的馒头接不上。如中午蒸好的馒头，晚上吃了一顿后第二天早上不够了又没时间再蒸。"去换馒头的，像我们这样的中农户也不是经常去那儿换。"村中老人回忆道。即便如此，由于村里人口比较多，每天到馒头坊换馒头的人还是络绎不绝。除了本村村民，外村来河北铺村做小生意、小买卖的或是从驿路过路的也会去买。

馒头坊主要通过四种方式卖馒头：

一是在自己家卖。村民们买馒头一般都在离自家较近的地方买，很少因为与哪家馒头坊的老板是亲友而跑去较远的地方买。"东街的人不会特意跑去北街买馒头。我家和李春芳家是一家，也住得近，所以就去他们家买馒头。到了那儿后，如果要等，他们还会给你一个小馒头让你边吃边等。"村中老人回忆道。

二是在十字街卖。在十字街卖馒头的时候，三家馒头坊有竞争。如果三家馒头坊在一起卖的话，李春芳家的馒头早早地就能卖完。等李春芳家的馒头卖完了，才轮到另外两家馒头坊。"如果是自家的亲戚，那就是买自己家人的，不然不好看，不买自己家的馒头，买人家的馒头。但是，亲戚去买他们的馒头，一般就是那个价格，谁去都是一样的。"村中老人说道。

三是推着车子在村里走街串巷卖。三家馒头坊的老板都会在村里走街串巷地卖馒头，但一般都是李思湘家和赵老九家走街串巷走得多，李春芳家走得少。因为，李春芳家的馒头蒸得好，在十字街的时候就卖完了。三家馒头坊走街串巷的时候都是通过"吹嘟"发出声音的方式来告知大家。虽然说三家馒头坊都是通过"吹嘟"的方式来告知大家，但是三家馒头坊发出的声音却不一样。李思湘家和赵老九家吹出来的声音没劲，发出的声音是"嘟——嘟"。李春芳家则吹得好，他们家吹出来的声音有劲，"嘟——嘟嘟——嘟——嘟"，拐着弯吹。所以，大家一听就知道是谁家来了。

四是赶集或别的村有庙会的时候去别的村卖。去别的村卖馒头的时候，馒头坊的老板自己会去，有时也让家里的雇工去。老板给雇工多少馒头会记好数，然后要求雇工换多少斤麦子回来。

村里的三家馒头坊都开设在自己家，房子都是自己的，面也都是自己磨的。馒头坊都有自己的石磨，还雇人。馒头坊最少雇两个人，雇的人有外村的，也有本村的，包吃包住。"不住不行，雇工要起五更蒸馒头，天亮就要把馒头蒸好然后拿出去卖。"村中老人回忆道。雇工们同住一个房间，吃饭的时候跟掌柜一起吃，不分开，吃的都是馒头、炒菜。雇工在家就是蒸馒头、磨面，掌柜不让其收钱。因为旧时蒸馒头属于纯手工活，需要较多的人手，所以，除了雇工，馒头坊老板的家人也都在家帮忙蒸馒头。村民买馒头也有赊账的现象，有的一赊好几个月，春季开春买的馒头直到五月麦子收割了才还。"五月必须得还，清账。也有赖账的，此后就再也不会赊给他了。这一般都是个别的，到时间都会还账。欠账不加利息，这个时间都不长。"村中老人回忆道。

开馒头坊的家里经济条件都比较好，但是也不属于财主，就是一般的中农户，财主家一般不干这个。"开馒头坊的老板都是一般的群众，不分什么地位高低，都是农民，只不过你是卖馒头的，我是种地的。"村中老人回忆道。开馒头坊的人家里也种地顾生活，但是地不多，一般就10多亩地，家里农具牲口较为齐全，有水车、牛、驴等等。开馒头坊的人家庄稼产量会比一般的高。"家里磨面有牲口，牲口有粪便，就有肥料往地里放，麦子就长得好。他的地有肥，有质量。收的麦子都比一般的人多，人家收300斤，他就能收400斤。"村中老人回忆道。农忙季节是馒头的需求旺季，所以，每当此时馒头坊都雇工收割自家的粮食，馒头坊的生意照样经营。

表3-4 河北铺村部分开馒头坊的家庭情况

| 姓　名 | 土改时阶级成分 | 家庭基本情况 | 家庭简史 |
| --- | --- | --- | --- |
| 李春芳 | 富农 | 家里7口人、2个劳动力、18间房、22亩土地、2头驴、1头骡子，与1户人家合用辆水车，与4户人家合用辆大车，农具齐全。开馒头坊，有2个石磨，连续3年雇2个帮工 | 其祖父家里没土地，有3间房，以打短工和做小买卖为生。其父亲也没土地，有3间房，以打短工和卖馒头为生。李春芳从小跟着父亲做小买卖。18岁时，父亲去世。从19岁起先后卖了6.3亩地，继承叔叔11间房、4亩多地，买1头驴、1头骡子，连年开馒头坊，经常雇长工和短工。到1942年，买卖越做越大，家里有2个石磨、2头驴、1头骡子，专请长工2个，家里20多亩地都由长工耕种 |
| 李思湘 | 上中农 | 家里5口人、10间房、7亩地、1头驴，开馒头坊，雇短工 | 其父亲从1914年到1919年租种土地21亩，其中公地18亩，有1头驴，农具齐全，常用短工。赵思湘本人以开磨坊、卖馒头和种地为生，雇有1个长工，七八亩地靠雇短工耕种 |

续表

| 姓　名 | 土改时阶级成分 | 家庭基本情况 | 家庭简史 |
|---|---|---|---|
| 赵老九 | 下中农 | 家里6口人，3个劳动力，1头驴，1辆小车 | 因生活所迫逃荒到河北铺村，先是在临洺关镇打长工，后来在河北铺村开馒头坊，家里雇长工 |
| 赵文礼 | 下中农 | 家里5口人、1个劳动力、3亩土地、3间房、1头驴、1个石磨，农忙时给人打短工，农闲时卖馍维持生活 | 其祖父有5亩土地、3间楼房、4间平房，以种地和教书维持生活。其父亲靠种地、打短工、农闲时推卖小篮维持生活。赵文礼本人上了两年学，后靠种地、开磨坊卖馍维生，有时给别人打短工 |

3. 杂货铺

旧时，河北铺村有两家杂货铺。这两家分别是老相子家（十字街）和薛有功家（东街），其家庭情况见表3-5。

老相子开杂货铺的时间长。平时就老相子一个人在杂货铺，吃饭的时候他儿子会来给他送饭。有时儿子也会在那儿帮忙卖东西。老相子家是杂货铺世家，他开杂货铺一直开到去世。老相子不仅自己开杂货铺，他有三个儿子，大儿子接了他的班撑着干，孙子也开杂货铺，直到现在他们家还开着杂货铺。现在西街的健民超市就是他孙子开的。俗话说"打生不抵脸熟"。时间久了，熟悉了，自然而然就知道什么东西好卖，什么是顺庄货，什么是背庄货，什么是需要常年备着的货。"什么好卖，今天有多少人来买这货，卖了多少，心里都有数。干这个是越干越会干。一开始干的时候什么都不懂，连价钱都记不到。但是，如果一直干这个，什么价钱之类的都记在脑子里了。"村中老人说。老相子家除了有这个杂货铺，家里还有二三十亩地，农忙的时候家里还雇用短工。"他家有钱，是个上中农户，家里还有水车。"村中老人回忆道。还没分家的时候老相子就去世了，后来三兄弟把家里的房子、地按三股分，分家后各做各的。

薛有功有四个儿子，两个死得早，后来就剩下两个。他家院子不大，一个南屋，一个北屋，北屋分给老二，南屋分给老三。进大门的地方还有一间房子，他就住那儿。1945年前他在土地庙开杂货铺，1945年后则把杂货铺挪到了家里，在家开了个窗户卖东西。他杂货铺里的货不多，就卖些豆腐乳、香箔、麻头纸、麻绳之类的东西，夏天过端午节的时候还卖粽子。

老相子的生意相比于薛有功要好些，而且老相子的杂货铺货全，薛有功的只是个小杂货铺。虽然说杂货铺老板跟村里人的关系都很好，但是如果村民间发生了纠纷，他们并不会去调解。"他就做生意，别人的事情他不管，也没人去找他。尤其是老相子，还是个拐子。"村中老人回忆道。

表 3-5　河北铺村部分开杂货铺的家庭情况

| 姓　名 | 土改时阶级成分 | 家庭基本情况 | 家庭简史 |
|---|---|---|---|
| 老相子 | 下中农 | 土地不到 3 亩 | 其父亲有 50 多亩地，23 间房，每年雇用 2—3 个长工。老相子是个残疾人，因吃喝嫖赌，后家庭破产。1931 年家里土地只剩不到 3 亩。牲口、家具都卖了。为了维持生活开小铺、给人打短工维持生活。因生活不太富裕，农闲时其儿子们也当小贩，贩卖烧饼、烟酒之类的东西。 |
| 薛耀林 | 贫农 | 家里有 6 个人，6 间楼房，4 间平房，4 亩坟茔地 | 其父亲有 6 间楼房，4 亩坟茔地，靠种地、打短工维持生活。薛耀林本人靠种地、打短工、开杂货铺维持生活 |

4. 香油坊

旧时，买香油是用芝麻换，一斤芝麻换五两半香油。大多数村民都种芝麻，所以家里都有芝麻。村民们都会吃香油，常年都吃，有些村民家里还会预备一些，煮面的时候或亲戚来了做菜的时候都会放。香油主要用来增加香味，不是用来炒菜的，因此也就不需要那么多。对于那时的吃香油有句这样的顺口溜："一点香，两点关，三点吃了心头慌。"河北铺村开香油坊的有三家，分别是夏秉礼家（东街）、任占林家（东街）和赵小安家（北街），其家庭情况见表 3-6。三家香油坊都开在自己家，不请工，都是自己做好后自己拿去卖。他们不仅在本村卖，也去外村卖。尤其是夏秉礼家，三兄弟都磨油，有时候还三个人一起磨。三家开香油坊的都有地，他们在磨了香油后会把渣子晒干磨成粉，撒在庄稼的根部当肥料用，这庄稼就长得好。开香油坊是个小买卖，收入并不高。以前村民们吃香油量不大，买一斤可以吃好久。大家都不敢买一斤，都是半斤或二两地买。过去的香油都是拿陶瓷罐装，买多了放久了就不香了，而且还会有不好的味道，口感会变差。卖油的用一个小拍子来舀油。有句话叫"添油不抵空拍子"，就是说如果让拍子上面沾的油滴干净的话那比添的油还要多。

走街串巷是香油坊的销售方式。卖香油的时候，他们都用担子挑着香油，有的拿梆子，有的拿铜牌，边走边敲，发出很长的"铛——"的声音。为此，还流传着一个歇后语，"卖油的敲碾盘——牌子不小"。虽然都是同行，但是，走街串巷的时候碰到了，相互之间还是会打招呼，并不会有什么矛盾，都是"你串你的，我串我的"。"吃香油吃谁的就谁的，谁的好、谁的不好，村里人都知道。本村的知道，外村经常去的也会知道。"村中老人说。

三家香油坊，夏秉礼家做得最好。他炒芝麻火候掌握得好，所以他家的香油香，大家都去他家榨油。其他两家磨出来的香油没有他家的香。香油做出来并不会有太大的差距,但是,在卖香油的时候却也能"作假"——买的时候让你闻着香,回家放两天就不那么香了。这其中的原理就是:卖香油的人在去卖油之前,会先加热二三斤香油,然后倒进桶里。香油加热了之后会非常香,倒进桶里后,整桶油就显得非常香了。这里所谓的"作假"不是说香油是假的,而是说给油加热,让它闻着香,卖的时候好卖。"这也不会影响做生意。如果有人说,就跟他说你开了盖在家晾了当然没那么香了,回家用火熬熬就香了。果真也就香了。"村中老人说道。

表3-6 河北铺村部分卖香油的家庭情况

| 姓 名 | 土改时阶级成分 | 家庭基本情况 | 家庭简史 |
| --- | --- | --- | --- |
| 夏秉礼 | 中农 | 家里有3口人,7间房,5.3亩土地 | 其祖父主要靠给别人卖油维持生活。其父亲靠卖油、卖馒头维持生活,后置办了16亩土地、18间房。夏秉礼与兄弟分家分得房子7间,土地5.3亩。分家后,夏秉礼靠种地、卖油、卖馒头维持生活 |

5. 油坊

河北铺村有赵兰鹏家(北街)、赵奇祥家(东街)和赵义明家(西街)三家油坊,其家庭情况见表3-7。

三家油坊都是大油坊,榨的油都是棉籽油。这三家都有钱,一个是地主(赵兰鹏),一个是富农(赵奇祥),还有一个是上中农(赵宜明)。他们都雇人干活,自己家的人不干。油坊占地面积大,不设在家里,都建在一个专门的大空地上,有个专门的房子——家是家,油坊是油坊。这几家开油坊的都喂了好几头牲口,自然就有好多粪便,这些粪便都下到地里,庄稼都长得很好。因为家里有钱,所以自然就财大气粗,他们的儿子们也比较好娶媳妇。但是,他们并不管村里面的事情,不参与村民间纠纷的调解。

棉油坊的生意大,雇的人也比较多,既有本村的也有外村的。以前榨油都是用大梁压,所以雇的人得有力气,没力气的人干不了。雇的人一般都在壮年,二十七八岁至四十岁之间,年纪太大或是太小都不行。榨油属于技术工,不是每个人都会干的,所以榨油匠的工资比较高。"打靶士"是榨油匠中级别最高的技术工,他要会装垛。打靶士受雇后要与油坊老板签合同,言明给多少工资等等。冬天是油坊的旺季,夏天是淡季。每逢旺季打靶士就分班干,白天黑夜轮着干,淡季的时候则只需白天干。打靶士就住在油坊,吃、住都在那儿,不住老板家。上等、中等、下等棉籽出的油都不一样，每种出多少油都有数。老板对打靶士都很好，不然就不给好好干活，打油打得少。有时候老板会犒劳犒劳打靶士，给他们买点好吃的，还买肉。

油坊并不光用打靶士，不然就不挣钱了，所以就让学徒的也在那儿做些简单的活儿。学徒的人工资少，但管他的饭。油坊的学徒分两种：一种是打靶士带过来的。那些想跟打靶士学徒的可以跟着一起去油坊。这种情况下师徒的工钱按垛计算，装多少个垛就给多少工钱，学徒的工钱由打靶士给。另一种是老板找的。因为学徒是老板找的人，这学徒不一定与打靶士搭档得好，一天不一定可以打多少个垛，所以这种情况下打靶士的工资就按日工算。"亲戚关系的也有。亲戚家困难就来当小伙计，就去那儿干，到那儿跟着打靶士学徒。"村中老人说道。油坊里的工人常年都有活干。油坊里面非常暖，干完活后工人们浑身都是油，下班的时候他们就直接跳进缸里用碱洗澡。

村民们吃油有的用棉籽换，有的用钱买。用棉籽换一般是8斤棉籽换一斤油。但是，换也要根据棉籽的质量，如果棉籽差的话换的油也少。看棉籽质量的一般都是老板，打靶的不管这个，他们就在油坊打靶榨油。油坊不仅在油坊卖，也推着车子走街串巷地卖。车子上放两个装油的篓子。出去卖油的不一定都是老板，也可能是老板的儿子或弟弟。具体让谁出去卖油都是量才使用，聪明的、会做生意的才让出去，不会的就在家里喂牲口、干活。"当家的年龄大了后就不出来卖了。以前的路不好走，推出去卖还得走上七八数十里。"村中老人回忆道。卖油的时候会发出"噔——铛——噔——铛"的声音，大家一听就知道是卖油的来了。卖油的回去后就交账，当家人会看他出去后是挣了还是亏了，换的棉籽是好还是差。刚开始出去卖油的时候一般都不太懂，大人教了之后慢慢地也就懂了。家里不老实的人有时也会把出去挣的钱装自己腰包，或是把换的棉籽卖了，但是这种情况一般都比较少。

赵兰鹏有一个女儿，没儿子，是个"绝户头"[1]。他有个妹妹，不过很年轻的时候就死了。虽是油坊的掌柜，但他自己并不出去卖油，而是让人给他卖。家里有地，自己不种，雇长工管理。有文化，土改的时候曾参与村里的土地证制作，后来还当了村里的会计。

赵奇祥家的生活条件比一般的村民好一点，富农的成分是土改的时候被人故意划的。据说这是上辈子遗留下来的事情。他家里有钱，但是对乡亲和邻居有点刻薄，大家对他的印象都不好，所以大家就说他家是个富农。

---

[1] 没有儿子的人。

表3-7 河北铺村部分开油坊的家庭情况

| 姓　名 | 土改时阶级成分 | 家庭基本情况 | 家庭简史 |
|---|---|---|---|
| 赵兰鹏 | 地主 | 家里有9口人，18亩地，9间房，1辆水车，2头牲口，常年雇用1个长工，家具、农具齐全 | 其父亲有10亩地，雇用1个长工。赵兰鹏本人8岁至20岁上学，后同别人一起开榨油坊 |
| 赵义明 | 上中农 | 家里有7口人，4.5亩地，20间房 | 其父亲有8间房，5亩地。赵义明本人先是推煤卖，后给人种了10多年地，还轧花、开棉花房。后又自己种地、开油坊 |
| 赵奇祥 | 中农 | 家里有5口人。其父亲房子、土地少，靠贩煤和介绍牲口买卖为生 | 赵奇祥弟兄3个，都以种地为主业。在其哥哥10多岁的时候，家里买了50多亩地，3头牲口。民国二十五年（1936）到民国二十九年（1940）开油坊，家里有2头驴、2头骡，雇用2个长工。民国二十九年，赵奇祥被黑团绑走，家里卖了17亩地，牲口、水车也都卖了，从此以后生活困难起来 |

### 6. 白酒铺

河北铺村有两家卖白酒的：任占林家和薛全寿家。其家庭情况如表3-8所示。

他们的酒铺都开在自己家，没有开设专门的店铺，都是小本生意，要买酒的就去他们家里买。酒铺里的酒不是他们自己酿的，而是外面的人将酒送至他们家里，他们买了之后再在村里零售。相比起来，薛全寿家的生意做得大一些。两家也都种地，但是地不多，就三五亩。"平时没什么人喝酒。一般是相好挨近的聚在一起，或是生日、过世的时候喝酒。不像现在，啤酒都是一提或一箱地喝。"村里老人说道。俗话说，"酒不对不喝"，脾气不对的人不在一起喝酒。因此，虽说村里有酒鬼，但一般都是"酒鬼碰酒鬼"，一般的人不会跟他们喝。

表3-8 河北铺村部分卖白酒的家庭情况

| 姓　名 | 土改时阶级成分 | 家庭基本情况 | 家庭简史 |
|---|---|---|---|
| 任占林 | 贫农 | 家里有5口人，没房，租有1.5亩地 | 其父亲死得早，母亲改嫁以后，因生活窘迫而和妻子一起来到河北铺村。任占林常年在临洺关一带为别人担茅子卖工挣钱，挑担贩卖柿子等。直到1943年总共置办了6亩地，12间房。任占林是黄香道徒 |

### 7. 背篮子卖烟的

村里有一个背篮子卖烟的，叫赵隋喜，住在西街。赵隋喜家庭条件一般，有几个孩子。忙的时候，如秋天、五月，就只干农活不卖烟。闲的时候就背着篮子出去走街串巷地卖烟，做个小买卖挣点闲钱。

8. 背篮子卖馃子的

村里有一个背篮子卖馃子的，叫赵新江，其家庭情况见表3-9。赵新江家庭条件较差，每天早上早起就去临洺关镇馃子铺贩馃子卖，卖完就回去干农活。"如一毛一个的馃子，我贩10个，中间挣两个馃子，就这样挣钱，挣一点点。家里没法，这是他们的第三产业。"村中老人回忆道。

表3-9 河北铺村部分卖馃子的家庭情况

| 姓名 | 土改时阶级成分 | 家庭基本情况 | 家庭简史 |
| --- | --- | --- | --- |
| 赵新江 | 贫农 | 家里有4口人，1个劳动力，3亩土地，5间房，靠打短工、闲时卖馃子维持生活 | 其祖父有80多亩地，1辆水车，牛、骡各1头。埋葬祖父的时候卖掉一半家财，到其父亲时只剩30多亩地。后又卖地，到赵新江这一代时只剩12亩土地，赵新江兄弟4人，每人分得3亩地。赵新江本人8岁上学，12岁即下地劳动、打短工、卖馃子维持生活 |

（二）赶集

1945年前，河北铺村距离永年县城60里，所以村民们赶集一般不去县城，就在临洺关镇。临洺关镇以前也是个城，民国的时候是个二副衙门，这儿有自己的管事机构，而且还比较全，法庭之类的都有，什么事情都管。河北铺村到临洺关镇就半个小时的路程，去刘营镇得一个半小时。村民们去刘营镇赶集主要是卖东西，买东西的少。村民们买东西都在临洺关镇。临洺关镇的货全且样式多，刘营镇的货不全且只有一条街。有的时候刘营镇的人还去临洺关镇买东西，买的都是好东西，如绸缎、布之类的。临洺关镇大店铺多，总共有6条街，分别是南下街、北大街、大东街、大西街、北西街和北东街。整个集市呈龟形，4条街都往外走，中间高，周边低，北大街是个头，南大街是个尾巴。临洺关镇有城墙围着，分大东门、大西门、小东门、小西门、北门、南门。过去城墙外面有护城河，除了小东门、小西门，其他的门都有桥，人们都通过桥进入城内。

河北铺村的村民通常会去两个地方赶集：临洺关镇和刘营镇。河北铺村离临洺关镇3里路，离刘营镇15里路。"临洺关是个单，刘营是个双"。临洺关镇的集逢单，刘营镇的集逢双。"今天初一我到临洺关，明天初二我到刘营，都是农历。"村民们回忆道。此外，村民们还会去离河北铺村12里路远的达连镇赶集。达连镇隶属于邢台市沙河县，那儿的集一个月3次。也有村民去离河北铺村30里的大北汪赶集。村中有一老人回忆说，1952年他14岁的时候跟着他的老师去那儿卖过家里织的白布。

村民们去赶集都是早上吃了早饭就走，步行去。如果要去刘营镇那就得早起。通常村民们早上去，下午回来。如果东西卖得快，就能早点回来，有时半晌就回来了。但是，如果东西卖不完，那就得一直在那儿等着，有时回到家天都黑了。村民们赶集卖的东西主要以下几种：

1. 自家种的粮食。过去有专门收粮食的粮食摊，为了卖得快一些，村民们可以把自家的粮食整卖给它。粮食摊一收就是好几百斤，收了后它也零卖。此外，也可以将自家的粮食拿去集市零卖地卖。具体卖多少钱一斤则由买卖双方讨价还价决定。"有时候个人卖的粮食要比粮食摊上的好。粮食摊上有时候是收的农民的，有时候就是粮行里面的，那个粮食没农民的好吃，那个存的时间长。农民卖的小米煮出来黏糊糊的，那个就可能会有股气味。"村中老人回忆道。所谓"丰收不忘减年"，就算村民们家里有粮食也不敢把粮食都给卖了，都会留足自家的口粮。

2. 自己家织的土布。集市里有专门收布的地方，你卖多少那儿就要多少，但是价钱要比零卖的低一些。零卖则卖得零散。"都是买一两丈，10尺、20尺。如做一个被子，有的要3町，有的要4町。"村中老人回忆道。

3. 自己家织的口袋。村民们会将自家织的口袋拿去集市卖。卖了口袋后就再买棉线回来，再织成口袋卖，从中挣取一些收入。

4. 自己家种的蔬菜。家里种的茄子、萝卜之类的蔬菜都会挑去临洺关镇卖。据村中老人回忆，1945年前河北铺村村民好种黄瓜，很多人去临洺关镇卖黄瓜。一位老人还回忆了其第一次去集市卖茄子的情景：

> 因为是第一次去集市上卖东西，以前没干过，害羞，就吆喝不出来。到了临洺关镇，有人看见我的茄子后就问我怎么卖，我居然不敢说话，挑着茄子就走，然后别人就在后面朝我喊："你的茄子不是卖的啊？"进了北门往后拐就到了一个庙旁边。到那儿后，看了看旁边没人，立马就喊了一声："茄子哩。"有人的时候不敢喊，没人的时候才敢喊。会吆喝的人吆喝得很好听，声音拖得很长："卖——茄——子——咯——"但是我只能简单地短短地喊几个字。之后，有人来买我的茄子了，人家问我说茄子多少钱一个，我居然说"你说"。我让人家说价钱。于是，人家又问："一毛钱几个？"因为当时还不知道行情，所以我又对人家说："你说几个？"后来人家说一毛钱3个吧，我也就答应了。最后，我的茄子很快就卖完了，早早地就回村了。回来走到临

洛河边的时候，人家问我的茄子怎么卖的，我说一毛钱3个，那人告诉我说是一毛钱2个。从那以后，我就越来越熟悉行情了，也会跟人家讨价还价了。

那时去集市卖东西也得交税，有管理的人来收，并给开个票。但是，收的税很轻。关于收税，村中老人有一段这样的回忆：

> 邻居家有个小姑娘人很伶俐。有一天跟她妈妈一起去集市卖布。到了集市后，她们不想交税，收税的人就要把她们家的布抱走。见状，这小姑娘就跑到那收税人的面前，趁他们没防备的时候抢了那布就跑。收税的人看了笑了，最后也没要他们交税了。

村民们并不是每个赶集日都去赶集。赶集也并不是家里所有的人都去，一般都是当家人去，家里的女的很少去赶集。女的去赶集的一般都是年纪大的，一般的年轻姑娘，甚至是中年妇女都不敢去赶集。"到那儿之后，黑团、土匪太坏，劫你，知道你赶集回来有东西，让你把东西拿出来，还有人把你拉旁边强奸你。"村中老人说。但是，据村民们回忆，以前河北铺村有两个思想开放、性格开朗、敢说敢讲的老婆婆经常去赶集，她们俩敢去。当家人去赶集，有时候也会带上家里的男性小辈，让出去见见世面。"家里就爷爷去赶集。父亲不去，就是劳动，家里的农活都是父亲干。爷爷去卖棉花、卖粮食也会带上我。集市里的棉花摊、粮食摊都认识我爷爷。"村中老人回忆道。村民们赶集回来的时候会给家人买些礼物，尤其是家里有小孩的，会买些烧饼、包子、糖果之类的回家。

（三）挑货郎

挑货郎以挑东西卖为主业，主要卖雪花膏、粉、线、针等等这些小东西，有些还卖酱油、醋之类的东西。挑货郎的担子每边都用四根绳挑着一个箩，两边总共八根绳，因此挑货郎又被叫作"挑八股绳的"。他们一年四季都干这个，一般都不种地。但是，挑货郎的儿子们如果不跟着做挑货郎的话就可以在家种地。"挑货郎做惯了这个就不愿做其他的了。再说他也不会种地，家里也没地，就是干这个小买卖，一生就干这个。即使有了地也不会种，地不是谁都会种的。"村中老人回忆道。不同的挑货郎会发出不同的声音，大家听到声音就知道是卖什么的来了。河北铺村的挑货郎会去外村，外村的挑货郎也会来河北铺村。村长不会干涉，也不会向他们收费。

做挑货郎比种地强，只要会做就能挣钱。"做买卖虽然有风险，有挣有赔，种地没有什么大的风险，但是你会做的就比种地强，来钱快。你一亩地收粮食能挣多少钱？我做买卖挣的钱就能买你好多粮食。做买卖还是挣钱多。你得会干，有本钱，不会做你就要赔本。"村中老人说道。挑货郎家里如果没地的话就不用交粮差。挑货郎在村中也不是很有地位。挑货郎出去的时候都会自备干粮，担子里带着烧饼、馒头之类的。"中午，就是到了哪个家里，就让给倒碗水，拿碗米汤。干这个生意的都不是家里很有钱的，就是顾生活的，沿街叫卖的。"村中老人说道。

有的挑货郎一大早起来就出去卖东西。他们各个村到处走，今天去一个村，明天又去另一个村。如果去到一个村，那个村的人对他的货需求比较大，那么第二天他可能还会去那儿。如果去到那儿很少人要他的货，那么他就去别的村了。虽然挑货郎不是每天都去一个地方，但天长日久大家买他的东西多了，熟悉了，成老顾客了，就会卖便宜一些。在挑货郎那儿买东西可以直接用东西换。但是，用什么换要看是买什么的，如买蒜可以用粮食换，买碗盆可以用被套换。具体怎么换、换多少，由双方讨价还价决定。村民们在挑货郎那儿买东西成老顾客后也可以赊账。对于赊账的人，挑货郎自己会记着是在哪个村哪个胡同，下次再来村里的时候就会在那户人家旁边敲出声音。赊账的人家听到声音后就会出来把钱给他。如果三番两次地敲出声音后，赊账的人家还没人出来，那么挑货郎就会上那户人家要钱。一般情况下，很少人会在挑货郎那儿赖账，不然会被街坊邻居看不起，还可能被说成是"赖皮"，名声就不好了。对于素不相识的人，挑货郎则不给他赊账，怕以后找不到那人。

（四）村落借贷

1. 高利贷

放高利贷者大多是村中挣钱多的富户、商人。他们除了放高利贷，还会去做一些其他的买卖，放高利贷只用家里的一部分钱。村里放高利贷的人一般都有后台，万一遇见贷款不还的人，就让他们的后台去帮忙把钱收回来。有时村长也放高利贷，而且村长放高利贷还和其他人有些不同。"村长有钱可以放高利贷，他放了这钱还可以要得回来。他跟官场有联系，你借了就得还，不然就叫黑团的弄你。有钱有势的人都可以放。"村中老人说道。为此，有些有钱人也间接地放高利贷：村中有些有钱人怕自己往外放高利贷收不回来，就把钱放村长那里，由村长放，然后分一部分利息给村长。如果不是家里有特殊情况，能度过去的，该买的东西买、不该买的不买，勒紧裤腰带生活也不会去借高利贷。去贷的一般是家里遭遇了天灾人祸或家里有人生病了急需用钱的人家。"过去没有银行，都是个人的贷款，明知道是上当，也贷，不然家里就过不下去了。"村中老人说道。

高利贷的利息有高有低，不同的放高利贷者要的利息不一样。但是也不会相差太大，不然人家就都上别处去贷了。有些人则会在知道别人没钱放贷的情况下，故意抬高放贷利息。"比如有的放三分，有的四分。但是三分的人那里没有（钱）了，四分才放。他知道人家没有了，就四分，那些不贷不行的人也就只能贷四分的。如果都有的话那么就见[1]少的贷。"村中老人说道。放高利贷得写借条，借贷双方和中人都得签字盖章。借条一式两份。借条上面要写好利息、还款时间等等。河北铺村的高利贷主要有这么几种形式：

一是开揭贴。这个属于按年计算的形式。村里的富户将钱贷出去，一年后收回，本利相等。如贷了 100 元，那么年底就得还 200 元。

二是出门老加三。这个属于按日计算的形式。富户从将钱贷出去那一天算起，每天一元钱加三分利。

三是铜子大利债。富户每贷一元钱，每天得一个大铜子的利息。按 10 个月计算，利息就是 300 个大铜子。

四是子母债，也叫"驴打滚"。富户将钱贷出后，借款者须按说定的日期归还。逾期不还者，规定日期内的利息就变成本钱，最后本息相加，再同时计算利息。

贷高利贷得有管事人，请人做担保，并由担保人陪同着一起去贷款。这担保人一般是村里比较有威信、知名度高、家庭条件还可以的人。但是，也有人自己直接去借高利贷，那么这就得看这人是否实在，与放高利贷者关系如何了。"那个人看这个人还可以，实在，就借给他。如果到期还不了也不会怎么样，就说让他推后些时间还。这个有的就不需要担保，就是贷方看你这个人是否可靠。"村中老人回忆道。担保人做担保后，不用给金钱上的报酬，只需在逢年过节的时候送点东西以示感谢。高利贷的借贷双方平时不会有什么往来。

虽是高利贷，却也并不是谁想贷就能贷到的。放高利贷也得看对象，所谓"没有谷子不借给你新米"，不仅放贷者要看，担保人也得看借高利贷的这个人是个什么样的人。借款者必须可靠老实，不然贷款者怕收不回钱不会借给他，担保者怕担责任、怕丢脸也不会给他担保，如果那人还不上还得找担保人。而且，借款人家里还必须有房子有地，万一还不起钱，就可以把他们家的房子、土地拿去卖了抵债。"光写个条子没用，要认识，本村的，甚至都是邻居，都隔得不远。还有，五日混鬼的人不借，抽大烟的也不会贷给他，还不来。"村中老人说。对于那些素不相识的人是一定不贷的，对于那些不是很了解的人则是一定要请担保人的。如果是外村的，但是他在本村有认识

---

[1] 方言，拣、挑。

的比较有威信的人，那么也可以让那人陪着来做担保。此外，对于光棍汉也不借，怕他还不起。

还钱的时候得经过担保，通过担保人还，本钱和利息一起给。"千年纸笔会说话"，所以，还了钱之后不仅要拿回借条，还要写收据。还完后，借贷双方和中人可以坐一起，一起喝喝酒。对于那些还得了利息却还不了本钱的，在写收据的时候就写利息的收据。对于那些连利息都还不起的，就连本金和利息一起作为下一年的本金。第一年还不起的，可以不经过中人，自己去说清楚还不了的原因。如果第二年还还不起，那么就要经过中人了，让中人陪着一起去说。对于那些实在还不起的，就只有把他们家的房子、土地、粮食、牲口拿去抵债，价格按市场价计算。当因借高利贷陷入窘境后，真正会关心的亲戚朋友会向其伸出援助之手。"真正的亲戚朋友，你的是我的，我的是你的，你有困难了就帮你。如果是酒肉朋友就不是了，他们说有事的时候找他们，但是真找他们的时候他们就跑了。真正的朋友见你有事了，你不来找我，我也去找你，真正的弟兄就是那样，酒肉朋友就是假的。"村中老人说道。

2. 借钱

借钱首先找亲戚，如舅舅、姨夫之类的，然后就是关系不错的朋友，再次就是近邻。借钱不是谁都可以借、谁都会借，只有双方有一定关系才会借。关系好的人借钱不用保人，也不用利息，互相之间借钱就是相互帮助，而且一般也不会说赖话。有些相互间关系好，但是却没能借钱给对方渡过难关的人还会感到内疚。如果没这个关系，一般都不好借。有些即使借出来了也会算利息，甚至还是高利贷。"借钱不是光彩的事情，一般都不愿意出去借钱——人家有钱，我们就没钱。借钱不好开口，如果借到了还好，如果借不到那就伤脸。借钱不是那么好借，也不是那么愿意借。这个社会谁也不知道谁在想什么。"村中老人说道。如果借钱的时候要找中人做担保的话，这个借钱跟一般的借钱就不一样了。这是知道那家有钱，这种借钱要算利息，而且有的算的利息还很高，还不起还利上加利。亲戚间借钱在说好的时间内还不了的话，如果双方关系不错，可以直接跟对方说延长一些时间。借钱有以下几种特殊情况：

一是兄弟之间。兄弟中有人有困难，其他兄弟借给他钱帮其解除困难。如果借的钱不多，作为一母同胞的兄弟可以不还。但是，如果借钱是用来结婚的，这钱就得还，只是可以不收利息。

二是外嫁女与娘家。如果外嫁的女儿有困难回娘家借钱，父亲可以跟儿子们说让借钱给她。"父亲不能自己借钱或向儿子们借钱后再给女儿。女婿上老丈人家借，家里的哥哥、弟弟还有嫂子们有时会不乐意。"村中老人说道。

三是父子之间。如果父母比较有钱，那么即使已经和儿子们分家了，儿子们向其借钱的时候大多数情况下都是直接给，而不是借。如果父母不是很富裕，也靠着手上的那点钱生活，那就要还。其次，也看儿子借钱用来干什么。如果是买房子之类的大事情，那么父母也会直接给他钱，帮助其买房，而不是借。"儿子与父亲借钱不用写借条，儿子不会坑父母，父母也不会坑儿子。如果被坑了，说赖话，那么就会记着了，下次就不借了。这儿子不是东西。还叫邻居们不要跟他共事。"村中老人说道。

家里娶媳妇、盖房有困难的人，如果急需要用钱的话，可以通过摆邀会的方式邀请村中的有钱人为自己凑钱。摆邀会不是随意什么人都能摆的：首先，得是在自家真正有困难的时候，不然人家不会帮忙。如果是想买地而钱不够之类的事情，则不会为其凑钱。其次，摆邀会的人必须忠诚、厚道。一个整天吃喝嫖赌的人是不会被允许摆邀会的。通过摆邀会借钱不用出利息，只需有钱后一个个还上。不用借钱人出利息的主要原因是大家相互间的关系都不错，知道这个人人好，所以大家就都帮助他。

摆邀会之前，得先找几个在村中比较有威望的管事人。"邀会的管事的有威信，在村里威望高，人人赞成，不然干不成。都知道这个人说话算数，他来说了都不好意思不给他面子，甚至你还有事情要求着他。"村中老人回忆道。然后，再由管事人找一些可以借钱的人，一般找二十几个。请来帮忙的一般都是本村人，这些人不一定都是本家当户的，可以是邻居，也可以是其他街的。外村人则因为不熟，所以不请。找好人之后，要借钱的人就在家里摆上几桌酒席，把几个管事的和管事的找来凑钱帮忙的人一起叫到家中。之后由管事的主持，主持人会跟大家说这户人家遇见了什么困难，需要大家借钱帮助摆脱困境。被请来的人听后，各自就都主动地为其凑钱。"没钱的不能参加。都是找家里有钱的，并且比较善良的，比较好说话的人。有点积蓄。"村中老人说道。借钱之后要写借条，借贷双方每人一份。摆邀会借的钱还的时候就看谁家更有需要，先还更急着用钱的人。还钱后将对方手里的借条拿回，并写好收据。还钱之后再跟管事人说一声，告诉其已经还了谁的钱。

3. 借粮

旧时，村民们相互间借粮食、借面是常事。借粮食一般是借小麦、小米。别人来借就拿家里的好的粮食给他们。但是，对于那些与自己家关系并不是很好的亲戚，也会借高粱给他们。还粮食有两种方式：

一是借粮食还粮食。借粮食一般是借什么还什么，还的时候可以多给一些。有时也可以用其他的粮食还，如借麦子还高粱。但是，这就要在价格上做个衡量，根据两者的价格比值来决定还的数量。"你借我 100 斤麦子，可以还我 200 斤高粱。我拿来喂牲口。"村中老人回忆道。

二是以工代补。此即一方借给另一方粮食，另一方可以去给这一方干活抵债。具体这以工代补怎么个算法就看当事双方的关系了。如果是亲戚关系，这个工就不会算那么清。"你借给我了对我有恩，你有事了，我来给你干几天，干半年，都行。不是说我给你干几天，把这个就还清了。"村中老人说道。如果是向地主家借，那么就根据当时市场上的粮价和工价来计算，借多少粮食就做多少天工，及时算清。

此外，村民相互间还会借油盐之类的东西。但是，这个借得不多，一般都是邻居间相互借。关于借油，村中老人有个这样的回忆：

> 旧时，油很缺，一般人家里都舍不得吃多少油，有的一年都吃不了多少斤油。我家有个邻居，经常拿个油罐到我家说借一点油，借了等不了多少天她又来说借。但是，通常情况下她借了是不还的。街坊邻居都知道她是那样的人，但是她家穷，拿她没办法。

### 4. 还债

当家人去世后留下的债务都由儿子还。但是，儿子们帮父亲还钱的时候对方得拿得出借条，如果拿不出借条，那就不还。如果对方有借条，但是子孙们暂时还不起，那么这债务可以记着，等有钱的时候还。有些还成好多年地往后拖。如果一次次地催债对方都还不起，有些债主会主动减少对方要还的债务量。"他没有，没法。10万，就5万，还还不了，再往下减，能给多少算多少，其他的不要了。"村中老人说道。对于那些实在还不起债务的人，可以把对方家的祖业、粮食、牲畜之类的东西拿走。"如果借钱不还就到你家拿东西，不行的话把你家被子都拿了，折算价钱。有些，如果你借了1万，但是你家的牛只值8000，那么也就算了，8000就8000。"村中老人说道。

如果有人去世了，家里留下个寡妇，没有后人，却留下了债务，那这债还不还就看这人跟债主是什么关系了。如果是朋友，关系还不错，既然人都死了那这债务也就算了，不要了。甚至有的亲人、朋友看对方家里穷还帮忙照顾那个寡妇，帮助她。如果对方是比较恶的地主，那么这地主就有可能会让这寡妇改嫁，然后用卖寡妇的钱还债。但是，一般情况下这种事情是不会发生的，卖寡妇还钱都是些不讲道理的人干的事情。

分家之后，哥哥的债务弟弟不用帮忙还，各家的债务各家还。如果是父亲的债务，那就弟兄们一起还。如果没有分家，哥哥的债务就由父亲管，弟弟不会管。"如果儿子不走正路，吃喝嫖赌欠下了钱，当家的怕丢人就会帮他们还。但是，该打的打，该骂的骂，对于不孝的还打死，打死心清。"村中老人说道。

## 二、交换关系

### （一）买卖关系

河北铺村人不仅会在村里做小买卖，还会在临洺关镇上开店铺做生意，如开花店等。但是，要在临洺关镇开店铺得有足够的钱，没钱干不了。所以，大多数村民去临洺关镇都是做些小生意。

村民们在村里买东西的时候，一般会考虑以下几方面因素：一是考虑距离，大多数人都是选择就近的卖家。二是考虑价钱与品质，村民们都喜欢物美价廉的商品。三是考虑关系，村民们都偏向于买与自家有关系或是关系好的人家的商品。村民去临洺关镇买东西的时候，会优先考虑去本村人那儿买，因为作为同一个村的，在价格上会便宜些。但是，这也不绝对。有些认乡亲的人会在价格上便宜些，原本卖 10 块的东西，8 块就卖了。有的人就不是，他们知道同一个村的人会不好意思讲价，原本 10 块的东西，他们就卖 12 块钱，说多少别人就得给多少。"亲不亲故乡亲。有时候这人做买卖就做得薄，他这个眼睛就是光看着钱了，他不仅不给你便宜，还给你卖贵。你又不好跟他讨价还价，都是一个村的。"村中老人说道。一般情况下，同样的价格，本村人就买本村人的东西，能上本村人那儿买就不去别人那儿买。但是，有些人鉴于不好跟本村人讨价还价，也会去买别村人的东西。买别村人的东西可以讨价还价，不成还可以不要。

过去，集市上有缺斤短两、坑蒙拐骗的现象。"卖东西的将秤砣换个小的，称的时候看着还是高秤。还有的人就在秤下面挖个坑，再在下面糊上泥，这秤就也轻了。"村中老人回忆道。但是，由于都是一锤子买卖，即使后来发现缺斤短两被骗了，再去找那个人也没用了。这事没人管，只能自认吃亏。那些经常赶集、做小买卖的人就不容易上当，他们见识多，有经验。村民们买一般的小商品可以不用中间人，但如果是买卖大型商品如房屋、土地、牲口等，那就要请经纪人做介绍、当证人，并在买卖达成后按照商品交易的价格给经纪人相应的介绍费。除了本村和临洺关镇，为了寻找到更好的销路和价格，村民们也会去别的村镇买卖商品。

### （二）交易价格

旧时，村民们买东西可以用货币买，也可以进行物物交换。换的时候根据两个东西的价格进行等价交换。如，可以用一个布袋换十斤蔬菜。农产品的价格市场上都有个行情，有个市场价。对于农产品的市场价格，村民们一般会通过两个途径获得：一是主动询问，向村民们打听农产品的最高价和最低价。二是不经意中听到。村民们一起闲聊或在饭场吃饭的时候，如果有聊到农产品的价格，自己在一旁就会无意中听到。村民们买卖商品的时候，对于好一点的商品卖多少钱，差一点的商品卖多少钱，中等的商品卖多少钱，心里都有个底。"基本上会有个平衡价格，但总的来说是随行就市。如果卖这个东西的多，那么价钱就低；如果是买方多、卖方少，那么价格就高。"村中老人说道。

（三）其他活动

村民们除了去临洺关镇买卖东西，有的时候也会去"闲赶集"。"闲赶集"就是村民们在家里没农活干，比较闲的时候，一起邀着去集市转，看中自己喜欢的东西了就买，没看中的就不买，还一起坐着吃吃水煎包之类的小吃。在临洺关镇有亲戚的村民不一定赶集赶得多。关于临洺关镇上的亲戚，村里有个这样的故事：

> 以前，村里有个人的一个亲戚住在临洺关镇。有一天他去赶集刚巧碰见那个亲戚了。那个亲戚看见他后就很热情地招呼，要那人去家里面坐坐。那人说没时间就不坐了，但是他亲戚还是说"来吧来吧"。那人看亲戚这么热情，于是就想着去坐坐。可是，这才刚说要去，那亲戚就立马回应道："不来你就走吧。"一句话就把人又推出去了。那亲戚的态度让这人很是尴尬。

## 第五节　分配与分配关系

传统时期，河北铺村家庭经营成果的分配权归属当家人。"吃不穷、喝不穷，不会打算得受穷"，所以，家长一般都会有计划性地支配家庭收益。村中有句话叫"要得安，先办官"，在交租、交摊派、自家消费和交粮差的先后顺序上，村民们有了收益之后一般会先把粮差交了。

一、分配权

传统时期，河北铺村家庭经营成果的分配权归属于当家人。有时内当家的也有一定的支配权，儿子、儿媳则没有。如家里的粮食，无论是吃还是卖都由当家人说了算。村民们吃粮食一般是先把旧的存粮吃掉，然后再吃新的，新旧粮食撑着走，新小麦一般是在五月初五端午节的时候开始吃。卖的时候也是先把旧的存粮卖了，不然容易坏掉。"吃新麦子，就是当家的说了算。当家的说先吃或是卖新麦子。"村中老人说道。如果要将家里的粮食送给别人，内当家的也有支配权。"如果送人，看给谁送，为什么送。如姑姑家困难，奶奶说让父亲去送，这也行。内当家的也可以做决定。"村中老人说道。

## 二、分配次序

村民们说"要得安，先办官"。所以，在交租、交摊派、自家消费和交粮差的先后顺序上，村民们有了收益之后一般会先把粮差交了。"皇粮国税是一定要交的，不交不行，办了官就顾家里了，公事办了，私事就好办了。"村中老人回忆道。办完公事后，村民们接下来就是交地租和摊派，地租和摊派如果一时交不起可以缓交。但是，不能不交，不然东家就不让租地，黑团也不会让其有好日子过。粮差、摊派和租金都交完后，最重要的就是得顾家里的吃喝，吃的东西得备好。家里其他物品的购买和添置则视需求和资金而定，有钱则买，买好的，没钱就不买或是买赖的。村民们说即便是家里有钱也得细水长流计划着用。

## 三、农产品的分配

旧时，村民们的土地亩产并不高，一亩地产 250—300 斤粮食就可以说是好收成。村中一老人回忆，家里有 27 亩地，其中有 8 亩地用来种棉花，其他的地除了种粮食作物如小麦、大麦、高粱之外，还种了豆类和蔬菜。农作物收获后，每户按土地的亩数交纳粮差。粮差由村长负责摊分给村民，并与地方一起负责收取。粮差每年都得交，不能不交，也不能少交。

此外，村民们还得向黑团缴纳一定的摊派，具体数目由黑团内部决定。村中有钱有势的大户黑团不敢惹，没钱的穷人家家里没什么东西，所以有钱但是没势力的土财主就成了黑团摊派的主要征收对象。征收摊派的时候黑团的人会自己去每家每户收取，如果有人交不起或交不齐，那么可以推后再交或补交。交完摊派，黑团会给开一个条据。

村民们的农产品除了用来缴纳粮差和摊派，剩下的就用来自己食用、出售或留作种子。村民们的种子主要有两个来源：一是自家留。自家种了什么，需要留什么、留多少，都由自己决定。二是与人换。如果村民们觉得别人的种子比自家的品种好，那么就可以拿自家的与别人的换。河北铺村换种子有个"斤三两"的讲究，如果要换别人的好种子，那么自家就要多拿一些去。

## 四、现金收入的分配

村民们务工或者做买卖挣得的现金收入都要交予当家人，由当家人统一管理和支配。在河北铺村有句话叫"吃不穷、喝不穷，不会打算得受穷"，所以，当家人要会做打算,要考虑家里收了多少粮食,多少留着吃,用多少钱买衣服,买什么家具,买什么布之类的。所有的这些当家人都要心里有数,不能胡来、乱来,不能"有了撑着,没了饿着"。家庭的日常开支、过年过节的消费、礼节来往等当家人虽不会一条条精细地列出来,但也都有一个大概的规划。"家里的钱都是精打细算,当家的要考虑家里有多少人,今年家里收入多少,开支多少,不能有了狠着花,没了饿着。"村中老人说道。

五、分配结果

缴纳完粮差和地租后,有些村民家里能有余粮、余钱。有些有余粮、余钱的家庭会将其积累起来置办新的房产、地产,或者让家里头脑聪明的人去做买卖。有些则不够。不够的村民会选择向自己的亲戚或关系好的邻居、朋友借钱借粮。如果借得不多则不需要利息。有些向亲戚朋友借钱借不到的会选择去借高利贷。放高利贷的人为保安全,有时会要借款人拿家里值钱的东西如地、房等做抵押。拿去抵押的东西在价值上一般要等于或是大于借的钱,不能比借的钱小。如借了1000元,那么拿去抵押的地最少得值1000元。抵押后,如果自己有钱了可以去把抵押的东西赎回来;如果没钱赎,那么这东西就归对方,用来抵押债务。抵押契约如图3-7所示。

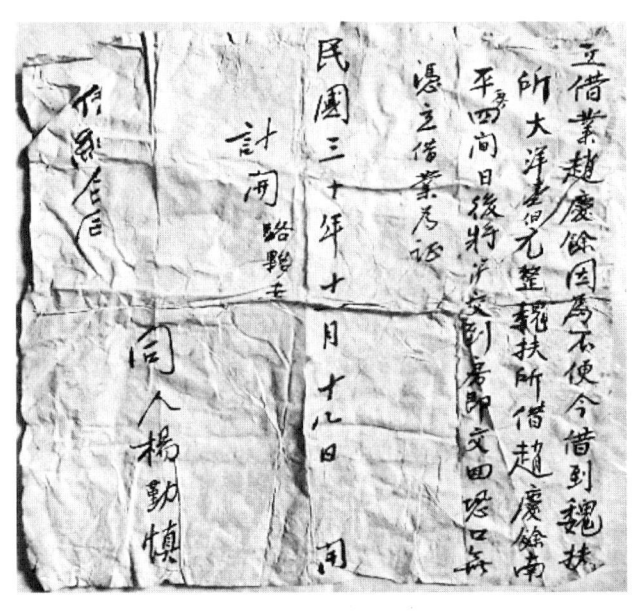

图 3-7 抵押契约

## 第六节 消费与消费关系

家庭是村民们最基本的消费单元。消费内容主要分为家庭消费、生产消费、家户养老、子女婚育、老人丧葬、家庭债务、人情消费等七个方面。无论家户内部消费还是外部消费都由当家人决定。不同经济条件的家庭,其成员享受着不同的消费权。一般的普通农户,其家庭成员享受着平等的消费权,有钱的财主家庭却存在内部差异。

一、消费决策

1945年以前，家庭是村民们最基本的消费单元。无论是家户内部消费还是外部消费都由当家人决定。当家人决定着家庭吃什么，穿什么，用多少，请不请工，买不买农具、家具，走亲戚用多少钱、买什么东西，逢年过节花费多少，儿子女儿们结婚用多少钱、置办些什么东西，等等。但是，其他家庭成员如果对当家人的决策不满或是有更好的意见也可以向当家人提出，当家人再根据具体情况做最后的决策。

二、消费权

虽然家庭消费的决策权掌握在当家人手里，但是不同经济条件的家庭，其成员却享受着不同的消费权。一般的普通农户，其家庭成员享受着平等的消费权，如吃饭的时候所有人都拿着碗去厨房盛饭，所有吃的都是一样的食物。有钱的财主家其家庭成员的消费权却存在着差异。如，据村中老人回忆，当家的财主和其父母吃饭的时候是"白馒头管饱"，而媳妇和其余的家人则每人只有一个白馒头，他们是"大麦面蒸的黑馒头管饱"。

三、消费内容及其关系

这里主要从家庭消费、生产消费、家户养老、子女婚育、老人丧葬、家庭债务、人情消费等七个方面进行分析。

（一）家庭消费

村中老人说："家里的消费都是比较平常的事，吃喝拉撒睡。"因此，家庭消费就从衣食住行四个方面展开描述。

衣。旧时，大多数村民生活都较为节俭，很少人不穿打补丁的衣服。村民们的衣服一是轮着穿，二是借着穿。"轮着穿"就是第一个孩子穿了的衣服给第二个孩子穿，第二个孩子穿了的衣服给第三个孩子穿，依次轮下去。"借着穿"就是走亲访友的时候，自家没有像样的衣服就去别家借。据村中一老人回忆，他结婚时候做的一件大褂子就经常被村民们借去结婚的时候穿。

食。传统时期，大部分村民一日三餐都吃小米、高粱面，很少吃白面。白面只有在逢年过节、串亲戚和五月收麦子后才能吃到。因为五月收完麦子后能吃较长一段时间的白面，而有些农户家里即使是过年的时候蒸白面馒头也蒸得少，所以村中有"好年不如赖五月"的说法。那时一斤麦子可以换一斤半高粱。有些农户在收了麦子后，为了节省粮食，就去集市把自家的麦子换成高粱。

住。1945年以前，村中只有少数财主可以住好房子，如楼房、一进二重、一进三重等样式的房子。大部分村民住的房子都很简陋，大人、小孩都挤住在为数不多的几间房内。有些家庭无论家里有多少人都挤在一个炕上睡觉。只有在家里实在住不下的时候，村民们才会再建新的房屋或配房。

行。河北铺村村中有一条南北走向的驿路。由于旧时缺乏交通工具，大多数村民外出都是步行。只有少数几家财主出门的时候坐细车或者骑驴乘马。

（二）生产消费

传统时期，村民们的生产消费主要是置办农具。村民们置办农具有三种方式：一是买。直接去木匠铺买。二是定。去木匠铺定做并跟木匠说要用哪种木料，椿木、槐木或是其他。三是请。自家有木料的人会把木匠请回家制作。请回家制作的话，木匠的工资有的是按日计算，有的则是按件计算，而且还要管一日三餐。大多数人都是直接去木匠铺买，很少把木匠请回家制作，家里有木料的才把木匠请回家。与把木匠请回家制作相比，在木匠铺定做可以省好多心——不用考虑买木料，也不用为木匠师傅做饭，直接把钱给木匠铺就好了。定做的话，定的时候要先给木匠铺交纳一定的定金，如果农具做好后农户不要了，那就不退定金。取农具的时候全部账目都要算清，钱全部给齐后才能将农具取走，没钱则不让取。

本村的木匠可以去外村干活，外村的木匠也可以来本村干活。村长、地方不会干涉这事。本村的木匠也不管，不会不让外村的人来本村干活。"管不了。都是木匠为什么上外面找人？因为你的价钱不好，又不好讨价还价，但是不还价又要吃亏。如果是外村的人就可以讨价还价。"村中老人说道。所以，村民们找木匠做农具，无论本村的还是外村的，一是考虑木匠的手艺，二是考虑其价格。

（三）家户养老

老人的养老主要解决两个方面的问题：一是养老房，二是养老费。

河北铺村村民们分家的时候都会为老人留养老房，老人都住在自己的养老房里。生活能自理的老人会选择自己做饭；不能自理，自己管不了自己的，就由儿子们照顾。

老人的养老费用由儿子们凑。可以是凑粮，也可以是凑钱。粮食一般分两次拿，五月收麦子后拿一次，秋天收割后再拿一次。给老人的粮食都是带皮的，老人可以拿这些粮食去换面。有些也直接给面。有些不给粮食的则按市场价直接给钱。生活费按月给。过年过节的时候，儿子们也要拿些钱或东西给老人，如中秋节的时候买些月饼、肉之类的。

虽然兄弟们的家庭经济水平会不一样，有些可能还比较穷，但是在父母的养老费方面，每个兄弟给的钱都是一样的。不过这也不绝对。有些穷得自己的生活都顾不了的家庭，如果他还有其他的兄弟，那么父母的养老费就由其他儿子管。那些只有一个儿子的家庭，如果这儿子是个孝子，那么他即使是出去要饭都会要来养活自己的父母。如果实在穷得没办法了，那就只能靠街坊邻居帮助了。在老人的养老问题上，村中还存在着互相"攀"，不给老人养老的现象。有些家庭即便有5个、7个儿子，但都不孝顺，不管老人的养老问题，大儿子不拿（养老费），其他的小儿子们也都跟着不拿。

老人的养老主要由儿子们负责，女儿不参与家产的分配，所以也就不用承担老人的养老负担。女儿们一般也就只需回来看看父母，照顾照顾老人，帮忙做些事情，如做做饭、洗洗碗等即可。但是，女儿有时也会给父母一些零花钱。如果父母生病了，医疗费用主要由儿子们平摊，女儿不用给。有些女儿会自己主动给钱。父母去世后，所用的花费都由儿子们出，女儿则买些花圈之类的祭品。村中一老人分享了他家对于父母的养老方式：

> 我母亲年龄大了后，她的养老房在我三弟那里。我母亲之前还能动的时候都是大家给粮食，后来她不能动、躺床上了，就我们几兄妹轮流着照顾她。我和我大妹妹因为年龄大了，其他兄妹都不让我们轮班，他们几个轮。两个小妹妹回来照顾我母亲的时候，要用的东西都是我给买的，我让她们用我的东西。这东西都是我自愿给的。母亲很满意我这样的处理方式，街坊邻居也都很满意。

小妾的养老由其儿子负责。但是，如果小妾没有自己的儿子，那么就看当家的宠不宠爱这个小妾了。如果宠爱，那么就没人敢惹。如果当家的死了，这小妾自己有能力，会办事，她还能管、敢管家里的事情，那么她就能分到家产，就不用担心自己的养老问题。如果小妾自己没有儿子，当家的也死了，也当不了家，则人人都看不起她，她也就只能改嫁了。

**（四）子女婚育**

村民们婚宴的规格因其家庭条件的不同而不同，有钱的财主家举办得隆重，普通的农民则办得简单。儿子结婚的时候，父母要为其花钱请媒婆说媒，准备礼金、新衣服、被子之类的东西。婚礼当天还要为其准备好过庄礼。女儿结婚的时候，父母则要为其准备嫁妆，置办好的家具、被子、褥子、枕头等等。因为嫁女儿的时候要为其准备较多的嫁妆，所以村民们说嫁女儿是"赔钱"的。村中有句话叫"半路不死妻，一辈子垫着底"，意思是旧时村民们娶媳妇会得到好多嫁妆，如果媳妇死了再娶的话，那么这得到的嫁妆就够其用一辈子的了。

外嫁的女儿生育后,孩子的姥娘要先后三瞧孩子。每次去的时候都要带上鸡蛋、挂面。第二次瞧为"大瞧",孩子的姥娘除了带上鸡蛋、挂面,还要带上被褥、棉衣、单衣、猫头鞋、蓝色尿布等,并给见面钱。

(五)老人丧葬

村民们办丧事遵循"富不俭埋,贫不富葬"原则,有钱就办好点,没钱就办简单点。过去,为了筹集办丧事的钱,有些丧主会将地契、文书交给总理,让总理看着办,该卖地卖地,该卖庄卖庄。需要的花费主要包括吃喝、买棺木、买寿衣、搭建灵棚等,由儿子们平摊。在办丧事的过程中,可以先由一个儿子将钱垫出来,然后在最后算总账的时候,由其他弟兄将钱补给他。如果弟兄们关系比较好,比较团结,且其中有比较有钱者,那么有些有钱者会主动承担起所有的费用支出。女儿因为不继承财产,所以不用承担丧事的花费,只需给些祭物。

丧事的操办规模有排五天的,有排七天的,也有排九天的。对于那些辈分长、年龄大、威望高的村民,村民们会想着给他多排些日子。但是,具体排多少天,还需视情况而定:一是看日子。如果日子不好就不能排。"有些人在村里干了一辈子,不要五天就埋,最少一个星期。但是初五、十四、二十三是月忌日,这个就不行,时间不对。还有就是黑桃日不行。如果想排七,但是那天家里邻居娶媳妇,也不能,要不提前,要不推后。"村中老人说道。二是看家庭条件。家庭富裕有资财办丧事的规模就大,家庭条件一般或是比较穷的则简简单单就办完了。丧事操办的规模不需要跟死者后代商量,定好后跟他们说一声就好了。他们也不会问排多少天的原因。村中的孤寡老人死后由近门的管,老人的财产变卖所得就用来给他买棺材、办丧事。

(六)家庭债务

据村中老人回忆,旧时村中能满足基本生活保障的村民大概有一半。家庭经济困难的村民有去打长短工的,有外出做生意的,也有去向别人借的。分家或是当家人去世后,家中的债务与其他财产一样由儿子们按股继承。如果儿子们无法偿还债务,那么债主可以将其家中比较值钱的东西或房产、地产变卖。但是,债主们要债的时候必须凭借条。当家人的债务由儿子们偿还,儿子的债务则由其自己或其儿子偿还,其他兄弟没有偿还的责任。

(七)人情消费

旧时,村民们的人情消费在家庭消费中占有较大的比重。村民们的人情消费主要是红白喜事、做寿过生日、过庙会和请人帮忙等。红白喜事上,村民们秉着给对方多回一点礼钱的原则相互交往,对方给自己多,自己也给对方多。如果自己给对方多,对方却给自己少，那么这将影响双方的交往。河北铺村过寿讲究"断节不断寿"，所以一旦为某个亲友过了一个生日，其后便不能中断。亲戚所在的村有庙会，那么村民们也一定要去，还要提上馃子之类的东西。请人帮忙，尤其是需要对方帮大忙的时候，要给其送较多的好的礼物。财主家办红白好事的时候，租种了其土地的佃客要去给其随礼。这种种的人情消费成了村民们生活中的一笔重大开支。

## 第七节 继承与继承关系

河北铺村村民们的继承物主要分为动产、不动产和家庭债务三种。家庭财产的继承权一般归属儿子，由儿子们按股分。此外，是否对老人履行了养老职责也是能否享有财产继承权的一个重要标准。由此，在一些情况下女儿也能享有继承权。

### 一、继承权

家庭财产的继承权一般归属儿子，由儿子们按等额比例平分。能否享受财产继承权的一个重要标准就是看是否对老人履行了养老的职责。如果儿子们都不孝顺，老人的养老都由女儿负责，那么老人就能在其思想清晰的时候，把财产的继承权给女儿，让女儿继承财产。此外，过继的儿子、倒插门女婿，甚至是叔伯兄弟的儿子也能享有继承权，情况如下：

一是没有儿子的老人。没有儿子的老人可以过继一个儿子来继承自己的财产，也可以招个倒插门女婿来继承自己的财产。无论是过继的儿子还是倒插门女婿，在享受继承权的同时，都得负责老人的养老问题。

二是孤寡老人。孤寡老人家里的财产在其去世后由其本家当户或是近门的继承，如兄弟、叔伯、堂叔伯之类的。继承的时候按照与老人的亲疏关系遵循"就近"的原则，谁近由谁继承，没有就再远一点，一直往下找。

三是父母都去世了，家里还剩下个孤儿。这分为两种情况：第一，如果这孤儿是个女孩且还未出嫁，那么这女孩就由近门的叔伯照看，她的家产也归叔伯管。等她出嫁的时候，叔伯用她的家产为其置办嫁妆，她就是叔伯家的一门亲。如果这个女孩年龄比较大且自己比较有能力，那么叔伯之类的可以帮助她自立门户。第二，如果这孤儿是个男孩，那么就看这男孩的年龄有多大。如果很小，就由叔伯管。如果叔伯不管，那么谁管他他以后就跟谁亲。男孩的财产不用给抚养他的人，他长大后可以用自己的财产成家立业，并把抚养他长大的人当亲大人[1]奉养，他们成为一家人。如果不是很

---

[1] 方言，亲父母。

小，那么他就能自己成家立业，自立门户。

二、继承物

村民们的继承物主要分为动产、不动产和家庭债务三种。动产主要指的是家里的家具、牲口、农具、石碾、石磨、粮食、母亲的嫁妆等等。不动产主要指的是家里的土地、房屋、店铺、门市、水井等等。所谓"父债子还"，所以家庭的债务由儿子们继承，按股分配。"家里的东西都可以留给（所有）继承人，当家人并不会指定哪个东西给哪个儿子继承。家里没有什么特殊的东西，即便是对长子、长孙，也不会给其留特别的东西。"村中老人说道。

三、分家及分家关系

村民们说"天下没有不散的宴席"，分家是村民们生活中一件很正常的事情，也是财产继承的重要方式。其分家主要遵循以下原则：

1. 分家的时机

村民们一般选择在儿子们结婚后分家。有的是儿子们结一个分一个。有的是全部儿子都结婚了再分。有的是当大多数儿子都结婚了的时候再分家，如三个儿子，有两个儿子结婚了就分家。"结婚了就是一家一家的了。结婚一年后就会有自己的儿子。每个儿子都有自己的儿子。就让他们自己过。"村中老人说道。如果儿子们结婚了还一直一起过就不太好，因为这时不仅有儿子，还有媳妇，大家都住在一块时间久了容易"串嘴"。尤其是儿子多的家庭，大家相互间会说当家人偏向这个、偏向那个，家庭容易闹矛盾。分家后，儿子们都自己过自己的，自谋生路，想干吗干吗。"分了就知道去挣钱养家。如果总是在一起的话，就是你不干活，我也不干活，你看着我，我看着你。"村中老人说道。

2. 分家的提出

分家一般由当家人提出。"儿子提出来就有点不好，你娶媳妇了，你要分家，有时候家长会不同意。如果大人们提出分家，儿子们说不同意，都是嘴上不同意，占80%的都同意分家。"村中老人说道。家里面总是串嘴、闹矛盾的时候，当家人就要考虑分家了。如果不分，而家里人就总是串嘴，相互指责说这个干得多、那个干得少，家里矛盾就大。有时家里有些人嘴上不说分家，却总是制造矛盾，其实，这就是想分家，只是嘴上不说罢了。甚至，有些媳妇还用跑回娘家这样的方式间接表达自己的意思。如果家里总是闹矛盾，当家人还是不分家，这就是当家人"糊涂"。这种情况下得赶紧分家，让儿子们分开后各干各的。（现在，村里有些家庭不管有几个儿子，都让他们娶一个分一个，分些家产给他们，让他们自己养活自己。）

但是，所谓"家和万事兴"。村里也有在一起生活很久都不分家的家庭。在这样的家庭，当家人一直是家里的"掌舵人"，儿子们都很听当家人的话，互相之间很少相互指责，不会过多地挑剔，该干什么干什么，大家拧成一股劲一齐把家庭建设得很好。

3. 分家的管事人

分家的时候，当家人一般要先跟本门"家长"一起讨论分家的事情，商量分家的方法，以尽可能做到公平公正。"像我家分家的时候，就没请'家长'之类的人，就自己分的。大人一是要心平，二是要看你在家说了算不算。如果自己说了不算，那么就要找'家长'、管事的来。"村中老人说。管事人一般请二三个就可以了——"家长"、本门中管事的或是村里的干部。舅舅作为家里的一门亲，不参与分家的事宜。有些大人在分家的时候会有偏向，有些偏向那些对自己好的儿子，有些偏向家里比较穷的儿子，有些则偏向自己喜欢的那个儿子。分家的时候，如果出现不公平的现象的话就容易串嘴，搞不好还容易闹事，引起家庭纠纷，这时管事人就得发挥作用。

分家的事情不需要向村长汇报。只有在分家发生矛盾，家长等管事人都调解不了的时候才去请他们。分家的时候也不需要跟邻居说，这不是买卖房子、土地之类的事情，不需要惊动四邻。

4. 财产的分配

为了更好地体现公平，村民们先是根据儿子们的数量将财产按股分好，然后让儿子们通过抓阄的方式来决定各自的那份。对于家里那些不好平均分配的东西，就从金钱上找齐。分家的时候，房产，母亲的嫁妆，柜子、桌子等家具，铁锹、锄头之类的农具都要分。"以前母亲的嫁妆也没有很多东西，就是一些桌子、椅子，都不是很值钱的东西。现在，家里的家具给儿子儿子都不要，过时了。都是当柴火烧。以前就要。以前有个桌子放在家里就不得了。"村中老人回忆道。以前，村中有户人家有六个儿子。分家的时候，老二媳妇硬是要家里的浮财。她就自己钻到桌子底下，一个人把一张桌子扛回了自己家。

分家的时候，如果家里还有没有结婚的儿子，可以让结了婚的儿子先分家，把他该得的那份财产给他，其他没有结婚的儿子就跟着大人。之后，如果又有儿子结婚了，则再分一部分财产出去。如果家里有三个儿子，其中一个儿子死了，给不给这死去的儿子分财产得看这儿子是什么时候死的。如果这儿子是在没有结婚的时候死的就不分，如果是在结婚后死的那就要分。对于那些住在外面的儿子也要分一份财产，至于要不要则由他自己决定。如果他跟兄弟们的关系好并且自己的生活也很好，那么有的就会直接把分得的财产送给其他兄弟。但是如果关系不好，那么他也可以把分得的那份财产卖掉。有些家庭即便只有一个儿子也分家。"如果儿子孝顺什么都好办,就不分家。但是,如果儿子不孝顺,甚至有些还殴打父母亲,那就分掉。"村中老人说道。

5. 写分单

分家的时候要请管事人写分单,言明家里的东西怎么分,老人的养老怎么养,留给老人的养老房、养老田在老人去世后怎么分等等。分单由管事人当中专门写分单的人写,当家人和儿子们一人一份。通常写分单的这个人都比较有文化,不然写不来。分单写好后,管事人、当家人和儿子们都要在分单上签字并按手印。签字画押后就不能反悔。分家的最后,当家人要在家摆酒席,村里称"摆合食",以宴请管事人。

6. 纠纷调解

在分家的过程中,如果出现了矛盾纠纷,那就要请家族里的"家长"、管事的调解。若"家长"、管事的调解不好,那就再找村长。如果村长也调解不好,就只能通过打官司的方式解决。诉讼费谁起诉谁出。上诉后,法院的人会来村里取人证、物证。最后由打官司输了的人承担相应后果。有些家庭即使在分家的时候闹了矛盾,将来也还会来往,而且家庭条件好的还会帮助家庭条件差的。但是,如果兄弟间关系不好,矛盾大,就不帮了。

## 第八节 河北铺村经济变迁

20世纪50年代中期,实现了合作化的河北铺村开始兴办集体工副业,河北铺村从此逐步走上工业化道路。1980年代,部分致富心切的社员又开始办起了蔬菜种植业和养殖业。1985年,永鸡路朱庄路段出现了第一个标准件批发门市,从此标准件产业逐步成为河北铺村的主打产业。

### 一、土地改革运动时期的村落经济

1947年,土地改革运动期间的河北铺村斗争了15户地主与17户富户,没收土地2000多亩,牲口52头,大型农具60多件,房屋390间,现洋200多块。1948年,河北铺村将这些没收的东西按照一、二、三等分给了贫农和中下农。但是,有些村民不敢要,他们说"咱没有住楼房的命"。还有些村民将分到的土地退回给农会。

土地改革运动时期,村里有几个手工作坊,如烘炉、木工坊、豆腐坊、籽油坊、染坊等等。这些作坊有独户开的,有合伙开的,有世家开的,也有朝三暮四地开的。俗话说"一根线锭也能养活几张嘴",村里的妇女平时也纺花织布。做得不好的就留着自家用,做得好的就拿去集市上卖。此外,还有村民织布袋、织牲口的笼头、做小孩的帽花卖。

除了在家里开手工作坊,有些村民也在大街上开门市卖一些村民们日常生活需要的小商品,如杂货铺、饭铺、馒头坊、灌掌铺、煎饼铺、烧饼铺等等。此外,还有村民从邢台、临洺关镇批发点心、糖果之类的较为高档次的食品在村中出售。

## 二、集体化时期的村落经济

1955年7月,河北铺村建了16个初级社。初级社有1名社长,若干名副社长,1名会计,1名保管员。农活由社干部统一安排。社干部早晨、上午、下午三打钟,社员们闻声而出。干部派好活后,社员们就分头下地干活。社员们干活实行工时制,一天分5个时段。每天晚上社员们到队部集中,由记工员给其记工分。

1950年代中期,实现了合作化的河北铺村开始兴办集体工副业。其中,大队企业有缝纫社、油坊、弹花坊、面粉厂、纺线厂、砖瓦厂、综合厂、玻璃厂、打井队、机电站、电工室、九二〇饲料添加剂厂。1962年,河北铺大队各生产队在不影响农业生产的情况下,根据各自实际,利用农闲季节广开门路,分别搞起了副业生产。各生产队工副业如表3-10所示。

表3-10 集体化时期河北铺村各生产队工副业

| 序号 | 生产队 | 工副业 |
|---|---|---|
| 1 | 第一队 | 电磨磨坊;用烘炉打螺栓、螺母,自制板牙套扣;油坊 |
| 2 | 第二队 | 电磨磨坊;油坊;用烘炉打制店里金具和螺栓 |
| 3 | 第三队 | 电磨磨坊;油坊 |
| 4 | 第四队 | 磨坊;油坊;加工"玻璃咯嘣儿" |
| 5 | 第五队 | 用烘炉打螺栓、螺母,自制板牙人工套扣;豆腐房;油坊;粉坊;香油坊;肥皂厂 |
| 6 | 第六队 | 酒坊;用烘炉打螺栓、螺母,自制板牙套扣;豆腐坊;养猪 |
| 7 | 第七队 | 磨坊;加工水瓢、勺子之类的东西;用烘炉打螺栓、螺母 |
| 8 | 第八队 | 磨坊;粉坊;贩卖成品砂锅、盆子之类的东西;开马车胎门市 |
| 9 | 第九队 | 粉坊;油坊 |
| 10 | 第十队 | 油坊;磨坊;用烘炉打制各种轴承圈 |
| 11 | 第十一队 | 批发草帽;粉坊;贩卖成品砂锅、盆子之类的东西 |

## 三、土地承包到户时期的村落经济

1980年,河北铺村部分致富心切的社员开始办起了蔬菜种植业和养殖业。村中几十家农户利用自留地或承包地种植蔬菜,如赵顺保种青菜,赵林阳、赵希军种西红柿等等。还有些村民利用自家庭院养兔、鸡、猪、羊,如以李平均为代表的10多家村民养兔,以赵扶元为代表的20多家村民养鸡。1981年,村中出现了搞种植、养殖的专业户。1982年,河北铺大队将厂摊全面承包给私人(各厂摊承包的具体情况如表3-11所示)。1983年,生产队解体,许多有技术优势和购销门路的村民纷纷自立门户,或合股,或独立,做起了螺丝生产、批发生意。

表3-11 河北铺大队各厂摊承包情况 (单位:万元)

| 厂 摊 | 承包人 | 承包金额 | 其 中 | |
|---|---|---|---|---|
| | | | 前半年 | 后半年 |
| 棉纺厂 | 魏贵兰 | 7 | 3.5 | 3.5 |
| 纱厂 | 赵庆海 | 4.5 | 2.4 | 2.1 |
| 面粉厂 | 段尚德 | 2.1 | 1.05 | 1.05 |
| 砖瓦厂 | 赵文林 | 6 | 2 | 4 |

1985年,永鸡路朱庄路段出现了第一个标准件批发门市。此后,随着越来越多的本地、外地私人和厂家的入驻,1988年河北铺村"路口"标准件批发市场形成。1985年,河北铺村人开始去外地开设标准件经销门市,这促进了永年县标准件销售网络的形成。1989年,河北铺村标准件市场建立了第一家联运公司配载中心。标准件产业的发展带动了模具加工门市、纸箱包装门市、地磅门市、搬运专业队、餐饮业、住宿业、医疗门诊等的发展。这些产业不仅有效地支持了标准件产业的发展,而且有的已经成为新的经济增长点。

## 第九节 河北铺村经济实态

当下,标准件产业已经成为河北铺村的主导产业。此外,近些年河北铺村还致力于建设美丽乡村,并以进士府古典文化为品牌。随着经济水平的提高与互联网时代的到来,村民们的生活方式渐渐地发生了改变,网上购物兴起,发展型消费、享受型消费也逐渐增多,俨然已过上了城市人的生活。

一、标准件产业

当下,标准件产业已经成为河北铺村的主导产业。河北铺村被阿里巴巴评为全国"淘宝村",其标准件产业曾被省政府命名为省十大特色产业之一。河北铺村的标准件市场是邯郸市五大物流中心之一,也是全国最大的标准件集散地。河北铺村标准件产业的发展历程概况如表3-12所示。

表 3-12 河北铺村标准件产业发展历程概况

| 时　间 | 发展历程 |
|---|---|
| 1985 | 出现了第一家标准件生产厂家<br>办起了第一个异地销售门市 |
| 1987 | 河北铺村路口开设了第一个批发门市<br>异地销售门市发展到9家 |
| 1988 | 批发门市发展到3家 |
| 1989 | 办起了第一个配载中心 |
| 1992 | 标准件生产厂家发展到38家<br>办起了第一个配载中心并发展到2家 |
| 1993 | 以河北铺标准件商城落成并投入使用为标志，河北铺村标准件产业开始进入高速发展时期 |
| 2008 | 全村共有标准件生产厂家204家，批发门市178家，异地销售门市149家，物流配载中心12家，标准件相关产业门市和作坊30家 |
| 2012 | 全村标准件产业各类企业厂摊、各类批发门市、异地经销门店、物流配载中心等又有了很大发展 |
| 2016 | 据不完全统计，河北铺村全村有大小企业370家（21家为大公司），个体户300—400家，异地销售门市300—400家 |

为了加快其标准件产业的发展，河北铺村加大了对标准件主导产业和市场的服务与管理，注重配套设施方面的紧密配合，让村民有稳妥的发展平台，调动其发展经济的积极性，进而推动村庄经济的发展。此外，村两委还引导村民了解和运用丽水网络淘宝的营销经验，融入丽水网络销售的行列，改变以往的营销模式，打开网络化销售的大门。网络化销售模式的运用取得了投资少、发展快的良好效益，村庄经济实现跨越式发展。此外，标准件产业还带动了诸如餐饮、服务、住宿、农家乐等经营项目和产业的发展。近些年来，河北铺村还致力于打造美丽乡村和进士府古典文化以发展旅游业，这在一定程度上促进了村民经济收益的提高。

二、市场交换

河北铺村距离永年区县城临洺关镇仅1.5公里，两座洺河大桥的架通将二者连接在了一起。此外，河北铺村与沙河县交界，通过107国道便可直达。近些年来经济收入的增加使得大部分村民都有了自己的轿车，有些老人还买了环保电动小汽车。得天独厚的交通条件和现代化的交通工具拓展了村民们的购物圈。村民们日常购物不再限于村内，还会去县城或其他乡镇县市。2016年，河北铺村有900户村民家中安装了互联网。互联网时代的到来，让部分河北铺村的村民们喜欢上了网上购物。村民们在网上买的东西几天后就能送至村中的快递商店。村民们坐在家中就能购买到自己心仪的商品。

三、家庭消费

当前,河北铺村依然以"家庭"为基本消费单元,消费内容主要分为日常开支、人情往来、教育、看病、娱乐、出行、养老等。在家庭内部,当家人掌握着家庭的消费权。但是,由于村中许多女性有自己的收入,所以很多女性掌握着自身的消费权。基于经济条件的不同,不同家庭的消费结构存在着较大的差异。经济条件一般的家庭过着普通的生活,家庭生活水平维持在生存性消费阶段。家庭经济条件好一点的则进入发展性消费阶段,他们可以让孩子到更好的学校上学,让家中的成员去学习不同的技能等等。经济条件更好的家庭则可以拥有享受型消费,他们开着高档轿车,用着高档家具,还能时不时地去各地旅游,俨然已是城市人的生活方式。

四、财产继承

与过去一样,当下河北铺村村民的家庭财产继承仍通过分家的方式进行。当家人将财产均等地分给儿子们。随着生活方式的改变,河北铺村村民分家多分两步:第一步是分开吃饭。届时,父母会为要分开吃饭的儿子准备好锅碗瓢盆柴米油盐等。第二步是分家。分家那天当家人会把村干部、儿子的舅舅、家族中的"家长"等请到家中,一起讨论。分家既包括平分家产,也包括老人赡养和亲友往来等事项。商量好后就填写分单。分单一人一份,由在场的人摁手印做证,村干部在场的话还可以盖上公章。但是,也有简化程序的。有些家庭分家的时候不请外人,就家中人在一块商量着分。分好后,儿子们各自成立自己的小家。

# 第四章　河北铺村的社会形态与实态

民国时期，河北铺村的社会及社会关系虽然以血缘关系为主，但地缘、业缘、信缘等关系也无不深刻地影响着村民们的生活。基于此，本章将从血缘关系、地缘关系、业缘关系、信缘关系、交往关系、流动关系、分化与群体关系、冲突关系、保护关系等九个方面去考察传统时期河北铺村的社会形态及其变迁与实态。

## 第一节　血缘与血缘关系

血缘关系是村民们最重要的社会关系。对于嫡亲关系，用村中老人的话来说叫"这都是一个根上的"。对于姻亲关系，则是这样的描述："姑舅亲辈辈亲，姨姨亲蔓菁根。"除了嫡亲、姻亲，村民们还会通过结拜兄弟、认干儿子、认干女儿结成干亲关系。

一、嫡亲及其关系

嫡亲是血缘关系最近的亲属，用村中老人的话来说叫"这都是一个根上的"。嫡亲一般都住在一个村子里，离得不远，房子还基本上都挨着。从祖父辈算起，五代以内的人（祖父、父亲、儿子、孙子和重孙）视为近亲，五代以外就远了。"哥哥、弟弟那一家都算是近亲。我和我的哥哥、弟弟是亲兄弟，我的儿子和我哥哥、弟弟的儿子是叔伯兄弟，再往下一代则是堂叔伯兄弟。"村中老人说道。

## （一）家庭

旧时，举办婚礼并邀请亲戚朋友一起参加见证后便成为夫妻。婚后，夫妻俩就能组建自己的家庭。村民们没有户口，媳妇娶回来后不需要去村长那登记落户。河北铺村小家庭、核心家庭多，大家庭少。"大小家庭区分的标准，不是说有多少土地和房子，而是看兄弟们是否合在一起生活，有没有分家。"村中老人说道。几兄弟合在一起生活，家里有二三十口人的大家庭一般是大财主家，并由老当家的管着整个家庭。但是，大家庭到最后还是会分家，分成许多小家庭，不然家里矛盾多。小家庭一般七八口人。分成小家庭后，村民们就各自管理各自的家庭。

家人有着血缘关系并生活在一起，有着血缘关系或住在一起的却不一定是家人。过继出去的儿子、外嫁的女儿、外甥、外甥女虽然跟自家有血缘关系，但是不算家人。佣人和长工虽然长年住在家里，与自家人一起生活，也不算家人。抱养的孩子虽然与自家没有血缘关系，长期在外工作的儿子虽然很少在家生活，却都是家人。通过迎娶娶回家的小妾及其生的孩子算作家人，而没有娶进门的女人及其生的孩子则不算家人，其孩子还是被称为"野种"。

## （二）家族

河北铺村是个多姓氏聚居的村落，赵姓和李姓是大姓。其中，赵姓以其人口的绝对性优势成为村中的最大家族。村民们称与自己同姓并一脉相承、同一支派的人为"自家人"。"自家人"在日常生活中有着更为密切的联系：他们不仅会倾向于居住在一块，而且日常的交流与互助也要多于其他人。尤其是在婚丧嫁娶、分家、盖房屋的时候，"自家人"要比其他人参与得多。但是，最终还是要看双方相互间的关系，有些关系不好的"自家人"来往也少，甚至比邻居、朋友来往得还少。

## （三）嫡亲关系

在日常生活中，嫡亲之间有着辈分讲究。村民们互相称呼的时候都是按照辈分，不能叫错了，也不能叫乱了，更不能直呼其名，不然会被人认为是没有教养。嫡亲之间没有出五服是不被允许结婚的，不然将遭到家族的反对。如果执意不听，那么家族的人、家里的人都会不认他们。平常，嫡亲之间会相互串门，但是一般都是有事情的时候才去。逢年过节，尤其是大年初一村民们要相互拜年。在自己家里拜完后，出去首先就要给嫡亲拜年，给嫡亲拜完后再去给其他人拜年。嫡亲之间借钱，如果借得少的话一般都不用利息，不用担保，也不用写借条。借得多的话就要写借条。嫡亲之间因矛盾闹纠纷，首先由双方的家里人进行调解。如果调解不好就请本门的家长和管事的进行调解，再调解不好就请村长或打官司。

## 二、姻亲及其关系

姻亲是以婚姻关系为中介延伸出来的亲属，如姐夫、姑父、舅舅、岳父之类。旧时，村民们的婚姻由媒婆做介绍，父母决定。同一个村的人只要不是同姓可以结为姻亲。当家人如果对儿媳不满意可以让儿子休妻。如果女方出轨，男方可以直接将其休掉。如果丈夫家的人虐待妻子，妻子则不敢随意离婚。有些不敢离婚的要么被继续虐待而死，要么被活活气死。倒插门女婿虽然入赘女方家，但也还是算作姻亲。小妾虽不是正室，但她的娘家人也算作姻亲。

关于姑、舅、姨姻亲关系，村中有句这样的顺口溜："姑舅亲辈辈亲，姨姨亲蔓菁根。"意为姑姑和舅舅与自家亲的时间会长一些，而姨家与自家亲的时间则像蔓菁的根一样会短许多。对此还有"姑舅亲拉扯不断，姨姨亲一辈亲"这样的形容，意为姨家一般与自家就亲一辈，再往后就没有了。

### （一）串亲戚

走亲戚在河北铺村叫作"串亲戚"。村民们串亲戚一般是在午前。旧时没有电话，所以串亲戚的时候不提前通知，也打不了招呼，就直接去。有的时候家里来亲戚了，自己都不知道。如果亲戚来了家里没人的话，自己的兄弟或其他人会先代替自己招待着。以前，村民们招待亲戚比较简单，就是给亲戚炒鸡蛋，一起吃馒头。村民们说旧时有这个就不错了。对于不同的亲戚，在招待上并不会有什么差别。但是，对朋友就会有不同的招待。一般的朋友，没怎么共事的就不招待。如果相互间关系很好，还能招待得比亲戚好。村民们一般在以下几种情况下走亲戚：

1. 瞧孩子

瞧孩子分为大瞧和小瞧。瞧孩子的不仅要给孩子买衣服，还要送鸡蛋、面、馒头之类的吃的。母亲和姑姑们都会去，其中母亲送的东西最多，鸡蛋和挂面都是整篮子送。

2. 找亲戚帮忙

找亲戚帮忙的时候要给其带礼物。礼物一般是带两件。而且，因为是请亲戚帮忙，所以这礼物还要比平时的多一些、贵重一些。

3. 老人做寿

老人做寿的时候不仅儿子、女儿要去，丈母娘或兄弟姐妹也要去。去给老人过寿的人都要给老人带礼物。过去的礼物就是用面蒸的大寿桃，用篮子装 15 个。

4. 过庙会

旧时，过节的时候村民们不一定串亲戚，但是过庙会的时候一定会去。过庙会的时候亲戚们在一起吃喝、闲逛，以增进感情。

亲戚走的时候主人会让其带些礼物回去。如果亲戚来的时候带的礼物比较多，那么主人回的礼物也多。如果亲戚来的时候带的礼物少，那么主人不回也行。基于礼节问题，亲戚走的时候，主人一般都会将其送至门口。亲戚来看谁就由谁去送。如果亲戚是来看家里的长辈而长辈年纪大不好动，那么长辈就会让家里的后辈去送。

（二）姻亲关系

在日常生活中，姻亲之间大多逢年过节的时候相互间串门串得多一些，平常有事情的时候才串。串门的时候，亲戚一般都会请吃饭，有需要的还留住宿。像女儿回娘家一般都会想住上几日。此外，遇见困难的时候，姻亲之间会互相帮助。借钱的时候，姻亲之间一般都不用写借条。但是，如果借的时间长，所谓"话是空，笔是踪"，借方自己也会主动跟对方说写借条。有些相互间关系好的亲戚，自己没钱的时候还会帮亲戚向别人借钱，然后再将借的钱拿给亲戚。"如果亲戚有钱不借就会影响相互间的关系，从此以后可能就不亲了。你看不起我，我也看不起你。没有困难不会来借，有就要借给他。"村中老人说道。但是，如果相互间关系不好或一般则也不好借。对于那些不务正业、爱耍赖的亲戚，村民们是果断不借的，不然自己的钱可能就要打水漂。姻亲之间因纠纷闹矛盾一般由家里人自己调解，或是找个与双方关系都好又能说会调解的人两边劝说。如果实在不行就打官司。

三、干亲及其关系

（一）结拜兄弟

相互间玩得好的人经当家人同意后可以结拜成兄弟。虽然说结拜兄弟不是嫡亲，也不算近亲，但是作为朋友，他们彼此亲如兄弟。有句话叫"不求同日生，但求同日死"，结拜兄弟会把对方的事情看作是自己的事情。"调皮的孩子就不让拜把子，不然成天跟人打架。大人都让小孩跟好孩子、学习好的玩。"村中老人说道。关于结拜兄弟，老人回忆了村中一个这样的事例：

> 村里有三个孩子分别姓段、魏、赵。三个人都为人老实，不调皮。他们三个经常在一块，不是在这家玩，就是在那家玩。后来，他们就结拜成兄弟了。这三个孩子结拜的时候没有像大人拜把子样的摆酒席。他们结拜得很简单，就是买了一些花生，然后点好香。结拜后，三个家庭的家人都很高兴。而且，他们结拜后，三个家庭的关系也更好了。过节的时候还相互送礼，你给我买东西，我给你买东西。

## （二）认干儿子

认干儿子有多方面的原因，归纳起来主要有以下几种：

1. 别人因喜欢而认。有人看某个人好，喜欢他，就认他为干儿子。

2. 自己拱着认。有的人为了拍马屁，见着有钱有势的人就去给其当干儿子，认其为自己的父母大人。这就是自己拱着去认。"孝子贤孙不干这事。这个人一般都不干正事，天天溜须拍马，拍马屁。"村中老人说道。

3. 为求子而认。家里净是女儿的人可以去认干儿子。村民们说这是一种迷信行为，据说通过这种方式认了干儿子之后，家里的媳妇就能为自己生个儿子。

4. "撞姓"。生了儿子后，可以大清早起来抱着儿子出去，在吉祥的时间内先撞见谁就让谁给儿子取个名。从此以后，这个人就是儿子的干父亲。如果那个人姓杨，那么可以给孩子取名叫"杨宝"。孩子父亲回家后再给孩子取一个名字。这孩子就有两个名字。如果在规定的时间内没有碰见人，而是碰见只狗，那么也可以给这孩子取名叫"狗宝"。

5. 给自己儿子找个兄弟。有些人嫌自己家儿子少也会再去认个干儿子回来，让干儿子和自己的儿子相互间有个照应，以不被人欺负。这种情况下认的干儿子，不用给其分财产，也不用跟其家长商量，只需认了之后请其家长过来吃饭认识一下就行。

6. 没生到儿子。有些家里净是女儿，自己没生到儿子，又不想过继兄弟们的儿子，也会去认干儿子。这就需要跟"家长"和管事的商量，不然家族里面会不同意。而且，认了之后这孩子要改姓，这样才能将财产给他。

认干儿子要经过当事人和当事人家里人的同意。有的人愿意当别人的干儿子，有的人则不愿意。不愿意的可以找各种理由推辞。"是否同意主要看你这个人的品行、德行好不好。如果是个不正当的人，甚至是个恶霸，专门欺压民众，那么就不干，不让你认。"村中老人说道。认干儿子后要摆酒席，双方父母要坐一块吃饭。干儿子逢年过节的时候要去看望干爹干妈，还要送礼。干爹干妈去世后，干儿子也要披麻戴孝。如果干爹干妈有儿子，那么他就站在儿子后面。因为干儿子不继承财产，所以也就不负担干爹干妈的养老费。

## （三）认干女儿

村民们认干女儿主要分为以下几种情况：

1. 没女儿自己主动去认。有的人认干女儿是因为自己家没有女儿，所以就想认一个回来，这样就儿女双全了。

2. 别人将女儿抱至家中让收养下认干女儿。这女孩之后在家中会被当亲女儿对待。哥哥们都会对她很好，把她当亲妹妹。结婚的时候还会给她买好的嫁妆。这种情况下认的干女儿一般年龄都比较小，不要大的。小的不记事，大的能记事，怕不好养。

3. 收养孤儿。有人看小姑娘是个孤儿，可怜她，就认她为干女儿。关于这种情况，村中老人回忆了这样一个实例：

> 以前，有个外村的姑娘来到了河北铺村。她开始时在村里给一户家里有一个儿子一个女儿的人家做干女儿。但是，后来这个姑娘又去给一家家里有两个女儿的人家做干女儿。认了之后，她就常常在第二户人家住。这个姑娘后来招了个女婿，女婿是个退伍军人。再后来这军人的户口也落到河北铺村。他们两个成了个小家，生活得还好。这姑娘跟两边认的父母都亲，两边都走。

认干儿子还是干女儿，不是性别歧视或重男轻女的事情，而是看家里需要男孩还是女孩，自己想认儿子还是女儿。"如果没有姑娘就要个姑娘，这姑娘以后就是自己的一门亲。以后自己老了，女儿能给自己洗澡、洗衣服之类的。女儿跟父母近，大人有病之类的照应得会好些。"村中老人说道。

## 第二节　地缘与地缘关系

村民们的地缘关系主要分为两种：邻居和熟人。邻居分为近邻和远邻。虽然说"远亲不如近邻"，但是邻居之间的关系却也是有的好，有的不好。对于熟人，村中老人说"一回生，二回熟，三回就是老主户"，尤其是做生意的，做得多了，就是熟人。

一、邻居及其关系

村民们说离自家不远，出门成天能见到的就是邻居。其中，在自家前后左右周边的叫四邻。虽然同在一片住，但邻居又分为近邻和远邻。一个胡同里面，与自己家距离比较近的就是近邻，距离比较远的就是远邻。例如，以前西街有一条170米长的大过道，虽然说这大过道里的人同住一条过道里，由于距离的远近却存在着近、远邻之分。

邻居间大家互相帮助，互相关心。"如果家里有小偷，邻居家知道了他会通知你，然后一起把四邻叫来抓小偷。你在家有点头痛脑热，邻居来给你叫医生，吃药。"村中老人说道。关于邻居，村中老人说了一个他自己的故事：

平时，老人8点多钟就会出去。有一天因为天气冷，老人在家生上煤炉之后就坐着没出去，10点钟了家里的院门都还没开。邻居们见了就觉得奇怪，来敲老人的门结果没反应。邻居们就以为老人在家出事了，于是就从后邻家爬上了老人的房顶，并跳入了老人的院子里。这时，老人才发现邻居们在找他。邻居见他没事后也就放心了。

1. 物品的公用、借用、搭伙

在日常生产生活中，邻居之间胡同、官井是公用的，谁都不能占，大家都能使用。虽然邻居间关系好，但是谁家的东西就是谁家的，自家没有的可以向与自己关系好的邻居借用。而且，关系好的邻居还可以合买两家都需要的东西或伙养牲口。"旧社会的时候，我家有车，不用了，你来借，到时邻居不仅借车给你，连牲口也会一起借给你，不用钱。"村中老人说道。

2. 亲密度

出门的时候，只要自己家没人村民们就会把家里的门锁上。即使邻居家有人，与自家关系不错，也会锁。"他锁他的门，我锁我的门。一般的话，出去也不跟邻居说，就自己走了，门也锁了。"村中老人说。但是，如果邻居发现你的房子边有生人，那么他会给你操心，问这人是干吗的。还有，如果自己要去比较远的地方，要出去好几天或一段时间，那么走的时候就要跟邻居说一声，告诉他自己去哪，要几天回来，然后让邻居帮忙照看下房子。虽然让邻居照看房子，但是钥匙是不给邻居的，自己带走。除非邻居与自己的关系十分要好，或者邻居是自己的亲戚。那样的话，不仅会把钥匙给他，如果他要用自家的东西，还会让他自己去拿。

3. 职业

邻居们虽然住在一块，但是，各家所从事的行业和家庭经济条件则不一定一样。村中有个老人回忆，旧时他家是老老实实种地的中农户。他家的邻居有木匠、卖肉的、教师，其中一户人家还是富户，家里有各种车，雇有长工。这些邻居有些比自家富裕，有些则没有自家条件好。虽然邻居间有穷有富，但在那个年代，大多数人都是各顾各，很少说把自家的东西用来救济别人。除非是那些相互间称兄道弟、亲如兄弟的人。"你的就是我的，我的就是你的，不惜一切地帮助你的，有，但是很少。一般情况下就是，你家过不下去了，救济你一下。"村中老人说。但是，在外面做生意做得好的，或是干其他事情干得好的，可以把与自己关系比较好的邻居带出去跟着自己一起干。虽然邻居里可能会有诸如木匠、铁匠之类的技术工，但是，请不请其为自己做事，买不买他的东西还得看其做出来的东西的质量和价格。"同样的东西,也得看质量。好就买你的,如果不好,那就买别人家的。这个没人管,也伤害不了感情。"村中老人说道。

4. 关系与界线

平时,邻居间会相互串门,但是这要在邻居家家里有人的时候。进门的时候一般都会先问下"有人在家没?"如果没人回应,就不会去。邻居间只要不是本家或近门的就可以相互通婚,而且村中老人说房前房后相互间还比较熟悉。吃饭的时候,邻居间也可以相互端着碗去别人家里一起坐着吃。但是,村民们更多的还是喜欢在街头饭场吃。邻居家里有困难要借钱,如果是相互间关系好的,借得不多,时间也不长,可以不写借条,也不要利息。但是,如果借得比较多,时间还比较长,那么就要写借条。邻居间借钱一般都不会赖账,因为相互间没有一定关系的借不到,关系好的才借。"只要你一说就给你拿,还帮你借。就看关系了。没关系的借不了,那边也不会借给你。"村中老人说。但是,如果知道那个人忠诚老实,就是家里困难,那么即使相互间关系没有那么好也会把钱借给他,知道那个人有钱后就会还给自己。如果对方是个很赖的人,即使相互间关系比较好,自己有钱也不会借给他。

邻居间要保持友好的关系,也得保持好一定的界线。首先,房子的界线问题。邻家间房子的界线是清清楚楚的,大家都有自己房屋的房契。关于房屋的界线村民们是寸土不让,谁都不能侵占别人的房屋。其次,土地的界线问题。邻居们虽然住在一块,各自的土地却不一定挨在一块了,自家的地买在哪就在哪。但是,如果邻居是自己的兄弟,那么由于分家的原因,土地就可能在一起。虽然在一块,但是也得界线清晰,谁都不能随意侵占对方的土地。再次,基本的原则问题。为人处事的时候,即便是邻居也得遵守基本的原则,不然就容易闹矛盾。邻居间闹纠纷,首先由四邻或与自己相好挨近的人来调解,将双方拉开。如果调解不了,就再找村里的干部。如果干部也调解不了,那就只有打官司了。

虽然说"远亲不如近邻",但是邻居之间的关系也是有的好,有的不好。关于邻居之间的关系,村中老人回忆了这样的故事:

> 村里有两个对门邻家,其中一个人家把门盖得比较大了一点,对门就不乐意了。于是,他就在自家门上打了个洞,伸出来个铁棍子,算是向对门家射了一把箭。另一家知道后则在门上放了一把弓,意为"你家有箭,我家有弓,弓在我家,你的箭就打不出去"。两家就像敌人样地针锋相对。
>
> 还有两户邻家,其中一家的小孩要结婚,说要把门改一下,改得又高又

大。另一户人家二话没说就答应了。等那户人家把门改好后，这户人家就把给那户人家改门的泥瓦匠请到自己家，让其按照那户人家的尺寸给自己家也建了一个一模一样的门。这样一来，两户人家便相安无事。

## 二、熟人及其关系

村民们说"一回生，二回熟，三回就是老主户"。所以，刚开始可能不认识对方，但是通过一次见面或一次什么事情认识了对方，那么下一次再见面就熟了。尤其是做生意的，有句话叫"打生不如脸熟"，做生意多认识了，相互间便有信任，以后就是熟人。

本村的邻居、乡亲不能称作熟人。如果与外村的张三、李四认识，熟悉了之后就能称作熟人。"多个朋友多条路。可以找熟人办事，通融通融就好办。不相信我，但会相信你，你们俩打过交道，熟悉。"村中老人说。像本村的一些老人和小孩，老人与小孩的爷爷、父亲熟，在与这小孩见过一两次面之后认识了，但还是闹不清是谁家的，这也不能叫熟人，因为他们彼此间确实不熟。

1. 亲疏

熟人之间也有关系的远近亲疏。有些只是认识，相互间没有共过事，见面后就只是打声招呼。有些关系近一些，相互间会借用东西。那些住得比较远的熟人，如果相互间关系好，可以去对方家串门。"如打拳的拳友，看有人有段时间没来，那么你就可以去他们家坐坐，去看看他。"村中老人说。

2. 职业

村民们认识的熟人一般同行的多，不同行的少。同一个行业的人相互间有共同的语言，有事情的时候能相互帮忙，相互帮忙后还能增进感情。不同行业的人更多的是通过亲戚朋友熟悉的。"我是干部，他不是干部，我去别的村串亲戚，我们在一起吃饭、喝酒认识了，就也成了熟人。"村中老人说道。

认识的熟人中如果有有钱的或当官的，万一要请他们帮忙，可以通过对方的亲戚去找他们。他的亲戚知道他的脾气、秉性，这样就能更好地与之交流。例如，那人脾气比较直，就直接把自己的事情跟他说让其帮忙，不拐弯抹角。对方会否帮忙还要看具体的事情，有的能帮，有的则帮不了。

如果家里要请人做事，那么到底是请亲戚还是请熟人，一要看谁的活干得好。无论亲戚还是熟人谁的活干得好就叫谁。如果两个人都做得不错，那么就让亲戚做，钱不让别人挣。二是看谁的价格低。村民们都会偏向于选择可以让自己少花钱的人。让熟人做可以与其讨价还价，让亲戚做则不好讨价还价，他要多少就得给多少。但是，与自己关系不错的亲戚也不会向自己多要钱。总的来说，这是一个需综合考虑的事情。

3. 家境

熟人不一定与自己同姓，也不一定比自家条件好或差。一般来说，只要两个人有缘分，能说到一块，不管穷富都能交朋友成为熟人。村民们说"三十年河东，三十年河西"，现在很富裕的家庭不一定一直富裕，现在穷一点的家庭不一定一直穷，有可能他们的后代厉害。交朋友、认识熟人，村民们一是看这人本身的人品，二是看他的家庭，看他的家庭是不是一个忠诚可靠的家庭。"如果是个今天偷这个、明天偷那个的家庭那就不交。还有，如果我帮你，你也帮我，那么这个人就能交。如果我帮你，你却不帮我，那么这个人就不可靠。"村民们说。

4. 关系

基于礼貌，熟人进别人家门的时候会先给主人打声招呼，不会一声不吭就进去。熟人家里有困难向自己借钱，关系好的就不用给利息，关系一般的则要给。一般的熟人，没有共过事，那就要请人作保。熟人家里办红白好事的时候，相互间关系好的熟人才会被邀请参加，还可能被留宿。熟人间如果吵架了，可以去请对方的亲戚或与对方关系不错的人帮忙。自己先把事情说给那个人听，然后让那个人再去跟对方说。请的这个人必须能说、有威信、能管事、懂道理、能把理摆平，最重要的是要愿意帮忙且与双方关系都好。如果这人比较糊涂便不请了。请人一般就请一个。如果这个人说服不了，就再请更能说的人。如果私人帮忙解决不了，就只有打官司了。

## 第三节　业缘与业缘关系

传统时期，河北铺村村民以农业生产为主，但是也从事其他行业。农业与其他行业一起构成了河北铺村的业缘社会。为此，本节将从牲口市场与头经纪、煤的买卖两个方面去考察1945年以前河北铺村的业缘及业缘关系。

一、牲口买卖与头经纪

（一）牲口买卖

旧时，买牲口不分时间，一年四季的庙会上都有牲口卖，哪个村有就去哪个村看。"一年之计在于春"，所以，春天买牲口的多，买回来就可以干活。村民们买牲口有三种途径：

1. 庙会的牲口市。大多数村民一般都在庙会的牲口市上买，因为都知道那个地方卖牲口的多。

2. 由头经纪介绍去农户家里买。村民们先跟头经纪说自己要买牲口，让其帮忙物色。当头经纪知道哪有不错的牲口的时就会跟他说让他去买。

3. 请朋友帮忙联系。村民们跟自己懂牲口的朋友说要买牲口，让其帮忙联系。等有好牲口了，朋友就让他去买。

总的来说，村民们还是在庙会的牲口市买得多。牛、猪、羊、马、驴都可以在这里买到。牲口的价格都是随行就市，并不统一固定。牲口的价格不仅要看当时的行情，还要看牲口本身品质的好坏。品种好、长得好的牲口价格一般都比较高，有毛病的牲口一般都会比较便宜。旧时，买牲口都是开了发票后，一手交钱，一手交货。如果牲口牵回去后发现有毛病，或是发现买贵了，都不能再说什么。买牲口的时候卖方跟买方不认识也可以赊账，但是得有保人。保人一般找头经纪，但前提是头经纪认识这个人，并且知道这个人是怎样的。如果卖的牲口有毛病，那就绝对不能赊账，宁可便宜一点也要一次性付现，怕万一别人买回去之后发现牲口有毛病，既不给你钱，也不把牲口还给你。

过去买驴有一句顺口溜，说"远看一个驴，近看四个蹄，牵住晃晃眼，再看牙板齐不齐"，意思就是买驴的时候要看驴的腿好不好，眼睛瞎不瞎，牙齿齐不齐。而牛则要看其"蝇头"（方言，音近词）。牛的蝇头要高，要有个大疙瘩，这样就好扣件，好用力拉东西。

（二）头经纪

头经纪一般都是说话算数、说一不二、比较有威信、大家都信得过的人。但是，头经纪也有好和不好之分，有的就不靠谱。头经纪家里有地，但是他不种，由家里其他人种。他就各种赶会，走东串西地看牛。头经纪当介绍人成功卖出一头牲口后，买卖双方都要给他介绍费。所以，头经纪都比较挣钱，家里经济条件都比较好。

1. 头经纪之间

头经纪间有竞争，谁介绍的买卖多，谁就挣钱多，所以有的时候他们会相互拆台。比如说，如果有人买了头牲口，但不是他介绍的，那么等那人的头经纪一走，他就会上前去跟那人说他买的牲口不行，有毛病。

2. 头经纪与买方

一个头市一般最多三四个经纪，有的还只有两个。河北铺村没有头经纪，但是有人懂牲口，所以也可以叫着一起去挑牲口。"旧时，会上也有卖灌肠的、卖包子的、卖羊汤的。陪自己去看牛了，中午吃饭的时候就可以请他吃饭，管他饭。"村中老人说。但是，看了之后还是得叫头经纪来讲价。头经纪一般就在庙会上，不用特意去找。他们手上一般都搭着个鞭子，大家一看就知道这是头经纪。以前，临洺关镇有个头经纪为了让大家更好地找到他，天热的时候，大家都戴草帽，他就戴毛巾。天冷的时候，大家都戴毛巾，他就戴个草帽。如果是自己挑牲口，那么在挑好后直接把头经纪叫过来讲价就好了。过去有两个比较有名的头经纪，一个是段庄的"老歇子"，一个是临洺关北街的李经州。河北铺村村民买牲口一般都找他们。"我爷爷买牲口时候就找他们。他们帮忙找，领着你转，找好了就让你买。如果没带钱，也说让你带走，说没事。就是这么痛快。"村中老人回忆道。

头经纪懂牲口，他们一看就知道这牲口是好还是差。对于有毛病的牲口，头经纪在帮人看的时候，如果这个人跟他的关系不错，那他就不会让他买。但是，如果这人与头经纪的关系一般，那么这头经纪就让那人自己挑，他只负责讲价钱。买回去后如果发现牲口有毛病，那么头经纪就会说是买主自己挑的。

3. 头经纪与官府

头经纪不是谁想当就能当的，要经过相关政府部门的同意。他们跟政府部门是相互联系着的。头经纪帮忙管着头市，让每个买了牲口的人都去政府部门那开票，交钱。"头经纪的工钱就从那个里面扣，交了多少个，就给多少钱。交的税就包括了要给头经纪的工钱。买卖成交了才开票，交钱。"村中老人回忆。

二、煤的买卖

（一）买煤的途径

旧时，河北铺村的村民们烧的煤一般都是沙河张村的象鼻子煤窑和金子煤矿的。村民们如果要用煤，主要有以下几种采购方式：

1. 自己推车去张村买

村中一老人回忆说，他小时候就用轱辘车去张村买过煤。都是晚上12点去，走40多里路。走到那的时候天都还没亮。到那让人开好条后就开始排队，然后进去装煤。煤是按斤卖的，去煤窑买会便宜一些。"有时自己去，有时就几家一起去。一去好几个车。我去推过，推200斤，2布袋煤，我推得回来。"村中老人说道。因为煤比较缺，且比较贵，所以村民们都不敢多烧，一个冬天就烧500—700公斤。家里有煤的村民可以烧煤取暖做饭，没煤的就烧玉米秆、棉花秆、麦秸取暖做饭。村中老人回忆说，以前冬天天气寒冷的时候生着火，屋里的水都能结冰。炕里的火也小，根本就不能起到取暖的作用。因为玉米秆之类的燃烧的时候烟大，不方便在屋里用，而煤不会，所以村民们一般都是冬天用煤。

2. 在村中煤厂买

旧时，河北铺村有一家煤厂，煤厂的老板是本村人。村里人也会去那买煤。但是，煤厂的价钱比较高,因为那的煤也是从张村运过来的,它将运费算在了煤的价格里头。无论冬天还是夏天,煤厂那常年都有煤。村里有些人家里也常年都要用煤,如打铁的。外村的人也会来河北铺村买煤,但是不多。煤厂的煤无论谁去买都是同样的价格,即便是经常去那买煤的也一样。就算是用煤量大的打铁铺之类的也没有什么优惠。

3. 在本村煤贩处买

以前,河北铺村村民也有去张村贩煤卖的。他们把煤拉回来后就卸在村东一块空地上,然后用土围个围墙。村里要买煤的人就可以去那买,用筐装着称。但是,因为河北铺村人要空车去张村拉煤,不如那边的人直接送过来卖得便宜,所以河北铺村去张村贩煤卖的人不多。而且,那边的煤贩子跟煤窑里的人都熟悉,他们不用排队就可以进去装煤。

4. 在外村煤贩处买

外村的贩煤都是用驴拉着煤到村里来卖。他们通常一个人撵着六七头驴来。而且,他们通常不是一个人来,而是好几个人一起来,一来就是好几千斤煤。他们来了之后就把煤卸在空地上,然后找村中的煤经纪帮忙卖煤。如果村民经常在一个煤贩子那买煤,成老顾客了,那么价格会便宜些。

不同煤窑出来的煤质量不一样:有的煤烧着臭,有的不臭;有的会蹦,有的则不会。所以,村民们买煤的时候一般都会货比三家。所谓"卖瓜不说瓜苦,卖杏不说杏酸",有些煤贩会骗人说他的煤不臭也不蹦,从此以后,这煤贩就再也不会来了。他今天去一个村,明天去另一个村。

(二)煤贩子

煤贩子一般都是青壮年,他们有体力。有时,他们也带着家里的小孩一起去,让小孩跟着撵牲口。因为煤贩子经常要走几十里路,所以岁数大了的人干不了。煤贩子家里也种地。沙河张村大多数地是旱地,天不下雨地里的庄稼就不能长苗,所以他们在家没事的时候就贩煤卖。他们那贩煤卖的人多。煤贩子并不需要很多的本钱,但是要有五六头用来拉煤的驴子。有些煤贩子卖煤是被当家人叫去的。自己一个人不敢去的就让跟着别人如叔叔伯伯一块去。因为家里的开支都归当家的管,所以煤贩子卖煤回来后要连本带利将钱交给当家的,不能放自己腰包,再去贩煤卖的时候再向当家的要。有时候当家人自己也出去贩煤卖,尤其是那些家里就靠当家人一个人挣钱养家的家庭。他们会利用好自己的空闲时间挣可以挣的钱。

煤贩子贩煤没有领头的,都是自己随意干。在家没活干,想出来挣点钱的就可以去贩煤卖。贩煤卖一般都亏不了,不管怎样都有本钱留着。无论对方再怎么讨价还价都会留着本。"卖煤的卖100，你给90，准不卖给你。到时你急着用，非120不卖。这煤不管怎么卖都会保个本，绝对不会赔本卖。"村中老人说道。如果煤没卖完，煤贩子可以将煤存放在煤经纪家。今天卖不了明天再来，明天再卖不了后天再来。煤贩子和煤经纪合作时间长了就联系在了一起。旧时，贩煤卖没人管，这不是大买卖，挣钱也不是很多。这活又累又脏，煤贩子贩煤卖就是为了过生活，为了挣点给家里买粮食，所以他们都不用缴什么税。以前在煤贩子那买煤可以赊账，没钱的时候就跟煤经纪说，改天有钱的时候再给。

如果煤贩子在路上遇见了五日混鬼、不干正事的人向他们要钱，为了保住生命，就会给他们一些。有经验的煤贩子不会把钱放到一个地方，他们会在各个兜里都放一点钱，有的还把钱放在鞋里。万一被劫，就让他们自己搜，搜到多少就给他们多少。"有时给得少他们还打你，说你这个穷光蛋。给他们5块也算，10块也算。有多少拿多少。劫人的一般劫那些穿着比较好的，没钱的比较少劫。"村中老人说。

（三）煤贩子与煤店

虽然说煤厂一年四季都有煤卖，村民们什么时候去那买煤都可以，但是由于它价格高，所以村民们一般都不愿意去那买。煤贩子虽然不一定什么时候来村里，可能有时还会让人等上好一段时间，但是由于他们价格便宜，所以村民们还是愿意去买煤贩子的煤。村民们只有在家里没煤，煤贩子也没来，家里又急着用煤的时候才去煤厂买煤。这就使得煤厂的生意一直处于一种"等客"的状态。为此，煤厂不让煤贩子来村里卖煤，但是这招到了村民们的反对。最后，煤厂老板也只能依了村民。

（四）煤经纪

煤经纪一般都是村中50来岁，体力不行干不了农活，在家没事干的人。壮年人是不会去干这活的。他们不是村里有钱有势的人，就是想干这个活又家里有秤的人。这人见卖煤的来了，就拿着秤过去。干得多了，时间久了，自然而然大家就都知道他是煤经纪了。煤经纪帮忙把煤都卖完后，地上残留的煤就归煤经纪，这算作他的报酬。村里人都知道某人是煤经纪后，要煤的时候就会去找他，跟他说自家要多少煤，提前预订。那些提前在煤经纪那预订了的，等卖煤的来了，煤经纪就会先把煤称给他。但是，如果村民们预订了2000斤煤，煤贩子只拉了1000斤煤过来，那么跟自己关系好的人即使预订得晚，煤经纪也还是会把煤先给跟自己关系好的人。所以，到底先把煤给谁都由煤经纪说了算。"不过，这个也没有什么很大的关系。今天没有就明天买。家里没煤烧可以去借煤烧，先借人家的，等自己的来了再还给人家。"村中老人说道。

外村的煤贩第一次来村里卖煤的时候都是自己卖。等跟村里人熟了后，就可以在村里找个人当煤经纪，让煤经纪帮忙卖煤。不同的煤贩不一定用不同的煤经纪，同一个煤经纪可以同时为好几个煤贩子卖煤。

## 第四节　信缘与信缘关系

传统时期，河北铺村有7座寺庙，如千佛寺、关帝庙、玉皇庙等，其信缘主体呈女多男少、富人多穷人少的现象。河北铺村有两个庙会，分别是农历四月十八的千佛寺庙会和七月三十的地藏王庙会。每逢庙会村民们就会相互串亲戚，在庙会上买东西、看戏。河北铺村还有个信缘组织叫西顶会，其成员每年都会去离河北铺村100多里地的奶奶山朝拜。

一、信缘主体

（一）主体特征

河北铺村的信缘主体呈女的多、男的少，富人多、穷人少的现象。村民们去庙里拜神的时候大多数是当家独户地去，有的会领着孩子去，不会集体一起去。也没有人组织，偶尔邻居间或住在同一个胡同的人会邀着一起去。去的人一般都会带上些水果、馒头、香箔、（纸）元宝之类的东西。这些东西都是各拿各的，不会共用。像水果之类的供品，有人在拜完神后会留一些在庙里，然后把其他的带回家。因为各村都有各村的庙，本村庙里的神只管本村的事情，所以，村民们拜神都在自己村，不会去拜别村的庙。村里的庙宇都不用买门票，谁都可以去，没有限制，只要愿意去就能去。村民们去庙里拜神、烧香、磕头各有各的愿望，有的是为了求全家平安，有的是为了求多挣钱。

（二）拜神的时间

春节和农历的七月三十是村民们去庙里拜神的高峰期。腊月三十的晚上，家家户户都会去庙里拜神，村里6个庙每个庙都去。村民们一个晚上会把这几个庙都拜一遍。但是，去的一般都是家庭妇女，当家人不管这事，也不会干涉。此外，每逢初一、十五她们也会去庙里烧香磕头。过去，因为社会比较乱，所以初一、十五的时候妇女们一般都在家上供品、烧香，很少去庙里。

（三）主体间的关系

同拜一个佛或同在一个道里面的人叫作道友。道友们经常一起拿着供品去庙里磕头烧香，时间久了自然而然相互间的关系就会更好，更近。"但是，一般也就见面后更近，说话会不一样。就像牌友样的，在一起打过牌。但是牌友跟道友不一样，牌友是赌钱认识的,道友是办好事。"村中老人说。同拜一个佛、同在一个道的人会更近,但是,信不同佛和道的人相互间也不会有什么冲突,大家各信各的。生活中,万一遇到利害相连的事情如占土地或房屋边界的时候也闹冲突。"教里面我不说你坏,你不说我坏,闹不了什么矛盾。只是平时间争东西才闹冲突。"村中老人说道。

## 二、信缘活动:庙会

旧时,河北铺村有两个庙会:农历四月十八的千佛寺庙会和七月三十的地藏王庙会(现在只剩七月三十的地藏王庙会了)。另外,农历五月十三和六月初一分别是关帝爷和三教堂主神的诞辰,这个就只有村里人去烧香磕头,外村人不来。每逢关帝爷的诞辰村里人还会请唱戏的热闹一天。

### (一)起会

起会都有个说法,不会平白无故起会。庙会的日期一般都是寺庙主神的诞辰或寺庙的纪念日。农历七月三十是地藏王菩萨的生日,为了庆祝地藏王菩萨的生日,河北铺村地藏王大庙的庙会就定在了七月三十。起会的事情不用跟村干部商量,都由行好的人组织。起会的时候要请许多卖东西的商家过来,其中卖木梳的是会头,必须请来。村里要专门派会首,或由会首特意选一个人,将庙会开办的时间告诉卖木梳的,请其到时候一定过来。"到了那天他就来了,撑起他的大棚。他来了,其他做小买卖的一个传一个就都知道了,就来了。以前有说,这个卖木梳的不去,这个会就起不来。起会的这个人(指卖木梳的)一般都是要大棚,一般的小棚不行。"村中老人说道。起新会那天,村里要用大锅做好饭,得管来赶庙会的人那天的三餐。不管是卖东西的还是赶会的都可以去吃。该流水席从早吃到晚,花费都由庙里出。新会起好后,庙会的日子就定下来了。定下来后,就只用管庙会前一天前来打陕鼓的善友的饭,其他做买卖的、赶会的人的饭就不用管了。

### (二)庙会会首

河北铺村开庙会的时候四条街都有会首。庙会搭台唱戏需要钱,有各种开支,四条街的大会首就会带着小会首去向大家筹钱。村里的每个庙都有庙主,庙主和会首是连着手的。香客们上布施给的钱和会首向村民们筹的钱最后都归庙主管,放在庙主那统一开支。开庙会的时候如果向村民们筹的钱不够了就用布施的钱。

庙会的会首都是些行好的人。当会首没有工钱,但是,会去当会首的人心里都有一定的愿望。会首由村民们自愿报名,村民们一起选,选20个人,东西南北四条街每条街都有人。会首选好后20年不变,这20人轮流当选为大会首,一年一个,其余的就是小会首。轮完一批再换新的。"会首不能一个人一直干。如果轮到你干,你干不好,那么大家就不会让你干了。如果你干得好,也不会一直让你干,还是轮着干。"村中老人说。能自愿报名当会首的都是家里有钱的,没钱的当不了。会首相互间存在着竞争:首先,大会首要多捐钱。如小会首一人捐 1000 元,大会首就要捐 2000 元。其次,要办好活动。如去年的大会首用了一个吹歌队,今年就要用两个,后面的要比前面的办得更热闹。再次,要多拿供品。办庙会的时候,大会首需估摸自己家要去多少人力,要出多少鞭炮,不然就会没有说话权。

(四)庙会市场

河北铺村的庙会上卖东西的都分区、分片。北街是卖布棚的,大庙口是卖水果的,南街是卖农具的,南阁门是卖扫帚之类的,西街是木材市,卖新旧门窗之类的家具。因为七月是三秋开头,买农具和牲口的多,所以河北铺村的庙会会大、人多。过庙会的时候本村、外村的人都可以来,届时会有很多人来赶会卖东西。就连距离河北铺村五六十里路远的曲周县和沙河县的人都会来。有的会提前两天过来,用骡子驮着苹果、梨、大枣之类的商品。有些卖包子的还能提前半个月过来。来赶会卖东西的人吃住都自己解决。吃,街上有卖馒头、包子的铺子。住,村里有车马店。而且那时天气暖和,有些人就在地上铺个席子睡。村里有好事的还会给他们一些草让其在自家的墙脚边睡。

(五)庙会串亲戚

庙会是亲戚朋友聚会的好机会。每当过庙会的时候,姑娘就要用篮子提一篮子馒头回娘家。村民的亲戚们则会提着馒头、果子来串亲戚。有的时候提得多了吃不完,有些人家就会让亲戚提回去,或把果子晒干留着以后慢慢吃。过庙会的时候自家的亲戚是一定要来的。庙会的前一两天,大家就开始在家里吃吃喝喝。后来,男的还兴在一起喝酒划拳,热闹一些。吃完饭大家就去会上逛逛,买点东西,作为娱乐。"有的村还好几个会,像龙泉(就)有六个会,每个会都去,太麻烦了,亲戚来了都得招待。我们村就一个,这个比较好。"村中老人说。

(五)搭台唱戏

办庙会的时候庙里会搭台请唱戏的来唱戏。戏台就搭在庙西边的墙里头的空地上,戏就在庙里面唱。村里的妇女和小孩都会去看戏,但是,女的不能跟男的在一块看。男女要分开,男的在一边看,女的在一边看。庙里有一个专门的女看棚,女的去了都坐在那看,去的时候各自带上凳子。年轻的女孩子不会单独去看戏,一般都是跟着嫂子或母亲去。

三、信缘组织:西顶会

在离河北铺村 100 多里的地方有座奶奶山。村里好多人每年都去那许愿,许愿成功后还有去那还愿的。为此村里就成立了个西顶会。

西顶会是个宗教组织。它的会首有两个：赵西城和赵西来。都是男的。西顶会的活动场所在西边胡同会首的家里，那供奉着奶奶。西顶会有自己的旗子，还有吹笛子的，里面的会员都是行好的，有妇女、老人和小孩。西顶会每年春天都会去奶奶山朝拜一次。去的时候都是步行。因为路途比较远，所以他们在朝拜的前一天就出发，第二天在山上住一晚，第三天再下来。为此，他们在那边一个叫孔庄的地方盖了五间房子，去朝拜的人都可以免费入住。因为山太高，所以有些年纪大了的老头、老婆婆就在奶奶山下烧香磕头。西顶会会里没有活动经费，要去奶奶山的人都是自掏所需的花费。

## 第五节 交往与交往关系

在日常的生产生活中，村民们的交往对象主要有邻居、生产合作对象、亲戚、村长之类有钱有势的人、有共同兴趣爱好的人和帮扶对象。村民们选择交往对象主要看其脾气、秉性、爱好等方面，而不是家庭条件的好坏。在交往的过程中村民们讲究一定的先后秩序和大体对等的原则，对于不讲道义者，村民们会与其断绝交往。

### 一、交往对象

村民们选择交往对象主要从脾气、秉性、爱好等方面考察，家庭条件的好坏并不是影响村民们选择交往对象的重要因素。通常什么样的人和什么样的人交往。好人和好人交往，善良的人与善良的人交往，恶人与恶人交往，小偷与小偷交往。"家庭条件相差很大的也能在一块。家庭条件都好，但是人的秉性不一样也不行。交往得心头一和，秉性都差不多。不然，说不到一块。"村中老人说道。对于自己不喜欢的人，彼此间见面后会说些客气话，但是不会有很深的交往。村民们一般与跟自己关系好的亲戚、朋友或说话投机的人一起做买卖、干事，平时相互间你帮我、我帮你的人也会有更多的交往。村民们的交往对象主要分为以下几种：

一是邻居。村民们在日常生活中，遇到与自己关系好的邻居家里有诸如办红白喜事、盖房之类的事情的时候，会主动去帮忙。以前没有专业的建筑队，村民们盖房时大工都请泥瓦匠，小工就由邻居们主动帮助。"都是四邻来帮忙，在这吃饭，给干活，不要工钱，你帮我，我帮你。搬砖之类的，帮忙打杂的都不要钱，只管饭。"村中老人说。此外，关系好的村民会相互送自己做的好吃的，或自己种的蔬菜、自家产的水果。如果家里没人，邻居还会帮忙看房子、照看来访的客人。吃饭的时候，相互挨近的邻居会聚在一个饭场吃。村民们闲聊也大多与邻居聚在一块。

二是生产合作对象。旧时，对于收割、打井、耕地、灌溉等自家劳动力干不了的活，村民们一般都是请人帮忙，很少雇工。因此，村民们与自家的生产合作对象会有着较多的交往。生产合作的对象一是地邻。地邻间的地挨着，所以双方可以一起灌溉、轧麦场等。二是生产工具上的互补对象。如一方有牛，另一方有犁，他们可以相互合作一起耕地。尤其是在秋天、五月农忙的时候，生产合作对象间的交往要比平时更为频繁。村中有些有钱的财主为了不欠下人情账和避免做饭的麻烦，会选择通过雇工的方式完成家中的农活。

三是亲戚。亲戚间的交往主要分为三个方面：其一是人情往来。红白喜事的时候亲戚要去随礼助其办完事情。逢年过节的时候晚辈要去给长辈送礼品，送祝福。其二是帮忙。秋天、五月农忙的时候，女儿女婿要主动回娘家帮忙。亲戚家遭遇天灾人祸后，亲戚知道了要主动去给予力所能及的帮助。亲戚家与人闹纠纷，甚至要打官司，亲戚更要去帮忙。其三是走亲戚。亲戚家过寿、踩院、过庙会等的时候村民们会去参加。虽同是亲戚，但村民们一般选择与自家关系好的、亲近的亲戚交往，关系不好的要么交往得少，要么不交往。"亲戚之间亲都不亲了，还交什么往。尤其是帮忙，帮忙都是好亲戚。"村中老人说道。

四是村长之类的有钱有势的人。村民们与村长之类的有钱有势的人交往一般出于下列动机：一是为了攀高。有些人与村长之类的有钱有势的人交往就是送礼，而且还送得多。"给别人是50，给他就是100。自家办事的时候，有时村长他们就不给你，他们光收不出。干部家办事礼钱就收得多，平民百姓就收得少。"村中老人说。二是想托他办事。村长之类有钱有势的人因其有权又有势，村民们遇见事情的时候如果请他们帮忙，就会顺利很多。有些不能直接与村长之类有钱有势的人交往的人，会去与其父母交往，给其父母送东西。"看礼本的时候看人家送了那么多钱，就会想为什么送那么多。家里是个中农户、土地主的也得恭敬村长，不然家里出事了还得找他。"村中老人说道。与村长之类的有钱有势的人交往还得有一定的关系，没有一定关系交往不了。

五是有共同兴趣爱好的人。旧时，河北铺村村民有爱好唱戏的，有爱好练拳的，有爱好吹唢呐的，有喜欢说书的，有擅长剪纸的等等。有着相同兴趣爱好的村民比兴趣爱好不同的村民相对来说会多一些交往。"都去那个地方，一回生两回熟，久了就都认识了。有关系了，来往就多了。"村中老人说。

六是帮扶对象。河北铺村一些有慈善心的村民会主动帮助家庭困难的村民渡过难关。尤其是办红白好事的时候，本家、亲戚、邻居、朋友会去主动帮忙。"你帮助我，我欠你情,你家有活了,我就让孩子都去给你帮忙,这样两家的关系就更好了。"村中老人说道。

## 二、交往原则

村民们相互交往讲究一定的先后秩序和大体对等的原则。本文以帮忙为例来说明这两个原则。

### (一)先后秩序

如果村长、邻居家里都有事要帮忙,那就自己选个合适的人家主动去帮忙。如果两户人家的事情在同一天,一是看哪家先来问。先答应了哪家就去哪家帮忙,这不算得罪人。二是看自己想巴结谁。如果想巴结村长,别说村长来问自己,就算村长没问自己,自己也是去村长那,别人来问就说自己要去村长那帮忙。

如果村长、亲戚家里都有事要帮忙,那么一般都是去亲戚家。虽然说有一方是村长,但是如果亲戚家有事不去帮,会被亲戚说。村长家就等他有其他事情的时候再去帮忙。"如同一天娶媳妇,就必须到本家去。别人问我,我也不能去。自己家有事,自己家不办给别人办,说不过去。"村中老人说。

如果已经答应要给村长帮忙,但是后来亲戚又来问了,那就看事情的轻重程度。如果亲戚家的事情不是很急,那就还是去村长家帮忙。如果亲戚家的事情很急那就去亲戚家帮忙。去之前跟村长说一声,并说等亲戚家的事情忙完了再回来给他干,村长也能理解。

### (二)大体对等

你帮我、我帮你在村中已经成为了一个良好的传统。但是,村民们也并不是每天都去给别人帮忙。去给别人帮忙,一是要相互间关系好,二是要自己有时间。对于那些平时帮别人忙多的人,大家都会记在心中,一旦他们家有事情了,大家都会去帮忙,原本该十天干完的活可能五天就干完了。"如果来叫干活,说给多少工资的不一定去。但是,来问帮忙的,自己没事的话就一定得去。不然,你家有事了,人家也不给你帮忙。"村中老人说道。为此,村中老人还回忆了村中这样一件事情:

> 以前,村里有个人,别人叫他去帮忙他都说自己要去邯郸送沙子,没时间。后来,他父亲死了,他去叫别人帮忙办丧事,结果大家都不去。不要说有事,就是没事在家坐着也不去给他帮忙。最后,他没法了,就去找总理,跪在总理面前,说让总理帮他找人帮忙办丧事。于是,总理就教训他,问他以前有没有给别人帮忙。后来他自己知道自己错了。这时,总理就领着他去找人帮忙,而且每去一家都给下跪、磕头。从此以后,每当村里有人叫他帮忙他都会去了。

### 三、交往的纠纷与断绝

在交往的过程中如果出现了纠纷,则根据事情的具体情况决定由谁调解。如果是小事情,问题不大,那么邻居或本家当户的人就能调解好。如果事情比较复杂,那就请村长、地方出面调解。如果还调解不了,就只能打官司解决。有些村民彼此间会断绝交往。这主要有两种原因:一是闹矛盾后成仇家。成仇家后双方就不再交往了,见面也不说话,不打招呼。二是双方相互间看不上眼。"我看不起你,你也看不起我,就断了。"村中老人说。关于交往过程中的纠纷,村中老人回忆了一个这样的事例:

> 以前,村里有个人坐牢了。他在监狱里认识的一个监友比他先刑满释放。那监友出来后就去那个人家找到他媳妇,说要住在他们家。那监友还跟他媳妇说,他和她丈夫两个人的关系很好,他还会送东西给他丈夫。那人的媳妇去探监,发现确实是那样的,而且她丈夫自己也说那个监友人很好。可是没想到,晚上回到家后,那人的监友就把他的媳妇占有了,他们俩通奸。最后他们俩(指这俩监友)断绝了交往。

## 第六节 流动与流动关系

河北铺村村民们说自己村的人还是愿意在本村,很少流动到别处。流动到别处就是个外住户,有些排外的村子还会欺负外来户。村民们流动去别处的原因主要有贫穷、战争、职业、罪行、居住等。

### 一、因贫穷而流动

旧时,大多数村民家境并不是很富裕,所以,对于村中那些家境困难的村民,旁人给不了很大的帮助。"旧社会,李家有三家逃荒走的。我家长年不断粮,我爷爷会照顾下那些人,但是长年照顾就照顾不了了。别人能给他吃一顿、两顿饭,但是不能一直给他吃。"村中老人回忆。为了填饱肚子,有些穷人家庭就只能沿街乞讨,再不行就逃荒往外走。据村中老人讲述,有些逃荒的人家里什么东西都没有了,他们没田没地没房子,吃没吃的,穿没穿的。有的人家还合盖一床被子,家里就一件衣服,谁要出去谁穿。最后,他们只好拿个碗,带着孩子,背个铺盖"混嘴"去。走的时候直接走,不需要告知村长,不需要告知"家长",也不用祭拜祖宗。

逃荒的时候,一般由当家人领着,孩子都跟着父母。逃荒的人没目的地,就按着自己的意愿走，走到哪算哪，走到哪个村就哪个村。如果孩子中有年龄稍大点，能干活的，当家人会把其留在别人家，给人干活挣饭吃。长大以后，如果那孩子在那置钱了就在那成家。"能给你吃的你就去，你就不要管我们了。这个没有千篇一律的。到了一个村庄，他那要人，大人就把孩子安置到那个地方。"村中老人说。安置好一个孩子后，当家人又带着其他人走，继续逃荒，等又有地方可以安置人的时候则又将家里其他可以安置的人放在那。"安置好后，当家人会让家人记住那些地方，等以后有机会的时候再让家人团圆。人往往都有落叶归根的想法，所以他们也可以回去认祖归宗。"村中老人说道。关于因贫穷而流动的实例，村中老人回忆了三户人家：

> 河北铺村过去有个铁匠，家里有六口人。除了老两口，还有三个儿子、一个女儿。这铁匠的手艺很好，但是在那个时候很少人找他打制铁器，找他干活，所以家里很穷。"没人叫打铁。大家都困难，农具不是每天都买的，买一个就能用好多年，所以各户都很少打。"村中老人回忆道。后来，他就去磨剪刀，从东村到西村到处串，但还是挣不到钱，养不起一家六口人。因为生活不下去，他一个儿子就去当了黑团，结果被人打死了，这个儿子的媳妇就改嫁了。"过去改嫁不是好事，名誉不好，但是没办法，在家就得饿死。大家也给不了她东西吃。"村中老人说。后来这铁匠也在家饿死了，他媳妇就领着剩下的两个儿子逃荒走了。为此，村民们就这铁匠家的事情编了这样一个歌谣：李及子本是一铁匠，全家六口人，大儿子当团被打死，儿媳妇改嫁到关上，好手艺没法被饿死，媳妇改嫁到了怀路东沟乡（在石家庄）。解放后，那户人家又回到了河北铺村。
> 
> 村里还有个打铁匠。他死了后，他媳妇就带着三个孩子逃荒去了。三个孩子有在沙河县的，有去山西的。后来，老大、老三都在外面成家了，老二没成家。解放后，他们又都回到了河北铺村。回村后，老二跟着老大一起打铁，老三就炸麻糖、馃子卖。
> 
> 村里有户木匠，家里没地，也很穷。木匠死后，木匠的妻子就把孩子领到娘家去住了。后来，那木匠的孩子就在那边当了别人的倒插门女婿。大集体的时候那孩子又回到了河北铺村。

逃荒的人逃到外面后会不会被别人看不起，得看这人自己的能力和品行。如果这人人品不好，在那不干好事，手脚还不干净，那就会被人看不起，甚至还会被人赶出去。如果这人为人老实、忠厚、可靠，跟邻居们也都处得很好，那么大家不仅不会排挤他，还会帮助他、接济他。"说来说去都是好人、坏人，个人的名气的问题。人的名气好，那么大家就都会接济你，留你，帮助你。你人坏，那么大家就不会帮助你，不留你，恨你。"村中老人说。

以前，有个人家里穷，就来到了河北铺村。到这后，他首先打听河北铺村哪个姓最多。他姓赵，河北铺村的大姓也是赵。那个人有手艺，会蒸馒头。来了后就在这开馒头房，自己蒸馍，然后推着车子到街上卖。他为人不错，后来在河北铺村混熟了，就成河北铺村人了。他们家在河北铺村已经有100多年了，一家人都在这。

## 二、因战争而流动

在日寇入侵后的那段兵荒马乱的日子里，村民们逃去了外地，平稳下来后又回到了村中。村民们那时都往西逃，逃往三四十里以外的地方，有的还逃往山西省。村民们有的逃往自己的亲戚朋友家，有的往西边的山沟里逃，有的则逃得毫无目的。"我们村多数都走了，70%—80%都走了。家里锁门，都怕，怕兵。日本人进来后实行'三光政策'，杀光、烧光、抢光，见东西就拿，见人就杀，所以就跑出去呆了段时间。"村中老人回忆道。

村民们逃的时候，除了有的邻居相互间会邀着一起走，大部分人都是各走各的，不会一起商量。"走的时候不一定都去一个地方。我在这个村有亲戚，我就去这个村，你在那个村有亲戚，你就去那个村。或是前面什么人都没有，你是我邻居，就也跟着在我自己的亲戚家住。"村中老人回忆道。逃之前会先派人去跟自己家的亲戚朋友说一声，让其有个准备。如果自己家在外没有亲戚朋友，逃到哪个村庄后就跟那的人说自己是逃过来的，有许多好心人会收留，让其住在家里。而且，将来两家还能成亲戚、成朋友。

逃难的时候，村中的穷人家一般就背个被子走，什么都不带。村中的有钱人家则会带上家中的牲口、部分值钱的东西和路上要吃的粮食。对于那些带不走的东西，村民们一般用下述三种方法将其藏起来：

一是在家里里屋比较黑的地方挖个坑，在里面放个缸，把家里的衣裳、布匹、粮食之类的东西放在里面盖住后埋起来。尤其是家里的房契、地契，村民们会用盒子装好，用油布裹好，放进缸里，埋在地里，回来后再将其挖出来。不然怕带出去丢了。二是在水井壁上挖个洞，将家里的东西藏在井里，让日本人来的时候找不到。三是村中许多人家在屋里不明显处有直径一米多的地道，家会将带不走的东西藏进地道。这些地道长度不一，有数米的，也有数十米、数百米的。贵重东西藏好后，家里的农具、家具之类的东西就都放在家里，然后把家里的门锁了用砖垒起来。

有钱人家逃的时候会把自己跟前最信任的佣人带走，其余的就留几个自己比较信任的在家中，让其照看房子，以防当地的小偷。如果哪天兵匪来了把家里的东西抢了，他们也能给报个信，告知家里是在哪天被兵匪抢的。

逃的路上，那些有车有人又有亲戚投奔的会自己带粮食，而且他们一般走一两天就能到亲戚家。而那些没有带粮食的人就只能到处要饭。没有亲戚朋友投奔的人则走到哪要饭到哪。"他们会说，老大娘，可怜可怜我，给我点饭吃。人家有干的就给你点干的，没干的就给你一点稀的。"村中老人回忆道。要饭的时候一户人家一般都是给半碗饭或半个干粮，给不了多少吃的，所以当家人会让家里人分头去要饭，尤其是人口多的家庭。"谁要的谁吃。父亲要的父亲吃，母亲要的母亲吃，孩子要的孩子吃。有的孩子小不会要，大人要了就先给孩子吃。"村中老人说。要饭的时候，父母要到了一般会先给爷爷奶奶吃。有些懂事的孩子要到后会拿回来先给自己的父母吃，有些不懂事的则自己先吃。

村民们在逃的过程中也有被抢的，但是被抢的不多。"逃的时候都带不了多少东西。很有钱的地主、资本家逃的时候有佣人，都保护着他，走得有目的，去的都是亲戚朋友家，是安全的地方。"村中老人回忆。那些行李不大，就在腰里别个布袋子的，土匪一般不劫，因为知道他没什么东西。而那些拉着大车，拉着箱子的，万一被土匪碰见了，一般都会被抢。土匪抢完东西后就跑了，当地人不会管，政府也不会管。村中90%的人都信神，所以，有些村民在逃之前为图个吉利，会在家里点上几炷香，求神保佑全家平安，然后再走。在逃的路上如果碰见庙宇，有宗教信仰的村民也会求神拜菩萨，求菩萨保佑全家平安，不要被饿死。

村民们逃到外村后，作为外来人能不能在外村住下，能住多久，就要看村民自己怎么与当地人相处了。如果能在别人需要帮忙的时候帮助别人，跟邻居关系都处得好，房东也觉得这人不错，那就会让其住下。"有些房东觉得你不错，相信你，就把你留下，还去跟村长打招呼，当你的保人，让你住这儿，万一出事了，就找他。"村中老人回忆道。

战争结束村民们回来后，村里土地的归属不变，房子和土地的边界也都照旧。即便逃出去一年半载也不会变。在兵荒马乱的时候，村民们觉得能够平平安安地逃走，再平平安安地回来就不错了，所以也就不会向佃客要地租。而粮差则还是一样地交。"日本人进来了，国民党都跑了，日本人要就交给日本人。日本人叫你交粮，不交不行。"村中老人说道。

### 三、因职业而流动

河北铺村村民不同的职业促进着其人口的流动。纺织是村民们的一项重要收入来源，村民们有时会做些帽花拿去别村卖。农闲时节，有些村民会挑着担子去别村走街串巷做些小买卖。村中一些有手艺的村民，如磨剪刀的，会带上工具去别的村为人磨剪刀。有些有手艺的村民还去临洺关镇开店铺，如村中的赵继贤就在临洺关镇开了个点心店。村里的老中医赵医生因为医术高明也经常被外村的人请去看病。

### 四、因罪行而流动

旧时，村中有人为了躲避罪行而逃去别的村庄。那些逃走的人，逃了就了了，政府不追究。即便是打死了人，逃了后也没人管。据村中老人回忆，河北铺村西街有个人打死了村中一个木匠，他打死人后就逃到西边一个叫庄沟的地方，在那娶媳妇成了家，再也没回来过。

### 五、因居住而流动

过去，村中有人为了去城镇居住而离开河北铺村。据村中老人回忆，以前村中有个伪村长不愿意住在村里，想去城里住。于是，他便带着家人一起搬去了临洺关镇，还将户口落在了那。他家兄弟三个，他排行老二，他哥哥和弟弟都还住在河北铺村。1945年后他的哥哥和弟弟都被列为伪村长家属。

## 第七节　分化与分化关系

财富、声望、职业、家族势力等的差异使得河北铺村不同农户之间存在着明显的群体界线。基于此，本节将从职业分化、权力分化、家族分化三个方面去考察1945年以前河北铺村的分化与分化关系。

### 一、职业分化

不同职业的村民为人们提供着不同的服务，村民们的日常生活都离不开他们。但是，其内部却也存在着地位、交往和收入水平的分化。

首先，从地位上来说。做手艺的人都被叫作"踩千家门的"，村民们学手艺都是为了养家糊口。村民家中需要做什么手艺的人就请会什么手艺的人。"要画匠画画就请画匠来画，要打家具就请木匠来打，要盖房就请瓦匠来盖。一手拿钱，一手拿货。"村中老人说。虽然手艺人都以手艺为生，但是，他们之间却存在着地位上的不同。如医生和私塾先生因为有文化、有知识，懂的道理多，在村中地位高，受人尊敬。但是，剃头的、唱戏的、吹笛子的、吹唢呐的、修鞋的则被看作是下九流，低贱的人。甚至，他们不能走牌坊的中间,只能走牌坊的两边。

其次,从交往上来说。通常,相同职业的人因为有着共同的话语,相互间能互相帮助,交往会多一些。但是,所谓"同行是仇行",所以,相同职业的人有时也分化为不同的群体。他们不仅不合作,还相互竞争,有时手艺差的还嫉妒手艺好的。

再次,从收入水平上来说。就不同职业来看,骟猪佬、画匠、糕点师、杀猪佬之类的收入水平会比其他手艺人高一些,接生婆、剃头匠、补锅佬之类的收入水平会低一些。就相同职业来看,手艺好的会比手艺差的有着更多的经济收入。同做一个行业,有本钱,能把生意做大的人收入水平也要比那些没钱,不会做生意的人高一些。

民国时期河北铺村村民的职业分布概况如表4-1所示。

表4-1 河北铺村村民职业分布概况

| 序 号 | 职 业 | 人 数 | 序 号 | 职 业 | 人 数 |
|---|---|---|---|---|---|
| 1 | 木匠 | 12—13 | 9 | 打铁匠与磨剪刀的 | 1 |
| 2 | 接生婆 | 1 | 10 | 画匠 | 1 |
| 3 | 剃头匠 | 1 | 11 | 泥瓦匠 | 很多 |
| 4 | 唱戏的 | 一个班 | 12 | 砖瓦窑 | 2 |
| 5 | 骟猪佬 | 1 | 13 | 糕点师 | 1 |
| 6 | 补锅佬 | 1 | 14 | 杀猪佬 | 1 |
| 7 | 厨师 | 1 | 15 | 酿酒的 | 1 |
| 8 | 金银匠 | 1 | 16 | 医生 | 1 |

(一)木匠

旧时,河北铺村有十二三个木匠(部分木匠的家庭情况如表4-2所示)。木匠都得拜师学艺,不是谁想当就能当的。木匠师傅收徒弟一般收得不多,但是,也有收十个八个的。学徒期间,徒弟得向师傅交学费,师傅管徒弟吃住。但是,本村的不住师傅家,晚上回自己家住。木匠师傅分种类,有的是多面手,什么都会做,有的则是专业型的,如有专门打家具做桌子板凳的,有专门做农具做大车的。学徒的人到底要学哪种,要跟哪个师傅学,就看其想学什么。徒弟一般学三年,三年后期满出师。能否提前出师,就看其学习速度的快慢。"如果老师往这一领你就会,一下就学会了,这孩子有材料,那么就可以早点出师。"村中老人说道。同是当徒弟的,却有人学得好,有人学得差一些,这除了个人是否聪明伶俐、脑子转得快不快之外,还要看这个人自己有没有钻研心,对所做的事情有没有兴趣爱好。有些人学了后能触类旁通,师傅没教的他自己也能学会。但是,有句俗语叫"能学一门精,不学万事通",如果一个人这也会、那也会，但哪个都是马马虎虎的，这就不行。

有些徒弟为了讨师傅、师母欢心，平时会给师傅家做些家务活，如挑水、抹桌子等。师母见了后就把这徒弟当亲孩子一样对待，师傅则会把更多的手艺教给他。"有些徒弟就是你教我学什么我就学什么，你叫我挑水干活我不干，老师则不会对他这么严格，学差不多了就让他出师。"村中老人说。逢年过节的时候，徒弟要给师傅买东西。因为家里的钱都由当家人掌管，徒弟们身上都没有钱，所以过节的东西一般都由当家人买好后送至师傅家。同在一个师傅处学徒的人，有的家庭条件好一些，有的家庭条件差一些，所以，送给师傅的礼物都是各家各户自己买的。有些非常穷的家庭还买不起。虽然说他没给师傅送礼物，但是这并不意味着师傅就不会教他那么多东西。教与不教还取决于这徒弟自身。"他聪明、会眼色，很诚实，在师傅家很会干活做事，看见师傅在挑水，就主动自己去，不让师傅干。人心都是往上长的，别看他家穷，但是这孩子很好，就会教给你。"村中老人说。

徒弟出师后，就可以自立门户，自己去开木匠铺接活。"家里小孩没活干，学个好手艺就能吃喝不发愁。手艺到什么时候都可以用。谁家都娶媳妇，用家具，这常年都有活干。学好了就说自己是哪个哪个师傅教的。所谓严师出高徒，老师有本事，学出来的徒弟手艺也好。"村中老人说道。所谓"一日为师终身为父"，徒弟们如果在自立门户的过程中遇见了困难可以向师傅求助，师傅会去帮助他。但是，如果这徒弟对师傅不尊敬，与师傅的关系不是很好的话，师傅就不会帮他那么多。徒弟出师后，可以在本村开木匠铺。师傅和徒弟的木匠铺虽然开在同一个村，但是，他们之间并不是竞争关系，而是互相帮助的合作关系。师傅的活多可以让徒弟做，徒弟的活多可以让师傅做。徒弟的木匠铺的后台就是他师傅。"你要是自立门户，我也不管，我还没有全把手艺教给你呢。师傅一般都会留几手不教给徒弟。师傅的经验多，同样的事，他能做好，你就做不好。"村中老人说。

木匠家里也有地，但是一般都不多，活不多的时候才去种地。但是，那些专门以做木匠为生的人，就不种地了。"家有钱了就不种地了，把地租出去。木匠铺里用几个师傅，用几个徒弟，都在我这里干，我就成了一个大老板，木匠铺的活也不干，就收钱。要是师傅他自己干，徒弟也干，那么他也不种家里的地，租出去，收多少算多少，木匠铺的收入大，就干这个。"村中老人说道。木匠在村中开木匠铺当村长不会有太大的牵连。木匠就是个手艺人，村长并不会对木匠做生意有过多的干涉。而且，村长家的人结婚的时候，也要叫木匠师傅打家具。但是，对于作为一村之长的村长，在价钱上木匠会算便宜些。村中有许多木匠，具体去谁家买一是看价钱，二是看质量。"谁家好，买谁家的。本家不好就不要，去别家买，人家同样的价钱，东西做得好。"村中老人说。村民们对木匠的评价主要依据其个人品质而定。如果木匠心眼好，货好，价钱也不高，那么大家对他们的评价就好，他的声誉也高。木匠一般被称呼为"师傅"，但是，本村的，尤其是本族或本家门的则按照辈分该称呼什么称呼什么。

表 4-2  河北铺村部分木匠的家庭情况

| 姓 名 | 土改时阶级成分 | 家庭基本情况 | 家庭简史 |
| --- | --- | --- | --- |
| 赵佩章 | 贫农 | 1口人，无地，3间楼房（后当给别人）。靠做木工生活 | 其祖父家有15口人，18亩地，20多间房，靠种地生活。其父亲兄弟未分家，总共有10口人，10亩土地，20多间房。其父亲32岁去世后，母亲因家庭困难改嫁。1943年，其叔伯分家，其父亲分得土地7分，楼房、平房各3间。1943年，因生活困难将3间平房木料卖掉。赵佩章本人9岁打短工，18岁当长工1年 |
| 晋万顺 | 家庭出身下中农，本人成分木工 | 6口人，1个劳动力，5间房，4.5亩地 | 其祖父、父亲靠打长工为生。晋万顺本人自幼学木匠，靠手工为生 |
| 赵贵枝 | 家庭出身贫农，本人成分工人 | 2口人，住叔叔的房子，无地 | 其祖父从小种地，给财主当长工。其父亲也给财主当长工，后饿死。赵贵只本人16岁以后一直当木匠 |
| 王书京 | 贫农 | 4口人，4间房，无地 | 王书京本人从小在临洺关镇住，学木匠当木工，30多岁结婚，妻子死后又娶了一个 |
| 魏银锁 | 贫农 | 6口人，2个劳动力，无房，5.1亩土地。除种地外，靠做木匠、织布袋维持生活 | 其祖父在财主家当长工20年，后因不能干活了被财主家辞退。其父亲住在玉皇庙守庙，种庙里的2亩旱地，还给财主打短工，死时没房没地。魏银锁本人15岁到沙河城学木匠，学成后在本村和附近几个村做木匠活，后攒钱买了2.5亩地 |
| 赵佩基 | 中农 | 2口人，5亩土地，3间房 | 赵佩基从17岁开始到曹庄学木匠，5年后回到村里以做木匠为生 |
| 赵文安 | 贫农 | 1口人，2间房，租种4.5亩地 | 其祖父开过二三年药铺，后种地为生，有21间房，无地。其父亲从小在家干活。赵文安本人从小学木匠当木工 |

（二）接生婆

能当接生婆的人，首先，胆子一般比较大，胆子小的害怕不敢接生。其次，家里都比较穷，有钱人不干这个。接生婆不用专门拜师学艺。"时间长了，家庭妇女都知道接生的道理。在旁边看着，慢慢地就会了，顺产的是什么情况，横生的是什么情况。"村中老人回忆道。解放前，河北铺村村子小，就一个接生婆，一直都是她接生。那个老婆婆的儿子被抓去当兵了，解放后才回来，这期间只剩她和媳妇两个人在家相依着生活。老婆婆家里比较穷，房子小，地也少，只有一亩地用来种东西，麦子熟了的时候她们还会去别人地里拾麦子。

快临盆的时候，孕妇的家人会把接生婆请到家中，让其等着。小孩出生后，接生婆负责擦洗好小孩，主人家会煮好挂面之类的东西给她吃。有钱人家除了给接生婆接生的费用外，还会再给她一升米或其他的东西。但是，穷人家只能让其吃顿饭，给不了其他的东西。"接生要给钱，多少给点钱，但是挣不了多少钱，没有多大意思。"村中老人回忆道。虽然村民们用"踩千家门的"来形容接生婆，但是，无论是富裕人家还是穷人家，孕妇生产的时候都需要她，所以村里人都对接生婆比较敬仰。

(三) 剃头匠

旧时，剃头匠就在十字街给人剃头，村民们要剃头就去那找他。河北铺村1945年前就只有一个剃头师傅，叫赵因福。他家里穷，解放后大儿子才娶媳妇，二儿子刚在入社后娶了个童养媳。

一般只有家里困难得实在没法了的人才会去当剃头匠，有钱人家的人不会去当。剃头匠学徒也要学三年。但是，因为剃头不是很难学，所以很多人学个一年半载就会了，都提前出师。过去，剃头的都是男的，没有女的。女的也不剃头，就自己剪剪。"姑娘都梳大辫子，日本人来了就是大披肩，解放后就是扎在后面，后来是梳两个辫子，'文革'的时候又是留学生头。"村中老人回忆。村民们学剃头，有的在本村学，有的在外村学。

剃头匠去剃头的时候会挑着个担子。担子的一边是个像椅子样的东西，上面放了个锅，洗脸盆可以放在上面。另一边则是个凳子，凳子里面放了好多东西，如剃头刀之类的。剃头的时候顾客就坐在凳子上。小孩洗完头要剃头的时候一般都会哭。对于不同家庭的小孩，剃头匠有着截然相反的态度。对于有钱人家的小孩，剃头匠就会哄着说："小孩子不要哭，剃了头给你买新衣服，上姥姥家去看大戏。"但是，对于穷人家的孩子，剃头匠就会吓唬道："不哭，哭了把你耳朵割掉。"因为离临洺关镇近，所以有人就直接去临洺关剃头。还有些人就自家买个剃头刀，家里人相互帮忙着你给我剃我给你剃。

大集体的时候河北铺村办了个理发馆，里面总共3个人，村民们要去那剃头就用剃头票。有一个是从郑州回来的，在那学的剃头；有个是在百团大战后回家了，他会剃头，所以就在那；还有个叫赵继勋，没有学过徒，但是会剃光头，所以也在那。

（四）唱戏的

河北铺村有个西调剧团，唱永年的西调。戏团的掌班的叫"老花子"，跟村里一个叫"晶格"的姑娘结了婚。后来，他们的女儿和女婿也都唱戏。掌班的在村里有几间房子，全剧团30多号平常住在那个房间里的就10来个，其他则都回家住。以前，都是家里很穷，生活不下去了的人才去戏团唱戏以混口饭吃，戏团收的都是穷人家的小孩。村里人看不起艺人，都不愿意让自己的孩子去学唱戏。虽然说唱戏的人地位低，但是那个掌班的却因为戏唱得好而比较受大家尊敬，村民们都不会看不起他。

对于来学唱戏的，老师要根据这人的材料来教，是个唱青衣的就教唱青衣，是个唱花旦的就教学花旦，嘴溜的就学快板。所谓"台上一分钟台下十年功"，唱得好的都是老师慢慢教导出来的。去学唱戏的都由师傅管吃管喝，不用交学费。一日为师终身为父，拜师后老师就是他的亲大人，他们的关系就很亲。如果有人唱红了，挣钱多了就得孝敬师傅。农历七月三十是地藏王大庙的庙会，每当此时剧团的人就会在庙里的空坪上搭台唱戏。剧团由庙会出资聘请，村民们不用出钱。此外，春节的时候游乐会的人也会出资聘请剧团的人唱戏。

戏团不用唱戏的时候，戏班子的人就全部回到村里做活、学习。据村中老人回忆，十至十五年前，河北铺村唱戏的大清早就有好些人出去练嗓子。那时的唱戏的人音都拔得好高，五里外的段庄唱戏河北铺村都能听见。旧时，唱戏的属于下九流，是社会底层的人物大家都看不起他们。与书香门第、官宦人家相比更是有着很大的地位差别。但是，1945年后就没有这种歧视了，村里办了社好班，让村民们唱河北梆子。

（五）骟猪（牛、驴）佬

1945年前河北铺村有一个骟猪佬，叫赵丙戌（其家庭情况见表4-3）。骟猪佬出去骟猪的时候会在街上吆喝"骟猪咯"。但是，河北铺村没有骟牛、驴的。骟牛、驴的都是外面来的，一般是河南那边过来的。他们拿个铁棍，上面绑块红布，猪、牛、驴都骟。这个活很挣钱，他们不种地，如果要请骟牛、驴的，一户人家还请不来，几户人家一起请他们才来。他们来了一骟就是三五头牲畜，全部在麦场那骟。无论是骟猪、牛还是骟驴都要学徒，不学就不会，不知道它们的穴位在哪个地方，就容易把牲畜阉死。学徒一般都是三年，但是这个简单一些，一般都不用三年。"这些牲畜不骟就不给好好干活，骟了就会好好干活了。骡马驴牛都是这样。猪骟了就会好好睡觉，长肉，养膘。"村中老人回忆道。

春天的时候，就会有特别多骟猪佬、骟牛佬、骟驴佬来村里。牲畜骟了后恢复伤口要半个月，得好好照顾。村中一老人回忆了他家骟驴的情况：以前家里有头驴，会咬人，于是就把它骟了。骟了后，因为怕伤口感染，就在它眼睛上蒙了块红布，然后一直牵着它遛，不让它卧着，白天黑夜都遛。

表 4-3 河北铺村骟猪佬的家庭情况

| 姓 名 | 土改时阶级成分 | 家庭基本情况 | 家庭简史 |
|---|---|---|---|
| 赵丙戌 | 地主 | 10 口人，72 亩地，5 个楼，22 间平房，1 头骡子，1 辆水车。雇用 1 个长工，2 个短工。90 间市房*用于出租 | 其祖父因生产资料丰富，生活富裕，还买房置地。其父亲农闲时磨麦卖面，生活也富裕，曾卖地 10 亩。赵丙戌本人 7—12 岁上学，16 岁正式干农活，卖过杂货，干零活挣工钱维持生活 |

* "90 间市房"，村庄阶级档案上如此记载。

（六）补锅佬

河北铺村的补锅佬外面来的多，他们来了就会在街上喊"补炉锅"。这些外来的人以武安县的居多，那有一个村大多数人都是补锅佬。河北铺村本村只有一个补锅佬，叫邢红印。补锅也得拜师学艺，但是邢红印是自己学的。邢红印虽然长得不怎么样，没文化，不认识字，但是人聪明，什么都会。他还给人算卦，不认识的字他就自己给取个名字。他看见别人做棉花糖就一直站在那看，看了后他就能自己造，做得还很好。"他有比较特殊的功能，补锅、焗缸、补缸都会，还补得很结实，后来还淘井、修井、做蜡烛。他自己愿意钻，是个多面手。"村中老人回忆道。邢红印的爷爷也很聪明，平时卖菜包，还是个野大夫。村民们有长口疮之类的，用他给的膏药一贴就好了。

（七）厨师

1945 年前，河北铺村有两个厨师，分别叫赵庚庆和老炉子。他们的饭菜做得都很好。"摆席做菜都是他们做，他们做出来的菜一个菜一个味道。他们在村里给人做菜不收工钱，就是帮忙，很受村民尊敬。如果是从外面请厨师来，就要给工钱。"村中老人回忆。厨师学徒学三年，出师后就可以自己开饭庄挣钱。如果饭庄生意做得好，就有别人去找他们学徒。厨师家里也有地，但是他在外面做事不种地，地都是家里其他人种。"他搞经济收入，挣的钱养活家人。厨师的收入都高，比一般的人都高。"村中老人回忆道。对于厨师，村里人都按辈分称呼他们，外面的人则称呼他们"师傅"。1945 年前村里没有饭庄，所以厨师们学徒后多是去别的地方（如县里的饭店）当厨师。

（八）金银匠

河北铺村有一个金银匠，叫赵连喜。他的店铺就在自己家，专打金银首饰。赵连喜说话急，但是他的手很巧，家里有很多工具，金银首饰都打得很漂亮。他家里有做好了的现成的金银首饰，大家可以直接去那买。也有些人会拿着自家的金银给他加工。由于儿子们都不干这个，他的手艺就没有传下去。此外，赵连喜还很会说评书，他说

《济公传》说得很好。每到晚上，村民们吃完晚饭没事的时候就围着他，让他说，他会给大家一集集说下去。

虽然说做金银匠需要本钱，但是，赵连喜不是财主，在村子里的地位也不高，就是个以手艺为生的人。村民们称呼他都叫他的名字。他基本上不种地，做金银首饰一直做到1947年，1948年后就不干了。

（九）打铁匠与磨剪刀的

河北铺村有4个铁匠，分别是李玉昌、王小书、李集子、曲振奎（其家庭情况见表4-4）。

有的打铁匠以打铁为主，专干这个；有的打铁匠既打铁，也种地。"有地都能种，都会种。就看家里有地没有，有地都会种。"村中老人回忆道。有的打铁匠还自己当掌钳的，带着儿子们一起打铁。打铁匠学徒也要学三年，学打制切菜刀、剪子等。学徒期间师傅管饭，但是不给工钱。学会出师后，就自己另立门户。

"他们既会打铁，也会磨刀。打铁佬最后都成了磨剪刀的。"村中老人说道。河北铺村磨刀的那个人叫李玉昌。李玉昌以前是个打铁匠，后来老了、打不了了，就成了个磨剪刀、菜刀的。他出去磨刀的时候会扛一条板凳，板凳上面有个磨石，无论本村、外村都去。

表4-4 河北铺村部分铁匠的家庭情况

| 姓 名 | 土改时阶级成分 | 家庭基本情况 | 家庭简史 |
| --- | --- | --- | --- |
| 曲振魁 | 贫农 | 4口人，2.7亩地，无房，以做铁匠维持生活 | — |
| 李玉昌 | 贫农 | 家里2口人，在外做小生意，职业不固定，无房无地 | 其祖父给地主当长工，其父亲是个铁匠。李玉昌本人从小学打铁，后去石家庄、太原等地做小生意 |
| 王小书 | 贫农 | 家里4口人，2亩地，当地2亩，2.5间房，靠打铁、打短工为生 | 其父亲有4间房，靠当木匠、打铁为生。分家后，王小书以打铁为主要生活来源 |

（十）画匠

河北铺村有一个画匠，叫邢学增（其家庭情况见表4-5）。所谓的画匠不是画国画，而是给画全神像、家谱轴、棺材头等。此外，他还在纸上画画，好多人家的媳妇都找他画画。"如村民们家里要娶媳妇，他就会被请去，把人家家的门、家具、桌子都用油漆刷一遍，门前也给画一画。他什么都给你干，红事、白事都干。"村中老人回忆道。

画匠的工钱按日计算，价钱则随行就市。他常年都有活干，而且还比较挣钱，所以他不种地，就以这个为生。他没有收徒弟，就自己一个人干。作为一般的手艺人，在村子里的地位也一般般。他是个多面手,人很聪明,不仅是个画匠,还会剪纸,1955年的时候还当过大队的会计。

表4-5 河北铺村画匠的家庭情况

| 姓　名 | 土改时阶级成分 | 家庭基本情况 | 家庭简史 |
|---|---|---|---|
| 邢学增 | 贫农 | 5口人,4亩地,无房 | 其祖父无房无地,靠打短工为生。父亲常年以打短工为生,后来买了4亩地,用作出租。邢学增本人从17岁到28岁,有时打短工,有时卖破衣服 |

（十一）泥瓦匠

河北铺村有很多泥瓦匠,如赵振江、赵佩章、李孟彬、韩振明等(其家庭情况见表4-6)。但是,他们并不都是师徒关系。泥瓦匠也拜师傅,但是他们学徒不用三年。徒弟学徒的时候由师傅带着,撵着师傅学。师傅是大工,他是小工,通常一个大工带一个小工。大工的工资高。虽然小工也按大工算工钱,但是小工能得到的少。"如果师傅的工资是100,那么两个人的工资,师傅得150,徒弟得50。徒弟拿不了那么多钱。"村中老人说道。盖房子不仅要给泥瓦匠工钱,还要管他们饭,一天三餐,来给自己帮忙打杂的也在家里吃饭。

有句话叫"瓦匠没师傅,全凭泥和搭",有些脑子、心眼来得快的人,不用拜师傅自己就能学会。"我们村1963年以后,遍地都是泥瓦匠。大家都能垒墙。墙上拉一条线,能把泥水垫平,抹住,就可以了。"村中老人说道。

表4-6 河北铺村部分泥瓦匠的家庭情况

| 姓　名 | 土改时阶级成分 | 家庭基本情况 | 家庭简史 |
|---|---|---|---|
| 韩振明 | 贫农 | 家里4口人,劳动力1个,房4间,地9分 | 其祖父耕种20亩河地,有4间房,靠种地、打短工维持生活。其父亲有9分地,担货郎担,为三教堂教员。韩振明本人自幼务农 |
| 赵振江 | 中农 | 家里有24口人,4个劳动力,58亩地,8间砖房,17间土房,2头骡子,1辆水车,与2户人家合用一辆大车 | 其祖父以木匠为生。其父亲也以木匠为生,有6间破房,无土地。后赵振江本人攒钱置办了58亩土地。其土地由全家人一起耕种,忙时雇用短工,有时家中的妇女也下地干活。赵振江与其兄弟平时还给人盖房、干零活 |
| 李孟彬 | 下中农 | 家里有9口人,3个劳动力,18间房,1头驴。租地6亩,当地4亩。每年给别人轧花5个月 | 其祖父家里有5口人,1个劳力,13间房,6亩地。其父亲家里有9口人,3个劳动力,18间房,6亩土地。李孟彬本人除耕种自己的地外,还给人打短工 |

### （十二）砖瓦窑

旧时，河北铺村在洺河边有2个砖瓦窑。烧窑的不是河北铺村的，是从外面请的窑匠。但是，河北铺村的村民会去那背砖坯，按个算钱。砖瓦窑烧的是蓝砖，7天烧一窑，一窑2万多砖，一个月最多烧3窑。因此，村民们一个月最多在那干3次。

### （十三）糕点师

河北铺村有一个做点心的，叫赵继贤（其家庭情况见表4-7）。他点心做得好，什么点心都会，饼干、桃酥、马蹄酥等都会，还会打月饼。1945年前，他在临洺关镇开了个点心店。1945年后就回到了河北铺村。他有一个侄子也学这个，在临洺关镇给人当伙计。

表4-7 河北铺村部分做糕点的家庭情况

| 姓　名 | 土改时阶级成分 | 家庭基本情况 | 家庭简史 |
| --- | --- | --- | --- |
| 赵继贤 | 手工业者 | 家里有8口人，土改时在临洺关镇与人合伙开点心铺，有1个门面 | 其祖父有13亩地，种地为生。父亲从小当店员。赵继贤本人从小学做点心。1943年参加保安队，当伙夫两年半，后为传令兵。1945年开饭铺，1946—1952年一直经营点心铺。1954年至1962年在食品厂当技工 |

### （十四）杀猪佬

河北铺村有一个杀猪佬，开了个肉铺卖猪肉，叫晋绍禹（其家庭情况见表4-8）。他买别人的猪，买回来后自己杀，然后把猪肉放肉铺卖。他的猪肉就在本村卖。虽然杀猪是个技术活，但是这个不用专门去拜师傅。杀猪的时候在一旁看就好了，不然不知道怎么下刀。刀子进去要到心脏上。他们弄得准，走多深、要到哪个地方要知道。这个看一遍差不多就会了。"村中老人说道。

表4-8 河北铺村杀猪佬的家庭情况

| 姓　名 | 土改时阶级成分 | 家庭基本情况 | 家庭简史 |
| --- | --- | --- | --- |
| 晋绍禹 | 下中农 | 不明 | 晋绍禹本人自幼务农，伪军时因生活所迫当过8个月报告员 |

### （十五）酿酒的

1945年前河北铺村有一家酿酒的，酿的是65度的红薯酒。这不是个大酒厂，就是在自己家酿酒，在自己家弄了个蒸锅。"虽然他们家会把做的酒拿去卖，但是由于产量低，所以卖得不多。他自家做好事都是用自己家的酒。"村中老人说。

### （十六）医生

1945年前村里就只有一个老中医，叫赵朝凡。赵朝凡是个老秀才，是医生，也是教书先生，在北街进士府教书。他家庭条件一般，有土地，但是自己不种，租给别人种。他没有儿子，有个女儿，嫁出去了。他看书多，医术是靠自学学会的。他的拿手医术是看瘟疫，治伤寒病。但是，由于思想比较保守，不收徒弟，他的医术没有传下去。1945年后他是永年县的民主人士。当时永年县总共就2个民主人士，他是其中之一。他去世后，县委、县政协都来给他开追悼会。

赵医生医术高明，所以外村好多人来河北铺村请他去家中看病。到家后还好吃好喝地招待。旧时，请医生看病不给医药钱，只是在病人的病好了后，病人的家属会送些东西给医生以示感谢。"他给人看病得人来请，用车接过去。看好了再送回来。辇车，带篷的，上面有块蓝色的布，下雨不怕淋的那种，叫轿车。他有这个资格。"村中老人回忆道。把赵医生请到家里后，外村的要把他送回来，本村的因为近，可以送，也可以不送。请的时候一般都是当家人去请，不能让家里的小孩去请，不然就是对医生的不尊敬。赵医生外出看病的时候会安排好时间，并安排好私塾里面的事情。如果有人来请他看病，他会先把学生的课教完，走的时候让一个大一点的学生管理其他学生。这个管理者通常都是他的得力门徒。有钱的人家可以把医生请到家里去，没钱的人家就只能自己到医生这来。

医生给病人看病开好方子后，病人家属自己去药店买药。河北铺村有个中药店，叫"汇创号"。开药店的成本大，中药材都是从外面买回来的。这是个比较大的买卖，河北铺村就这一家药店。因为药店不是每个村都有，所以别村也有很多人来这买药。但是，这个中药店不是赵朝凡开的，而是个地主家的。他们家有很多地，家里雇有长工、短工，还往外租地。地主的儿子叫赵希征（见表4-9），很聪明，因为抓药时经常看别人的药单，后来就学会了，知道什么病用什么药，成了个"半截子医生"。赵希征的叔叔也开中药店，开药店的房子都是他们自己家的。开药单的时候，贫穷和富裕人家都是一样的开，主要是根据病情来开药，需要什么药就用什么药。对于像人参、鹿茸之类的贵药品，一般人是不给开的，只会给那些有钱人开，让他的病好的快一点。其他的一般人家就只能给他们多开几幅药，好得慢一些。

旧时，医生和药店的关系都很好。医生开药单都是对着特定的药店的。药单上的药名就只有特定药店的人才能看懂，其他药店的人都认不到上面的字。这就像个暗语样的，这医生和这个药店有特定的联系。"找医生看完病，开完单，旁边就有药店，就去那个药店抓药。药店对医生没有明确的报酬，但是会对医生好吃好喝的招待，不会说要多少钱。"村中老人回忆道。去药店买药，一般是用钱买，不能用东西换。穷人家吃了药付不起钱，过年了去催有的也还是拿不出来。对于穷人，药店只能让他们有钱就给，没钱则没法，而富裕人家则可以买得起药。因此，有句话叫"穷汉子治病，富汉拿钱"。

医生看病抓中药还根据医生的性格，性子急的药量就下得大。赵医生的性子比较温和，所以下药都下得比较谨慎，不敢多下，别人三副药见效，他可能五副药都还不见效。以前的医生也有看错病的时候，但是医生都有自己的"护身符"。他们会让病人在喝药之前，家里先准备好绿豆水，一旦出状况就赶紧喝绿豆水解药。"像现在做手术的时候都先让签字，万一有什么问题就不是医生的问题。以前的医生也是，万一有什么事情就让喝绿豆水解了，这个就可以推卸责任。但是，会看错并的一般都很少，医生号脉都看得准。"村中老人说。

谁家都有生病的时候，谁家都要请医生，因此，赵医生在村里的地位很高。即便是村长、保长也不惹他，对他很恭敬。对于村里的事情他很少管，也不给人当中人，别人家吵架他也不去调解。"吃酒席的时候，他一般坐上席，好多人围着他。不管是什么酒席，只要他去就是上席。我记事的时候他60来岁。"村中老人回忆道。日伪时期，北街有个叫赵光顺的人，是个宪兵队队长，他爹死了坛祭点主的时候就是用轿子请的老中医去点的。以前称呼医生为先生。但是，本村就还是按照辈分称呼。

旧时，河北铺村还有个官名叫赵作瑜的人，在临洺关镇开了家三友医院。他在国民党部队当过军医。他看病主用西医，但是也用中医，中西医结合。赵作瑜家虽不是地主，但是家庭条件也不错，兄弟三个，家里有楼房和两个配房，在进士府旁住着。他的三友医院有三间门市、几间小房子，面积不大，像个门诊。医院里就他一个医生，由他开处方。还有三四个护士，有打针的，有拿药的。

虽然说西医来得快，中医吃草药来得慢，但是，由于西医当时不盛行，村里不懂的人就只用中医，只有那些思想比较进步的人才去用西医。平时，赵作瑜就在医院里给人看病，他不出诊。河北铺村的人一般都在村里看病，去临洺关镇看病的不多。"我母亲就是得肺结核去世的。老中医就说是痨病，不好治。一直就在村里让老中医看，最后也没治好。"村中老人回忆道。

此外，村里有的时候还会来些野大夫。野大夫们拿着个铃铛一边摇，一边在村里走街串巷。这些野大夫们都懂药理，会汤头歌，知道开什么药用什么做药引。有些还有自己的绝活。但是，如果请野大夫开药单的话就要给钱。"有些野郎中也可以看好病，都学过一些。"村中老人说道。

表 4-9　河北铺村部分医生的家庭情况

| 姓　名 | 土改时阶级成分 | 家庭基本情况 | 家庭简史 |
|---|---|---|---|
| 赵希征 | 地主 | 家里有 7 口人，35 间房，71 亩土地，2 头骡，大车、水车各 1 辆，农具齐全，雇用 2 个长工和许多短工 | 其父亲有 35 间房，71 亩地，农具齐全，靠租地收租生活。赵希征本人 8—15 岁上学，后参加劳动，1958 年正式当医生 |

表 4-10　河北铺村药店老板的家庭情况

| 姓　名 | 土改时阶级成分 | 家庭基本情况 | 家庭简史 |
|---|---|---|---|
| 赵元复 | 地主 | 家里有 5 口人，20 亩土地，15 间房，2 头牛，大车、水车各 1 辆，雇用 1 个长工和许多短工，家具齐全 | 其祖父是村中大财主，其父亲家里有 17 口人，有 150 亩土地，靠收租金生活。赵元复本人 9—17 岁上学，回家后在村中兼开药铺 |

## 二、家族分化

民国时期，河北铺村有大大小小的姓氏，其中赵姓为最大姓氏，其次为李姓。有的姓氏分为好几个家族，每个家族的人口和户数都不一样，每个家族也各有各的尊长、"家长"、管事的。如村中赵姓就分为 7 个家族，各家族原籍分别是山西省榆次县小赵村、山西省榆次县小范村、永年县朱庄村、新河县东团村、清河县赵店村。家族之间的分化由此产生，并主要表现在以下几个方面：

一是在日常的交往当中，同一个家族的人会交往得多一些。每遇红白喜事村民们一般都找同家族、同门的人帮忙。二是祭祖的时候，同一个家族的人一起祭祀。有的大家族，如赵家，因为人多，所以祭祖的时候分为各个家门。三是闹纠纷的时候，同族同门闹纠纷就找同族同门的人帮忙调解，不同族的人闹纠纷则都各找本族的人帮忙。"村里分派别，张、王、李、赵，家族里有人打架了，就找近门的帮忙。"村中老人说道。

## 三、权力分化

旧时，村民们在村中的地位与其权力有着密不可分的关系。村民们按其权力可分为如下几个阶层：

### （一）黑团、联庄会

旧时，黑团、联庄会在村中最有权力。无论黑团还是联庄会的人，来村中办事都得由村长亲自接见，好吃好喝地招待。而且，黑团、联庄会来村中收粮财的时候得由村长领着一起去收。如果黑团、联庄会交待给村长的事情村长没做好，他们可以直接对村长发脾气。此外，村民们在村中最怕的也是黑团和联庄会的人。怕的原因有二：

一是万一交不起粮财，黑团和联庄会的人会来家里催收。催收的时候如果交不起，他们就拿家里的东西。即使家里只有一床被子也可能会被他们抱走。而且，他们还可能在村民家中动手打人。二是无论本村或是外村的黑团都有可能在村中绑票、抢劫。被绑票后村民们还得求助村长之类的人帮忙解救。解救的时候为了凑足足够的钱，村民们就得卖房、卖地、卖牲口。所以，全村上下无论是作为一村之长的村长还是一般的农民，都对黑团和联庄会惧怕有加。

（二）村长及乡绅

村长可能不是村里最有钱或最有后台势力的人，但村民们都对他"敬而远之"，一方面，村民们要在村长的保护下过安定的生活。村长掌管着村中的大小事务，政府粮差的收缴，黑团、联庄会粮财的缴纳，村民们矛盾纠纷的调解，劳力、壮丁的派遣等等都得通过村长。另一方面，村长也可能给村民找麻烦。万一村民有事情得罪了村长，那么村长不仅会给其穿小鞋，而且还有可能让黑团或联庄会的人或明或暗地给其制造麻烦。因此，办红白好事的时候，如果村民请了村长，那么村长来了就得安排坐上席。村中那些有钱没后台的土财主更是对村长尤其恭敬。

村中有钱有势的人被叫作乡绅。村中老人说："有钱人就是大爷，没钱人就是孙子。"但是，乡绅一般都不管村里的事情。乡绅土地多，通过出租土地，靠收租挣钱。有些有钱的乡绅还在外做生意。有时，有些有钱有势的乡绅也买官当。当官之后就更没人敢惹他们。虽然在村中不管事，但是乡绅们不一定巴结村长，有时村长还要恭敬他们。"乡绅都有钱有势力，跟官场有关系。如果你村长不维持我，我就不让你干，给你戴帽子。所以，对于那些有钱有势的绅士，村长还要去巴结他们。"村中老人说道。

（三）尊长、"家长"、管事的

尊长、"家长"都由本家族、本门辈分最高、年龄最大的人担任。村民家中的红白好事、分家、纠纷调解等事务，族中的祭祖、祠堂修建、族谱的修撰等事宜的商定都得通过尊长、"家长"。如果尊长、"家长"年纪大管不了了则由管事的负责。过年的时候，族人都要给尊长、"家长"拜年，行跪拜礼。在宴席上，如果尊长、"家长"在的话都要被请上上席。村中那些没有祠堂的家族将家谱轴存放在尊长、"家长"家，正月初三祭祖的时候，族人们都去尊长、"家长"家中祭拜。虽然尊长、"家长"是本族、本门中最长的人，但是他们只管家族中的事务，并不参与村中事务的管理。所以，在权力上尊长、"家长"及管事的小于村长。但是，村长作为一村之长却也得尊敬尊长、"家长"，对于本家族、本门的尊长、"家长"都要按辈分称呼。排座位的时候，村长、尊长、"家长"的座次也要根据具体情况而定。

## (五) 普通农户

普通农户在村中的地位最低,无权力可言。在诸如交粮差、交粮财、派劳力、抓壮丁等村庄事务上得听从村长的安排,在诸如祭祖、修祠堂、修族谱等家族事务上得听从尊长、"家长"及管事的安排。日常生活中,有钱有势的财主不会与普通农户有过多交往。办红白好事的时候,有些普通农户为了攀高或巴结会去给有钱有势的财主或村长随礼,而且有的还给得高。但是,有钱有势的财主或村长却不一定给普通农户随礼。普通农户靠着打长短工、做小买卖维持生活,想尽各种方法让自己能生存下去。对于村中事务,普通农户没有发言权;对于黑团、联庄会的蛮霸,他们只能忍气吞声;对于村长有时的不讲理,他们只能敢怒而不敢言。

## 第八节 冲突与冲突关系

长久以来,河北铺村的村民们在一个共同的圈子里生产、生活,所以,冲突的发生在所难免。为此,本节将从村民间的冲突、汉奸与村民的冲突、底线与村民的冲突等三个方面去考察1945年以前河北铺村的冲突与冲突关系。

### 一、村民间冲突

传统时期,河北铺村村民间的冲突可以分为家内冲突和家户间冲突。家内冲突主要有父母与儿子们的养老冲突、夫妻间的冲突、兄弟间的财产冲突等等。家户间冲突主要有邻居间的房界,房屋门槛大小冲突,地邻家的地界冲突,亲朋之间的债务冲突等等。

村民间的冲突如果比较小,那么可以请与冲突双方A、B关系都比较好的人C去调解,调解人C则要在两户人家之间来回说理(如图4-1所示)。调解的这个人得在村中有威信、会调解,还要会说假话,能斡旋,太实在的当不了调解人。虽然说假话,但是调解人的心眼是好的,说假话是为了把两家的冲突调解好。有些不会调解的人不仅不能将两家的纠纷调解好,还会将冲突越调越大。如果矛盾比较大,那么可以再请家族里的尊长、"家长"和管事的来调解。

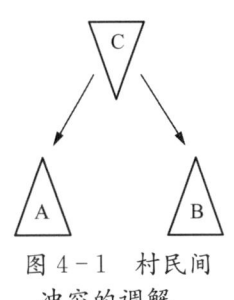

图4-1 村民间冲突的调解

旧时,如果村民们家里发生了冲突,村里的一些有钱的、说话有威信的开明人士也会去帮忙解决。据村中的老人回忆,河北铺村有个叫"老钱"的人,家里很有钱,在村里也很有威望,如果村民家里发生了冲突请他帮忙他就会帮。而且,如果是因为经济上的问题，他还能借钱给别人，帮别人把钱先垫出来。

夫妻间的冲突根据事情的具体性质来调解。如果是就某个问题产生了争执，或是因为孩子而吵，那么夫妻双方自己就能调好。"夫妻吵架一般要不因为孩子，要不就是男的在外面做了什么。这个过一夜就好了，一般没什么人管，这个越管事越大。最多就两个人几天不说话，你不理我，我不理你。"村中老人说道。如果是因为父母的养老问题而吵，那这就涉及孝道，本门的叔叔大伯都可以来说他们。如果是夫妻两人脾气不对，那个时候不能随便离婚，有些女的就一直生气，最后不是病死就是气死。所以，夫妻吵架一般没人管。如果一定要管也就其父母管，由父母对他们进行劝说。

在旧社会，村长作为一村之长，他说什么就是什么，村里的事情都由他说了算。所以，村民们都不敢惹村长，不然村长可能让黑团的人来家里找事。所以，如果村民和村长发生了纠纷，这事情一般都不好管，也没人管。

冲突调解后，如果有一方觉得调解得不公正，对调解的结果不满意，或是不服，那么他可以再请其他的人调解，或者见官打官司。打官司的时候不用经过村长，自己可直接请人写状子，并找律师让其帮忙起诉。

过去，河北铺村有一个人很会写状子，没理也能给你辩三分。这人文化水平不是很高，但是脑子特别好使，会写、会说话。他看过的书就能记住，而且还会用，不是个书呆子。在村里讲道理的时候一般人都说不过他。这个人当过黑团的教练，当过国民党、共产党，干过地下工作，还贩卖过枪支，"文化大革命"的时候被批斗过。虽然说这人很会写状子，很聪明，也很有能耐，但是他在村里的地位却不是很高。一般人都惹不起他，与其一起共事的人都鸟[1]不过他。村民们与其见面后都会跟他打招呼，但是却都不跟他共事。村里人家里有事了找他，他会给出点子，但是他却始终不能与村民们打成一片，与村民们融合不到一块。

冲突调解好后，冲突的双方得一起请调解人吃团圆饭。"团圆饭"的饭钱由冲突的双方负责，不让调解人出。"比如有个东西，一方最后要到了，那就这个得到了的人请客，另一方稍微有点悲伤，就不请了。"村中老人说道。吃饭的时候，只要是参与了调解的人都可以叫上。但是，如果双方的冲突最后是通过打官司解决的，那么冲突解决后原告和被告则分别请自己的律师吃饭，不会聚在一起。

二、汉奸与村民冲突

旧时，河北铺村有个汉奸，是宪兵队的队长。当时，村民们都恨他，说他狗仗人势。宪兵队由日本人组织，驻扎在县城，专为日本人办事，欺压农民。那个人家里不

---

[1] 方言，音近字，说不过、算计不过或是斗不过的意思。

是很有钱，不是财主，就是个五日混鬼、不干正事的人。他当了汉奸后就有钱有势了，他家的亲戚也跟着沾光。虽然沾光了，但他们的日子却过得不是很舒坦，因为找他们事的人多。而且，并不是所有的亲戚都愿意沾他的光，有些人觉得他是汉奸，以后没好下场，便离他远远的。村中老人说做汉奸的是不明智的人。虽然汉奸都遭村里人唾骂，但是大家也都不敢惹他：

> 当年，宪兵队队长的父亲死了，他在地藏王大庙那儿搭了个大棚为其父亲办丧事，并且还要施饭三天。所有要饭的人都可以去那儿吃饭。但是，他办丧事的粮食却都是向村中的中农户们要的。他给每户中农家里写个条子，说要给200斤小米。被发到条子的人不能不给，不然他就找事，对其进行讹诈。有些人为了恭敬他，有些人为了填饱肚子去那儿吃饭，都去给他帮忙。最后，因为帮忙的人太多了，凑的粮食都不够。他就又给中农户们开个条子说再要100斤小米。对于这个事情村民们是敢怒而不敢言。

关于那个宪兵队队长，村中老人还回忆了一个这样的故事：

> 有一天，老人家里被留了个条子，条子上说老人家串通八路，说要800块钱了事。以前老人家里有27亩地，一年四季都不断粮，可以吃饱肚子，家里面有点钱。但是，老人家就是个老实的种地人，家里没什么后台，跟官场的人也没有什么联系。所以，老人说这是有人故意给家里找事，要讹诈你。于是，他们家就托人找到了村里的那个宪兵队队长。当把事情跟他讲了后，他说让老人家给他1000块钱，他帮忙解决事情，保证老人家里没事。于是，老人的爷爷就把家里一头骡子卖了，还把家里的地当给别人，最后凑了1000块钱给了那个宪兵队队长。老人的爷爷把钱给了那个宪兵队队长后，后来又把这件事跟自家的另一个亲戚说了下。那个亲戚在天门队（跟宪兵队一样也是给日本人办事的一个组织）工作。后来，那个宪兵队队长居然把老人的爷爷给他的1000块钱退回来了。并且，那人来退钱的时候还责怪老人的爷爷家里有更大官的亲戚干吗还去找他。那个宪兵队队长回去后没几天就被抓起来了。老人的家人推测说，那条子可能就是宪兵队或是黑团的人往家里塞的，他们故意讹诈村民，然后几个人一起分成。

日本人离开中国后，村里的那个宪兵队队长也没有了，大家都不知道他去哪了，是死还是活。他老婆、孩子也没有回到村里。那人还有个哥哥，他本家当户的人也很多。但是，他哥哥没有为日本人做过事情，后来，他哥哥就没有被说是汉奸家属。

三、"底线"与村民冲突

"底线"，在村里被叫作"底巴得"。旧时，河北铺村就有个底线，这人姓张，是段家的一个女婿。他还有个弟弟，他叫"阴阳挂"，他弟弟叫"阴阳盆"。那时他从外面带回来一个留声机，还放给村民们听。这个人平时吃喝嫖赌，游手好闲，不想干活，专在村里面耀武扬威，不办好事。虽然说他当底线很挣钱，但是他家也不富裕，都被他挥霍掉了。他平时没事就在村里面转，摸村里人的底，知道哪家有钱就跟外面的黑团说，然后带人来抢。底线既给黑团当底线，也给日本人当底线。家里人都不知道他是底线。

河北铺村也有在黑团干的人，既有中队长，也有小队长。后来时间长了，大家相互打听后就知道了这个人。最后，这人被人从后背开枪打死了。他死了后，他媳妇也改嫁了，嫁去了明阳村。

## 第九节　保护与保护关系

对于传统时期河北铺村的保护与保护关系，本节主要从老弱寡与保护关系、更夫与保护关系、巡夜人与保护关系、国公会与保护关系、天灾与保护关系这几个方面来阐释。

一、老弱寡与保护关系

旧时，国家和社会组织不会对村中的贫困者和老弱病残进行救助，会给予其保护的一般是下述几类人：一是家族里与自己关系比较好的。二是与自己不错的邻居或朋友。但是，因为那时村民们家里普遍都不宽裕，大家首先都要保住自己家，所以，这种来自族人、邻居、朋友的保护次数很有限，一般也就一两次。三是村中比较开明的富裕人家。因为都是一般的乡亲、邻居，与自家没有什么特殊的关系，所以村里的富裕人家大多不会去保护贫困人家。只有少数比较开明的人士知道穷人家不容易后会向其伸出援助之手。如过去村中有个人叫"老钱"，他家有钱，在村中有威望。他看见穷人家实在困难，有的都快要饿死了，就会主动让自己家的人去帮助他们。河北铺村对老弱寡的保护主要有以下五种：

1. 对于寡妇的保护

村中的孤寡老人或寡妇，一般由邻居或本家给予保护。但是也要相互间关系不错，如果没什么关系或相互间关系不好就不保护。如果一个寡妇有地却没有孩子，那么她就可以雇用短工，让短工帮其种地。如果这寡妇没有地，那么她就改嫁了。俗话说"寡妇门上事情多"。对于寡妇，别人一般都不好对其进行保护，尤其是光棍汉，因为怕邻居们说闲话。而且，如果帮忙的时间长了，相互间有感情了，这事情就不好说了。如果是已经成家了的人去保护她，那可能会好一些。

2. 对孤儿的保护

对孤儿进行保护得看这孤儿是个怎样的孤儿。如果父母都死了，家里还有叔叔伯伯们，那么可以让叔叔伯伯抚养其长大。如果家里其他的亲人也没有了，就剩自己一个孤儿，那么就邻居或是村里其他可怜这孩子的人把他领回家养大。如果领养的时候这孩子还好小，那么等这孩子长大后就可以把他的身世告诉他，并告诉他他亲生父母埋葬在哪。如果领养的时候这孩子已经很大，可以记事了，那么别人对他好，以后他也就会对别人好，就会孝顺领养他的人。

3. 对孤寡老人的保护

村中的孤寡老人一般都由本家当户的或邻居保护，给其送些吃的或穿的东西。解放后，村里的孤寡老人就被列为了五保户，由村里管，给其发保护粮。

4. 对光棍汉的保护

村中那些娶不到老婆的光棍汉，如果他是因为神经有问题娶不到老婆，那么家里的人会管他，会保护他。如果这光棍汉是因为自己好吃懒做娶不到老婆，那么这人就没人管，家里人也不管。"解放前，一般的小伙都不会缺媳妇。勤快、可靠的人都能生活下去，都能娶到媳妇。不然，养他还不如养个猪。"村中老人说。

5. 对贫寒人家的保护

对于村中那些缺粮少食又没有劳动力和生产资料的贫寒人家，与其关系比较好的人家会给其一些粮食保护他们。如果这户人家还有可以劳动的劳动力，有些人则会借些生产资料和工具给他们。

二、更夫与保护关系

旧时，村民们过着日出而作、日落而息的生活。在没有钟表的年代里，村民们晚上通过更夫的报时来知晓时间，并以此为依据安排自己的作息。更夫的职责除了打更，还需防火、防盗、防贼。"主要是防盗、防贼、防火。失火了就赶紧喊，看见小偷了，就敲。"村中老人回忆道。更夫一般有两个，一个拿着梆子，一个敲着大铜锣。每到晚上，更夫们便守着滴漏或燃香的香炉掌握时间，到了时间就提着灯笼，拿着梆子或锣敲击报时。更夫一般不种地，专门从事打更。但是，有些家里有地的白天休息半天后，会回家干半天活。有些更夫为了挣更多的钱养家，还给人干零活。更夫一般都是本村人，很少外村人。"打更的人得可靠，吃喝嫖赌的你让他来就是给自己家招小偷。打更的要负责的。吃喝嫖赌的知道你家的东西在哪就让人把你家的东西给偷了。"村中老人说。

河北铺村有一个打更铺。打更铺与茶棚紧邻，有两间平房，门朝西开。打更铺虽然没有专门的铺名，但是，它在村中却像个中介场所。村中的更夫有专人组织，村里想要从事打更这一行业的人可以去打更铺登记。如果哪户人家要雇打更的就可以直接去打更铺找，让打更铺的负责人帮忙介绍。"组织的头虽然不是很有钱，但是胆子大，比较有能耐，跟村长保持着联系，后台是村长。不靠他，凭什么你组织？都是有一定关系的。"村中老人回忆道。介绍成功后，雇工的人家和更夫都需向打更铺缴纳一定的介绍费。当然，村民也可以不通过打更铺寻找更夫，没在打更铺登记的村民也可以从事打更。但是，如果通过打更铺，可以省去自己寻找的麻烦。"有些人一时间找不到人，就可以去打更铺里找。你找不到人，我给你找到了，那么你就要给我介绍费。"村中老人说。介绍后，雇用方和更夫双方自行商定酬劳，并签订契约。如果更夫干活干得不好，雇用方可以跟打更铺说，并毁掉契约。

因此，河北铺村的更夫有两种：

一种是为整个村庄打更的更夫。民国时期有 5 名这样的更夫，其中一名为更长。这些更夫的工资来源一是村东的 16 亩打更地，一是向各家各户摊派的小米。打更地既可租给别人种，也可由打更铺的人自己耕种。"地是买的，有的自己种，有的租给别人种，然后收租金。给别人种，就有收入。"村中老人回忆道。打更铺有固定的人员，也有临时的人员，打更地的收入只归固定的那几个人，其他的临时人员不参与分配。有些家里穷，没饭吃没地种，又没找到活干的更夫可以住在打更铺。但是，这些人得去种地、干活，打更铺供其吃饭。

另一种是财主们自己出钱为自家请的更夫。一般的穷人家没有什么东西，不怕偷、抢，但是，财主家则会雇用更夫防盗、防贼。更夫一般是一家一户地请，但是如果有挨着住的财主，那么他们会商量着共同出钱一起请两个更夫。财主们会在其房子边的更道上建个小房子供更夫生活。"像进士府外面就有个更道，更夫就绕着更道一圈圈地走。更道里有个房子，更夫可以在房子里休息，他们不会一直不停地走。"村中老人回忆说。财主支付更夫工钱，但是不管更夫的伙食，更夫自己在其小房子里做饭。如果财主家遭贼了更夫没有发现，财主会依据事情的具体情况来决定是否责怪更夫。

### 三、巡夜人与保护关系

（一）村庄巡夜人

河北铺村修建好阁门后就有了村庄巡夜人。村庄巡夜人由村长选定，并给付工资。"就是村里找几个人，就那么几个人管，不会人人都管。就像打更的人一样在村里走。"村中老人回忆道。村庄巡夜人有的是地方、小跑兼任，也有专门从事这一职业的。20来岁的青年太小，大都还不懂事，所以村庄巡夜人大都是40岁左右的壮年，这个年龄的人有力气。有些村庄巡夜人晚上巡夜后白天就睡觉，有些则还会在家种地干活。但是，一般会正经在家种地干活的人不会去当巡夜人。"有些人他没气力，游手好闲不想干正活就干这个。干这个活轻松一点，能混个嘴，挣点钱生活就行，都是穷人干的。那些很老实的人干不了这个。"村中老人说。

晚上，天黑了，街上没人了，巡夜人就出来巡夜了。一出来的时候，巡夜人会拿着锣在街上边走边敲，对大家说夜里不要乱走，没事不要在街上转，要早点睡觉。巡夜的时候，几个巡夜人在街上分开转。他们不是一直不停地转，转一会就回村公所休息，然后再出来转。"晚上，就是现在的大概11点的样子，街上就都没人了。街上没人，天黑了，巡夜的就出来了。"村中老人回忆道。

（二）财主家的守夜人

财主家的守夜人主要在夜间对房子进行看护，看有没有土匪或小偷。守夜人一般比较有心眼，身强力壮且胆子大。他不一定是本村人，也有外村人，和长工一起住在下厨。他晚上看房子的时候，有的还拿着刀，有枪的人家还拿着枪。守夜人跟地主家一般没什么亲友关系，就是雇佣关系，给工资，管吃管喝。守夜人不用很多，一两个就行。夏天的时候因为很多人会在屋外睡觉，人多，所以土匪也怕，这时的财主家就可以不用雇用守夜人。守夜人晚上看房子，白天也干活。但是，冬季仓关地尽的时候是土匪抢人、绑票的猖狂时期，这时，守夜人白天就睡觉，不干活，晚上看房子。"这个人不是常用的，土匪多的时候就请，过了这段时间，稳定了，就不用了。找的时候，也可以通过人介绍。"村中老人回忆说。

### 四、国公会与保护关系

清末，村中的穷人生活不下去了，几个敢说敢讲、比较有能耐的人在地藏王庙那撑大锅、插大旗成立了国公会。"当头的那几个人胆子大，没法了逼上梁山。这是个没系统的组织，这个组织就是一个村的，不是几个村联合起来的，势力不大。"村中老人说。村里只有一部分穷人参加了国公会，参加的都是些胆大的，胆小的不敢去。

国公会成立起来后就在村中闹事，反抗村中的财主，并向其要粮食。他们围着财主们的家，财主们不给粮食他们就不走。村中那些惹不起他们的财主就拿了些粮食给他们。而那些跟县政府有关系，有钱有势的财主就不给。他们不仅不给，还半夜派人去县里，跟县政府的人说村里有人造反。县政府的人来到村中后就把国公会当头的人抓了起来。据说，那些人被抓到县政府后就再也没回来，都死在了监狱里。最后，村中的国公会就这样被镇压了。

五、天灾与保护关系

1944年农历七月种了谷子之后，河北铺村发生过蝗灾。据村中老人回忆，那次蝗灾灾情很重，村里的庄稼都被吃光了。"六月半开始生蝗虫。这个东西开始很小，都是小小的，黑黑的。这个东西长得很快，就三五八天的时间他们就都长大了。"老人说。

（一）村民们自保

刚开始的时候村民们对村里长蝗虫的事情都不怎么重视。结果，就一个晚上的时间，蝗虫把村里一大片的谷子都吃光了。地藏王庙里有一片谷子，因为是在村子里面，所以刚开始的时候没有被吃掉。可是，有一天晚上，差不多就在月亮出来的时候，蝗虫突然都往南飞，飞的时候还把月亮遮住了。村民们回忆说，蝗虫飞的时候就像一阵大风样的。就在那天晚上，地藏王庙里的谷子也被吃完了。为了防蝗虫，有的地主就在自己的地周边挖沟，还往沟里灌水，想以此来拦住，不让跳去他们地里。但还是没拦住。蝗虫为了越过地主们挖的水沟，它们一个个地跳进水里最后结成一个大团团，垫起来后，让别的蝗虫从它们身上过去。蝗虫在小的时候是不能飞的，为了打那些小的不能飞的蝗虫，村民们将鞋底用钉子钉在木头上，用来打蝗虫。但是，因为蝗虫太多了，怎么打都打不完。后来，蝗虫长大了，能飞了就打不到了。

（二）村长、黑团领导下的保护

蝗灾发生的时候，村长和黑团的人发动全村的人去抓蝗虫，并规定村里人无论有地没地，只要是男劳动力都要去抓。"黑团的人那个时候都追着大家去打。大家都怕他们，叫了都会去。那个时候没有什么分配，只要是村里的人，就都去。"村中老人回忆道。村里还规定，每人每天要抓两担小的、只会在地上奔的蝗虫。抓好后，上午交一担，下午交一担。全村人统一交到村南的卖场那。村长和黑团组织村里人在那安了六口大锅，六口大锅里面都烧着开水。村民们把蝗虫抓回来后，就往锅里倒，把蝗虫煮死。由于煮得太多了，后来那些蝗虫都在那腐烂发臭。

庄稼都被蝗虫吃完了，所以那年秋季是个大减年，村民们没有什么收成。遭遇蝗灾后，政府并没有给什么保护。那一年的地租，有的人的被减免了，有的人就还是一样地被催要。"他们不管你。你家没有，我家也没有，你家没吃的，我家也没吃的。你种了我的地就得交。租了这地，还种了其他的东西。"村中老人说道。但是，那一年的粮差是不用交的。黑团们看谁家还"顾得上嘴"，还生活得下去，他们就问谁家要钱、要粮。为了解决温饱问题，村民们就都种小菜，种蔬菜。农谚里面有说到"头伏萝卜，二伏菜，三伏里面种韭菜"。所以，那时村民们就都种萝卜。有的还种小菜、蔓菁，小菜的菜叶可以吃。"吃的时候，用小菜的菜叶稍微配点小米。菜叶多，小米少，就这样煮着吃。这个东西好，吃了好。"村中老人说。虽然蝗灾让村民们过了个大减年，但是，村民们并没有因此次蝗灾的发生而改变种植作物的品种，村民们还是种一样的作物。

## 第十节 河北铺村社会变迁与实态

河北铺村从土地改革运动到集体化，到土地承包到户的每一时期都表现出了不同的社会形态。当下，随着村民们经济收入的提高，其生活水平得到了较大的提高。社会的发展与进步使得村民们的生活方式发生了巨大的变化，村民们的社会流动性得到加强，交际圈得到扩展，社会保障也得到极大的改善。

一、土地改革运动时期的社会

1946年7月，河北铺村成立农会，开始进行土地革命运动，直至1951年结束。在土地改革运动时期，河北铺村原有的亲戚关系、朋友关系、人情关系、干亲关系等家户关系被打破；东家与佃户之间的关系，村长、保长与普通农户之间的关系，黑团、联庄会与村民们的关系等社会关系被消灭；传统的社会阶层、社会地位、社会威望与话语权被打破。随着"阶级"意识的深入，村民间土地的平等分配，以及"贫下中农一家亲"的观念的倡导，村民们逐渐地树立了人人平等的观念。

随着土地改革运动的推进，河北铺村以往的社会组织、社会活动、社会交往也发生了改变。如土地改革时期河北铺村建立了一系列的群团组织（具体情况如表4-11所示），村中民国时期成立的黑团、联庄会被消灭，旧时以打更、巡夜等维持生计的职业也随之消失。此外，河北铺村对生活困难的村民会及时地给予救济款物，对于缺乏劳动力的烈军属也会做好代耕工作，并坚持每年春节送年物、肉食之类的东西对其进行慰问。

表 4-11　河北铺村土地改革运动时期群团组织

| 序　号 | 群团组织 | 第一任负责人 |
|---|---|---|
| 1 | 贫下中农协会 | 主任孟昭奎 |
| 2 | 共产主义青年团 | 团支部书记李会臣 |
| 3 | 妇女联合会 | 会长李大青 |
| 4 | 儿童团 | 团长赵谈保 |
| 5 | 少先队 | — |
| 6 | 治保委员会 | 公安员赵柱京 |
| 7 | 自卫队 | 团长武文元 |

## 二、集体化时期的社会

土地改革运动后，村民们都分到了土地。但是以家户为单位的生产模式极大的束缚了生产力的发展，许多农户由于没有足够的劳动力、生产工具而无法实现生产的独立完成。所以，河北铺村先后成立了18个互助组，让村民们互相合作。后来，互助组演化成初级社，初级社又升级为高级社。

初级社的时候，河北铺村的土地实行统一耕种，集体经营，并进行按劳分配。归私人所有的牲畜和大型农具如果给社里使用，则遵循有偿使用原则，与人力相比较而记工分。如一匹骡马能顶两三个人干活，那么使用一天后就给其主人记两至三人应得的工分。那时，村民们没有身份、地位上的高低贵贱之分，只有劳力上的好坏之别。如男的干一天活可以挣10个工分，但是那些老的、体弱的、妇女、小孩则只能依据具体情况记9分、8分、7分、5分等。旧时，村民们过着日出而作，日落而归的生活。集体化时期，为了让社员们保持行动上的一致，村里统一号令，让村民们在统一的时间统一出发去劳作。河北铺村每年在分配收益的时候都会考虑优抚问题。如1962年，河北铺村大队受照顾的五保户工有16户，烈军属户有10户，职工家属有47户，人多劳少困难户有62户，因工致残户有1户。四属户受照顾的具体情况如表4-12所示。

表 4-12　1962年河北铺大队四属户照顾情况

| 户别 | 户数 | 自能收入 | | 照顾 | | 合计 | 吃粮指标 | 经济总收入 |
|---|---|---|---|---|---|---|---|---|
| | | 投工 | 分粮 | 工数 | 分粮 | | | |
| 五保户 | 16 | 473 | 1241 | 904 | 2937 | 4178 | 85 | 1140 |
| 烈军属户 | 10 | 1602 | 4024 | 580 | 3752 | 7776 | 95 | 1740 |
| 职工家属 | 47 | 3648 | 8765 | 1709 | 20736 | 29501 | 75 | 7550 |
| 人多劳少困难户 | 62 | 18533 | 44043 | 3599 | 13667 | 57710 | 71 | 15092 |
| 因工致残户 | 1 | 212 | 511 | 110 | 264 | 775 | 71 | 213 |

集体化时期，村民们遭遇自然灾害后，党和政府会及时给予赈济并与村民一起搞好生产自救、防疫等工作。如在1963年，河北铺村遭遇洪水，全村11个生产队，属于重灾的有8个生产队，属于轻灾的有3个生产队。全村全年农副业等总收入比上年减少56.6%。灾后，上级有关领导、公社干部、大队干部挨户走访，并很快为村民们弄来了救济粮、救济款和衣物等等。还给每户村民发救济煤票并附带运费，让村民们自己去临洺关镇煤建公司拉煤。

### 三、土地承包到户时期的社会

1980年，永年县开始实行家庭联产承包责任制。河北铺村实行家庭联产承包责任制后，土地按人口分配给各个家庭承包，所有权归集体。全村2152亩粮田、930亩棉花按社员底分全部承包给650名劳力。每10分底分劳力可承包粮田3.5亩、棉田1.5亩。承包户与生产队签订合同，每年根据国家分配的种植、征购任务，农业税及各项提留，超产部分归自己，减产不补，所有生产费用开支均由承包户承担。生产队凭借集体优势为承包户搞好产前、产中、产后服务。这将过去单一的经营体制变为集体、家庭双层经营的体制。

实行"大包干"后，鉴于在新形势下出现的新变化、新问题，党和政府对村中的老弱病残等弱势群体和困难家庭给予了关怀和帮助。1995年村两委研究决定，除对烈军属和一些家庭困难户给予必要的照顾，对五保户仍坚持"管吃、管穿、管住、管医、管葬"外，对一些生活比较困难的老党员、老干部、老干部家属，在春节前夕也要进行慰问，每户赠送款物100—300元不等。2005年，为了解决贫困农民的最低生活保障问题，村中被评为低保户的21户村民可享受440—940元金额不等的补贴。2008年，市民政局发放春季"灾民救助卡"，为村中15户特困户每户发放了100元救助款。这种种补贴和福利为村中的老弱病残等弱势群体和困难家庭减轻了后顾之忧。

### 四、当下村落社会

当下，河北铺村的村民依然是以一家一户为基本的生活单元。在日常的生产生活中，亲戚、邻居依旧为其主要交往对象。但是，随着现代通信技术的发展，村民们以往的串门、走亲戚已经更多地换成了现代化的QQ、微信聊天，视频对话，电话问候等。如果不是有特别重要的事情要特意去串门，村民们逐渐地偏向于采用这些现代化的通信工具与人沟通、交流。村民们学识的逐渐增长，交通工具的日益发达，使村民们的交际圈得到了极大的拓展，社会流动性也逐步增强。村民们因为工作、婚姻、学业等原因去外村、外县、外省，有的还出国。

目前，河北铺村已经基本建设成为宜居、宜业、宜游，集观光、休闲、度假等为一体的美丽乡村。河北铺村围绕进士府传统文化和标准件产业两大优势，以高标准、高规格为要求，总投资1400余万元，建设了"进士府"和"中国标准件特色小镇"的景观带美化村庄环境。建设了幸福里特色步行街和古戏楼丰富村民们的生活。完成了民居改造、安全用水、污水排放、街道硬化、厕所改造、清洁能源利用、公墓工程、生态停车场等便民工程。开展了"三清一拆"行动和垃圾治理，设立垃圾转运站为村民们打造舒适的生活环境。建设了功能齐全的篮球场、健身广场供村民们娱乐。村庄完成绿化面积2.6万平方米，村庄绿化覆盖率达37%。2016年河北铺村基础设施建设项目如表4-13所示。

表4-13　2016年河北铺村基础设施建设项目

| 基础设施项目 | 数　　量 | 基础设施项目 | 数　　量 |
| --- | --- | --- | --- |
| 村庄公路硬化 | 4.5公里 | 垃圾投放点 | 200个 |
| 通自来水 | 1399户 | 老年人活动室 | 1个 |
| 通互联网 | 900户 | 儿童活动室 | 1个 |
| 通有线电视 | 1399户 | 健身广场 | 3个 |
| 村庄医务室 | 5个 | | |

随着经济的发展与村民们生活水平的提高，近年来，村里大约三分之二以上的人参加了各种保险。据不完全统计，主要有以下几种险种：中国财险系列，中国人寿系列，中国平安系列，太平洋保险系列，民生系列，国寿系列，金太阳系列等等。此外，新型农村医疗合作制度也在河北铺村得到了普及。河北铺村内有三家医疗诊所，村民们在日常生活中遇见的常见病足不出村就可以治好。即便要住院也能得到部分报销：乡镇卫生院起付标准100元，报销比例90%。一级起付标准300元，报销比例85%。县内二级起付标准500元，报销比例77%。县外二级起付标准800元，报销比例72%。三级起付标准1200元，报销比例65%。转外起付标准2500元，报销比例50%。

# 第五章 河北铺村的文化形态与实态

自古以来,河北铺村村民们便崇拜祖先、信仰神灵、重视教育。在以往的长期生活中,村民们形成了属于自己的思维、态度和习俗,形成了其独特的村落文化。为此,本章将从崇拜、信仰、思维、态度、习俗、规训、文娱七个方面对其文化形态、文化变迁以及文化实态进行阐释。

## 第一节 崇拜与崇拜关系

河北铺村有许多姓氏,但各姓氏间却相处和睦,互不侵犯。在祭祀祖先的时候,赵家由赵家会组织,李家由李家会组织,各小姓氏也各有安排。村人对孝道的重视规范着村民们的行为,对该规范的违离将对一个人的名声造成极大影响。

一、祠堂及其关系

祠堂是村民们都很尊敬的地方,它神圣不可侵犯。河北铺村有两座祠堂:一是赵氏祠堂。赵氏祠堂是在清同治年间,由监生赵有年带领族人在南街路西兴建起来的。赵氏祠堂东西长35.10米,南北宽13.30米,为海青式建筑。赵氏祠堂大门正中挂"赵氏家庙"竖匾一块,靠左边挂"探花"竖匾一块,靠右边挂"进士"横匾一块。门外有上马石一对,竖有旗杆两根。屋脊上安有张嘴铁角之兽。二是李氏祠堂。李氏祠堂坐落于东街,坐北朝南,南北长16米,东西宽11米,有主殿、东配房、南屋各

3间。

河北铺村有许多姓氏，但各姓氏间相处和睦，不会去破坏别的姓氏的祠堂。如果有人破坏祠堂，那么这人将遭到大家的反对，受到家族的指责。但是，与家族比起来，村民们还是觉得家更重要。"祠堂好，家里没钱，想买什么买不起，想去干吗干不成。祠堂再好，自己不能住。只有自己往祠堂拿钱，祠堂不会给你拿钱。祠堂重要那是家族的事情。"村中老人说道。

祠堂并不仅仅用于祭祖。如果本族有人去世了，也可以在祠堂里办丧事，不下葬的还能将棺材存放于祠堂。但是，这仅限于本族人，他族的不行。"一般都是在自己家办丧事，很少弄去祠堂。会被弄去的一般都是些孤儿寡女、孤寡老人，他们没人管。"村中老人说道。

如果祠堂需要修缮，则让本家族的人按家中男丁数凑钱，并且还会让家族中比较有钱的，尤其是做生意的多凑些钱。每个男丁具体凑多少由"家长"和族中管事的人一起开会商量决定。在祠堂的修缮过程中，资金的花费有专门的收支记账管理。

二、祖先及其关系

河北铺村赵姓和李姓是大姓。赵家的祖先原籍山西太原府榆次县小赵村。明永乐初年，始祖公讳让由山西迁居永邑东滩头村。至万历五年（1577年），五世祖讳嵩从东滩头村迁居河北铺村，迄今200余年。李家的祖先与世祖都是李白玉，据村中老人说是"燕王扫北"的时候从山西迁过来的。迁过来的人小趾甲都是双的，即正常位置旁边还有个小趾甲。河北铺村人都很尊重自己的祖先，但是对于祖先的记忆有些村民能追溯得远一些，有些只能往上追溯三四代。"知道自己11世祖，再往上就不知道了，现在已经到了22世了。我们家有140个男丁，上坟的时候都会去祖先那。"村中老人说道。河北铺村总共有48个姓氏93个家族，其中赵氏家族出过进士、探花、举人，这对后人有着较大的影响。"赵家他们有官，如进士府、探花府，别人就知道这个村是书香门第。"村中老人说道。

三、祖坟地及其关系

旧时，河北铺村每个姓氏都有自己的祖坟地。当老坟地埋的人多了，埋不下了，可以把自家的老坟迁出，然后再在自家的地里另外开辟自己的祖坟地。"埋的人多了，就把坟搬出去埋到自己的地里。那个时候自己的坟就埋到自己的地里，在自己的地里发展，不能埋到人家的地里。"村中老人回忆道。河北铺村村民下葬的时候按辈分的大小依次排序，"近祖为上"。依据坟地面积的大小，地宽的呈左右向埋葬，地窄的呈竖条一字向埋葬。左右向的是按照左边大、右边小的顺序，左右、左右地横向依次排列（如图5-1所示），一字向的则是按照从大到小的顺序竖着依次往下排（如图5-2所示）。

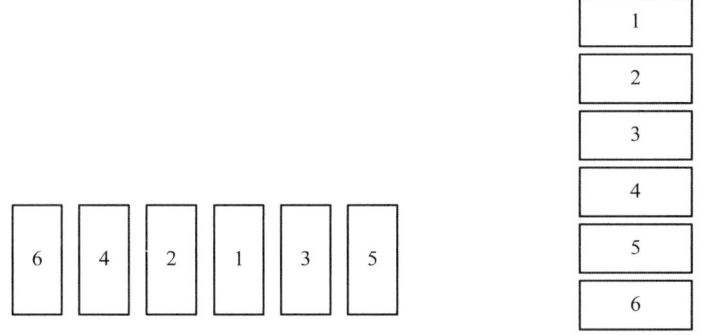

图5-1 祖坟地排列顺序　　　　图5-2 祖坟地排列顺序

下葬的时候，如果比死者大的人还没去世，那么要将其位置留开，后辈们自动地往后排。但是，如果坟地不够用了，也可以"抢穴"。所谓的"抢穴"，就是已经去世的后辈可以占用还没去世的前辈们的坟地，哪里有地方就往哪里埋。如果实在是没地方了，那么就只好再另外找地方埋葬，另立祖坟地。河北铺村南有块乱葬岗，没有坟地的村民可以将家中去世的人埋葬在那，那是块公用地，村中谁都可以用。

虽说每个姓氏都有自己的坟地，但是只有赵氏家族的坟地有看坟人。赵家的坟地大，在村西边有四五十亩。每个坟前都有大碑楼，还种柏树，从远处看过去就是一片柏树林。"守坟人大家族才有，小家族没有。在朝中没有当大官的就没有看坟的。赵氏家族有探花、进士，还有武举人。"村中老人回忆道。看坟人一般是家里穷的中年人，50来岁。如果本家有人愿意去看坟就找本家的，如果本家没人愿意去看坟则再找其他人。看坟人平时主要负责坟地的清扫和看护工作。如，下雨天雨水把坟墓冲坏了，那么看坟人就要去填好。尤其是逢年过节的时候，看坟人要将坟地整理好，墓碑要弄干净，坟上的杂草要除干净，这样后人去上供的时候就好祭拜。赵家坟地旁有3间房子，这房子专门用来给看坟的人居住。看坟人家里如果没房子，那么他家人也可以一块去那居住。此外，坟地里有一大片没有用的地，看坟人可用来种粮食顾生活，种地的收入就是看坟人的工资。

村民们在埋葬的时候也讲究风水。关于风水，村中一老人回忆了自家的故事：

> 我爷爷兄弟5个，但却死了4个，都是20多岁很年轻的时候就去世了，有的都还没有结婚。而且，我的老老爷爷、老爷爷和那时的我也都是单传，4代单传。我的家人就说可能是家里坟地的风水不好。于是，我父亲便请阴阳

先生给自己另选了一块风水地。此后，我就有了2个弟弟，家里再也没有单传了。

**四、祭祖及其关系**

正月初三整个家族的男丁都要去上祖坟。去的都是男的，女的不去，女婿也不用去。上祖坟的时候全部人先在老祖先的坟墓前集中，一起祭拜老祖先。祭拜的时候全部人一排排站好。站的时候按辈分大小，子、孙、曾孙等依次往下排。"一排有10个就站10个，有20个就站20个。一般最小和最大辈分的人都少，都是中间的长。"村中老人说道。祭拜的礼节分为8个环节，分别是脱帽、跪、一叩首、二叩首、三叩首、四叩首、起、升帽。祭拜礼节结束后，还要在祖先的坟墓前烧些香箔之类的东西。"这是烧总的，"家长"、管事的买好，集体买好。鞭炮之类的都是集体凑钱买的。"村中老人说。在祖坟前祭拜后大家就可以去祭拜自家的坟墓了。

上祖坟的时间很长，一般要一个多小时。大家在自家的坟墓前祭拜完后还要到老祖先的坟墓前集合开会。开会的时候会说一些家族里的事情，如家族中的资金开支。"家里添一个人要凑15块，嫁出去一个退15块。说说去年一年，总共凑了多少钱，总共花了多少钱，剩下多少钱，祭祀花了多少钱。"村中老人回忆道。"赵祖会有自己的桌椅板凳往外租，每年都会有自己的收入，它就有钱搞这个事情。"村中老人回忆道。赵姓是村中的大姓，因为人口多，坟比较分散，所以赵家上祖坟就由"家长"领着一些人去祭拜老祖先。之后大家再一起在赵家祠堂开会，一起说说族中的事情，并将上一年的账目公布给大家。赵家的赵祖会在开完会后会给族人发白馒头，馒头按家中的男丁数量发。"因为有人不去听会，所以就规定不去的不能领馒头，用这个监督大家都要去。如果早点给他，他就不去听了。"村中老人回忆道。分馒头只有赵祖会实行过，其他的小家族都没有实行过，并且赵祖会在1955年以后也没有实行了。现在去上祖坟的时候都会带上一些花生、核桃、柿饼之类的祭品。有些家族在祭拜完后会将这些祭品分发给族人，每家分一点点。

**五、家祭及其关系**

村里有些村民会绘制自己家的家谱轴。但是，大部分村民家都没有家谱轴。所以，有些村民家家祭的时候会祭拜到祖父、太祖父辈，有的记不住的则就祭拜到爷爷那辈，再往上就不知道了。"知道得多的就烧得多，不知道的就烧得少。我父亲是总理，懂那些之类的事情多一些，就烧得多了。"村中老人说。家谱轴上会把家中去世的人都记录下来，旁系的叔叔伯伯也会记录在上面。腊月二十七是添家谱轴的日子。"把自己家的人从最上面的一直画到最下面。老大、老二、老三,然后儿子、孙子,都写下。活人的名字不能在上面,只有去世了的人才能写在上面。"村中老人说道。按规矩家谱轴应该摆放在大儿子家里,但是如果大儿子家没地方摆,也可以摆放在其他儿子家里。家里的家谱轴腊月二十七悬挂,正月十七卸下。

村民们家祭的时候一般只祭拜自己的直系亲属,诸如叔叔伯伯之类的就不祭拜了。但是,家中有家谱轴的则可以几兄弟聚在一块祭拜。村中有些人家里会专门腾个房间摆放祖宗的牌位,并悬挂家谱轴。没有的则可临时用个桌子摆上供品,并悬挂好家谱轴。

### 六、孝道及其关系

旧时,河北铺村人重视孝道。村民们会给老人洗衣服,安置老人睡觉,将老人照顾得妥妥帖帖。"谁也会当姑娘,当媳妇,当婆婆?人是推着走的,要是不孝,你不孝敬婆婆,等不了几年,你的媳妇也不孝顺你。都是撑着走的。"村中老人说道。但是,村里也有对老人不孝顺的,有些还殴打老人。那些不孝顺老人的人一般由本家当户的长辈或舅舅管,舅舅还可以打外甥。邻居对这事管得较少。

村中那些不孝顺的人的事迹一传十、十传百之后街里乡亲都会知道,这会对其名声造成极大的影响。村民们对于那些不孝顺的人会选择不与其共事。"那样的人要跟你共事就是看中你的钱,那人不好。他说话说得天花乱坠都是嘴皮子上的事情。你了解这个人之后就会知道这个人不好,这个人不是真心地跟你共事,就是瞅着你的钱。"村中老人说道。

关于不孝顺的人,村中老人回忆了这么两户人家:

> 村里有个老人念过私塾,懂得天文地理,还懂很多道理。他四个儿子都很聪明,脑子很好使,但是却都不想干活,所以家里经济条件比较差。四个儿子结婚后,老人就分家了,让儿子们各干各的。分家后,老人原本应该由儿子们共同照料和供养。但是,他却一直都是自己照料自己,还开荒种地,儿子们都不管他。最后,老人自己一个人在家烤煤取暖的时候因煤气中毒死了。死的时候,老人整个脸都盖在煤上。当他孙子发现他的时候,老人的脸已经被烧坏了一半。

> 村里有个婆婆,丈夫死得早,自己就一个儿子。但是,这儿子不孝顺,让她自己弄个灶单独做饭吃。他儿子从外面买回来的羊汤就他们夫妻俩吃,不给她吃。后来,这婆婆死在了女儿家。他儿子把她的尸体接回来之后,村

里人都不帮他办丧事,而且就连自家人也不去。最后,只能家里几个人把她弄去埋葬了。出殡那天,舅舅来了,舅舅狠狠地打了那人。婆婆死后不久她儿媳就疯了,没过多久,她儿子也有点精神失常。最后,这夫妻俩在家睡觉的时候一起煤气中毒死了。

## 第二节 信仰与信仰关系

河北铺村村民既有对老母、财神、井泉龙王、仓官等家神的信仰,也有对鬼、怪物和巫婆的信仰。村民们遇见干旱、疾病、蝗灾等天灾的时候也会通过求助神灵的方式渡过难关。

一、家神

村民们家里供奉的神主要有老母、全神、菩萨、仙家、财神、井泉龙王、仓官、车神、槐仙等等。不同的神有不同的功能,其在家中的摆放位置也不同。

1. 门神。大门上粘贴门神。有的村民不贴门神就贴对联。

2. 钟馗。钟馗粘贴在对着大门的影壁墙上。

3. 天地台。天地台设在院子的北墙边。

4. 家坛。家里正冲门的地方会设个家坛。家坛的中间粘贴全神,全神的上面贴老母,全神的右边粘贴"上关下财",即关帝和财神。过年的时候村民们还会在家坛的侧面专门放个桌子挂上全神、仙姑、观音菩萨之类的神。

5. 灶神。灶神粘贴在厨房,并要写上"上天报好事,回宫降吉祥"的对条。灶神是一家之主,家里的事情都管。腊月初八的时候,村民们会用糖果祭灶神爷,给其抹抹嘴,让灶神爷上天后多汇报家里的好事。

6. 车神。车神粘贴在大车上,并写上"日行千里"。

7. 仓官。仓官贴在装粮食的大缸或粮食囤上。

8. 井泉龙王。就在水井边垒个小庙,里面写上"井泉龙王"。

9. 槐仙。供奉槐仙就是在槐树边起个小庙,用纸写上"供奉槐仙"放在小庙里面,然后再在小庙的边上写上对联和横批。

以前车神、井泉龙王、槐仙只有过年的时候才拜,平时不拜。但是,现在有些人为了省事,就把这些神都粘贴到一块,在一个地方烧香,有多少个神就放多少个香宗。

春节的时候村民们会把好多神请回家。腊月二十八、二十九是村民们请神的日子,请神（粘贴）一般由家中的男性负责。拜神则由女性负责。"除非我家信的是黄香道，我就磕头，不然男的磕头的少。主要拜神烧香的是奶奶，她每天烧香。姑姑、母亲也都会去磕头。"村中老人回忆道。在那一天村民们会在家里摆上香宗、插好香，晚上的时候村民们就会在每个神面前点上灯。"一个（神）跟前（放）一个香宗，都用蜡烛点上，从初一到初五，每天晚上都点灯、上香。小孩也干这个，我奶奶就叫我干这个，烧香后还要磕头，拜一拜。"村中老人回忆道。

除了过年，平时过节和初一、十五的时候村民们都会拜家神。拜家神不是家里人都拜，有一个人去就行，具体谁去就是自愿自发，不指派。家里的神谁都可以拜，没有规定说谁不能拜。现在村民们一般都是在门上烧两炷香，天地台烧一炷香。灶神爷那则有些人每天都烧香。拜家神的时候并没有什么先后顺序，香在哪个地方放着，就从哪个地方开始拜，需要拜几个神就拿几炷香。"香都在灶神爷那个地方放着，它是一家之主。（烧香）一般是晚上烧，白天都没时间。初一、十五则是中午、晚上都要烧。"村中老人说道。

二、鬼怪

村民们以前相信有鬼神和怪物。有些村民家里有人生病了不去看医生，而是让巫婆给自己画符，或让那些说自己既能看见人间，又能看见阴间，还能看到天上的"明眼人"为家人看病。对于这些巫婆和"明眼人"，有些村民信，有些则不信。"他要让我看到我就信，我没看到我就不信。什么天、十八层，我一个都看不到，我怎么信啊，这叫迷信。"村中老人说。过去，河北铺村的地藏王庙就有几个女巫婆在那为人求神看病，她们给人求神看病后都要收钱。但是，会去找她们的大多都是家里遇见了让人比较无奈但是又还有一线希望的事情的。

关于鬼怪，村里有个这样的故事。以前村里有个叫除正保的人，他本来是宁屯人，在宁屯的家里住不了才来到河北铺村。除正保弟兄三个，其中老二是个瞎子。据说，他们在宁屯的时候家里总是招鬼怪：他们在家里蒸馒头，馒头蒸好后打开盖，看到的居然不是馒头，而是牲口的粪便。用锅烧开水之后往里面下小米煮粥，煮好后打开盖，锅里漂的竟然是一层粪便。过年的时候蒸饺子，蒸好了打开盖竟然什么都没有。家里蒸好的馍，除正保的兄弟拿起来是个馍，他拿起来却是个粪蛋子。瞎子老二知道这是家里招鬼怪了。所以，最后他们不得不搬家，就来到了河北铺村。

日常，村民们在家就信家里的神，出外就信庙里的神，无论在家神面前还是庙里的神仙面前都不敢乱来。"你办好事，神跟你，你办坏事，神也跟着你。你看不到，神灵看得到，给你记上账了。这是一种统治人的办法。这人还是办好事好，不要办坏事。

行好的人就不能做坏事。"村中老人说。

### 三、信仰关系

#### （一）求雨与信仰

村里有句话叫"有钱难买五月旱，六月连阴吃饱饭"。所以，求雨一般是在六月。五月干旱不要紧，就怕六月不下雨，六月没有雨庄稼就长不好。村里有些人家里有地，有些是租种别人家的地，但即使是没有地的人，不下雨家里也没水用。因此，一到求雨的时候，无论家里有地还是没地的都会去。尤其是村里行好的人，他们不仅去并且还上布施。"求雨的时候，男女都有，这个不分男女。女的还特别多，都是年龄大的，媳妇、老太太，姑娘就很少去。"村中老人回忆道。

天旱的时候到处都旱，所以求雨不是一个村的事情，而是几个村联着一起求。每当天旱的时候，几个村行好的好事人就会出来管事。他们请和尚，请道士，组织村民们一起求雨。虽然说村长、保长也会参加求雨的活动，但是主要的管理者是那几个行好的管事人。求雨有两个活动：

一是"抬五爷"。河北铺村求雨就在地藏王庙求。求雨那天会叫四个比较有力气的人将五爷用个桌子抬出来放在太阳下晒。五爷坐的桌子上面还画了雷公、风老婆子和闪电娘娘。五爷抬出来后，村民们都会拿着香去拜，还放铁炮、敲大锣，很是热闹。"祭雨的时候有供品，都是馒头和供菜。供品在五爷的桌子上摆着。那个供品五爷吃不了，最后还是分给大家吃了。"村中老人回忆道。

二是"麻批"求雨。"麻批"被神附身后，他就像疯了一样，头上顶着个杆杆，吹着笛子，骑着马去邯郸黑龙洞求水。求好后，"麻批"将罐子装满水，然后就往回赶。一听说水求回来了，村里人都要去接，把雨接回村。接的人在路上摆着供品等着，一接到就马上赶回自己村。此外，还有吹歌队跟着。吹歌队一路上要不停地吹，如果还没回到村中就停了，那么这雨就会下在别的村。据说，这是一个很神奇的事情。

#### （二）天灾与信仰

天灾是人力所无法抵抗的。1944年农历七月，河北铺村曾发生过一次蝗灾。据村中老人回忆，那次蝗灾灾情很重，村里的庄稼都被吃光了。为了灭蝗虫，村民们想了许多方法，如抓、煮、打、挖水沟等。但是，怎么都灭不了。有村民就去求神拜佛。他们要么在家里烧香，要么去地藏王庙烧香，寻求神的保佑，不让蝗虫吃了自家的谷子。有一种叫"沙鸡"的鸟会吃蝗虫，因此村民们把它画下来当作神祭拜。

#### （三）疾病与信仰

旧时，河北铺村流行过疥疮、瘟疫、天花、打摆子、黄水疮等传染病。1943年7

月村中还发生了霍乱。村民们得了传染病后政府并不管,社会上也没有救助组织,村民们只能自己找医生医治。河北铺村有一个老中医赵医生,其拿手活是医治瘟疫,村中无论谁家有人生病了都去找他看。他不怕给村民们看传染病,还给村民们号脉,对其望闻问切。但是,并不是所有的传染病赵医生都能治好。"(有的病)中医根本治不了,但是,村里又没有西医。我爷爷的瘟疫病这老中医就没治好。那个中医性子慢,药量下得小,所以治了好久都治不好。"村中老人回忆道。为此,很多村民就去庙里拜祈以求神佛的保佑。

## 第三节 思维与思维关系

河北铺村的村民们在长期的生产、生活中形成了一套属于自己的思维模式。为此,本节将从经验思维、务实思维、循环思维、中庸思维、平均思维五个方面去考察传统时期河北铺村村民们的思维与思维关系。

一、经验思维与思维关系

传统时期,河北铺村村民们生产、生活的顺利进行很大程度上都依靠经验及自身阅历的积累。村民们的经验主要包括生产经验和生活经验。

(一)生产经验

长期以来,村民们经过自身的积累和学习总结了一系列的生产经验,并将其编成农谚。如:"白露不出头,割倒喂了牛","七月雨,八月旱,棉花桃子像蒜瓣","八成熟,十成收;十成熟,二成丢","桃三杏四梨五年,想吃石榴等九年","会扬场的一条线,不会扬的一大片","高粱要深沟,芝麻影住身","谷雨麦挑旗,立夏麦秀齐","白露早,寒露迟,秋分种麦正应时",等等。村中老人说:"农谚可靠得很,错过这个季节就不行。农谚让生活也有了个安排,如农活多的时候就吃点好的,不然容易累。"这些多年积累下来的经验被编成农谚后,村民们起小就从家中长辈那儿习得。

旧时,河北铺村村南的耕地都种小麦,村北都种棉花。即便棉花的价格上涨,村民们也不会改变地里的农作物,因为村南的耕地不适合种棉花,种的棉花产量低。河北铺村有句话叫"庄稼不收年年种",即便某种农作物的价格高、销量好,村民们也不会随意改变自己耕种的农作物。"今年行情好,不一定明年行情也好。这是前后看不来的东西,少了就贵了,多了就便宜了。"村中老人说道。

(二)生活经验

旧时,河北铺村村民们积累的很多生活经验也被编成了谚语。譬如"一场秋雨一场寒,三场秋雨穿上棉","先下牛毛无大雨,后下牛毛不晴天","早烧(云)阴,晚烧晴","要想人长寿,多吃豆腐少吃肉","少盐多醋,勤走少怒","手舞足蹈,九十不老","春捂秋冻,不生杂病","宁吃鲜桃一口,不吃烂杏一筐","酒多伤身,色多伤人",等等。"这些让家里的生活安排有了规矩,早、中、晚都有个安排。如果今年没有春,就是个黑年,姑娘出嫁的时候要戴两个盖头。"村中老人说。

村民们的生活经验除了靠自己积累外,也从家中长辈处学。但是,对于家中长辈们说的一些道理,后辈们并不是全部接纳,而是有选择地吸收。"一般大人不让孩子说,都认为自己说的对,觉得孩子不懂。有些大人说的不对,说的是'拗理',说的不是理还愣说。"村中老人说道。对于长辈们说的"拗理",会掌握事态的后辈不会明着反驳长辈,而是会顾着长辈的面子,再重新选择一个适当的时机跟长辈好好商量。不然,后辈硬是要跟长辈说,那么这不仅会伤害长辈的自尊心,双方说了不高兴,而且还解决不了事情。村民们说,不管怎样长辈总是为了后辈们好,不会让后辈们往坑里跳。

## 二、务实思维与思维关系

务实思维是村民们日常生产、生活中的重要思维。长久以来,村民们流传的一些谚语、俗语可以反映村民们的务实思维。如"人要实,火要虚","有钱难买老来瘦","纸里藏不住火,雪里藏不住孩","地荒一季儿,人荒一辈儿","干活不随主,天下二百五","年年防歉,夜夜防贼","到城随城,到乡随乡,到了彭城就捏缸","身安抵万金,无病是神仙","吃不穷、穿不穷,不会打算要受穷",等等。

河北铺村村民重视勤劳致富。对于靠自己劳动挣来的钱,村民们说挣得多就多花点,挣得少就少花点,这钱用得心安。对于那些来路不明的钱,村民们说"常在河边走,不怕不湿鞋"。"贪污的钱,总是心里有鬼。今天这个送点,明天那个送点,这个吃了得倒霉。贪污多了,人家就告你,让你进监狱,总有被人抓的一天。"村中老人说道。在生产、生活中村民们都尊重长辈们的意见。但是,对于长辈们做的一些他们觉得具有长远利益的决定,如果后辈们也觉得这决定正确,那么会按照长辈的意思做;如果觉得不对,还存在弊病的话,那就不会按照长辈的决定做,或者与长辈协商后换种更好的方式进行。

## 三、循环思维与思维关系

无论生产还是生活,村民们都按照季节、时令的转换而循环往复着。

### (一)生产与循环

河北铺村属于半湿润大陆性季风气候,四季分明。长期以来,村民们总结了一些气候特征,如初霜最早在10月21日、最晚在11月8日,终霜最早在3月26日、最晚在 4 月 21 日，初雪最早在 10 月 31 日、最晚在 1 月 22 日，终雪最早在 3 月 6 日、最晚在 4 月 9 日等。在季节的循环更替中，村民们根据这些气候特征和二十四节气来决定种植什么作物，什么时候开始种，什么时候收。"每年都是一样地种，一样地生活。一年之计在于春，春季把事情都安好了这一年就撑着走。"村中老人说道。

（二）生活与循环

传统时期，村民们的生活也受着循环思维的影响。如村中的谚语"一九二九不出手，三九四九凌上走，五九六九冻破槌臼，七九八九沿河看柳，九九寒不来，十九杨花开"，便在一定程度上反映了村民们一年四季大概的生活节奏。"头伏萝卜二伏菜，三伏荞麦配小麦"，则向人展示了村民们在三伏天的生活情境。对于这日复一日、年复一年循环往复的生活，村民们说："生活和干农活不一样。对于这不变的生活，人过时光都不往这方面想。都想着家里有几口人，女儿出嫁了没，儿子成家有房子没。都想这个。"对于生活，村民们说健康第一，质量才是目的，如果人活着整天吃药就是受罪。

四、中庸思维与思维关系

中庸是村民们为人处世、修身养性的重要思维。关于河北铺村村民的中庸思维，此处从"财不外露"和"头难当"两方面来加以阐释。

（一）财不外露

河北铺村有些人家里很有钱，村民们也都知道他们的钱从哪挣来的，如医生开药房看病很挣钱，有人在外面买门市开店挣钱等。对于这些人家里有多少楼房、地产等村民们心里也都大概有个数。但是，有些人却不轻易露出来。他们看起来很平常，穿的、吃的都和其他人一样。有些有钱人还会帮助村中一些穷、吃不上饭的村民。"有钱人去帮助他们，他们这一辈子都不会忘。不仅自己不会忘，后辈也不会忘，这是自己家的恩人。"村中老人说。村中也有些人挣钱后"不成好"。他们将挣的钱挥霍浪费，专门做些下赌场、嫖娼之类不正当的事情。对于那些财大气粗、太过炫耀自己，也不注意跟别人说话的方式的人，村民们是看不起的。

（二）头难当

村中老人说，是头难当，但也还是总得有人当。当头的人要会当，得有当头的能力。在表扬一个人的时候，会当头的人会讲究说话的技巧和艺术。他会先说那人哪里哪里好，然后再说给他一点"小建议"，哪里哪里有点"小毛病"要改进。这样，被建议的人不仅听着舒服，还会很感谢这当头的人的意见。村中当头的人有些是被选的，有些则是被默认的。如村中部分村民有练太极拳的爱好，刚开始这些人是没有头的，后来一老人被村民们默认成了头。"学着学着，天长日久他就是个头。都维护他，还说要不是他，他们早就散了。"村中老人说。当队伍里面有矛盾、有纠纷的时候，当头的人还要肩负起协调的责任。

五、平均思维与思维关系

传统时期，平均思维影响着村民们的行为方式。这里从生产、生活两个方面进行阐释。

（一）生产中的平均

河北铺村村民在家庭生产的内部分工中秉持大致相等的原则。在"男主外，女主内"的生产模式中，男的因为有劳力而干地里和家中的重活，女的因劳力小而在家中做家务、带孩子、纺花，偶尔去地里做些轻活，如摘棉花之类的。在农户与农户的生产合作上，村民们秉持"你帮我，我帮你"的原则相互合作完成生产，相互帮忙的时间和劳力大致相当。在生产工具的借用上，村民们秉持"互补"的原则相互借用自己没有而对方有的农具。如果借用的是牲口，那么借用的一方不仅要照顾好牲口，还的时候还要带上一些草料。

（二）生活中的平均

家庭生活中的平均最主要表现在分家、财产继承和养老上。分家的时候，儿子们平等地享受财产的继承权，每个儿子按股平均分配家庭财产。当家人并不能单独为某个儿子多分配财产，家中也没有特别的继承物。父母的养老问题由儿子们共同承担，每人都均等地负责父母的养老钱与养老房问题。父母生病或去世了，相关费用也由儿子们均摊，既不能少出，更不能不出。

虽然说无论生产还是生活中的"平均"都是"大体均等"，而不是"绝对的平均"，但是一旦有人违背平均的原则，或使他人受到不公平的对待，那么他将遭到大家的反对。"按道理这个是说不过去的。同一个过道都是邻居，有的户就是不掏钱，这就是这个人不讲理，很过分。"村中老人说。

## 第四节 态度与态度关系

态度是村民们人生观、价值观的反映，也决定着村民们的行为。为此，本节将从生育态度及其关系、生产态度及其关系、生活态度及其关系、政治态度及其关系、人生态度及其关系五个方面去考察1945年以前河北铺村村民的态度及态度关系。

## 一、生育态度及其关系

### （一）生育概况

河北铺村一般的家庭都希望自己能有儿有女。村民们觉得两儿三女或三儿两女的搭配都比较好。对于孩子的数量，河北铺村有个说法叫"七子团圆"。村民们认为七个最好，而且要五儿两女。对于那些"七子团圆"的家庭，村民会认为这个家庭很有福气，是上辈子积了德。过去没有计划生育，只要媳妇有生育能力就会一直生。虽然村民们不会想到底要多少孩子，能生则生，但是没有孩子是万万不行的。如果一个家庭没有生到孩子，那就会被村民们看不起。而且，不能生儿育女，不能为丈夫家留后的媳妇往往也不受宠。对于不能生育这个事情，有些村民也会采取比较温和的处理方式，如去上海的孤儿院领小姑娘、小男孩回来养。

旧时的婴儿经常因为各种原因死掉，所以河北铺村周围有好几个扔死婴的地方。过去女的都不下地，就在家干活、做家务，但是穷人家的女的则不干不行，不然会饿死。有些孕妇在地里干活的时候一旦肚子发作就自己在那生孩子了。在地里生孩子没有接生婆，孩子生出来后，孕妇就用锄头将婴儿的脐带斩断，然后抱回家。这就容易造成感染，导致婴儿成活率低。婴儿死后就被扔到村周围或乱葬岗。有些埋得浅的还会被狗刨出来吃掉。

### （二）重男轻女

旧时，村中有重男轻女的现象。男孩不仅可以传宗接代，而且家中男孩多就不易受人欺负。"人多以后不一定干什么，有有能耐的，有干大事的，就不受人欺负。家里人少的，一个孩子的，打架惹不起就得受气。"村中老人说道。如果家中都是女孩，那么这个家庭在村中就立不起门户，会被称为"绝户头"。所谓的"绝户头"就是没有儿子的人。虽然村中重男轻女，但是对于生下来的女孩村民们一般不会将其弄死。但是，如果家里的孩子太多了养不起，或者想生男孩却总是生女孩，女孩太多了，那么就会把女儿送给别人。

家里男孩多的家庭虽然劳动力多，但是其在村中却也不一定富裕或地位高。有的家庭因为孩子太多反而负担重，越发困难，而且还供不起孩子上学，等孩子稍微长大一点就让他去干活。

### （三）过继

河北铺村存在着较多的过继现象。没有生到男孩的人可以过继兄弟们的儿子。具体过继哪个儿子则需双方协商，一方愿意给、一方愿意要，双方一起选定。过继时，家族里的尊长、"家长"都得参加，还要写过继书，不然这孩子就得不到承认。"契约上要写明过继后家里的财产就都属于这过继的孩子,过继后两家谁也不能干涉谁。还有,那孩子要负责为老人养老送终,要戴孝。"村中老人回忆道。过继还得摆席,由要求过继的人请,让大家给他当证明。村长、"家长"、地方、本家当户的亲朋都会被邀请过去。此外,被过继者的舅舅也会被邀请。过继的孩子要改口叫过继后的父母为父母。但是,自己的亲生父母这边也还喊爹娘。虽然两边都喊爹娘,但过继后他只需孝顺过继后的父母。亲生父母这边他既不用负责他们的养老,也没有财产的继承权。从此以后,他和亲生父母这边就是两家人。

过继还有一种方式叫"过爱子",就是自己喜欢哪个就过继哪个。村中有一老人回忆,他的老丈人就是"过爱子"过继的。当时他老丈人的父亲有四个兄弟,四弟就向三哥要了个儿子,要的就是自己喜欢的那个孩子。

关于过继,村中老人回忆了村中这样一个事件:

>   有一户人家有弟兄三个,老大没有儿子,老二和老三各一个儿子。老大去世后,他媳妇就过继了她姐姐的一个儿子。过继的时候,"家长"、管事的、村干部等都被请去喝了酒。这个孩子过继过来后改姓李,这边人给他取了一个新的名字,名字还写进了族谱里,成为了李家的后代。并且,这孩子还改口叫她妈妈,这就是自己家的人了。可是,后来这个人却不想要她这个过继的儿子了。原因是房产值钱了,那人的两个女儿想把房产平分了,不给那个过继的儿子。这是个很不合常理的事情。村里人怎么劝那人那人都不听。

(四) 抱养

旧时,抱养一般基于下述情况:一是家里比较穷,自己养活不起自己的儿女的家庭,会把自己的儿女抱养给别人。为了让自己的孩子到那家后不受气,给的时候也会看下那个家庭的家庭条件。"要看下这个家庭的父母好不好,对小孩都好不好。有的家庭不错,说好就给。"村中老人回忆道。二是家中的女儿太多,生完一个女儿又是一个女儿的家庭,会把自己的女儿抱养给那些家中男孩多但是没有女孩而想要个女孩的家庭。"给了就像亲女儿一样对待,哥哥也会对这个孩子很好,教养、吃穿都很好,都拿她当亲生的。"村中老人说。三是家中女儿太多,就去抱养别人家的男孩,维持自家的香火。关于抱养村中有一个这样的故事:

>   李家有个老爷爷,他有 2 个女儿、3 个儿子。他大女儿 2 个女儿,大儿子

5个女儿，二儿子5个女儿，三儿子2个女儿，小女儿2个女儿——几个儿女都是只有女儿，没有儿子。老爷爷过生日的时候见家里来了一堆的女孩，没有男孩，便哭了。后来，他大儿子就抱养了一个儿子。但是，这时老爷爷已经不在世了。

要抱养别人孩子时，小家庭内部商量决定好就行，不需要跟家族里的"家长"商量，抱回来后再去跟家族里的尊长、"家长"说。家族里的尊长、"家长"都承认这个孩子后，这孩子就能上家族的族谱（赵氏家族除外）。想把自己的孩子抱给别人养时，若跟父母、叔伯、兄弟们说的时候，他们说你养不起他们就替你养，那就可以不用将自己的小孩给别人了。但是，如果他们都穷，管不了，那就只有给人家了。"如果你真是多了，给人家就给人家，没人管这个事情。生了个女孩还是个女孩，就不要了。"村中老人回忆道。

抱养一般是通过亲戚或亲戚的亲戚介绍的。抱养之后双方便不再联系。但是，有些关系很好的人也会抱养，抱养后，孩子长大了也不告诉他实情，两家还很亲，就像亲戚一样往来。"我知道孩子在我家就要受气，在你家就能养活，你抱养了就是你的孩子，不管姓张王李赵。"村中老人回忆道。抱养小孩一般都不写文书。"写了就知道了。孩子知道以后，长大了就不在你这边了，会跑回那边去。写了后遗症太大，干脆一刀两断。"村中老人说。但是，有些思想比较开放的父母则会对孩子说实话，告诉他当时是因为什么事情他亲生父母把他给了现在的父母，而且还让其回亲生父母那去问。孩子知道后，如果这个孩子能想通的话，那么两边的父母他都会孝敬。但是，像这样保持良好关系或告知实情的一般都比较少，多数是不亲也不保持联系。

抱养孩子与买卖孩子不同。抱养孩子抱养方不用给钱，谁家生了小孩，经中间人介绍后，就直接抱过去。村民们一般都愿意抱养小的孩子，越小越好：小时候不记事，长大了就能与其一条心。如果长大记事了，那就不好说了。抱养给别人后，无论自己的儿女之后变成什么样，亲生父母都不能发表意见。如：村中有个人把自己的女儿抱养给人家了。那户人家的父母生性风流，所以，他的女儿长大后也很风流，而且还被旁人说闲话。那人知道后很无奈，但是也没办法。因为给了人家，就是人家家的人了，他管不了。

（五）买卖小孩

旧时，河北铺村有买卖小孩的现象。买卖小孩的一般是没有生到孩子，或是还想为家里添个男孩或女孩的家庭。"买卖小孩男孩女孩都有，有的家里有男孩没女孩就要个女孩。女儿对父母亲,媳妇不如女儿。"村中老人回忆道。贩卖的孩子一般都比较小,一岁、两岁或三岁,不然孩子年龄大了就记事了。人贩子买卖孩子的时候都是偷偷摸摸地,不敢明目张胆地进行。人贩子会先在村里找好一个管事的,让管事的去了解谁家要孩子。经管事的介绍,买卖双方讨价还价完成交易。"就是我给你一个小孩你给我多少钱,讨价还价。3000,不行,5000,我不行,然后就4000,偷了之后就卖给你。"村中老人回忆说。交易完之后,买卖双方不再联系。但是人贩子会给管事人一些钱,一是为了堵住他的嘴,二是如果人贩子下次还想来村里做生意也可以继续找他。

孩子买回来之后,就放在家里当自己的孩子养,不声张,名字也自己给他取。"我要来了,就我自己取名字。不管是赵家的、李家的、王家的,我要了就叫赵什么、李什么、王什么。"村中老人回忆道。村中除了赵氏家族,其他姓氏的家族都可以将买回来的孩子写进族谱。家里买了一个孩子,邻居看见了会生疑,但是一般都不会太多地去过问这事,村长也不会管。虽然都知道买卖孩子是犯法的,但是村里人都会装不知道,不去追究。天长日久,就说是自己生的。"有几个月了就可以抱出来了。要就要了,人家不会管你的事情,也不会去问,没人管这事情。"村中老人回忆说。人贩子把孩子卖给买家的时候,并不会告知这孩子是什么地方的,其亲生父母是谁,就只是你给我钱,我给你孩子,拿到钱之后就走了。关于买回来的孩子村中有一个这样的故事:

> 村里有个孩子是父母买回来的。他长大成家后听到别人说他是他父母从外面要回来的,便一直问他父亲他亲生父母在哪,要他父母说实话。这个孩子的父亲以前因为只有两个女儿,所以就买了一个儿子回来。这孩子这样问他父亲的时候,他父亲就不跟他说这事。这孩子因此很苦恼。后来村里人便开导他说:"不管你是你父母要的也好,亲生的也好,你现在的父母对你好不好?"他回答说:"是对我不错。"然后村里人又说:"既然你父母对你这么好,把你当亲生的,你有什么苦恼呢?"经过多次的劝导后,这孩子想通了,后来再也不问他父母这事了。

村民们知道买卖小孩是犯法的,但还是要去买。"就是家里缺人,尤其是男孩,要一个,不然家里就没有人(断后)了,他就去买。"村中老人说。买小孩的家庭一般都比较富裕,有钱。因为孩子买回来之后还要抚养他长大,长大后还要成家,负担重。孩子长大后,如果对其父母不孝顺,家族中的"家长"可以管。但是,"家长"管一般也就是去劝一劝,讲讲道理,帮忙疏通双方的关系。如果这孩子对其父母特别凶狠,还打骂其父母，那么父母可以起诉他，让法院来制裁他。"'家长'管不了，就可以去打官司。邻里都知道这事情，别人可以背地鼓动他的父母告他。"村中老人说。并且，对于不孝子，乡亲们还会在背地里指责他，说其人品不好，并且让周边的人不要与其共事。

（六）生育与婚姻

生育对婚姻关系会产生影响，其影响主要表现在以下两个方面：

一是没有生育能力、不能为男方家传后的媳妇一般都会被男方家休掉。有的夫妻之间关系好的也不会。万一丈夫的父母要求其休妻，丈夫劝说无效，他可以带着妻子一起外逃。但是，外逃的现象很少。丈夫一般情况下都会听从父母的劝说把妻子休掉。遇见这种情况的休妻，女方的父母也没办法。休妻后，男方要将女方送回娘家。如果女方是有钱有势的家庭，那么丈夫则不敢轻易休妻。为了生孩子，男方可以再娶个小妾。

二是如果媳妇总是生女儿不生男孩，有些也会被休掉，但是这种情况不多。如果夫妻两人感情好，丈夫会不忍心。如果夫妻两人感情不好，父母又一再唆使的话，那就会被休掉。休妻后，男方再娶新媳妇。

女方被休妻后，有些能想开。"心胸开阔一点的还能去找个光棍汉，找个不在意自己能不能生、有没有生育能力的人。就是找个老伴，你来我这，我们两个一起干活吃饭。"村中老人说。有些则想不开。有些觉得羞耻的人还上吊或投井寻短见。

二、生产态度及其关系

传统时期，农业生产是河北铺村村民们的重要生产活动。村民们以务农为主，平时也打长短工、做小买卖、纺花织布贴补家用。此外，如果家里有剩余的劳动力，村民们会送其去拜师学艺，如学木工、泥瓦工、打铁、剃头、唱戏、做糕点等等。

旧时，村民们自家的水田旱地种植什么作物，种多少、怎么种、怎么收等一系列环节都由当家人做主，家庭成员都听从当家人的安排。就算是与自家关系十分要好的亲戚邻居也不能干涉。即便是租种的土地，东家也只收租，并不能对佃户的生产进行干预。分家后，各个小家庭都会有自己的新当家人，家庭的生产由新当家人决定，老当家的不干涉。家庭生产的好坏都与老当家的无关，由新当家人全权负责。

村民们生产以户为单位，但是，如果家中劳动力或农具不够，相互间关系好的农户会在互帮互助中进行合作生产。"我家的劳力多、地不多，你家的地多、劳力不多，劳力多的就可以帮助劳力少的。尤其是春天抢种的时候。不然过了这几天苗就上不来了。"村中老人说道。

村中自家有土地的农户，在收获粮食后，只需缴纳粮差和粮财，其余的都归自己支配。村中租了土地的农户，除了缴纳粮差、粮财外，还要缴纳租金。如果剩下的粮食比较多，有些当家人会将自家的粮食拿去集市上销售，并换取自家需要的生活用品，或者将钱积攒起来后置办新的房产、地产。

基于一家人要吃喝，要盖房子，孩子们长大了还要结婚等各项生活开支的压力，大多数的村民都较为勤劳，只有少数人比较懒。"天上没有馅饼掉，都是要自己去劳动。"村中老人说。勤劳的人不仅生活会相对富裕一些，而且村民们都尊重他们。他们安分守己地生活，勤劳顾家，与乡亲们相处融洽，人事关系好。而那些懒惰的人则被村民们看不起。即便是对门的邻居知道他们生活困难，也不会去帮他们。

### 三、生活态度及其关系

传统时期，村民们秉持"量入为出"的生活态度维持家人的生活。据村中老人回忆，以前村中有人有记账的习惯，而且有人还记得特别详细，每天写日记记录收了多少、花费多少。但是，有些村民则对这种生活习惯持否定态度，他们觉得过日子需要精打细算，但是教条式地记流水账是没有太大用处的。大多数村民居家过日子都会有一个大体的计划，收入多少，需要开支多少村民们心中都会有一个大概数。

俗话说"有钱不买半年闲"，村民们在日常生活中秉持着勤俭节约、不浪费的生活习惯。家中物品的添置，需要的才买，不需要的就不买。"买东西就是急用，不浪费，够用就算，再买就是浪费。"村中老人说。但是，村民们也不是要将家里的物品彻底用完了、用烂了才去添置新的。旧时，村民们添置新衣服的时候，总是给家中的第一个孩子添置，不会给每个孩子都添置。其他的孩子都穿哥哥姐姐们穿过的衣服。孩子们的衣服就这样一个接一个地穿下去，以节省家庭开支。

那些不想干活，还整天想着多花钱买东西的浪费的人，由当家人进行管教。败家子不仅被村民们看不起，而且还遭人唾骂。对于实在管教不了的败家子，当家人会将其赶出家门，不认他这个儿子。村中有句话叫"浪子回头饿死狗"。村民们说败家子潦倒后，如果有人去帮他们，对他们进行劝说，他们也能改好，改好了之后就会勤勤恳恳地干活，村民们也会慢慢地乐意与其接触。

村民们走亲戚送礼的时候，为了让亲戚高兴，与其更加亲近，一般都会多带些礼物。但是具体带多少还得看双方的关系。如果是要好的，关系亲密的，就会多拿一些；如果是一般的朋友，那就带一般的礼物。

### 四、政治态度及其关系

民国时期，村长、保长、乡绅等是村里的有权阶层，在村中有着较高的地位。普通农户既怕他们,有时也讨厌他们,但是却也求着他们。在宴席上,村长、保长、乡绅等人来了要被请上上席。如果有求于他们,即便是辈分、年龄比他们高的人也得给他们让座,请他们坐上席。所以,村民们一般都想当官。有些有钱人还拿钱买官。"当官都有个目的。当官就能发财,有说话的权力,别人就不敢惹我。"村中老人说。

当官后,不仅当官的人自己在村中会有较高的地位,而且他的家人、家族、亲戚也能跟着一块沾光。像赵氏家族有进士、探花、举人、庠生等130多个,在村中一枝独秀,政治、经济地位都远远超过了其他家族。"这个村当官的多,如果有职位空缺,都是先找自己的人去补。没人就没这个联系,就上不去。如果可以让自家的人去,能当都愿意当。"村中老人说道。

虽然当官的人在村中有着各种权势,但是,村民们是否"怯官"也看具体事情。如果自己与人串嘴、打架,做了不好的事情,那么就怕当官的找自己麻烦。普通村民对当官的都持敬而远之的态度,不得罪也不过分地接触。

五、人生态度及其关系

在传统时期,五男两女、"七子团圆",有几百亩地,对于村民来说是一种理想生活。穷人为了改变自己的生活给人当长工、打短工,还去做小买卖,想尽各种方法让自己生存下来。虽然有些穷人家不管怎样也翻不了身,甚至还越活越困难,但所谓"三十年河东,三十年河西",谁也不能保证富裕的家庭几辈人都会一直富裕,穷的家庭会一直穷下去。指不定哪天富裕的家庭里出个败家子,家产很快就会被挥霍掉。而那些原本不富裕的家庭,如果家里的孩子能干、顾家,那么也能很快地好起来。尤其是家里有有抱负、有理想的孩子的家庭,等他们出去干大事或当官后,回来就能光宗耀祖。关于家里的后辈,村中老人回忆了一个这样的事例:

> 以前,村里有个打铁匠,家里有五个孩子。这五个孩子不是聋就是呆,都不聪明。后来,打铁匠娶了个新媳妇,这新媳妇带了个孩子过来。这个孩子很聪明,上学的时候学习成绩很好,还考上了大学。这个孩子有出息,从此以后这家庭就翻身了。

所以,村民们觉得保持谦虚谨慎的态度,认认真真地过好每一天,不刻意追求多少房、多少地、多少孩子,就是一种理想的生活状态。

## 第五节 习俗与习俗关系

文化习俗依附于村民们特定的生活、习惯、情感和信仰而产生。为此,本节将从婚姻习俗及其关系、丧事习俗与其关系、节庆习俗及其关系、日常习俗及其关系五个方面去考察 1945 年以前河北铺村的习俗与习俗关系。

一、婚姻习俗及其关系

(一)结婚圈

村民们结婚选对象一般都是在村周围三乡五里、十里八里之内的地方。少数人会在比较远的地方选对象,如村里有在大明县娶媳妇的。"大明县那个地方很苦,大人为了让小孩结婚然后就介绍过来了。但是,这种情况很少,一般都是三里五里,临近村,四五、八里路。"村中老人说道。

(二)结婚条件

1. 年龄

过去,女的一般十八九岁结婚,也有十五六岁就结婚的,但是不多。"15(岁)结婚的,一般是家里困难,就嫁给男方。女婿通常会比较大,有大上 5 岁 10 岁的。15 岁的小,不在结婚年龄。"村中老人说道。男的一般是在 20 岁结婚。如果家里有钱,也可以早一点结婚。村民们说早结婚是为了早生孩子。

旧时,村里流行过娶大老婆,所以小女婿大媳妇的现象很多。有的媳妇已经 19 岁 20 岁了,儿子才 9 岁 10 岁,还是个孩子,什么都不懂。当家的让儿子娶大媳妇主要是为了让媳妇照顾儿子,相当于给儿子找个保姆。等儿子长大后,家里再给他娶一个跟他年龄差不多的媳妇。"那么大媳妇从此以后就被放一边了。如果大媳妇有能耐,能说会讲,那就能在家当家,但是,一般都当不了。有的大媳妇还会出问题,会去偷汉子。"村中老人说道。也有些小女婿大媳妇是被媒人两头撮合而成的。媒婆在做介绍的时候故意将男的岁数说大,把女的岁数说小。

2. 父母之命,媒妁之言

村民们结婚讲究父母之命、媒妁之言,婚姻都是由媒婆介绍,父母做主。以前结婚被叫作"隔山买犁牛",结婚之前男女双方不见面,全由媒婆说,结婚后才能知道对方长什么样。"长相看不到,全凭媒人的嘴巴说了。哪个小伙子长得帅,哪个女孩子长得漂亮,眉毛怎么样等。实际上长得怎么样就不知道了。"村中老人说道。

河北铺村有两户人家成亲。男女双方都是很有钱的家庭，办喜事的时候双方都办得很隆重，很气派。请了3个吹歌队，打了4个牌，还撑大红旗、打纱灯，闹得热热闹闹的。亲戚朋友们在酒席上也喝得很好。可是，当新郎到洞房后却发现新娘是个驼背，还长得很丑。于是，他当天晚上没圆房就走了。从此以后，再也没有回来过。

3. 门当户对

村民们结婚讲究门当户对。媒人在给人做介绍的时候会说下对方家庭情况，双方家庭差不多的才能结婚。贫穷人家娶不到有钱人家的姑娘，有钱的人家也不会让自己的女儿嫁给穷人家。请媒婆做介绍成功后，男方要给媒婆谢媒礼，女方则不用给。谢媒礼有的人家给钱，有的人家给米，具体给多少视情况而定。村民们说媒婆给人说媒做介绍是"打兔子"，意思是媒婆成天给人说媒做介绍，但是不知道多少天才能说成一对。

4. 过五服

如果不同姓，本村人可以和本村人结婚。同一个村的人相互间还熟悉，又了解对方的家庭情况。如果同姓，那就必须得过了五代人之后（五服之外）才可以。总的来说，村民们还是和外村人结婚的多。两个村子联姻结婚的多了，两村村民相互间的关系也会有所改善。比如说，两个村的人因为什么事情闹矛盾了，刚开始互相都不认识。但是后来一听说是哪家的亲戚，那么可以让那家的亲戚去帮忙说说，这矛盾就好化解了。

（三）订婚

1. 提亲。由媒婆到男女双方家提亲。提亲时，需问及男女双方的年龄、属相，了解基本的家庭情况，看男女双方属相是否相克，双方家庭有没有结为亲家的意思。

2. 寄婚帖。男女双方相互交换写有姓名、生辰八字等内容的帖子，并请阴阳先生算一算。如果可以则结婚，如果不行就谢绝。寄婚帖一般在上半月，帖内要压礼钱，并由媒婆送至女方家。男方要给媒婆相应的报酬。寄婚帖是订婚中的最初程序。

3. 拿小字。小字内压小字礼若干，由媒人送至女方家，女方回礼若干。拿小字实际就是约定换书时间。

4. 换书。即互换婚书，具有确定婚庆典礼日期的作用。换书的时候要通知直系亲戚和近门家族。男方要在红书内放大葱2根，独头蒜2个，花椒2包，大盐疙瘩2粒，艾叶2包，棉籽2包，红棉花骨节2个，红鹅卵石2块，红圆管线2把，针2裹。此外，红书内还要放婚帖，附礼若干、全幅若干份。装好后用带线针头别好，并由包书人（即全完人）和媒婆一同送至女方家。女方收到红书后，将红书内的针、线、全幅留下，棉籽换成高粱，回压书礼若干，装若干份全幅，其他的东西原封不动地装入女方红书回给男方。旧时，换书的时候男方要给女方买手镯、手链、簪子、头巾之类的东西，女方则给男方笔墨纸砚和四书五经。

订婚后，男女双方不看节。即便是男女双方的父母也不会聚在一起。订婚的过程中，如果哪方家长不想和对方结亲家了，可以在没有换书之前退婚。"因为通过亲戚来回地打听后，知道对方家长不好，女孩不俊，长得风流或脸上有疤痕之类的。"村中老人说。有些即使换书了，如果哪方想退婚也还是可以退的。退婚的时候，如果是男方要退，那么男方给女方的聘礼女方可以不退。如果是女方要退，那么男方给女方的聘礼女方就得退回给男方。订婚后如果有一方因故死了，那么这桩婚姻就算了了，另一方再重新找别人。在旧社会还有这样一个讲究，即如果男方病了，可以把女方抬去男方家，让女方给男方冲喜。

(四) 婚庆

1. 婚礼程序

(1) 送婚帖。男女双方请村中有文化、懂的人誊写好婚帖，由当家人或儿子在婚礼前1—10天发放出去。"告诉亲戚朋友什么时候结婚。姑姑、姥姥、舅舅、大姨、小姨家都要去。男方的男方通知，女方的女方通知。"村中老人说道。

(2) 婚礼前的准备。婚礼前要请阴阳先生看日期，选好下轿屋、下轿时间，看好喜神方位。家里要粉刷好门楼、院子。全完人要为新人做好4条被子、3条褥子、2个枕头。婚礼前6—10天，男方要请好总管、厨房、知客、迎客等人，并一起商量结婚的相关事宜。婚礼前一天，厨房开始准备酒席上的饭菜。女方在婚礼前则是准备好嫁妆，并贴好"喜"字，撒上棉籽和高粱。嫂子们要为新娘子准备好随身饭。随身饭为88个饺子，其中两个为合食（形状不一样的饺子）。

(3) 上平安供。结婚当天，男方一早就要放3声炮，上平安供。上平安供是用斗装好谷子或高粱放在天地台上，然后插上五色旗。还要摆上15个馒头，5碗供菜，若干水果。最后烧香、点蜡、燃箔、放鞭炮。

(4) 通道路。早饭前，男方派4—5人抬着食盒到女方家叫作通道路。食盒内分五格，第一格放礼肉，第二格放麦子，第三格放白面，第四格放高粱，第五格放花籽。食盒外挂两个小罐，内装五谷。通道路的人到了女方家后，女方设茶水席招待。席间男女双方商议姻亲往返路线、下轿时间、嫁妆礼等事项。女方将男方所带食盒的麦子回半，馃子回60个，礼肉不回，并在礼肉那一格放随身饭。

（5）过妆。男方通道路的人走了之后，女方随即派40个人左右将嫁妆送至男方家。过妆人到了男方后，男方设席招待，并且给嫁妆礼。旧时，嫁妆有办32件的，有办42件的，有办56件的，具体办多少就看家里的经济条件。结婚的时候，男方也会买些东西放在家里，但还是女方买的嫁妆多，花的钱也多。为此，村民们说嫁女儿赔钱。

（6）迎亲。迎亲队伍出发前，拉马者[1]得先领着新郎串自家，还得给天地磕头。礼毕后，拉马者拿着蒙头红、三件红、披红礼领着新郎和斟盅[2]、把镖者[3]，带着迎亲队伍出发。旧时，迎亲队伍前有旗帜仪仗，称半副銮驾。

迎亲队伍到了女方家后，进门之前，女方的嫂子或小青年们要给新郎撒白面，谓撒面花。进家后，女方要设水果席。斟盅坐首席，新郎坐副席，把镖者坐两边，拉马者坐板凳头。男方将蒙头红、三件红给女方的管事人。休息片刻后，拉马者将斟盅人请出，回到轿子里。新郎移入斟盅的位子，新娘的嫂子们给他披上披红，女方的叔伯或哥哥给他整理帽花。然后，新郎也回到轿中。新娘则头戴蒙头红，脚穿红鞋，由上拜老婆和圆伴媳妇们簇拥着上轿。

迎亲队伍迎回村的时候得从村东门进，忌从西门入。到村后，新郎由拉马者领着回家，新娘坐哥弟抬着的罗圈椅到洞房。男方要设席招待女方的送亲人员。女方亲戚一上桌，厨房的人就会端着盘子来满酒。酒满好后，女方就要将红包放在厨师的盘子上。上菜后，也要给红包。"开始的菜没有红包，后面给你上好菜了就要给红包，都是总管领着来的。这钱就归厨房的那几个人。"村中老人说。

以前，河北铺村赵家专门制了一套结婚用的桌椅板凳、轿子、旗、牌用作出租。因为轿子只有一个，所以如果当天结婚的人多，大家就要轮着坐。结婚时辰在前面的先用，轿子回来后第二个人再用，坐"二发轿"。村民们结婚的时候并不是所有的新娘都能坐轿子。有钱人家可以租用轿子，一般人家就用牲口拉的木头车，还有的穷人家干脆直接去新娘家把人领回来就算了。

（7）开脸。由男方的全完人双手拿红线，用嘴咬着线头，形成交叉状在新娘的脸上比画一下，再用鸡蛋在脸上滚一下。这象征着姑娘从此就变成媳妇了。

（8）踩棒槌。新郎倒坐门槛，脚踩棒槌，吃新娘从娘家带过来的随身饭。吃的时候，嫂子们会调侃地问他："生不生？"新郎要回答："生。"

---

[1] 迎亲队伍的负责人，由自家的年轻人担任，负责看路。如前遇有办丧事者，则要引导队伍绕道。
[2] 一般由新郎的叔伯担任，陪同新郎去女方家。
[3] 护卫新郎者。

（9）挖富贵。由新郎在食盒中挖麦子，挖得越多越好。

（10）押富贵。由新娘的弟弟或侄子将一个红包压在洞房的柜子或箱子里，这红包9天后才能拿出。

（11）拜堂。拜堂一般都在下午两三点的时候，全程半个小时左右。拜堂的程序是新郎、新娘就位，主婚人就位，来宾就位，拜高堂，拜天地，夫妻对拜，送入洞房。过去，新人拜堂的时候有钱的人家会专门请个司仪，没钱的人家就请家里的人当司仪。

2. 礼钱

婚礼举行的当天，收到婚帖的人一般都会去参加。一般来说，只有被发了婚帖的人才会去参加婚礼。参加婚礼的人到了那之后都要随礼，不随礼的一般都不去，随礼钱主要用来帮助亲戚朋友们办喜事。在随礼的人当中，姑姑、舅舅、姥姥之类的亲戚随的礼多，有礼肉一方，被子、褥子一床，布一块，食盒一架，礼洋若干。其他的亲戚则视关系的远近送数目不等的礼钱、麦子、礼布。女方亲戚的食盒里一般送玉米、高粱，男方亲戚则送小麦，一般装二三十斤的样子，最多四十斤。食盒的最下层放两根葱，意为聪明伶俐。

送礼送多少一是看相互间的关系。关系好的就多送点，关系一般的就少一点。"看关系了，像村里一般的就50、100，好一点就200，再好的就更多了。"村中老人说。二是看对方送了自己多少。"一般都是你给我多少，我给你多少。你给我随100，我给你随100，有的给随200。"村中老人说道。随礼钱的时候，不管家里穷或富裕都要随，有钱就多给点，没钱就少给点，不能不给。尤其是别人给自己随了，自己就必须给别人随，要有来有往。而且别人结婚的时候人可以不去，但是礼钱一定得到。亲戚朋友们送的礼都会被记起来，结婚当天亲戚们送的礼钱都归当家人。记礼账的一般都是两个人，这两个人一个人记账，一个人管钱，而且还要相互帮忙看着，不能把账记错了，也不能把钱弄丢了。记礼账不一定叫家里的人记，一般都是请村里有文化、会记账的人，主家自己去请。记礼账的人也属于帮忙，没有工钱，但是最后会给些礼物。

3. 宴请宾客

主家会在婚礼后的9天内再定个日期设宴招待与自己关系好、随礼钱多的亲戚朋友。再设宴的请帖在亲戚朋友们随礼钱的时候就给他们。"现在是给100块以上的就请，当场就给红帖，说几月几日去哪喝酒。一般是隔一天去酒店喝酒。那些给50、30、20的就没有了。"村中老人说。宴请的酒席，有钱的就办得大一点，没钱的就办得小一点，不会都大办。有些家里面穷的人结婚，就家里几个人凑在一起就帮他把结婚的事办了。

吃酒席的时候，一开始都是让大家喝酒，不吃饭，也不吃菜。为了防止大家一上桌就吃饭菜，主家就不给大家发筷子。总管或家长在酒席上会去给亲戚朋友们满酒，让大家喝好。酒席上有个首席，首席由尊贵的客人坐。但是，首席这个位子并不容易坐，坐的人得会，他是有任务的，被安排在首席的人都知道自己要干什么。坐首席的人不一定是辈分大的人，这个人得会管事，在客人们吃酒席的时候要会看大家的状态。他得在看大家喝酒都喝得差不多的时候站起来对大家说，让大家喝好，好好喝。"过去，喝酒就是喝酒，这个喊的要看大家喝得怎么样了。不然，如果大家还没喝你就喊，就会说你这个喊的不会喊。"村中老人说。首席的这个人站起来说完这句话之后，主家就会给大家上筷子让大家吃饭菜。吃完了，这酒席也就结束了，大家各自回家。

村民结婚的时候并不是所有的人都会请村长，也不是都能请到。能请到村长的一般都是村中有钱、比较有势力的人。如果村长来了，要给其安排特别的位子。他要被安排与总管、家长之类的人坐在一块。没结婚的女孩不能去参加婚礼，即使是自己玩得好的姐妹出嫁也不能去。过了门的媳妇则可以去当伴娘，叫作"圆伴媳妇"。

4. 串忙者

村民们办红好事的时候，新郎的叔叔大伯之类的亲戚会去帮忙。有些远一点的本家嫂嫂、婶子也会去帮忙。此外，其他一些来帮忙的则是自家的前邻后舍。让别人来帮忙的时候一般会先跟几个主要的人说，请他们在自家没事的时候就过来帮忙，其他的则来不来都行。帮忙的人中，除了主厨要给工钱，其他来帮忙的人则不用给报酬。但是，凡是去了帮忙的主家都会管饭。

（五）婚后

1. 上坟

结婚后第二天午前，新娘要穿着蓝衣服，带着香、箔、供养由嫂子领着和新郎一起去上祖坟。不用去祠堂祭拜。"一般的姓氏都没有祠堂，祠堂的家谱不是时常挂着的。上坟就上自己的坟，嫂子领着去。"村中老人说。

2. 串自家

上坟回来后，新娘要由嫂子领着去串自家。串自家只需在别人家里跟人打个招呼就行，让大家认识新媳妇。串门只串自己本家的人，不去串别的姓氏。像赵氏家族这样人多的，只串本门一门就行。

3. 回门

婚后三到四天新娘会回娘家走一走。

4. 叫闺女

9天后，由娘家的兄弟或侄子两三个人带着两个礼盒来叫。新娘走的时候要穿嫁时的衣服，并给母亲带一两件被子、褥子和布料，布料给小姑子或侄女。

5. 拜年

大年初一的时候，新婚夫妇要一起给父母拜年，公公婆婆要给新媳妇拜年礼。然后，新媳妇还要由嫂子或大娘领着去给自家拜年。领的人到了别人家后要主动跟人家说"新媳妇来拜年了"。拜年的时候，如果是给直系长辈拜年要下跪，其他的则只需在其院中站站。此外，长辈要给新媳妇拜年礼，中午吃饭的时候要摆酒席，并邀请近门的媳妇陪席。

6. 请媳妇

初二、初三的时候，本家当户和街坊邻居要把新媳妇叫到家中坐席吃饭。

7. 拜节

拜节也叫住正月。正月初六或初八，男方要派六至十人带礼肉一方、馃子两篮、麦子一布袋到女方家拜节。到女方家后新婚夫妇要先一步进门给父母拜年，然后入席。休息片刻后，女方会派一到两人端着礼盒、拿着馃子带着新女婿去串自家拜年，并送馃子。串自家的时候，如果是给直系长辈拜年，得下跪，其他的亲戚则不用。长辈见了新女婿都要给红包。串完自家，女婿回到家中后就正式开席，有三四十道菜。席间，嫂子们会给新女婿换鞋。换完后，新女婿要给嫂子们换鞋礼。酒席完毕后，拜节的陪同人员回去，新女婿留下住正月，一直住到正月十五。住正月期间，女方的本家当户、街坊邻居会请新女婿吃饭，谓请女婿。正月十五傍晚或正月十六，新女婿回家。回家时，新女婿会悄悄地拿岳父一件小东西，谓偷富贵。

8. 追节

次年农历五月，女方派三至五人到男方家送夏天用品，如凉席、竹帘子等，并给公婆一家每人做一双新鞋。男家设宴款待。

（六）婚姻的其他形式

1. 纳妾

旧时，村中有钱有势的人，如大财主、队长、黑团的头等会纳妾。纳妾总体上分为四种情形：

一是第一个老婆没生育能力，父母、老婆都同意其纳妾。

二是强迫。有人看别人家的女儿长得漂亮，就强迫人家将女儿嫁给他，不然就要挨打。

三是攀高枝。有些门槛比较低的人家，为了攀高枝，沾别人家的威风，会把自己的女儿嫁给那些比自己门槛高的人家做小妾。

四是崇拜。有些女孩子看对方是个队长之类的人，觉得挺好，对他产生了崇拜之情，愿意嫁给他当小妾。虽然很乐意地嫁过去了，但是嫁过去之后的生活会怎样就不知道了。

关于娶小妾村中有一个这样的故事：

> 以前村中有个地霸，有钱有势，还有枪，娶了八个老婆。他的第八个老婆长得很漂亮，虽然说长得漂亮，但是没什么心计，人很单纯，心甘情愿地嫁给了他当小妾。当被明媒正娶娶回家之后才发现，这地霸前面的七个老婆个个都很厉害。这第八个老婆并没有因为自己的漂亮获得什么优势，反而因为不会说话而不受宠。从此以后，她就在地霸的家里给地霸前面几个老婆做各种家务活，做饭、抹桌子，被当作丫鬟使唤，还要受各种气。解放后，地霸被枪毙了，这地霸的第八个老婆在本村另外找了一户人家把自己嫁了。

如果第一任妻子没有生育能力，父母出于传宗接代、生儿育女的需要会同意其纳妾。如果第一任妻子有生育能力，儿子要在外面乱搞男女关系或嫖窑子，那么父母就不会同意其纳妾，第一任妻子也不会同意其纳妾。如果第一任妻子的后台硬，娘家有钱有势，并且自己也足够厉害，那么她不仅不允许其丈夫纳妾，还会把那女的毁了。"一个人有多大精力？你宠了这个就冷了那个。实在是不能生育了才纳妾。如果自己的媳妇很好，那么家长就不会同意。"村中老人回忆道。娶小妾或娶好几个小妾的一般都是家里有钱的或是官场上的人。如果家里不同意其纳妾，那么他们就会另外找个地方养着那个女的。但是，其父母和家族的"家长"都不会认可她。

有文化、有知识、家庭有势力的女孩一般不会嫁给别人当小妾，会嫁给别人当小妾的一般是自家门楼低，为了攀高枝、装门风。虽然是小妾，但是如果是父母同意迎娶的，那么迎娶的规模就跟第一任妻子一样，都是黄花大闺女，都明媒正娶。小妾一般被人看不起，其地位要低于第一任妻子，当地村民邻居间骂街的时候就经常会说"你这个假小婆子"。虽说地位低，但是小妾是否要听从第一任妻子的管制，一方面要看丈夫宠谁。"看男的宠谁，宠小的，大的就不敢欺负小的。如果宠大的，那么小的就更不敢怎样。"村中老人说。另一方面要看第一任妻子的能力。"如果女的当家，那么即使男的宠小的，小的也得听大的。"村中老人回忆道。

按规矩，第一任妻子住正房，小妾们住偏房。即使小妾受宠也不能住正房。但是，如果丈夫嫌弃第一任妻子，那么他就会让第一任妻子住偏房，让他宠的小妾住正房。"正宫娘娘就住正宫。但是，像黑团的那个土匪就不会，你不听话就整你。就叫你住偏房。"村中老人回忆道。一般来说，无论是第一任妻子或是小妾们，房间里各式家具都要有。但是房间里的东西具体有多少，就要看丈夫宠谁了，宠谁谁房间的东西就多。"比如说，过年都是一人100，但是背地里的东西就不知道了。宠你就给你买手镯、项链之类的，就有偏向。"村中老人回忆说。虽是小妾，但是死后也能进祖坟。

无论是第一任妻子的或是小妾的，孩子大体上都是平等地对待。但是是否会偏向谁，一是看丈夫宠哪个妻子，二是看哪个孩子更有出息，更有能耐。"一个学习好，一个学习不好，一个来得快，一个来得慢，就会有偏向。跟哪个老婆好也会偏向哪个。"村中老人回忆道。至于第一任妻子会怎样对待小妾的孩子，得看小妾与第一任妻子的关系。如果相互间的关系不错，那么这第一任妻子就会把这小妾的孩子当自己的孩子看待。如果相互间关系不好，甚至不和气，那么这小妾的孩子会受到怎样的对待就要看其丈夫的态度了。

小妾在分家的时候也能分到一份财产，其孩子与第一任妻子的孩子平等地享有财产的分配权。"分家的时候孩子们都是一样的，没有高低，房产、财富之类的基本上是一样的。"村中老人说。即使是没有生育孩子的小妾也可以分到一份财产。分家的时候如果有争议，便通过抓阄的方式让大家获得各自的财产，抓住哪个就是哪个。

2. 改嫁

丈夫死后，有些媳妇会选择改嫁。改嫁的时候，如果她有儿子，并且这儿子还很小，那么叔叔伯伯会管这个孩子，他们就不会让她把这小孩带走。家产也不能带走，只能她自己走。但是，如果叔叔伯伯不想管这孩子，那他们就会让她把小孩带走，家产也让她变卖带走。"叔叔伯伯不要的话，就卖给别人，卖给叔叔伯伯价钱就便宜一点。寡妇只能成多少得多少。"村中老人说道。如果改嫁的媳妇没有儿子，她要把东西变卖后带着钱走，那么她丈夫的兄弟就会给她出难题。但如果这女的自己还年轻，才二三十岁，那她会自己走。如果改嫁的媳妇只有一个女儿，那么家人会让她把女儿带走，让她改嫁。

旧时，女的改嫁不仅会名声不好，还会被人看不起。所以，另嫁一户人家往往也是困难重重。有些心疼媳妇的人家就会对媳妇好，帮助她，不让她改嫁。关于改嫁，村中老人回忆了一个这样的故事：

以前，村里有一女的，丈夫饿死了。因为生活不下去，她就带着孩子改嫁去了别的村。后来，她的孩子也在那边成了家，生活得还不错。解放后，那女的死了，她儿子就回到了河北铺村认祖归宗。当时，河北铺村还给他分了房子和土地。在河北铺村安定下来后，他也把他妈妈接回了河北铺村，和他爸爸葬在一起。

3. 续弦

续弦不仅需要当事人双方同意，还得双方的父母等亲人同意。续弦后要告知家族里的"家长"，请其来吃席。此外，续弦的妻子可以埋进祖坟。

续弦后，有的前妻的孩子可以跟后妈友好相处，不分彼此；有的则不行。"有些家庭前面的儿子看不起后娘，后娘也看不起前面的儿子，有好吃的还不给吃。"村中老人说。关于续弦，村中老人有个这样的回忆：

以前，村里有户人家，妻子去世后，他又娶了一个。后来，他们家就总共有三个儿子、一个女儿，其中一个儿子为前妻所生。后妈跟前妻的儿子关系不好，她看不起前妻的儿子，还把他分出去了。她把那孩子分出去的时候家族里的"家长"之类的人都去管了这个事情。但是，那后妈就说不要那孩子，还说从此以后她不管那孩子，那孩子也不要管她。没想到后来她自己生的孩子不听话。这时，她就想让前妻的儿子回来管她的儿女。但那孩子怎么也不回去管。

分家的时候，前妻后妻的儿子一样地按股分财产。如果后妻没有生到儿子，那么财产都归前妻的孩子，前妻的孩子要负责后妈的养老问题。父亲死后，如果儿子和后妈的关系好，那么这儿子就会把后妈当亲妈看待。如果后妈还年轻，要改嫁，那么她也有权分一部分家产。如果父亲死的时候已经和儿子们分家，父亲生前有自己的财产，那么他的家产就归后妈，她改嫁的时候可以带走。

4. 入赘

入赘，即招上门女婿。家里尽是女儿，没有儿子的人家可以在自己的女儿中选一个让其不外嫁，招个女婿回来。几个女儿到底让谁招，就看谁愿意了。关于入赘，村中老人有一个这样的回忆：

村里有户人家，家里有三个女儿。一开始他让大女婿入赘。可后来大女婿家的兄弟不让他当上门女婿，他就回去了。二女儿已经嫁出去了。最后，那户人家就让小女婿入赘。这户人家会磨豆腐，他大女婿在他家的时候学会了磨豆腐，后来小女婿来了之后也学会了。

给人当上门女婿的，一是家里弟兄多，二是家庭不富裕、困难，或是没爹没娘。"调皮的、人品不好的人不要。不然连闺女、家产都赔给你了。要的是忠厚、老实的人。"村中老人说。上门女婿被招进来后，家里的财产都归他，他可以做当家人在家主事。但是，他得给这边的父母养老，不能回原来的家庭。以前父母的财产他没有继承权，也不用给以前的父母养老。但是逢年过节的时候，他可以回去看看。若上门女婿对这边父母不孝顺，那么这边的父母可以求助于家族里的"家长"，让"家长"教训他。如果上门女婿和他的儿子都改姓成为这边的人了的话，那么他就能在这边立祖，死后也可以葬在这边的祖坟里。如果不改姓的话，那就不能算是这边的人，死后也不能进这边的祖坟，在村中只能算是个外住户。

上门女婿招进来之后有没有地位、会不会被人看不起，与其上门女婿的身份并没有多大的关系，关键是看这人的品质。"全在个人。品质好大家就看得起，品质不好大家就都看不起。如果这人忠诚老实、说一不二，邻里关系也好，就受尊敬。"村中老人说道。如果上门女婿招进来之后，发现他不好或是有病，可以将其退掉。关于退女婿村中老人回忆了一个这样的事情：

> 以前，村里有户人家招了个上门女婿。这上门女婿虽然人忠厚老实，但是却不太会说话。这边的父母看不起他，就把这人退了。这上门女婿是山西人，他从山西过来的时候把户口也迁到了村中，所以就没有再回去，而是落在了河北铺村。后来，这人从山西娶了一个媳妇过来，他们生了三个女儿、一个小子。这人很会修秤，会办事，在村里生活得很好，跟四邻的关系也很好。他四个孩子都考上了大学，毕业后都参加了工作。

5. 童养媳

旧时，家里穷得没办法，没饭吃，孩子都要饿死了的家庭会把自己的女儿送给别人当童养媳。童养媳被父母送出去的时候一般都比较小，有的五六岁，有的七八岁。领养童养媳的家庭一般也比较穷，为了儿子们长大后可以节省娶媳妇的钱，他们会选择领养一个小女孩。小女孩长大后就直接与自己的儿子结婚。"很小的时候就抱过来当闺女，长大一点就可以成亲，然后就成了自己的媳妇。"村中老人回忆道。女方把孩子抱给男方后，有的男方会给女方钱，有的会给女方一些小米，这就既救了女孩，也救了女孩的家人，让其有饭吃。虽然说童养媳被抱给男方后便跟亲生父母断绝了来往，但是因为这女孩以后要跟男方家的儿子结婚，所以她还是跟原来的父母姓，不用改姓。童养媳的亲生父母在把其送出去之后，有的就不一定在本村了，有可能逃荒逃往外地了，也有可能死了。童养媳从小不上学，就在家干活，婆婆会教其干各种家务活，如纺花、织布、扫地、做衣服、洗鞋袜、洗碗等等。

　　十五六岁的时候童养媳就会被要求跟男方成亲。虽是童养媳，但是也依旧要明媒正娶，当正房。结婚的时候，家里人会通知本家族的主要管事人。"本家族的都要知道，本家的"家长"、管事人、舅亲、邻居都会通知。"村中老人回忆道。因童养媳没娘家，所以就没有嫁妆，结婚的东西都由男方家操办。结婚的时候就选一户与自家关系较好的邻居，让童养媳在邻居家上轿，敲锣打鼓地从邻居家把她接出来。根据村中老人的说法，对于结婚，"童养媳没什么意见。你在我家里成亲，不是你什么愿意不愿意，你经常在这，自己都有培养感情，自己都很高兴。"

　　童养媳一般是与家里的大儿子结婚。但是，如果二儿子或其他儿子与童养媳感情更合，那么父母也会做主让其与其他儿子结婚。因此，童养媳最终与谁结婚还得看其与儿子们的感情。如果童养媳被要求结婚的对象是个傻小子，而这童养媳又比较聪明伶俐，那么她就会不乐意。有些被逼着结婚，在家受气了的就会选择逃跑，跑去跟别村的结婚，再也不回来。结婚后，童养媳身上多少会有点钱，但是不多，一般就是走亲戚的时候家中会给一点点。但是，如果童养媳比较有能耐，有些还能在家管事，掌管家中的事务。

　　童养媳一般都没什么零花钱，很少去赶集、上会，衣服都是自己织布自己做，但是被抱过来之后一般都会被比较好地对待。万一遇见婆婆对她们不好，不把她们当人看，当牲口使唤，那她可以向本家当户的叔叔伯伯、家族的"家长"、地方、村长求助。有些童养媳被婆家虐待了之后心眼也会变得比较多。她可以再接受同村其他男孩的追求，跟别人搞好关系，等有了依靠后就可以自己为自己找婆家，跟别人结婚。但是，敢这样做的女孩比较少，一般人都会选择忍气吞声。"除非是心胸大的，敢讲敢说的，有心眼了就可以告你。翅膀硬了，就可以自己找人，以后就不在你家。"村中老人说。

　　6. 卖骨都[1]

　　没有出嫁的女儿死后不可以埋在祖坟，但是可以在自家的地里刨个坑寄埋在那。

---

[1] 方言，骨头。

"因为是个少丧，没有后代，所以不立碑，也没人去上坟。平时就只有母亲会去看看，给其烧点纸。"村中老人说道。寄埋在那后，如果有人来买骨都就卖掉。有些家庭会为没有结婚而死了的男子买个"媳妇"，即没有出嫁就死了的姑娘的骨头。生前结了婚的不行。以前光棍汉多，所以一般都能卖出去。

旧时，有专门介绍卖骨都的经纪。这经纪一般都是五十来岁的男的，年龄都比较大。这人跟各个村的人都有联系，没事就各个地方转，打听。当有人跟他说了要买骨都的时候，他就会帮忙找，做介绍。

买骨都也算是个婚礼，只不过是给死人办婚礼，所以卖骨都的时候女方会去送亲。"路费之类的男方全管。送的时候，男方要和经纪一起去接。要去起棺材，棺材不好还要给换棺材。"村中老人说。女方的棺材被拉回来之后就直接拉去坟里下葬，不拉回家。而且埋的时候没有什么讲究，不需要请阴阳先生，只是简单地下葬。下葬后，再立一块墓碑。下葬完后，男方的长辈和女方送亲的人一起回家吃饭。吃完饭后，女方送亲的人回家，从此以后两家不来往，也不算作亲戚，女方也不来这边看女儿。这种婚礼男方只需给女方买骨都的钱，不用给女方礼品、布匹之类的东西。

## 二、丧事习俗及其关系

### （一）报丧

家里有人去世后，就让自家人去报丧，如叔叔伯伯或侄子辈的人。但是，不能让孝子去。去之前，先告诉他们哪个村有哪个亲戚，姓什么叫什么。到了那不能乱说话，尤其是不能找错人家。如果村里有同名的，那么就还得问下到底是哪个。报丧的人去报丧的时候不能带白，也不需要下跪。如果跟村长家没有亲戚关系，那么报丧的就不需要去跟村长说。

### （二）吊孝

街坊邻居们男的一般晚上来吊孝，女的白天来吊孝。本家当户的晚辈男子、媳妇除了白天来吊孝，出殡前的每个晚上都要来吊孝。如果有长辈来吊孝，那么男孝子要主动上前磕头。凡来吊孝者要按辈分大小，由左往右排序，晚辈在右边。吊孝的人一般在草铺前趴跪而哭，外甥类的趴跪在草铺边哭。女儿来吊孝时，要从街哭到灵旁。男吊孝者由男孝子陪哭，女吊孝者由女孝子陪哭。"来了之后就是跪，然后哼一下，说些'我的姑姑啊'之类的话。再近的，就去给孝子见见面，说些客气话。"村中老人说。

吊孝完，与死者是亲戚关系的每人会给一块利事布，乘车来的会另外给车利事一块、鞭炮一封，并告知其下葬日期。对于街坊邻居则男子不给利事布，女子给利事布。

（三）破孝、穿孝

吊孝后，总理根据亲属关系破不同等级的孝。

1. 整孝。整孝需穿戴孝衫、孝裤、箍子、脚孝。整孝者为儿子、儿媳、女儿、女婿、孙女、孙女婿、出嗣子、承嗣子、续闺女、生亲戚、干儿、干儿媳、干闺女、干女婿。

2. 半孝。半孝需穿戴孝裤、孝帽、脚孝。半孝者为其他女眷、直系孙辈和近门晚辈女眷。

3. 头脚孝。头脚孝需穿戴孝帽、脚孝。头脚孝者为本家的晚辈男子。

此外，女婿、孙女婿、后代男子（头脚孝者除外）、生亲戚的孝不做成孝服，其他的全做成孝服。女重孝子每人给一小块白方布。死者的孙子的孝帽为白色，曾孙为蓝色，玄孙为红色。闺女、媳妇要分别打动婆家、娘家的人挂孝，孙女、孙媳也要分别打动各自的亲戚挂孝。"男的带孝帽，缀花瓣。女的是个箍子，箍子上面也缀3个花瓣。"村中老人说。

过去，家里有人去世，下葬之前孝子不出去。如果要出去，那么见人就要磕头。过年的时候，孝子要把大门关了，不出去拜年，别人也不来给他拜年。春联要用蓝色字体。穿孝的人要穿一身白衣服或者就穿白鞋。原本，村民们穿孝的时间为3年。后来简化为一年、100天、3个月，最后变成了49天。孝子服孝期间不能喝酒，不能参加娱乐活动，不然会被说没教养。有的人守孝3年都不剃头发。丧事刚过完，家里不能办红好事，得往下推一年。

（四）成殓

成殓是将死者从草铺上移到棺材内。事前先请阴阳先生看好时辰，一般在第三天进行。入殓的时候本家男子和近门的晚辈、媳妇都要来。入殓由逝者的长子抱头，次子抱脚，与其他人一起合力将死者移到棺内。放入后，棺材盖错开盖上，棺前烧点箔。入殓时男女孝子要同哭，其他晚辈也施哭礼，女晚辈先哭，男晚辈后哭。

（五）封口

封口一般在第五天进行。封口前要先给死者净面，净面的顺序依次是儿子、女儿、儿媳（非孕妇）。净脸者用籽棉蘸水给死者象征性地擦脸，边擦边说"某某洗脸"。儿子、儿媳用过的棉花扔到棺材里面，女儿用过的棉花扔到门外。封口时，本家男子和近门晚辈都要来。封口后，孝子们痛哭，其他晚辈也施哭礼，女的先哭，男的后哭。

（六）熏墓

熏墓在出殡前一天下午进行。熏墓当天，先在孝子的箍子上粘棉籽花瓣，死者为男粘左边,死者为女粘右边。孝衫后腰部缀"麻披儿"。打墓前,长子先在墓地烧一包箔,挖 3 锹土,然后其他人再开始打墓。下午后半晌,孝子们带着面、油、锅、柴火到挖好的墓坑内熏墓。熏墓实际上是在墓坑里摊煎饼。摊煎饼依西北、东北、东南、西南、中间的顺序而摊,孝子多的依序而摊,最后伙摊中间那个。

(七)请人和殡前准备

一般在第四天或第五天晚上宴请总理等管事串忙的,并安排出殡的相关事宜。串忙的人主要如下:

1. 总理

河北铺村办白好事有一个专门负责的总理,无论哪个姓氏有人去世了都可以请这个总理负责操办。旧时,全村的总理就一个,发展到后来则又出现了各家族、各门、各条街的总理。总理由村中懂丧事、有能力、有威信的人担任。总理不一定是辈分大的人,辈分大但是不懂丧事、不能管理依旧当不了。河北铺村办丧事按周公礼操办,办丧事的时候通常是一个大总理和两个副总理。大总理懂礼制,知道白好事的各种规矩和讲究,如怎么给死人穿衣服、怎么上草铺之类的,还知道什么亲戚来该怎么招待等等,他掌管着整个丧事的大局。而且,万一在办丧事的过程中出现了什么事情,总理也总能灵活地应对。即便是有亲戚来找麻烦、串嘴,总理也能帮忙说理,把事情摆平。副总理则在主家自己家找懂丧事的、有能力的人担任。副总理协助总理操办丧事,比如说总理去坟上了,那么副总理就得在家把家里的事情管理好,特别是要把总理交待给他的事情办好。总理是固定的,副总理是临时选的。副总理通常由总理提名。总理只能男性担任,没有女性。

河北铺村的丧事一般是办 7 天,叫"排七"。在这 7 天内总理要一直在那,不能走。即便是农忙时节,总理也得在那。但是,总理属于帮忙性质,没有报酬。在丧事的最后,主家会给总理送些酒、祭品之类的东西。

2. 库房

库房是在库房管理祭品的。办丧事需要用到的鞭炮、孝布、食品之类的东西都在库房放着,要用的人都得去库房领取。库房一般由 3 个人担任,2 个自家的,再另请一个别人。如果自家有足够的人手且懂得看守库房,那就全部用自家的人。担任库房的人都比较正直,无论是主家自家的人还是外人,都不让随便进库房,不然就会毫不客气地将其赶出去。

3. 账房

账房是负责记礼账的,由有文化、懂记账的人担任。最少要 3 个人。一般人家办丧事就一个账桌,但是村中有钱有势的人家办丧事去随礼的多,有些放四五个账桌。

4. 厨房

负责主要做饭任务的"厨房"一般是三四个。厨房一般请本街会做饭的人，不请外街的。但是如果本街没有，那么就请外街的。如果人手不够的话就再请帮厨，帮厨负责干烧火之类的活，一般请五六个。

5. 端盘的

端盘的一般由自己家有力气的小辈担任。

6. 迎客

迎客是在门口接待亲戚、引导客人的人。亲戚来了，迎客要引其去报账，去灵棚，然后去吃饭的地方。迎客一般是两个人，既可以是自己家的人，也可以是邻居。迎客要懂礼貌、讲规矩，不能找什么都不懂的人。

7. 知客

知客是在吃饭的地方招待亲戚的。这人得懂礼貌，尤其是要会说话。知客一般是两到三个人。

8. 寄行李的

寄行李的就是亲戚来了后，帮亲戚们看管行李、保管东西的人。寄行李的一般两个，由自己家年龄比较大的人担任。他们只需坐着看管东西，这样亲戚们吃完走的时候就可以直接拿上各自的东西回家。

9. 抬重的

总理手下有几个专门抬重的得力助手，每当村里有人要办丧事，总理就会叫上那几个人，提前跟他们打好招呼。以前村子小，全村抬重的就十五六个人，每条街都有，需要几个就叫几个。抬重的这几个人力气大，懂棺材的抬法，会配合，尤其是在下葬的时候知道怎么下绳。抬重不是谁都能抬，会去抬的。夏天的时候，排七后死人会流血发臭，气味难闻，一般人难以忍受，所以总理会额外给抬重的一些东西。

以上这些管事串忙的都得在出殡前定好并安排好。定好后，就得各自做好自己的本职工作，不能擅自离位。这些人都属于帮忙性质，不用给工钱。但是，在丧事的最后，主家会给他们一些祭物，如"大饭"（用面做的）。具体给多少则由总理安排。除了这些专门请来管事帮忙的，自家不管长辈、晚辈也都会去帮忙。长辈虽然年龄大了，但是也能为其操点心。

（八）出殡

1. 烧黎明纸、放炮、搭灵棚

出殡日黎明前，本家当户、近门的晚辈媳妇要去灵前烧黎明纸。早晨，负责放炮的人要放3声炮。负责搭灵棚的人要按照出殡的方向在大街上搭好灵棚,并贴上挽联、闹条等。

2. 移灵

移灵要按照花圈、纸冥品、遗饭篮、遗像、男孝子、灵柩、女孝子、其他孝眷、朋友的顺序将灵移入灵棚。移灵时,孝子们要晚辈搀扶,其他孝子拄哀杖,女眷拿雪柳。

3. 给祭物

亲戚们根据与死者关系的亲疏远近给祭物,祭物分为全祭和半祭。女儿、孙女的婆家,儿媳、孙媳的娘家,干亲家,生亲家都要给全祭。全祭主要是花圈1面,孝布若干匹,香案全设,冰祭1副,猪头1个,大饭1套,馒头80个,油馃80个,油馓80个,面包80个,面果8个,细果、鲜果和礼洋若干。其他亲戚为半祭。半祭给的祭物比全祭少,有给小大饭的,有给供养的,也有只给礼洋的。回祭的规矩是祭品8个回2个,4个回1个,油馃、油馓、馒头、面包类10个回3个,丢冰狮不丢冰人,丢整猪不丢活羊,猪头不回。生亲戚要适当多回一点。折完祭物后,要在亲戚们装大饭、小大饭、元供的篮子中各放张谢帖。办丧事的时候,邻居也会随礼钱帮助其办丧事。"佃客家死人了,主佃双方关系不错的地主会送些钱去。或是经常帮地主家干活的,地主也会给他们些钱或东西。"村中老人说。

4. 亲戚来上祭

凡是亲戚来上祭,都要先放3声炮。主要的亲戚来,进村的鞭炮要一直开道到灵前。有些讲排场的还叫人到村口去迎接。祭物摆好后,亲戚在4个陪孝人的跪陪下上孝台施叩首礼。女婿、孙女婿行叩首礼时,肩搭孝布,由长辈领着去。死者或死者妻子的娘家人要三请,而且来得最晚。死者为男性的只来男的,死者为女性的则男女都要来。亲戚上祭的时候,男的由男的施陪哭礼,女的由女的施陪哭礼。娘家人给的礼不是最多,但是地位却最高,来的人也多。他们来了之后,不仅都得给孝布,还得另外坐席,好祭物得给他们。村中老人回忆了这样一件事情:

> 村里有户穷人家,家里有人去世后,乡亲们都去帮忙。娘家人来了之后,却挑剔说招待他们的饭菜太差了,连肉都没有。知客给他们解释他们也不听。于是,总理就去说他们了。总理跟他们说道:"你外甥家里穷,没钱,我们在这别说吃肉,就是菜都吃不了,我们都回家吃饭。你要肉,有,我们总共就5斤肉,这有几十口人,你们要吃就吃。你吃,我们都走,你吃了你自己去抬你女儿。"后来,那人就承认自己错了。

5. 启殡

亲戚们都到齐后,下午2点多钟启殡。启殡前,陪孝者陪逝者儿子、孙辈、女婿、外甥到灵前依序辞灵。然后,男孝子由专人引导,在晚辈搀扶下痛哭出灵棚并回跪灵前。总理大喊一声"各自照杆——起——"后,抬重者起灵,同时承重孝子将老盆摔碎。最后,出殡队伍依照鞭炮、响器、花圈、纸冥品、遗饭碗、遗像、男孝子、灵柩、女孝子、近门自家晚辈、后代、亲戚、朋友的顺序走向墓地。送殡的都是同辈或晚辈,长辈不去。途中休息的时候,男孝子回跪灵前。走到村外,男女孝子收头挂孝。死者是男的,孝子挂左肩,死者是女的,孝子挂右肩。男孝子和未出嫁的女儿由后代给挂孝,出嫁的女儿由婆家、媳妇由娘家人给挂孝,并相应收头。挂完孝收了头后,孝子们磕头相谢,回到各自的位置。到墓地后,孝子依序跪在墓前痛哭,其他本家当户的女眷到各自的先人墓前烧纸。下葬完,男女孝子在总理的指示下依序近墓前看棺材放置是否合适正确,然后跪回原处,至此不再哭。最后请后代辞灵,请诸亲辞灵。辞灵后,响器在前,孝子、孝眷、亲朋按原路返回。

(九)坐席

坐席也叫谢人席、打散场席。坐席时,先开有菜无酒的堂客席,堂客席孝子不慰礼;再开有酒的全体男子席。喝酒前总理领孝子给全体人员磕两个头。大家起立回礼,并说:"免了。"随后,男孝子们给各席斟酒致谢。大家吃完饭后就散席。席散后,要将所剩礼品和饭菜分一些给总理、厨房、库房、近门的等等。归还邻居家的物品时,要带一点小礼品或利事布。最后,留出给后代、女儿婆家所需礼品,其他的都按男孝子人数平分。"闺女、乡亲们给的礼钱由儿子们一起分。另外,儿子们各自亲戚给的礼钱就归各家,哪个儿子家的亲戚给的礼多哪家就有面子。"村中老人说。

(十)发三

埋葬后第三天为"发三"。发三的时候孝子身穿全孝午前到坟上烧纸,男施磕头礼,女施哭礼。磕头后,后代把箍子摘掉,然后返回家中。同时,闺女用新白布包上礼品,另拿死者生前衣服一两件,由娘家派车送回婆家,到婆家把礼品分给近门家人。儿媳、孙媳也择日带礼品回娘家,并将礼品分给娘家近门的家人。发三后孝子便可出门了。

(十一)烧七纸

每7天孝子身穿重孝到坟上烧一次纸,总共烧7次。死者是男性的按连七计算,即第七天为下一个七的第一天;是女性的按丢七计算,即第八天为下一个七的第一天。第7个七为尽七。闺女烧单七,不烧双七。三七、五七、尽七近亲亦来。五七烧黎明纸，闺女要拿 8 个小大饭，而且还要哭坟。"武阎王很厉害。但是，他没有儿子，就只有女儿，见不得女儿哭，见女儿哭就对这个鬼打得轻了。"村中老人说。对于"七"，村民们有一个这样的讲究：没有出七的孝子不能去别人家，如果想借别人家的东西，只能在别人家屋外喊。不然，对别人家不利。

（十二）收泪

丧事后 4—8 天内，儿女亲家由亲家母带着礼品去看望，说一些宽心话。如果男亲家健在则不需去。

（十三）百日

丧事完的第 100 天，子女和近亲都到死者坟前祭奠，闺女要拿 8 个小大饭。此后孝就可以全卸掉了。

（十四）棺材

旧时，村民们办丧事有钱的就办好点，没钱的就办差点，没有说办不起的。实在办不起的那就叫几个邻居帮忙用席子一裹弄去埋了。有钱的人家用好棺材，没钱的就用差的。办丧事用的棺材分为好几等：其一，四独。四独的棺材好，价格也高，由 4 块整块的木头做成。其二，上三独。所谓的上三独是指上面、左边、右边三面是整块的木头做成。其三，十二独，也叫十二圆心。十二独由 12 块方方正正的木头做成。有的四独的还没有十二独的好，十二独的没有缺口，四独的有的会有缺口。其四，一窝蜂，用许多不规则的木头做成。

棺材所用木料也有不同，有松树的，有柏树的，还有柳树的。松树的不如柏树的好，柏树的不仅硬，还能发出一种气味防穿山甲，阻止穿山甲把棺材弄破后吃棺材里的腐肉。所以，有些没有用柏树做棺材的人就会在棺材里放些白菱子（音近词），也能散发出柏树的气味。用柳树做的棺材叫"平头"，也叫"贴头"。这种棺材用的木头很薄，棺材的木板是用许多薄木头钉在一起做成的，那木板狗用头一碰就会坏掉。所以，这种木料的棺材又叫"狗碰头"，穷人一般就用这种棺材。有些买不起棺材的村民则用木头钉一个木头箱子，把人放在里面抬去埋葬。还有些人则用一块席子把人一裹就埋了。甚至还有的是把家里的门扇拆了，把死人放上面用东西一盖，用绳子拴住后刨个坑就埋了。

过去，棺材的抬法有 3 种：8 抬、12 抬、32 抬。其中，8 抬、12 抬的棺材放在上面。8 抬前面、后面都 4 个人。12 抬前面 8 个，后面 4 个。8 抬、12 抬都是前面重，后面轻，所以有力气的人在前面。32 抬的棺材放在下面，用杆吊着。32 抬前、后都是 16 个人，被称作"龙头凤尾"。

（十五）上坟

村民们一年上5次坟：正月初一、正月初三、正月十六、寒食、十月初一。即使家里坟地在比较远的地方也要去。

村民们上坟的时候会带上箔、香、蜡烛、鞭炮，还会烧些红白蓝色的阴阳纸作为布料给逝去的人，让其用来做衣服。"现在都有卖的衣服成品，流行什么就做什么，呢子或是马甲。"村中老人说。此外，正月初一、正月初三上坟的时候，村民们会带上家里吃的包子、饺子、肉、酒之类的，还要扛着锹去把坟上的坑给填一填。正月十六就拿几个馒头，再带些供菜、水果。寒食和十月初一也要带锹，把被雨水冲坏的地方填一填。寒食和十月初一女儿也会回来上坟。因为是鬼节，所以女儿们上完坟后就回家了，不回娘家。

三、节庆习俗及其关系

（一）正月初一

零点后，村民们陆续开始上供、放鞭炮、煮饺子吃。天亮后，村民们要去给村里的嫡系长辈和其他长辈拜年。拜年的时候都是晚辈给长辈拜，长辈不去给晚辈拜年。"年龄大的就不去了，在家坐着。年轻的时候到外面磕头多了，年龄大了，都来给我磕头了。"村中老人说。村民们拜年讲究一定的顺序，"先里后外，从大到小"，即先拜自家的长辈，如爷爷奶奶、父母、叔叔伯伯，然后再去给邻居、乡亲拜年。"有些小辈来了好多，爷爷住在北屋，东西配房都住了叔叔、大娘，那么就先给爷爷拜年，拜完后再给叔叔、大娘拜。有的叔叔、大伯就会说给爷爷拜了年了，就不用给自己拜了，给爷爷磕头了就行了。"村中老人说。拜年的时候长辈们都坐在上席，晚辈对长辈行磕头礼。给邻居、乡亲们拜年的时候，对于与自己不同姓的人也要有称呼，该叫爷爷的叫爷爷，该叫叔叔的叫叔叔。到了别人家里拜年的时候也要讲究先后顺序，先给别人家的长辈如爷爷拜年，然后再给伯伯叔叔们拜年。村民们拜年都不带礼物。正月初一主要是给自己的嫡系亲属拜年，像姑父之类的姻亲亲属就正月初二再去。

此外，兄弟之间也会拜年。有的在街里碰到了就会直接在街上说句恭喜之类的祝福话，不下跪。给嫂嫂拜年也是说一声就好了，嫂嫂一般都不会让下跪。村民们串街拜年的时候，在街上碰见了亲戚朋友，有的会把别人叫到家里，有的就说见了面就算拜了年了，这样就不用再去他们家拜年了。村民们上午拜完年后，中午就回家吃饭。为了讨好财主，本村的佃客和长工正月初一的时候也会去给其拜年。

在河北铺村村民们春节拜年有个讲究，即在旧的一年如果与别人因为什么事情吵嘴、闹矛盾了，只要对方来给自己拜年了，那这矛盾就算了了，没事了。但是，如果矛盾比较大，有冤仇，那就不去拜年了。"有仇气了，就不去给他拜年，去了还不知道你给我回个什么话。如果都能想开的话，我给你拜年，年前的一切矛盾就都了了，见面就能说话。"村中老人说。有矛盾的人相互之间都会拜年，所以没矛盾的就更会互相拜年了。有些小辈正月初一拜年转一天都转不完，初二还得拜一上午。春节的时候大家都以礼相待，即使是村长也得去给他的长辈拜年。

此外，未出嫁的女孩除了给自己家的爷爷奶奶拜年外，不用去外面给别的长辈拜年。出嫁以后，回来拜年也只需去给自己家的大伯大娘、叔叔婶婶拜。村中当年结婚的新人得由婶子们领着去给人拜年，被拜年的长辈要给其包红包。"婶子领着一起来了，就说新媳妇来了给你拜年。然后就要准备红包。现在都要100块，最少50块，以前就拿20块、10块。新女婿初六、初七、初八拜年也要拿红包。"村中老人说。

家中较小的晚辈给长辈拜年磕头后，长辈都会给晚辈红包。"孙子、孙女来了都要给红包。旧社会就给得少，逐年逐年就给得多了。内孙、外甥都一样地对待，不然女儿就不高兴了，不能分个远近，都一样。"村中老人说。但是，有些老人还是会偏心。有些爷爷跟孙子、孙女近，就给孙子、孙女多一些。有些奶奶跟外甥、外甥女近，就给外甥、外甥女多一些。"兄弟家的小孩来拜年也会给红包，但是因为毕竟不是自己的亲孙子，所以给的会比自己的孙子少一些。"村中老人说。邻居家的小孩来拜年也会给红包，但这红包又会更小一些。对于别人家的小孩，如果对方给自己的小孩红包了，则也给对方红包；如果对方没给自己的小孩红包，就也不给对方的小孩红包。对于现在的包红包，一老人说道："磕头了都要给红包，现在一磕头就要100块。现在的小孩都不稀罕那些吃的，都喜欢钱，我都给他们新票子。"

（二）正月初二

正月初二村民们都去给姻亲亲戚拜年。

（三）正月初三

正月初三是村民们家族集体祭祖的时候。有祠堂的家族会将家谱轴悬挂在祠堂供族人观看和祭拜，并举行祭祖仪式。祠堂门打开后本家族的男丁会先去祠堂祭拜祖宗，然后再去祖先的坟墓上上坟。旧时，如果祠堂平时没有什么特殊的事情不会打开，也没人看守，只有腊月二十七到正月十七才开。过了正月十七，族人会将家谱轴收纳在箱子里，并将祠堂门锁好。除了正月初三，其他时间村民们就只会去祠堂看看，不会在祠堂烧香、祭拜祖宗。村中那些没有祠堂的小家族，就将家谱轴悬挂在"家长"家里，大家都去"家长"家里祭拜祖宗。

### （四）正月初四

正月初四也是拜年的日子。有些女婿携妻子和儿女初二去给老丈人拜年，有的就初四去。去的时候要带礼物，礼物中要有两个大供养。到初四的时候，村民们拜年就拜得差不多了。

### （五）正月初五

正月初五被称为破土日。这一天被当作一年的开春，大家就要开始干活了。午后，家里悬挂的灯笼要摘下来，街里也不会有什么热闹的娱乐活动了。

关于正月初五，村中有个"穷土换富土"的说法。就是让大家在天还没亮的时候，起早把家里的垃圾、土背出去倒掉，然后再去财主家的地里装一筐土背回来，用自家的穷土换富土。

### （六）正月初六到初九

正月初六到初九四天是拜节的日子。这一天，结了婚的儿子要带着媳妇到老丈人家去拜节。出嫁的姑娘回来拜节后，娘家会摆一桌子吃的，然后找邻居、乡亲一起过来陪节。"几十个菜，他们来十几个，我们这边十几个。这边开始向那边的长辈敬酒，打通关，还划拳喝酒。现在就不划拳，而是玩豹子了。"村中老人说。

### （七）正月初十

正月初十也叫"十子儿""十不动"。据说这天是老鼠娶媳妇的日子，有"你让我自焉（安静）一夜，我让你自焉一年"的说法，所以村民们都要早点休息，早点睡，不打扰老鼠结婚。

### （八）正月十三

正月十三是放烟火日。这一天村民们又会挂起灯笼，街上也会又热闹起来，有唱大戏、扭秧歌等歌舞活动。

### （九）正月十四、十五

正月十四、十五村民们会开展一些娱乐活动。正月十五元宵节要吃元宵。

### （十）正月十六

正月十六是祭祀日，儿子要去上坟，出嫁的闺女也要拿着祭品回娘家上坟。出门在外不能回家的，也要在所在地的十字路口面对故乡祭祀。

晚上村民们会"烤杂病"。所谓的"烤杂病"，就是每家每户这天晚上都在自家门口点燃芝麻秸，然后把馒头用筷子插着放在火上烤，连续烤七家（即在七户人家门口烤），最后把烤了的馒头吃了。据说吃了这烤的馒头全年就不会生病。

所谓"十五圆十六扁"，所以正月十五吃元宵，正月十六的时候就要吃扁食。

## （十一）正月十七

正月十七有"送蝎子"的说法。村民们在这一天会煎辣的年糕、摊煎饼，说是能把家里的蝎子呛跑。并且还早起，然后在瓦片、碗片之类的器物上放上香头，点着后送到街头，边走边说"蝎子往外走"。

此外，还有"胡闹十七"的说法。这一天大家都围在一起别筷子、抬锤布石、跪搓板等等。别筷子的时候，如果筷子鼓起来了，那就说明今年家里会有好收成，年成不好就鼓不起来。

## （十二）正月二十五

正月二十五是仓官的生日，这算个"小年号"（小节日）。这一天要用面蒸米布袋，就是把面做成布袋的样子，并在里面装上枣豆，蒸好后用来供奉仓官。此外，还可以蒸仓官篮、斗、囤、圈、麦秸垛等祭品。还有就是用面蒸刺猬，蒸好后放在门上，头朝里放着。有的村民还用面蒸元宝，放在刺猬身上，说这叫"刺猬往家里驮元宝"。

## （十三）正月二十八

正月二十八是花神的生日。这一天家家都要拌疙瘩吃，并用疙瘩汤上供。村中有句话叫"收花不收花，全在二十八"，就是说如果这一天天气好，那就预示着今年的棉花将会有好收成。

## （十四）二月初二

二月初二是井泉龙王的生日。村民们会用蒸好的面龙来供奉龙王。"端去井边拜，烧香磕头。那个龙能吃，拜完后就拿回来吃了，不能扔啊，都是好面。"村中老人回忆道。旧时因为大多数村民家里都穷，没什么吃的，所以就有这样的说法："二月二，刮大风，拾柴火、摊煎饼。"

此外，二月初二有不能去井里打水的禁忌。据说是绳子下井里去会捆住龙王的脖子。

## （十五）寒食节

在寒食节的时候，儿子们和出嫁的女儿都会带上祭品去给父母上坟。据说寒食节是收鬼的日子，所以这一天村民们上坟都去得很早，怕去晚了鬼都被收回去了。

## （十六）端午节

端午节前村民们就会包好粽子，包好后在过节的前一天给自家长辈送去，有时还买些糖糕。过节这天，村民们要在家拜神、敬天地。吃饭的时候，都是各家在各家吃，不会去邻居家吃。村民们会在门上插上艾枝，小女孩会在头上戴石榴花。现在好多村民家的粽子都是买的，自己不包。

## （十七）中秋节

中秋节对于村民来说是个大节日。虽然说中秋节的时候村里不会有集体活动，但作为一个全家团圆的日子，在外的孩子能回家的都会回家过节。中午的时候各家都吃团圆饭，晚上则是"相好挨近"的人家凑在一起喝酒、聊天。中秋节礼品送得多，有各种水果、月饼。晚辈在节前就要将礼品送至长辈家中。有时晚辈送的东西太多了，长辈会让晚辈们带一些回去。旧时，村民们生活普遍比较拮据，所以家里买的月饼少，大家吃的也少。现在村民们只要带上芝麻、葡萄干之类的东西就可以去街上的点心店让其加工制作月饼。但是，"现在都没人吃了，太多了。而且这月饼太甜，又不会坏。"村中老人说。

村中一老人回忆了他小时候家里过中秋节的情景。村民们过中秋节有个讲究：月饼之类的东西上供前不能吃，而上供必须是在月亮上来后。所以，每到中秋节的时候家里的小孩就盼着月亮出来，有时还盼得打瞌睡。上完供后，奶奶是家里的内当家，所以就由奶奶将家里的月饼、水果分给大家。分到后小孩子们都很开心，但是又舍不得吃，于是有的就会把分到的东西放在柜子里藏起来。

## （十八）重阳节

以前村民们对重阳节并不重视，只是提一提，没有什么活动和讲究。但是，现在就不一样了。村民们的生活条件都更好了，有的家庭会给长辈买衣服，但是这并没有普及。

## （十九）十月初一

十月初一又称"十月一"，是祭祀祖宗的日子。据说这是放鬼的日子，所以村民们这一天去上坟不怕时间的早晚，午前、午后或是第二天去都行。十月初一后天气会慢慢变冷，所以村民们去祭祀的时候除了带祭品还会带上冥衣，这在村中被叫作"十月一，送寒衣"。

## （二十）腊八节

腊月初八村民们有吃腊八粥、做腊八蒜的习惯。据说这一天做的腊八蒜就是绿色的，过了这一天就做不成绿色的了。如果过了春节这绿色的腊八蒜还没吃掉，那么这蒜就不会是绿的了，又会变成白色的。

## （二十一）腊月二十三

腊月二十三被称为"祭灶日"。这天晚上，家家户户都要摆上糖果、芝麻糖之类的东西祭拜灶王神。据说，让灶王神吃了糖他上天后就能为自家说好话，即所谓的"上天奏善事，回宫降吉祥"。

### （二十二）腊月二十四到二十九

腊月二十四到二十九是春节前的准备阶段。村中有一句这样的顺口溜："二十三糖果祭灶升上天，二十四扫房日，二十五做豆腐，二十六蒸馒头，二十七赶会上集买东西，二十八、二十九粘粘对子、请请神。"腊月二十四被称为"扫房日"，村民们大扫除一般在这一天。腊月二十五村民们都在家做豆腐，腊月二十六蒸馒头，腊月二十七买年货。关于年货，当下村民们主要是准备一些诸如油盐酱醋之类的调料，猪肉、驴肉、牛肉、羊肉、鸡肉、鱼等。有的食物买熟的，有的则买生的自己拿回家加工。如村民们把猪肉买回家，瘦肉就用来包饺子，肥肉就用来蒸五花肉。有的村民会把驴肉、牛肉之类的肉炖好后摆在家里比较凉的地方，一盆盆地摆放好。一到初一就可以把准备好的东西端出来，全家人坐在家里吃。腊月二十七后，村民们家里该准备的东西基本上都准备得差不多了，卫生也打扫好了，所以腊月二十八、二十九村民们就在家里贴春联。如果当年家里有人去世，那就不贴春联。"家里今年有人去世了就不贴春联，大年初一就把门关上，孩子们过年不去外面拜年，人家也不来你家。家里有悲哀的事情，心里不痛快。"村中老人说。

### （二十三）腊月三十

腊月三十晚上，村民们会吃年夜饭。吃年夜饭之前不拜祖先，具体吃多少个菜则看家中预备了多少，有吃11个菜的，也有吃13、15个菜的。吃完饭后，女的洗碗收拾厨房，男的不洗碗。"他们在一起喝酒、闲聊。但是，有些比较勤快、会做家务的男的也会帮着一起收拾，有的男的比女的干得还好。"村中老人说。腊月三十晚上，村里有吹歌队，有些村民为了看热闹还顾不上吃年夜饭。吹歌队挨家挨户地走，吹到谁家门口了谁家就要负责点燃自家门口的灯笼。

旧时，腊月三十晚上村民们要起五更上祖坟。现在村民们嫌晚上天黑又冷，所以就改为下午3点以后去上坟，回来后，晚上就在家里看春节联欢晚会。此外，腊月三十晚上12点以后村民们要在家里的天地台上摆上供品祭拜，还要在家中烧香箔，放鞭炮。这天晚上不去街上看热闹的人可以在家里坐着，点个小灯守旧岁。坐着一直坐一夜，等到天亮了就上供、放鞭炮，辞旧迎新。

## 四、日常习俗及其关系

### （一）过寿

村中老人无论男女60岁之后都会过寿做生日。做生日一般男的做得多，女的做得少，由已婚儿子操办。生日分为大生日和小生日。小生日规模小，只有儿女孙辈们参加，没有特定的仪式；大生日则规模大，花销也大，除了子女外，其他的亲朋好友也都会来参加。过寿那天老寿星的儿女、兄妹、亲戚、邻居之类的都会来庆祝,来的都是自己家的小辈,长辈不来。即使辈分比寿星大,若年龄比寿星小也不来。因为来了的人都得给寿星磕头,而大辈是不给小辈磕头的。"我做生日的时候,辈分比我大、年龄比我小的来给我做生日,我都得把他让上面坐。"村中老人说。来给老寿星过生日的人都会给老寿星带礼物。老寿星的女儿、亲戚都给他蒸寿桃,女儿要蒸15个。邻居可送些鞭炮,买些酒之类的东西。来给寿星拜寿的人都会被留在老寿星家吃饭、喝酒。"现在无论年龄多大的都做生日。上了60岁的就操办得大一些,下食堂,还叫唱小戏的。声势闹得很大,从上午11点唱到下午2点,要2000多块钱。年轻人则是同事们在一块。"村中老人说。

吃饭的时候,大家坐座位有讲究。老寿星坐在最尊贵的座位,其他人则按照辈分的大小依次而坐,小辈坐在最下面的位子。吃饭前得举行个仪式,仪式由司仪主持。司仪无论辈分大小,只要是家里会喊仪式上的那几句话的人都可以当。开始的时候,司仪会说:"第一项,请老寿星上座。"老寿星坐好后,其他人也都在天地台前站好了。然后,司仪会说:"先跟天地磕头。"大家就给天地磕头。最后,司仪会说:"给老寿星拜寿,祝老寿星福如东海、寿比南山,跪。"所有人就都向老寿星行下跪礼。跪拜的仪式结束后大家入席,8个人一桌。吃饭的时候老寿星年纪大了不好动,可以让儿子们招待客人,去给大家添酒。

村中给老人过生日、过寿有一个讲究——断节不断寿,意思就是去给老人过了一次生日后,以后就得年年去,不能断。村中有些老人嫌过生日太麻烦,不太愿意过,有些干脆让亲友们在自己过生日的时候有时间的就来,没时间的可以不来。过寿并不是很重大的事情,所以,过寿就不用像红白喜事那样得有专门的管事人。

(二)生育仪式

生了男孩之后,家里人会高兴地说是个"大胖小子",生女孩则说"又生了个小妮"。生小孩后,不满月媳妇一般都不去干活。家庭条件好的,生孩子后一两个月都不让干活。家里条件一般或是比较差的20天后就要干活,这极大地影响着媳妇身体的复原。孩子出生后主要有以下生育仪式:

1. 瞧孩子

孩子出生后,孩子父亲首先要去告知孩子的姥娘家。孩子姥娘得讯后要让女婿拿一兜儿挂面和鸡蛋回去。之后便是瞧孩子,瞧孩子分为亲戚瞧和邻居瞧。无论亲戚瞧还是邻居瞧都要避开农历初五、十四、二十三3个月忌日和三、六、九、十二日。

亲戚瞧分为3次：第一次是孩子姥娘瞧。一般在孩子出生后第三、第五天。所带物品有一竹篮子鸡蛋、一兜儿挂面、一盘芝麻盐、一个小枕头和见面钱。第二次为大瞧。一般在孩子出生后第八天进行，男女双方的亲戚都来。亲戚们除都送鸡蛋、挂面、馒头一篮外，个别亲戚还会给新生孩送被褥衣服之类的东西。如亲姥娘要送被褥一双，半大被褥一条，小褥子2条，棉衣、单衣各6套，猫头鞋12双等；孩子的姑姑要给孩子送小棉袄，姨要送裤子，妗子要送双花鞋，谓"姑姑的袄、姨姨的裤，妗的花鞋迷不了"。此外，所有的亲戚都要给孩子见面钱，具体给多少则根据关系的亲疏而定。"旧社会，有钱的生了小子就让大家都去吃喝，都去给他贺喜。家里煮大锅菜，有馒头，大家一起吃顿饭。"村中老人说。家庭条件一般的村民则就自己家的人热闹一下就好了。第三次是姥娘一人来瞧。姥娘来的时候提挂面、馒头一篮。"外婆来要拿个竹篮子，就是要'拦着拦着'，不让孩子走了。"村中老人说。

邻居瞧。与自家关系好的邻居会择吉日送鸡蛋或挂面来瞧。有的也给见面钱。

2. 满月

在河北铺村，男孩满月28天，女孩满月32天。满月后，孩子母亲要抱着孩子回娘家住12天，谓"长12个心眼"。回娘家时，姥娘要派人来叫。走的时候，孩子要戴姥娘做的帽子，男孩要穿红衣裳，女孩要穿绿衣裳。临走的时候，奶奶要抱住孩子在院内走一走，边走边说："东墙碰，西墙碰，到了姥姥家不生病……"然后在孩子的鼻尖抹一点黑，说"黑孩走，白孩来，姥姥家福气带回来。"此时孩子母亲给天地和婆母分别磕头后就可以走了。到了姥娘家门口，有妗子接住孩子。在姥娘家住满12天后，孩子父亲要来叫。回时，姥娘要在孩子的鼻尖抹点白面，抱着说："黑孩来，白孩去，回到家里不淘气……"

3. 百日

孩子满百日的时候要在接近农历初一或十五的日子让孩子抱个葫芦剃头，谓"不捞头"。如果当年是闰年则要将头发剃光。

4. 周岁

孩子满一周岁的时候，要在孩子面前摆放干草棍、笔和食品让孩子拿。如果孩子先拿干草棍表示长大后能成为一个有作为的人，拿笔表示孩子将来是个文化人，拿食品则表示是个有福气之人。

（三）看风水

河北铺村对阳宅和阴宅都有风水讲究。阳宅注重房子的方位、高低和周边的环境等等，阴宅注重坟地的朝向、来龙、水口等。旧时，村中的赵氏家族信五行易理，关于此村中有一个这样的故事：

> 清乾隆时，赵氏家族请阴阳先生看了一块好坟地。这块坟地在村北驿路的西边，坟地前有个烽火台。阴阳先生说："这块坟地好就好在有烽火台，可惜美中不足，如果有油，往火上加油，那前途不可估量。"阴阳先生进一步指点说，这"油"不是燃火和食用之油，而是指人，姓氏或名字是"油"的谐音的都可以。赵氏家族的人想了半天，名字里有"油"字的人不多，姓"游"的倒不少。于是，他们便通过亲戚从北杜村请了一位姓游的人来当管家，协助管理家务。后来，赵家的家业果然大为兴旺，甚至还买了许多北杜村人的土地。后来，北杜村的人知道这事情后，觉得这样下去不行，油（游）越耗越少，北杜村会越来越穷。于是，便硬把在赵家当管家的那个人叫了回去。

### （四）留小辫、戴脖圈

男孩第一次剃头时，父母会在其后脑勺下面的燕窝处留一小撮头发，一直留到12岁，叫留小辫。村民们说这可以保佑孩子长大成人，帮其免除灾难。有的父母还给孩子带红脖圈，谓"拴住了命"。

### （五）辟邪

河北铺村辟邪的习俗有两个：一是照妖镜。高大的物体冲着自家大门被认为是不吉利、有妨克的。因此，村民们就会在门楼上、影壁墙上或是房顶上挂一面镜子对着那个物体，化邪煞为吉祥。但是，因为镜子被阳光照射后有反射作用，所以这也常常引起邻里纠纷，导致邻居间不和睦。二是罐子。住宅周边如果有障碍物冲射自家房屋，会被认为对自家不吉利。于是，村民们会在房顶放置一个陶罐，让陶罐的罐口对准障碍物，这被认为可以转凶化吉。

### （六）搂树

除夕晚上起五更吃饺子前，父母会让家中发育比较晚、个子比较矮的孩子悄悄到院子里搂抱住最高大的树，并小声念叨："×树×树是俺爹，俺和你长得一般多。×树×树是俺娘，俺和你长得一般长。"据说，搂抱后来年就可以长得更高。

### （七）泰山石敢当

凡是住宅冲大街、冲过道、冲墙角者，村民们都会将刻有"泰山石敢当"字的石头垒在冲大街、冲过道、冲墙角的墙壁上，用来避煞。

## 第六节 规训与规训关系

传统时期，河北铺村村民一方面通过家庭教育学习各种为人处事的道理和禁忌，另一方面通过私塾教育学礼、学文化。因为重视教育，河北铺村出了许多贡生、举人、进士和探花。

一、家庭教育及其关系

1945年前，村中富裕人家的孩子才能去私塾上学，普通农户的孩子很少进私塾。即便有些普通农户的孩子上学上了一段时间，最后迫于家中经济压力，也还是会回到家中跟着父母干活。所以，家庭教育是村民们接受教育的主要方式，父母和长辈是孩子们的教师。

日常生活中，父母或长辈主要通过言传身教的方式教育后辈，教育的内容主要包括生活常识、种植技能、日常礼节、为人处世的道理等等。在教育的过程中，长辈对后辈既表扬又批评。对于那些犯重大错误或违背道义规则的后辈，若当家人管不了，可以请家族中的尊长、"家长"对其进行管制和教育。对于那些忤逆的不孝子，舅舅有权对其进行批评教育。旧时，村中主张女子无才便是德，女孩很少去私塾接受教育。能去私塾接受教育的只是少数财主家的女儿，大部分女孩就在家中跟着母亲、嫂子们学习纺花、织布以及料理家务。那时的女孩们七八岁就能纺花，十几岁就能上机织布。

河北铺村村民们在日常生活中形成了许多禁忌，这些禁忌在无形中规范着村民们的生活行为。其禁忌归纳起来可分为衣食、房屋、婚丧祭祀、日常行为四个方面，具体的禁忌如表5-1所示。

表5-1 河北铺村日常禁忌

| 序号 | 种类 | 禁忌 |
| --- | --- | --- |
| 1 | 衣食 | 1.男人忌穿女人的衣、鞋、帽；2.缝补衣服的时候，忌穿着缝；3.陪客人吃饭，忌先放筷子；4.宴席忌拿起整个馒头吃；5.盛有饭菜的碗盘，忌直插筷子；6.六月忌做被褥；7.忌倒着坐门坎儿吃饭；8.忌挑着空水桶到邻居家去挑水；9.盆内、碗上忌放菜刀等 |
| 2 | 房屋 | 1.上梁、打井忌妇女在跟前；2.忌卧室的镜子面对着床；3.院内栽树忌对着门窗；4.房屋四周忌放白砂石；5.与对门邻居的街门忌门口一大一小；6.门阶、楼梯阶数忌双数；7.家屋摆桌子，忌桌子面板缝隙顺着门口；8.墁院子、屋地，忌砖横墁等 |

续表

| 序号 | 种类 | 禁　忌 |
|---|---|---|
| 3 | 婚丧祭祀 | 1. 已婚妇女忌在娘家过年；2. 出嫁女忌在娘家生孩子；3. 订婚，忌六月、腊月换书；4. 忌财神面向南；5. 忌用手指指点神像；6. 报丧人忌进入亲戚家屋门；7. 主孝子在百日里忌去邻居家串门或参与娱乐活动；8. 哭丧时，忌眼泪掉到死人身子上；9. 坟上忌烧冥元宝等 |
| 4 | 日常行为 | 1. 忌呼祖先和长辈的名字；2. 忌正月剃头；3. 忌三、六、九日看病人；4. 忌早饭前说梦；4. 忌到坐月子的人家里借东西；5. 忌对着客人扫地；6. 闺女给娘家买的扫帚忌从大门过，要从墙外扔过去；7. 家中成员年岁有带数字9的，当年忌种韭菜；8. 串亲戚忌带双数礼品等 |

## 二、私塾教育及其关系

旧时，河北铺村有4个私塾，南街2个，北街2个，要上学的孩子都在这4个私塾上。

### （一）负责人

私塾由学董和先生共同兴办。学董负责招募学生、收纳学费、寻找教学场地等事宜，先生则专门负责教书。学董一般是村中较有钱的财主。财主操办私塾的事情，一是因为其有着较为先进的思想，且与村长有着较好的关系，不然村长就会干涉，让其办不了私塾；二是为了让自己的孩子与私塾先生多些接触的机会，让其对自己的孩子多费些心，教育好自己的孩子；三是为了挣钱。"办私塾也像做买卖一样，可以挣钱。一般都能挣钱，赔钱的很少，赔钱就不干了。义学就是赔钱，但是我们村没有。"村中老人回忆道。私塾的先生一般都是村中的秀才，年龄大多为四五十岁。有些私塾先生家里还种地，有些不种。如北街进士府里的那个私塾先生是个老秀才，已经五六十岁了，他就不种地。对于学董和私塾的关系村中老人是这样形容的："就像办工厂一样，我是董事长，是老板，我让你来这干，一年给你多少钱。"

### （二）学费

私塾的学费由学董和先生一起商量决定。学费用粮食计算，4个私塾的学费都差不多，基本上都是一年200斤小米。不收钱，只收小米。私塾并不因为先生教学质量的高低而收取不同的费用。"要得多了，没人去，你教得好就去的人多，所以就算教得好也不会多收学费。"村中老人回忆道。虽说私塾里有不同家庭条件的孩子，不过因为能让孩子上学的家庭其经济条件都不差，所以学生们交的学费都一样。但是，不同年级的学生交的学费不一样，高年级的学生所交学费要高于低年级的学生。学费一般是一年或半年交一次。如果是按半年交，则一般是五月份麦子成熟和年终的时候。没交学费的学生,由学董负责去收取。对于有些学习成绩好,但是交不起学费的学生,学董和先生会商量让其少交一些。学董为私塾张罗着各种事情,因此其孩子在私塾上学是不用交学费的,先生也不会让其交学费。私塾收取的学费一般分为三部分,一部分给先生,一部分给学董,还有一部分用于支付房费。"学董也有报酬,都是从学费里分。学董、老师都规定好了可以分多少钱。房费也从学费里出,房子都是租的。"村中老人回忆道。上课时,学生自备桌椅,书本则向先生购买。

(三) 读书目的

没钱人家的孩子因为要为家里干活,挣钱买吃的填肚子,所以,穷人家的孩子一般都不上学。可以进私塾上学的一般都是有钱人家的孩子。"中农的小孩也去,家里能吃上饭,能管得了嘴的一般都会去。"村中老人回忆道。大多数村民在孩子8岁的时候,也有在孩子7岁的时候,就把他们送进私塾。让孩子进私塾读书的目的一是为了学礼,让孩子懂礼貌;二是为了学文化,有文化就可以干事,可以做生意等;三是为了考取功名当官。河北铺村因为重视教育,村中出了许多贡生、举人、进士和探花。无论是大财主家的孩子或是一般家庭的孩子,其读书的目的都差不多。"中农和财主家的小孩读书的目的都差不多,一是学知识,二是考功名。学得好,懂礼貌,将来能当大官。考功名了就有钱了,有钱了就又好了。"村中老人回忆道。据查,河北铺村的文武庠生、监生、举人、进士有130多个。

(四) 学习内容

私塾所设课程和教材没有统一规定,一般分为三个阶段:初入学者读《百家姓》《弟子规》《三字经》《千字文》等,第二个阶段读《论语》《孟子》《中庸》《大学》,第三阶段读《诗经》《书经》《易经》《礼记》《春秋》《左传》等等。"一个教室里有念《诗经》的,也有念《论语》的,你才去就念《百家姓》,上了三年四年了,你就可以念《中庸》《大学》之类的,各念各的书。"村中老人回忆道。私塾不分学期,因为入塾的学生学习进度不一,所以也不分班级,老师因人施教。初级阶段的学生一般由先生或较高水平的学生领读,然后再让其自己朗读。这一阶段以死记硬背、认字为主。第二阶段的时候,先生会根据学生的学习情况引导其向领会义理过渡。先生每天会给学生讲半章或一章,谓"开讲"。第三阶段的时候则开始学习作文。私塾没有统一的教育年限,有些人在私塾读十几年书,有些就读三五年。具体读几年主要看家庭条件,家庭条件富裕的可以读八年十年,甚至二十年。

(五) 教学场地

关于私塾的教学场地,先生家有房子的可以直接设在先生家里,他家里房间可以容下多少学生就招多少学生，地方大的就多招几个，地方小的就少招几个。没有或是场地不够的则需要另外找地方或租房子。如，在进士府教书的先生就因为没有儿子，有一个女儿也出嫁了，家里没人，所以，原本住在西街的他后来就住在进士府租的房间里，既在那教书，也在那生活，不回家住。无论是用先生的房子，还是另外租房子都得支付一定的费用。只是，如果用先生的房子，那么这费用就直接给先生；如果是租的房子，那么这费用就给房东。村长一般不管开设私塾的事情，只要有学董张罗着各项事务，有先生教学就可以。村民则自愿选择所要去的私塾。如果在一个私塾的学习效果不好，还可以换私塾。"开始在一个私塾上学，只会背东西，却不会认字，对不上号。后来换了个私塾，按那个老师教的方法学了之后就会了，手和'手'字就对上号了。"村中老人回忆道。

（六）教学目标

能写、能背、能认是私塾先生的基本教学目标。私塾的学生主要是通过死记硬背的方法读书认字。对于所学的内容，先生会通过出题的方式对学生们进行考查。"在学校的时候一天到晚都念赵王孙李。让你念方格字，念500个单词，得在老师那里过得去。回家后父母还要问你今天学的什么。"村中老人说。私塾的正中挂有孔夫子的图像，学生们在先生那背完书之后都得先向孔夫子作揖方能回到自己的座位上。无论是谁家的孩子，先生都一样地对待。每个私塾都设定了学生要遵守的规则条约，学生入私塾的时候，先生就会告诉他在教室不能大声喧哗，在私塾不能打架之类的。不然就要受到老师的惩罚，罚跪抑或被敲棍子。对于不守规矩的学生，村中老人回忆了一个这样的事情：

> 以前有个大财主的小孩在私塾不好好学习，还顶撞先生。先生觉得这个学生是朽木之才不可雕，就说不要他了，从此以后不再教他。孩子的父亲知道后，赶紧来给先生赔礼道歉，让孩子向先生赔礼道歉，并保证以后再也不会了。

（七）女孩上学

无论是村长、大财主，抑或一般乡绅和一般家庭条件的孩子都在一个教室读书。以前能去上学的一般都是男孩，也不乏女孩。但是，女孩一般去的少，一个30多个学生的私塾，可能就只有一两个女孩，最多四五个。而且，这些女孩一般都是有钱的财主家的孩子。关于女孩上学，村中老人有这样的回忆：

以前，村中有户有钱人家，因为其有个亲戚参加了革命工作，是个革命干部，所以他们家受其亲戚的影响也有着较为先进的思想，就把家中的孩子无论男女都送去上学了。学成后孩子们都去参加了革命工作，包括家里的女孩。其中，有个叫赵青[1]的女孩参加革命工作20多岁就牺牲了，后来被列为烈士。此外，其家中的其他几个女孩也都很进步。

（八）先生过节

私塾先生都是村里人，都住在村里。逢年过节的时候，学生会给老师送些礼物，如端午节的时候送粽子，中秋节的时候送月饼、水果，过年的时候送肉或柿饼。送的量虽不多，但都是学生的心意。有些家长为了让私塾先生多培养自己的孩子，或是与先生关系较好，还会单独请其吃饭。"我的老师跟我爷爷在家族里是称兄道弟的，所以隔不了几天，他们就会打上四两酒，没事的时候一坐就半天。"村中老人回忆道。平时，先生不会让学生为其干活。但是，当先生家因为农活多忙碌的时候，有些家长就会叫自家的长工带上牲口去给先生家帮忙。

（九）先生的交往

因其知识丰富，懂得多，所以，私塾先生除了教书，还会被村民们请去为自家写红白喜事的文书之类的东西。尤其是当村民们要打官司告状的时候，会请私塾先生为其写状子。私塾先生因为很会写状子而被称为"鸟[2]嘴"。"鸟嘴"被用来形容先生们会辩理。"县官都不会惹他们。他们会写状子，让你分不清。他说了有理，你就没法。但是不是白请，要给钱。"村中老人回忆道。虽然私塾先生会为村民们写状子，但是他们并不参与村民们日常纠纷的调解。"见官、打官司之类的大事情才管。断纠纷之类的鸡毛蒜皮的事情他们不管。"村中老人说。

（十）先生的地位

村长作为一村之长，管理着全村，自然在权威方面高于私塾先生。村民们对村长是怕，但是对先生却持尊敬的态度。村民们巴结村长是为了让自家人不受欺负，讨好先生则是为了让先生教育好自己的孩子。平时，村长不惹先生，先生也不惹村长。乡绅在村中的威望高主要是因为其有钱有势，即便如此，乡绅也不会随意惹先生，尤其是进士府私塾的先生。因为进士府私塾的先生既是先生，也是老中医，许多外村的人

---

[1] 赵青，原名赵淑青。1937年10月参加革命，同年冬入党。先后任磁县妇女救国会书记兼县妇女工作队队长、武安县、磁县和太行五地委妇委书记。1942年5月16日，为掩护群众转移中弹，后抢救无效于次日牺牲。
[2] 方言，音近字。"鸟"在北方方言中有"刁滑"的意思。——编者注

都来河北铺村找其看病。"一般的人都不会惹他，惹不起。你家有病了，就不给你看。请他看病都要好吃好喝地招待，你要是惹了他了，他就不去，就不给你看病。"村中老人回忆道。传统时期，河北铺村部分私塾先生的家庭情况如表5-2所示。

表5-2 河北铺村部分私塾先生的家庭情况

| 姓名 | 土改时阶级成分 | 家庭基本情况 | 家庭简史 |
|---|---|---|---|
| 魏尧敬 | 下中农 | 家里有6个人，6间房，5亩土地。其祖父有二三亩土地，3间房，主要靠种地和当长短工维持生活 | 其父亲先是种地和贩卖牲口维持生活，后来逐渐挣钱了就买了21间房，28亩地，1头牛和1头驴。除自家劳动经营外，农忙时还用过长短工。魏尧敬本人1921年至1929年上学。弟兄4人，1941年分家，分到6间房，7亩地。后因生活困难，卖了2亩土地。1930年到1945年主要靠教书维持生活。曾参加过三青团、黄香道 |
| 赵明堂 | 家庭出身为中农，本人成分为伪职员 | 家里有6个人，8间房，10亩土地，当伪职的收入为其主要生活来源 | 其祖父为破产户，房与地都卖净了，住别人的闲房，有时给别人打短工。其父亲在铁路的货车队当巡警。赵明堂本人1938年以前上过学，当过伙计，干过路警。1940年以后在洛关商务会办事处、大北汪办事处伪政府和日本干过会计。1943年土改前逃往石家庄，后被押回接受教育，回家劳动。1952年至1959年在小学教书，后因犯错误被开除 |
| 赵代青 | 旧戈员 | 靠当戈员的薪水生活。其祖父有48间房，98亩土地，1辆水车，雇用2个长工 | 其父亲家里有10个人，29间房，44亩土地，驴骡各1头，大车、水车各1辆，雇用1个长工，短工不断。父亲死后，继母当家，因太受压迫，1938年外出当戈员、会记、出纳另谋出路。每月工资除自己用外，还给妻子当生活费 |

## 第七节 文娱与文娱关系

传统时期，河北铺村村民们在生产、生活中形成了丰富的文化娱乐活动。本节将从节庆娱乐及其关系、日常娱乐及其关系两个方面去考察1945年以前河北铺村的文娱与文娱关系。

### 一、节庆娱乐及其关系

（一）游乐会及其关系

河北铺村每到过年就有很多娱乐活动，从初一一直到十五都搞娱乐活动。娱乐活动主要有抬花桌、唱小戏、踩高跷、太平车、第六子等。东街有几个爱好文娱的人，每到过年的时候都会自发组织村民们在关帝庙那一起搞娱乐活动，荡秋千、户等。"关帝庙那热闹，几个人出工把娱乐的东西搭起来。谁去那都可以玩，就在大街上，主要是闹着玩的，不用钱。"村中老人回忆道。春节的时候村里还会出钱把外面的吹歌队请到村里。吹歌队在四条街轮着吹，吹到哪家门口了，哪家就要点燃香火、放鞭炮迎接，并且还要拿出家里的酒招待吹歌队的人。"把酒提出街，在街上喝，不去家里，那个时候就不摆桌子喝酒。到了十五那天就摆上桌子，上面摆上水果、花生、糖之类的，还有烟、酒。"村中老人说。正月十五的时候，抬花桌等娱乐队吃饭的钱从各家各户筹集。"这吃饭的钱就是会首下各户去收的，凑干粮，你这拿几个包子，你那拿几个馒头。现在闹娱乐，就是上钱，买肉、买菜。以前大家都穷，没钱就让大家自愿给干粮。"村中老人回忆道。

游乐会的会员由四条街的人组成，每条街选几个，每次选20个，一般由村中说话算话的人担任。会首则由这20个会员轮流担任，每年换一次。当这20个会员都担任过会首后，再选新一任的游乐会会员。游乐会的会首由20个会员自愿报名担任，主要负责活动资金的筹集及相关活动的安排。会首不仅要出劳，还要出钱。而且，凑钱的时候会首要多给，给得最多。"当会首的是个民心的统治，是个行好的，办好事。会首都是自己报名当。"村中老人说。游乐会的会员们一般不会闹什么矛盾。如果万一因为什么事情而产生了不同的看法和意见，那么就按照少数服从多数的原则做决定。以前整个村就一个游乐会，后来村子大了则每条街都成立了自己的游乐会，各街的会首组织聘请各种娱乐队。

开展娱乐活动之前，游乐会的会首会带着会员一起去向村民们凑钱。大会首领头，其他会员跟着。每户人家具体给多少钱视家庭条件而定，家庭条件好的就多给点，家庭条件差的就少给点。游乐会的会员向村民们凑钱的时候，村民们一般都会给钱，很少说不给的。游乐会筹集的钱由会首管着，会首必须合理地管着各项账目，做到取之于民、用之于民。"他应该是向里面赔钱的，他却挣钱，凑到的钱都被他自己花了。第二年你还想干？别干了，你不能干。都没人相信他了。"村中老人说。据老人回忆，以前村中有个人当会首算账的时候竟然不知道自己收了多少、支出了多少，跟大家说钱严打严算刚好用完。最后，这事在村中成了个笑话，留下了"某某算账，严打严算"的乐子。

游乐会开展娱乐活动由村民们自发组织，村长不介入、不干涉。"村长不怎么管这个事情。但是村长作为一村之长，有时会首为了讨好他，就去跟他说。商量得好，村长还能给一部分款。"村中老人说。旧时，河北铺村南街的人因为不爱好娱乐，也没人组织，所以河北铺村四条街就只有东街、北街、西街的村民会组织娱乐活动。1949年后则四条街都有了娱乐活动。据村中老人回忆，尤其是 1951 年、1952 年的时候，村中的娱乐活动特别多，每条街都有自己的活动，正月十五的时候四条街的人还组织起来相互比赛。

（二）路灯会及其关系

河北铺村东西南北四条街每条街都成立有自己的路灯会。路灯会的成员 8—10 个不等，并选举其中一人为会首，其他成员则协助会首完成各项事宜。路灯会一般由当家人参加。如果当家人年龄大了，可让家里的后辈们参加，凑钱的时候由当家人出。会首由路灯会的成员轮流担任，当全部成员轮完后，再选新的成员组成路灯会。鉴于路灯会是个行善的组织，是为大众做事的，所以每当选举新成员的时候村民们都争着报名参加，尤其是会争着当会首。报名参加的人心中一般都有一些愿望，比如说希望自家能生个大胖小子、要丰收、要多挣钱等等。"参加的都是街上比较富有的人。这要出力，也要费脑子，是会首就要把本街搞好，搞热闹。轮到了就要想想怎么比别人搞得好。"村中老人回忆道。路灯会的成员开会，有的是在各个街公用的地方，如东街的关帝庙、北街的花神庙、西街的玉皇庙、南街的千佛寺，有的时候则在会首家里，其他成员都统一去会首家。

过年的时候，路灯会要负责点亮本条街的灯笼。灯笼坏了要负责修理，用完后要负责将其存放好。此外，路灯会的成员还要负责向村民们筹钱，以备相关开支。凑钱的时候由每条街的会首带着成员去向大家凑，而且会首也要凑钱，还要多拿。路灯会上用了的钱有专门负责记账的，有负责出纳的，消费多少、剩下多少都会被记起来，进行账目公开，正月十六之后就会将账目公开在街头。"大家都留着账。每家捐了多少，总收入多少，开支多少，用到什么地方了，除开支外还剩多少都写好，然后粘总清单在街上。"村中老人回忆道。对于路灯会上剩余的钱则放当年的会首处保管，等下一年的会首产生出来后再转给下一任会首。

灯笼一般是在大年三十的晚上挂起来，挂到正月初四的时候就放下来，正月十三、十四、十五、十六又挂起来，总共挂 9 天。如果不挂灯笼，会被戏称为是"过黑年"。春节点灯笼后满街都是灯笼，甚是好看。各街的灯笼风格不一样，北街是红裤腿灯，南街是玻璃灯，东街是纱灯，西街是纸糊灯。东街的纱灯上面画人物，如《三国演义》里面的桃园三结义等。西街的灯是四方灯，每年都用纸糊并且写有谜语。去西街看灯的村民最多，村民们都喜欢去那猜谜语。虽然猜中谜语后并没有什么奖品，但是，那些对猜谜语感兴趣的人在看了之后会把自己觉得有意思的记下来，写在本子上。

## 二、日常娱乐及其关系

（一）打纸牌

很久以前，村民们就会打牌、打麻将。村中老人回忆说，每年的正月初九地藏王大庙里都是打牌赌钱的，有些村民一大早起来就过去了。村民们赌钱的方式多种多样，有麻将、纸牌、豹子、彩票，还有转八仙桌的。

河北铺村赌钱叫"合局"，并有专门赌钱的地方，设在私人家里，叫"局场"，开赌场的人家叫"局家"。局场靠让大家来家里赌钱抽牌底挣钱。对于合局，村民们说："赌钱撩豹，吃喝嫖赌都是不好的。以前打牌都是赌钱，不是娱乐。正经人家、书香门第都不让孩子们去玩这个，一学会就管不住了。"对于局家，村中老人这样说："这不是地主家，也不是贫农家。他也会赌博，不是正经的老百姓，也吊儿郎当。你们赌，我就抽钱，这是一种生意，就像做买卖的一样。好的人家不会去开这个。这都是浪荡子弟。局家一般都不种地。"对于局场，村民们说那是个坏人的地方，好多人去了那之后夫妻关系变坏，家庭矛盾激化。

过去村民们在一起打牌不是为了娱乐而是赌钱，不赌钱就不会凑在一起打牌。村民们打牌除了去局场，就很少去其他地方了。在赌场因为赌钱吵架的现象很多。大局家里面有保安、有打手可以阻止。但是，河北铺村的局家都是小局家，当有人吵架了就只有局家的人或一起在那赌钱的人将其拉开。

旧时，打牌一般都是男的打，除了一些有钱人家的太太，女的都很少打牌。因为打牌赌博的名誉不好，所以即使是有钱的财主家的人也不被允许去打牌。但是，这也难免家里一些不成好的、游手好闲的被人拉去赌博。所谓"赌钱鬼，赌钱鬼，没鬼不能干"，所以，很多人被拉进去后就容易上当受骗而输很多钱。

（二）喝酒

村民们平时除了做红白喜事或过生日的时候会喝酒，一般情况下都是不会喝酒的。相互间关系不错的人偶尔会在一起喝酒。旧时，只有县城和镇上有饭店。饭店一般都是官场上的人去，农民家不会去，就算是赶集、逛庙会也只是在摊子上吃些水煎包、烧饼、灌掌之类的东西。所以，村民们一般就在家里喝酒，在谁家喝就谁去买酒。旧时，财主之类的有钱人家不会到农民家去喝酒。

村中有一老人回忆了他爷爷以前和朋友一起喝酒的情景。老人的爷爷和私塾的赵老师关系很好，两人对脾气。赵老师经常去老人爷爷那，两人一起喝酒。因为老人的爷爷睡觉的房间在下厨，所以他们喝酒都是在下厨。他俩一起喝酒的时候就他们俩在那，不会叫上其他人。除了喝酒，还会买些豆腐一起吃。喝酒的时候他俩喜欢讨论孔子，说说《中庸》《大学》里的内容，对社会上的事情讨论得并不多，政府、官场的事就说得更少了。

虽然说那时的酒度数很高,最低都65度,但是村民们喝酒都不会喝很多,平时买二两酒可以喝半天,所以一般都不会喝醉。经常在村里看见的那些喝醉酒的一般都是一些混混和黑团里的人。如果有人喝醉了要闹事,一般村民都不会去管,就让他们自己闹,跟他要好的人则会把他叫回家去。"所谓酒醉心不迷,喝醉了并不会那么混蛋。要是喝了很多,不行了就直接倒下睡觉了。那些喝了骂街、干坏事的都是坏蛋,就是仗着酒劲泄私恨。"村中老人说道。

(三)闲聊

天气不冷的时候村民们喜欢放些木头段、石板条在街上,坐一起闲聊。因为白天大家都忙着干活,所以闲聊一般都是在晚上。在街上闲聊的都是男的,女的不去,而且都是本村的,没有外村的。"闲聊的时候,地主不去,也不往街上坐,他们觉得往街上坐的都是粗人。"村中老人说。

村民们在一起闲聊的时候谁有新鲜事都可以说给大家听。虽是闲聊,村民们也会注意三大原则:

一是"闲谈不论国事"。村民们说的一般都是些无关紧要的事情。"政府里的事情说得不多,那都是官场话,不然那要出事。说者无心,听者有意,大家就坐一块说说生活上的事情。"村中老人回忆道。

二是"话到嘴边留半句"。因为谁也不知道闲聊的人群中大家相互间的关系怎样,所以,村民们在街上闲聊的时候并不会东家长李家短地说个老半天。不然,一不小心就可能与自己谈论的对象成仇人了。

三是"拣好的说"。村民们深知自古以来"谁人背后无人说,谁在人前不说人",所以,对于自己,村民们都是拣好的说,都不说自己赖。

村民们在一块闲聊的时候,会说评书的还会给大家说《济公传》之类的故事,每当这个时候大家都会围在那听。村里说评书的,有两个当过教师,分别叫赵代青、赵明长,有个是金银匠,叫赵连喜,还有个叫薛有增。这几个人家庭条件并不是很好,不是地主也不是富农,但是脑子都很好使,很会说话而且记忆力好,书上的东西看了就能记住。说评书的如果说得好,其他街的人也会过去听,有时还拉着别人一起去。"'四清'的时候开展反腐蚀教育就反对那些说书的,反对说才子佳人,不让乱说,说不要把青年腐蚀了。"村中老人回忆道。

(四)武术

旧时,河北铺村有好武的传统。村民们练习的拳法有梅花拳、小洪拳、八卦拳、太极拳、长拳、百步穿杨拳等等。农闲的时候，村民们会邀上拳友们一起打拳、拉架子。为了挣钱养家，村中有些好武的村民受雇于镖局，为人做保镖，保护押运的东西。村民们练拳也收徒弟，据说村中有个叫赵发禄的人就收过2个徒弟。据载，清中后期河北铺村的武探花、武举人、武庠生等有30多个。

## 第八节　河北铺村文化变迁

1945年河北铺村解放后，随着土地改革运动、集体化、土地承包到户时期的相继到来，其文化形态发生了重大变化。

### 一、土地改革运动时期的文化

1952年，为了扫除文盲，河北铺村在地藏王大庙办起了速成识字班，要求每个人都必须认识1500个常用字。识字班的学生都很尊敬老师，称老师为"先生"。先生家有农活的时候，学生们都会抢着去帮忙，如帮忙锄地、割谷子等等。"50年代的夜校，那真是咱村的清华大学，不仅为咱村，也为社会培养了一批栋梁之材。"村中老人说。1950年代，村民们的文化需求开始从欣赏型逐渐向参与型转变。一些组织松散、道具简单的文艺项目应运而生，如抬花桌、踩高跷、扭秧歌、花棍舞、打腰鼓、武术等等。1955年，村里第一次放了黑白片的有声电影。1956年，河北铺村成立了俱乐部。俱乐部有十几名文艺爱好者，他们排演快板、独唱、大合唱之类的文艺节目，还在村里办起了读报栏、图书馆、黑板报。

### 二、集体化时期的文化

1965年，河北铺公社从县里聘请了三名医生在村里组织了农村医生培训班，为村民们讲授人体结构、常见病防治及意外伤害急救等知识。为了发展农业生产，1960年代到1980年代，河北铺村以小农场为阵地，针对各个农业生产环节举办各种培训班，如小麦、玉米、病虫害防治培训班等等。培训对象主要是生产队干部和农技员。此外，河北铺村很重视培养自己的农技人员，不断选派有志青年到大专院校进修深造。1960年代，酷暑或农闲的夜晚，村民们喜欢在大街上讲故事、说闲书。如赵代青喜欢讲《封神榜》，魏敬尧喜欢讲三国，等等。1965年"四清"运动中，俱乐部被誉为"党支部的两个拳头"之一，是必须要抓好的青年组织。1966年，"文化大革命"爆发，一些说书、唱老戏、玩杂耍的被视为"封、资、修""牛鬼蛇神"而禁止演出，俱乐部成了唯一的村文化阵地。为了活跃村民的文化生活，1973年河北铺村为各家各户安装了舌簧小喇叭，为村民们一天三次播报文艺节目和时事政治。1977年，各生产队先后购买了 12 寸黑白电视机，安放在队部让社员们学习政治和文艺。

三、土地承包到户之后的文化

1982 年，为了提倡多种经营，河北铺村鼓励社员搞养殖业，举办养鸡培训班，还规定凡参加养鸡保险户的村民均可免费听讲，这极大地促进了村庄养殖业的发展。此外，村民邢学增在自己家开办了油漆家具的培训班，培训时间为 15 天，当时村中有 7 人参加。改革开放后，河北铺村俱乐部解散，村里的文化活动主要集中在春节期间。河北铺村有和外地、外单位联合举办文化活动的传统。1980 年代，河北铺村曾不断邀请一些职业名剧团、文艺团体来村里演出，如河南清丰县豫剧团、邢台河北梆子剧团等等。此外，河北铺村四条街春节的娱乐活动也呈上升趋势。刚开始的时候春节的娱乐活动就几个干部组织，没有正式的组织。后来，一些热心人自愿报名当会首，使得春节的娱乐活动有了组织。春节娱乐的花费也由会首带着会员去各家各户收集。与生产队时期相比，"大包干"后村民们的空闲时间多了许多。村里一些文娱爱好者，尤其是冬闲的时候，会在村里编排小节目，除夕、春节的时候就在村大街上表演。

## 第九节 河北铺村文化实态

当前，河北铺村村民对祖宗、对神灵依然有着较为浓厚的信仰。但是，受科学技术、市场经济和流行文化的冲击，其在具体的方式和形式上却融入了现代化元素，村民们在传承传统文化的同时也吸收现代文化。

一、文化信仰

当下，河北铺村村民对祖宗和神依然有着较为浓厚的信仰。（一）对祖宗的信仰。正月初三各个姓氏的族人会一起上祖坟。此外，正月初一、正月十六、寒食、十月初一的时候村民们各家也会去上坟。正月初一的时候，村民们上坟的时间稍有变动。"现在是腊月三十上祖坟，午后去，下午 3 点以后。以前是起五更，12 点以后。"村中老人说道。村中的大姓赵氏家族集资新建了赵氏宗祠，正月的时候族人们都能去宗祠里祭拜祖宗。（二）对神的信仰。河北铺村中的 6 座庙宇都得到了较好的修缮。每到初一、十五的时候，每个庙宇一大早就会用广播播放戏曲。但是，比起以往，现在的村民对于神有了更多的自己的理解和看法。"都知道某个人坏，大家都恨他，菩萨能不能除掉他？这个好难说。磕头尽管磕，烧箔尽管烧，但是要菩萨给你多少现实的东西这个是不现实的。"村中老人说道。对于鬼怪，村民们说："在家怕鬼，出门怕水，但其实什么都没有，鬼怪现在已经没有什么人相信了。"

## 二、文化习俗

河北铺村的文化习俗主要表现在：（一）逢年过节。村民们比较重视的节日有春节、端午节、中秋节、冬至等。每逢过节的时候，家人都会回家团聚，外嫁的女儿也会回娘家送礼物。冬至的时候，外嫁的女儿会回娘家送饺子。现在村民们的家庭经济条件都好了，儿女们给父母送的礼品也多了。儿女们回去的时候，父母因觉得东西太多吃不了，还会让其带些回去。（二）过寿。以往村中有"断节不断寿"的讲究，现在有些老人为了不给自己也不给亲朋添麻烦，就让亲朋们有时间的就来，没时间的可以不来，提倡简简单单地过寿。（三）婚丧嫁娶。婚丧嫁娶是村民们的人生大事。随着市场经济和现代化理念的输入，村民们的婚丧嫁娶添入了不少现代化元素。如村民们现在大多请婚庆公司主持婚礼，大量装饰漂亮的高级轿车成了村民们迎娶新娘的婚车，在酒店摆宴成了村民们宴请亲朋的主流趋势。虽然现在已经进入了自由恋爱的时期，但是，河北铺村很大一部分村民的婚姻还是通过"介绍"达成的。而且，村民们嫁娶都偏向于在当地，不愿去外地。

## 三、教育娱乐

河北铺村自古以来重视文化教育的发展。现在村中有3个文化发展人员：赵海京、李献民、赵新成。他们专门负责村中的文化事宜。河北铺村村内有城北实验学校一个小学，金宝贝、幸福时光、金色阳光3个幼儿园。2011年，村委会投资8万余元，更新了小学的全部门窗，使学校教学条件得到进一步改善。据不完全统计，河北铺村的在读大学生有40多个，其中一个在澳大利亚留学。为了弘扬村中的传统文化，河北铺村专门修建了村史馆、进士府、进士雕塑公园和古铺今朝苑文化广场，还重修了驿站。此外，河北铺村的文化娱乐活动较为丰富，其民间文化娱乐组织有秧歌队、体能赛队、太极队和舞蹈队。现在河北铺村以工业为主，村民们早已不种地。村中除了中青年们要忙于工作挣钱养家之外，老人们都有比较多的空闲时间，所以，村中文化娱乐组织的参与者主要是老年人。青年们的文化娱乐活动更多地倾向于与现代化的科学技术联系在一起，如上网、玩游戏、看电影、旅游等等。相比于传统文化，当下的流行文化对青年们有着更大的吸引力。

# 第六章　河北铺村的治理形态与实态

国有国法，家有家规，村有村治。在"皇权不下县"的传统时期，河北铺村通过自治的方式实现了村庄的良好治理。本章将从村落治理、民团治理、家户治理、亲族治理、信缘治理五个方面展示河北铺村的治理形态与治理关系，以及村落治理的变迁与村落治理的实态。

## 第一节　村落治理与治理关系

传统时期，河北铺村的村落治理主体为村长、保长和地方，其负责的事情主要有收粮差、收黑团的派款、调解纠纷和派劳力。村中有钱有势有能力的人还制定了既有惩罚条例，也有奖励条例的村规民约。此外，河北铺村还有诸多管事的，如介绍人、中人、保人、代笔人、写约人、经纪人。

### 一、治理主体

旧时，河北铺村的治理主体包括村长、保长和地方。村长、保长分别只有一个。地方则有四个，四条街每条街一个。村务办公的地方叫村公所，村公所位于东街，地藏王大庙的对面。此外，村长、保长、地方都有属于自己的若干"小跑"，小跑直接听其使唤。河北铺村治理主体如图6-1所示。

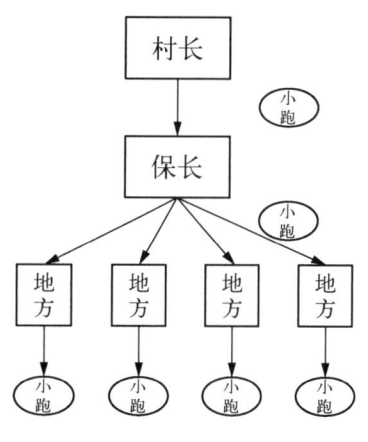

图 6-1　河北铺村治理主体

1. 村长

村长一般由村中有七八十亩土地，但是较为有钱有势、敢与日本人和黑团打交道，敢说话的人担任。村长不由村民们选举产生，不是村中土地最多的大财主，也不出自书香门第，不是个读书人。当村长的人在村民们面前很厉害，大家都不敢惹。"没点势力，这村长他就当不了，村长家一般都有钱。村长一般都愿意当，有些人还掏钱买。我是村长，在这个村就没有人敢欺负我，国民党在这的时候有买官的。"村中老人回忆道。村长跟黑团有联系，但他自己不是黑团。有些人当村长以后能为村里办些好事，如抵挡住外面的黑团来村里抢劫。有些村长还会为穷人办事，为穷人说好话，帮其摆脱困境。但是，这样的村长不多。关于村长，村中老人有个这样的回忆：

> 旧时，日本人来了以后，村里有个村长老号叫"李老申子"。他胆大，敢去日本人跟前与日本人说话。尤其是日本人要动手打村民的时候，他敢去跟日本人求情，日本人就不打村民了。所以，那时他在村里面的威信很高。李老申子跟黑团有关系，但是，最后还是被人打黑枪打死了。

村长的职责是为村民们看庄、护家、看地。可是，在实际生活中，大多数村长却以这为名义专门向村民们要钱。"掏粮差他自己可以不掏，叫别人掏就好了。他无非就是仗势挣钱，想要欺压农民。村长都不干什么正事，或者抽大烟，或者上窑子。"村中老人回忆道。去当村长的一般都是为了维护自家的利益，势力大后在村中就没人敢欺负他家。"村长的心不能说都不好，有的好，有的不好。但是，伪村长、保长大多不是个东西，多数不好，少数好。"村中老人回忆道。当上村长后，能当多久就看个人的能力和权势了。有些可以当十年八年，有些一年半载就下来了。"如果你没有什么靠山，很快就会被人弄下来。"村中老人说。逢年过节，并不所有的村民都会给村长送礼物。村中有钱有势的，跟官场有联系、有后台的村民一般不给村长送礼；但是，家里有一些地，有些钱，却没势力、没后台的村民就会给村长送礼，求其照顾。

表6-1 河北铺村部分村长家庭情况

| 姓　名 | 土改时阶级成分 | 家庭基本情况 | 家庭简史 |
| --- | --- | --- | --- |
| 赵玉林 | 下中农 | 家里有4个人，4亩土地，6间房。家中1个劳动力，平时打井、打短工、租种别人的地维持生活 | 其父亲有30亩地，还典当别人的土地耕种。家中生产资料全备，雇用过1个长工、2个短工。赵玉林本人15岁开始种地，30岁时被宪兵队抓，只得把家里的8亩地卖了。后来，为维持生活，家里的牲口也卖了，此后生活较困难。在其42岁的时候当过1年黑团 |

续表

| 姓　名 | 土改时阶级成分 | 家庭基本情况 | 家庭简史 |
|---|---|---|---|
| 赵宜兴 | 下中农 | 家里有3个人，7间房，5.3亩土地，还当了10亩地耕种 | 其父亲有90亩地，90间房，家里4个劳动力，生产工具齐全。除自己劳动外，还有两个亲戚（相当于长工）帮助种地。赵宜兴本人8岁上学，10岁辍学，然后开始在家干零活。15岁以后给财主打短工，20岁靠卖煤生活，39岁开始自己种地，52岁起担任地方3年，60岁当村长8个月 |
| 李玉润 | 上中农 | 家里有4个人，8间房，13亩土地，有时雇短工，无牲口大农具 | 其祖父开了一个小客店，雇用过1个帮忙的，祖母在家纺花、织布，积累钱买了8间房，几十亩地。"七七事变"后，其祖父当了一两年村长，1939年左右被黑团打死，那时其父亲才五六岁。祖父死后家里仅剩十几亩地，其父亲种不了，开始雇短工，还请亲戚帮忙 |
| 杨绍忠 | 中农 | 家里有17口人，12个劳动力，22间房，30多亩地，1匹骡子，1头驴，1辆水车，4辆大车，农具齐全 | 其祖父有四五亩地，常年打短工和织布袋维持生活。其父亲兄弟3人，杨绍忠五六岁时，其二叔去世，十二三岁时与三叔分家。当时家里只有四五亩地，两间破房，其父亲靠打短工、轧花维持生活。到其30岁时，杨绍忠兄弟5个都长大能干活了，日子越过越强，先后买了30多亩地，20多间房，驴骡各1头，水车1辆，与三户人家合用1辆大车。还租了七八亩地耕种。两个兄弟当过黑团，其中五弟当过黑团班长 |

2. 保长

保长一般由村里有钱的，说话能顶事的人担任。"有钱"是担任保长的首要条件。与村长相比，两者之间的差别主要体现在以下几个方面：

一则村长主要是有口才（能说）、胆大，而保长主要是有钱、说话管事、能办事。"保长就跟保人样的，别人求他办事，能说赖？有的好保长，还能给你赔个钱，给你垫一垫。保长就一两个，不能多。"村中老人说。旧时，河北铺村有个叫"老钱"的保长，他家是大财主，他还是村中的长辈。如果请他去管事了，事情一管就好。他不仅能帮人把事情管理得当，如果别人家需要钱，他还能借钱给他。等那户人家有钱了再还给他，如果那户人家没钱还不起就算了。村中也有其他一些能说理的人，但是他们没钱帮助别人，所以最终还是管不了。

二是村长管公事，保长不管公事。保长只管村民家里面的私事，得听从村长管理。但是，如果上面的人或是黑团的人来找村长，村长不在，那么就找保长。这时保长就也管村里的公事，当个临时的代理村长。

与地方相比，保长一是有钱，二是在事情的处理上有更大的管理权和主动权。对于村里的一些事情，保长可以自己决定该怎么处理，他能把事情"给管了"。而地方则是听从村长的安排，村长让干什么他就干什么。如果完不成则向村长汇报，再决定怎么处理。

表6-2 河北铺村部分保长家庭情况

| 姓名 | 土改时阶级成分 | 家庭基本情况 | 家庭简史 |
|---|---|---|---|
| 李润堂 | 富农 | 家有7个人，54亩土地，33间房，2头大牲口，有大车、小车，雇用1个长工，平时还雇用短工 | 其父亲有10多亩地，14间房。农闲时卖灌掌、打烧饼。李润堂本人二三十岁的时候和父亲一起贩牛、剥牛皮、卖牛肉，在此期间挣了许多钱。此后，置地70亩，房30间。后来，被土匪抢劫后家里还剩54亩地，33间房。李润堂担任过5年保长 |
| 赵保林 | 中农 | 家里有7口人，11间房，13亩土地，1栋楼 | 其父亲有2栋楼，13间平房，60亩地，1个骡子，1辆大车，1头驴，水车与人合用。雇用1个短工。当过6个月红会。赵保林本人30岁当保长，参加过黄沙会，信黄香道 |
| 赵连登 | — | 分家得30亩地，20间房，2头骡，雇用长短工种地 | 其父亲有250亩土地，60多间房，6头骡子，3辆大车，雇有3个长工，短工不断。赵连登分家得30亩地，20间房，2头骡，雇用长短工种地。后因吸"白面"变卖家产和土地。1931年去世后，只剩18间房，10亩土地。到其儿子时，儿子赵庆全家里有4个人，1个劳动力，5亩土地，11间房，靠劳动生活；儿子赵庆春有1亩土地，6间房，终年靠木工生活，1943年至1945年曾当土匪 |

3. 地方

河北铺村有4个地方，四条街每条街一个。地方管理一条街，由村长指派，不由村民选举产生。地方与村长并不一定有亲戚关系，家庭经济条件一般处于村中中下水平。被选为地方的人都与村长关系较好，会听村长的话，愿意听从村长的调动。"地方一般都不是正经人，正经人他当不了，他们在村民面前就欺负人。"村中老人回忆道。逢年过节的时候，地方可以不用给村长买礼物，口头上祝福就行。

政府或是黑团有交粮财之类的任务都找村长，不找地方。村长接到任务后，再叫地方去做。"如办公费、粮差需要凑钱，村长就让地方去收，收好交给村长。"村中老人回忆道。有事情的时候村长会把地方叫到村公所一起商量，平时没事情的时候一般不聚在一起。村民们因为邻界、地界闹纠纷或是孩子们打架之类的事情可以找村长或地方。具体找谁则依据事情的大小，地方管得了的就找地方，地方管不了的就再找村长。但是，地方不能单独决定事情，有事情的时候必须向村长汇报，听从村长的安排。

**表6-3 河北铺村部分地方家庭情况**

| 姓 名 | 土改时阶级成分 | 家庭基本情况 | 家庭简史 |
|---|---|---|---|
| 赵庆升 | 中农 | 家里有4个人,4亩土地,3间楼房,2间平房 | 赵庆升出生于富裕家庭,其父亲为教书先生,有17间房,1辆水车,2头骡子,与别人合伙买了1辆大车。有38亩土地,还租了10亩家族族田,平时雇短工。农闲时开磨坊。赵庆升本人家中1个劳力,平时打短工、贩煤维持生活。村民赵振朋送给他3亩地。当过4年地方 |
| 李思修 | 贫农 | 家里有7个人,3间房,1.5亩地,平时靠打短工、开饭铺、打烧饼、蒸包子、炸馃子维持生活 | 其父亲无房无地,靠做长工、打短工维持生活。李思修本人兄弟4个,3个哥哥绝后无人 |
| 赵文田 | 富农 | 家里有5个人,20亩土地,10间房,2台轧花机,1头驴子,1头牛,与人合用1个水车 | 小时家境较穷,后来靠打短工、开小铺、做买卖攒钱置办了30亩土地。后来还开轧花机,雇用专工。自己有时也下地 |
| 赵佩坤 | 贫农 | 家里有3个人,8间房,5亩土地。其父亲专打短工 | 赵佩坤本人开始以农为主,后当过1年地方,然后又在邯郸当雇工 |
| 赵宜温 | 下中农 | 家里有5个人,12间房 | 据说其父亲是秀才。赵宜温本人从小念书,16岁开始则不断给财主打短工 |
| 赵希孟 | 下中农 | 家里有5个人,房子弟兄三人一起住,靠打短工生活 | 1943年因生活所迫在朱庄当黑团一年零十个月,1944年至1945年在本村当了2年地方 |
| 赵长江 | 中农 | 家里有5个人,1个劳动力,9亩土地,5间房 | 赵长江9—14岁上学时,其祖父有80亩土地,1辆水车,骡牛各1头。埋葬爷爷时卖掉家中一半多地。到其父亲时,家里有30多亩土地,1辆水车,牛骡各1头,后来又逐步卖掉。到赵长江本人时,家里有地12亩,弟兄四人每人分地3亩。后来,赵长江自己又买了6亩地,此后家里总共9亩地,以种地为生。1942年至1943年当了2年地方 |
| 赵记勋 | 下中农出身,自己为游民 | 家里3个人,2个劳动力,3间房,4亩土地 | 其父亲有3亩土地,9间房,开过小铺,在大丰号铁货店当账房,半耕半商。赵记勋本人上学3年,当过1年长工,干过几年小买卖,在聚盛昌号学徒2年。赵记勋常年不参加生产劳动,过着游民的生活。当过花交易员、煤交易员。1937年当过土匪,有气枪一支,抢过本村牲口,在外村也抢过人家的东西。1942至1944年当过3年地方 |

4. 小跑

村长、保长、地方都有属于自己的小跑。小跑由村长、保长、地方自己定，一般都是找与自己关系好并愿意跟着自己，听从调遣的人。小跑日常做的事情主要有两个，一是给村长、保长、地方买、拿东西，二是转告通知、催人、叫人。"小跑就是个跑腿的，你叫他干吗他就干吗，说去给买盒烟来，他就去买盒烟来，说去把谁叫来，他就去把谁叫来。他们就是个狗腿子。"村中老人回忆道。

二、治理主体之间的关系

村民都很怕村长，觉得村长惹不起，惹了就不要过了。村民们与村长碰面的时候会笑着问好，但是，背地里也会议论村长的糗事，说村长怎样坏。"村长一般不会找你农民什么事情，只是村长吃喝嫖赌，村民背地里会议论他，说他这小子怎么怎么样。但是坏是坏，却治不了他。"村中老人回忆道。

村长管一个村，族长只管一个族，所以，村长的权力大于族长。乡绅虽然也受村长的管理，但是，如果乡绅的后台硬，那么村长也不敢惹他。反之，村长还得围着这乡绅转。在涉及村庄的重大事情上，如需要许多钱或物，那么村长会与乡绅商量。比如，请黑团的事情，村长就要和村里的乡绅一起商量讨论。村长和乡绅们商量事情的时候，就其几个人一起商量，不与其他村民共同讨论。

交粮财的时候，如果有人交不起粮财，村长不会帮其垫付。一是村长没那么多钱来垫付；二是村长自身也要这些钱来生活，供其吃喝嫖赌。"交了上面的，剩下的就是他的。为什么叫黑社会？他就是有钱也不会给你垫。"村长老人回忆道。此外，村长也不会帮村民逃粮财。粮财是一定要交的，如果有村民不交，那么村长就会带人把其房子封了，让其不能生活。但是，有些心眼软的村长却会帮村民逃兵。因为那时没有身份证，就算找也找不回来，逃走后就去给人当长工、做买卖，所以，逃了也就逃了，不会再追究。

村长不会直接去找乡长或县长，只有县里、乡里有事情的时候来村里找村长。一般是通讯员来，乡长、县长不会来村里。县里、乡里的命令不会贴在村里，只会告诉村长，然后由村长负责执行。"村长不用汇报之类的，只有上面的下来问他要东西，要交多少粮食、多少钱。"村中老人回忆道。村长接到命令后不能不执行，不然就会被撤销其村长的职务。如果村长接到任务后完成得较好的话，会被给予口头上的鼓励，说其完成得不错。村里的活动，乡里、县里不参加，村里也不会去邀请乡里、县里的官员参加。如果有村民犯法了，那么就一人做事一人当，只处罚犯法的人，不会因为一个人犯法而连带整个村的人。但是，如果是管辖自己村的黑团头得罪了别的黑团，以致两个黑团间相互争斗，那么本村人则灾难难免。

### 三、治理内容及其关系

村里的干部一般不承担乡里、县里的行政事务，也不用去乡里、县里开会或是汇报工作。最多村长和保安队的人会有些联系。旧时，村里的干部不用管过多的公共事务。他们不用管村中的教育，不修路，也不做公益或是慈善的事情。"他就嫖赌，吃吃喝喝，上面来了就给你应付应付，有的时候给你要点粮财。"村中老人回忆道。其负责的事情主要有：

一是收粮差。粮差按亩缴纳，一亩地交多少钱，有多少地就要交多少粮差。对于粮差久拖不交的，村长就会叫黑团的人去其家里找事，或是打人。

二是黑团的派款。黑团的派款由村长和地方来收取。在收取前黑团会给村民们写好条子，每家每户要交的款数都写在上面。具体交多少则由黑团的人决定，没有统一的标准，而且不能不交，不然黑团的人就会来找事。"村长收好就给黑团的队长，要多少就要给多少，如果没收好村长还要挨骂受气。"村中老人说。

三是纠纷调解。当村民们发生纠纷或是打架的时候可以找村长调解。但是，调解好后，村长会依据事情的大小向双方要一定的费用。

四是派劳力。旧时修洺河桥河北铺村也要派劳力，去的人干活不给钱。劳力的派送由村长负责，每个村需要多少，村长就要派多少。

村民对村中的事务没有发言权，村长不和村民商量村中的事务。村民们觉得只要能平平安安地过完这一年，能吃饱肚子就行。一般情况下，都不愿跟当官的打交道，见着当官的能躲着走就躲着走。"不像现在样的，开党员会，开群众会，开代表会。以前不商量也不开会。"村中老人说。

### 四、治理规则及其关系

旧时，河北铺村的村规民约由村里有钱有势有能力的人制定。村规民约基本上是按照村民们生活的基本要求制定的，制定好后就以告示的方式粘贴在村十字街告知村民。

村规民约里既有惩罚的条例，也有奖励的条例。虽然村规条约制定好了，但是，在村规条约面前却并不是人人平等。有钱有势的村民违反了村规民约只要跟村长说一声就没事了，穷人违反了村规民约就得狠狠地处罚，就算是老弱病残也是一样的。"如果违反了公约，没钱没势的就要惩罚，有钱有势的，有的一说就算了。势力大的，他不认你这个村规，你也没办法，大家也不敢惹，惹了你就没法过。"村中老人回忆道。对于违反了村规民约的，一般由村长和地方进行处罚，具体怎么处罚都由村长说了算。

如果是别的村的人在本村犯错了，可以直接在村里处罚他，但不能打死，也可以交给政府。当村民违犯了村规民约，对其的惩罚措施主要有吊起来打、游街。让违犯者在街上自己边敲锣边喊"我偷人家棉花了，我不敢了"之类的话。

当违犯了村规民约，可以减轻处罚，但是，这得向村长求情。"村长对同族的，也要去求他，不求他，还是一样地按村规民约处罚。求情主要是贿赂，就是送东西，不是白求。"村中老人回忆道。但是，如果是村长自己的家人或是亲戚朋友违犯了村规民约，那么村长就会很主动地忙活起来，为其寻找近道。如果有村民对村长的处罚决定不服，可以向上级政府报告，或是打官司，但是，大多数人一般情况下还是采取忍气吞声的办法。有些不服的人，鉴于自己势力薄弱斗不过村长，会采取一些比较特别的方法。"有些明不能治你，就暗地里治你，一枪打死你。过去有人也去当黑团，后来就把你治了。明惹不起你，暗可以惹起你。"村中老人回忆道。

村规民约里面有一些奖励的条款，奖励主要是授予人名誉。"你办了好事，给你送个名誉，送个匾，送了名誉了，大家都去看，都去办好事。"村中老人回忆道。但是，受奖励的一般不多，村规民约制定的主要目的还是规范村民不要犯错误。

五、管事的及其关系

（一）介绍人

村民们有事情自己不好办的就可以找介绍人，让其帮忙联系找人。介绍人中表现最突出的是经纪人。经纪人介绍成功之后，需要双方再找中人做证明人。

（二）中人

中人就是当村民们遇见什么事情了请来为自己当证人的人。中人一般是请自己家的"家长"、管事的，还有就是公人，村长、地方之类的。当中人的人不论家境富裕与否，只要为人正直、有威信即可。兄弟分家、买地、买房之类的事情，只要在场就都是中人，这些中人都可作为其证明人。如果事情办完后有谁反悔了，那么就可以请出中人为其做证。

（三）保人

保人一般由村子里比较有钱、有威望、说话算数的人担任。穷人不能当保人。保人一般只给自己熟悉、了解的人担保。被保的人也必须为人可靠、诚信，不然就不给其担保。"我看你好就保你，知道你的根底才保你。你不好，我怕丢脸，你让我给你当保人，我不干。"村中老人说道。此外，有些与其有间接关系的人也可以通过熟人牵线让其为自己担保。能为对方做担保就说明双方关系不错，所以担保人一般都不要对方的酬谢。

（四）代笔人

自己不认识字、不会写字的人就找人代笔。找代笔人一般都是在亲戚朋友中找自己相信的、相互了解的人，不相信的人就不请了。

（五）写约人

写约人懂得各种文书的格式，而且会写，每当村民们要写文书的时候就找他。"这个人不是专门做这行的，他就是懂，格式、词句都懂。他会写，就找他写。"村中老人说道。但是，对于那些与自家有矛盾的则不找。请写约人写文书后并不会专门给其报酬，只是请其抽烟、喝酒。如果是办红喜事，那么摆酒席的时候会请其吃饭。

（六）经纪人

经纪人其实就是中介，他们以此为业。村民们买地卖地、买房卖房、买卖牲口、买煤等等都可以找经纪人。经纪人分领域，买卖不同的东西得找不同的经纪人。经纪人一般比较会说话，能说话，有口才，心眼多。且他们家庭条件都不错，穷人不能当经纪人。"因为穷没有公信力。经纪人说话要有威信，要说话算数，家里穷管不了这个事。"村中老人说。经纪人不仅给人做介绍、讲价钱，而且有时要给人做担保，所以必须有一定的经济基础。经纪人给人介绍成功后，要收取一定的报酬，买卖双方都要给。所谓"话是空，笔是踪，千年纸笔会说话"，所以对于买卖土地这样的事情，村民们一般都会让经纪人写个文书，避免以后闹纠纷。

## 第二节 民团治理与治理关系

民国时期，河北铺村不仅有村长等治理主体维持着村庄的生产、生活，还有民团组织为村民们看家护院。基于此，本节将通过黑团和联庄会两个民团组织考察传统时期河北铺村的民团治理与治理关系。

一、黑团

旧时，黑团是当地的民营团。1938年以后，日军下令将永年地方上的武装改为民团，维持治安。地方上一些土匪、恶棍趁机钻进民团，向上奉承日本人，向下欺负百姓，所以老百姓称之为"黑团"。"黑团们都'占山为王'，谁的气候大，谁厉害，就听谁的。"村中老人说。

（一）组织与管理

河北铺村有黑团的队伍驻扎在村里为村民们护庄、护家，维持治安。"到了秋天，偷抢的人很多，黑团他们会管。那时的小偷小摸多，因为家里没办法。还有些吃喝嫖

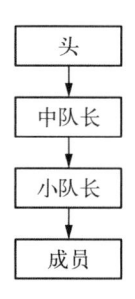

图 6-2 黑团内部组织

赌、不干正事的也会去偷。"村民们回忆道。黑团有自己的组织，除了头之外，还有属于自己的中队长、小队长（如图 6-2 所示）。一个黑团通常同时管好几个村，每个村都有他们派出去的队伍，一个或是几个班，一个班有十几个人。大村则会多派一个排，一个排一般是三个班。黑团里的每个人都有枪，既有长枪，也有短枪，去了当黑团的人就给发枪。黑团有自己的办公场所，叫公馆。黑团的公馆和村公所是分开的，公馆只住黑团的人。此外，黑团也有自己的规矩，如果黑团里的人不守规矩，就会按照规章制度来处罚，该打的打、该枪毙的枪毙。

（二）收粮财

黑团为村民们护庄、护家，维持治安，村民们则要向他们缴纳粮财。收粮财的时候，黑团的人会先跟村长联系，让村长领着一起去收。如果有人缴纳不起粮财，黑团的人有时还动手打人。"村长干这事一是为了钱，有报酬，二是仗势，欺负人。村长一般人不敢惹，惹了还打你。有些人为了躲事就给村长送礼、送钱，村长就给你说好话，你就没事了。"村中老人回忆道。一般情况下，一个村就归一个黑团管。一个黑团管了一个村之后，其他的黑团就不能再来了。黑团收粮财没有一定的标准，他们要收多少就收多少，数量都由他们自己定。但是他们会询问村长，村长说哪家有钱，他们就会让哪家多交粮财。"不交的也有，有钱有势的就可以不交，你也不敢惹。没钱没势的就得交，很穷很苦的也得交，没钱的就是你家里有一点小米也给拿走。黑团就是这样，没理，说不出理。"村中老人回忆道。

（三）招兵、抓壮丁

1. 招兵

旧时，河北铺村的黑团为了壮大自己的队伍，会通过唱大戏招兵的方式招募年轻人当兵。俗话说"好菜不当饼，好孩子不当兵"，但是，村里面那些家里穷没饭吃，生活不下去的村民为了一天三顿可以有饭吃就会去当兵。"有自愿参加的，就是在家没法了，没法生活了。自愿参加的不用交钱，自己去个人就行了。如果村里面有几个人在那，那么其他人也都去那当兵了。"村中老人回忆道。招兵的时候无论是本村还是外村的都可以去，没有限制，来多少要多少。招兵时双方并不签订文书或契约，只要村民愿意去，就直接给村民多少多少钱和粮食。村民把这些钱和粮食拿回家后，家里人就可以不挨饿。

2. 抓壮丁

如果通过招兵的方式招到的人很少，那么黑团就会通过抓壮丁的方式扩大自己的队伍。"黑团抓你去当兵,当土匪。主要是黑团抓。"村中老人回忆道。黑团抓壮丁一般是抓村里面20多岁的,不管身高、体重如何,只要是年轻人,不是个傻子、残疾就行。抓壮丁的时候黑团的人在村里看见年轻人就抓,被抓后会给他钱,给他饭吃,还给大烟抽。但是,不会给其家里补偿。那些年轻人被抓进黑团后,黑团的人会看这年轻人是个怎样的人。如果看这年轻人还行,那么就会让其留在队伍里。如果是个一般的农民,没有什么出息,干不成什么事情,那么就会叫其家里人拿钱把人赎回去。"把你抓去了,家里人也不知道你被谁抓去了。等了三天五天,就给你发出信号,给你捎信,说要多少钱,就把你孩子给弄回来了。"村中老人回忆道。

  黑团抓壮丁的时候,一般是见年轻人就抓,不管其家里有钱没钱,是哪家的孩子。有些还是黑团去人家家里抢东西的时候抓走的。如果家里的人被抓了,又不想其子去当黑团,那么就要用钱去把人赎回来。"被抓兵了,不想当就可以掏钱把人赎回来。不管你有钱没钱,就跟你要多少钱,就把你人放回去。"村中老人回忆道。有些有钱有势、有后台人家的小孩被抓了,那么他们就会联系其他的黑团头子去攻打那个黑团,把那个黑团的枪拿了,东西抢了,还有可能把那黑团直接消灭掉。"抓的时候不知道,不知道他的后台有多大,没靠山的不想当就拿钱,有后台、势力的就可以叫人去要人,去打。如果明要要不到,说理不行,还可以暗中打。"村中老人回忆道。

  被抓壮丁的年轻人不想当兵的话也可以选择逃走。"有逃兵逃回去的,黑团里也不是都是坏人,也有好人,放开你后就让你跑了。"村中老人说。逃走之后,逃了就逃了,没人会再去抓,因为抓的时候就不知道抓的是谁,无从再抓。对于那些家里有钱,但是没有后台、没有靠山的家庭,可以选择买丁代替自己孩子当兵的方法。当时有些家里穷的、实在是没法的家庭就会去卖兵,而要买兵的家庭只要给这家庭一些钱就可以了。卖兵不一定要通过村长,可以自己找,自己协商。

  招兵和抓壮丁虽然都是当兵,但是,两者是不一样的。抓壮丁是不想当兵也要去,是硬抓;招兵买马是自己自愿去的。村民们说,好农民不会叫孩子去当兵,坏人才当兵。"因为这个兵、匪都不是好人干的,但是,也有农民被迫地在那当兵。但是,他们去了也不干坏事,他们在哪看见人被打了就悄悄地给人点东西吃。"村民们回忆道。有些农民一开始是不愿当兵的,到了那还要挨打受气,但是时间长了之后,就有了"当就当吧"的心态。

(四)黑团与村长的关系

  虽说黑团的人收粮财、抓壮丁都要通过村长,但黑团会首的地位却高于村长,村长并不能与黑团的人平起平坐。"以前有黑团的来了,村长就赶紧去迎接,还要好酒好菜招待，如果村长收不齐粮财，黑团的人还把一桌子菜给打翻掉。"村中老人回忆道。如果驻扎在村里的黑团的班长让村长去收粮财，村长收不齐，那么班长可以告诉队长，队长下来后可以把村长换了。政府不给村长工资，但是，黑团收的粮财里却包括了给村长的酬劳。"让村民们凑起来的钱，给了上面要的，剩余的就是自己的。黑团、村长都靠地方的钱养着。"村中老人回忆道。有些黑团的会首还跟官场有联系，日本人在的时候还跟日本人有联系。打仗的时候，日本人让黑团的人冲在前面，他们就在后面。

（五）黑团和底线的关系

底线，在村里被叫作"底巴得"。底线的年龄一般都是二三十岁，平时不办好事，尽做些吃喝嫖赌的事情。黑团绑票、抓抢人的时候会先在要抢的村里找好底线，晚上就让底线给他们引路带去村中的有钱人家。"那个坏小子知道哪家有钱，这家有钱就抢这家，那家有钱就抢那家。抢你家的钱和牲口，牛、骡、马，抢走了就有钱啊。"村中老人说。但是，黑团不敢惹村中有钱有势的大财主，也不抢劫贫苦的村民，那些有钱但是没势力、没后台的土财主是黑团的主要抢劫对象。

旧时，河北铺村有个底线，姓张，是段家的一个女婿。他还有个弟弟，他叫"阴阳挂"，他弟弟叫"阴阳盆"。那时他从外面带回来一个留声机，还放给村民们听。这个人平时吃喝嫖赌，游手好闲，不想干活，专在村里面耀武扬威，不办好事。但是，家里人都不知道他是底线。虽然说他当底线很挣钱，但是他家并不富裕，钱都被他挥霍掉了。他平时没事就在村里面转，摸村里人的底，知道哪家有钱就跟外面的黑团说，然后带人来抢。河北铺村既有在黑团当中队长的，也有当小队长的。村民们在相互打听后知道了村里的底线是谁。最后，河北铺村的这个底线被人从背后开枪打死了。他死后，他媳妇改嫁去了明阳村。

（六）本村黑团与外村黑团的关系

1945年前，河北铺村经常有好几个黑团的人来村里收粮财，抢了村民好多东西。最后，村里的乡绅就一起请了另外一个会首叫"陈小个子"的黑团来村里，把之前的几个黑团都赶走了。陈小个子的黑团有三四十个人，不仅人马多，而且武器还很厉害。"他不是说有什么靠山，就他自己就很厉害，谁不听他就打谁。他自己的自卫队都很厉害，在我们村管着，从此以后就他一个黑团了，其他的黑团都不敢来了。"村中老人回忆道。陈小个子的黑团除了管着河北铺村，外村的一些黑团也得来河北铺村敬供他，如果有谁不听他的调动，他就会派兵消灭他。虽然陈小个子的队伍里也有吃喝嫖赌的，但是鉴于"兔子不吃窝边草"，陈小个子不允许队伍的人在河北铺村胡作非为，一旦被发现，就会被惩罚。严格的管理使得河北铺村的治安有了较大的转变。最后，村民在村南为陈小个子立了个名誉碑,上面写了"威震洺州"四个大字。

关于本村与外村的黑团,村中老人回忆了一个这样的故事:

> 有次,外面的黑团从村东街进村,到了西街后大抢西街的有钱户。西街有钱户都被抢光了,人被绑走了,牲口也被拉走了。有六七个人被抓去了离河北铺村20里地的周村、三塔一带,其中有一人就是河北铺村第二任支部书记。管辖河北铺村的黑团驻扎了一个班的人在河北铺村,但是,在遇见这种事情的情况下却装作不知道,对此持"事不关己,高高挂起"的态度,不敢跟来村中抢劫的黑团对抗。
>
> 被黑团抓走的那几个人被关在一个房间里。房间里面住了50多个人,别说睡觉,就连坐的地方都没有,大家都在里面站着。吃饭的时候,黑团的人就在门上开个小洞把东西递进来。因为人多饭少,所以大家都会争着往前要吃的。每当此时,黑团的人就会用东西敲大家。有一次,那书记的头就被敲出了血。出血后,那书记就在衣服上撕了块布包住自己的头。幸亏伤口没感染,后来也就好了。

## 二、联庄会

联庄会为村民们看房子、保卫村庄,村民们则向他们缴纳一定的粮食。"他们不是黑团的,也不是国民党的,是个民办组织,为村民们护庄、看房子,防止土匪来村里抢。实际上外面的黑团来了,他惹不起,他没枪,就要钱吃喝,跟几个村的村长都联系好了。"村中老人回忆道。联庄会一连管着好几个村,一个乡就一个联庄会。河北铺村联庄会的头在西滩头,他有枪,下面的人则没枪。联庄会的头跟黑团的人都有联系,有些还以黑团的头"老铁头"为其后台。

联庄会的人来村中向村民们收取粮食的时候,由村长、地方领着去向各家各户要。每家每户具体缴纳多少,一年缴纳多少次全由联庄会的人决定。一次缴不齐的人可以分好几次缴纳,联庄会的人会主动去其家里催要。如果村民们缴纳不起,那么家里的被子等东西就会被抱走抵数,不然就要面临挨打的可能。村中有钱有势的人联庄会的人不敢惹,穷苦人家又拿不出粮食,所以,那些不是很富裕,能生活得下去,又没有后台的人就成了联庄会的欺压对象。

虽然说联庄会的人平时都穿着黄色的制服,但是因为他们经常欺压老百姓,对村民们抢的抢、绑票的绑票,还杀人,不干正事,所以就被村民们调侃为"五日混鬼"。

## 第三节 家户治理与家户关系

河北铺村的家户治理以户为单位，由当家人治理，其家户治理规矩主要有请示制度、座位制度和请客制度。当家人作为家户的权威中心主要负责财产处理、家庭公共事务、人口管理和家庭外部事务。

### 一、家户治理主体

河北铺村家户治理以户为单位，由当家人治理。当家人在家户治理的过程中享有绝对的权威。当家人掌管家中一切事务，是个"出心力"的活。当家人既可以是男性，也可以是女性。但是，无论是男性还是女性一是要具备足够的治家的能力，二是要有忠实可靠、大公无私的品德。爷爷、婆婆、父亲、母亲、长子、其他儿子都可以成为当家人，具体由谁当则因家庭条件的不同而不同。

（一）爷爷

在没有分家之前，爷爷在世，且身体好、头脑清晰，具有当家的能力，那么就由爷爷做当家人；爷爷在世，但是身体不好，不具备当家的能力，那么则不能做当家人。爷爷做当家人期间，如果犯参与赌博或抽大烟等错误，那么家人会不允许其继续当家。

（二）婆婆

在没有分家前，婆婆一般都是作为内当家的协助当家人管理家务，料理家中的如做饭、添置衣服之类的事情。但是，当家的爷爷去世后，作为内当家的婆婆如果能力较强，具有当家的本领，而儿子们还不具备当家的能力且不反对的话，那么则由婆婆做当家人。但是，婆婆做当家人的话，一些对外的事务她还是得让家中其他的男性去做。

（三）父亲

所谓"树大分枝，人大分家"。儿子们长大成家后，河北铺村村民都会让其分家。分家后，各小家都各管各的事情，父亲就是当家人。父亲作为当家人主要管理田间和对外的事务。母亲作为内当家的则管理家内的家务事。

（四）母亲

分家后，如果父亲没有当家的能力，且儿子们都还小，那么母亲也可以做当家人。父亲听从母亲的安排，家中事务都交由母亲管理。

（五）儿子们

在没有分家之前，如果父亲没有当家的能力，母亲也不善于当家，儿子们已经长大,那么就可以由儿子们当家。具体由哪个儿子当家不看年龄大小,而是一看其能力,"你是大哥,不一定你当家,你有这个当家的能力,才让你当。"一看其能力,二看其品德。"如果你当家了,家里的钱都给你媳妇用,你光顾自己家,你哥哥、弟弟怎么办?"村中老人说。儿子当家后,如果发现其不行,那么家人可以将其换掉。

二、家户治理内容

(一)财产处理

河北铺村家户治理以户为单位,当家人对家庭私有财产享受绝对的管理权。

第一,在租用或买卖土地、房屋等不动产方面,已经长大懂事的儿子们可以向当家人提出自己的建议,享有建议权。但是,最终由当家人决定。家中的女的则不管。所谓"疑人不靠,靠人不疑",在土地的租用方面,大财主家会将此事交给管家管理,让其享受一定的管理权;但是最终的决定权还是在当家人那。

第二,家中的农产品一般由当家人拿去集市上出售。如果当家人自己不去,那么他可以指派家中其他人去。被派去出售农产品的人卖完农产品后要将所得的收益都上交给当家人。如果亲戚朋友家困难,内当家的可以做决定送其一些家中的农产品。除了当家的和内当家的,家中其他人都不能私自将自家农产品拿去买卖或是送人。

第三,村民家中的现金都由当家人管理。家人如果要现金的话得问当家人,告知其用处和所需数目,然后当家人根据具体情况决定给多少。春节前,当家人会主动给内当家的、儿子、儿媳们一些零花钱,让其买些衣服之类的东西。具体给多少则依据家庭条件。旧时,媳妇回娘家要带比较多的礼物,所以媳妇回娘家的时候,当家人都会给其一些钱买礼物。如果家庭遇见困难需要借钱,得当家人去,家中其他人不能去。

第四,当家人的钥匙由当家人保管。儿子们都不能动;内当家的能不能动则看其有没有管理的能力,管理得了就可以,管理不了就不行。如果当家的要出去一段时间,家里可以有代理当家的。走的时候,家里不是那么重要的钥匙可以给代理当家的,重要的钥匙,如装有房产证之类东西的柜子的钥匙还是由当家人保管。如果家里有了新当家的,那么这钥匙就给新当家的。

(二)家庭公共事务

在家庭公共事务的管理上,当家人享有绝对的主导权,但是内当家的也享有一定的决定权。有些事情当家的会让内当家的做决定。

第一,旧时,耩、犁、耢、耙之类的活都是男的干,女的就在家里磨面、干家务活。所以,村民家中的农活安排都由当家人决定。当家人在前一天晚上就会安排好第二天的农活。如果当家人也下地干农活,那么当家人会领着儿子们一起干。如果家里的大儿子可以领头干活，那么就会让大儿子领着其他的儿子去干活。"大儿子年龄大，懂得多。兄弟小，除一垄地，大儿子就得除两垄。一般都是大的干得多，小的有照顾。"村中老人回忆道。对于当家人安排的农活，有些家里懒、淘气、调皮的孩子就不会好好干。为此，村中老人回忆了一个这样的故事：

> 以前，村里有户人家的父亲安排孩子去把地里的草除一除。那孩子去地里后就在那躺着睡了一觉。醒来后就直接回家了。回到家，父亲问他除了多少地。孩子回答说："闹了一觉。"父亲很高兴，还表扬他。吃完饭后父亲去地里一看，发现一垄地也没除。回来后就问孩子这怎么回事。这时，那孩子回答说："是睡了一觉。"听后，父亲啪的一巴掌就打下去了。从此以后，这在村中也成了一个笑话。

第二，旧时，村民们都很节俭，不会随意添置衣服，有需要的时候才添，不需要就不添。如果家里有许多孩子，一般都是给最大的孩子添置新衣服，其他的孩子就穿哥哥姐姐们的旧衣服，家里的衣服孩子们一个个轮着穿。衣服的添置一般由内当家的决定，当家的会给内当家的一些建议。关于添置衣服，村中老人有一个这样的回忆：

> 以前我结婚的时候家里为我做了个新的大褂子。但是，这大褂子我就结婚和过年的时候会穿，平时都不穿，挂在家里舍不得穿。邻居、乡亲们都知道我有件这样的大褂子，他们结婚的时候都来向我借。所以，最后这件大褂子净用来借给别人结婚的时候穿了。

第三，村民们从小上私塾就被教育"黎明鸡起，打扫厅厨，要内外整洁"。所以，清晨早起，当家人就会将院子打扫干净。结了婚的儿子各人都有各人的房间，各人房间由各自的媳妇打扫。如果家中有年纪大、行动不方便的老人，那么当家人会安排家中的妇女为其打扫。没结婚的孩子的房间，如果他自己爱干净、会打扫，就自己整理；如果不会，那就由内当家的或是安排嫂子们给他打扫。腊月二十三是扫房日，当家人会召集全家人一起打扫卫生，无论男女都干，并且做好分工，男的干重活、女的干轻活、老人干些细活。

第四，一般经济条件的家庭做饭都由内当家的管，当家人不管。吃饭吃什么菜、吃多少都由内当家的决定，家人如果有想吃的可以跟内当家的说。但是，逢年过节的时候，家里要吃、买什么菜则由当家人决定。"过去的菜都是自己种。过年的时候买些菜之类的就当家的管，背着布袋去买葱姜蒜之类的。以前是爷爷管，分家后就我爸爸去买。"村中老人说。村里有钱的财主家则会专门请婆娘做饭，买菜之类的事情交由管家负责，当家人不管。

（三）人口管理

除了财产和家庭公共事务，当家人还要管理好子女以及长短工们，对其做出相应的安排。

当家人对于子女们的管理主要体现在以下几个方面：一是教育。旧时，大多数村民的家庭经济条件都不太好，负担不起所有孩子的学费。所以，当家人一般都让大儿子在家里干活，小的去读书。但是，如果儿子们年龄相差不大，那么就看哪个读书比较厉害，哪个学得快。二是工作。当家人会让脑子灵活、有口才、有心计的儿子去做生意。生意不是谁都能做、谁都会做的，所以那些心眼少又老实的儿子就让其在家中干农活，不然怕赔本。三是婚姻与家庭。村民们的婚姻讲究"父母之命，媒妁之言"，所以村民们的婚姻都由当家人决定，不能自由恋爱。结婚后，父母会与儿子们分家，让其成立自己的小家庭，自力更生、自谋生路。

村民家中的长短工一般由当家人负责管理。如果家里面有管家，那么可以将长短工的管理权交给管家，让管家管理其生活并安排农活。干农活的时候，如果东家的儿子和长短工都去地里干农活，并且东家的儿子管事，那么当家的会把管理权交给儿子，让儿子支配长短工干活。如果儿子不管事，什么都不懂，那么长短工和儿子就都听从当家人管理。但是，东家的儿子和长、短工一块去地里干活的时候，长短工会把比较轻松的活让给他干。

（四）家庭外部事务

家庭是村民们生产、生活的基本单元，日常生活中每个家庭都与外界存在着千丝万缕的联系。

第一，人情往来。首先，在红白喜事方面。村民们自家的红白喜事由当家人决定如何办，由当家人出面请总理或总管来家中主持。别人家的红白喜事由当家人参加，随礼的大小由当家人根据礼账簿决定。其次，在走亲戚方面。走亲戚的时候一般由当家人带着家人一起去。走亲戚的花费由当家人决定，买什么礼品、买多少都听当家人的。但是，有时内当家的也有决定权，如儿媳回娘家。儿媳妇回娘家首先要跟内当家的说，然后再由内当家的跟当家人说，并让拿些钱买东西。媳妇不能直接去跟当家人说。"不然婆婆会生气，说你不把她放在眼里。不要把婆婆甩一边，不然会被说闲话。

说你不尊敬她，不拿她当回事。"村中老人说。儿媳妇回娘家具体住多少天要向内当家的请示。

第二，互助合作。在生产、生活上，相互间关系好的村民会互助合作。如秋天五月农忙的时候相互帮忙割麦子，相互借用农具、耕牛。请别人帮忙的时候得由当家人去请，自家人是否帮别人、如何帮也由当家人决定。但是，如果家人觉得当家人做的决定不对或是不好，也可以提出自己的意见，然后一起商定该如何做。

第三，摊派劳役。旧时，村民们不仅要向政府交粮差，还要向黑团、联庄会缴纳摊派。粮差和摊派都由当家人去缴纳，如果儿子已经长大成人，那么当家人也可以让儿子去缴纳。旧时，日本人会在村中抓"义务性"的苦力去东北的煤窑挖煤。所以，如果知道家里被派了苦力，当家人会让儿子们逃走或是藏起来。如果逃不掉非要去的话，那么当家人会让家里比较聪明，在外面吃不了亏的儿子去，并且让其逮住任何逃跑的机会跑掉。

### 三、家户治理规矩

（一）请示制度

村民们向当家人请示的时候口头上说就行了。请示的内容包括以下几方面：

1. 生产活动的请示。土地的经营、各项农业生产活动由当家人说了算。但是当家的可以和儿子们商量，儿子们可以向当家的提建议。家里有长工的，长工也可以享有一定的建议权。家里有管家的，管家也可以做决定，然后吩咐长工去做。但是，无论是长工还是管家，都得听从当家的，有不好决定的事情还得向当家人请示。家里的老人如果不直接参加生产经营活动了，则不需向其请示，由后辈们自己做决定；同时，在生产活动中如果遇见不懂的可以向他们请教。

2. 家庭生活的请示。在没有分家之前，家里的吃穿由内当家的决定。吃的饭菜，家里人如果有想吃的也可以跟内当家的说。衣服由媳妇们负责制作，做多少、给谁做都由婆婆决定，想要做新衣服的要向内当家的请示。家里的生活用具，由内当家和当家的一起商量购买，家人可以提意见。置办田产、房产是家中的大事情，主要由当家的管，如果孩子们大了也可以提出建议，与当家的一起商议。孩子到了读书年龄的时候，可以上得起学的家庭当家人会主动催其去上学，而且孩子上课回来后当家的有时候还考查他们，看其有没有认真上课。分家后，则是各个小家庭各顾各。

3. 对外交往中的请示。家里的女的去庙里烧香只需跟着内当家的就行，当家的不管。赶集、走亲戚则要向当家的请示，还要问其要零花钱。媳妇回娘家则向内当家的请示，不能直接向当家的请示。如果要在外面结交朋友如拜把子之类的，那这必须经过当家人的同意。向别人借粮借钱必须由当家人去，家庭其他成员不能去。

（二）座位制度

村民们招待客人讲究座次，入座的时候遵照"左为上、右为下，内为上、外为下"的规矩。如果两人面对面坐着，则客人坐内、主人坐外。如果都是坐桌子旁侧，则客人坐左、主人坐右。此外，还要讲究辈分。

1. 家里日常的座位制度

财主家有太师椅。太师椅一般是家里的长辈坐，晚辈只有在长辈让他坐的时候才能去坐。如果家里来了比自家长辈还大的长辈，那么自家长辈得给客人让座。长辈如果坐在炕上，邻居或是儿子来了则可以让他们坐太师椅，但是逢年过节的时候太师椅就只能是家里的长辈坐。爷爷坐左边，奶奶坐右边，左上右次。儿子们挨着父亲都在左边坐，媳妇挨着婆婆都在右边坐。如果爷爷不在了，那就奶奶坐左边。如果奶奶不当家，家里选了新的当家人，那么新的当家人坐右边，其他的儿子就挨着新当家的在右边依次往下坐，媳妇们则挨着婆婆在左边依次往下坐。这些讲究在一般的农民家没有。

吃饭的时候，有钱人家围坐在八仙桌上吃饭。当家人和儿子们一桌，媳妇们一桌，小孩不可以上桌吃饭。一般的农民家则没那么多讲究，装好饭后，有去饭场吃的，有回房间吃的。

一般农民家就一个炕，冬天取暖的时候一般会让家里的老人优先，孩子们则围着爷爷奶奶让"说个事"，就是讲故事。有的奶奶逗小孩的时候还跟孩子拉锯："扯锯、拉锯，老娘门前唱大戏，亲闺女，叫女婿，亲外孙也要去，一巴掌打回去，看你淘气不淘气，淘气不淘气？""不淘气。""好，让你看大戏。"

2. 家庭宴请的座位制度

家庭宴请的时候桌子右上方的位子为贵，这位子属于最尊贵的客人。主人坐贵客右手边的位子，陪其一起坐在上席。陪客则坐在下席，帮忙倒水倒酒。入座的时候有以下讲究：

一是按辈分和年龄的大小入座，辈分高、年龄大的一般会被安排在上席。如果奶奶的娘家、母亲的娘家和自己的儿女亲家同时都在的话，亲戚们则按照主家爷爷、父亲、儿子的辈分来入座，一个个往下排。也就是说，奶奶的娘家人最大，其次是母亲的娘家人，最后是自己的儿女亲家。

二是根据职务及事情来入座。当宴请财主、村长、乡绅之类的人的时候，首先要看是因为什么事情请他们，请来的主要帮忙者要坐上席。其次，还要看他们各自的职务。即便是主要的帮忙者，如果还有职务更大的人，或是其家人的职务更大，也要将位子让给对方。

3. 大型宴请的座位制度

村民家里办红白好事的时候，一般是按照辈分和年龄安排座位的。但是，如果村长之类的豪绅来了，总理之类的管事人会为其安排首席、上席。村长之类的豪绅参加家里红白好事的宴席，一般都是来帮忙的，所以这座位便不按照辈分排，家里的长辈自己也会主动地让他们坐上席，即便以前是当老干部的人也会把上席让给他们。

4. 特殊宴请的座位制度

新房子盖好竣工的时候会"踩院"。踩院的时候会宴请亲戚朋友和泥匠、瓦匠之类的所有做工的人。坐席的时候，泥瓦匠的头会被安排在上席。但是，如果有村长之类的人来了，那么他们和泥瓦匠的头一起坐在上席，泥瓦匠会将主位让予他们。买地摆合食的时候，一般让辈长、年龄大、有威望的人坐主位，有时也让卖地的坐主位。纠纷调解后，让调解人坐主位。宴请帮工，则让帮工中辈分高、说话有威信的人坐主位。

（三）请客制度

村民请客，也有一定的讲究：一是看事情，因事而定。这分为生产中的请客和生活中的请客。生产中的请客主要有买卖土地，农忙请帮工，家里特意请的技工和建房时的小工。生活中的请客则主要是红白喜事、瞧孩子、老人过寿。此外，孩子拜师学艺的时候，家长要提着礼品去师傅家，在师傅家吃饭；纠纷调解后，被调解的双方要请调解人吃饭。二是看关系，关系好的才请。对于村里的财主、村长、保长之类的人，一般是家里有事请他们帮忙的时候才请。分家的时候要把舅舅请过来。除了婚宴，其他请客的时候只要当家人去叫就好了，不需要写帖子。

宴请人的时候村中有个讲究，"请人不能隔辈"。所以如果宴请奶奶的娘家人，那得爷爷去请。酒席上的饭菜每一桌都是一样的，不能做不一样的菜，尤其是不能搞特殊化，专门为一些人做更好的饭菜。"如果有特别的招待，别人心里就会闹纠纷，心里会不舒服。不能把好的和赖的分开。只能是在事后另外再请这些人。"村中老人说道。村民们摆酒席一般都是在家里摆，家里摆不下就去院里，再摆不下就去马路上。办大事的时候，家里的厨具一般通过两种途径筹备：一是去租赁，赵家祠堂有碗筷、锅之类的出租。二是向邻居家借，管事的会吩咐人去借。

"贵客"是对别人的一种尊称。如果请别人来家里帮忙做事，那么这人会被称为贵客。贵客在席间会被让上座，但是招待贵客与其他人的饭菜都是一样的。对于有的贵客，还要专门安排陪席的人。陪席的人一是要会喝酒，在酒席上他既要让别人多喝酒、吃菜，把人陪好，自己还不能喝多，不能失态。二是要会说话，他要说得让人开心，不反感。三是要与被陪席的人身份、地位差不多，什么人让什么人陪，不然双方可能对不上话。四是要会划拳，划拳可以带动喝酒的气氛。陪席的都是男的，女的不陪席。

## 第四节　亲族治理与治理关系

河北铺村的亲族治理形成了一套较为完整的体系：治理主体有尊长、"家长"、管事人，治理内容主要为公共财产的管理、祖坟的管理、家庭内部事务的协调等，治理过程则体现为宗族会议，本门会议，宗族、亲戚和官府共同会议。此外，还有宗族组织管理着宗族事务，如赵祖会、李家会。

### 一、亲族治理主体

民国时期，河北铺村的亲族治理主体主要分为管理家族内部事务的尊长、"家长"、管事人和管理祠堂事务的宗族组织如赵祖会、李家会（如右图所示）。

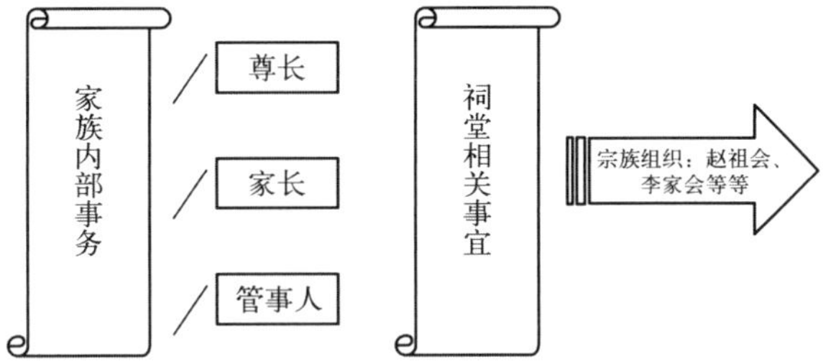

图6-3　亲族治理主体

#### （一）尊长、"家长"、管事人

谁做尊长，由辈分和年龄两个因素决定。首先辈分要是最大的，其次年龄要是最大辈分中最长的。尊长的担任无关家庭经济条件和家庭背景。"尊长是自然形成的，辈大、年龄大。这个不看家财，有钱辈分不在也不行，再有钱也不行。"村中老人说。尊长都由男性担任，女性不能当。家族里的大事情，族人要向尊长汇报。但尊长对于族中事务不一定行使管理权。如果尊长还能管事，那么尊长可以管理族中的事务，如果尊长年纪大了管不了，那么则由族中的其他管事人员管理。担任尊长的人没有工钱，一直担任到去世。上一任尊长去世了就再换下一个辈分最大、年龄最高的人担任。家族中有尊长，各门中也有各门的"家长"。"家长"与尊长差不多，由本门中辈分最大、年龄最高的人担任。村中的大家族通常有一个尊长和许多"家长"，而小家族中则可能尊长和"家长"都是同一个人。

尊长和"家长"都是本村本家族的，不会和外村同家族的连在一块。河北铺村的赵氏家族和东滩头村的赵氏家族是同一个祖先的后代。东滩头的赵家祖先因为在那当倒插门女婿，改姓为"魏"，因此赵家有"赵魏不分家"的说法。过年的时候两个村的赵家会轮着把各自的家谱轴敲锣打鼓地请到村中祠堂祭拜，相互间关系很好。

虽然"赵魏不分家",但是他们也还是各有各的尊长和"家长",东滩头村的在东滩头村,河北铺村的在河北铺村。

尊长和"家长"通常由于年纪比较大而无法管理族中事务,所以,为了更好地管理族中事务,通常会选一些能力比较强的人当族中的管事人。管事人一般是族中能说会道,处事平和,有能力的人。管事人不是族人选的,而是因为他们懂族中的事务,并且对族中的事务热心,家里还有一定的财力,有能力把族中的事务管理起来,所以自然而然地就成了管事人。

(二)宗族组织:赵祖会、李家会

赵、李是村中的两个大姓,分别有赵祖会和李家会管理祠堂中的事务。

赵祖会的相关情况如下:赵祖会有会首1名,副会首1名,会员8名,实行会首负责制。会首由会员们轮流担任。副会首为下届会首。当全部会员轮完则换下一届,正月十七为换届日。赵祖会会员未超过70岁的会员可连任。赵祖会主要负责祠堂的日常管理。腊月二十六赵祖会要负责请祖、送祖及相关事宜。腊月二十七要悬挂家谱轴,各门家谱轴由本门人负责请挂,供品由各门安排(原则上由家长负责),总家谱轴和供品由祖会安排(原则上由族长负责)。腊月二十六至正月十七,祠堂祭祖所用的香、箔、蜡烛及相应安全防范工作由赵祖会会员轮流值日。

李家会的情况与赵祖会差不多,管事人都由男性组成,女的不能参加,都没有工资。无论赵祖会还是李家会,凡祠堂有事要开会讨论的时候,管事人就会在一起商量。"一般商量事情都是那么几个人。去的都是门里的负责人,能管得了家门里的事情的,能担责任的,能统治这个家的,在家说了算数的。"村长老人说。

二、亲族治理内容

亲族治理的内容主要分为以下几个方面:

一是公共财产的管理。如赵家有出租桌椅板凳等的收入。他们不仅将这些收入用于集体的祭祖开支,还在每年正月初三祭祖完毕后,按男丁数给族人分发馒头。

二是祖坟的管理。村中的大小姓氏都有自己的祖坟,有的祖坟大,有的祖坟小。赵家的祖坟大,每个坟墓前都种了柏树,还立有碑楼,所以就专门在祖坟旁边建了三间房子让守坟人住在那看守。

三是修撰族谱。修撰族谱的时候,管事人会主动召集各门的人开会,交待相关事项,并让帮忙收集资料。以前,赵家有个人很会做家谱,他那有许多资料,赵家的家谱都是他一门门给做好的。那时做家谱很费劲,家谱上的字都是那人用铅字一个个地按出来的。修撰族谱资金由各家按男丁数摊,管事人负责收取。族谱修撰完后管事人会在正月初三的时候进行账目公开，向族人说明收了多少钱，开支了多少。"以前修谱是个麻烦事，不仅不挣钱，还往里面赔钱，要统计所有的人的情况，管事人要跑近一年。"村中老人回忆道。以前，家族里就只有一本家谱，放在尊长或是"家长"那。但是，"文化大革命"的时候都被烧了。幸亏有人存了底，把家谱轴子藏了起来，所以后来就又将家谱续上了。

四是家族祭祖。正月初三的家族祭祖由族中的管事人负责，赵家和李家主要由赵祖会和李家会负责。管事人要负责处理祠堂的相关事情，悬挂好家谱轴，购买供品并组织族人统一去祖先坟上烧香。村中没有祠堂的小家族，则由族长、"家长"负责将家谱轴悬挂在家中，并组织族人一起祭祖。

五是家庭内部事务的协调。家庭内的诸如结婚、分家等事情都要找族中的"家长"和管事人协调。尤其是抱养小孩这事得找家长或是管事人协调。"以前抱养小孩要经过家族同意。如果'家长'很管事就跟'家长'说，他管不了就找管事的，不然就不会被家族允许。"村中老人说。

六是家庭纠纷的调解。旧时，家庭闹纠纷了，家族里管得了的事情就家族管，家族管不了了再去见官。不会轻易地去见官。

### 三、亲族治理过程

#### （一）宗族会议

尊长和"家长"是家族中的尊者，管事人是家族中能力较强者，但他们并不能单独决定族中事务。家族事务的决定必须由他们一起或是由他们召集族人一起讨论决定，去参加会议的族人一般是家中的男性，主要是当家人。当发生分歧的时候，采取少数服从多数的原则。需要开宗族会议的事情主要有祠堂的修缮、族谱的修订、家族账务的公开、相关款项的筹集等等。若宗族会议召开的主体是尊长、"家长"和管事的，那么这些人回去后需再将会议内容传达给本门的族人。如果宗族会议召开的主体是全体族人代表，那么就由这些代表回去后将会议内容传达给家人。

#### （二）本门会议

本门会议由本门的"家长"和管事人或是由他们召集本门族人一起召开，相关事务的决定必须由其一起协商讨论，没有谁能单独做决定。本门会议的召开没有固定的时间，有事情则开，没事情则不开。本门人开会决议事情的时候一般都由本门人参加，但是如果有不懂的也可以向其他门的人请教。本门会议的召开一般是在本门族人遇有结婚、买卖土地、分家等较大的自己不好解决的家庭事务的时候。通过让"家长"和管事人召开本门会议，让其在人力、物力、财力或是点子上给予自己帮助。

（三）宗族、亲戚和官府共同会议

旧时，社会比较混乱，经常有黑团、土匪来村中抢劫或是绑票。当族人遇见绑票的事情的时候，既需要求助于家族、自家比较有能耐的亲戚，还需要求助于村长，把他们都请来家中共同协商讨论解救的办法，把人解救出来。

四、亲族治理关系

（一）尊长、家长与家族成员之间

村民很尊敬家族里的尊长和"家长"。村民们结婚、分家、过继的时候都要把尊长和'家长'请至家中，让其做见证。在酒宴上，尊长、"家长"往往会被请上上席。正月初一拜年的时候，族人们都会去给尊长、"家长"拜年。日常生活中族人们对尊长、"家长"不用特别的称呼，都是按辈分称呼，该称呼爷爷的称呼爷爷，该称呼叔叔的称呼叔叔。若族人家里有纠纷或是忤逆之子，可把尊长、"家长"请至家中替其教训。

据村民回忆，以前河北铺村有个很有威望，说话顶事的尊长。无论族中谁家有不孝子之类的不好处理的事情都可以请他去管，即便打死人也没事。为此，河北铺村留下了关于那尊长的"乱棍打死邓癞子"的故事。

（二）族与族之间

不同的家族之间平时不会有什么交往活动，"家长"或是管事人也没有什么交往，一般都是各管各家。但是，两族族人间有事情需要调解的话，那么家族里的"家长"和管事人会一起协商。如一个家族的人需要另一个家族人的土地盖房子，当事人自己不会或不方便协商，那就可以请家族里的"家长"或管事人帮忙协商。如果当事人在协商的过程中产生了纠纷，也可以请家族的"家长"或是管事人出面调解。如果调解不好，最后他就只能找法院调解。如果本族人与外村外族的人发生了纠纷，那么不仅要找家族里的"家长"、管事人帮忙调解，还要请村长出面协调。如果本族人与外村本族的人发生了纠纷，那么则只需找家族里的"家长"和管事人。

（三）族与国家之间

家族里的"家长"和管事人不管也管不了政府里的事情，他们就管本家族的相关事情。"上面可以管下面的事情，下面管不了上面的事情。税收之类的，家族里跟上面说不上。管不了，经官的事情都管不了。"村中老人说。但是，若有人因打架之类的事情被公安局抓起来了，有能力的"家长"或管事人可以去给其当保人将其保释。但是，这也要看当事人犯的是什么错。如果是犯了比较大的错误，甚至违犯了国法，那就谁也保不了，就让其按国法处置。日常生活中，"家长"、管事人与村长以礼相待，如果没有特别的事情不会特意给村长送礼，也不会特意邀请其参加家族举办的集体活动。

政府不管家族里的事情，家族建祠堂、修族谱、举行祭祖活动等政府都不干涉，也不阻扰。此外，政府也不干涉宗族购买田产、做生意。

## 第五节　信缘治理与治理关系

河北铺村的信缘治理主要体现为寺庙治理和会道门治理。寺庙的管理由主持和看庙的负责；会道门则由师傅负责管理，如红枪会的文场和武场都有师傅。

一、寺庙及其关系

河北铺村东西南北四条街每条街都有寺庙，寺庙与村民们的房屋建在一块。寺庙属于村庄的公共场所，村民们谁都可以去寺庙拜神或是玩耍。"像地藏王庙，大家去那拜神，小孩也去那玩，上钟楼上玩。但是，里面有看庙的，会不让小孩在那'匪[1]'。"村中老人回忆道。

（一）寺庙的管理

庙宇的日常管理不归村长等村干部，而是由专门的看庙的或是住持管着。看庙的和住持管着寺庙里的各项开支和相关事务，如唱戏、寺庙的修缮、香箔等祭品的采购等等。"村干部们不管庙里的事情，寺庙的人不参与村中的事情的管理，也不和村民们发生纠纷，遇见不讲道理的人千佛寺的和尚还会对其说'阿弥陀佛'。"村中老人说。

1. 住持

旧时，千佛寺有十几个和尚，他们都由住持管着，但是千佛寺的住持不在河北铺村。"和尚的开支他们上面的头，也就是主持，会给他们。而且说不定什么时间就有人去给庙里送钱。送钱不仅仅是信佛的上布施，还有就是许愿的，那个送钱的多得很。"村中老人回忆道。1949年，千佛寺里面就一个人管着，这人不是和尚，而是以前给和尚做饭的伙夫。那人留在了河北铺村，后来成了村里的一个五保户。他最后死在了河北铺村，村里人将其埋葬了。

2. 看庙的

除了千佛寺有住持，其他的寺庙则只有看庙的。看庙的都在寺庙里住着，平时要在庙里收拾、打扫卫生。旧时，庙里看庙的都是家里经济条件比较差的穷人，他们没房子没地。如十字街的地藏王庙就是个叫庚子的人在那看庙。庙里有两个房间，他和他母亲都住在那里。庙后面和西边都有地，他就在庙后面的地里种蔬菜，如韭菜、黄瓜、茄子等，在庙西边的地里种粮食作物，如小麦、谷子等。种的东西都归他，他可

---

[1] 方言，淘气、捣蛋的意思。

以将其种的农产品拿去卖，收入就作为他看庙的报酬。他用这收入养活他和他母亲。农历七月三十地藏王大庙开庙会，因为要搭台唱戏，所以看庙人在庙西边种的谷子不管熟没熟都要被割掉。1945 年前，东街的关帝庙也有一个男的在那看庙。那人穷，没娶媳妇，家里连房子都没有。庙里面有个房子，他和他母亲住在那。他在庙里管庙干些活，养活自己和母亲。

（二）寺庙的修建

每个村都有每个村的寺庙，河北铺村寺庙里的神只管辖河北铺村。虽然修建寺庙的时候其他村的人也会来上布施，但是并不会与其他村合建寺庙。村中老人说，按照传统玉皇庙一般都建在村庄的西边，土地庙则一般都建在村庄的东边。

修建庙宇的时候，会通过化缘、上布施筹集资金。"一个个传，大家都知道了，跟这个村有亲戚朋友的知道了的就都来这捐，上布施，有的还不留名，写'无名氏'。"村中老人说。捐钱的人一般都带有一定的愿望，如有的是因为家里没男孩想生个男孩等等。如果庙里的神比较灵，许的愿望实现了，那么以后还要去庙里还愿。还愿的时候也要给庙里上布施。

日常，寺庙也有一些收入。寺庙的收入来源主要有以下几种：一是化缘。二是香客们上布施。三是土地出租。村里有的寺庙土地还比较多，如千佛寺有 246 亩土地，它将地租给村民们耕种。土地出租一般租给本村人，很少租给外村人，无论租给谁租金都是一样的，好地租金多一点，差地租金少一点。四是房屋出租。如地藏王大庙有 5 间茶棚用来出租。寺庙的收入都归庙里，寺庙不会将其收入捐给村里办善事或是做其他事情。

（三）庙的产权

庙的产权归属于村里。但是，村里的干部不管庙里的事情，庙里一般都由几个专门管庙里事情的人管。

二、会道门及其关系

（一）红枪会

清末民初的时候底层的老百姓生活都比较困苦，为了寻找精神寄托，为了保护自己，很多人选择了加入红枪会。红枪会也就在那个时候兴起了。旧时，永年区东部的红枪会组织多。红枪会的总头在界马庄，姓甄。红枪会向人们传播一种宗教思想，说人死了之后可以升天，成为神或是仙，它以这种思想笼络人心。"很多宗教的思想都是相同的，就是名称不一样，我们全县宗教名有 42 个，重名的有五六个。抛开重名的还有 42 个，像红枪会、老母会之类的。红枪会就是一种宗教，就是一种会道门，还有如还香道。"村民们说。

河北铺村在1927年的时候成立了红枪会。1937年的时候，村里同时成立了两个红枪会组织：一个是东街红枪会，一个是西街红枪会。东街红枪会有100多人参加，在李氏祠堂东屋设坛；西街红枪会有60多人参加，在"名登天府"设坛。

1. 组织结构

红枪会是个民间的宗教组织，分为文场和武场，文武场相结合。做师傅的得既懂文场也懂武场，只懂文场的人也能当师傅。但是，只懂武场的人就只能做徒弟，不能当师傅，在会的最底层，永远被别人领导。红枪会举办活动并不是很公开，它的武场练武是公开的，文场则是秘密的。武场练武主要是练小洪拳，这既是为了强身健体，也是为了保家卫村，保护自己的私有财产。文场则主要进行上供、练气功、画符、给人看病等活动。红枪会里有一本书，教人破枪法、治病等等。"手指这么画画，嘴里念一些咒语，就说病就会好。看病不用给钱的。只有组织内的才可以去看病。还说喝了符可以刀枪不入。"村民们说。红枪会不跟村长之类的人打交道，会里的人只要出了家门，对会里的事情就只字不提。红枪会的人农忙的时候种地，农闲的时候练武。财主家里的房子多，就空出两三个房子，让会里的人在那练；或是带着大家在麦场上练。红枪会既是宗教组织，也是武装组织。他们有自己的武器：红缨枪和刀。当村子受到土匪或日本人的侵袭的时候，红枪会的人会跟他们打。

2. 入会

参加红枪会的人基本上都是以家为单位参与。只要家里有一个人参加了，那么其他人也都会参加。有些家庭就一个人加入，但这种情况很少。红枪会为了避免内部秘密的外泄，在收纳人员入会的时候会提出"全门"的要求，要求一家人都入会。如果被劝说后愿意加入红枪会，红枪会里的师傅也同意其加入，那么入会的时候就要举行一定的仪式。入会的时候要请上主神，摆上供品，跪在主神前面，然后跟着师傅说入会誓词。"要说誓约，如泄露了秘密就会身化淤血之类的。师傅念一遍，在场的再跟着念一遍。"村民说。入会的时候并不是进一个就举行一次仪式，有的是全家人一起加入，有的是和别人一起加入，加入的人聚在一块一起举办仪式，一起念誓词。加入红枪会不用缴纳会费，入会的人一般都是通过亲戚、朋友介绍进去的。不然，如果随便找人介绍，别人会对他不信任，而且还会排斥他。入会的人富人多、穷人少，一般都是家里相对来说比较富裕的人，穷人都忙着顾生活，没时间入会。加入红枪会也被叫作"行好"，既然是行好那么就要做到"三舍"：舍财，舍得，舍功夫。

3. 师傅

红枪会里有师傅，有的则称当家的。有的村只有一个师傅，有的村则有两三个。村里的村长就只有一个，但是红枪会的师傅则不是，很多时候都是比一个多，有的村三四个的都有。"如，在我这个村我是头，你那个村你是头，那个村没有，那么我去那个村拉一个成一个区域，你去那个村拉一个成一个区域，那么在那个村就有两个区域了。就可以同时有两个师傅了。"村民们说。虽然有的村有两个师傅，但是他们相互间并不冲突，都是各自发展各自的人员。而且，因为他们举办的入会仪式是一样的，用的誓词也都是一样的，所以他们平时相互间会有交流，还打招呼。能否成为师傅与年龄的大小没有关系，师傅可能是二十四五岁的人，会里再大年龄的人都得喊他师傅，即便是80多的人也如此。师傅的妻子喊"师母"或"祖母"，师傅的儿子如果也加入了红枪会那就喊"少师傅"或"少当家"。

师傅是传承的，如果哪户人家诞生了红枪会的师傅，那么从此以后无论什么时候他家都是师傅，不会变更，也不会移到别人家。"头这个人再没有能耐也是头，旁边这个人再有能耐、再聪明也是辅助他。村里的总头是这样，下面的头也是这样，一开始在谁家就是在谁家。"村民们说。红枪会的师傅家里生活一般都比较富裕，而且在村中有一定的威望。虽然说红枪会不向入会的人收纳会费，但是，当师傅的人却要有一定的经济基础，需要自己掏钱支付一定的接待开支。如，上面的师傅来了要招待，下面的徒弟来了也要招待。清末和民国的时候很多穷人连生活都顾不上，他们生活在社会的最底层，在村里没有威望，所以根本管理不了组织。

4. 宗教教义

不同的教会宗教教义不一样，武术的套数不一样，信的神灵也不一样。红枪会通过宗教的形式成立组织保护自己，它有一套自己的宗教教义，以此来笼络人的思想，让人找到精神寄托，形成一定的精神信仰。红枪会的内部教义不外传，也不会发给大家。"就算现在在网上找都找不到，如果找得到那就是全国都可以共用的，不然就是没有什么很有价值的，内部的东西都是不外传的，如果自己不用了，就要烧掉，里面的词叫'升'。"村民们说道。如红枪会练的气功有一个口诀，但是那个口诀只能口传，不能用笔记下来，也不让人写在纸上。万一有人将其泄露出去了，那就要接受其入会誓约的处罚，死后要下地狱。

5. 组织活动

红枪会的人组织活动都是秘密的，无论白天还是晚上举行活动，在场的人必须是红枪会内部的，外人根本不能参与，也根本看不到。红枪会举办活动的场所既可以在师傅家，也可以在徒弟家。如上供的时候需要带馒头、菜之类的供品，有些外村的为了避免携带的不方便就会把师傅请到家中，在自己家里上供。"不参会的人都不知道内幕，村里面的人只都知道他们关系不错，经常往他们家走，但是内部的事情是不知道的。"村民们说。红枪会的内部秘密即便是被入会人的妻子、父母知道了，那也算是泄露秘密。所以如果家里有人没有参加红枪会，那么红枪会的人在家里举办活动的时候，就要让家里不是红枪会的人离开现场。为此，为了不疏远家人间的关系，一般都会让家里人都入会。人们结婚也一般会选择与参加了相同会道门的人结婚，不同会道门的人不结婚。"红枪会不和白枪会结婚的。但是，也有。但是如果真的很相信这个道，怕秘密会泄露的话，那么就一般是娶同道的，外道的不娶。"村民们说道。

红枪会里没有什么活动经费，所谓活动经费的开支就是招待人吃饭，我去你那办事到你家吃饭，你来我这办事就在我这吃饭。红枪会里有时也收"四季礼"，但是收得很少，没有要求每个人一定要交多少，都是让大家按照自己的意愿随便给。"这个就是师傅往上面的师傅那走的时候要些花费。以前是没有汽车的，都是步行，路上要消耗，人都是有人情的，人去人家家是不能空手去的。"村民们说。

6. 节日

红枪会设有自己的节日，如三月三、六月六、九月九、立春、立夏之类的。平常人过的节日他们都不过。他们过节就是上供拜天上的神和主。上供有放1个盘子的；有放3个盘子的，代表三才；有放5个盘子的，代表五行；还有放10个盘子的；最多的有放50个小碟子的。上供的时候要求都用素食，如青菜、萝卜。

7. 规章制度

红枪会指定有自己的规章制度，用于规范入会人员的日常的行为。有的会道门用的是自己的一套思想，有的用儒家、道家的思想，红枪会则是佛道儒三道结合。如果有人违反了教规就把这个人清理出去，把他开除出会。"开除后不担心泄露秘密。一般都是在坛前盟过誓约的，除非你什么都不信了，不怕了，就会宣扬，只要是有正统思想的都不会去泄露。人来到这个世上都会怕以后会不好的，如果泄露了就会身化浓血，谁也不愿意自己死的时候满身都是血。"村民们说。

8. 封官加爵

红枪会里有不同的等级层次。刚进去的人只能做工，上升一个层次后，就可以自己上供。但是这时还不能成为师傅。如果再上一个层次，那就可以做师傅，让人加入到自己的门下。在红枪会里面，被劝入会的要叫劝其入会的人为师傅。入会后，被劝入会的人就成为劝其入会人的门下。但是，层次的上升跟劝人入会的数量多少并没有关系，而是由会里的师傅决定，层次都是师傅给的，由师傅对其进行考察并"封官加爵"。封官加爵的时候师傅会为其举办仪式。在层次的上升方面男的和女的不同，只有男的可以升，女的不能升。女的只能当武场练武的师傅，教别人练拳，而不能当文场的师傅。

红枪会中很多人修为很高，有些很小就进门了，但是八九十岁了还是在最底层。这一是由于这个人没有收人；二是上面的师傅没有给他加层次，他就只能永远自己在家进修。相对来说，那些活动能力大，思想品德好，文化程度高的人升得会比较快。层次上升后，这人就有权力管更多的人，自己可以更方便地办事。"层次上升后里面没有利益，所谓的'行好'就是死了以后可以进更高的天坛。层次更高，也就可以进更高的天坛。"村民们说。

（二）其他会道门

除了红枪会，河北铺村村民还参加了其他的会道门，其参与情况如下表所示：

表 6-4 河北铺村其他的会道门

| 名 称 | 白枪会 | 黄沙会 | 义和拳 | 黄香道、天一香、一贯道、西华堂、明善道、老母教、一心堂等 |
|---|---|---|---|---|
| 参与人数 | 3 | 60多人 | 个别人 | 极少数 |

1. 白枪会

白枪会因所持枪系白缨而得名。1949年前，河北铺村没有白枪会组织，只有3个村民曾参加阳城村的白枪会。

2. 黄沙会

黄沙会使用的枪与红枪会、白枪会的有所不同，它们的枪头下有两个骨朵，枪杆为铁杆。黄沙会也是一种农民自卫组织，当时，村中入会者有60多人。

3. 义和拳

义和拳是由梅花拳派生出来的一个房地方封建民间组织。当时村中只有个别人参加。

4. 老母教

老母教在西滩头村有一个当家的头。所谓的"老母"就是玉皇大帝的国母，老母有好多种老母。老母教有自己的老母堂，老母堂里有个当家的，好多人都归属在他的门下。老母教六月六晒经书的时候，好多人都会去赶集会。

### 5. 黄香道

信先天老爷。但是多少都是有点皈依，黄香道下面有个接续黄香道。1945年前，接续黄香道信的也是老母，黄香道归根结底还是归到老母那里。

### 6. 天一香

天一香主张人得了病不用去看医生，不用吃药，在家烧香，然后自己找自己以前犯的错误病就会好。烧香的时候一直跪着，烧30、50或是100炷香，一直在祷告，不去看医生。

### （三）会道门之间的关系

村中老人回忆说，过去教与教之间也互相争权夺势，争夺地盘。本道门的人都说本道门的好话，见了有能耐的人都想拉到自己的道门里去。"争夺后，势力大了，在这个地方就我说了算，好多人都要服从。我制定规矩，你们大家都要听我的，你们要是不听就揍你、打你，你侵占我，我也侵占你。"村中老人说。1945年以后，社会逐渐安定，随着科普知识的宣传，村中参加会道门的人越来越少。

## 第六节 河北铺村治理变迁

1945年，河北铺村获得了解放。此后，河北铺村经历了土地改革运动、农业合作化运动、人民公社时期、家庭联产承包责任制等四个时期。在此期间，河北铺村的政治、经济、文化、社会发生了重大变化，其村落治理也在不断地变迁。

### 一、土地改革运动中的治理

1945年9月22日，河北铺村解放。在上级党组织的领导下，村成立了人民政权组织基干团和工会。基干团和工会在上级干部的领导下，在村中访贫问苦、扎根串连，发动贫苦农民对地主开展减租减息、增资退粮说理斗争。1946年，河北铺村成立了农民自救会。同时，还成立了自卫队、妇救会、儿童团等组织。1947年，河北铺村结合新发展的党员成立了党小组，并对村中的各群众组织进行了改组。党小组依靠工会和民兵以及广大贫苦村民积极开展土地改革斗争。当时，除了党小组，河北铺村成立的党政和群众组织还有村行政、农会、基干团、公安、武装、妇救联合会和四街（如表6-5所示）。土地改革运动历时40多天，其有15户地主、17户富农被斗。没收土地2000多亩，房屋390间，牲口52头，大型农具60多件，现洋200多块，粮食8000余斤，以及许多桌子、椅子、床、柜子、衣服、被子等物品。1948年元月，河北铺村将没收的东西按照一、二、三等分给贫农、下中农。

同年10月,河北铺村划定阶级成分;12月,组织起贫农团。据村中老人回忆,土地改革时期,村中以前有钱有势的财主、乡绅、村长、保长等在村中没有任何权力和话语权。而以往的普通农户、贫困农民成为了村中权力的主干。如工会主席老纯以前就是村里的一个长工。

表6-5 河北铺村土改时期党政及群众组织干部名单

| 组织名称 | 职务 | 姓名 |
| --- | --- | --- |
| 党小组 | 组长 | 赵佩银 |
| 村行政 | 村长 | 赵景环 |
| 农会 | 主任 | 赵文多 |
| 农会 | 副主任 | 赵佩银 |
| 基干团 | 队长 | 董玉昌 |
| 公安 | — | 段立勤 |
| 武装 | 部长 | 薛耀申 |
| 妇救联合会 | 主任 | 李大青 |
| 四街 | 组长 | 段书元 |
| 四街 | 组长 | 赵祖周 |
| 四街 | 组长 | 赵安然 |
| 四街 | 组长 | 赵作林 |

资料来源:赵海京主编:《河北铺村志》,北京图书出版社2014年版。

二、农业合作化运动中的村落治理

1954年2月,河北铺村先后办起了18个互助组。互助组由一名会种田、办事公道的人当组长,其规模小的为3—5户,多的为8—10户。互助组有临时的,也有季节性和常年的,在生产上由组长根据实际情况统一安排劳力和畜力。互助期满,把各户的总投入和总用工相抵,用工多、投工少的向投工多、用工少的农户补贴工米。

1955年,河北铺村建起了16个初级社。初级社有社长1名,副社长若干名,会计1名,保管员1名。在农活的安排上,社干部在征求社员意见的基础上协商安排。社员们干活实行工时制,一天分5个时。早上为一个时,午前、午后各两个时。每天晚上社员们到队部,由记分员记工分。社干部和社员们每人都有一本劳动手册,劳动手册上每天都会记载自己干了什么,得了多少工分。

1956年2月,河北铺村16个初级社合并为一个高级社,取名"群锋社"。群锋社有社长1名,副社长1名,会计4个,保管员1个,副保管员1个。全社有

488户，1864口人。其中，男劳动力454个，女劳动力202个。全社有4359亩耕地，221头牲口，19辆大车，164辆小车，3部双轮双铧犁，32张耘锄。此外，还下设5个生产队，1个青年队。1957年又将这5个生产队和1个青年队改为了16个生产队。群锋社的管理内容主要包括财物管理、劳动管理、干部报酬和收益分配四方面。

从表6-6中支部书记、副支部书记和村长的阶级成分可以看出，农业合作化运动时期的村落治理权力中心仍为贫苦农民。

表6-6 农业合作化运动时期河北铺村的支部书记、村长

| 年 份 | 姓 名 | 阶级成分 | 政治面貌 | 职 务 |
|---|---|---|---|---|
| 1950—1952 | 赵文多 | 贫农 | 党员 | 支部书记 |
| 1950—1952 | 赵从玉 | 贫农 | 党员 | 副支部书记 |
| 1950—1952 | 赵景环 | 贫农 | 党员 | 村长 |
| 1953—1958 | 薛耀林 | 贫农 | 党员 | 支部书记 |
| 1953—1958 | 韩福堂 | 贫农 | 党员 | 副支部书记 |
| 1953—1958 | 赵景环 | 贫农 | 党员 | 村长 |

### 三、人民公社时期的治理

1958年8月29日，永年县全县实现了人民公社化。河北铺村的群锋社改为河北铺生产队，隶属于临洺关人民公社河北铺管理区。河北铺管理区的办公驻地设在北街赵允观的老四合院内。原高级社的土地、耕畜、农具等生产资料及其他公共财产全部转为人民公社所有。生产的安排、劳力物资的调拨、产品的分配等都由公社统一管理，生产队只负责管理生产。全村男女老少都以军队的形式编制成营、连、排、班，强调生活的集体化、组织的军事化、行动的战斗化。河北铺村当时被编为第三营，下设5个连。当时人民公社实行"半供给制"和"工资加奖励"的分配制度，即吃饭由公社供给，同时根据按劳取酬原则发工资，并实行劳动奖励。对丧失劳动力者实行生活全包。

1961年，河北铺管理区改为河北铺公社，实行"三级所有，生产队为基础"的基本核算单位政策，强调搞好"三包一奖四固定"，恢复执行劳动定额，评工计分，按劳取酬。后来由公社、生产队、生产小队的三级所有改为了公社、大队、生产队的三级所有，并相应缩小生产队规模，全村划为10个生产队。口粮分配实行人八劳二，现金分配则全部按劳分配。社员口粮分配决算表和现金分配决算表如表6-7和表6-8所示。

表 6-7　社员口粮分配决算表

说明：每人分粮　　斤，每工合粮　　斤

| 户主姓名 | 人口 | 总投工 | 应分口粮 | | | | 吃粮水平 | 已分粮 | | | 找补 | |
|---|---|---|---|---|---|---|---|---|---|---|---|---|
| | | | 按人分 | 按工分 | 照顾粮 | 合计 | | 夏季口粮 | 吃粮水平 | 秋季已分 | 再分 | 应退 |
| | | | | | | | | | | | | |

表 6-8　社员现金分配决算表

| 户主姓名 | 总投工 | 金额 | 应扣除 | | | | | 找补 | |
|---|---|---|---|---|---|---|---|---|---|
| | | | 夏季口粮折款 | 秋季口粮折款 | 分取事务折款 | 账面预支款 | 合计 | 应领款 | 超支 |
| | | | | | | | | | |

### 四、家庭联产承包责任制时期的治理

1980年，永年县的农业生产责任制先后出现"常年固定的联产计酬作业组""小段承包，定额管理""专业承包联产计酬""田间管理到劳"等几种形式。1981年冬，河北铺村党支部、村委会在继续坚持农业联产到劳的基础上，又对大队各厂摊制定了联产计酬责任制。其具体做法是：在农业上，实行联产到劳；在林业上，村边、地边、路旁林木所有权下放到所在生产队，承包给大队护林队统一管护；在工副业上，大队所属六个厂摊实行利润包干；对一些没有收入的行业也分别制定了责任制度，如大队电工制度、电影制度、水塔管理制度、集体大牲畜饲养管理制度等。

1982年，河北铺大队作为县的体制改革试点村进行了体制改革。改革后的村领导班子分为三套人马：村党支部、村公所、农工商联合社。并且还设了"三司一站"，即农业服务公司、工副业服务公司、商业服务公司、科学技术推广站。农业服务公司的主要任务是落实国家种植计划，完成国家征、派购任务，兑现合同，围绕农业，搞好服务工作，促进农业全面发展。工副业服务公司负责全村工副业生产、计划、投资、建设和产品推销等。商业服务公司围绕工农业生产和农民生活需要搞好服务工作，及时供应各种生产和生活资料，搞好农副产品收购，扶持和管理好家庭副业。科学技术推广站负责引进和总结推广新技术、新工艺，搞好科学试验，提高科学技术水平。体制改革后，原生产队自行消失。河北铺村生产队沿革如表6-9所示。

表 6-9 河北铺村生产队沿革图

| 村级称谓 | 东街 | | | | | | 南街 | | | 西街 | | | 北街 | | | 各队抽调 | |
|---|---|---|---|---|---|---|---|---|---|---|---|---|---|---|---|---|---|
| 群锋高级社（1956.2） | 第1队 | | | | | | 第2队 | | | 第3队 | | | 第4队 | | | 第5队 | 青年队 |
| 群锋高级社（1957） | 第1队 | 第2队 | 第3队 | 第4队 | 第5队 | 第6队 | 第7队 | 第8队 | 第9队 | 第10队 | 第11队 | 第12队 | 第13队 | 第14队 | 第15队 | 第16队 | 青年队 |
| 河北铺生产队第三营（1958.9） | 第1连 | | | | | | 第2连 | | | 第3连 | | | 第4连 | | | 第5连 | |
| 河北铺生产队（1960.3） | 第1小队 | | | | | | 第2小队 | | | 第3小队 | | | 第4小队 | 第5小队 | 第6小队 | 第7小队 | |
| 河北铺大队（1961.4） | 第1小队 | 第8小队 | | 第2小队 | | | 第3小队 | | 第9小队 | 第4小队 | | 第10小队 | 第5小队 | 第6小队 | 第7小队 | | |
| 河北铺大队（1962.2） | 第1小队 | 第8小队 | 第2小队 | 第11小队 | | | 第3小队 | | 第9小队 | 第4小队 | | 第10小队 | 第5小队 | 第6小队 | 第7小队 | | |
| 河北铺村民委员会（1982.9） | 第1村民小组 | 第8村民小组 | 第2村民小组 | 第11村民小组 | | | 第3村民小组 | | 第9村民小组 | 第4村民小组 | | 第10村民小组 | 第5村民小组 | 第6村民小组 | 第7村民小组 | | |

资料来源：赵海京主编：《河北铺村志》，北京图书出版社 2014 年版。

## 第七节 河北铺村治理实态

当前，河北铺村实行村民自治制度，被评为"先进村街"。党支部和居委会成为村庄的治理主体，并引进了大学生村官，其党支部多次被评为"红旗党支部"。河北铺村的第一大姓氏赵氏家族则增设了董事会作为治理主体，统筹管理家族事务；寺庙也改为庙主、"值工"或管委会统一管理。新的制度在规范村民们的行为与习惯的同时，也为村庄带来了新的气息。

## 一、村两委与治理

当前,河北铺村实行村民自治制度,被评为"先进村街"。村两委班子组织完善,结构健全,设有党支部和居委会。其中,居委会下设人民调解委员会、治安保卫委员会、计划生育委员会、公共卫生委员会、村务监督委员会。河北铺村"两委"组织结构如图6-4所示。河北铺村村干部的平均年龄为45岁,书记年龄为51岁。其中,1个为大学生村官,2个为女性干部,非党员14个。河北铺村"两委"成员如表6-10所示。

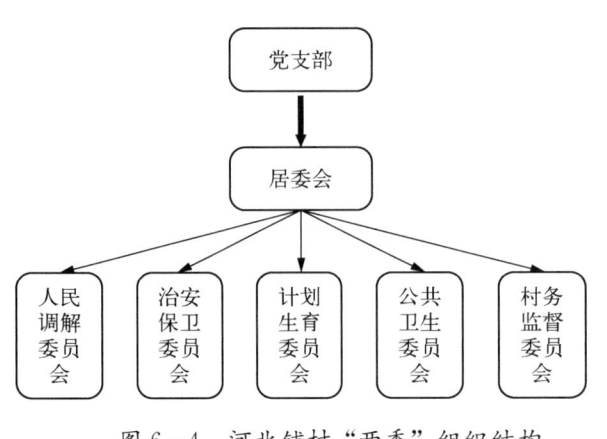

图6-4 河北铺村"两委"组织结构

表6-10 河北铺村"两委"成员

| 序 号 | "两委"组织机构 | 职 务 | 成 员 |
|---|---|---|---|
| 1 | 党支部 | 书记 | 赵凤军 |
| | | 副书记 | 李爱民、赵增奇 |
| | | 委员 | 李现民、赵英军、李聚川 |
| 2 | 居委会 | 主任 | 李爱民 |
| | | 副主任 | 赵朝强、赵慈林 |
| | | 委员 | 赵公平、李国平、赵现元、赵长军、赵海平、赵老海、田芳、赵东芳 |
| 3 | 人民调解委员会 | 主任 | 李现民 |
| | | 副主任 | 赵海平 |
| | | 委员 | 赵公平、赵东芳、赵顺民 |
| 4 | 治安保卫委员会 | 主任 | 赵东芳 |
| | | 副主任 | 赵志海 |
| | | 委员 | 赵现元、李国平、赵长军 |
| 5 | 计划生育委员会 | 主任 | 赵朝强 |
| | | 副主任 | 田芳 |
| | | 委员 | 李聚川、赵本岭、赵海平、赵志海、赵长军、赵东芳、赵现元、赵须民、赵公平、赵振山、李国平 |
| 6 | 公共卫生委员会 | 主任 | 赵寿林 |
| | | 副主任 | 李现民 |
| | | 委员 | 赵志海、赵现元、赵长军 |

续表

| 序　号 | "两委"组织机构 | 职　务 | 成　员 |
|---|---|---|---|
| 7 | 村务监督委员会 | 主任 | 赵长军 |
|  |  | 副主任 | 赵振山 |
|  |  | 委员 | 赵喜兰、赵更军、吴聚兴 |

　　河北铺村党支部多次被评为"红旗党支部"。河北铺村党支部现有117个中共党员，被分为4个党小组。其中，35岁以下的党员有21个，36到59岁之间的有39个，60岁以上的有57个。河北铺村两委换届的时候按照先选支委后选村委的原则，由村民投票选举产生。届时，村中会设置5个投票箱，其中东西南北四条街每条街一个流动投票箱，村委大院再设1个固定投票箱。2015年，河北铺村召开过15次两委联席会议、3次全体党员会议，6次村民代表会议，1次村民大会和1次民主评议两委会议。河北铺村现有3个县人大代表，10个乡镇人大代表，95个村民代表。其中，有1个村干部当选为县级人大代表，3个村干部当选为乡镇人大代表。

　　为了进一步推进征地拆迁、公益事业等引起的矛盾纠纷的排查与调处，把矛盾纠纷和问题隐患化解在萌芽和初期阶段，切实做到"往深里做、往细里做、往实里做"，河北铺村根据县、乡的安排制定了交心活动制度。制度规定，村民调解委员会负责全村交心日活动的牵头、谋划和组织协调工作，每月1日、15日各举行一次。老党员、老干部、老教师、宗族长、明达人士等有威信、有声望者成为交心活动的骨干力量。为了树立良好的民风、村风，促进经济发展，构建可憩可游、宜商宜居的美丽乡村，河北铺村经全体村民讨论通过，与时俱进地制定了河北铺村新的村规民约。新的村规民约要求村民们要不搞陈规旧俗，不搞宗族派性，反对家族主义，反对封建迷信及其他不文明行为；依法使用宅基地，服从村镇建房规划，不损害整体规划和四邻利益等等。新的制度和村规民约在规范着村民们的行为与习惯的同时，也为村庄带来了新的气息。

二、家族与治理

　　为了使宗族内部的管理更加有规可循，河北铺村的第一大姓氏赵氏家族增设了赵氏董事会统筹管理家族事务，负责家族事务的宏观设计和指导（如图6-5）。

　　赵氏董事会内的成员包括族长或代理族长，内设董事长1名，副董事长1名，董事8名，会计出纳各1名。其中会计和出纳由两门人共同组成。董事会实行董事长负责制，董事长空缺时由副职代理，尊长、

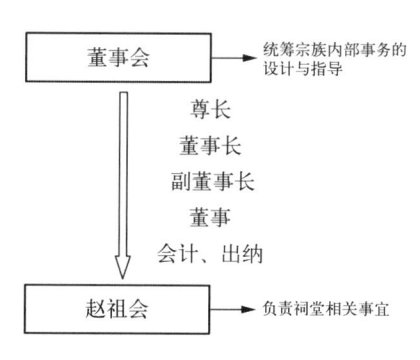

图6-5　河北铺村赵氏家族的家族管理

"家长"无力或未能行使职责时,由有能力者代理。董事长由 10 门人员轮流担任,其下一门董事为副董事长,其他各门为董事。董事可连任两届,超过 70 岁者不得连任。族内有活动时全部董事会成员都要参加,有事者须请假。如果董事会成员 3 次以上缺席族内活动或会议,则视为自动弃权,由本门"家长"另行推荐新的人选。如本门"家长"一年内提不出人选就不能在宗祠内请挂本门宗轴,并张榜公布。

赵氏董事会的设立极大地改变了赵氏家族以往的治理模式,董事会成了家族全局事务的统筹者。董事会除了负责家族族谱的修撰、祭祖、族规的制定等事宜外,还要负责对族人的黄、赌、毒等不雅事情进行督察。此外,董事会还负责监督赵祖会的工作。如赵祖会负责祠堂的租赁、修缮工作,但是其收取的租赁费要及时上交董事会的出纳、会计入账;赵祖会的日常开支要经董事长批准,下账由董事长签字,开支超过 5000 元要董事会召开会议决议等等。赵氏董事会的成立使得赵氏家族的事务管理更加有条不紊。但是,现在河北铺村只有赵氏家族成立了董事会,其他家族没有成立,它们依旧由尊长、"家长"和管事的协调管理家族的内部事务。

三、庙宇与治理

现在河北铺村的寺庙由庙主、"值工"或管委会管理。庙主统筹着寺庙里的一切事务,"值工"就是香客们上布施、"上钱"的时候坐在旁边敲钟的人。如关帝庙的庙主管着庙里的一切修缮、塑像及其他工作。那个庙主人很老实。晚上庙里的"值工"把功德箱里的钱或是大家上布施的钱收好,点好数之后都给他,一起在现场的其他几个人就作为证明人。庙主把钱收好后,过春节的时候会把账目都清清楚楚地公开,写明收了多少、支出多少。但是,有的庙主就不是那样的,如南街千佛寺的那个庙主。南街的千佛寺因为在路边,所以很多来往的人会去那捐钱。那庙主却把大家捐给庙里的钱都放进自己口袋。虽然他平时会给庙里买香箔,但是具体花了多少、收了多少就不知道了。后来就没人去那捐钱了。

村中 6 个寺庙只有地藏王庙有管委会,其他的都是只有一个庙主和"值工"管着。地藏王庙重修的时候由庙主去向各个门市的老板或村民化缘,化来的钱都用来修庙。有些善男信女还主动往里面捐钱。为此,有几个人特意组织成立了一个管委会。这几个人共同商量寺庙重建的事情,共同讨论主配殿都该怎么分期盖。管委会的人都是行好的,都得往庙里拿钱,正头还得多拿钱。如果凑的钱不够,他们还得一起去向村民们筹钱,让有钱的人家多凑一些。

# 附录一

# 河北铺村调查小记

邯郸，一个有着3100多年建城历史的城市。华北调研选点的时候，很简单地就因为这是一座历史悠久的城市而选择了它。当时，正逢自己的脚伤刚有点好转，可以满满的学着走路了。因此，也被同学们调侃到我这是"邯郸学步"。

10月16日，我和姜胜辉同学约好一起出发去邯郸。我的调研点在邯郸永年区，他的调研点在邯郸馆陶县。请原谅一个还没亲眼看过北方风景的南方的孩子，所以，为了看这一路北上的风景，我和姜胜辉同学商量着买了下午2点钟的高铁。姜胜辉同学是河北邢台人，所以在这一路北上的旅途中，姜胜辉同学就成了我的"姜老师"，他一直在给我介绍北方的风土民情，说村民们的生活习惯，让我看窗外的麦田，树木。还告诉我说麦地里那些我口中的"土堆"其实是坟墓。这着实吓了我一条，在南方，人们是万万不会把坟墓安在水稻地里的。之前一直觉得武汉的空气不好，灰大，还干燥。记得研一来武汉的时候，我因为干燥身上蜕皮蜕的厉害。可是，随着我们这一路往北走，发现天空逐渐地变得越来越灰蒙蒙的。"姜老师"说这很正常，都是这样的，而且这边有些有钢铁厂的地方空气质量还更差。都是"站得高望得远"，我们那卖房的时候有些人为了有更开阔的视野，特意买高楼层的房子。但是，在这，会有差别吗？

下午五点，天刚黑我们就到邯郸了。到酒店后，我们放完行礼就去吃饭了。都说北方人大气，这在邯郸的第一餐饭就让我深深地感觉到了。点菜的时候，我还是保持南方人的生活习惯，两个人点了三菜一汤。对于我点的三菜一汤，"姜老师"什么都没说。可是，上菜后，我却傻眼了。这碗居然那么大，量居然那么足，问题是价格也不贵。看见我那表情，冥冥中感觉"姜老师"有在偷笑。在家的时候，妈妈一直说我的胃好小，没想到"姜老师"的胃也那么小。最后，这一大桌的菜我们剩了好多。

第二天一早，我们就起来去民政局了。原本以为，民政局作为政府的一个重要部门会很好找。可是，没想到的是，这的民政局居然在一个很偏的地方，而且其办公大楼很低调，以至于让司机带我们转了好几圈才找到。不过，值得安慰的是，邯郸市民政局老龄委的阎主任人很好，给人以"大姐姐"的感觉，同一个办公室的其他几个工作人员也态度很好地接待了我们。在与其交接完后，看着时间还挺早的，"姜老师"推荐说去赵武灵王检阅军队的丛台公园看看。虽然说是个公园，但是，看见那些楼台后，顿时就让我感觉到了邯郸历史的厚重感。在公园里还听见有些人在唱戏，"姜老师"说北方人都喜欢听戏、唱戏。好吧，这也立马让我感觉到了南北方人文化娱乐的不同。在南方，我们基本是不听戏的，更不用说唱戏了。现在都还记得，小时候只要一看见电视里的戏曲频道我就会毫不犹豫地换台。

为了抓紧时间，我们跟永年区民政局联系说，下午就去他们那。"姜老师"考虑到我在这人生地不熟的，所以也就决定陪我一同去永年区。永年区民政局老龄委的工作人员也都是一些"姐姐们"，年龄和我相差不多。其中，老龄委主任还跟我是同一年出生的。在与其说明情况后，当天下午我们就去看了一个点——永年区的广府古城。虽然广府是个古城，但是，到了那跟几个爷爷聊了后才知道原来广府以前是个城，是县城的所在地，城里的人都以经商为主，几乎没有种地的。好吧，看着这样一个极具历史底蕴、文化丰富、风景优美的地方从我们眼前飘过。广府古城东街居委会的工作人员对我们的到来表示了热情的欢迎，其中，有个主任还不停地跟我们说古城的文化，还给我们找老人。但是，无奈，最终我们决定放弃这个点。于是，跟永年区民政局老龄委的李主任说，我们想再去看看其他的点。看我已经顺利和这边的民政局交接了，"姜老师"也就回邯郸去了，他也要准备着去馆陶县选点了。

接下来的日子里，在永年区民政局老龄委的协助下，尤其是魏宁姐的陪伴下，我相继去了东杨庄乡许庄村、小河马乡任营村、讲武乡小北汪村、临洺关镇施庄村看点。但是，结果都不是很满意，要不是没有满意的老人，要不是村庄形态不太丰富，要不就是已经城镇化了，这种种的问题让我很是困扰。白天的选点，让自己满身疲惫，晚上回到宾馆后就总是吃得多，偏偏面食还容易让人发胖，结果，几天后我便感觉自己的脸"圆了"，肚子也"大了"。这对于身材有着严格讲究的我来说无疑是一个重大的打击。选点没几天，就逢周末了，没民政局的工作人员带着，我自己也不敢下去选点，于是就想着自己一个人在这周边逛逛。

叫了辆车,在跟司机聊了会他知道我是来这干什么之后,对方居然很主动地跟我说,让我给他多少钱,然后他带我去河北铺村看古建筑,那有一个进士府,还有我国最大的标准件商城。看完后,我好想说:"这是一个村吗?"此外,我靠着自己在网上收集的一些资料,包了辆车让司机带着我去看周边的村子,找村子里的老人。这种选点模式让自己收获不小,但是,这包车的成本也挺高的。有幸的是遇见的人都很好,司机甄俊海哥哥主动跟我说让我一上午或是一下午包车给他多少钱就好了,并且还联系他的朋友帮我选点。

  为了更好地选点,我让民政局老龄委帮我联系了县志办,想去那征求下县志办工作人员的意见,也想看看能不能让送一本县志,想更好地了解永年区的历史。可是,很不如意的是,县志办的主任不在,党史办的也说不在。看我连续地吃闭门羹,不被待见,县委大院的警卫王腾飞哥哥说帮我再问问,还告诉我说民政局的杜局长人很好,以前还在县委上班,让我去向他求助。回到民政局之后,我满是委屈地让老龄委的李主任带我去见杜局长了。杜局长很爽快地答应把他的县志借给我看,但在选点这个问题上,杜局长也暂时给不出很好的建议。"塞翁失马,焉知非福",在县委的遭遇让我很是难过,但是,上天却也赐予我一个强大的王腾飞哥哥。在接下来的选点过程中,王腾飞哥哥很给力地帮我引荐了河北铺村赵海京叔叔。再次去河北铺村,在赵海京叔叔的带领和介绍下,我更加全面地了解了河北铺村,并且还决定就将调研点定在河北铺村,与赵海京的妈妈,一个85岁的奶奶,住在一起。

  到了河北铺村后,在赵海京叔叔的帮助下,在瑞雅妹妹的陪同下,在赵姨的陪伴下,我很快就融入了村子,很快就对村中的老人摸了个底。通过查阅赵海京叔叔主持修编的《河北铺村志》,我对河北铺村的历史和文化也有了更进一步的了解和更加全面的掌握。河北铺村中可访谈的爷爷并不是很多,经过调查后,最终选定以李会臣爷爷和赵春京爷爷为主要访谈对象,其他爷爷为辅助访谈对象。李会臣爷爷今年83岁,土改时期的阶级成分是中农。李会臣以前是村主任,17岁加入共青团后就一直在村里当干部,一直当到1996年,对于村里大大小小的事情都很留心。每次与李会臣爷爷聊都会很开心,爷爷能把事情说得生动形象且具体。而且爷爷还是个生活讲究、很细心的爷爷,对爷爷煮的"山药蔓菁小米粥"我可是至今念念不忘。赵春京爷爷今年85岁,土改时期的阶级成分是雇农。虽然赵春京爷爷没有在村委会当过干部,但是年龄长,能听懂我说话,愿意与我交流,且空闲的时间还比较多,总是一副笑呵呵的样子,煞是可爱。奶奶也很好,做得一手好面食,捏的花卷很漂亮。找到这些爷爷后,我也就开始了白天访谈、晚上整理资料的生活模式。这种生活模式虽然简单,却也充实,每天都会有些小收获。

  因为我的作息和赵叔叔家、奶奶不一样,所以,为了不给赵叔叔一家和奶奶添麻烦,我就跟叔叔说,我与奶奶住在一块,但是不与奶奶一起吃饭,也不去赵叔叔家吃饭,吃饭问题我自己在街上的小店解决。赵叔叔对历史很感兴趣,十分爱好收藏,迄今为止收藏了大概能建5个博物馆的藏品。对于我们院的这种调研,叔叔很赞成也很支持,所以,叔叔在忙碌之余就会来奶奶这与我一同聊村庄的历史,说村里的文化。对于我在调研过程中遇见的一些疑惑和理解不了的问题,叔叔也总是会很耐心地为我解答。如果他也不是很懂的话,叔叔还能帮我去问别人。村里有婚丧嫁娶之类的活动的时候,叔叔也会叫上我,为此,我还很有幸在村里参加了一次接亲。叔叔收集了大量的文物,其中包括不少河北铺村的。因为我对"文书"一直没有直观的概念,所以,叔叔给我找了好多"文书"让我看。我现在都还记得去档案馆那天能见度不足5米的雾霾和叔叔降下车窗带着我在路上慢慢行走的情景。此外,叔叔还带我去了解周边村庄一些比较有历史意义的民俗,如听说书、看庙会等等;带我去看邯郸极具历史深厚感的赵皇陵;带我去周边县市,如邺城、安阳看鬼谷子的故乡、佛造像博物馆、曹操墓、兰陵王墓等等。叔叔就像我的一个导师,一直不停地给我介绍河北铺村、永年、邯郸等地的历史。对于赵海京叔叔,我心中真是有着十万分的感激。

在村里调研之余,最大的乐趣就是和瑞雅妹妹一块去城里购物、看电影,去澡堂洗澡。瑞雅今年23岁,比我小三岁,但是,就做事的沉稳度来说,我觉得她是姐姐,我是妹妹。我们俩逛街的时候总是喜欢挽着手,瑞雅妹妹比我高,这让我好有安全感。而且,瑞雅比我细心多了,逛街的时候总是会提醒我拿好东西,有时还帮我拿着。记得好几次我都差点把手机、围巾、电影票弄丢了,真是好尴尬。聚涛哥哥是赵海京叔叔的长子,今年30岁,两个孩子的爸,开广告公司,现在就已经是家里的当家人了。每次我有事情的时候,瑞雅都说:"你找我哥,我哥是当家人。"哈哈,好强大的哥哥。聚涛哥哥和王腾飞哥哥以前是同事,还是好哥们,每次王腾飞哥哥请吃饭的时候都把聚涛哥哥和我一起叫上。每次被王腾飞哥哥叫吃饭都能吃得好饱,还能吃得欢喜且有特色。在这我有哥哥,也有个像姐姐样的妹妹,这生活真是圆满。

两个月的调研很快就过去了,不知道为什么这次调研完后我居然那么不想回去。据说,每个人都不会平白无故地出现在你的生命里。对于河北铺村,我想说,我喜欢这里,喜欢这里的人,喜欢这样的生活。因为缘分我们聚在了一起,因为学习和工作我不得不跟大家说再见。在最后的离别时刻,有眼泪,有伤感,也有笑容。许多的念念不舍最后只能化作再次前进的动力。爷爷、阿姨们总是会问我:"还会来河北铺吗?"对于这个暖心,却也让人心存念想的问题,我回答说:"会的。"希望,生命中遇见的每一个人都能健康快乐,永远幸福。

附录二

# 河北铺村调查日记

10月27日　星期四

10月16日晚,我和姜胜辉同学来到了邯郸市,开启了我们的调研之旅。为了节省时间,姜胜辉同学在把我送到永年区之后便动身去了馆陶县。经过数十天曲曲折折的选点,我们都找到了自己较为满意的村子,并且都下到了村里。我的调研点最终选在了河北铺村,今天便是我下村的第一天。

在这,我和一位87岁的奶奶住一个院子。奶奶很爱干净,给人以和蔼可亲的感觉。虽然奶奶听力不是很好,也不是很能听懂普通话,但是却看得出来人很热情。在我收拾房间的时候,她总是时不时地来看看我,问我缺不缺什么东西。

雨一直淅沥沥地下着,虽说现在还只是10月,却已经有了冬天的感觉。原本是打算今天第一天过来就去拜访下赵叔叔的,但是,由于怕冷,不想在这湿答答的下雨天出去,所以就决定明天再去赵叔叔家。可是,让我没想到的是,我还没去看望赵叔叔,赵叔叔却先来了我这了,问我安顿好了没有。晚上,瑞雅还给我提来了月饼、苹果、石榴,还问我吃饭没有。想说"这个冬天不太冷"。

10月28日　星期五

今天上午和瑞雅一起去了李会臣爷爷那。爷爷今年83岁,是个老干部,17岁加入了青年团,后来当了村长,一直在村里当干部当到1996年。爷爷年龄虽不是村里最大

图 1　赵海京（左）、李会臣（中）、调研员（右）

的，懂的事情却很多，而且精神头特别好，思维还很清晰，能把事情说明白、讲清楚。今天上午是与爷爷的第一次正式访谈。虽然一上午时间我们只谈了一个长工，爷爷却把关于长工的种种都讲清楚、讲活了，中间还穿插了一些小故事。2个小时很快就过去了，在回奶奶家的路上，我脚步轻盈，脑子里一直在回味爷爷给我讲的那些故事。

晚上，赵叔叔来奶奶这了。于是，我就就下午与赵谓阳爷爷聊天中的一些疑惑与叔叔进行了些交流。在交流中，叔叔不仅帮我解开了脑海中的疑惑，还意外地谈了些其他的事情，这让我对村庄有了更进一步的了解。作为一个民俗收藏家，叔叔收藏了很多古物。更让人钦佩的是叔叔的学习精神。据说，叔叔有早上6点多起床看书的习惯。叔叔平时喜欢看报纸、写东西，记录村庄的点点滴滴。这也难怪杨姨说叔叔是河北铺村的活历史。

10月29日　星期六

昨天晚上询问了赵叔叔村里80岁以上的老人还有哪些。今天一大早起来后，就去村委会找杨姨了。杨姨今天依旧让赵姨带着我去找爷爷们。

赵姨骑车带着我在东街、北街、南街、西街转。我们对照着赵叔叔给我的老人名单一条条街挨个地找老人。转一圈下来后，发现爷爷们的质量并不高，有些年纪虽大，却不知晓事情，有些年纪小的头脑清晰，却没经历过那个年代。如此，综合村里的爷爷们的情况来看，现在就只有李会臣爷爷是最为理想的访谈对象了，其他的就只能作为补充对象，与其进行适当的访谈充实调查内容。

河北铺村有个进士府，但是一直都没进去过。得知赵姨就是进士府的管理人员后，果断地让赵姨带我进去了。进士府为晚清时期进士赵世德家族的宅第，属于典型的家族合聚式建筑群体。进士府整组建筑坐北朝南，气势宏大，布局规整，风格清新，是当地典型的民居建筑风格。对于这种古典建筑除了在电视上，就是在景区见过，像这样身临其境地串行在这种大院子里还真是第一次，说实话真的有一种"小姐"的感觉。在进士府里我还看见了我这南方妹子一直有耳闻但是却没见过的"炕"；看见了用纸糊的窗户，真的好想像电视剧里一样，把手指头舔湿，然后在那窗户纸上戳个洞。在参观进士府的时候发现，进士府建好后，进士赵士德却并没有在这里住过，他一直在北京，这未免让我有些失落。原本以为，村中有进士，那么进士必定会在村中做许多事情，村中肯定会有一些其他村所没有的改革或故事，结果……

幸亏有赵姨带着我在这大院子里转，如果是我一个人，第一次走的话肯定会迷路，院子里大大小小不同形状的门很多，宽宽窄窄的路也很多。最后，在参观完要回去的时候，我们看见了路边上的石榴树，石榴树上长了好些石榴，赵姨摘了一个给我。我拿着它满心欢喜地回奶奶家去了，进士府的石榴哦，你们都没吃过吧！

图 2　进士府（笔者拍摄）

10 月 30 日　星期日

今天身体状态不是很好，"大姨妈"如期而来。为了抓紧时间，想着只是聊天，于是上午还是忍着痛去找李会臣爷爷访谈了。但是，最终还是没能抵住疼痛的折磨，和爷爷聊着聊着就不行了。看我难过，爷爷在家给我找了老半天都没找到合适的药。我跟爷爷说我只要回家去睡一觉就好了，于是，爷爷叫一叔叔把我送回了奶奶家。回家后，我立马就倒床上了，再次醒来已是下午 4 点。这时的自己又累又饿，吃了些饼干后，打开电脑把上午短短的访谈整理了下。

今天一整天都在房间呆着，以致村里来了剧团都不知道。晚上，叔叔过来奶奶这之后，我才知道原来村里来了豫剧团。长这么大还没听过豫剧呢，于是，也顾不上肚子痛的事情了，端上凳子就往街上去了。

街上的村民很多，有的坐着，有的站着，无疑的是大家都很认真地往台上看着。可是，我看了一会儿便走了，因为，听不懂。听了老半天都不知道这唱的是什么。

10 月 31 日　星期一

今天是农历十月初一，这既是赵家祠堂开光的日子，也是村民们上坟的日子。

一大清早，买了几个包子便往祠堂赶了。今天的赵家祠堂格外的热闹，有秧歌队、太极拳队、唢呐队，还有杂技表演的队伍。赵叔叔看我在祠堂转悠，便过来给我介绍赵家祠堂和赵家的历史了。听完后，一方面深觉赵家人才辈出，另一方面，真觉得叔叔为赵氏家族做了许多贡献。上午10点还和叔叔一家去上坟了。但是，上坟回来后，让我感触更多的不是村民们上坟的习俗，而是觉得好像自己对村庄的陌生感少了许多，似乎一下子就融进去了，自己已是村庄的一员了。

下午，去找李爷爷聊天了。到爷爷家后发现，爷爷上火感冒了。好担心爷爷的身体，但是爷爷却说没事，仍然坚持着跟我聊了下去，而且这一聊就是3个小时。聊到最后，发现天都要黑了。真心被爷爷感动了！

11月1日　星期二

今天的气温应该是这些天来的最低温，让师妹从学校寄来的衣服还没到，冻得我直打哆嗦，索性待在房间整理这些天的访谈。

在电脑面前端坐了一天，居然没有整理完，还腰酸背痛，困得不行。不管了，睡觉，身体最重要。

11月2日　星期三

从小就被老师教育说要节约用水。但是，似乎这次来到河北才真正让我对这个理念有了些概念。

从第一天来村里就被告知说村里在修排水道，家家户户都停水，所以用水的时候要注意些。这些天一直没来水，所以奶奶水缸里的水很快就用得只剩一点点了。作为一个从小在南方长大的孩子，用起水来还是比较"大手大脚"的，各种洗漱，各种随意。但是，很快就被奶奶提醒说，要节约着用了。于是，这些天居然养成了用洗了脸的水洗脚，洗了脚的水再用来冲厕所的习惯，这极大地提高了水的利用率。

晚上，和瑞雅一起去澡堂了。读研究生的时候总是听寝室里的北方妹子说在澡堂洗澡如何如何的爽，搓澡师搓澡搓得如何如何的舒服。终于，今天跟着瑞雅来体验了。这是我第一次进澡堂，说实话，刚进去的时候觉得挺害羞的，在更衣室存放好东西去洗澡的时候更是觉得羞羞。瑞雅看我这样不好意思都笑了。不过，在打开喷头触碰到水的那一刻真的感觉好奇妙，似乎有苏醒的感觉，顿时觉得整个人都有精神了。今天，除了搓澡，我还体验了下推奶，做完真的感觉皮肤好了许多。不过，还是挺贵的，洗个澡50多块大洋没了。

记得以前妈妈跟我说过，是哪的人就要回哪去。当时听了很不以为然，觉得世界那么大，为什么要束缚自己，外面的世界那么美好应该好好去看看，现在觉得我好像错了。这次来河北，在生活习惯上我有很大的不适应，风俗上也不是太懂，不禁想起了一句歌词，"江南夜色下的小桥屋檐读不懂塞北的荒野"。

11月3日　星期四

村中85岁以上的老人真不多，听说赵春京爷爷今年85岁了，虽然杨姨说找赵春京爷爷访谈没意义，但还是让杨姨找人带我去，想去试试。杨姨说让我在西街的超市门口等着，她叫人来带我。可是，一个小时过去了，始终都没人来，好想知道这是哪个环节出错了……

午觉后，自己一个人在村子里转悠，沿着东街、北街、西街转了一圈，想着碰运气找爷爷。结果，去找的爷爷家都关着门。好想知道这是什么情况？爷爷们都去哪了？

有心栽花花不成，无心插柳柳成荫。上午特意去找赵春京爷爷没找着，这会在街边坐着与村民们聊天的时候居然碰见赵春京爷爷了。让我惊讶的是，一直被认为不行的爷爷居然能听懂我的话，耳朵也不聋，而且还能跟我说上一些我想知道的东西。最主要的是爷爷脾气很好，态度挺好的，人很和蔼，总是笑嘻嘻的。刚开始只是我与爷爷两个人一问一答地聊，结果，聊着聊着，居然引来了好些其他的叔叔、爷爷。这些叔叔、爷爷们围着我和赵春京爷爷成了一个圈，大家都参与到了我们的访谈中，你一言我一语的，好是热闹。

图3　赵春京爷爷
（笔者拍摄）

11月4日　星期五

清早，推开院门，白茫茫的一片。不知道今天能不能碰见聊天的爷爷。

吃完早饭，本想去村委会蹭个网，结果被告知村委会没网。转而去向叔叔家求助，可是，叔叔家的网也没了。最终在阿姨的帮助下，去用了下另一位阿姨家的网。呼，一网难求啊，2个月没有WIFI的生活该怎么过啊？

借着阿姨家的网看着金磊制作的视频的时候，突然间电话响了，是李会臣爷爷的。爷爷说他今天上午有空，可以跟我聊聊。顿时，幸福感油然而生。收拾好电脑后就直接蹦向爷爷家了。今天跟爷爷聊的是私塾，虽然只有一个多小时，但是，爷爷却说得很精彩，我听得也很入神。

聊完告别爷爷后，心情大好，还在路边买了串糖葫芦，一路兴高采烈地边走边吃回奶奶家。

11月5日　星期六

今天上午去银行给老师转账。刚到了银行，一位穿着朴素，看样子应该是农民工的叔叔朝我走来跟我说话。

"小妹，你能帮我取下钱吗？"

"你不会取？"

"嗯。"

"你让我给你取，你不怕吗？"

"不怕。"

"好。那我教你。"

帮叔叔取完400块钱后，叔叔一边把钱放进钱包，一边说道："现在的钱好难挣啊。"

顿时觉得叔叔好可怜，自己好不容易辛辛苦苦挣钱了，却取不出来用。即使取出来了，应该也舍不得用。想想当今社会好多人都对农民工持有偏见，觉得他们脏，没文化，看不起他们。可是，大家都有真正地走近他们吗？勤劳朴实的他们却那么地让人生怜。

武汉的雾霾天让人生畏，可是，比起河北的雾霾天，真觉得是小巫见大巫啊。天空是白茫茫的，地上是灰蒙蒙的，走在路上感觉整个人都被灰尘环绕着，浑身哪哪都不是滋味，真的好想飞回南方。

11月6日　星期日

清早，吃完早饭就给爷爷打电话了，爷爷说今天上午有时间可以跟我聊。听后超级开心，拿上东西就往爷爷家走了。

上午跟爷爷聊了打更人，爷爷说打更人有个组织，这组织就像现在的中介机构一样，会给人介绍打更人，还收取中介费。这让我感觉太新鲜了，下午睡了半小时午觉就起来整理上午聊天的内容了。整了一下午，好不容易整完了。刚想休息一下的时候，叔叔来了。于是，就跟叔叔聊打更人，把今天上午爷爷跟我说的说给叔叔听。可是，叔叔跟我说，打更人不是爷爷说的那样，村志上都记载了，不是那样的。听后，整个人都感觉不好了，难道，这一下午都白忙活了？

晚上，叔叔和我聊这边的神、鬼和祭祖的事情，聊着的时候感觉气氛还挺好，我、瑞雅、奶奶都被逗乐了。可是，当回到自己房间睡觉的时候就怕了，居然不敢出去上厕所，觉得房间里面哪哪都不太好。最讨厌的是，我居然想上厕所。不过，幸亏和环环打着电话，环环的鼓励和坚定让我大大地减轻了害怕。最后，还是小跑着去上了趟厕所。

11月7日　星期一

原本打算今天下午整理材料整理到4点半就去澡堂洗澡的。可是，3点半的时候，爷爷来电话了，说他有时间跟我聊天。于是，放下手中的活就去爷爷家了。这一聊就是5点半，天都黑了，澡堂就不去了。

吃完饭，回到家刚打开电脑不久，叔叔就过来奶奶家了。于是，便又跑去找叔叔聊天了。发现每次和叔叔聊天都能被叔叔那认真的学习精神所震撼。每次聊到有什么不太清楚的地方，叔叔都会再问下奶奶，有些叔叔觉得比较重要的东西，叔叔还能立马用纸记下来。比起叔叔，我觉得我自己懒了好多，无论是学习的状态，还是钻研的态度。

这一聊又是晚上10点，聊完后，叔叔、奶奶、瑞雅都困了。我也困了，回到房间好想直接躺床上睡觉啊。

11月8日　星期二　晴

昨天看妹妹在赣州发的状态说，虽是立冬但是她穿个薄外套却热得出汗。与此相反的是，在河北的我现在只要一出门就必须全副武装，围巾、手套、口罩都得戴上。天气越来越冷，带来的衣服已经不能御寒，于是今天便和瑞雅一块去买衣服啦。俩妹子在县城逛了一天，买了衣服，吃了牛排，看了电影。哈哈，这感觉挺好，放松了这些天一直紧绷着的神经。

下午回来后，就直接在叔叔家吃饭了。阿姨让我和瑞雅两人一起做饭。好像真的是很久没有进厨房做饭了，这突然说让做饭，居然不会调料了。今天炒菜好像盐也放多了，似乎有些咸咸的。不过，能给阿姨做做饭，并且能吃到自己做的菜，感觉还是挺好的。

今天一天都不在家，吃完晚饭回到奶奶这已经天黑了。奶奶看见我的时候笑了，然后说："我说你怎么还没回来呢？"哈哈，让奶奶担心了，我闯进了奶奶的生活。

11月9日　星期三　晴

这两天和爷爷聊天，爷爷的手机都一直不停地响着，不断地有人因为各种事情找爷爷。爷爷虽然这么忙，但是却也能抽出时间跟我聊天，不得不说被爷爷感动了。上午跟爷爷聊完后，爷爷还说要把家里的一盘柿子给我。我说不要，不能要爷爷的东西。爷爷却说已经拿我当孙女看待了。既然如此，便拿了两个柿子，好事成双。

洗澡对于南方的孩子来说是再日常不过了，十多分钟就搞定。但是，来了这后却发现洗澡是一件大事。不仅要特意地抽出时间，还要大老远地跑去澡堂。无论是在家还是在学校，洗澡就是十分钟的事情，但是在这洗个澡可能一下午时间就没了。突然间觉得洗澡是件那么奢侈的事情。不过，话又说回来了，在北方的澡堂洗澡确实挺舒服的，尤其是让搓澡师搓澡的时候。搓澡的时候，搓着的时候是一种享受，搓完后浑身轻松，神清气爽，顿时整个人都感觉精神了。

11月10日　星期四　晴

来河北已经快一个月了，自从来了这就没有吃过米饭，一直吃着各种面食和馒头，而且还能吃得习惯，感觉自己快要成北方人了，或者说不太像个南方人了。虽然说可以不吃米饭，但是这辣味倒好像是戒不掉的。今天在爷爷那访谈回来后，居然异常地想吃有辣味的东西。发现这的人都不吃辣，赵叔叔家也不吃，平常习惯去的那几家饭店做的饭菜都不辣，偶尔让老板给的辣椒油对我这江西妹子来说真是一点都不辣。

为了找到自己要的辣味，沿着街一直走，突然间看见了一家卖凉菜的店。在那，我看见了我想要的辣椒，闻到了我久久怀念的味道。于是，果断地让老板给称了好大一盘凉菜，并且还特意让老板多放点辣椒。之后，老板问我说："你是南方人吧？"

买好凉菜后，原本打算回家后和奶奶一起分享这美味的。可是，当我把菜提给奶奶的时候，奶奶居然说她不吃。一是这凉菜太硬，她吃不动；二是这菜太辣，奶奶不吃辣。好吧，又一次买东西失误。最后，就只有我自己一个人端着凉菜，就着馒头在院子里吃啦。不过，这一顿可真是吃得津津有味，饱饱的。凉菜里面还有卤猪蹄呢，我喜欢的胶原蛋白。

11月11日　星期五　晴

今天晚上终于把提纲上可以和叔叔聊的话题都聊完了。由于叔叔还比较年轻，有些内容叔叔也不太清楚，我们聊得并不是很细致。但是，与叔叔的这一轮聊天却让我对村子有了个大概的整体印象，让我这南方来的孩子逐渐地熟知了北方的习俗，更快地了解到了这的风土人情。

"傻人有傻福"这句话再次被我写在调研日志中了。第一次来北方就能碰见赵叔叔这样的好人,有时真是想想都会笑。赵叔叔不仅让我住在他家和奶奶一起生活,还给我介绍村中的老人,跟我聊村里的历史,给我看他收藏的东西,帮我理解这边的风俗习惯。真该好好地调研,好好记录河北铺的历史,不然,怎对得起赵叔叔的这一番热情呢?

今天好像又跟叔叔聊晚了,奶奶都犯困了,下次要注意聊天的时间了,尽可能地把时间控制在9点半。

11月12日　星期六　晴

今天和叔叔一起去广府看叔叔的宝贝了。整整一个博物馆都是叔叔收集的各种文物。感慨叔叔对民俗的喜爱!

叔叔带着我在博物馆转了一圈,边走边跟我聊各种物品,说它们的用途,聊它们的来源。听叔叔说完后,对北方农村的传统形态有了进一步的了解,而且,这种了解是直观且深刻的。之前爷爷们跟我说的有些让我很模糊的话语,在看见这些物品后都被化抽象为具体了,之前一些觉得难以理解的事情也在看见这些物品后轻松地懂得了。在回家的路上,叔叔也一直向我介绍所经过的村子

图4　赵海京叔叔的博物馆(笔者拍摄)

的特色,还自带导航地告诉我们到哪了,哪条路是通往哪的。真觉得叔叔太强大了!

从叔叔的介绍中了解到,这边的村子很多都有自己的产业,有专门生产瓦片的,有专门生产玻璃的,有专门生产纸钱的,有专门生产香的……在感慨这规模化、成片化生产的同时,也不由地在想,这样真的好吗?都在一个村,都生产一样的东西,不会有竞争吗?不会以强压小,不会相互争抢市场资源吗?在这成片、规模化的背后是互利共赢,还是优胜劣汰呢?明天得问问叔叔。

11月13日　星期日　晴

今天又去找春京爷爷聊天了。原本是打算去春京爷爷家里,可是,在半路就碰见

爷爷了。爷爷依旧戴着那个用毛巾围成的帽子，走路的时候慢悠悠的，十分有特色。看见我之后，爷爷说他耳朵不好使，没文化也不会说。我说没关系，我们慢慢地聊。爷爷听完后笑了，然后我们就在旁边一群爷爷奶奶的招呼下坐在街边聊了。

通过这次与爷爷聊天，我终于把黑团、红枪会、宪兵队的先后顺序搞清楚了。之前一直都是混的，总是想不通：这黑团和红枪会是怎么在一起的呢？村民们怎么给黑团交了钱，又给红枪会交钱？今天下午爷爷们跟我说，红枪会在前，时间是在清末民初的时候。爷爷们说红枪会、白枪会都是教派，还说其实就有点像我们现在的法轮功，都是反社会、反国家的。后来日本人来了之后才有黑团。而且黑团那个时候因为自己有枪，势力比较大，还瞧不起八路军，觉得八路军什么东西都没有，武器也差。后来，经过八路军的说服教育，黑团也加入了抗战队伍。

下午听爷爷们讲完后，脑海里就一直回荡着一句话：国家、国家，没有国，哪来的家。

11月14日　星期一　晴

自从来了河北铺村，叔叔一家都对我挺好的，各方面都很照顾，还跟我说如果我要打印什么也可以直接去哥哥店里打印，村里那些其他的打印点收费都挺高的。

今天想打印几个 Word 文档，但是真是不想太多地再给叔叔家添麻烦，于是，便自己在村中找了一个打印店打印。打印店的老板态度挺好的，善谈也爱笑，但是，这打印机倒让我蛮无语的，居然不能双面打印，而且还是传统式的油墨打印。老板的打印方法也让我觉得蛮奇怪的，她不是直接用 Word 打印，而是先把 Word 导入 Photoshop，然后截图打印，这不是在打印相片吗？最后，付钱的时候老板说2块钱一张，6张12块。额，学校只要一毛钱一张，如果双面打印，6张就只要5毛钱。12块和5毛，整整24倍的价钱。

好吧，钱哗啦啦地流，吃两天白馒头吧。

11月15日　星期二　晴

吃完中午饭，在院子里一边晒着太阳，一边玩着手机。一会儿姑姑来了，姑姑说等下赵家祠堂那个办丧事的要出殡了，于是就邀上我和奶奶一起去看。

作为一个在客家文化下长大的孩子，当姑姑跟我说去看出殡的时候真觉得挺奇怪的。在客家，别人家办丧事对于自己来说是件特别晦气的事情，能避开就避开，不然自己就会特别晦气。既然是在河北，那么我也就入乡随俗了，跟着姑姑和奶奶一起去了。到了那之后，发现居然有那么多人在那坐着，等着看。办丧事的那户人家自己家送殡的人不多，反倒看出殡的人却挺多的。一开始我们是坐在一个离出殡的路口比较远的地方，等快要出殡的时候，姑姑说让我们走近一点，说是为了更好看。虽然我不是很能理解，但是，也还是跟着姑姑和奶奶一块往前走了。一会儿出殡的队伍就出来了，我很神奇地发现大家居然可以站在离棺材那么近的地方，都围着。我在旁边看了是一愣一愣的。看完后，奶奶说："嗯，很好，闺女哭得很伤心。"

虽然说入乡随俗，但是在看完出殡后我还是觉得浑身不舒服。于是收拾好东西就洗澡去了，准备把那不舒服的感觉洗了。因为去澡堂的路比较远，所以就用滴滴叫了个车。可是，等了好久车都不来，再次打开手机的时候，却发现司机离我的距离越来越远，真是莫名其妙。给司机打电话，司机居然说他手机卡，还说已经过了洺河桥，说让我退单。我退单不就无缘无故地要赔司机五块钱吗，这司机故意坑人的吧。于是，态度很强硬地对他说不退，要退就他自己看着怎么办。司机拿我没办法，所以还是来接我了。

这是不就是所谓的晦气？看完出殡后做的第一件事就不顺心。

11月16日　星期三　晴

今天一天心情都挺好的。

早上，给爷爷打电话后，爷爷本来是有事要出去的。正想着再去找哪个爷爷的时候，爷爷又给我打电话了，说他上午不出去了，可以陪我聊天。果断地拿上东西就往爷爷家奔了。

下午，一直在房间整理材料。整理得差不多的时候，腾飞哥哥来看我了，还给我和奶奶每人买了一箱酸奶，哈哈！跟爷爷们聊天的时候，爷爷们说能遇见就是一种缘分。那么跟腾飞哥哥，跟叔叔一家也就都是一种缘分咯，选村选了那么久最后定在了河北铺村，跟河北铺村村民们也都是一种缘分咯。

晚上，姐姐也回来了。真如瑞雅说的一样，姐姐真的很漂亮，而且很大气。姐姐穿的那件军绿色大衣也很适合姐姐，很显气质。聊天中无意间得知，姐姐居然跟我是同一年出生的。但是，姐姐已经是两个孩子的妈妈了，我却还像个小孩子，这差距。

连续两个晚上晚睡，似乎身体有点受不了了，今天晚上要早早地睡觉啦。肚子一直在咕咕地叫，是饿了吗？可是真是不想吃东西了，再吃就要胖死啦。

11月17日　星期四　晴

今天是个好日子，好多人结婚。大清早起来就给叔叔打电话说要去看结婚的，叔叔说行的，可以去，然后就让我去他亲戚那了。

发现这边办结婚喜事比我们那边热闹。虽说这婚礼是在村里，在家里办，但也还是一样地铺红地毯，挂大红灯笼、小红旗，摆花环，请乐队、婚庆公司，好是热闹。去之前有担心到了那之后会不会因为人家不认识我而尴尬，没想到，到那后居然碰见了前些天在村里聊过天的几位叔叔，很快我就和大家打成一片了。而且，办婚事家的叔叔、阿姨人也很好，居然还让我跟着迎亲队去迎亲了。就这样我有幸体验了婚礼的整个过程，感觉超好玩。而且，今天又认识了一些叔叔、阿姨和朋友。

不过，通过今天与大家交流也发现了一些问题：一，这边人结婚普遍较早。很多人二十出头，甚至十八九岁就结婚了。今天碰见的几个跟我年龄差不多的女孩都结婚了，而且有的已经有2个小孩了，第一个小孩还上小学了。二，男的多、女的少，比例差距大。在聊天中得知，这边的大村大多有100多个光棍汉，小村三四十个。而且有的村还推出了这样的规定，媒婆给村里人做介绍成功奖励3000元。有阿姨还调侃我，说让我也嫁到这，说嫁到这我就能成这个（阿姨竖起了大拇指）。三，彩礼重，结婚费用高。据说这边有这样一个规矩，男方给女方的彩礼要1.5公斤100元的票子，也就是差不多16万的样子。此外，还要求男方家有车，县城有房。不然，在村里有小洋楼也行。这边的工资平均在3000元左右，因此，很多年轻人在结婚问题上就成了啃老族。有人形容，孩子一结婚就要了父母半条命。

图5　全家福（笔者拍摄）　　　　图6　婚庆时的天地台（笔者拍摄）

11月19日　星期六　晴

从小就喜欢吃柿子，尤其是软软的那种。谁知，这居然盛产柿子，而且现在居然还是柿子成熟的季节。腾飞哥哥说县委大院有许多柿子树，听说我喜欢吃柿子后居然特意去给我摘柿子了。今天晚上还给我送过来了，满满的一大袋。哈哈，可以吃好一段时间了。好想说，我是个幸福的小吃货。

在朋友圈看见之之去北京了，在国家行政学院。聊天后得知她准备考那的博士，满满的祝福，希望之之能够考上。希望上天可以眷顾每一个勤奋努力、有理想有追求的孩子。

整理资料又整理到好晚，又被同学说熬夜了。哎，什么都不说了，睡觉吧。

11月20日　星期天　晴

上午刚跟爷爷聊完集市，下午叔叔就问我去不去临洺关镇看庙会。哈哈，这是不是一种巧合？提上包包立马就出发了。

到临洺关镇后，抬头一看，东街。这不就是爷爷上午跟我说的东大街吗？今天的庙会是泰山行宫（也叫老吉子庙）的庙会，很多香客在庙里烧香，还有算命先生在庙里摆个小凳子坐在那给人算命。之前魏宁姐跟我说有机会去看看永年的西调，今天叔叔就跟我说庙里唱的戏是永年的西调。好吧，真是不虚此行。

今天街上摆满了各式的摊位，有卖衣服的、卖油果子的、卖冰糖葫芦的等等。可能是周末的原因，今天街上特别多的小孩子。在街上逛着逛着的时候被一个卖北京老糖画的爷爷吸引住了，于是就和叔叔还有一群小孩子一起围着爷爷，看爷爷用糖画画。最后，叔叔还给我买了个糖画，做了回小孩子。再继续逛街的时候，在叔叔的介绍下，我们还买了一些比较有特色的东西，如山楂面、梨膏糖、猪胰皂、柿饼。这些东西都是叔叔付的钱，哎，好惭愧啊。山楂面酸酸甜甜的很合我的口味，虽说是一小方块，但是应该够我吃一段时间了。猪胰皂，叔叔说是用猪身上的胰做的，觉得有点不可思议。回去试试，看看这用动物身上的东西做的香皂效果咋样。

图7　永年西调（笔者拍摄）

图8　北京老糖画（笔者拍摄）

11月21日　星期一　阴

今天一早起来就跟叔叔去古玩市场了。古玩市场在邢台，这是我第一次去邢台，邢台也是我迄今为止到过的最北的地方。

河北铺村位于永年区的北边，和沙河县交界。不一会儿我们就到了沙河县。叔叔说沙河县有条河叫沙河，沙河到处都是沙。今天的雾霾很严重，窗外白茫茫的，但是隐隐约约地还是可以看见沙河的大概面貌。沙河确实很多沙，而且沙丘还连成片，给人以沙漠的感觉。

虽然说我对历史也感兴趣，但是古玩这东西我还真是第一次接触。今天跟叔叔到古玩市场算是长见识了。邢台的古玩市场在一栋大楼里面，整整三层。在大楼外面还有许多摆摊卖古玩的。叔叔带着我先在那些摊子上逛了一圈，买了好些宝贝，放眼望去好像就我们买得最多。看别人买东西都是左挑右选的，叔叔买东西却是看中了，价钱说得差不多了就给钱。跟叔叔做生意真是爽快。在外面逛完后我们又去古玩市场楼上了，叔叔在那看中了两个刻有字的碑。真没想到这刻字的碑居然那么值钱，也没想到这碑上的字居然也那么有讲究。古玩店一块唐朝的碑上有几个字写得很特别，老板说这几个字在当时是武则天改的。于是，赶紧凑上前看了下，这真是让我大开眼界。

在古玩店还碰见了叔叔的一个朋友。那叔叔买了两个咸丰年间的钱币，掂在手上手感不错，而且花纹也很漂亮。看着叔叔们对古玩的喜爱，我似乎也被吸引了，我会不会爱上古玩？哈哈！


11月22日　星期二　雨夹雪

睡着睡着午觉，冥冥之中听到锤锤子的声音。起来后一看，居然是奶奶在钉窗户纸。

奶奶今年85岁了，居然能爬上一张大约两尺高的凳子上熟练地钉窗户。这一幕可真是把我吓到了。赶紧跑过去给奶奶帮忙，可是，奶奶却说她可以，还跟我抢锤子。我抢过来之后，奶奶还站在凳子上指点我该怎么锤，怎么钉钉子。不知道是不是看我功夫没到家，后来，奶奶居然把锤子接过去了，然后又自己锤了。汗颜啊。奶奶如今这种状态是不是可以用"老当益壮"来形容？

北方的冬天确实是冷，这让我这南方的妹子确实有点受不了，感觉哪哪都不是滋味。院子里的核桃树树叶在一夜间就掉光了，院子好像亮了些。但是这亮光中却带着好些寒意，给人以冰冷冷的感觉。下午，看见天上飘下些白白的小东西，瑞雅说，这是雪。不禁感慨，北方的冬天来得太快。奶奶说，你待在家里吧，不要出去。好的，那我就做个乖孙女，在家跟奶奶一块烤火。

11月23日　星期三　阴

今天一早起来老天给了我一个惊喜：下雪了。满院子都是白白的，屋檐上还有长长的冰条。揭开院子里的水桶盖，发现里面的水居然结冰了。我拿起旁边的杯子就往冰上敲。哈哈，这是不就是所谓的"破冰"？拍了几张照片发给妈妈，妈妈说家里还20多度呢。呼，是我回南方过冬，还是让妈妈来北方看雪呢？

在叔叔的介绍下，今天认识了一个对会道门颇有研究的叔叔。在与叔叔的聊天中，会道门的面纱被一点点地揭开。后来还去叔叔家了，叔叔收藏了一些关于会道门的资料。今天是太困了，不能再聊了，改天一定还去叔叔那，再把剩下的一些没弄懂的地方问清楚。

今天和两位叔叔一起吃饭，我把两位叔叔惊到了。海京叔叔知道我吃辣，于是让老板给我们盛了一盘辣椒，还对我说，这盘辣椒都是你的啦。郭叔叔看了，吓了一跳，他说他还没有见过那样吃辣椒的。吃饭的时候，郭叔叔也加入我的队伍，与我一块吃辣椒，结果被辣出了一身汗，额头上都是汗水，哈哈！

叔叔们不仅不吃辣，还不吃甜。店老板给我端上南瓜粥之后，我又让老板给我加了好些糖。然后，我就一边喝着粥，一边吃辣椒。海京叔叔看了后对郭叔叔说："真不知道这一边吃辣椒，一边吃甜的是什么味道。"哈哈，我又笑了。


11月24日　星期四　晴

昨天晚上整理完资料已经12点了。困得不行的我原以为上床后马上就能入睡，结果，我却一直睡不着。今天早上起来后整个人还是迷迷糊糊的，给爷爷打了好几个电话，爷爷都没有接，于是便打算在家校对宗族村庄的稿子。刚打开电脑，爷爷却回我电话了。爷爷说他刚刚出去了，手机不在身上，今天上午有时间让我过去。收拾好东西，头晕晕的就去爷爷家了。但是，真是整个人都不在状态，跟爷爷聊天我没有一点逻辑，还不时地走神，真是糟糕。下次再也不敢这样了，一定要按时睡觉，保证和爷爷聊天的充足精力。

从爷爷家出来后，感觉整个人还是处于一种漂浮的状态，头晕得我感觉都快不行了。于是赶紧去买了两个烧饼，补充能量，暖暖身体，还直奔到阿姨家跟阿姨说要大锅熬菜。两个烧饼、一碗大锅熬菜下肚后感觉好了一些。

回家后立马躺床上了。在床上想起了之前爷爷跟我说的话：人有身体就是"1"，有了"1"后面就可以加好多"0"。但是如果身体没了，这"1"倒了，那么后面加再多的"0"都是空的。

从今天起，善待自己，早睡早起。

11月25日　星期五　晴

本来今天一天都打算在家里校稿的。下午叔叔来奶奶家了，问我说去不去看一个比较农村化的庙会，看完庙会后再去看赵王陵。虽然说觉得校稿的任务重，但还是跟叔叔说要去看庙会了。

不一会儿，我们一行四人就踏上了旅途。上次跟海京叔叔一起去临洺关镇看的那个庙会叔叔说少了些农村味，今天去的前曹庄应该农村味会浓些。到了那之后，果真是那样的。比起临洺关镇的庙会，前曹庄的庙会少了些商业气息，多了分亲情味。在一进庙会的一家超市门口就看见了好些人在那买牛奶和大米，这应该都是来串亲戚的吧。再往里走，看见了好些牵着手的年轻人在街上逛街，这应该是回娘家的刚结婚不久的夫妻吧。此外，还看见好些小孩成群结队地在庙会里走来走去，他们似乎都很开心。还有些四十多、二十多岁三三两两在一起买东西的女的，应该也都是母女或是其他什么亲戚关系吧。

图9　曹庄天主教堂（笔者拍摄）

从前曹庄出来，我们又去看了赵王陵。以前只在考古的电视节目上看过皇家陵。今天叔叔带我来到赵王陵前，真是被它的规模震撼到了。整个皇陵就像一座山一样矗立在这平原上。叔叔还带我爬上了赵王陵顶端，这视野太开阔了。不禁感慨：好风水！如果不是受雾霾天气的影响，我们应该还可以看到更远的地方。爬上赵王陵的那一刻，放眼望去，似乎可以感觉到千万只战马在这广袤的平原驰骋。

下山的路上，我和几位叔叔一直不停地摘路边上的酸枣吃。感觉这个时候的我们，大人成了小孩，小孩就更是小孩了。当我跟叔叔说这酸枣上有灰的时候，叔叔居然还说不干不净吃了没病。

11月26日　星期六　晴

再过两天来河北铺村就一个月了。听着外边烟花的爆破声，突然想家了。今天一天都待在房间校对宗族村庄的稿子。虽然看得有些眼睛痛，但是，每当看着里面的内容，想起以前在白鹭调研的点点滴滴，却也不由地笑了。想起了和爷爷一起去爬山，想起了和乡政府的叔叔、哥哥们一起在食堂吃饭的情景，想起了奶奶炸的"黍包子"，还有郑乡长给的脐橙。太多的欢乐。

晚上待在房间不想出去吃饭。奶奶好像又发现了我没有去吃饭，于是，来到了我房间问我晚上吃饭没，吃的什么。我说我喝了些奶，但是奶奶没有听懂。我指了指放在房间里的牛奶，奶奶似乎懂了，然后告诉我说，要热着喝，不然又拉肚子。还说，她那有热水。能和这么一个奶奶住在一起也算是幸运的吧。和奶奶一块看新闻的时候，奶奶问我说那是哪，我很认真地回答奶奶道："北京。"然后奶奶似懂非懂地反问我一句："beijin?"我笑了，这声音太可爱了。

今天接到通知说邓老师要来河北了。虽然离老师来我这还有10天，但是还是依旧有点小紧张。

11月27日　星期日　晴

拉肚子，拉肚子，又拉肚子，能不能空几天不拉啊？好像自从来了河北就没有几天是不闹肚子的。奶奶看我房间放着那么多柿子问我这是谁给的，还告诉我说，柿子凉，吃多了拉肚子，要吃的话也要热了后再吃。好吧，我说怎么回事呢，最近闹肚子闹得忒厉害的原因居然在这。

这天气是有多冷，我的脚趾居然长冻疮了。迄今为止，脚上长冻疮好像还是第一次。今天天气异常的晴朗，于是便和奶奶一起坐在院子里晒太阳，我顺便还把自己的脚拿出来晒了。奶奶看见我的脚后问我是不是冻的，我说是。然后奶奶就把她的袜子露出来给我看了，说要穿她那样的袜子，要棉的、厚的。看了下奶奶的袜子，确实是好厚，一看就感觉好暖。但是，我为什么还是不会想穿那样的袜子呢？这让我不禁想起了研究生时的一个小插曲。冬天天气降温了，鞋垫不够用，于是就让室友（北方妹子）回寝室的时候帮我买一双回来。但是，当室友给我买回来后，我惊呆了，居然买的是好厚好厚的那种。于是便问，这鞋垫怎么那么厚啊？室友说："天气冷，厚点暖和啊。"我之前都没用过这种厚鞋垫，怀着好奇心试了一下，但是，还是不习惯，总觉得脚下有东西，走路不稳。于是，这鞋垫就被我"打入冷宫"了，再也没用过。这可能就是南北方人不同的生活习惯吧。

11月28日　星期一　晴

因为春京爷爷喜欢在街上转，所以之前就一直直接在街上找爷爷聊天，在哪碰见爷爷了就在哪坐着聊。今天早早地就起身去找爷爷了，但是在路上一直都没有碰见爷爷，所以就想着去爷爷家找爷爷。

知道爷爷家大概在哪个方向，但具体是哪个胡同哪扇门就不清楚了。在路上边走边问，问了几个年轻人，都说不知道。突然，看见一奶奶推着车子从家里出来了，于是赶紧跑上前去问。奶奶跟我说就那个胡同，东边那个方向。听了后，我迷迷糊糊地就去找了。通过这次找爷爷的经历，我终于体会到这高围墙防盗的强大作用了。当我在这一条条的胡同中穿梭的时候，看到的除了围墙和大门，还是围墙和大门。这围墙和大门里面究竟有些什么东西？不知道，也根本看不到。而且，这高大而坚固的围墙和大门给人以一种难以攀越和森冷的感觉，家家户户紧闭着的大门让人感觉好陌生。原本还想着在路上边走边问路人的，结果，在胡同里转了半天却看不到半个人影，估计都躲家里烤火了吧。比起南方村庄的小热闹，这儿似乎森严了许多。不过，最终的结果还是好的，在一个奶奶的指引下，我找到了春京爷爷的家。

11月29日　星期二　晴

又是一个星期一，看看日历，不知不觉中来到河北铺村已经一个月了。感慨时间过得飞快。让我感到惊讶的是，85岁的奶奶居然记得我来这多少天了。当我和姑姑在说今天多少号，计算着我来河北铺村多少天了的时候，奶奶居然冒出来一句"一个月多一天"。听到这，我和姑姑都笑了。发现今天奶奶的心情特别好，她一直不停地跟我和姑姑说着以前她裹小脚、躲日本人、看见日本人杀人的事情，而且还自带表情和动作，说得忒生动。我和姑姑也就一直安静地坐在旁边听奶奶说，偶尔想打断的时候，奶奶却说得更投入了。后来，一直到哥哥和嫂嫂来了，奶奶才停下来。

本来说明天继续找爷爷聊天的，晚上叔叔来奶奶家后跟我说，明天他和阿姨一起去邺城，问我去不去。邺城，三国故地、六朝首都，这诱惑力太大了，思想斗争了一会后还是跟叔叔说去了。然后，又给爷爷打了个电话说后天再去他那。

明天早上7点15就出发，今天晚上要早点睡啦。

11月30日　星期三　晴

一大早，天刚蒙蒙亮我就起床收拾了，好像已经很久没有那么早起床了。在去邺城的路上，我们看见了初升的太阳。太阳红红的，那颜色很像熟透了的柿子，让人不禁想咬一口。当我兴奋地让大家看太阳的时候，郭叔叔问了一个让我哭笑不得的问题，他说："你们那也有这样的太阳吗？"我反问道："难道世界上有好多个太阳？"

今天的第一站我们去了临漳的佛造像博物馆。佛造像博物馆的主体建筑借鉴了汉代城墙及城门楼的建筑理念，彰显汉代特色，古朴、庄重又富有现代气息。在佛造像博物馆里和叔叔、阿姨一起体验了东魏北齐时期邺城的佛教文化以及邺城佛学的荣与衰。第二站我们去了鬼谷子祠和鬼谷子文化产业园。鬼谷子是孙膑的老师，著名的军事家，还是战国时期纵横家的祖师。

图 10　铜雀三台遗址公园（笔者拍摄）

那么厉害的一个人我之前居然不知道，真是有点惭愧。在鬼谷子祠里我们还看见了之前跟郭叔叔讨论过的巫婆，看见她们在庙里大吼大叫的样子真觉得挺吓人的。第三站我们去了铜雀三台遗址公园。东汉末年，曹操攻占邺城后，修建了铜雀台、金凤台和冰井台。今天我们爬上了金凤台，还去了曹操的转军洞，既参观了建安风骨文学的诞生地，又领略了曹操的军事才能。第四站我们去了河南安阳，去看了曹操高陵展示厅。虽然说对于曹操墓的真正所在地社会上还存在着各种争议，甚至有人对安阳高陵建成五年后还不开放存在各种质疑，但是，对于我这么一个小女孩来说，我只能说我来过这，对于别的争议我发表不了任何意见和看法。第五站，也是我们的最后一站，我们去看了兰陵王墓。到了那之后发现，兰陵王墓并没有被好好保护起来，没人

图 11　鬼谷子（笔者拍摄）

管也没人看。在那我们看见了一个在兰陵王墓地旁挖胡萝卜的爷爷，那爷爷很友好地给了我们些胡萝卜，说这生吃好吃，还专门挑大的给我们。

今天一天的行程满满的，我们从河北来到了河南，又从河南回到了河北。看的都是古迹，赏的都是文物，品的都是历史，不禁感慨我国文明的源远流长。很感谢叔叔、阿姨这一路的陪同，尤其是海京叔叔。这一路有好几个景点海京叔叔之前都去过，但是就因为我没去过，海京叔叔还特意带我去，即便是要绕很长的路。能遇见这样一个好叔叔，我该说些什么呢？今天郭叔叔说让我做海京叔叔和阿姨的干女儿，照相的时候，郭叔叔还对我和

阿姨说："来，给你娘俩照张相。"哈哈！

虽然说，现在的身体状况比之前好很多了，但是还是感觉今天有点晕车，回到家后，头晕得很是厉害。腾飞哥哥打电话来说，让我和海涛哥哥一起出去吃饭。本想推掉的，又怕扫腾飞哥哥的兴，所以还是去了。但是最终还是没有坚持住，吐了，吐完后还一直不停地浑身打抖，海涛哥哥赶紧把我送回了奶奶家。刚回到奶奶家不久，正准备睡觉的时候腾飞哥哥给我打电话了，说他就在奶奶家门口。腾飞哥哥居然给我送来了面包和火腿肠，还叮嘱我说要多喝热水，这两天还不要吃辣的和油腻的东西。这真让我好是感动，居然还感动得流眼泪了。在这人生地不熟的地方居然能遇见这样一个会主动关心、照顾我的哥哥。

12月1日　星期四　晴

每个月总有那么几天让我自己好是难受。今天依旧被折腾得只能躺在床上。一直在床上躺到下午2：45都还是没力气起来。躺在床上的时候一会儿睡，一会儿醒，有时候头晕晕的竟不知道自己到底是睡着的还是醒着的。如果说每当不知道自己到底是睡着的还是醒着的时候，就会觉得世界与我无关，这是不是有点太消极了？但是，这却也是那时内心的真实感受。而且，每到这个时候内心也会脆弱得想有个伴，即使是有一双可以握住的手也好。

不过，在这难过之时，叔叔却也给我带来了一丝喜悦。晚上，叔叔来奶奶这的时候跟我说，他把村里1966年的村志找出来了。叔叔为了找到这本村志一直找到下午2点，真是辛苦叔叔了。虽说这1966年的村志只是薄薄的一本，但是对于我对河北铺村历史的掌握却有着很大的帮助。本还想与叔叔聊会儿天的，但是，鉴于自己身体的原因，只能回到房间继续在床上躺着了。

12月2日　星期五　晴

今天早上6点半就醒了。起床后发现身体好了许多，吃完早饭后就拨通了爷爷的电话，然后就去找爷爷聊天了。在跟爷爷聊天的过程中，一开始还觉得身体挺好的，但是，到后面便又不行了，肚子又开始痛了。没办法，还是忍着痛跟爷爷把今天准备聊的内容聊完了。

因为邓老师一行要来我这里巡调，下午便进城去找适合他们落脚的地方。好久都没有吃甜点了，这好不容易去了一趟城里，于是，便去西点蜜语买了些蛋糕、面包回来解馋。想念乳酪的味道！

12月3日　星期六　晴

原以为今天的访谈可以很顺利地结束，可没想到的是，跟爷爷聊天聊到10点多的时候肚子就开始有点痛了。到11点就彻底坚持不住了，咬着牙坚持不让自己倒下去，还让爷爷给我倒了杯开水。喝了些开水后，告别了爷爷，然后一个人踉踉跄跄、晕晕乎乎地朝村诊所走去。到村诊所后，让医生给打了一针。打完针后就立马回家了，回到家直接就躺床上了，再次醒来已是下午1点钟。不过，还好，这醒来后肚子就不那么痛了。虽然觉得自己很可怜，但是能不痛了，能在睡眠中躲过一阵痛也满足了。

起床后，觉得肚子好饿。依稀记得村南有家卖过桥米线的店，想起本科期间经常和室友一块去吃过桥米线就更是想念它的味道了。于是，提上包包就出发了。比起赣州的过桥米线，这的过桥米线似乎多了些北方味，而且还少了些辣椒。但是，总体来说味道还是可以的，不由得又让我想起了本科期间和室友们在一起的日子。

晚上，在房间看书看晚了，又没有及时出去吃饭，直到瑞雅来给我送资料我才知道天色已晚。瑞雅说让我去奶奶那煮些东西吃。于是，便拿上几根火腿肠和没有吃完的馒头准备去奶奶那热着吃。但是，奶奶却拿来了两个鸡蛋，让我炒火腿肠。最后在奶奶的帮助下，我成功地炒好了火腿肠鸡蛋。哈哈，还挺香的，味道也还是可以的，满满的一大碗都被我吃完了。

12月4日　星期日　晴

早晨起来精神好好。早早地就拨通了爷爷的电话，爷爷说他在家等着我。到了爷爷家后，爷爷家的大门是敞开的，电视也是开着的，但是爷爷人却不见，喊了爷爷好几声，爷爷都没应。以为爷爷会在隔壁爷爷家，但是，隔壁爷爷家的大门却是关着的。当再次回到爷爷家时，闻到了一股香味，顺着香味往里走，居然看到了爷爷了。爷爷在熬粥，粥里还加了山药和蔓菁。爷爷看见我后说，让我等下也吃一碗他做的小米粥，还说，这小米粥女孩子吃了好，如果在小米粥里加些红糖还更好。哈哈，我笑了。爷爷居然把我痛经这事记在了心上，还熬粥给我吃，真是满满的感动。和爷爷一起喝粥的时候，爷爷还拿出了他自己做的咸菜，说让我也尝一尝。

今天和爷爷聊了以前村中的传染病。爷爷在说传染病的时候绘声绘色地说了下当时得传染病的人身上长疮、流脓水、发痒等的情景。最后，爷爷总结说传染病就是大家不讲卫生导致的，以前大家都不爱卫生，不爱洗澡，家里都脏兮兮的。听完爷爷的讲述后居然觉得自己浑身不是滋味，下午果断地收拾好东西去澡堂洗澡啦。我这洗澡的频率似乎有点高。

12月5日　星期一　晴

今天魏宁姐来河北铺村接我一起去吃饭啦。这饭约了好久，今天终于有时间聚聚了。

点菜的时候魏宁姐说让我点菜，点了三个菜，一个红烧鱼，一个高烧山药，还有个鸡蛋汤。都说"山东盐，河北咸"，但是，今天的几个菜吃起来感觉都是甜的。魏宁姐说："因为你点的这几个菜本来都是甜的啊。"啊，真是被自己蠢哭，"红烧""高烧"，我怎么就没发现这两个菜都有个"烧"字呢？

来永年选点的时候并不是很顺利，但是魏宁姐却一直支持着我，给我想办法，还陪我去了何营村和龙泉村。最后选定河北铺村，进村后，魏宁姐也经常问我进展得怎么样了。今天和魏宁姐一起吃饭的时候，魏宁姐还问我调研进行得怎么样了。此外，我们聊工作、谈生活、说感情，哈哈，真的感觉有好多话想说。要不是魏宁姐下午赶着上班，真想拉着她一直聊，难得碰见这样一个能聊、会聊，愿意跟你聊，又能给予你一定启发和激励的姐姐。

下午2点魏宁姐要去培训班上课，在吃饱喝足后，我们就这样结束了我们短短的碰面。在回河北铺村的路上，我似乎一点都不会觉得这个地方是异乡，在这我有海京叔叔一家，有魏宁姐，有腾飞哥哥，还有爷爷们。

12月6日　星期二　晴

昨天晚上整理资料整理到太晚，结果原本疲倦的大脑最后却变得异常兴奋，当意识到要睡觉躺床上的时候居然睡不着了。早上伴随着鸡鸣声朦朦胧胧地醒了，看看窗外，居然还是漆黑一片，看看手机，5：30。唉，那么晚睡却能那么早起，今天的状态能好吗？

果真，在与爷爷聊天的时候，一直觉得困得很，大脑就像被糨糊糊住了一样不会想问题，还不时地走神。这注意力不集中的状态让自己感觉很不好，明明很想和爷爷就我们的话题聊深、聊细，但是，却心有余而力不足，做不到。都说吃一堑长一智，可我却总是"明知故犯"，这是什么毛病？今天晚上不管怎样都要早点睡觉啦，明天的状态不能再像今天这样啦，毕竟岁数大了，熬不住啊。

今天奶奶的弟媳和妹妹都来看奶奶了。中午回到家后，奶奶的弟媳还在奶奶家。虽说我已经在外面买了午饭回来，但是奶奶还是叫我和她们坐在一起吃饭，而且还把她的菜给我吃。哈哈，这围着桌子和家人一起在家吃饭的感觉还真是久违了，中午饭吃得很香！

12月7日　星期三　晴

上午就调查提纲里的家务管理这一专题和爷爷聊了一上午，从9点一直聊到11点40。可能是由于这话题比较活跃，和爷爷一直聊都不觉得疲倦，而且还经常被爷爷说的事例逗得哈哈大笑。但是，到最后，我和爷爷的腿都坐麻了，爷爷还一直用手捏脚。我是不是有点太不懂事了，一次又一次地把爷爷折腾得腿麻。但是，今天上午的收获还是挺大的。这收获不仅仅是和爷爷聊完了这一专题，更重要的是懂得了一些在家庭生活中的道理，比如媳妇和婆婆的相处、媳妇和公公应当保持的距离等等。这对我以后的生活还是挺有用的，哈哈！

晚上，在询问完叔叔怎么去馆陶县之后，叔叔说，既然老师要来那就把家里的门帘都给换了，换成以前的老门帘，让老师感受下农村的乡土气息。于是，叔叔一会儿就把家里4扇门的门帘都给换了，全部换成了以前的老式门帘。和叔叔、奶奶一块换门帘的时候，真的好有过年的感觉，奶奶说本来这些门帘也是准备过年的时候给换上的。哈哈，我们可以算是在提前为过年做准备吗？门帘装好后，看着这一个个门帘上的图案，感觉似乎一下子就回到了这些老式门帘流行的那个年代。看着这些门帘，看看这个院子，再看看拄着拐杖、现已白发苍苍的奶奶，真的很有历史感。

12月8日　星期四　晴

清早，早早地就起床了，收拾好东西后就去叔叔家找叔叔了，叔叔说送我去坐车。在要出发的时候，叔叔说有朋友找他要点以前的烟，随即我也跟叔叔一块去了。叔叔那朋友在找烟的时候，叔叔也拿了3包以前的烟给我，还告诉我说这烟是三四十年前的。兴奋之际，我把叔叔给我的烟拍了张照片放到了微信上，可惜，识货的人不多，都不知道这烟是"古董"。随后，因为叔叔的朋友刚好可以顺路把我带至去邯郸的公交站台，所以我就乘坐那叔叔的车去了。

经过4个小时，终于到了馆陶县。下车后，已是下午1点40，随即找了家饭店吃饭。看饭店的招牌上写着羊肉之类的字样，就想着去吃碗羊肉面。可是，到了里面之后，店老板问我要什么汤，还要多少饼，饼伴着汤吃。真是每个地方有每个地方的特色，这种吃法还是第一次尝试。不过，这羊肚汤的味道真是不错，比起南方饭店里所谓的羊肉汤味道纯多了，而且还便宜，这么一大碗羊肚汤才8块钱，里面还有那么多的羊肚。这汤白白的，是不是加了羊奶？

到酒店才2点多。放下行李的第一件事情就是迫不及待地去洗了个澡，这澡洗得舒服。洗了这次澡就可以省去一次去澡堂了，这可以省下至少41块钱，哈哈。在开好所有房间后，师弟说馆陶县有个公主湖可以去看看。于是，就背上包包出发了。原本以为公主湖会是个天然湖泊，到了那之后发现原来是个人造湖，是一片被打造的景区。但是，总的来说还是挺不错的，公园建设得好大，旁边还建了好几个馆，如馆陶魏征博物馆、馆陶文化艺术中心、馆陶城市规划馆之类的。最重要的是，那的空气不错，在那散步的时候我终于把一出门便不离身的口罩摘下了。偌大一个公园，虽说我就自己一个人在那转，但是却也转得惬意，好久没有在公园散步了。

晚上 8 点多的时候，邓老师一行到酒店了。见到老师和师兄们的时候竟然有好久没回家的孩子见到家人的感觉。

12 月 9 日　星期五　晴

上午我们去了胜辉师弟的调研点。出发前胡师兄大概地跟我们说了下在与老人访谈的时候会问到的问题，还被叮嘱说我们也要学着那样与老人访谈。于是在与第一个老人访谈的时候便有意识地注意着陈老师询问的主题框架。在与第二个老人访谈的时候，邓老师让我访谈老人。原本是想好好地与老人聊聊的，可是，老人居然不怎么能听懂我说话，最后，只有把胜辉换上，让他来问。本地人就是好，无语言障碍。

下午，我和邓老师一行回到了永年，回到了河北铺村。这回来的感觉居然那么兴奋。到了李会臣爷爷家后，爷爷居然专门为我们收拾了一张访谈用的桌子，还备好了水果和茶。对于爷爷的用心，我心中真是有着无限的感激。在接下来的访谈过程中，爷爷与邓老师访谈得很是顺利，爷爷的表现惊呆了在场的所有小伙伴，都说爷爷太棒了。邓老师和李会臣爷爷聊了一个多小时，聊完天色已晚，最后在春京爷爷那就只能简简单单地聊几句就走了。春京爷爷在家等了我们一下午，还给我们准备好了好多凳子，凳子围着煤炉摆成了一个圈，看到后也不得不感谢春京爷爷的用心。两位爷爷都让我好是感动。

一起吃过晚饭后，邓老师让陈老师开车把我送回河北铺村，随后他们就去邢台了。

邓老师的每一次巡访似乎都能给我启发，在重庆调研的时候如此，这次也是如此。虽说调研已经接近尾声，但是，对于自己之前没有注意到的，没有在意的，还得继续好好问问爷爷们，走好此次调研的最后一公里。

12 月 10 日　星期六　晴

清早还在洗脸的时候，海京叔叔就来奶奶这了。昨天晚上跟叔叔聊了下契约，今天早上海京叔叔居然从家里面找出了他收藏的河北铺村村民卖地、卖房和典当的契约，说是给我看。这可真是让我大饱眼福。原本是打算今天在房间整理一天录音的,结果被叔叔拿来的契约吸引了,窝在房间把叔叔之前和现在给我的契约都翻看整理了一遍。看完后,知道了这些契约的大概格式与内容,让我对"文书"有了比较直观的了解。

晚上整理完一段时长2.5小时的录音后,脑子昏沉沉的。打开音乐,拿起了手机正想让自己好好休息一下的时候,看到了微信上发来的几条消息。其中有个是师兄的,师兄说让我协助师弟改下材料;还有个是师弟的,师弟说让我接下他给我发的QQ文件。呼,头大,怎么这么多事。说实话,真的好想拒绝。而且那份材料不是我写的,对于那些不是我构思写出来的材料我一般都不会改。看着别人写的材料我很容易发呆或者是被别人的思路套住。呼,好困,睡觉了,明天看了材料再说吧。

12月11日　星期日　晴

大清早起来就被院子里的一棵小树无缘无故地划了一下手,顿时心情就不是那么好了。按照客家人的说法,这叫"兆头不好",总感觉今天会不顺。

果不其然,昨天晚上跟师弟说好今天早晨去蹭别人家的网下载他发给我的资料,然后帮着一起修改。可是,当我早早地收拾好出去后却被告知,那家卖电话卡的店铺关门了,不做生意了,所以他们家的网就没有了。呼,白折腾了一早上。回到奶奶家后,给师弟发微信告诉他说我这边没网。师弟说让我开手机的热点,可是我这老古董手机居然没有热点功能,看来真的是要换手机了。资料改不成了,于是,便拨通了爷爷的电话,想找爷爷聊天去。可是,爷爷说有事情,下午才有时间。

本来魏宁姐是说下午来找我的,看着手上的事情都做不成,便叫魏宁姐上午来找我了。魏宁姐来到河北铺村后在奶奶家坐着跟我聊了会话,然后中午我们就出去吃饭了。去的还是上次我们吃过的那家饭店。上次吃饭,我们点的菜都是甜的,这次我们点的菜却都是咸的,而且,魏宁姐还说有点太咸了,哈哈。我们边吃边聊,这一聊就聊到了下午2点。似乎每次和魏宁姐在一块都有说不完的话,如果不是爷爷打电话来说有时间了,我们可能还会继续聊下去。

回到家后,本来想继续帮着师弟一起改材料的,可是,好无语的是,我竟然在看资料的时候发呆、走神,看了多久就发呆、走神了多久。无奈之下,跟师兄说让师弟一起改了算了,我真是看不进去。给师兄发完微信后,师兄没有回我,估计是不想理我了。师兄会不会恨我?

12月12日　星期一　晴

不知道是不是我对白好事这种事情太忌讳了，一直拖着这个专题不敢去问爷爷，总觉得不好问。但是，看着调研的时间一点点地过去，今天还是去找爷爷聊白好事了。去的时候，我给爷爷买了一些红枣。一是因为爷爷喜欢喝粥。还记得爷爷说过熬粥的时候在里面加些红枣，喝了可以补血，对身体好。二是因为红枣是红色的。就当作是自己给自己的心理安慰吧，用红枣的红色来减少我对白好事的忌讳。

今天，爷爷的太极拳队要去临洺关镇的剧院参加一个表演。表演队的队员们12点集合，然后一起出发。所以，为了让爷爷做些准备，上午11点就结束了与爷爷的访谈。回到家，时间还早得很，没到吃饭时间，肚子也不饿，于是便去奶奶房间看电视了。奶奶见我在看电视，便也跟我坐一块一起看电视。看电视的过程当中，奶奶还问我跟爷爷聊得怎么样了。虽然奶奶不是很能听懂我说话，我们的交流并不是很畅通，但是，还是可以感觉到奶奶对我的关心。以前，妈妈总是说我脾气不好，当我跟妈妈说，我们的调研主要是跟老人们聊天的时候，妈妈很高兴，她希望我通过与老人的相处改变下自己的脾气。现在发现，好像这还真是有改变，与爷爷、奶奶们的相处让我学会了许多为人处世的道理，性子也慢了许多，不再像以前那样那么急急躁躁的了。在村里的日子虽然说没有城市那么有活力，但是却也让我享受了独属于乡村的那份宁静与安宁。

晚上，奶奶熬了糊糊，还让我一起吃，说喝点暖的。在一起吃糊糊的时候，奶奶说："农村就喜欢吃点糊糊，喝点小米粥。"这话，朴实又自然，听着挺有感觉的。

12月13日　星期二　晴

天气的寒冷让我不得不每天晚上睡觉的时候都开着取暖器并让它对着床，第二天清晨我总能在取暖器暖阳色的光照中醒来。今天早晨睁开眼后竟发现房间黑黑的，那暖色的光不见了，原来是停电了。看看时间已经7点半了，发现没有那暖阳色的光我居然少了些起床的勇气，一直窝在被窝里不想起。

不知道是不是这几天气温下降并且又下雨的原因，村里的雾霾天气竟然减弱了，空气好了许多。本来是想摘下口罩的，但是，天气的寒冷还是让我继续戴上了口罩。随着气温的下降，脚上的伤也越来越疼，似乎还真是留下了后遗症，真后悔当初没有好好地养伤。以前一个可以穿着10厘米的高跟鞋连蹦带跑，甚至穿着高跟鞋爬山的女孩子，如今却连穿高跟鞋的勇气都没有。这脚上的伤何时能好？我什么时候才能继续穿上我喜欢的高跟鞋？或者，最简单的，这脚什么时候能不疼，什么时候可以让我多走些路，多走远一点点？

　　这两天总是被同学问打算什么时候回去。虽然说自己的调研已经在收尾，来河北铺村也 46 天了，好像也差不多应该回学校了。但是，为什么我却有点不想走？好像已经习惯了现在的每天去找爷爷们聊聊天，回家后和奶奶一块看电视、煮饭、烧开水的生活。再偶尔和瑞雅一起去看看电影，和魏宁姐一块谈谈心。海京叔叔有时间的时候会带我去看看周边的古迹，还带我体验这边的民俗风情。这生活不紧不慢，似乎一切都刚刚好。今天李会臣爷爷跟我聊完后，手里拿着一筒卷纸一边转一边很客气地对我说，不知道他自己跟我说的那些对我的课题有没有帮助，并且最后还娇羞地低下了头。看了这一幕，真的好想说，爷爷太可爱，河北铺村的乡亲们太可爱。

　　12 月 14 日　星期三　小雨

　　今天打电话给杨姨让杨姨帮忙联系下前任会计，有个问卷想让前任会计帮忙填下。杨姨说这几天在给村民们办医疗合作保险，没时间顾我的事情，说让我等她的电话。我说好的，答应得很安静。这不禁让我想起了在重庆调研的一件事情。在重庆拍村庄视频的时候，需要去镇上拍茶馆，便让村主任跟乡政府的联系帮忙协调下。但是，乡政府的那个主任却不太配合。对于乡政府那主任的态度我很是生气，于是，就自己拿起手机给那主任打电话了，还火冒冒地冲了那主任一顿。最后，那主任没法，向我妥协了，答应帮我协调。村主任一家也都被我惊讶到了。比起之前那火冒冒的态度，今天的我似乎淡定了许多，这能否说是一种成长？

　　海京叔叔这些天不知道在忙些什么，好几天都没见到他了。今天晚上叔叔居然来奶奶这了。于是，赶忙把自己这些天积累下来的事情跟叔叔说了下。我不仅把在看文书时遇见的不懂的问题让叔叔帮忙解答了，还把老村志还给了叔叔，并且约上叔叔星期四一块去档案馆。发现习惯真是一种可怕的力量。已经习惯了叔叔每天晚上都来奶奶这，然后有什么问题就向叔叔请教，或者是听叔叔说村子以前的种种。叔叔没来奶奶这的这几天我居然会那么的不习惯，总是盼着叔叔，今天晚上看见叔叔的那一刻我竟然那么的开心。今天晚上叔叔不仅帮我解决了我积累下来的那些问题，而且还引导着奶奶给我说了一些日本人的事情。原本还打算今天晚上要回房间整理一个录音的，但是，在奶奶房间和叔叔、奶奶聊得太嗨了，这一聊竟聊到了 10 点，录音就只有明天再整理了。

　　12 月 15 日　星期四　晴

　　来河北铺村之后为了不给阿姨和奶奶添麻烦，就一直在南街的一家饭店吃饭。以往可能是由于我吃饭吃得比较早的原因，经常都是我一个人坐在店里一边看电视，一边吃饭。等我快吃完了，才陆陆续续地有一些人来店里吃饭。这些天去吃饭去得稍微晚一些，却碰见了几个也喜欢在那店里吃饭的姐姐。我们一起坐在一张大圆桌上吃饭，相互间聊了几句后便熟悉了，她们还邀请我去她们工作的地方看看。今天再去那家店里吃饭的时候，又碰见这几个姐姐了，我们又一起点了大锅熬菜，然后坐在一起吃。我是否可以把这样一群姐姐称为"饭友"？哈哈。姐姐们似乎对南方人很感兴趣，在吃饭的过程中一直问我关于南方人的种种，比如说：南方人早餐吃什么啊？家里会不会做饺子吃啊？南方有没有熬菜啊？

明天想去档案馆找找河北铺村的相关资料，于是便让民政局老龄委的主任帮忙先联系一下，还想要个档案馆的联系方式，这样，明天我就可以直接过去档案馆了。早上8点40就给民政局老龄委主任说让帮忙联系了，可是一直到下午4点钟都没有回应。再问的时候，竟然被告知说永年没有档案馆。无奈之下，我只能让腾飞哥哥把档案馆办公室和档案馆局长的联系方式给我，然后我再给民政局老龄委的主任，让他们直接给那边打电话。但是，民政局老龄委主任的却说"能不能明天早上再帮你联系？"呼，我真是没话说了。晚上，海京叔叔来奶奶家了，跟叔叔说明天想去档案馆后，海京叔叔立马就给几个叔叔打电话了，说我明天去档案馆，让帮忙联系一下。事情很快办妥，我到时直接过去就好了。这办事效率高得依然是让我无话可说，但是，这"无话可说"的背后却是大好的心情。

瑞雅去石家庄了，好几天都没来奶奶家睡觉了，没见着她，还真是有点想念。瑞雅不在的日子，感觉家里冷清了好多。

12月16日　星期五　晴

经过一早晨的折腾，在腾飞哥哥的帮助下，以及海京叔叔和郭叔叔的陪同下终于较为顺利地到达了档案馆。

昨天晚上听海京叔叔跟人打电话聊天的时候，感觉今天去档案馆可能会没有什么收获。但是，还是怀着一种碰运气的心态去了。到那后，档案馆的工作人员跟我们说只有1949年以后的档案，之前的就没有什么了。我还是抱着一种碰运气的心态让工作人员先把河北铺村的阶级成分表给我们看看。翻开阶级成分表的那一刻感觉我们运气不错，表上的内容填得还是挺详细的。从表上我们可以较为清楚地知道当时村民们的家庭情况，这包括土地、房屋、人口、职业等等。之前还想着怎么去把村里以前当过村长、保长、地方的那些人的家庭情况弄清楚，这下好了，全部都在这。于是，"疯狂的照相机"就开启了它疯狂的工作模式。在海京叔叔的帮助下，我不仅把以前的村长、保长、地方的阶级成分表都给找到了，还找到了以前的手工艺人们的阶级成分表。今天一天，收获满满。

今天有个特别让我感动的事情是，上午我们在找阶级成分表的时候，有个叫"赵老登"的村民怎么也找不着。中午回到家休息的时候，叔叔居然特意跑西街去问村中的老人，最后还真问到了。不得不佩服叔叔那认真的劲！

晚上回到家，阿姨在家包饺子，海京叔叔让我也一起包，还留我在家吃饭。阿姨包的是典型的北方饺子，我包的是南方饺子。当叔叔把我和阿姨的饺子都放到排子上的时候，真想说"南北饺子大荟萃"。虽然说在家的时候也会和妈妈一起包饺子，但是，不得不承认的是，北方人自己擀面皮包的饺子确实比南方人买饺子皮包的饺子好吃多了。

12月17日　星期六　晴

喜欢吃柿子，来了这盛产柿子的地方却没有吃柿子的口福。发现来河北后，每次吃完柿子不是闹肚子，就是肚子不舒服。原本是想吃吃柿子，让柿子的甜润润自己的心情的，可是，却总是阴差阳错地折腾得自己很不是滋味。今天亦是如此，就吃了一个小柿子，结果，一晚上都不舒服。跑了好几趟厕所后肚子还时不时地咕咕叫。难道我应该把这剩下的柿子都给扔了吗？有点舍不得，这柿子有爷爷给的，也有腾飞哥哥在县委大院给我摘的。

下午，把叔叔昨天给我的永年统计年鉴给整理了一下，找到了一些需要的数据。统计年鉴，这还真是个宝，邓老师一直跟我们强调说要数据，这里面就有着大量的数据，而且清晰、有条理。以前我们怎么就没有发现这个宝贝呢？在以后的调研中也要学会多利用它咯。不过，有点小缺陷，这里面的数据似乎不太准确，尤其是近些年的。

好几天不在家的瑞雅终于回来了。今天正好又逢星期五，两个弟弟也回来了。瑞雅和弟弟们一起来到奶奶家后，顿时就觉得家里热闹起来了，屋子也不那么冷了。

这些天我们班同学一直在讨论英语考试的事情，不得不说，挺烦的，好闹心。村调的事情已经够多了，结果还要想着学校的考试，还得赶作业。最让人郁闷的是，即使我们把作业做完了，赶回学校去了，也不知道英语老师会不会让我们考试。真觉得这像是一场赌局，押了宝，不知道输赢。甚至连赌局也不是，就是我们自己在瞎折腾。

12月18日　星期日　晴

今天，想让同学帮忙处理一些比较棘手的事情，但是，同学以自己手上事情太多而推辞了。说实话，挺伤心的，似乎懂了在重庆碰到韬哥的时候，韬哥说的那句"在社会上没人帮你，你只有靠你自己"。一直都觉得自己人缘还不错，朋友挺多的，但是，由于有的同学工作了，有的同学毕业了，分开了的就渐渐地变得生疏了。学习和工作的忙碌让自己不能再像以前那样交朋友了，有的时候交际圈的缩小确实让我有不安，但是也无可奈何。一直都喜欢自己把自己能做的事情做完，实在不行的再求助于人。但是，像今天这样的吃闭门羹有点让我不知道该说什么了。是因为你们都有对象了，所以朋友就不重要了？还是原本就没有很看重这个朋友，只是这个朋友自己自作多情呢？我是不是也该清清自己的朋友圈呢？

这些天被村调、英语考试、英语作业的事情折腾得头大。记得邓老师以前对我说过，不能一直做乖乖女，要变得强大起来。以前听到老师的鼓励我会满血复活，但是，现在为什么却动不起来了？以前会觉得好多东西都好重要，哪个都不能丢，现在却觉得那些所谓重要的东西其实也并没有那么的重要。今天在微信里看到一篇文章，主题是"大道至简"。我看了两遍，越看越觉得说的很有道理。生活越是素简，内心越是绚烂丰盈，活得越素简，越能听到内心的声音。我似乎应该更多地听听自己的内心，去做一些自己想做的事情，而不是每天机械化地劳作。

今天和阿姨、嫂子、瑞雅一起"一路向北"去了石家庄。迄今为止，这是我到过的最北的地方了。不仅如此，今天我们去石家庄主要是看了浙江乐城集团建的国际商贸城，在那我第一次体验了买商铺的感觉。和嫂子一起选商铺的时候，满脑子都是位子、面积、主干道、首付、出租这样的词汇。对于投资理财，以前我只会想想，从来没有实践过，今天跟着嫂子一起选商铺让我对"投资理财"这四个字有了新的感受。哈哈！

12月19日　星期一　晴

时间在一天天地过去，我的任务却还没完成。班长还通知我们说，12月26日英语口语考试，27号院里举行党委会选举，党员博士生务必回去参与选举。这事情一个接一个地堆着来，真的感觉喘不过气来。上午和李会臣爷爷聊完后，跟爷爷商量着说因为要提前回去，所以想请爷爷每天抽半天时间跟我聊天，争取在回去之前结束我的调研。爷爷很配合地答应了，我也幸福地笑了。

前些天跟杨姨打电话说想去找前任会计填个表，杨姨说她忙顾不上我，等好了给我回电话。可是，等了好些天都没有。下午本来想请海京叔叔帮忙，带我去找前任会计帮忙填个表的。可是，给海京叔叔打电话后，叔叔却不在家，在邯郸。呼，只是想填个表，怎么就那么难呢？这调研的时间本来就很紧，可是，却也还是因为各种事情不断地更改着自己调研的进程。

海京叔叔一直觉得我们的这个调研很好，对我们的调研提纲很感兴趣，还跟我说能不能在我走的时候把我的调研提纲、访谈录音和整理的材料给他也留一份。叔叔要留做收藏。在河北铺村的调研，叔叔给了我很大的帮助，在叔叔那我学到了很多东西，并且叔叔还让我住在奶奶家。所以，当叔叔跟我说要我们的提纲和资料的时候，真的是感觉挺为难的。一方面，这资料是院里的核心资料，不能向外漏；另一方面，叔叔又确实是对历史很感兴趣，喜欢收藏，对我的调研也给了很大的支持。纠结来，纠结去，最后，还是选择了询问邓老师。邓老师给出了很明确的回复，不能给。今天晚上叔叔没来奶奶这，明天碰见叔叔了，我该怎么跟叔叔说？叔叔能够谅解我们吗？

12月20日　星期二　晴

凌晨5点从梦中惊醒，醒来后居然不知道自己在哪。在梦里，我居然梦见了逝去的爷爷。爷爷生前身体不好，瘫痪在床，一直由奶奶照顾着。可是，在梦里我居然梦见爷爷身体好了，穿着一件黑色的大衣，神情很温和，跟大家说话的时候语气也很柔和。还记得在梦里，我看见爷爷后，很惊讶地问爷爷身体怎么好了。爷爷很温柔地对我说不知道怎么说好就好了。看爷爷身体好了，我和爸爸妈妈都很高兴，还不停地忙着给爷爷开电暖、倒开水，怕爷爷冷。猛地一下不知道怎么也就从梦里醒来了，醒来后意识却还停留在梦里。本想再和爷爷聊天的，可是，再一想，爷爷不是去世了吗？哇的一下就哭了，那一刻真正感觉到了什么叫"子欲养而亲不待"。拿起手机给妈妈打电话，妈妈居然很快就接了。跟妈妈说了下自己的梦后，妈妈开导我说，这说明爷爷在那边生活得很好，还教导我说，人要懂得珍惜。

今天一天似乎都跟眼泪"挺有缘的"。上午在和李会臣爷爷聊天的时候，提纲中居然有一个问题是，如果老人瘫痪了谁来照顾。说着说着又被戳中了泪点，不禁就想到了爷爷。李会臣爷爷越是往下讲，我的眼泪就越是要往下流。最后，我不得不赶紧跳过这个话题。下午，和李会臣爷爷聊医生这个专题的时候，李会臣爷爷说到了他的母亲。李会臣爷爷的母亲在他10岁的时候因为得肺结核医治无效去世了。爷爷跟我说着说着，声音就哽咽了，后来眼睛也红了，最后居然掉出了眼泪。看爷爷掉眼泪我也忍不住掉眼泪了。

晚上，和师弟约好一起回武汉，并且买了24号回武汉的票。"回武汉"三个字似乎让我有点小兴奋，但是，却也有点舍不得，舍不得这的人和事。两个月一晃就过去了，和在重庆时是一样的，对一个地方的留恋，不是因为那的风景，而是那的人和事。

12月21日　星期三　雾霾天

清早起来，发现昨天晚上洗了晾在院里的衣服居然被冻住了，上面还长了好多小冰晶，不禁地喊道："天啊！"这对于一个南方的姑娘来说真是太惊讶了，尤其是用手摸衣服时那种硬邦邦的感觉让人觉得好奇妙。当我拍下这些衣服的相片并把它们放到朋友圈后，有朋友评论道："你确定这不是衣服起球？"看到这评论的时候真是被逗乐了，居然有人把衣服上的小冰晶说成是"衣服起球"。

明天就是冬至了，在北方有吃饺子的习俗，说是在冬至吃了饺子耳朵就不会被冻掉。中午访谈回来后，奶奶对我说叔叔叫我去他家吃饺子。一会儿叔叔就过来奶奶家给奶奶送饺子了，叔叔说让我去他家跟阿姨一块包饺子去。阿姨和瑞雅都在家，都在包饺子。阿姨今天准备了三种饺子馅，韭菜猪肉馅、莲藕猪肉馅、蒜黄猪肉馅，每种馅都备了一大盆。当我问阿姨说这么多饺子可以吃多久的时候，阿姨居然告诉我说，这两天就能吃掉。因为不仅自己吃，还要送些给外婆家。晚上，和奶奶看着电视的时候，二姑姑来奶奶这了，还提了好多饺子和香蕉。原来，冬至的时候，女儿们都会给娘家送饺子。

图12　冬至日包的饺子（笔者拍摄）

今天跟海京叔叔说了下我们资料不能留下的事情，虽然叔叔觉得挺遗憾的，但是还是同意了在我们的调研报告出版了之后给他寄一本的做法。呼，心头的一块石头放下了，想说："理解万岁。"

12月22日　星期四　雨

今天是冬至，天气格外寒冷。原本让洗衣店洗干净准备带回武汉再穿的羽绒服又拿出来穿了。这个冬至居然下雨了，爷爷说这是以前所没有的，今年的天气格外地反常。

上午和爷爷聊完后，爷爷留我在家吃饭，还煮饺子给我吃。吃饺子的时候我们一边吃一边聊。爷爷跟我说了他年轻时上学、干活、当青年团长时的一些事情，听着爷爷的成长经历觉得爷爷这一辈子其实也挺不容易的。但，庆幸的是，爷爷现在的生活还挺好的。早晨起来练练太极拳，上午看看电视、听听戏剧，下午打打牌。生活简单，却很有规律。今天爷爷的二闺女还给爷爷买了个新音响。在河北铺村呆了两个月，有近一半的时间是在李会臣爷爷这度过的,这说到要回武汉了,却发现会放心不下一个人——李会臣爷爷。爷爷今年83岁了,虽然会讲究健身、养身,现在还能骑自行车,并且还懂得自我调节。但是,爷爷的身体却并没有外人看起来的那么好,在这短短的两个月,爷爷感冒了好几次。在跟爷爷聊天的过程中,虽然爷爷很配合我,总是帮着我赶任务,但是,也很明显地感觉到爷爷嘴上说没事,但其实有时也挺吃力的。

晚上回到家后,奶奶问我吃饭没,我说没有。于是,奶奶便给我煮了水煎饺,还给我盛了一碗小米粥。吃着水煎饺,再喝着这热乎乎的小米粥,感觉这个冬至不太冷。

12月23日　星期五　晴

今天一大早就出发和叔叔一块去档案馆了。虽然今天限叔叔的车牌号,但叔叔为了方便出行还是开着车出去了。在家的时候还没察觉天气会怎样,当我们开着车还没出南街口就发现这路况很不好,因为有大雾,可见度应该不超过10米。我们开着车慢慢、慢慢地往前走,为了方便看旁边的物体和车辆,在这大冷天我们降下了车窗。这寒风袭来还真不是一般的冷。看着这漫天的大雾,当叔叔出于安全考虑在想要不要去档案馆的时候,后面一辆车居然超我们的车了。于是,叔叔很机敏地说:"我们撑着他走。"哈哈,于是,我们很顺利地走了一段。到了洺河大桥的时候,这雾更是大得离奇,可见度应该不超过5米。虽然如此,我们还是在叔叔熟练的车技下穿过了洺河大桥,然后,顺利地抵达了档案馆。

印刷术,我国的四大发明之一。叔叔说瓜井村还有永年仅存的一家继承了印刷术的人家,既然我来到了永年,并且马上就要回学校了,所以,就决定带我去看看。到了那户人家之后,我看了他们是怎么用以前的印刷术印刷神像的,而且还体验了一下印刷神像。这户人家爷孙三代都干着印刷神像的活,现在这户人家的21岁的孙子也在家继承着这项手艺。但是,有些美中不足的是,这继承并不是很完整的继承。在与这户人家的孙子聊天后得知,他从小就跟着父亲干印刷神像的活,但是,却只是在不停地"刷"神像,像雕刻神像的印版这样的活却没有继承下来。后来,海京叔叔还告诉我,因为这印刷的行业并不怎么挣钱,这户人家的主人曾经还大量地把家中的神像印版卖掉。这户人家的孙子也告诉我说,以前这印刷好的神像只能卖几分钱一张,现在虽然涨了些,但是,还是只能卖到一毛五一张。而且,这印刷好的神像只有过年的时候才有人买,所以他们每年只有年末的三个月才干这个活。有限的销量、有限的价格只能给他们带来有限的收入,甚至很难顾上生活,所以在其余的时间他们就会选择做些别的事情,如现在的标准件生意。通过参观这印刷术,深刻地感悟到科学技术的发展带来巨大的生产力的时候，也对传统手工艺带来了巨大的冲击。

在村里呆了两个月了，但是，却一直没去看赵家的族谱。今天叔叔把我带到了存放族谱的爷爷家。原本以为看族谱应该会很顺当，但是，到了爷爷家后，却发现没那么简单。当海京叔叔跟爷爷说想让我看下族谱的时候，爷爷居然说不能看，因为我是外姓人，还是外地人。但是，在海京叔叔的努力下，爷爷还是同意给我看了。看族谱意味着打扰了祖先，所以，在看族谱之前得先洗手，还要对着族谱下跪。当海京叔叔在族谱前下跪的那一刻，在一旁的我感觉是那么的神圣，第一次见人在族谱面前那么的尊重。虽然，我是个客家姑娘，但是，对于这种看族谱的仪式我还真是第一次见。今天的收获真的挺多。

12月24日　星期六　晴

今天是在河北铺调研的最后一天。虽说是最后一天，但是却也还有好些事情等着我去做。

昨天下午和村委会的李现民叔叔约好今天早上8点半去村委会找他。但是，到村委会后，叔叔在开会。不知道叔叔开会要开到什么时候，所以就回奶奶家，拿上县志，叫了辆车就去民政局了。到民政局后，先去了老龄委办公室，跟那的主任和姐姐们告了个别。杜局长因为不在办公室，所以，局长的县志我就只能让老龄委的主任转交给他了。因为时间紧，所以，从民政局出来后，我又匆匆的赶回了村委会。

发现这上午的办事效率还挺高的，办完两件事情后，居然才10点40。于是，便去找爷爷们了，跟爷爷们一一做了个告别。在跟爷爷们告别的时候，爷爷们还是让我蛮感动的。比如说，在去跟春京爷爷告别的时候，爷爷居然说要给我些路费钱，还说让我中午在他家吃饭。在一旁做花卷的奶奶也说让我留在家里吃饭，说一会儿就好了。薛连生爷爷，今年85岁了，家庭比较贫困，自己一个人住在一个不是很好的房子里。当我去跟他告别的时候，爷爷居然还很关心地问我还会不会回来。

黄粱梦村，"黄粱美梦"一词发源地。前些天叔叔就说如果有时间的话就带我去，今天下午刚好我在家，叔叔也要去黄粱梦村那边。于是，便把我捎上了。到了黄粱梦村之后，叔叔带我去看了吕梁祠。吕梁祠虽然坐落在北方，但是，它内部的建筑格局却有带有江南的风格，水池、亭台、垂柳，还有桥。今天去吕梁祠的运气还不错，在景区里面居然碰见了一个带队的导游。于是，我便跑去"蹭导游"了，一直跟在那个导游的队伍后面听导游讲解。虽然说我蹭得比较晚，只听了后部分，但是，听了导游对"梦"字的讲解后，我对"梦"字也有了新的理解。

在回河北铺的路上，我们绕道去了刘志成爷爷那，顺便跟爷爷告个别。原本是想跟爷爷告个别，没想到到了爷爷家后，爷爷却给了我一个惊喜。爷爷居然为了写了首诗，而且还专门为这首诗设计了一张图片。图片上面有我们华中师范大学的校徽和校门，还有爷爷自己的相片。爷爷看见我后，要做的第一件事情居然是要给我留影。他说我上次去他那没留影，一直觉得是个遗憾。我不得不说，这是个很有心的爷爷。随后，爷爷还给我们唱了段京剧，不禁感慨爷爷的好嗓门与好兴致。

今天是星期五，两个弟弟也回来了。想想，我这离开的时间在不经意间选得挺好的，大家都回来了，每个人都能看到。想着今天晚上家里会有这么多小孩，我也就去披萨店买了披萨和薯条之类的小吃。

图13　黄粱梦碑刻（笔者拍摄）

图14　与刘志成老人的合影（笔者拍摄）

晚上，在房间收拾东西的时候，瑞雅来房间帮忙了。一会儿奶奶也拄着拐杖来到了我的房间，问我要不要袋子装东西。还说，明天早上她给我煮面条吃。真的好窝心，真的好感动，都不想收拾东西了。正当收拾着东西的时候，腾飞哥哥给我打电话了，他说明天送我去火车站。

10月16日，我和胜辉师弟来到了邯郸；10月17日，我们来到了永年；10月27日，我来到了河北铺；12月24日，是我从河北铺回武汉的日子。两个多月的时间一晃而过。但是，在这遇见的人和事却总是让我久久回味。

12月25日　星期日　晴

今天要回武汉了，大清早就起来把昨晚没收拾好的东西继续收拾完了。应该说这两个月老天爷都挺眷顾我的,今天要走了,天气依旧很好。

在房间收拾着东西的时候,瑞雅也来帮忙了,还帮我把被套拆了。还记得第一天到这的时候,是瑞雅帮我用针线把被套定住的。这要走了,居然是瑞雅帮我把被套上的针线拆了。奶奶今天早上给我们煮了面条,面条里还加了鸡蛋。奶奶给我盛了满满的一大碗,还给我和瑞雅拿了两块鸡蛋糕。这个早餐,我们不仅吃得饱饱的,还吃得格外香。因为,有家的味道,有奶奶的用心。

我和瑞雅正收拾着的时候,突然间居然听到了一个很熟悉的声音——李会臣爷爷的声音。李会臣爷爷知道我今天上午走,居然特意来奶奶家送我,不得不说很是感动。昨天晚上腾飞哥哥说,今天他来送我,让我收拾好东西后给他打电话。但是,海京叔叔说,都是为了把人送到火车站,就不要麻烦腾飞哥哥了,他送我去火车站就好了。在这的两个月叔叔帮了我好多忙,没想到,这要走了,也还是叔叔送我。不得不说,叔叔是我在这调研的贵人,大大的贵人。

当把一切都收拾完,在奶奶房间和李会臣爷爷、奶奶一起聊了会后,差不多就到出发的时间了。奶奶喜欢说一句话"我什么都有,什么都不缺",所以就想着在临走的时候给奶奶一些钱,让奶奶自己去买一些自己喜欢吃的或是用的东西。可是,当我把钱塞给奶奶的时候,奶奶居然不收。我怎么把钱塞给奶奶,奶奶就是怎么都不收,后来,不知道怎么我居然掉眼泪了。回想和奶奶一起住在这的两个月,从一开始的奶奶听不懂我说话,两人的交流只能停留在微笑上,到后面的肢体交流,然后相互间慢慢地熟悉,再到后面的我能用一两句简单的永年话跟奶奶交流。这个看似有点艰难,但是却充满乐趣的过程总是让我回忆满满。更让我怀念的是,每天回到家后,和奶奶一起在桌子上吃饭、一起坐在"小太阳"旁边取暖边看电视的时光。这"奶奶和孙女"在一块的时光让人感觉很温暖。瑞雅看我和奶奶一个总是要给、一个总是不收的状态,于是就对我说:"你还是快走吧,

图15 告别河北铺村(笔者拍摄)

你再不走,奶奶也要跟着你哭了。"和瑞雅拖着箱子离开的时候,我回头望了望站在门前的奶奶。奶奶双手拄着拐杖一直站在门前,看着我们走。那小小的身影是那么有力量地定格在了我的脑海里。

在叔叔家门前装行李的时候,居然看见了我的"饭友",那姐姐看见我后,也上前来跟我打招呼了。我们的车开到南街街门口的时候,居然还看见了春京爷爷。春京爷爷神情悠闲地坐在一个小摊边。海京叔叔特意停下了车让我跟爷爷再告了个别。这是离别,但是,却离别得完美。爷爷们、奶奶、海京叔叔一家、我的"饭友",该看的,想看的,都看到了。

海京叔叔和阿姨一块把我送到了火车站。到车站后,叔叔和阿姨都笑了,我也笑了。

# 官民共治：
# 黄泛区移民型村庄的权力与秩序

## ——黄河区域夏侯村调查

孙云龙*

* 孙云龙，男，河南封丘县人，华中师范大学中国农村研究院（政治科学高等研究院）2015级博士研究生，现为河南工程学院人文政法学院讲师。

# 第一章 村落的由来与演变

封丘县位于河南省东北部，地处黄淮海平原腹地，西汉初年，汉高祖刘邦为追思封丘翟母进饭之恩，始设封丘县。夏侯村位于封丘县中部，南距黄河22公里。夏侯村的历史早于封丘县，得名于周朝时期。相传周武王为防外患，在此设置狼烟台，命守将终生看守，此守将复姓夏侯，在此安营扎寨，成村之后，以姓为名，取名"夏侯"。由于夏侯村处于黄河故道，历史上黄河数次改道，且中原腹地战乱频发，原住村民的记忆已然消散于历史的长河中。村民最早的历史记忆定格于孙氏族谱上写的"明洪武年间，自山西洪洞县迁入"。1949年以来，夏侯村广挖河渠以引黄灌溉，修筑围堰以抵御洪水，尤其是1997年小浪底水利枢纽工程大江截流成功以来，黄灾成为历史，村庄形态得以稳固。本部分将从村庄的由来与形成、村庄的建制与沿革、村庄当下概况三个方面来考察夏侯村由传统向现代的历史跨越。

## 第一节 村庄的由来与形成

夏侯村是以姓为名的村庄，然而经过黄灾、匪患、战乱等的重大影响，村庄历史出现了许多断层，形成了"夏侯村无夏侯氏"的情况。夏侯村距离北宋都城汴梁不足30公里，然而经过南宋混战、元朝征服，昔日"皇城脚下"的盛景已经难寻。目前夏侯村历史最悠久的原住居民是于明洪武年间为响应朝廷号召自山西洪洞大槐树下搬迁至此的孙氏宗族，在夏侯村落脚已有 600 多年。在此期间，虽有迁入迁出，其历史记忆却得到了延续。本部分将从原住居民、他姓入村、片区居住、迁徙返乡四个部分考察传统时期夏侯村的由来与形成。

一、天灾人祸，不毛之地

中原地区自古就是兵家必争之地，据《封丘县志》记载，自东汉末年至宋太祖赵匡胤黄袍加身于封丘期间，战乱从未停歇。东汉献帝三年（192 年），汉献帝委金尚为兖州刺史，曹操伏兵于封丘，截击金尚，尚败投袁术。献帝四年（193 年），曹操大破袁术于封丘。唐僖宗四年（884 年），黄巢农民义军于封丘大战李克用。五代时期，后唐同光元年（923 年），大将段凝率兵五万进驻封丘。后晋开运三年（946 年），契丹大举南侵，四月解景延广北还，夜宿陈桥驿，景怕受辱，乘守军不防扼喉自杀。后晋天福元年（947 年），契丹主耶律德光入侵后晋，攻陷汴梁，纵胡骑四处掳掠，封丘受害很大。后汉乾祐三年（950 年），郭威自邺回军，屯兵封丘北郊，与慕容彦钊激战于县城南七里的刘子坡。宋太祖建隆元年（960 年），赵匡胤于封丘陈桥驿发动兵变，黄袍加身，建立宋朝，定都汴梁，此后封丘县进入了难得的和平时期，人口增长，人民安居。然自金宣宗元光元年（1222 年），封丘再次受战乱影响，后来元朝人征服中原，烧杀抢掠，实行民族压迫，历史出现了断层，至今仍流传着元朝时期汉人被残酷虐待的很多传说。直至明朝建立，洪武移民，封丘虽然仍处战乱的中心，但夏侯村村民的记忆得以延续。

相传，元朝末年除兵乱之外，水、旱、蝗、瘟疫接连不断。黄、淮河又多次决口，使中原之地"漂没田庐无算，死亡百姓无数，村庄城邑多成荒墟"[1]。据《封丘县志》记载：金太宗天会六年（1128 年），黄河决口，改道南流。金大定十七年（1177 年）七月，黄河决堤白沟，冲毁封丘。金大定二十年（1180 年），黄河决堤延津县，洪峰直冲封丘县。金章宗明昌五年（1194 年），黄河决堤于阳武，封丘由黄河南岸变为黄河北岸。元成宗元贞二年（1296 年），黄河从封丘决口。元武宗至大二年（1309 年）、元泰定三年（1326 年）、元明宗至顺元年（1330 年）、元顺帝至正十九年（1359 年），黄河屡次决堤，水淹封丘。截至明洪武六年（1373 年），封丘县仅剩余百姓不足一万。

二、响应号召，迁居移民

据夏侯村孙氏族谱记载：

> 吾夏侯孙氏始祖孙华于明洪武八年（1375 年），自山西洪洞大槐树下，迫

---

[1] 宋濂：《元史》，中华书局 1976 年版。

与家族离分,始迁封丘;夏侯孙氏、孙塔孙氏与辛安店孙氏同祖不诬,后世谨记。

据《封丘县志》记载:明洪武二十一年(1388年),迁山西省泽、潞两州和长治、青城等地农民,开垦黄河以北荒地,部分定居。

结合夏侯村孙氏族谱和《封丘县志》及当时的历史背景可以得出结论:现存夏侯村历史最悠久的原住居民是山西洪洞县孙氏宗族中的孙华,为响应朝廷号召,同时迫于朝廷压力,被迫离开家乡,到黄河以北19公里处的夏侯村旧址,开垦荒地,并在此定居,距今已有600余年的历史。

### 三、姓氏交融,分片居住

孙氏宗族是村中公认历史最久的原住居民,在一段历史时期中,也是夏侯村中唯一的居民。然而截至1949年,村中人口形态呈现孙氏宗族350余人,王氏宗族200余人,康氏宗族200余人,杨氏宗族100余人,闫氏宗族100余人,赵氏宗族10余人,李氏宗族10余人的复杂情况。其他宗族于何时、因何入村,村民有着口口相传的说法。

#### 1. 王氏入村

夏侯村王氏宗族没有族谱,故据村民回忆:夏侯村王氏宗族有两支。一支于明清时期从黄河北20里新乡卫辉的小芝角村迁入。原因是某年黄河发大水,王氏宗族原住地被淹没,因孙氏族人与王氏族人中有姻亲关系,就收留了王氏宗族的很多人,因此定居夏侯村。另一支于中华民国中期,从夏侯村西北30余里的黄德镇搬迁至此。原因是得罪了人,到夏侯村投奔亲戚,但是具体是哪一宗族的亲戚,村民说法不一。

#### 2. 康氏入村

夏侯村康氏宗族没有族谱,据村民回忆:夏侯村康氏宗族的先祖于明洪武年间由山西搬迁至夏侯村南9里处的斑鸠寨村。清朝时期,因遭黄河水患,村子被淹,村民就一路向北躲避水患,见到夏侯村附近地势较高就前来投奔。夏侯村当时人少,村南部有荒地,康氏族人就在此开垦荒地,定居下来。因为夏侯村与斑鸠寨村距离比较近,逢年过节有交往,当时居住于夏侯村的孙氏族人、王氏族人和杨氏族人对康氏族人没有排斥,而是大方接纳。后期经过不断的交往、通婚,关系更加亲密,就融为一村。

#### 3. 闫氏入村

夏侯村闫氏宗族没有族谱,闫氏族人也不清楚自己的来历。据孙氏族人回忆:姓闫的是清朝时期由长垣县搬迁过来的,来的时候只有一户,是奔着淳于古寺的名号过来修行的。本来是准备在淳于古寺出家当僧人,后来看中了孙氏族人的一位姑娘,就在此结婚生子,定居夏侯村了。

4. 赵氏入村

夏侯村赵氏族人只有 2—3 代人,并于 1948 年因逃荒举家搬迁至山西稷山县,目前村中已无赵姓村民。据村民回忆:赵氏宗族于 20 世纪 90 年代初由山东省东明县逃荒至夏侯村,来的时候只有赵永生和他的两个妹妹。后来,两个妹妹都嫁给孙氏族人结为姻亲。孙氏族人赠送给了赵永生一小片地,娶妻生子,就定居下来了。

5. 李氏入村

夏侯村李氏宗族在 1949 年时只有 1 户,约 10 人,于中华民国中期由村东 1 里左右的李淳于村搬迁至此并定居。原因是李姓村民本与夏侯村孙氏族人是姻亲关系,孙氏族人的女儿嫁到了李姓村民家中,后来洪水、旱灾和虫灾导致李姓村民无法生存,就变卖了自家的土地和房屋投奔姻亲,缓过灾荒之后重新在夏侯村买地买庄,定居下来。

表 1-1 传统时期夏侯村他姓入村情况表

| 姓氏 | 搬迁时间 | 原住地 | 距离*(里) | 原因 |
| --- | --- | --- | --- | --- |
| 王(2支) | 明清时期 | 新乡卫辉小芝角村 | 80 | 黄河水灾 |
| | 中华民国中期 | 封丘黄德镇 | 30 | 得罪人 |
| 康 | 清朝时期 | 封丘斑鸠寨村 | 9 | 黄河水灾 |
| 杨 | 明洪武年间 | 山西洪洞县 | 900 | 朝廷移民政策 |
| 闫 | 清朝时期 | 新乡长垣县 | 50 | 投奔淳于古寺,后与孙氏族人结为姻亲 |
| 赵(迁入) | 1900 年初 | 山东东明县 | 150 | 逃荒至夏侯村 |
| 赵(迁出) | 1948 年 | 从夏侯村迁往山西稷山县 | 800 | 逃荒迁出夏侯村,迁往山西稷山县 |
| 李 | 中华民国中期 | 李淳于村 | 1 | 因水灾逃荒迁往夏侯村 |

\* 相关数字均为约数。
**资料来源**:2016 年 10 月至 2017 年 1 月的田野调查。

传统时期夏侯村村民的居住格局与当下有所不同,村民是按以宗族为单位的片区居住,各个宗族之间都有大街或胡同隔开,很少有姓氏混杂的情况。例如:孙氏宗族居住在村中偏东,占据最大片的土地;随着孙氏宗族的发展,在长门人数日益增加的情况下,又分为路东支派和路西支派,中间有一条南北走向、宽约 5 米的胡同隔开。杨氏宗族和王氏宗族居住在村中偏西,与孙氏宗族之间有着一条南北走向、宽约 7—8 米的大街隔开;杨氏宗族与王氏宗族之间有一条东西走向、宽约 7—8 米的大街隔开;

杨氏宗族居于路北，王氏宗族居于路南。闫氏宗族位于村西，与杨氏宗族之间有一条宽约5米的大街隔开。康氏宗族与王氏宗族、孙氏宗族之间有一条东西走向、宽约6米的大街隔开。

大街和胡同没有名字，根据街道的南北方位，北为前街、南为后街；根据街道的东西方位、自东向西分为一道街、二道街、三道街。其具体布局如图1-1所示。

在此需要补充说明的是，传统时期夏侯村的片区居住并不是绝对的片区居住。在长期的历史发展过程中，某位宗族中的族人不守规矩，"不照路"或者出现"败家子儿"，都可能将自己的居住地卖给其他宗族成员。或者于灾荒、战乱之年，某些家户无法生存，变卖族

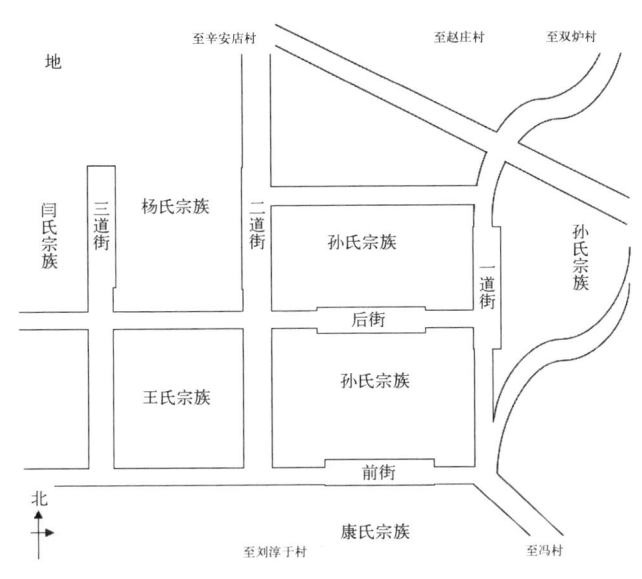

图1-1 传统时期夏侯村居住片区示意图

产之后外出逃荒，也会出现宗族片区中进入外姓的情况。也有招上门女婿之后，在某个宗族片区出现外姓当家人的情况。尤其是在土地改革时期，地主、富农的居住地被瓜分，导致居住片区被进一步破坏。

### 四、迁徙返乡，叶落归根

安土重迁、叶落归根是传统时期夏侯村村民的基本思想之一，历史上饱经流离之痛的夏侯村人更懂得珍惜来之不易的安定居所，因此不到万不得已，夏侯村村民一般不会离开自己的家乡，即使迁出，大多数也会返乡。传统时期夏侯村村民迁徙返乡的原因表现为逃荒和避难两种形式。

（一）逃荒

1. 原因

传统时期夏侯村村民外出逃荒的总体原因是在家无法维持生活，如果坚守故土，一定会被饿死。但是导致无法维持生活的具体原因有所不同，具体来讲有以下五点：其一，家里土地所出产的粮食只够两个人生存，而家中却有4个人，那么就必须有2个人去逃荒才能生存下来。这是传统时期夏侯村中绝大多数人逃荒的原因。其二，过继到叔伯家，叔伯只让干活，不给找媳妇，而自家的粮食又养活不起，赌气逃荒。如"疙瘩"等村民。

其三，家中土地被土匪征用。山庄村土匪老巢"小寨"的修建，使得很多农户失去土地而被迫逃荒，如董月廷、董海廷等村民。其四，家中本就十分贫穷，只有1—2亩地，靠做小买卖生存的村民，由于附近村民大多数去逃荒了，买卖也做不成了，只能到外地逃荒做买卖。如孙长江、孙运城、孙运发等村民。其五，家中非常穷，无法生存，借女儿出嫁远走他乡，家人跟着女儿去生活。如孙兴德、麦蓉、"残坏儿"等村民。

2. 谋生手段

根据传统时期夏侯村村民逃荒过程中谋生手段的不同，可将逃荒分为以下四种：第一，讨饭逃荒。夏侯村村民中外出逃荒的小孩子、妇女、老头、老太太没有劳动能力，没有生产工具，也没有知识和技能，只能"张嘴要饭"，靠挨家挨户地讨要来维持基本生存。哪里要的饭好，就长期在那里定居。第二，打工逃荒。传统时期夏侯村村民外出逃荒者中的青壮年男子，一般通过扛长工、打短工的方式获取生存资料。但是外出逃荒者需要主家提供食宿，所以工资非常低，通常情况下每年只有2—3担粮食，并且由于在外地，"寄人篱下把头低"，必须听主家的话，工作量比在本村打工大得多。第三，做买卖逃荒。夏侯村村民中很多逃荒者本来就是做买卖出身的，有自己独特的手艺，且对于做生意很有头脑和办法，就到外地继续从事自己的本行。此类逃荒者，到外地之后，生活条件普遍比单纯要饭、打工的村民要好。第四，出嫁逃荒。传统时期夏侯村村民中没有结婚的女性，往往会通过在外地找一户人家出嫁，达到生存的目的。

3. 逃荒地点

传统时期，夏侯村村民外出逃荒的地点根据谋生手段的不同，有着很大区别，具体情况如表1-2所示。

表1-2 传统时期夏侯村村民逃荒地点情况

| 谋生手段 | 逃荒地点 | 原　因 |
| --- | --- | --- |
| 讨饭 | 山西，稷山县<br>山西，运城 | 其一，土地多，土层厚，产量高，本地人平均生活水平高<br>其二，没有受到灾荒影响<br>其三，受战乱影响小<br>其四，本地人乐善好施，讨饭者在此可以要到白面馒头 |
| 打工 | 山西，稷山县 | 本地村民土地多，需要大量劳动力 |
| 做买卖 | 山西，运城<br>安徽，蚌埠<br>山西，侯马 | 其一，听说这里生意好做<br>其二，有亲戚可以提供信息 |
| 出嫁 | 河南，焦作<br>甘肃，天水<br>新疆，乌鲁木齐<br>江苏，不详 | 其一，出嫁地没有灾荒<br>其二，碰到合适的对象 |

资料来源：2016年10月至2017年1月的田野调查。

4. 返乡时间

传统时期夏侯村村民有着强烈的根土情结，无论外出逃荒多久，在生活稳定后，都要回家探望亲人。一旦家乡灾荒已过或时局稳定，就会重新返乡。即使是在外地定居、举家搬迁的，也会在若干年后返乡认亲。传统时期夏侯村逃荒村民的返乡时间有以下三种：其一，过年返乡。外出讨饭、打工、做买卖的村民很多都会在过年时返乡探亲访友。尤其是家中有亲人没有外出逃荒的，每年过年都会返乡。家中没有亲人的，一般不会每年返乡，而是两三年回去一趟。其二，遗体返乡。外出逃荒的村民在外地病逝之后，亲属根据其遗愿，将其葬回老家。其三，子孙返乡。据夏侯村村民回忆：村民"残坏儿"出嫁于新疆乌鲁木齐，其出生就患有小儿麻痹症，后被祖籍江苏的一名劳改犯看上，二人结婚并生下一子。"残坏儿"由于有病，30多岁便去世了，但是其子孙豪身体健康，相貌端庄。母亲在世时，经常对孙豪提起自己的家乡，想返乡探亲，但是由于行动不便，终未如愿。孙豪于20世纪80年代返乡寻亲，向本家亲戚和村民讲述自己的母亲，村民才知晓"残坏儿"的事迹。

（二）避难

1. 原因

传统时期夏侯村村民外出避难的原因有以下三种：其一，家中有人干八路军，长期被土匪、官兵敲诈勒索，无法生存，只能远走他乡，如闫国勋、吴东舟、王希贤等村民。其二，与人结仇，怕地痞流氓报复，只能变卖家产外出逃荒。其三，本是地主富农，由于1947年第一次土地改革时，害怕八路军打击和没收其家产，提前外出到开封、中牟等地逃荒。

2. 谋生手段

因避难外出的村民一般会提前变卖家产。但那些经济条件较为宽裕的，尤其是地主、富农，根本不需要变卖家产，只需要将自家值钱的金银首饰、银圆铜钱带上就够生活，基本采用吃老本的方式维持生活。

3. 避难地点

因家中有亲属干八路军和得罪人的村民外出避难，一般不会向村民透露避难地点，即使是最为亲近的本家亲戚、左邻右舍都不会告知。因躲避土地改革而外出避难的地主、富农，一般前往河南开封、中牟两地，因为两地人员混杂，国民党军队势力、土匪势力较强，且距家近，便于打探消息。

4. 返乡时间

因避难而迁徙的村民一般不敢返乡，即使返乡也不会再次居住于家乡，因为在出发之前已经把庄和地都变卖了，导致无处可居。因躲避土地改革的地主、富农则是八路军一走就返乡。传统时期夏侯村村民称外出逃荒避难的地主、户家为"地主还乡团"，这些人一旦返乡，就会打击报复共产党员、农会委员等积极分子，分给村民的劳动工具、家具、牲口、土地也都会主动归还。

## 第二节 村庄的建制与沿革

考察传统时期北方村庄的建制沿革，必须考察村庄所属县域的建制与沿革。夏侯村得名于兵事，且在整个历史时期村庄的建制沿革都深受战争影响，变动性强。本部分将从明清以前时期、清末中华民国时期和1949年后三个部分考察夏侯村的建制与沿革。

### 一、明清以前时期

据传，周朝时期，周武王为防外患，在夏侯村地设狼烟台，命守将终生看守。守将一代传一代，即成兵寨，夏侯村的建制自此开始。

据《封丘县志》记载：封父的祖先姜钜，因参加黄帝伐蚩尤的涿鹿之战有功，夏后启时代被封为诸侯，食邑于封丘，在方圆不足70里的地域建立了封父侯国。

春秋战国时期，封丘县先属卫国，后属韩、宋，下辖平丘、长丘、虫牢、黄池、云响城等地。秦朝时期，封丘隶属三川郡南燕县延乡，下辖10亭。西汉初年始设封丘县，隶属兖州部陈留郡，下辖黄池、封父、桐牢等7亭。魏晋南北朝时期封丘建制变动较大，东魏以前隶属不变，东魏以后隶属梁州部开封府；北齐时隶属梁州部陈留郡；北周期间又隶属汴州部陈留郡。其间下辖不明，实行"三长制"。隋、唐时期，封丘分别隶属兖州部东郡和河南道陈留郡，下辖不明，实行"三正"制度，改"三长"为里正、坊正和村正。五代、两宋时期，封丘隶属京畿开封府，沿用"三正"制度。元朝时期，封丘隶属江北道汴梁路，下辖不明，地方实行"坊—社—村"制度。明朝时期，封丘隶属河南布政使司开封府，下辖43里，地方实行"里—户"制度，每里下辖125户，设置里正、里市各一名，负责赋税和徭役的征派。具体情况如表1-3所示。

表1-3 "传说时期"封丘县的建制与沿革

| 时　期 | 县域隶属 | 县域下辖 | 村级行政制度 |
|---|---|---|---|
| 夏商周 | 封父侯国 | 不详 | 兵寨制度 |

续表

| 时　期 | 县域隶属 | 县域下辖 | 村级行政制度 |
|---|---|---|---|
| 春秋战国 | 春秋属卫国<br>战国先属韩国后属宋国 | 7个集镇 | 不详 |
| 秦朝 | 三川郡南燕县延乡 | 不详 | 乡亭制<br>一乡管十亭 |
| 汉朝 | 兖州部陈留郡 | 7亭 | 乡亭制 |
| 魏晋南北朝 | 变动性强 | 不详 | 三长制 |
| 隋唐宋 | 隋朝属兖州部东郡<br>唐朝属河南道陈留郡<br>宋朝属京畿开封府 | 不详 | 三正制 |
| 元朝 | 江北道汴梁路 | 不详 | 坊—社—村制度 |
| 明朝 | 河南布政使司开封府 | 43里 | 里—户制度<br>每里平均下辖125户<br>设里正、里市各一名 |

**资料来源**：根据1994年版《封丘县志》的记载整理而成。

## 二、清末至民国时期

清乾隆时期，封丘县改属卫辉府，下辖的43里改为43地方，即轱辘井、产角、潘店、淳于、东留固、北留固、纪店、荆隆宫、北街、南街、东街、西街等43个地方，此时的夏侯村隶属淳于地方。清末，除地方之外，兼设社，与地方并行。淳于地方改为淳于社，此时的夏侯村隶属淳于社。中华民国初期（1912—1916年），封丘县隶属于河南省民政厅，全县共设3个区，此时的夏侯村隶属一区。中华民国五年（1916年），封丘县隶属河南省河北道，夏侯村区属不变。中华民国十五年（1926年），全县3个区变为5个区，后又改为6个区，夏侯村区属不变。中华民国十六年（1927年）行区制，地方与社同时废除，夏侯村隶属一区。中华民国十八年（1929年），中华民国政府颁布划区办法，推行自治，将全县6个区划并为5个区，编为170乡14镇，平均每个区下辖30个乡镇，此时的夏侯村隶属一区淳于乡。中华民国二十一年（1932年）停办自治，实行保甲制，全县划为202保，辖2257甲，此时的夏侯村自成一保，直接归县政府管辖。中华民国二十五年（1936年），全县5个区缩为3个区，区设联保，全县设联保30余个，此时夏侯村为"沙岗-老庄"联保夏侯保。中华民国二十六年（1937年）至中华民国三十四年（1945年），封丘沦陷，此时的封丘隶属河南省豫北道。县下取消联保，改为区，保、甲由区公署直接管辖，此时夏侯村隶属一区公署。中华民国三十四年（1945年），封丘县隶属河南省濮阳专员公署。县域内实行"乡（镇）—保—甲"制度，全县共设9个乡和1个镇，此时的夏侯村隶属沙岗乡夏侯保。"清晰时期"的夏侯村建制沿革情况如表1-4所示。

表1-4 "清晰时期"封丘县夏侯村建制沿革情况表

| 时 期 | 县域隶属 | 县域下辖 | 乡村行政制度 |
| --- | --- | --- | --- |
| 1636—1911 | 卫辉府 | 清前期下辖43地方，夏侯村隶属淳于地方<br>清末改为26社，夏侯村隶属淳于社 | 清前期：地方—村<br>清末：社—村 |
| 1912—1929 | 河南省民政厅<br>河南省河北道 | 下辖3个区，夏侯村隶属一区淳于社 | 区—社 |
| 1929—1932 | 河南省第四督查专员公署 | 推行自治，全县编为5个区、170乡14镇，夏侯村隶属淳于乡 | 乡—村 |
| 1932—1936 | 河南省第四督查专员公署 | 取消自治，全县划为202个保2257个甲，夏侯村自成一保 | 保—甲 |
| 1936—1945 | 河南省豫北道 | 推行联保，夏侯村隶属"沙岗-老庄"联保 | 区公署—联保—保—甲 |
| 1945—1949 | 河南省濮阳专员公署 | 夏侯村隶属沙岗乡 | 乡（镇）—保—甲 |

资料来源：根据1994年版《封丘县志》的记载整理而成。

三、1949年以后

1949年至1951年，封丘县隶属平原省濮阳专员公署，全县共设8个区，夏侯村隶属留光区。1952年，隶属河南省新乡行政专员公署，增设冯村区为第九区。1955年撤区改乡，全县划为44个乡。1956年合并为21个乡，此时的夏侯村隶属于冯村乡。1958年7月，全县20个乡合并为9个乡；8月，将9个乡改为9个人民公社。1958年至1983年，全县实行人民公社制度，此时的夏侯村隶属冯村公社夏侯大队。1983年，取消人民公社，将人民公社改为乡，生产大队改为村，生产队改为村民小组。同年，全县推行村民自治，共设24个乡（镇），606个村民委员会，631个自然村，3304个村民小组，11789户，此时的夏侯村自成一大队隶属冯村公社。具体情况如表1-5所示。

表 1-5　1949 年后封丘县夏侯村建制沿革情况表

| 时　　间 | 县城隶属 | 县城下辖 | 乡村行政制度 |
|---|---|---|---|
| 1949—1952 | 平原省濮阳专员公署 | 8 个区，夏侯村隶属留光区 | 区—村 |
| 1952 | 河南省新乡行政专员公署 | 9 个区，增设冯村区，夏侯村隶属冯村区 | 区—村 |
| 1955—1956.7 | 河南省新乡行政专员公署 | 撤区改乡，后乡镇不断合并，最终由 44 个乡变为 9 个乡，夏侯村隶属冯村乡 | 乡（镇）—村 |
| 1958.8—1967 | 河南省新乡行政专员公署 | 9 个乡改为 9 个人民公社，后人民公社不断变换，并涉及县域划规，最终形成 16 个人民公社高级社 | 人民公社—生产大队—生产小队 |
| 1967—1979 | 河南省新乡地区革命委员会 | 由 16 个人民公社变为 23 个人民公社 | 人民公社—生产大队—生产小队 |
| 1979—1986 | 河南省新乡地区行政公署 | 1983 年，人民公社改乡、生产大队改村、生产小队改村民小组，实行村民自治 | 乡—村—村民小组 |
| 1986.2 至今 | 河南省新乡市 | 夏侯村隶属冯村乡 | 村民自治 |

资料来源：根据 1994 年版《封丘县志》的记载整理而成。

## 第三节　村庄当下概况

夏侯村是隶属于河南省新乡市封丘县冯村乡的一个行政村，本部分从地理位置、村庄基本情况两个方面考察 2016 年时的夏侯村。

一、地理位置

夏侯村位于黄淮海平原腹地，南距黄河 22 公里，与开封市隔河相望，仅有 40 多公里的距离。在其他方向民，夏侯村北距安阳市滑县 54 公里，东北距长垣市 20 公里，西距新乡市延津县 30 公里，距离西南方向的封丘县城 7.5 公里。

夏侯村距离冯村乡政府 7.7 公里，东北临戚城乡，西北依居厢乡，西临县城，南邻鲁岗乡。村北与赵庄村接壤，南部是 5 个以淳于古寺和原住居民的姓氏为名的淳于村，东临野城，西北距离辛安店 5 里，西南与岳寨、赵寨等村相邻，由于距离较近，无论是传统时期还是当下，通婚和交往都非常密切。

二、村庄基本情况

据夏侯村村民委员会粗略统计得出，截至 2016 年年底，夏侯村有 330 余户 1700

余人，共分为6个村民小组。据村民回忆，2010年左右仍然为7个村民小组，后来第一和第七村民小组合并为第一村民小组。由于封丘县为国家级贫困县，村庄甚至没有固定的村民委员会办公地点，很难进行相对准确的数据统计，同时，由于改革开放以来人口流动性非常大，许多家庭搬迁出村后定居城市，多年不返乡，且家中没有亲戚，与村庄处于失联状态。此外，据夏侯村现任书记杨杰回忆，自2011年以来，村民委员会主任的职位一直处于空缺状态，原因是没有一位候选人的选票过半，村民委员会处于半瘫痪状态。人口的流动和村级行政单位的缺位，使得夏侯村村庄治理仍处于相对传统的状态，缺乏数字化和档案化的流程。村庄人口情况如表1-6所示。

表1-6 夏侯村人口信息情况

| 项　目 | 户　数 | 常住人口 | 主要姓氏 |
| --- | --- | --- | --- |
| 全村 | 330余 | 1700余 | 孙、康、李、王、杨、闫 |
| 第一村民小组 | 70 | 350余 | 孙 |
| 第二村民小组 | 75 | 360余 | 康、李、孙 |
| 第三村民小组 | 50余 | 260余 | 康、王、闫 |
| 第四村民小组 | 45 | 260余 | 康、王 |
| 第五村民小组 | 55余 | 270余 | 杨、王 |
| 第六村民小组 | 35余 | 200 | 闫 |

说明：表中数据来源于现任村会计闫长生的口述，相关数字均为约数。

据村民讲述，由于自然环境的变化、大规模机械化耕种的普及以及2015年以来进行的"土地确权"运动等因素的影响，较1949年以前村庄耕地数量处于不断增加的状态。一方面是由于地下水位降低，以前不能耕种的碱场地（盐碱地）、内涝地都得以开发；另一方面由于生产技术的进步和生产能力的增强，以前村民种不动或很难种的土地也得以开垦。然而使村庄土地面积增长最快的是2015年以来进行的"土地确权"运动。运动开始之后，许多常年在外地务工的乡亲都返乡确权，并且村庄中许多原本根本没人要的地也都争着确权，如河沟、坑、坟地等。夏侯村的村庄耕地面积不仅受到自然因素的影响，更由于国家政策的影响而不断变动，且出入非常大。据村民回忆：1949年时，耕地总面积约为1700余亩，2012年统计的村庄耕地面积为1804亩，"土地确权"运动之前统计的耕地总面积为2300余亩。然而截至2016年，村庄统计的耕地总面积已经超过3000亩。村民认为2300余亩耕地的统计是较为客观的，具体情况如表1-7所示。

表1-7 夏侯村耕地情况

| 项　目 | 耕地亩数 | 耕地类型 |
|---|---|---|
| 第一村民小组 | 330余 | 平原旱地 |
| 第二村民小组 | 470余 | |
| 第三村民小组 | 340 | |
| 第四村民小组 | 360 | |
| 第五村民小组 | 550余 | |
| 第六村民小组 | 300余 | |
| 共计 | 2300余 | |

说明：表中数据来源于现任村会计闫长生的口述，相关数字均为约数。

# 第二章　夏侯村的自然形态与实态

自然环境对夏侯村的形成和发展有着基础性的作用，尤其是在传统时期，由于技术手段和劳动工具的落后，人们改造自然的能力十分低下，在旱涝不均、盐碱板结的黄土地上，夏侯村村民只得靠天吃饭。天公作美方能维持温饱，天降灾害只得逃荒、讨饭。在恶劣的自然环境下，小家小户不能完成基本的农业生产，只能集中居住，以求半世安宁。本部分将从自然形态概况、干旱与水利、盐碱与内涝、聚居与空间、改造与变迁五个方面考察传统时期夏侯村的自然形态与实态。

## 第一节　自然形态概况

本部分将从气候特征、地形地貌、自然灾害、土壤品级、交通概况五个方面考察夏侯村的自然形态。

一、气候特征

夏侯村位于暖温带南部，接近北亚热带，属于暖温带半湿润大陆性季风气候。气候总体特征呈现为四季分明、冬冷夏热，夏秋多雨、春冬干旱，且春秋短、冬夏长。

（一）日照

1. 日照概况

夏侯村光照时间总体较长，在河南省属于高值区，多年平均日照时数为2310.4小时。光照十分充足，光照率为52%。"长不过五月，短不过十月"。一年之中日照时间最长的是农历五月，在此时间段内，平均早晨4—5点日出，晚上8—9点日落，一天的日照时间在15—16个小时之间，最多达到17个小时。每年日照时间最短是在农历十月期间，在此时间段内，平均早晨8—9点日出，下午5—6点日落，一天的日照时间在9—10个小时之间，最短可以达到8个小时。

2. 日照与农业劳动的关系

过去都是日出而作，日落而息。因此夏侯村村民认为，夏天是一年中劳动时间最长的时候，也是一年中最累的时期。村民秉承着顺应自然观，认为只要太阳升起，万物就会生长，农田中不仅有粮食作物在生长，其他杂草也在生长，如果不能及时除草，就可能导致粮食的减产，甚至绝收。据村民讲述："冬天基本上不用除草，就开春之后，草才开始长。到了夏天，一个月最少除两遍草才中。"

（二）气温

1. 气温概况

夏侯村属于温带，气温年际变化非常大，极限高温一般出现在三伏天，极限低温出现在数九寒冬中的一九、二九天。根据《封丘县志》记载，1959—1984年间，封丘县的极限高温达到42℃，极限低温达到-17.5℃。

传统时期夏侯村村民判断气温高低往往根据人们的日常行为动作，例如"伸不出手""耳朵掉了""脚麻了"，是指天气非常冷，"汗发流水""晒脱皮了"指的是天气非常热。

2. 气温与农业生产的关系

据村民回忆，1949年前的天气没有现在这么热，但是比现在冷，冷的时间也长。由于夏侯村属于纬度相对较高的北方地区，因此寒冷对农业生产的影响远比炎热要大。据村民讲述：过去（1949年前）都是盼着暖和，暖和了庄稼才能长。进入深秋以后，气温就要低于0℃，如果不能在深秋之前将所有的粮食都收割完毕，作物就会被冻伤、冻死，导致不能食用，因此秋季是民最为忙碌的季节。入冬之后更是冰天雪地，大部分农作物在数九寒冬、都会冻死，只有小麦可以顺利越冬，因此小麦是传统时期夏侯村村民在冬季唯一可以种植的粮食作物。

（三）降水

1. 降水概况

夏侯村总体降水较少，且年际分布不均。据《封丘县志》记载：封丘县多年平均降水615.1毫米，年际变化大，1964年降水多达973.5毫米，1966年只有269.2毫米，相差700多毫米。如果农作物年需水量在300毫米以上，则夏侯村每百年中有95年可以达到需求；如果农作物年需水量在800毫米以上，则每百年中只有14年可以满足。

据夏侯村村民回忆，传统时期夏侯村的雨水比当下（2000年以后）要多，尤其是较好的年景，"三日一风，五日一雨"，但是这样的年景非常之少。尤其是"七七事变"之后，"该下的时候不下，不该下的时候乱下，一下都是大暴雨"，村民称这样的雨水"不应景"。

总体来讲，夏侯村的雨水处于较为缺乏的状态。降水季节分布不均，亦是夏侯村降水的常态，具体情况如图2-1所示。"春雨贵如油，秋雨遍地流，"是指春天麦苗抽穗正需要水分的时候，很少下雨。农历五月，麦苗金黄，即将收获，非常怕下雨，尤其是连天的阴雨，可能导致麦子腐烂到地里，或者被大雨打落、打湿，而此时却又比较容易有雨水。夏季雨水较多，是黄河泛滥和内涝的高发期，一旦雨水过猛，平原村庄无处排水，便会产生盐碱和内涝。冬天降水主要以降雪的形式表现，"瑞雪兆丰年"，但是冬天降水却比较少。

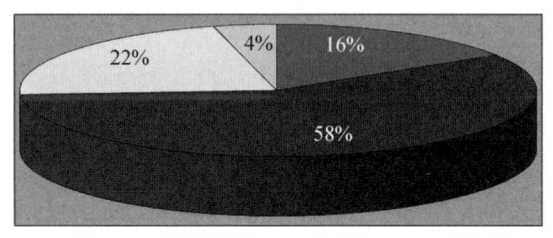

图2-1 夏侯村降水季节分布图

2. 降水与农业生产的关系

在传统时期，夏侯村村民认为降水多少都是龙王爷或老天爷掌管的事情。那时期的"年景好"主要指降水适宜农作物的生长，"年景不好"主要是指"该下不下（下雨），不该下，下个不停"。能否获得丰收基本看天（降水），村民称之为"靠天农业"。

二、地形地貌

（一）地形地貌概况

传统时期夏侯村地形地貌总体属于黄河大冲积扇平原。排除1949年以后人工修建的沟渠、河流，村域内海拔高度落差不超过2米，基本在68—70米之间。

由于受到历史上黄河数次改道、决口泛滥的影响，夏侯村地形地貌变化十分复杂。村民只记得夏侯村曾是黄河故道，但是具体怎样，已经没有人记得清楚，也无从准确表达。在较长一段历史中，封丘县境内的黄河都是一条地上悬河，河床的海拔高度要高于县城和夏侯村。黄河高滩高出河平面4米左右，海拔在75—82.5米；黄河低滩高出河平面1—1.5米，海拔为70—80米。

中华民国二十七年（1938年），蒋介石为抵抗日本军队，"以水代兵"，制造了著名的"花园口决堤"事件,直到中华民国三十六年(1947年)方修筑河道,使黄河归位。在此期间,封丘境内的黄河河床一直是干涸的状态,村民来往于开封、中牟之间不用渡河,可以直接走过去。夏侯村附近都属于黄河泛滥地貌,地下水位较高,内涝和盐碱均比较严重。夏侯村在方圆10里之内属于地势较高的村,比其他村子普遍高出1—2米,所以周围村子为躲避洪水,都会到夏侯村投奔亲戚朋友。

1949年前,夏侯村内一马平川,除人工挖掘的8个坑之外,无沟无渠。1949年之后,夏侯村的地势地貌随着"与自然做斗争"的一系列工程的开展发生变化,具体来讲有放淤平地、放淤微高地、夹堤岗地、盐土堆、引黄灌溉、挖河等。村北1里处,经过数十年的挖掘,形成了文岩十支渠,东西走向,河宽5—10米,南通黄河。

据村民回忆,1950年代,为响应政府抗洪号召,在夏侯村周围修建了一圈土围堰,将夏侯村围了一圈,村民进出都必须放桥或爬墙。土围堰厚约2米,高3—5米,黄土制成。建造土围堰需要大量黄土,村民将夏侯村周围10米之内的农田挖低了1—2米,就地取土,方修建成功。

(二)地形地貌与农户的关系

1. 地形地貌与作物品种的关系

较为单一的地形地貌决定了传统时期夏侯村农作物品种的单一性。彼时的农作物基本上都是旱地作物,如小麦、玉米、高粱、大豆等。

2. 地形地貌与劳动工具的关系

较为单一的地形地貌繁衍出较为单一的劳动工具。传统时期夏侯村每家每户的劳动工具都基本相同,除部分大型劳动工具不是每家每户都能买得起之外,所有的小型劳动工具如铁锨、木锨、锄头、镰刀等,家家都有。

3. 地形地貌与劳动协作的关系

深厚的土层和平原旱地的地质特点,表面看来是大片平整的田地,给人耕种较为简单的假象,事实上干燥深厚的土层异常坚硬,但是一遇雨水又异常泥泞和湿滑,在劳动工具较为落后的传统时期,简单的耕种就显得异常艰难。单纯依靠一家一户的力量很难完成所有的劳动程序,尤其是耕地、犁地、耙地等程序,往往需要几家几户一同劳动或进行辩耰等劳动协作。

4. 地形地貌与居住格局的关系

一马平川的地形地貌,造就了村民聚居的居住格局。一方面,一马平川的地形地貌非常容易产生大风,平原没有山林对风力加以阻隔,以致产生平原多大风的气象特点,集中建房,随后在村庄周围建一圈树,就可以有效抵御大风的侵袭。另一方面,同样的地形地貌使得农户容易遭受同样的自然灾害，如内涝、盐碱和风沙，集中居住可以互相照应，在灾难来临之时互帮互助，有效缩短援救距离，有利于村民的安全。第三方面，集中居住有利于村庄防御和家户安全。平原地区没有山川、河流之类的天险保护村庄和农户，如果分散居住，农户一旦遭遇土匪、流民或部队，必定毫无还手之力。集中居住可以聚人势，大家互相帮助，能有效抵御外来侵袭。

### 三、自然灾害

传统时期夏侯村恶劣的自然环境导致了多种多样的自然灾害，具体来讲，较为常见的有涝灾、旱灾、暴雨、风灾四种。不同的自然灾害有着不同的应对方式，村民在应对自然灾害过程中可以体现出丰富的社会关系。

#### （一）涝灾

**1. 涝灾概况**

夏侯村的涝灾又被称为内涝，根本原因是因为地势内低外高。灾害产生的直接原因是暴雨或连天阴雨，是一种伴生性自然灾害。地势内低外高是指村内土地低于水平面，尤其是低于黄河河床，一旦黄河发生洪灾，河水倒灌，即可形成。

夏侯村的土地属于常涝地和易涝地，村民称之为"裤裆地"。据村民回忆：一旦暴发洪水，黄河鲤鱼都游到家门口了，整个村子都是齐大腿深的水。另据《封丘县志》记载，1949—1978 年 30 年间，受涝灾的年份有 24 年，平均十年八遇，灾情最严重的有 1957 年、1963 年和 1964 年。

**2. 农户对涝灾的应对**

虽然内涝不严重，水深至多 1 米，对于居住地地势较高或房屋较高的农户很难产生任何实质性危害，但是对于居住地地势较低或者房屋较低的农户，往往会产生重大影响。因此，传统时期夏侯村的农户抵御涝灾的办法一般都是两种：第一，建造房屋时，将房屋地基尽可能垫高。第二，挑选地势相对较高的位置建造房屋，或者搬迁至地势较高的地方重新建房，这也是夏侯村村民为何认为地势高就是风水好的原因。

**3. 宗族对涝灾的应对**

宗族在应对涝灾时，显得力量更为强大，因而应对措施也更为有效，具体而言有以下三种办法：其一，抢占地势较高的地段居住。对于夏侯村村民来讲，主要是孙姓、杨姓和王姓之间的争夺，其中孙姓和杨姓进村时间最早，均于明洪武年间搬迁至此，因此其对居住地的抢占也最早。宗族之间的抢占往往都会直接诉诸武力，哪个宗族人口较多，势力就比较大。一般情况下人口较少的宗族是不敢和人口较多的宗族抢地盘的，这也是村中小姓大多在地势较低或较为偏远的地方建房居住的原因。其二，挖坑蓄水。在本宗族居住片区之中，集全宗族之力，在地势最低、最容易内涝的地方挖一个大坑，用于存水，并且将多余的水导流至坑中，以缓解内涝。其三，对受灾较为严重的农户施以援助。若本宗族之内遭受内涝，使得某些农户无家可归，那些地势较高、没有遭受内涝的农户都会将这些亲戚接到自家居住；对于农田受灾的农户，族里会让其耕种老坟地。

4. 村庄对内涝的应对

村庄应对内涝的措施同宗族无异，只有当内涝较为严重，单纯依靠某个宗族的力量无法应对之时，才会产生整个村庄对内涝的共同应对。最常用的措施就是挖大坑。在夏侯村北的大坑，占地二三十亩，坑的面积涉及孙氏宗族、王氏宗族和杨氏宗族共同居住地，之所以挖这样大的坑以存水，就是因为严重的内涝。

（二）旱灾

1. 旱灾概况

据村民回忆，1949年前年年都缺水。当时粮食产量低，除红薯外，基本都是亩产100斤左右，最重要的原因就是没有水利条件，没办法浇地。另外村里不是没有蔬菜种子，连粮食都喝不饱水，菜根本都没法活。

据《封丘县志》记载，封丘县年年有旱象和旱灾，在河南省属于重旱区。旱灾可以出现在某一季，也可以连季，还可以连年。旱灾最主要发生在公历4—6月。小旱、短旱、季节性旱年年发生，不同程度危害小秋播种和大秋生长。夏侯村的旱灾按照节气可以分为春旱、初夏旱、伏旱、秋旱四种。春旱最多，十年八九遇；初夏旱、伏旱次之，十年五六遇；秋旱最少，十年三四遇。春旱可能大，夏旱影响重，十有四年麦种迟。

2. 农户对干旱的应对

由于传统时期夏侯村年年有旱象，干旱少雨、降雨不均是生活常态，因此家家户户自然而然进化出了一套应对旱灾的生产生活习惯。具体应对措施有以下几种：其一，节约用水。据夏侯村村民回忆："过去（1949年前），都是成年（整年）不洗澡的，要洗也是坑里有水的时候跳坑里涮涮。女的不能去坑里洗，都是打一盆水，回家擦擦身，都算洗澡了。"其二，不灌溉。据夏侯村村民回忆：过去就没有浇地这一说，要旱得很了，人都喝不上水，谁还管庄稼了。其三，水缸存水。传统时期，夏侯村家家户户都有大水缸，水缸中的水足够全家人喝3天以上。

3. 村庄对干旱的应对

村民应对干旱的最重要措施就是挖井，水井是传统时期夏侯村村民获得饮用水源的唯一途径。夏侯村中有5口水井，只有一口水井是孙氏宗族独资修建，并且据村民回忆"是日本鬼子（强行）让村里大地主孙长祚挖的，说是为了弄个（开垦一个）菜园"。其他4口水井都是由各个宗族联合挖掘的。水井大多在宗族与宗族交界处的大街上（具体情况见本章第二节"水井"部分）。除挖水井之外，村庄并无应对干旱的有效措施，只能祈祷水井不干涸。一旦遇到大旱，水井即将干涸，只能到寺庙中进行各种各样的祈雨仪式。

（三）暴雨

1. 暴雨概况

暴雨是指日降水量达到50毫米以上的强降雨，可能导致平地积水、河道漫溢，严重时造成房屋倒塌、人畜死亡。伴随暴雨而来的往往有冰雹、雷电等强对流灾害性气象。被村民认定为气象灾害的暴雨主要是指不应景的大雨，如果春天麦苗出穗，下了一场大雨，则不叫灾害。据《封丘县志》记载，中华民国时期的暴雨灾害如表2-1所示。

表2-1 中华民国时期的暴雨灾害情况

| 年　份 | 暴雨详情 |
| --- | --- |
| 民国十年（1921年） | 秋季大雨成灾，黄河溢，沿河134个村庄颗粒未收，房屋倒塌，财物漂失；秋后瘟疫流行，病死无数 |
| 民国十二年（1923年） | 6月，天降大雨，随后变雪，秋禾受冻，减产四成 |
| 民国二十三年（1934年） | 3月21日，多日暴雨之后，黄河从贯台北决口，河水十分之九自门口流出，淹没县东大部分村庄<br>12月16日，冰下洪峰破冰而出，黄水混合冰块横流于冯村、留光集一带 |
| 民国二十六年（1937年） | 抗日战争爆发，封丘人民无比愤恨，8月起连降大雨40多天，8月30日一天内地震7次 |

资料来源：根据1994年版《封丘县志》的记载整理而成。

2. 农户对暴雨的应对关系

据夏侯村村民回忆："过去（1949年前）对暴雨是没有啥好法儿的。不过咱们这旱的多，雨越大，天晴得越快，下不了多大时候。"因此普通农户对暴雨没有任何应对措施，只能等暴雨过后才能处理灾情。村民认为只要暴雨不引发黄河泛滥，就没有什么大问题。如果黄河泛滥，村庄被淹，只能全家外逃，一般都是投奔到附近地势较高村子的亲戚家中。如果没有亲戚，就会逃往更远的、地势更高的地方。等暴雨洪涝过后，再返乡修建房屋。

### 3. 村庄对暴雨的应对

如果暴雨非常大，引起黄河泛滥，1949年以前村庄没有任何好的措施，只能集体外逃避难。据夏侯村村民回忆："我们村还是比较高的，一般都是其他村的人来我们村躲水。要是我们村都淹了，事儿就大了。跑呗，还能咋着？"

人民公社时期，集全社之力，在地势较高的夏侯村周围建设了一圈土寨，土寨最高处约5—6米，寨墙厚约2—3米，寨墙底下挖有深1—2米、宽约3米的寨沟，专门用于抵御暴雨洪涝灾害。每逢遇到洪灾，周边所有村民都会聚集到夏侯村内，拉起吊桥，以土寨来抵御洪水。

### （四）风灾

#### 1. 风灾概况

据村民描述，夏侯村从古到今大风天多，平原地区，一马平川，没有东西阻隔，大风一刮千里。尤其是1949年前，树很少，房屋低矮，不防风，一刮大风，瓦片乱飞，房屋破坏严重，有时候风大得把墙都刮塌了。春天天干，大风卷着沙土，吹得人睁不开眼、张不开嘴。尤其是麦收的时候，一有大风，那就完了，麦籽刮一地，"麦收刮大风，减产四五成"。

据《封丘县志》记载，封丘大风[1]天主要集中在每月上旬，上旬的大风日数是中、下旬之和。多年来每月11—13日几乎没有大风出现。封丘县的大风分为三路：第一路是中东路冷空气大风，主要是北风和东北风。此类大风持续时间最长，最长4天，且此类大风来路偏东，空气湿润，常带有降雨天气。第二路是西路冷空气大风，此类大风是从西路而来的冷空气顺黄河故道直下豫东，主导风向的是西到东北风。大风持续时间较短，一般几个小时，平均天数是3—5天。此类大风常带来降温、扬沙和沙尘暴等气象灾害，可以使小麦大面积露根，风蚀死亡。第三路大风是雷雨大风，多发生在夏季，持续时间短，风速大，时常伴有冰雹、雷暴天气，危害性大，但影响面积较小，可以在短时间内对建筑物、农作物造成毁灭性伤害，尤其是传统时期泥瓦和砖瓦结构的房屋。

"风多风大"是传统时期及当下夏侯村的气象常态。如今的夏侯村每逢初冬、春季依然平地起大风，不仅危害农作物生长，而且对房屋造成一定程度的破坏，更会产生扬尘、沙尘暴等天气，经常使人"灰头土脸"。传统时期封丘县大风灾害发生时间及描述如表2-2所示。

---

[1] 八级及八级以上的风定为"大风"。

表 2-2 传统时期封丘县风灾情况表

| 时　间 | 概　况 |
|---|---|
| 明万历十八年（1590 年） | 三月大风昼鸣，黄沙蔽日，黑风忽起，石沙相伴，白昼如夜，举目不见其掌，居者闭户，行者伤亡甚众 |
| 明崇祯十三年（1640 年） | 春旱，风沙蔽天，麦禾尽死 |
| 清顺治十三年（1656 年） | 三月黑风大作，白昼如晦，老弱在道者多仆绝，发屋拔树，尽宿乃止 |
| 清康熙六年（1667 年） | 六月暴风拔树，坏百里公祠 |
| 清道光六年（1826 年） | 二月黄风三日，二十五日未时黄风再起，次日更大，房屋多毁，麦尽死 |
| 清光绪二十七年（1901 年） | 正月十九日庚时北风侵作，石沙漫天，白昼如晦。二十九日巳时又起，戌时息。二月初九复然。十四日前西北风又作，延数日，麦连根吹起 |
| 清光绪二十八年（1902 年） | 二月大风杀麦。八月二十七西北风大起，三日方息，晚禾尽死 |
| 民国十一年（1922 年） | 二月红风大起，黄沙蔽日，沙地起土二指，积沙成岗 |
| 民国二十五年（1936 年） | 二、三月大风，黄沙蔽日，平地掘土二寸，麦减产一半 |
| 民国二十六年（1937 年） | 四月十日北风起，次日红风大作，白昼如夜 |
| 民国二十八年（1939 年） | 六月上旬大风，吹跑小麦大半 |

**资料来源**：根据 1994 年版《封丘县志》的记载整理而成。

2. 农户与风灾的应对关系

据夏侯村村民回忆："过去（1949 年前）家家一生个小孩儿，都种上一棵树，这树还都是种在村边上。老祖宗留下来的规矩，兴（时兴）这个，我们也不知道为啥，有可能都是挡风的吧。"因此农户应对风灾的主要措施之一就是在村庄周围种树。第二种应对措施在上文中有所提及，就是农户大多采用集中居住的办法，尽可能通过房屋的阻挡，减少风灾的产生。

3. 村庄与风灾的应对关系

村庄对风灾的应对主要体现在村庄对于农户相邻建房中约定俗成的风水规矩上。首先是村庄房屋全部为坐北朝南。夏侯村村民认为，一年之中威力最大、破坏性最强的风一般都是冬春季节的西北风，这样的风干冷冰寒，最容易伤人，东风、南风、东南风等从南边吹来的风相对温暖湿润，即使是大风，一般也不会产生破坏力，因此房屋坐北朝南可以最大限度抵御风灾。其二，房屋高低顺序约定俗成为"东高西低、北高南低"。据村民讲述,这样的格局使得各家各户风水上不会彼此影响。但事实上,这样的房屋高低布局同样有利于抵御风灾。其三,在村庄周围种树,并以"老祖宗留下来的规矩"的形式流传至今。

## 四、土壤品级

传统时期夏侯村村民根据土壤的不同,将土地分为好地和孬地两类,又根据不同土地中土壤的特点,将其分为沙土地、碱场地、淤地和硬地等类别。土壤品级不仅直接影响农作物的产量,甚至还能影响家庭条件、土地买卖等。本部分将从土壤品级概况、土壤品级与家庭条件的关系、土壤品级与作物类别的关系、土壤品级与土地买卖的关系等四个方面考察传统时期夏侯村的土壤品级形态。

### (一)土壤品级概况

传统时期夏侯村的土壤土质普遍较差,虽然人均占有土地不少,但是由于单产过低,十分贫困,即使村中大地主孙长祚拥有500多亩土地,依然供不起孩子到县城读书。村中土地普遍为淤土地,土质黏重,透气性差,且容易盐碱化,村民称之为"碱场地"。单位面积产量高的好地非常少,主要分布于村东一小部分。好地的产量非常高,村民常说"一亩好地等于五亩孬地",如村民孙长礼家中仅有四五亩土地,但多为好地,在土地改革时期被评为中农;而一般情况下村中拥有10亩以下土地的村民都被评为贫农。土壤的品级十分重要,品级不同,土地买卖价格相差很大,一亩好地的价格可以等于或大于二三亩孬地的价格。传统时期,夏侯村村民总体上将土地分为打粮食的好地和不打粮食的孬地,具体情况如表2-3所示。

表2-3 传统时期夏侯村土地品级情况

| 品级 | 类别 | 特征 | 产量 |
|---|---|---|---|
| 好地 | 菜地 | 分布于粪坑附近、院落内、大门口、坑边,取水方便,经常浇灌,且小范围内经常翻耕、上粪 | 高<br>一般不舍得种庄稼,亩产萝卜、白菜上千斤 |
| | 沙土地(含沙量低) | 土壤有一定肥力,透气性强,适合种植红薯、花生等 | 亩产红薯2000斤左右,花生100多斤 |
| | 黄土地 | 土层厚,有肥力,主要种植小麦、高粱、玉米等作物 | 亩产小麦100斤左右,高粱200斤左右,玉米200斤左右 |
| | 黑土地 | 土壤非常肥沃,但是极为少见,一般是坑底淤地 | 非常高 |

续表

| 品级 | 类别 | 特 征 | 产 量 |
|---|---|---|---|
| 孬地 | 内涝地 | 一旦雨水过多，无法排除，作物会被淹死。一般种植高粱，淹没后可能种植芦苇 | 产量低，且不固定 |
| | 碱场地 | 盐碱严重，小麦、玉米很难存活，一般会种一些高粱 | 产量非常低，亩产高粱50斤左右，小麦30斤左右 |
| | 沙土地（含沙量高） | 土壤肥力极低 | 亩产花生20斤，红薯200斤左右 |
| | 硬地 | 难以翻耕，土层缺氧。但是如果有牲口翻耕，粮食产量有保证 | 翻耕之前，亩产小麦不足七八十斤；翻耕后，产量提升至每亩100—150斤 |

**资料来源**：2016年10月至2017年1月的田野调查。

村民对土地的描述是口语化、非正式的，考察土地的学名需查阅《封丘县志》。据《封丘县志》记载：封丘县土壤，主要来源于西北黄土高原，是由黄河携带泥沙或大风吹卷长期积累形成的。据1981年土壤普查，全县土壤可分为潮土、风沙土2大类，黄潮土、褐化潮土、盐化潮土和风沙土4个亚类，9个土属，64个土种。根据分类，夏侯村的土壤属于潮土、风沙土2大类，黄潮土、盐化潮土和风沙土3个亚类，包括沙壤土、两合土、淤土、盐化潮土、固定风沙土等5个土属。据村民分析，固定风沙土面积占到全村土地面积的十分之一，淤土占十分之三，盐化潮土占十分之四，两合土占十分之一，沙壤土占十分之一。

（二）土壤品级与农户的关系

1. 土壤品级与家庭条件的关系

村民指出："地的好坏影响大得很，过去（1949年前）没有化肥，一亩好地打的粮食比五亩淤地都多。为啥有的家儿30多亩地才是中农，有的家儿30多亩地都是富农，有的家儿四五亩地都是中农了？就是地不一样。"据夏侯村村民回忆，村民孙长明家中有30余亩土地，由于其中一半以上是好地（沙土地、黄土地），因此在土地改革时期被评为富农。而村民孙长振家中有30余亩土地，由于其中大部分是孬地（淤地、硬地、碱场地）而仅被评为中农。村民孙长礼家中仅有四五亩地，却被评为中农，原因就是孙长礼家中的土地全部为打粮食（产粮多）的好地。

2. 土壤品级与作物类别的关系

夏侯村村民认为，啥地种啥粮食是一定的。沙地适合种花生、红薯，黄土地适合种棉花、小麦、玉米，淤地能够种植高粱、谷（小米）、芦苇。碱场地上不适合种植任何作物，种植任何作物产量都非常低，很多情况下农作物都难以存活，一般都种植一些高粱、小麦。碱场地上千万不能种红薯，种出来的红薯煮不烂、咬不动，根本不能吃。

3. 土壤品级与土地买卖的关系

村民认为，好地一般都是自家耕种，卖地的首选是孬地。虽然买卖土地时买家会亲自前来"看地板"，但如果不是夏侯村或者村子附近的人，看地板难免有走眼的时候，如果孬地经过修整，卖出了中等地或者好地的价格，对于夏侯村村民是非常有利的。但是如果土地出售给本村人，谁家的地怎么样，大家都心知肚明，很难欺骗。村民认为一亩好地的产量虽然可以顶得上5亩碱场地，但是一亩好地的价格是低于5亩碱场地的，因此土地出售一般都是先出售土壤品级最差的地。

### 五、交通概况

传统时期夏侯村属于平原地区，道路较为平坦，修路成本较低，总体来看，交通比较方便。本部分将从道路概况、道路的修筑关系、道路的占地关系和道路的维护关系等四个方面考察传统时期夏侯村的交通概况。

#### （一）道路概况

1. 村内道路

据图1-1可以看出，夏侯村内有东西向街道3条，西北—东南向短街1条，南北向街道2条，胡同34道。具体情况如表2-4所述。

表2-4 传统时期夏侯村内道路情况　　　　　　　　　　　　（单位：米）

| 名　称 | 长　度 | 宽　度 | 结　构 | 走　向 | 修建方式 |
|---|---|---|---|---|---|
| 一道街 | 400 | 5 | 土路 | 南北 | 孙氏族人集体修建 |
| 二道街 | 600 | 6 | 土路 | 南北 | 孙氏、杨氏、王氏族人共同修建 |
| 三道街 | 500 | 6 | 土路 | 南北 | 杨氏、王氏、闫氏族人共同修建 |
| 前街 | 1000 | 6 | 土路 | 东西 | 全村人共同修建 |
| 后街 | 1200 | 7 | 土路 | 东西 | 全村人共同修建 |
| 短街 | 400 | 5 | 土路 | 东西 | 孙氏族人修建 |
| 入村街 | 200 | 6 | 土路 | 西北—东南 | 全村人共同修建 |

说明：资料来自2016年10月至2017年1月的田野调查，相关数字均为约数。

2. 村际道路

传统时期夏侯村的村际道路如图1-1所示，可以看出主要有4条，分别是通往连接赵庄村—夏侯村—刘淳于村—冯村的南北向大路，连接夏侯村—双炉村的东北—西南向大路，连接夏侯村—辛安店村的西北—东南向大路，连接夏侯村—李淳于村—田淳于村的东西向大路。村际道路与村内道路的情况略有不同，不是由村民修建，而是由官府修建，具体由谁于何朝何代修建已经难以追查。其日常维护由道路经过的村庄负责，每个村庄维护自己村庄"门口"的路。村际道路的具体情况如表2-5所示。

表2-5 传统时期夏侯村的村际道路情况　　　　　　　　（单位：米）

| 名　称 | 长　度 | 宽　度 | 结　构 | 走　向 | 维护方式 |
|---|---|---|---|---|---|
| 赵庄—夏侯村—刘淳于村—冯村大路 | 6500 | 7 | 土路 | 南北 | 沿途村庄维护 |
| 夏侯村—双炉村大路 | 4000 | 4 | 土路 | 东北—西南 | 沿途村庄维护 |
| 夏侯村—辛安店大路 | 3000 | 6 | 土路 | 西北—东南 | 沿途村庄维护 |
| 夏侯村—李淳于村—田淳于村大路 | 1700 | 5 | 土路 | 南北—东西 | 沿途村庄维护 |

说明：资料来自2016年10月至2017年1月的田野调查，相关数字均为约数。

（二）道路的修筑关系

据村民回忆，村里头的街都是本村人自己修的，村外边的路都是官府修的。传统时期夏侯村无论村内道路还是村外道路均属于土路，都是民众用铁锹将地铲平，随后用木桩砸实而成。修路成本相对较低，但是需要大量的人力，是较为辛苦的工作。村内修路，大多是各个宗族共同协商，在宗族与宗族房屋交界处，各自退后一段距离，将这片地空出来，随后两个宗族共同出力、共同修筑，因此夏侯村村内道路往往也是各个宗族居住片区的分界线。村外道路是官府号召，村民响应，并且各村出力共同修筑的。

（三）道路的占地关系

在村内道路的修建上，据村民讲述，传统时期村民更在乎个人名誉和贡献，此外土地也并不值钱，因此大多数农户都会因为修路主动让出自家的庄地。"过去（1949年前）不存在占地、征地的问题。那时候人稀啊，地也不值钱，修个路对大家都好，如果说要占谁家一点地，都算是做贡献了，一般都会让的，没有人计较。你看现在村里的路都是笔直笔直的。我也是听我的父亲说，刚开始修村里二道街的时候，街上本来有孙有家的一个猪圈和王财家的一个厨屋，一听要修路了，说拆就拆了。也不知道是过去的人觉悟高？"[1]

修村外的道路时，如果官府占用了村庄的地，是不会给任何钱物补偿的，占地较多的村庄可以少出劳役。同时，修路对村民有好处，是为村民做好事，因此官府只是号召，具体是否修路由道路途经的村庄决定。如果因为某个村庄不赞成修路而导致道

---

[1] 根据夏侯村村民孙占秀口述整理。

路没有修成，该村就会被其他村庄看不起，甚至引起纠纷和矛盾。

（四）道路的维护关系

"路（村内路）修好之后，从谁家门口过，就谁家负责。一样的道理，路（村外路）从哪个村儿过，就由哪个村儿负责。"[1] 以村庄内部道路为例，村民各自负责各自门口道路的维护和修整，如果道路被破坏，或者因为下雨冲得坑坑洼洼的，就由道路经过的农户负责修理。如果道路两侧都有农户，则由大门正对着路的农户负责，大门背对着路的农户不负责；如果两家的大门都正对着道路，则由两家共同负责修整和维护。

## 第二节 干旱与水利

"十年九旱"是传统时期夏侯村村民面临的自然环境底色，土层深厚吃水多使得传统井灌、担水灌溉的方式不能有效解决农业灌溉问题，有限的水利条件使得夏侯村村民的农业成为靠天农业，且只能被迫选择种植较为耐旱的小麦、小米、高粱等作物。本部分从村庄共有之水利和宗族联合之水利两部分考察传统时期夏侯村的水利形态。

一、村庄共有之水利：坑

坑是传统时期夏侯村村民共同开挖以储存雨水的水利。据村民讲述，坑的挖掘最初是为了解决内涝问题，并不是为了储水灌溉，只是有些坑越挖越深，只要不遇大旱便常年不干，因此村民在种红薯、种菜的过程中便有了从坑中取水灌溉的便利。同时，那些常年不干的坑中自然产出了鱼虾等少量水产品，村民可自由捕获。本部分将从坑的形成、坑的产权和管理、坑的数量和方位、坑的用途、坑的私产公用等五个方面考察传统时期夏侯村村庄共有之水利产权形态。

（一）坑的形成

传统时期夏侯村的"坑"是指在村庄发展历史进程中，由于用土、烧窑、盖房、防洪等，村民对村庄内一处低洼、无用的空地不断挖掘，最终形成的或大或小的水塘。坑与水塘有着严格的区别，因为坑中不是常年有水的。由于夏侯村地处华北平原地区，干旱缺水，坑中夏秋有水、春冬无水，或者洪涝时期常年有水、干旱时期常年无水，故本地人称之为"坑"，而不是"水塘"。村民认为"平原本无沟，平原本无坑"，传统时期夏侯村的地形一马平川，都是十分平整的土地，本村9个或大或小的坑，都是在长期历史发展过程中人为慢慢挖掘而成的。其具体来源有以下几种：

---

[1] 根据夏侯村村民杨杰口述整理。

其一，地势低洼，频繁内涝，无法居住。传统时期夏侯村9口坑的位置都是在村庄最为低洼的地段。由于没有排水沟渠，一旦下大雨，只能任由水自由流动，"水往低处流"，当全村的水都往低洼处流动的时候，原来的住户家中容易遭受内涝。频繁的内涝使得村民只能搬往地势相对高一点的地方，就留下了这片谁都不愿意居住的地方。当下，随着新农村建设和黄河治理的推进，村中不再有内涝，故原本是坑，容易内涝的地方，已经被村民重新填平，在此建房。

其二，挖土建房，掘坑修路。传统时期，夏侯村村民建房都是就近在村庄低洼处挖掘取土；村中某处道路由于大雨、下雪损坏而变得坑坑洼洼，也都是从坑中取土修补。低洼处越挖越深，坑越挖越大。

其三，防洪蓄水，改变风水。传统时期的夏侯村，内涝是频发的自然灾害，每当下大雨，就会发生。村民找来风水先生要求破局解惑，风水先生指着某片低洼之地说在此挖坑蓄水，村民听从，就形成了村中虽然小但比较深的小坑。

(二) 坑的产权和管理

传统时期夏侯村坑的产权属于家户个体，用村民的话讲就是"坑里的每片地都有自己的主家"。但是在实际使用过程中，却是大家说了算。尤其是坑中有水的时候，每个村民都有权利使用、管理坑中的水，所以就是具有公共产权的公地。坑的所有者是全体村民，大家都可以随意使用坑中的水进行灌溉、洗衣服，外村人也可以随意使用。但是不可以故意破坏水源，如果有人在水中投毒、撒尿，就会受到全村人的谴责，严重的就要报官。坑中鱼虾为本村村民全体所有，可以随意捕捞钓获，外村人不能在本村的坑中捕鱼捕虾。坑中常年季节性断水，故不能饲养鱼虾，处于无人经营的状态。虽然坑由全体村民共同管理，但是居住在坑附近的村民会管得更多。

(三) 坑的数量和方位

传统时期夏侯村中有9个坑，有大有小，其具体情况如表2-6所示。

表2-6 传统时期夏侯村的坑

| 名　称 | 位　置 | 面积（亩） | 深度（米） |
|---|---|---|---|
| 坑1 | 夏侯村南地，偏东 | 7—8 | 1—2 |
| 坑2 | 夏侯村南地，偏西 | 1 | 1—2 |
| 坑3 | 夏侯村正南 | 0.4—0.5 | 0.5—1 |
| 坑4 | 夏侯村东，偏北 | 1—2 | 1—1.5 |
| 坑5 | 夏侯村东，偏南 | 0.5 | 0.8—1.5 |

续表

| 名 称 | 位 置 | 面积（亩） | 深度（米） |
|---|---|---|---|
| 坑6 | 夏侯村正北 | 20 | 2—5 |
| 坑7 | 夏侯村北，偏西 | 2—3 | 1—2 |
| 坑8 | 夏侯村西，偏北 | 0.3—0.4 | 1—3 |
| 坑9 | 夏侯村西，偏南 | 4—5 | 2—3 |

资料来源：2016年10月至2017年1月的田野调查。

夏侯村中各个坑在村庄的位置如图2-2所示。

（四）坑的用途

传统时期夏侯村中9口坑的用途有以下六点：其一，游泳、洗澡、娱乐。其二，捕小鱼小虾（不是常年有水，不能养鱼，也没有大鱼）。其三，担水浇菜地。其四，鸡鸭牲口饮水。其五，盖房烧砖取水。其六，洗衣服。

（五）坑的产权认定

如前所述，夏侯村中的坑属于"私产公用"，具体可以从以下七个方面加以考察：

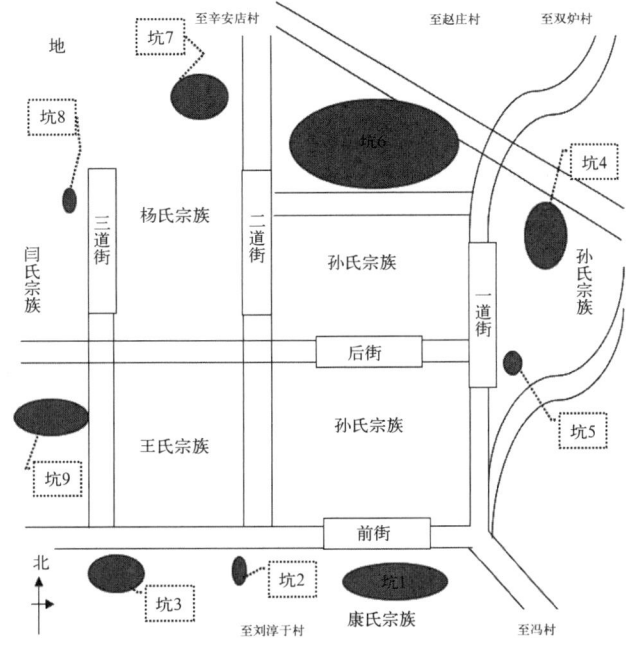

图2-2 传统时期夏侯村坑方位图

其一，"洼地没用，不如做个顺水人情"[1]。"那些从低洼地搬迁走的家庭依然拥有这片地的所有权，他建新房、置新庄都是从原来的住处挖土，村里如果有别人盖房想用点土，就会找这个人说，叫我从你这坑里挖点土吧？多少给他带仨核桃俩枣，再加上都是乡里乡亲，经常互相帮忙，不在乎这点小事，再说，这破坑扔那也是扔那，不如做个人情。"[2]

其二，"地是你的，土不是你一个人的，再说了，土也不稀罕"[3]。传统时期村民认为庄是你的个人财产，虽然写着土木相连，但是你总不能走到哪里都把脚下的土也带着吧？村民认为土是土地爷的，是上天赐予的，村子里的人都有权利使用。

---

[1] 村民孙占邦口述。
[2] 村民孙占邦、孙占炳口述。
[3] 村民杨广坤口述。

其三,"坑里有水之后,看不清地界,慢慢被遗忘"。据村民讲述:"村里大部分坑是夏天有水,冬天都干了,这种坑,虽然灰橛(传统时期夏侯村"庄"的边界)一泡水就看不清了,但是可以在坑里种个树,这个树到那个树之间是我的地方,还有个标记。但是村北地最大那个坑(坑6),几十年不干,常年有水,那灰橛早都泡没有了,就算种有树,也被淹死了,边界没有了,你说这片坑是你的,他说是他的,就弄不清楚了,既然都是本家亲戚,坑也没啥用,也就不管那么多了。"[1]

其四,"坑里的水是雨水,雨水下到你家,不代表是你个人的"[2]。传统时期夏侯村坑里的水大部分都是雨水聚集形成的,村民认为雨水是"天降的""龙王下的",属于老天爷和龙王,而不属于凡人,故每个凡人都能使用,而不能据为己有。

其五,"坑里的水是流动的,而坑往往不是某家某户一个人的庄形成的,因此水也不是某家私有的"[3]。传统时期夏侯村的9个坑,都不是某一个家庭的宅基地构成的,往往涉及至少两个家庭,故坑中如果有水,都不是某家说了算的,大家都能用。

其六,"坑是露天的,很难将其封闭私有"。据村民描述:"坑都在外边摆着呢,你总不能给坑加个盖子,锁上吧?庄能修个院墙,你还能给坑也修个围墙?那时候(1949年前),人都吃不饱,谁干这闲事?"[4]

其七,"坑没有啥价值,也没有大鱼,没用"。据村民描述:"传统时期夏侯村的坑由于经常干涸,坑里没有自然形成的大鱼大虾,没有人去捞鱼。过去(1949年前),人们都光想着种粮食呢,粮食都不够吃,吃鱼能吃饱?也没有人去养鱼。小鱼小虾,谁逮着算谁的,过去谁家也没有渔网,都不是渔民,逮鱼可困难,抓到了就是运气好。一般都是老头、小孩去钓钓鱼,其他人都没那闲功夫。"[5]

二、宗族联合之水利:井

井是传统时期夏侯村村民获取饮用水的唯一途径,对村民来说非常重要,是不可或缺的东西,具有很强的公共性。首先,水井挖掘困难,并不是单家独户可以完成的,往往需要集全宗族之力共同挖掘。此外,水井的使用同坑相同,都具有私产公用的性质,本宗族挖了一口井,居住在本村落内的其他宗族前来借用,是不会拒绝的。为了避免出现"一人干活,大家喝水"的情况,井都是至少两个宗族共同挖掘的,因而井的产权可认定为宗族联合修筑之水利。本部分将从井的概况、使用范围、功能、种类、

---

[1] 村民班青云口述。
[2] 村民孙占邦口述。
[3] 村民孙占秀口述。
[4] 村民孙占玉口述。
[5] 村民孙占秀口述。

维护、使用规则和井的产权认定等七个方面考察传统时期夏侯村的井。

（一）井的概况

传统时期夏侯村有5口井，每一口井都是村民共有的，村民家中都没有井，直到20世纪70年代，夏侯村才出现家户私有井。每一口井的大小不同，深浅不同，方位不同，造型也不同，具体情况如表2-7和图2-3所示。

表2-7 传统时期夏侯村井的概况　　　　　　　　　　　　　　（单位：米）

| 名　称 | 位　置 | 井口直径 | 深　度 |
| --- | --- | --- | --- |
| 井1 | 夏侯村北 | 1.5 | 10 |
| 井2 | 夏侯村西南 | 1.5 | 11 |
| 井3 | 夏侯村东偏南 | 1 | 9 |
| 井4 | 夏侯村东 | 2.5 | 12 |
| 井5 | 夏侯村中偏西 | 2 | 10 |

资料来源：2016年10月至2017年1月的田野调查。

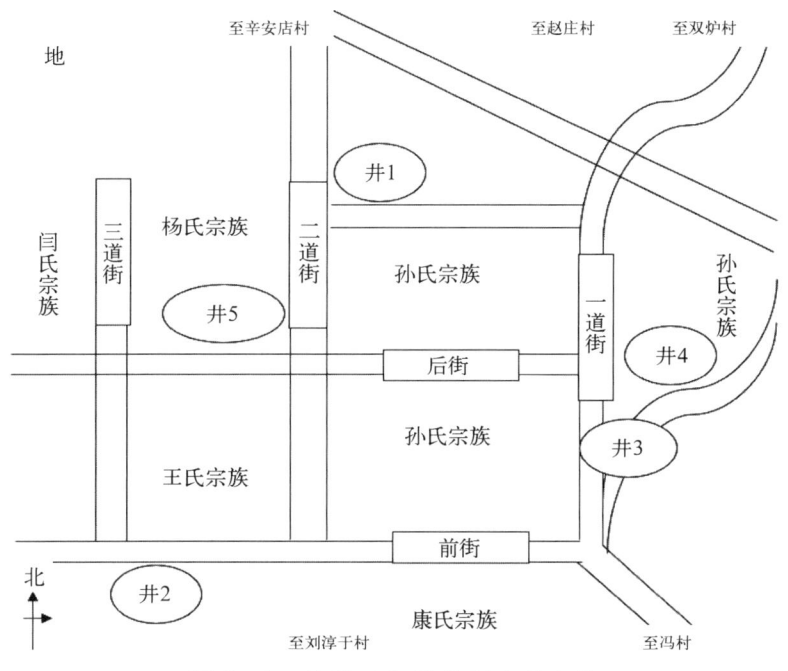

图2-3 传统时期夏侯村水井方位

（二）井的使用范围

传统时期夏侯村中的水井原则上是每个村民都可以使用，但是村民使用水井一般采用就近原则，很少舍近求远。水井的使用呈现以宗族为单位的生活片区现象。

夏侯村最大的孙氏宗族有3口水井，分别是井1、井3和井4，孙氏族人很少跑到井 2 和井 5 处打水使用。但是如果孙氏宗族的人到王氏宗族或杨氏宗族处串门，正好口渴，也可以饮用井 2 或井 5 处的水。水井使用的宗族生活片区情况如表 2-8 所示。

表 2-8　传统时期夏侯村水井使用的宗族生活片区情况

| 名　称 | 使用范围 |
| --- | --- |
| 井 1 | 孙氏宗族和杨氏宗族 |
| 井 2 | 康氏宗族、闫氏宗族和杨氏宗族 |
| 井 3 | 孙氏宗族和康氏宗族 |
| 井 4 | 孙氏宗族 |
| 井 5 | 孙氏宗族、王氏宗族、杨氏宗族和闫氏宗族 |

资料来源：2016 年 10 月至 2017 年 1 月的田野调查。

（三）井的功能

水井对于村民有着至关重要的作用，是村民不可或缺的"生存资源"。传统时期水井的功能具体有以下四点：其一，饮用、做饭。其二，灭火。其三，洗衣服。讲卫生、爱干净的村民才用井水洗衣服；一般村民用坑里的水洗衣服坑里没有水，或大旱之年，一般不洗衣服。其四，洗澡。传统时期的夏侯村，男性一般不用井水洗澡，洗澡的都是女性，在家自己打井水，烧开后放入脸盆、木桶中洗漱。男性一般在夏天到坑里游泳，即为洗澡，冬天不洗澡。

（四）井的种类

传统时期夏侯村的水井有两种，一种是辘轳井[1]，一种是挑杆井，其中辘轳井较多，只有井 2 是挑杆井。辘轳井就是在井沿边上架起两根木棍，再将辘轳尾部嵌入一块大石头中，辘轳上缠绕麻绳，绳尾部系上一个木桶，辘轳头部固定一个摇把。取水时，先将水桶扔到井内，随后摇动摇把，辘轳上的绳子慢慢收紧，木桶自动从井中升起。挑杆井与辘轳井类似，但取水方式不同。将辘轳换成一根长棍，棍子一头系上木桶，挑杆另一头在尾部系上绳子，绳子尾部拴一块木头或石头。打水时，将水桶沉入井中，另一头拉动绳子取水。

（五）井的维护

水井使用一段时间后，井中生出苔藓，井底积累淤泥，导致井水不干净，或者井水较少，这时就需要淘井。淘井主要是为了清洁水井。传统时期夏侯村村民一般是冬季淘井，夏季很少淘井，因为冬季井水水位低，村民用水量也少，此时淘井影响较小，

---

[1] 方言，即装有辘轳的井。——编者注

且更为简单；但是冬季气温低，地方小，所以干活也比较受罪。淘井一般3—5年淘一次，传统时期的水井每天使用，村民也注意保护，很难用脏。淘井需要三四个人，两个人拉着绳子，一个人在下面挖泥，一个人将泥从井底拉出来。一般情况下，一天就可以完工。

淘井需要的人工虽然少，但是需要有力气、灵活的年轻人来干。干活没有人给工钱，也不请吃饭，但是淘井的年轻人会被大家夸奖、赞扬。淘井事宜一般在饭场上商定，出力最多的一般是距离水井最近的农户，因为取水方便，所以要出力多一点。如果水井附近的农户家中有能干活的年轻人，那么就由这几个年轻人干活；如果家中没有年轻人，或者年轻人不会干活，则会被村民骂一句"没材料"，随后找其他距水井较远家户的年轻人。

（六）井的使用规则

传统时期水井非常重要，所以有着很多约定俗成的规矩，具体来讲有以下六点：其一，不能往水井中乱扔杂物。其二，不能故意破坏辘轳、挑杆和井砖，谁用坏，谁出钱修理。其三，谁维护，谁使用。如果修理时拒不出钱，或者淘井时拒不出力，那么就不能用这个井里的水；如果偷偷使用，会被村民骂。其四，不能跳井自杀，要死死外边。其五，离水井较近的家户负责看护水井。如果水井被破坏而不知道是谁干的，就由附近几家共同出钱修理。其六，日本人打的井，是日本人提倡村民种植蔬菜而设立的，由大地主孙长祚一人出钱，全村人共同使用；但是只能用来浇菜，不能做别的用途。

（七）井的产权认定

虽然夏候村村民认为1949年前"无无主之物"，但是对于水井，却没有人认为是私人的，即使是某个人独资修建的，也不能说水井就是某个农户的。究其原因，有以下六个方面：

其一，大部分村民都出力了。"过去（1949年前）挖井可是个大活儿啊，那不是一个人两个人能干成的。村民虽然没有钱，但是过去经常说有钱的出钱、没钱的出力，就是这个道理啊。人家出力了，当然得叫人家用水吧。"[1]

其二，一般村民实在没有钱粮来打井。"村东头那个日本人叫打的、用来浇菜的井，打这个井的时候，谁家有钱啊？那时候可多人饭都吃不上，都出去逃荒了，哪有钱打井？你日本人再厉害、再摊派，打死也没有钱，他（指日本人）只能找那些有钱

---

[1] 村民孙占邦口述。

的户家。"[1]

其三，出钱打井的归根结底是为方便自己。出钱打井的人有权利将水井放在距离自己家最近的地方，方便自家使用。"出钱打井的归根结底还是为了方便自己使用，说是风水好，自家门口风水都好，井都是打在出钱家的门口的。"

其四，井水非个人所有。传统时期村民认为井水是老天爷、龙王赐予大家的，个人虽然出钱了，但是这个井水不能归个人私有，大家都有权利使用。[2]

其五，井水难以封闭，难以保护。据村民讲述："过去（1949年前）那井不像现在这机井站，给井专门修个屋子，弄个铁门锁起来，别人都用不了了。那时候的井你锁不住，就算你用个木板盖着，用个锁锁着，也都是一锤子都砸开了，你咋不让别人用？除非你用个大石头压住井口，如果这样你打个井还有啥用呢？你自己每提一桶水还得搬个大石头？哦，你弄个专人看住井？也行不通。村里的孬杆恼了都把你打一顿，得不偿失，反正过去这井，你不好不让大家用。"[3]

其六，井水容易被破坏。据村民讲述："如果这个井不让大家用，就让你一家用，大家心里不平衡。老实人不会干这事，但是孬人可不一定。你这井不让别人用，好，我行侠仗义，也不让你用。今天我往井里扔个死狗，明天扔个死猫，再歹毒一点扔一坨屎，下点药，你害怕不害怕？与其担惊受怕，不如让大家都用。这样大家不都一起保护井水了？"[4]

## 第三节　平原与麦作

小麦是传统时期夏侯村村民种植的主要粮食作物，同时也是唯一能够越冬的粮食作物。夏侯村村民认为小麦才是好粮食，其他的都是粗粮。小麦十分珍贵，对于普通农户来讲，在大多数传统时期可以直接当货币使用。本部分将从小麦的生长环节和耕种流程来考察传统时期夏侯村的麦作体系。

一、麦地与产量

传统时期，夏侯村的麦地不需要灌溉，因此，麦地产量高低的主要决定因素就是麦地的好坏与耕作的深浅。

---

[1] 村民孙占邦口述。
[2] 根据村民孙占玉、杨占榜口述整理。
[3] 村民孙占邦、杨杰、孙占炳口述。
[4] 村民王金凤、赵清枝口述。

## （一）麦地形状

据夏侯村村民描述："过去（1949年前）的麦地和现在不一样，现在的麦地都是长条形，每隔5—6米宽、20—30米长都有田垄把麦地隔开成一块一块的，就算这片地都是一家的，也要有田垄隔开。过去没有，都是一家一块地，没有现在这么规矩，有大块，有小块，有长方的，有正方的，也有圆的，但是少，基本上还是方的多，一家地就是一片。"[1]

总结夏侯村村民描述可以得知，传统时期的麦地由于不需要灌溉，因此不用修筑田垄，呈现出一家一块地的形态。田垄主要是为了灌溉时挡水用，将麦地分为一小块一小块的，使得灌溉更加方便、麦子吃水更加均匀，这是1949年后的种植技术。在传统时期，田垄位于各家麦地的边界处，用于区分自家麦地和其他家庭的麦地，作为边界使用；如果麦子长到了田垄之外，就是别人家的麦子了。

## （二）麦地边界

据夏侯村村民回忆，传统时期夏侯村内麦地的边界有三种，一种是田垄，另一种是路，第三种是桑棵。传统时期夏侯村村民在自家田地的四至会种上一种名为"桑棵"的植物，4棵桑棵就是土地的边界。据村民孙占秀描述，桑棵属于桑树的一种，但是和桑树完全不一样，不开花、不结果，且长不大、非常低矮，没有多少叶子，根系却十分发达，生命力强，非常结实。桑棵是天然的地界，不仅因其长不大，不遮挡阳光，不影响农作物生长，还在于其根系深，容易存活，非常难破坏。无论土地买卖，还是分家，只要是土地所有者有变更，就会重新种上桑棵，以桑棵为界。

## （三）麦地等级

1949年以前，夏侯村村民对麦地的分类非常复杂。根据打粮食（粮食产量）的多少，将所有麦地分为好地和孬地两个等级。好地和孬地，村民认为"一亩好地打的粮食比五亩碱场地都多"。根据麦地土壤好坏，分为沙地、黄土地、黑土地、红土地。根据麦地所在位置分为包袱地、旮旯地、开阔地。根据土壤含水多少分为淤地和硬地。根据土壤酸碱度可以分为碱场地和一般地。具体情况如表2-9所示。

表2-9 传统时期夏侯村的麦地类型

| 命名方式 | 具体名称 |
| --- | --- |
| 根据产量多少命名 | 好地、孬地 |
| 根据土壤酸碱度命名 | 碱场地、一般地 |

---

[1] 村民孙占邦口述。

续表

| 命名方式 | 具体名称 |
| --- | --- |
| 根据麦地地理位置命名 | 包袱地、旮旯地、开阔地 |
| 根据土壤含水量命名 | 淤地、硬地 |
| 根据土壤性质命名 | 沙地、黄土地、黑土地、红土地 |

资料来源：2016年10月至2017年1月的田野调查。

## 二、犁地与上粪

在土壤性质不能改变、麦种基本一致、灌溉全靠降雨的传统时期，犁地与上粪是夏侯村村民唯一可能增加小麦产量的劳动程序。

### （一）锄地："人勤地不懒"

在1949年前，家中较为贫困买不起牲口的农户需要完全依靠人力来锄地，效率虽然低，但是不锄地就无法播种。如果不锄地，只挖一个坑将麦种种下，小麦往往由于缺氧不能存活，即使发芽，产量也远低于锄地深翻后的产量。夏侯村村民将其描述为"锄头底下三分雨，锄头有水又有火"。村民孙占秀回忆："过去（1949年前）种地能累死人。（虽然）一般都是牲口犁地，但是人有穷有富啊，就像我们家里就那二三亩地，哪能买得起牲口啊？都是自己锄。俺本家二爷见我可怜，经常让我用他的牲口去犁地，那时候小，使不好牲口，还是自己锄的多。"

### （二）单家独户的牲口犁地

牲口犁地是传统时期夏侯村村民最有效率的耕作方式，但是由于土质普遍较为坚硬，一头牲口拉不动犁，至少需要2头牲口，一般情况下需要3头牲口共同犁地。传统时期能够依靠单家独户的能力购买2头以上牲口的至少是中农户，或者家中有20亩地以上的农户。据夏侯村村民回忆，孙长祚（本村大地主，家中有550余亩地）自家有十几头牲口，七八个觅汉（长工），二三个把式，他们家都是自己犁地，这么多人带着牲口一起犁地，还得十天半个月。

### （三）掰犋：几家共同犁地

据夏侯村村民回忆，1949年前，家里有七八亩地就能买得起一头驴，有10亩地就能买得起一头牛。大部分农户家中可以买得起一头牲口，但是只有较少的农户能够买得起2头以上的牲口。因此就产生了大量农户的掰犋犁地行为——将两家的牲口放在一起共同劳动，就能够犁两家的地。

掰犋行为一般发生在亲兄弟、本家亲戚、同村同族人、同村人之间，其中关系越亲近，越容易发生掰犋行为。如果两家关系一般，或者关系不好，是一定不会一起掰犋的。掰犋行为绝对不会出村，并且较少发生在麦地距离很远的两家农户之间。掰犋有一定的条件：首先两个农户必须是都有至少一头牲口，如果某个农户没有牲口，就不能和别的农户一起搿犋；如果有的农户家中有两头以上的牲口，一般也不会和其他农户进行搿犋。其次，搿犋要注意牲口的品种，如果牛和驴一起搿犋则容易发生牲口打架的行为，最好是品种相同的两头牲口在一起搿犋。第三，搿犋犁地期间，牲口必须在晚上归还，并且如果牲口在另一家麦地中劳动时受伤、走丢，另一家农户要负责赔偿，或者给牲口治病。

（四）"种地不上粪，等于瞎胡混"

传统时期，夏侯村村民在犁地过程中一定要给麦地上粪，如果不上粪，小麦产量会大大降低。上粪的方式通常有两种，一种是堆粪，另一种是将粪均匀地犁在麦地里。采用第一种方式上粪的农户，通常是没有牲口而采用锄地的方式进行耕种的农户，只是用粪筐或独轮小土车将自家粪坑中的粪拉到麦地里，堆放在麦地里即可。采用第二种方式上粪的农户通常是在牲口犁第二遍地或者第三遍地的时候，让犁拉着粪来走，这样就可以将大粪均匀地散在麦地里。夏侯村村民普遍认为，将粪均匀散在地里的方式更能提高产量。

1. 攒粪

在传统时期的夏侯村村民眼中，大粪就是更多的粮食，因此每家每户都会在自家院落没有房屋的一侧，或者在院落正中央挖一个深约2米、长3—4米、宽1—2米的粪坑，用于储存大粪。村民所描述的"大粪"一般指动物的粪便，如牛粪、马粪、驴粪、鸡鸭粪等，同时包括烧柴火剩下的锅底灰、剩菜剩饭、玉米棒子、破菜叶等生活垃圾，一般不用人粪来"上地"（将大粪上到地里）。粪坑一年使用两次，分别是麦收和秋收之后，将粪坑挖干净，将大粪拉到或挑到土地里。饲养有牲口的农户在牲口外出之时，通常会在牲口屁股下放置一个粪兜，用来接住牲口的大粪，待牲口回家之后，将粪兜中的大粪倒入粪坑中，以备犁地时使用。

2. 买卖大粪

传统时期，由于有些农户家中麦地比较多，牲口比较少，单纯依靠自家粪坑中的大粪是不够用的，因此可以通过买大粪来获取足够的肥料。据夏侯村村民回忆："孙长祚家每年都要买很多粪。咱们村谁家的粪不要了，他都收，他家地多啊。可多其他村里的人也会卖给他大粪。"有些农户虽然自家的大粪也不多，但是由于缺钱用，也会出售大粪。

3. 拾粪

由于传统时期大粪具有提高粮食产量的作用，因此家中没有劳动能力的小孩子、老头老太太，以及家中无地的一些赤贫农户，都会通过拾粪的方式获取收入。据专门以拾粪为生的农户董月廷回忆："那时候（1949年前），俺家里非常穷，我经常拾粪换粮食，一两百斤粪能换几升粮食，有时候二三升，有时候四五升。在本村换的粮食少，到镇上、集会上卖得多一点。"

### 三、下种与插苗

小麦的播种非常简单，不需要任何培育过程，只需要在犁地之后，刨一个小坑，把麦种放入坑中即可，一个坑要放十几粒麦子。插苗特指插红薯秧。由于单位面积产量高，红薯是中华民国时期夏侯村村民最主要的口粮，普通农户根本不舍得吃麦子，而是将麦子作为货币使用。因此本部分将小麦和红薯的播种过程一同考察。

（一）留种与借种

据夏侯村村民回忆，过去（1949年前）小麦一亩能打一担粮食（约100斤），最少得2—3斗（20—30斤）麦种，其投入产出比达到20%—30%。因此普通农户对麦种的需求量是非常大的，必须在收获麦子之后就预留好秋收时需要播种的麦种。在传统时期，麦种并没有品种之分、优劣之别，但是普通农户仍然会对麦种做出挑选。如果听说某个农户麦子产量非常高，就会去该农户家中换种，希望用自己家中的麦种换取对方家中的麦种。只要高产农户家中麦种充足，且和前来换种的农户关系比较好，都是会答应村民请求的。一般情况下是等量交换，即一斗麦种换一斗麦种，但是要求交换的农户欠了对方一个人情。农户也会对自家的麦种进行挑选，挑选一些麦穗比较大、颗粒比较饱满的麦子作为麦种。

如果农户家中急用钱把麦种花掉了，或者家中闹饥荒把麦种卖掉换粮食吃了，或者直接把麦种吃掉了，使得剩余的麦种不够播种使用，就要到亲戚或左邻右舍家中借麦种。一般情况下，农户是不愿意借麦种的，因为没有人会将自家的麦种借出去，如果对方来借，都是随便给一些麦子做种子，麦种的质量没有保证。借麦种一般要等麦收之后偿还多一些的麦子作为报答，并且欠下对方一个人情。一般情况下，借一斗麦种，至少要偿还一斗二的麦子。借麦种一般是向亲兄弟、本家亲戚、左邻右舍借，关系一般的农户是不会借给的，因为一个农户如果连麦种都需要借的话，通常是极度贫困的，往往不具备偿还能力，借出去的往往收不回来。因此如果关系一般，农户都会以麦种不足或麦子不好为由拒绝借种要求。如果借不到麦种，就要去借高利贷，村里的几个大地主都放高利贷。借一斗麦子，来年麦收之后要至少归还两斗麦子，并且存在"大斗进，小斗出"[1] 的情况。

---

[1] 指大地主放高利贷时，有大斗和小斗两种容器，借出去时用小斗称量，收账时用大斗称量。据夏侯村村民回忆，大斗和小斗的容量相差至少1—2斤。

## （二）下谷种：锄头和耧

在下种这一劳动环节上，夏侯村村民的劳动方式有两种：一种方法是依靠锄头刨坑，手工扔下种子，盖土掩埋，一个农户一天最多可以播种两亩地；另一种方法是采用牲口拉耧的办法播种。"穷人种地都是笨法儿，种地都是一个坑一个坑地刨，富人种地都是能法儿，用牲口拉着耧，一天最少能下十几亩地的种。"[1] 耧是专门的下种工具，因为制作较为复杂，普通木匠和铁匠不会制作，大部分是到集、会或县城购买成品，也可以找专人制作。夏侯村西南十几里的"穆家耧"非常出名，很多农户慕名前往请求制作，比在集、会上购买的价格都要高，至少需要3—4担粮食，而在集、会上购买的价格一般为2—3担粮食。一般是家中拥有20亩以上土地的农户才有能力购买耧。

## （三）育红薯苗

传统时期，培育红薯苗是夏侯村有地农户所必备的技术。培育红薯苗一般都是以家庭为单位，各家培育各家的红薯苗。在家庭内部，一般都由家长亲自培育，不会培育红薯苗的家长会被认为"没本事"，并因此失去一定威信。如果某个家庭不会培育红薯苗，就必须向别人家借用几根红薯苗，或请求其帮助自己培育红薯苗。一般都是找同自己关系最好的亲戚、四邻。关系一般的农户不会请求其帮助培育红薯苗，因为红薯苗的好坏决定红薯的产量，如果关系一般，一方面主家信不过，另一方面也不会好好培育。培育红薯苗虽然花钱很少，但是帮助培育红薯苗却是很大的恩情，在请求培育时一定要带上正式的礼物（如点心匣子、馒头、鸡蛋等）前往，并且丰收之后一定要送一些红薯过去。

培育红薯苗一般都是在农历四月底五月初，也就是小麦收获之前的半个月时间内。培育红薯苗的地点一般都在自家粪坑附近，因为此处土壤最肥沃，也最湿润，适合红薯苗的生长。粪坑一般在自家院落中，便于农户对红薯苗的看护。

## （四）插苗

红薯产量很高，据夏侯村村民回忆，一亩地至少可以产1000—2000斤红薯，因此红薯的种植面积一般不大，普通农户家庭只需要种植1—2亩红薯就够吃了。村中大地主孙长祚拥有550余亩土地，一般情况下也只种植10—20亩的红薯。插红薯秧是传统时期夏侯村所有农业劳动中最精细的，也是唯一需要浇水灌溉的劳动过程（种菜除外）。插苗一般以家庭为单位进行，如果儿子已经长大成人，则由父子共同完成插苗、浇水的工作；如果儿子还小，则由夫妻共同完成插苗的工作，丈夫插苗、妻子挑水浇水，或者妻子插苗、丈夫挑水浇水。浇红薯苗所用的水一般是从坑中挑出来的。如果

---

[1] 村民孙占秀口述。

家中需要插的红薯苗很多，会使用独轮小土车或者架子车来协助农户完成劳动。如果家中需要插的红薯苗非常多，单凭一家一户的力量很难完成，则会找本家亲戚、左邻右舍帮忙，如果可以找到人帮忙，请吃顿饭即可。如果每年都忙不过来，或者找不到亲戚帮忙，就必须采用雇工的方式完成农业劳动，觅个"觅汉"（长工）或者临时找个短工，通过发工钱的形式完成插苗劳动。据夏侯村村民回忆："那时候（1949年前），孙长祚家插红薯苗的时候，阵势可大，都是拉着他家的太平车（4个木制轮子的大板车），上边放四五个大水缸，然后用绳子捆起来，三四头牲口拉车，两三个觅汉负责弄水，其他的觅汉插苗、浇水。"

### 四、割麦与晒场

据夏侯村村民回忆，1949年前，割麦是最累的，比锄地还累。"一天到晚弯着个腰，都是靠人一镰刀一镰刀地割，没有啥好法儿。割一捧（双手抱不住），就捆一小捆，堆在地里，然后用架子车拉到场里"。

#### （一）割麦单元

1949年以前，没有觅汉的农户都是以家庭为单位割麦。家中地多于二三十亩的，一般都觅了觅汉，都是觅汉割麦，主家一般不干活；但是如果快下雨了，麦还没有割完，主家也会下地割麦。总结村民描述，传统时期夏侯村割麦时有家户独立收割、请人帮忙收割和雇工收割三种情况。

1. 家户独立割麦

传统时期能够依靠一家一户的力量独自完成割麦劳动的家庭主要分三种：其一，家里地少，只有三五亩地，一个人都能完成。据村民孙占秀回忆："那时候俺家地少，就一亩半不到两亩地，还都是孬地，加上种了一点老坟地，总共也就不到3亩地。我那时候才15岁，俺父亲就叫我一个人去割麦。我记得非常清楚，一天都干完了，所有的麦装起来，我一个人都扛回家了。"其二，拥有10亩左右的地，但是家里穷，劳动力少，请不起觅汉，只能自己完成。据村民刘素珍回忆："那时候俺丈夫在外边教书，孩子们都小，老公公年龄也大了，俺婆裹脚，干不了农活，家里就我一个女的算是劳动力。一到割麦的时候，看着这七八亩地我都害怕，现在还经常做噩梦，说这麦割不完咋弄了。人家都是天明（太阳升起来）了去割麦，我都是半夜三四点都得起来，全家都指望着我了。"其三，家中拥有十几亩地，但是劳动力充足，可以独立完成割麦。

2. 请人帮忙割麦

请人帮忙割麦一般是因为遇到突发情况，使得割麦时间非常紧迫，或者劳动力临时受伤、生病导致无法劳动引起劳动力紧张。请人帮忙主要是指独立割麦的农户，雇工的家庭一般不需要请人帮忙。夏侯村村民认为："觅觅汉的家庭即使请人帮忙也要掏钱的，因为能觅觅汉就说明家里有（钱），觅汉给你干活你给钱，乡亲们给你干活你就不给钱，不合适。要给钱都给钱，他也不差那些钱。"

请人帮忙割麦的家庭一般是较为贫困的农户，家中拥有十几亩以下田地，他们请人帮忙割麦不给钱，只需要请吃一顿饭即可。不过在帮忙割麦的这几天，主家都要管饭。请人帮忙割麦是欠了对方一个人情，等对方需要帮助的时候，必须把这个人情还回去，主动提供帮助。偿还的方式不一定是割麦，但是一定要用某种方式偿还，并且大致等量。

3. 雇工收割

传统时期夏侯村采用雇工收割的农户，大多是中农及其以上成分，家中至少拥有20亩以上的地，但是也不绝对。据村民回忆，过去村里有个老太太，丈夫死得早，没有儿子，只有两个闺女，闺女都嫁出去了。老太太有五六亩地，自己干不了，就让自己的一个远房外甥给自己种地、割麦，外甥保证老太太有饭吃就行。

一般情况下家中地较多的农户都会觅觅汉，因为觅汉的工资低一点，一般情况下一年四五担粮食。如果雇短工，要按天、按月给工钱，工钱相对较高，一般一个月都得一担粮食，或者一天二三斗粮食。

（二）割麦与运输

割麦之后，要将带麦秆的麦子拉到场（晒场）里脱粒、晾晒。把整捆的麦子运到场里是不容易的，往往需要借助运输工具，最常用的运输工具是架子车。据村民回忆："背才能背多少啊，三五亩地的麦，两架子车都拉完了，你要一捆一捆地背，得背一天。"村民运送麦秆的方式主要有背麦秆、借车拉麦秆、自家车拉麦秆三种情况。

1. 背麦秆

采用人力将麦子连同麦秆背到场里的农户一般家中非常贫困，且只有二三亩地。这样的农户既买不起架子车，家里也没有独轮小土车，只能采用人力背的方式。

2. 借车拉麦秆

村民借车拉麦秆，一般借用架子车，很少借用其他车辆，因为架子车既可以人力拉动，又可以用牲口拉动，并且使用简单，装载量大。传统时期，村民家中可以买得起架子车的农户至少是中农或中农以上成分的家庭，家中至少有20亩左右的耕地。普通农户借用架子车一般都是向关系比较好的本家亲戚或左邻右舍借用，由于架子车是比较贵重的交通工具，因此关系一般的农户一般不会彼此借用。如果在借用过程中损坏，可以修补的损伤找木匠修好，如果不能修补，则必须赔偿一辆新的架子车。农户借用架子车时，借用时间不能与主家使用时间冲突，必须等对方经将所有麦子都拉到场里之后才能借用。借用架子车运输麦秆可以提高运输效率，但是由于没有架子车的农户不善于装车，如果装得太多可能导致翻车，一次只能拉比较少的麦秆，因此，熟练农户装一车所拉走的麦秆往往比借车农户跑两趟所运输的麦秆还多。

3. 自家车拉麦秆

自家有车的农户可以显著提高运输效率。一般来说，这样的农户也有牲口，用牲口拉车可以比人拉车多拉至少一倍，并且一个人即可完成运输工作。

(三) 晒场与借场

传统时期大多数夏侯村农户都有自家的晒场，只有那些家中没有地的农户才会把场也卖掉。夏侯村的场集中分布，除孙长祚在农田中专门开辟了一个新场之外，大多数农户的场都在坑的附近。麦子连同麦秆被运送到场里之后，首先要进行脱粒工作，一般采用石磙进行脱粒，石磙可以用人拉，也可以用牲口拉。据村民回忆："过去不是每家都有石磙的，一般是中农及其以上农户才有石磙。买不起石磙的借一下都中了，石磙也用不坏。"借石磙这一行为在传统时期非常普遍，由于大家的场都在一起，石磙一般就放在自家场里，借用很方便。如果关系非常好的两家农户，一个有石磙，一个没有石磙，在轧麦子的时候，有石磙的一家就会赶着牲口到另一家的场里转一圈，顺便就把他家的麦子给轧了。关系一般的农户借用石磙，一般不会连同牲口一起借用，主家用过之后把牲口牵回家，借用的农户可凭人力拉动石磙。石磙一般都是就近借用自家场旁边农户家的，因为拉着石磙走是比较累的，走得远了，即使牲口也会受不了。借场晒粮食这一行为相对较少。如果某些农户家中没有场，或者自家的场不够用了，只需要同邻居说一声，占一点地方即可，不算人情。如果农户家中没有场，每年都需要借场来晾晒粮食，通常会借自己关系非常好的本家亲戚或直系血亲家中的场。那些没有场的农户通常也没多少粮食，占不了很大地方，因此可以两家同时晒场，不需要等主家使用过之后再使用。但是如果借用别人家的场，在扬场、晒场时，要帮助场的主人干一些活，提供力所能及的帮助。

五、捡麦穗

传统时期在麦收时节田间地头、街道马路、场里坑边会遗漏很多麦穗，夏侯村村民往往通过捡麦穗来获取额外的粮食收入。

(一) 捡麦穗的分工关系

捡麦穗通常是以家庭为单位进行的。在一个家庭内部，成年男劳动力和女劳动力一般都不会闲得去捡麦穗，因为收入十分有限，一般都是家中的老人和小孩去捡麦穗。

户家及其他觅觅汉、觅短工进行收割的家庭中，觅汉和短工不负责捡麦穗，户家的家长和家庭成员更不会去捡麦穗。

（二）捡麦穗的合作关系

在本村范围内捡麦穗，一般都是以家庭为单位进行的，各家捡各家的，没有合作。如果到外村或跨村大马路上捡拾麦穗，就要三五个家庭一同出行，一是为了安全，二是壮大声势、不受欺负，三是交换信息。这几个共同外出捡麦穗的农户往往是关系比较好的本家亲戚或街坊四邻，关系不好或一般的不会共同外出。外出捡麦穗一般是由于某个农户获取了某些信息，如某个村的大地主家开始收麦了，某个村子粮食丰收了等。有了信息才会前往，没有准确消息，一般不会跑很远。

（三）捡麦穗的占有关系

小孩子捡来的麦穗一般情况下要交给家长，并且获得家长的表扬。但是比较调皮捣蛋的小孩子捡来麦穗，也可能会直接到油条摊、小吃摊处换购零食，家长也不会责备。老人捡来的麦穗，一般由老人自己处理，老人通常不会随便乱花钱，都是交给家里，大家共同使用。捡来的麦穗不作为收成的一部分，一般不用缴纳任何赋税。

（四）捡麦穗的村庄关系

捡麦穗一般不能到别人村庄内部捡拾，如果麦子的主人或本村的无赖碰到有外村人（不认识、不熟悉的人）捡拾麦穗，通常会在村口处拦截，说是自己的麦穗，不能带出村子，导致被讹诈。小孩子碰到外村来捡麦穗的小孩子往往会引发争斗、打架。到外村捡麦穗一般都是在地里或马路上捡拾，一旦进入居住区就不再捡拾，因为在地里或马路上捡拾，碰到外村人驱赶可以迅速逃跑。

## 第四节 聚居与空间

传统时期的夏侯村村民集中居住，不同宗族仅有街道加以阻隔，人居建筑高度集中，呈现出房子连着房子的居住特点。夏侯村没有祠堂，但是各家的堂屋均摆有祖宗的牌位或者挂像，各宗族都有供祖宗居住的祖轴，逢年过节就会轮流悬挂在本宗族不同长辈的家中，人居建筑与祖居建筑高度融合。在村内集中的人居空间中，又夹杂着包括牛王庙、马王庙之类的神居建筑。夏侯村村民为了突出神与人的不同，神居建筑与人居建筑之间普遍有一段距离，但是仅为一道街的距离，可以认为是人神依居。本节将从高度聚居、人祖共居、人神依居三部分考察传统时期夏侯村的村民居住形态。

一、高度聚居

在之前的章节中我们已经了解到,在一马平川的平原地区,夏侯村村民呈现出高度的聚居状态。村民认为,集中居住不仅可以共御外敌、藏风得水,更能缩短感情距离,增进村庄融合,因此在长期的历史发展过程中,夏侯村村民始终保持了高度聚居的传统并延续至今,同时也认识到"聚在一起,人多事杂,就必须有规矩,要不都乱套了"。因此本部分着重从村民院落的空间关系、庄内布局、留胡同关系和建庄规约关系四个方面考察夏侯村高度聚居形态背后的社会和空间关系。

（一）院落的空间关系

据夏侯村村民回忆:"过去（1949 年前）跟现在一样,都是庄连着庄,墙（院墙）挨着墙。"大多数村民认为,自夏侯村祖先搬迁至此之时,就是一排一排地建房子,不同院落房屋与房屋之间只有二三米的间隔,院墙与院墙之间至多只有 6 尺的宽度。这与传统时期夏侯村的建庄规约有关,在第三部分中详细描述。

一个家户一片院落,一片院落的四至都建有围墙,在传统时期,没有钱建院墙的农户也会在院落四周用树枝、麦秆、玉米秆堆放在一起,形成一圈篱笆墙。不同家户之间都有院墙相隔,除亲兄弟可能共用一堵院墙之外,普通农户之间往往各自修筑各自的院墙。村民约定,后建院墙的农户自动向后退三尺,作为院墙之间的间隔,也做"滴水"（雨水留下来的通道）之用。

为了方便相邻农户能够顺利出入院落,院落与院落之间都留有胡同或街道。传统时期,村民将仅能够容下 8 个人抬棺材通行的小路称为胡同,胡同是农户在建院墙时主动留出来的。宽度达到四五米以上、由村民专门建设的南北—东西向大路则被称为大街或大路。

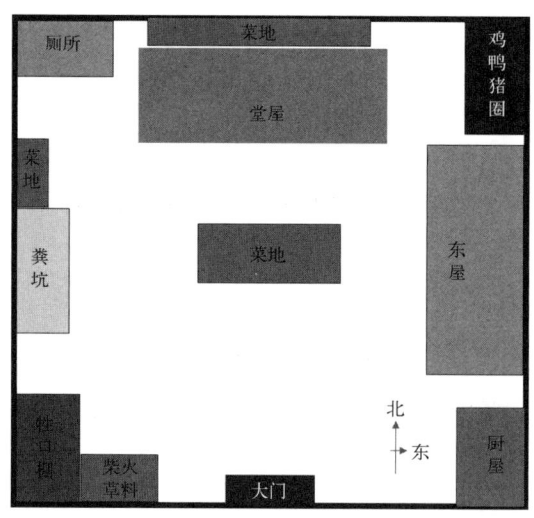

图 2-4 传统时期夏侯村农户的庄内布局

（二）庄内布局

传统时期夏侯村村民将自家的院落称为庄。庄不仅包括农户院落中的土地,而且包括其上的房屋、棚舍和草木,村民称之为"土木相连"。传统时期夏侯村的庄大多呈四合之势,坐北朝南,庄内房屋的布局非常类似,具体情况如图 2-4 所示。

庄坐北朝南,北屋为堂屋（会客厅、正厅、供奉祖先牌位的房屋）。如果家里人多,房屋不够住,也会住在堂屋。东西房屋为厢房（住房）；如果只有一面房屋,一般先建东屋，东屋一般住着家里辈分最高的长辈。后院（厕所、茅厕）一般在东南角、东北角、西北角或西南角，其位置不固定。首先，厕所的建设一般不能临街，避免影响路人和邻居；其次，如果邻居的某个角是厨房，自家厕所就不能建在别人的厨房边上；最后，厕所在方便家人使用的同时要注意隐蔽，不能正对着别人家的窗户，尽量不让别人看到，如果没有办法隐蔽就做一个棚子（传统时期的厕所一般为露天厕所）。厨屋一般有专门的房屋，在东屋或堂屋的边上，烟囱不能对着别人家的房屋，要对着胡同或街道，不能影响他人。同时，厨屋要远离牲口圈，因为牲口圈有草料，容易点燃。大门一般向南开，但是如果住户东边是街道或胡同，那么大门就会优先向街道胡同开，因为这样可以节约空间，且方便出行。大门的宽度要最少容下8个人抬棺材出门，这也是胡同宽度的最低要求。粪坑一般在院落正中间（此种情况一般是三面房屋），或者挨着一面墙修建，一般是挨着西墙（没有房屋的那面墙）修建。菜地一般在院落四角或粪坑边上；如果院子非常大，也会在堂屋的后边专门留下一片地方用来种菜；也有比较少的村民将菜地放在自家大门口两边，因为菜地在门外不容易看护，容易被小孩子偷吃或家禽破坏。牲口棚一般在粪坑边上。鸡鸭棚一般在院落的四角。粮仓一般在堂屋的厅房，或者在房顶搭个架子，一般不会设在居住的屋子，因为粮食容易吸引老鼠。

（三）留胡同关系

传统时期夏侯村的庄高度聚居，在建庄之时，后建庄的农户要给已经建庄的农户留下胡同，以方便四邻和自己通行。胡同的宽度至少要容纳8个人抬棺材通行，一般至少二三米宽。如果农户建庄时不留胡同，或者把之前的胡同堵死成为死胡同，那么这个农户将会与四邻交恶，并且老死不相往来；更有甚者，可能被四邻联合起来推倒其院墙，让其无法顺利建庄。传统时期夏侯村村民留胡同的关系错综复杂。

如图2—5所示，庄1—7等临街房不存在留胡同的问题，只需将大门朝大街开，即可方便出行。庄8、庄9、庄10在传统时期被村民称为"包袱庄"，就是被包围的庄，其建房必须考虑留胡同问题，具体有以下三种情况：

第一，庄1—7都已经建好房子，且中间没有胡同，短时间之内没有重新建房的计划。此时，庄8、庄9、庄10的农户就必须找庄11—15的农户商量，看看谁愿意将自家院墙往后退一些，留出一个胡同；同时庄8、庄9、庄10的农户必须协商一致，大门必须朝着有胡同的方向开。例如庄11的农户计划将西边的院墙向东移，在西边留出胡同，则庄8、庄9、庄10三个庄的大门都向西开，同时各自留出胡同，且要共同出钱给庄11农户修新墙。这时，庄8—10的农户都在西边胡同通行，向南走，在地里建一条

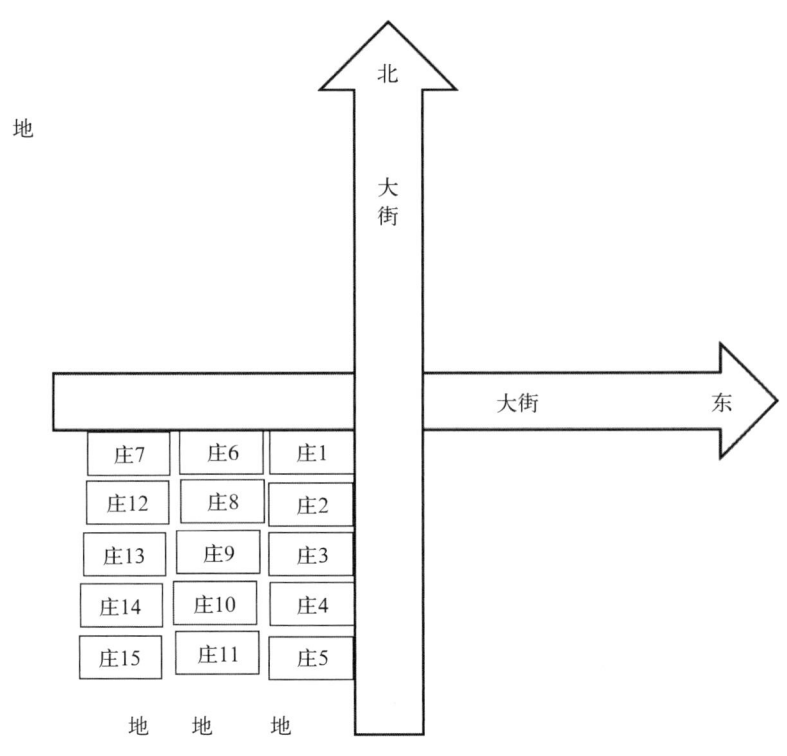

图 2-5 传统时期夏侯村村民留胡同关系

小路，向东至大街通行。

第二，庄1—7的农户有人愿意将自家的院墙拆毁，让出一个胡同。例如，庄2的农户同意将南墙拆毁，让出胡同。则由庄8—10三家农户出钱给庄2农户重修一堵墙，随后庄8农户大门向南开，庄9农户大门向北开，即可通行。此时，庄10的农户必须与庄9农户商量，能不能在庄9的东边或西边留下一条胡同，供庄10通行。一般情况下庄9农户会做个顺水人情，留下一个胡同；但是如果庄9农户不同意，则庄10农户不会参与给庄2农户修墙，而会寻找庄4、庄11、庄14或庄15的农户商量留胡同事宜，并与庄9农户交恶，互不往来。

第三，庄1—7的临街农户计划重新建房，则建房者必须留下一个胡同，供包袱庄农户通行。如果不让，会与四邻交恶，被人骂；同时，让出的胡同越宽，越会得到赞扬，被认为"不计小利""胸怀宽广"，并得到四邻的尊重，所以一般都会让胡同。

庄5、庄7、庄11—15的临地农户建房，不能将院墙紧挨着地，同时大门一般朝着地开。一是地的主人不同意把房建到地里，会破坏农作物；二是地里会上粪，气味不好闻；三是庄的主人为了方便自己通行，一般会在庄和地之间留下一条小路（胡同）。

（四）建庄规约

传统时期夏侯村呈现庄连庄的村落布局，集中居住、集中建房的同时必须有着一定的规矩才能避免矛盾。村民在集中居住的同时呈现宗族片区居住特点，因此传统时期的左邻右舍往往是本家亲戚。亲戚之间虽然"有话好商量""都是自家人"，但是也会因为树枝过墙而引发小纠纷。为了避免因集中居住而引发的小矛盾、小纠纷，在长期历史发展过程中，村民之间形成了一系列不成文的建房规约或建房默契。具体来讲，有以下八点：其一，院墙与院墙、房屋与房屋之间要各自向后退一尺，留下 2 尺左右的滴水或旮旯，不能挨着。不是亲兄弟，一般不会共墙。其二，房屋不能过高，不能把别人家的阳光全部遮住。村庄排房总体呈现出西边房子不能高于东边房子，南边房子不能高于北边房子的东高西低、南高北低的情况。其三，如果临街道建房，一般情况下距离街道较近的房屋不能高于距离街道较远的房屋，就是所谓的前排房不能比后排高（距离街道最近的房为前排房，此时不讲究东南西北，以此优先）。其四，在自家庄内建房，不能使房檐或墙檐紧挨着灰橛线，必须主动从灰橛线后退八寸（约 28 厘米）。其五，房屋后边一般不能加墙。除非将房屋建造得距离灰橛线很远。其六，房屋之间不能挖排水沟，为了避免自家进水，只能将墙脚垫高。其七，建房之前要与四邻打招呼，扒开灰橛让四邻都到现场查看，没有意见之后，方能开工建设。其八，留胡同原则，所留胡同的大小，必须能够容纳 8 个人抬棺材通过。留胡同遵循新房子给老房子留胡同的先来后到原则。

传统时期，无论农户多么有钱有势，只要在夏侯村建庄生活，都要遵循上述建庄规约。据村民孙占秀回忆：

> 孙长祚家有钱有势吧，我们村最大的地主，但是孙长祚家有两片庄，分开的，一片老庄在一道街跟后街（交叉口）的东北，一片新庄在一道街跟后街（交叉口）的西南，他肯定想两片庄合一起啊，但是建庄必须给村里修路让路。另外孙长祚本来是想把新庄里的房建高点的，但是他就是不能比北边的房高，北边的他这个亲戚还可穷，盖不起房，他也顶多盖得和这个穷亲戚一样高，绝对不能比北边房高。

### 二、人祖共居

传统时期夏侯村并没有祠堂，夏侯村各个宗族的祖先都居住在祖轴中。所谓祖轴就是写满祖先名讳的一张画布，村民每逢清明节、春节要祭祖时，都是将祖轴悬挂于本宗族中年龄最大、辈分最高的长辈家中，本宗族的所有农户都要前来探望这些年龄最大、辈分最高的老人，同时在老人家中拜祖轴。祖轴的具体情况如图 2-6 所示。

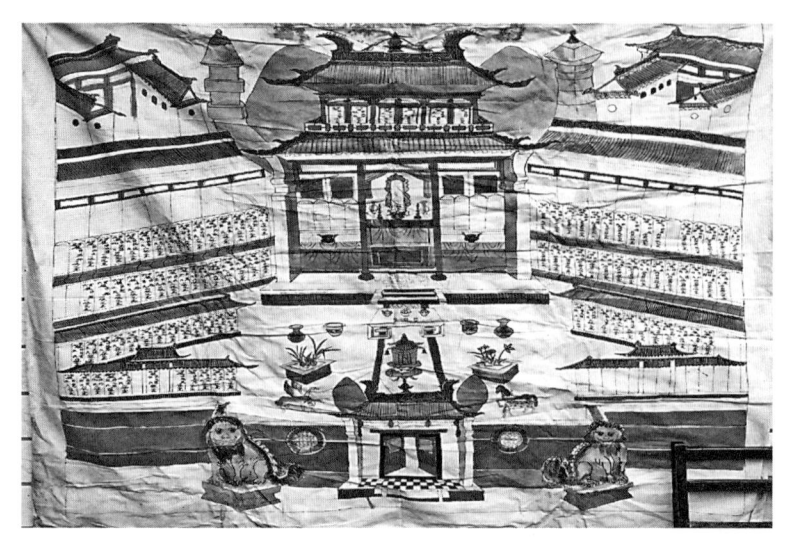

图 2-6　夏侯村孙氏宗族的祖轴

除祖轴之外，村民普遍会在自家院落的堂屋之中摆上父母、爷爷奶奶的画像或牌位。大部分农户在清明节、七月十五和春节期间都会摆上供品，在家祭拜自己的父母和爷爷奶奶。有些农户为了缅怀自己的父母，在每顿饭吃饭之前，都会将父母的画像请到饭桌旁边，意味祖孙共同吃饭。普通农户家中没有祖牌，据说只有过去做过大官的人家才有牌位。据村民回忆，1949年前，家里有牌位的只有一人，叫孙钏[1]。据见到过孙钏家祖牌的村民描述："他家里共有6个牌位，都是木头做的，有的是柳木，有的是榆木，非常精巧，确实不是一般人做出来的。祖牌高一尺半，牌位上戴有红缨帽。每次他祭祖牌和大家拜祖轴一个时间，我们拜祖轴，他祭祖牌，谁去他家都要先给祖牌磕头。他把祖牌摆在堂屋，弄了一个大条几（一尺半宽，3—4米长），一字排开，辈分最高的在东边，越往西辈分越低。他也想给老爹老娘做祖牌，就是没有人会做。"

无论是祖轴、牌位还是画像，都会摆放在村民家中祭拜，以示对祖先的思念，呈现出一种人祖共居的空间形态。

三、人神依居

中华民国时期，夏侯村中的牛王庙和马王庙已经被村民的民居所包围，但是据孙氏宗族的老人回忆："我们也是听家里的老人说，再早一些的时候（民国以前），牛王庙和马王庙都是在村边的，就现在牛王庙那个位置（二道街和后街交叉口西北），是没有人住的。后来姓康的搬过来之后，才成现在这个样子。马王庙那里（二道街和前街交叉口东北）也没有人住，一开始都没有前街，是后来姓康的和姓王的搬过来之后才

---

[1] 据村民介绍，孙钏的祖先孙庆德于光绪年间在山西太原当过镇守，随后调入京城担任九门提督，卸任后前往山东养老，去世后葬回夏侯村。

修的街。"

因此在最初修建牛王庙和马王庙的时期，牛王庙和马王庙并未与夏侯村村民同村居住，都是修建在村庄的边上，与村民相依而居。神庙附近是没有人敢在那里住的，孙占炳、孙占邦老人描述为："人跟神（菩萨）住一起，不是瘆得慌？万一你吵着神仙了，那还得了。"夏侯村村民认为，人和神要保持一段距离，人神殊途，住在一起显得不够尊敬神灵，是对神灵的亵渎。村民还认为，院子和神庙挨得太近，对农户不好，容易影响农户家的风水，影响农户的运势。因此民居大多与神庙保持一小段距离。但是也不能距离太远，村民认为："把庙修得太远也不中啊，那庙里的菩萨保佑谁了？"因此村民认为，人的院落与神庙既不能距离太远，也不能紧挨着，将神庙建设在村边是最好的。

坐落于夏侯村东的淳于古寺相传是嵩山少林寺在此地区的分寺。也有传说认为是由西汉时期淳于缇萦建造的淳于院演化而来。无论淳于古寺如何建立，其占的始终是夏侯村的地，这一点也被周边所有村庄所承认。淳于古寺坐落的方位距离夏侯村民居约有500米，村民认为："淳于古寺里供奉的菩萨多，法力更大，（人居建筑）肯定得离得更远一点。"但是淳于古寺占用夏侯村的土地最多，村民认为没必要惧怕神佛，毕竟自己提供了神佛在人间居住的土地，因此夏侯村的院落始终呈现出与淳于古寺相依而居的形态。直至今天，仍然没有农户在淳于古寺附近建房居住，只有一所小学紧邻淳于古寺。牛王庙、马王庙和淳于古寺与夏侯村的空间关系如图2-7所示。

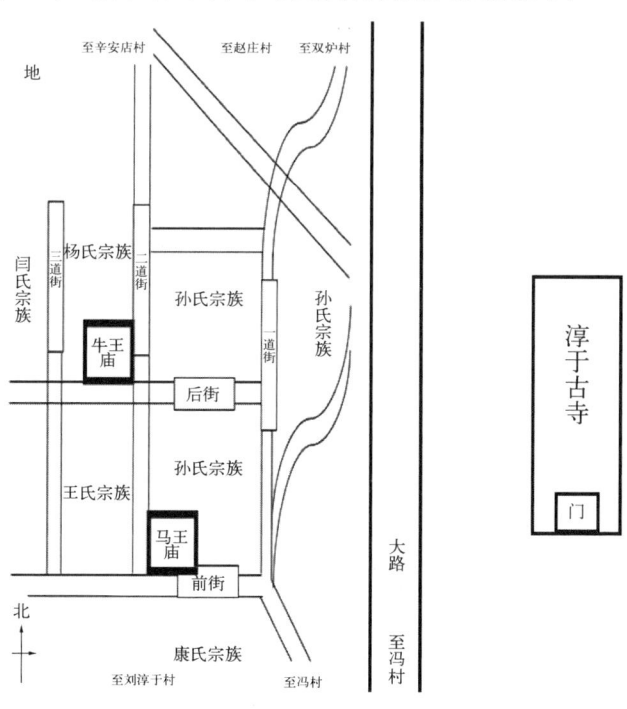

图2-7 夏侯村神庙方位

## 第五节 夏侯村自然变迁与实态

中华人民共和国成立以后,尤其是"大跃进"和集体化运动以来,夏侯村村民积极响应伟大领袖"人定胜天"的号召,向传统时期旱涝不均、盐碱风沙和缺水板结的恶劣自然状况发起挑战,不仅成功治理了黄河水灾和盐碱,更是单纯依靠人力挖出了一条引黄灌溉的人工河流——文岩十支排渠,村庄的自然环境发生了深刻的变化。本部分从盐碱地改良、黄患的治理、麦作的延续三个方面考察夏侯村的自然变迁与实态。

### 一、盐碱地改良

据《封丘县志》记载:

> 封丘县是历史上老盐碱区,1957年全县有盐碱地22.7万亩;1958年平原治水以蓄为主,大引黄河水,重灌轻排,地下水位迅速上升,造成次生盐碱地高速蔓延,至1962年猛增至50.4万亩,占耕地总面积的53%。至1982年,全县盐碱地总面积下降到22.76万亩,与1957年持平。

1949年初至1950年代,盐碱地治理采取刮土淋碱、深耕改土、开沟躲盐巧种、平整土地等措施;进入1960年代,采用修筑台田和条田的办法。1965年以后,在中科院的帮助下,采取增施肥料、水旱轮作、种植绿肥、井灌井排压盐、渠排洗盐、化学改良等科学办法综合治理。

(一)井灌排盐

1966年,中科院在封丘实行"十万亩井灌井排中间试验",至1969年共打机井397眼,连年抗旱抽水,使地下水位普遍降至3米以下。据村民回忆,井灌排盐效果比较显著,因为降低了地下水位,在一定程度上防止了土地返碱,并加速了土壤脱碱。

(二)渠排洗盐

"大跃进"期间,全县人民齐上阵,挖出了文岩、十支两大干渠,成功实现了引黄灌溉。由此夏侯村村民有条件利用渠水来洗盐。

(三)增施农家肥,种植绿肥

1949年以后,随着时局的稳定,村民有了更加稳定的生产生活环境。尤其是集体化以来,村民得以对农业生产方法进行改良和探索。村民发现,增施农家肥是改良盐碱土的重要措施,有着"牛瘦生藓,地瘦生碱,肥能吃碱"的经验总结。

（四）深翻平整土地

土地波状起伏、高低不平是形成盐斑的主要原因之一。土地局部高出地面的地块，土壤含盐比周围平地高2—4倍。同时，深耕可以有效破坏盐隔层，可以改善盐碱，增加粮食产量。

（五）瓦碱的化学改良

瓦碱的治本方法是中和碱度，治标办法是治理板结。但是瓦碱的板结是由碱化引起的，克服了碱化作用就可以改良板结。总之，瓦碱的改良以化学改良为主，其核心原理是中和土壤酸碱度。但是普通农户很难掌握这门技术，控制不好酸碱度，所以这种办法在夏侯村没有得到广泛推广。

1980年代以前，在各级政府的帮助之下，夏侯村百姓对盐碱地发起了挑战，但是据村民回忆，"都没有治好，还是那个样子"。直到1990年代以后，随着工业化和城镇化的发展，乡镇企业如雨后春笋般蓬勃兴起，造成了水污染和水浪费等诸多问题，使得地下水位连年下降。据夏侯村村民回忆："过去挖井，三五米都有水了，现在最少得15米，并且越打越深，打得浅了，水有味儿，不敢喝。现在（指2016年）的井，只有30米以下还敢喝两口。近两年，村里通自来水了，一般也不喝井水了。"地下水位的下降，使得盐碱地问题自动消失。

二、黄患的治理

历史上的各个朝代对黄河都有治理，但是由于科技水平的限制和民国时期战乱的影响，黄河大堤多年失修、千疮百孔，早已失去了应有的功效。进入1949年之后，强大社会主义国家的建立，使得黄河的治理进入"历史的崭新纪元"。

（一）治黄方针

1948年"黄委会"提出"除害兴利"。1955年党中央提出"根治黄河水灾，开发黄河水利"这一治黄的总任务和总目标。1949年初提出"宽河固堤"，1955年提出"蓄水拦沙"，1970年代提出"上拦下排、两岸分治"，1980年代提出"调水调沙"。1990年代，随着黄河上多个大型水利枢纽工程的修建，尤其是小浪底水利枢纽工程的建设，黄患最终成为历史。

（二）堤防建设

1949年后，封丘境内的黄河堤防有临黄堤、贯孟堤、太行堤、防洪堤，全长77.95公里。1951年临黄大堤复堤，5月20日动工，8月底完工，动员民工8000—15000人，共投资80.6万元。自1949年至1985年，堤防工程共完成土方857.1万立方米，使用人工511.1万个，总投资831.5万元。

### （三）引黄灌溉

据村民回忆，夏侯村北的文岩十支排渠（见图2-8）是村民在1956年至1960年期间单凭人力、牲口和小推车挖出来的，并且在1963年至1967年期间反复疏浚、修补。据村民连树桐回忆："那时候（指1956年后）国家号召改善农村水利条件，提高农业抗旱防洪能力。每年秋收以后，都会安排挖河筑堤的水利建设任务，时间一般是一个多月，短的话十几天。挖河是政治任务，男女老少齐上阵，没有报酬，并且还要到外村、外县挖河。上级根据工程量和村庄的大小分配出工指标，生产队落实到人。挖河累啊，被称为'四大累'（挖河、打堤、麦收、脱坯）之首。我

图2-8 夏侯村北的部分文岩十支排渠

那时候都去挖过河，我很瘦，饭量不大，但是一挖河都特别能吃，平常吃二三个馒头就饱了，挖河的时候，一顿饭吃十几个，还感觉饿。干着干着有人晕倒了，都不是让喝水，赶紧让吃两个馒头，人就醒过来了。"

### 三、麦作的延续

进入1980年代以后，夏侯村村民面临更多的选择，但是由于夏侯村没有资源，且村民普遍较为贫困、没有技术，大多不能摆脱"面朝黄土背朝天"的生产生活状态。村中大量青年村民外出读书、务工、经商，但是年龄较大的村民都会返乡种地。加之打造中原粮仓、抓紧中国人的粮袋子、保耕地红线等一系列宏观调控措施，以及大量建设农田机井站、取消农业税、增加种粮补贴等一系列鼓励措施的推进，夏侯村村民面对激烈的市场竞争和不景气的市场行情往往选择返乡务农，绵延千年的传统麦作依然在这片土地上延续着。

图2-9 现代化的机井站与麦作的延续

# 第三章　夏侯村的经济形态与实态

夏侯村的经济是黄河流域典型的以一家一户为基本单位的小农经济，然而在恶劣的自然和社会环境下，小农经济难以自给自足，求生求存是整个传统时期夏侯村的经济底色。在第二章自然形态部分我们已经了解到夏侯村的土壤贫瘠、土地产量极低，在这样的自然形态下，加上人地关系紧张、土地兼并和时常爆发的匪患和战争，单纯依靠农业生产不能维持生存。但是对土地的向往作为传统时期农民的"最高追求"这点却没有改变，它集中表现为"有钱就买地""有地的才是大户人家"。本部分将从人地关系及生产能力、产权、经营、交换、分配、消费、继承、村庄经济变迁和经济实态等九个方面考察传统时期夏侯村的经济形态与实态。

## 第一节　人地关系及生产能力

土壤的贫瘠和生产工具的落后注定了传统时期夏侯村有着紧张的人地关系和低下的生产能力；同时人口规模较大、土地集中程度高更加剧了人地矛盾。本部分将集中考察传统时期夏侯村的人地关系与生产能力。

一、土地占有极度不均

（一）户均人口差异大

由于传统时期，尤其是抗日战争之后，自然灾害加剧、战争频发，夏侯村出现了大量逃荒、避难情况；人口流动性强、寿命不稳定，且出现大量因战、因灾导致的失联人口，使得夏侯村人口统计十分困难，出现了村民只记"约数"，不能"精确"的情况。综合村中各宗族老人的回忆：1949年前后，夏侯村共有约160户计920口人，户均5.75人。1941—1947年期间，村中人口很少，常住人口只有300—400人，其中大部分人都有外出逃荒、避难的经历。随着时局的稳定，大部分村民于1947—1949年间陆续返乡，人口变动很大。1949年左右，孙氏族人共计约350人50户，户均7人；人口最多的家庭是大地主孙长祚家，有20人；人口最少的如孙存德家，无儿无女，只有夫妇两人。王氏宗族约150人，25户，户均约6人。康氏宗族约160人，35户，户均约4.57人。闫氏宗族约140人，30户，户均约4.66人。杨氏宗族约100人，17户，户均约5.88人。山东赵氏1户，人口6人，于1948年逃荒至山西稷山县，至今未归，故不列入统计。封丘黄德镇王氏1户，5人。李淳于村李氏1户，10人。辛安店张氏1户，5人。1948年冬，夏侯村进入"第二次土地改革"时期，村中共评选出8户地主，分别是孙长祚、孙长兴、康轩、王廷松、王廷相、王井善、闫金中和杨建华。据《封丘县志》记载："中华民国二十六年（1937年），由于自然灾害较多，人口减少到149395人。1949年全县总人口327392人，其中男性158664人，女性168728人，女性多于男性。"《封丘县志》中并没有关于1949年前户数的统计及人口变化的原因描述。可见1949年前，由于战争和时局的不稳，政府并没有做精确的人口普查，直到1953年才出现第一次人口普查。

（二）土地类型单一

夏侯村地处华北平原地区，村中土地为清一色的平原旱地。现如今有1804亩耕地，与1949年前相当。虽然如今住宅面积有所增加，但由于行政区划的变动和文岩十支排渠的修建占用一部分耕地，总体而言耕田面积不变。

虽然都为平原旱地，但是村民根据土地的性质和土地的产量将土地分为好地和孬地。好地是指粮食产量较高的土地，具体包括菜地、沙土地（含沙量低的）、黄土地和极少一部分黑土地，占全村耕地面积的35%左右。孬地包括内涝地、碱场地、沙土地、硬地和淤地，约占全村耕地总面积的65%（具体情况如表2-3所示）。

（三）人地关系高度紧张

传统时期夏侯村有920口人，1800亩耕地，人均耕地1.96亩，在土地质量普遍低下、亩产普遍较低的传统时期，人地关系总体呈现高度紧张的状态。大部分村民不能单纯依靠土地为生，必须通过做工、做买卖、乞讨、出卖手艺等方式维持生存。传统时期夏侯村人地关系有以下三个特点：其一，人均占有不均，土地高度集中。据村民回忆，传统时期夏侯村8个地主家庭共约95人，就占有了全村约1090亩的耕地，且几乎涵盖村中所有的好地；其余825口人，仅占有710亩耕地，土地集中程度非常高。具体情况如表3-1所示。

表3-1 传统时期夏侯村村民耕地占有情况

| 身 份 | 姓 名 | 家庭人口数 | 耕地占有亩数 | 占全村耕地百分比 |
|---|---|---|---|---|
| 地主 | 孙长祚 | 20 | 550 | 30.6 |
| | 孙长兴 | 13 | 150 | 8.3 |
| | 康轩 | 14 | 100 | 5.6 |
| | 王廷松 | 7 | 70 | 3.9 |
| | 王廷相 | 6 | 50 | 2.8 |
| | 王井善 | 13 | 50 | 2.8 |
| | 闫金中 | 14 | 80 | 4.4 |
| | 杨建华 | 8 | 40 | 2.2 |
| 中农 | | 6* | ≥15 | 30.4 |
| 贫农 | | 4* | <1（人均）<br><3（户均） | 9 |

\* 数据为约数。
**资料来源**：2016年10月至2017年1月的田野调查。

其二，中农以上能果腹，中农以下需做工。传统时期夏侯村人地关系中的第二个突出特点是，中农及中农以上成分的家庭可以单纯依靠农业生产维持温饱，下中农、贫农和雇农必须外出做工、经商、讨饭才能维持生存。具体情况如表3-2所示。

表3-2 传统时期夏侯村部分家户及其谋生手段

| 户 主 | 家庭人口数 | 耕地亩数 | 成 分 | 谋生手段 |
|---|---|---|---|---|
| 孙太远 | 10 | 2—3 | 贫农 | 卖烧饼、炸油条、编草席，妇女纺花织布、做衣服 |
| 孙长江 | 6 | 0 | 雇农 | 做长工，有手艺，会盖房、做简单的木工活 |
| 孙剩 | 4 | 0 | 贫农 | 倒卖鸡蛋 |
| 孙广德 | 4 | 2—3 | 贫农 | 靠女儿从娘家带粮食 |
| 孙良 | 7 | 10 | 贫农 | 卖水（饮用水） |
| 孙有 | 8 | 2 | 贫农 | 拾粪，妇女纺花、织布、做衣服 |
| 孙如德 | 6 | 0 | 雇农 | 喂牲口，会放羊 |
| 孙长振 | 6 | 20 | 中农 | 种地 |

续表

| 户 主 | 家庭人口数 | 耕地亩数 | 成 分 | 谋生手段 |
|---|---|---|---|---|
| 孙太安 | 5* | 10 | 中农 | 种地 |
| 孙富坤 | 6 | 15 | 中农 | 种地，贩卖粮食 |
| 孙毅 | 5 | 25 | 中农 | 种地 |
| 孙守德 | 7 | 30 | 中农 | 种地 |
| 孙长礼 | 4 | 5 | 中农 | 种地，做木匠活 |

\* 包括3个女儿。

资料来源：2016年10月至2017年1月的田野调查。

其三，地主、富农有雇工。传统时期夏侯村的地主和富农都有雇工，用村民的话就是"有剥削量，所以才被评为地主、富农"。传统时期夏侯村地主、富农雇工情况如表3-3所示。

表3-3 传统时期夏侯村地主、富农雇工情况表

| 户 主 | 成 分 | 雇工数量 | 工人来源 |
|---|---|---|---|
| 孙长祚 | 地主 | 10个长工<br>2个把式<br>2个喂牲口的<br>1个管家<br>家中有事会雇短工 | 长工中多为本村人，多为自家亲戚，也有3—4个本村外姓人，有1个是外村远房亲戚<br>短工全部为本村人<br>把式和喂牲口的都是本村同姓人<br>管家来自外村，后由自家二儿子孙锐担任 |
| 孙长兴 | 地主 | 3—5个长工<br>1个把式<br>1个喂牲口的<br>家中有事会雇短工 | 长工多为本村人，有1个是外村姻亲亲戚<br>把式和喂牲口的都为本村人 |
| 康轩 | 地主 | 2—3个长工<br>1个把式<br>1个喂牲口的<br>家中有事会雇短工 | 长工全部为本村同姓人<br>把式和喂牲口的是本村人 |
| 孙长明 | 富农 | 1个长工 | 外村姻亲亲戚既会种地，又会喂牲口 |

资料来源：2016年10月至2017年1月的田野调查。

## 二、生产能力差异大

传统时期夏侯村村民的生产能力与农户土地占有类似，总体呈现出差异大的特点。生产能力的差异可以体现在劳动力差异和劳动工具差异两个方面。其中在劳动力方面，年龄、性别、家户、技能和体能都存在明显差异。此外，劳动工具的户际差异也较为明显：中农以上农户家中有完备的大型和小型劳动工具，可以做到自给自足；但是对

于大多数中农及其以下成分的农户，必须通过频率很高的借用、辩犋等行为才能顺利完成农业生产。

(一) 劳动力差异

劳动力是传统农耕文明中发家致富的基本条件，但是在夏侯村并没有体现出"劳动发家致富"的基本特征，而是出现了"生活好不好，关键看祖先"的情况：祖上遗留的土地、财产多的，生活就好；祖上没有遗留或遗产较少的，即使一天到晚辛勤劳动，也吃不饱饭。总体而言，传统时期夏侯村劳动力并不值钱。本部分将从劳动力标准、概况、技能缺失、体能差距四个方面考察传统时期夏侯村的劳动力形态。

1. 年龄差异

传统时期夏侯村认为男孩子只要达到 15 岁就可成家立业，结婚成家之后就是一个完整的成年劳动力。男人只要可以劳动，就会一直劳动，直到重病、残疾、卧床不起。可以说传统时期夏侯村的劳动力是"下至 15（岁），上不封顶"。

传统时期，成年男性都被认为是劳动力，都要参加劳动，不能劳动的成年男性，除上学的学生外，被认为是不务正业、玩物丧志、百无一用的"废人"。不能劳动的情况有先天残疾的（如小儿麻痹等重病），抽大烟的，懒汉（故意不劳动，家人劝阻无效的），缺心眼的（啥都不会，啥都干不成），傻子（先天智力障碍），行好没作恶大的（特指那些干事成本极高的，例如本来收 100 斤麦子，由于其浪费、没有正形，浪费了七八十斤，家人就不让这些人干活了）。

传统时期的夏侯村，即使未满 15 岁，只要有独立活动能力，无论男女都会干活，但是不被认为是劳动力。会干活、能干活且愿意帮助家人干活的孩子被认为是懂事的好孩子，会被大家赞扬，称为孩子的榜样；不愿意干活、贪玩或者干不成活的孩子会被批评，但不会被责备，更不会被体罚。干活过程中失手损坏了工具、打人、伤了人或对别人的财产造成重大损失的孩子会被打一顿，并受到严厉的惩罚。小男孩们的劳动内容包括割草、挑水、喂牲口、砍柴、捡麦穗、养鸡养鸭等。如果是手艺人家的男孩子，从小就要学习父亲传授的手艺，如木匠的孩子从小学习木工活，铁匠的孩子从小学习打铁，编草席的从小练习编织技术等。小女孩们的劳动内容包括割草、捡麦穗、喂牲口、喂鸡喂鸭、洗衣服、干针线活儿、纺花织布、扫地等。如果家中有弟弟，且小女孩儿已经五六岁以上，就要承担起带孩子的工作。手艺人家中的技能一般不传给女孩子，是为"传男不传女"，但如果是擅长纺织、裁缝等手艺，也会将技能传给女儿。

## 2. 男女差异

传统时期夏侯村的妇女都是裹脚的,用村民的话描述:"走路都困难,站都站不稳,根本不能下地干活。"所以妇女所从事的工作一般是照顾家庭,具体包括洗衣、做饭、带孩子、纺花织布、缝补衣物、喂鸡喂鸭、照顾老人等家务活。在农忙时期,男子将玉米、大豆、高粱等秋收作物带回家后,妇女也会帮着干些拔穗、脱粒、晾晒等劳动量不大的工作。传统时期不裹脚能干活的女人很少,据村民回忆:只有一个寡妇,大家都叫她"麻氏奶",因为丈夫走得早,只剩下她一个人。她从小脚大,再加上丈夫一走,她也不裹脚了。家里老的老,小的小,就自己下地干活。"麻氏奶"力气大,手脚麻利,是干活的一把好手,比一般男的还厉害。

## 3. 家户差异

传统时期夏侯村总体来讲"不缺劳动力,缺土地",用村民的话说是"能干活的多,有活干的人少"。"七七事变"之后,时局不稳,大部分青壮年劳动力都外出讨饭、逃荒,许多人为逃避抓兵、当壮丁也纷纷逃离村庄,能干活的人就变少了。1947年之后,时局稳定,外出逃荒的青壮年劳动力纷纷返乡,劳动力资源又重新恢复到以前的状态。总体来讲,传统时期夏侯村的劳动力呈现以下三个特点:

其一,家庭条件越好,劳动力越多(具体情况如表3-4所示)。

表3-4 传统时期夏侯村家庭条件与劳动力数量情况对比

| 姓　名 | 家庭成分 | 家庭条件 | 劳动力情况 |
| --- | --- | --- | --- |
| 孙长祚 | 地主 | 大户人家,有550亩土地(在本村土地最多) | 孙长祚本人不劳动,有1个老婆、5个儿子、5个儿媳、7个孙子,其中满15周岁的6人,共计12个劳动力 |
| 孙长兴 | 地主 | 大户人家,有150亩土地 | 孙长兴本人参与劳动,有1个老婆、2个儿子、3个儿媳、6个孙子,1949年前都年满15周岁,共计9个劳动力 |
| 孙兴德 | 中农 | 家庭条件较好的农户,有20亩地 | 孙兴德本人参与劳动,有2个老婆、1个儿子、4个女儿,共计2个劳动力 |
| 孙长道 | 中农 | 家庭条件较好,有地15亩,依靠种地可以维持生存;孙长道参与贩卖盐,有额外收入 | 孙长道本人参与活动,有1个老婆、1个儿子、1个儿媳、1个孙子、3个孙女,且孙子于1949年前未满15周岁,家中共计2个劳动力 |
| 孙有 | 贫农 | 家庭条件较差,有地不足亩,单纯依靠种地无法维持生活,通过拾粪维持生活 | 孙有本人参与劳动,有1个老婆、4个女儿、2个儿子(两个儿子都于1941年逃荒外出,失联,至今没有音信),家中共有1个劳动力 |

续表

| 姓　名 | 家庭成分 | 家庭条件 | 劳动力情况 |
|---|---|---|---|
| 孙广德 | 贫农 | 家庭条件较差，家中仅有2亩地单纯依靠种地无法维持生活，且没有手艺，没有其他生活来源，依靠女儿从娘家带些粮食维持生存 | 孙广德有1个老婆、2个女儿，没有儿子。孙广德由于年龄大，身体有病，1940年之后就失去劳动能力。家中没有劳动力 |

**资料来源**：2016年10月至2017年1月的田野调查。

其二，家庭条件差，劳动力多，就要择优留下、多余送出。传统时期夏侯村中农以下农户家中普遍只有2—4亩土地，单纯依靠农业收入无法维持生存，必须依靠其他途径获取收入才能求存，所以家中人越少，生存概率越大。家中有手艺、勤快、聪明肯干的儿子会被留下来，而没有本事、好吃懒做、"啥都干不成"的儿子则会被父母想办法过继给本家亲戚或送到有钱的亲戚家来确保家庭的维系。

1949年前，孙太远家为贫农家庭，家中仅有二三亩土地，单纯依靠种地根本无法生存。其家中共有三个儿子：长子孙铭，没有手艺，约于1915年前成婚，育有一子；次子孙梅，勤快、聪明且有手艺，可以通过打烧饼、炸油条、编草席等劳动为家庭获取收入，于1917年左右成婚，育有二子；三子"疙瘩"，没有手艺，且人比较懒惰，不愿意种地。

为了维持家庭，孙太远和老婆商量，将"疙瘩"过继给自己的叔伯兄弟孙长振家做儿子，因为孙长振家庭条件较好，中农成分，家中有20多亩土地，且没有儿子，只有四个姑娘。得到孙长振同意后，"疙瘩"也非常高兴。但是"疙瘩"在孙长振家里生活一段时间之后就又离家出走，回到亲生父母家里了，他对父母抱怨说："他俩（孙长振夫妇）光让我干活，不给我娶媳妇。"孙太远夫妇没有能力抚养这么多儿子，一气之下，就把这个不争气的"疙瘩"打了一顿。"疙瘩"赌气离家出走，失联，至今没有音信。1939年之后，夏侯村普遍灾荒，孙太远家发生生存危机。经过家庭成员讨论，二儿子孙梅有手艺，可以养家糊口，就让长子孙铭一家外出逃荒，以求渡过生存危机。在逃荒的路上，孙铭的妻子和儿子都饿死了，只有孙铭活了下来，于1947年返乡。虽然孙铭成了孤家寡人，但是整个大家庭渡过了危机，生存了下来。

其三，每家至少一个劳动力。少于一个，就会想办法采用过继、生育、领养等方式增加劳动力。

其四，只要有条件，就会通过多生儿子的方式，增加劳动力数量。

4. 技能差异

传统时期，夏侯村村民的劳动力普遍存在技能缺失的情况，尤其是中农成分以下的家庭，很多青壮年劳动力不会种地、不会使用牲口，即使有意愿打长工、做买卖，也因为家庭中无人教授技能而失去劳动机会。夏侯村俗语有云："龙生龙、凤生凤，老鼠的儿子会打洞，秃子的儿子会打架，瘸子的儿子弄啥都不中。"意思是有钱人家的孩子，从小受家庭氛围的影响，可以学习到各种技能，而穷人家的孩子，大人啥都不会，儿子也啥都不会，越来越穷。根据村民口述，技能缺失的原因有以下四点：第一，懒惰。不动脑子，也不愿意动脑子，没有学习技能的想法。第二，教育缺失。传统时期夏侯村附近没有学校，只有两个教书先生，且教书先生水平有限，自己生活都成问题，愿意去学习的人少；县城的学校收费太贵，上不起。第三，家庭影响。用村民的话说："家中长辈会什么，儿子就会什么；家中长辈啥都不会，儿子也啥都不会。"第四，环境闭塞。传统时期的夏侯村，村民认为世间所有的事就是村里这么多事，尤其是普通农户，根本没有能力或想法了解外界，甚至不知道有外界。

5. 体能差异

传统时期的夏侯村，不仅有受劳动技能因素影响的劳动力差异，也有因为体能差距而引起的劳动力差异。传统时期，夏侯村村民口中会武术、有力气的"好男儿"，可以一个人"拉着石碌碾场""单手二百斤"；普通农户只能通过使用牲口拉动石碌碾场、犁地；而抽大烟、抽"老海"（海洛因）的"废人"，没有一点力气，"瘦得跟棍儿一样"，啥都干不成。因为体能差距而导致的劳动力差异情况如表3-5所示。

表3-5 传统时期夏侯村体能与劳动力情况

| 体能等级 | 劳动力状况 |
| --- | --- |
| 第一级：会武术的劳动好手 | 单手200斤，一人拉石碌；<br>一天锄一亩，半天收2担（200斤）小麦，相当于2亩麦地的产量 |
| 第二级：普通农户 | 借用牲口犁地、碾场；一个劳动力一天可以收割2—3亩麦子 |
| 第三级："废人" | 没有力气，没有技能，什么都干不成 |

资料来源：2016年10月至2017年1月的田野调查。

## （二）工具占有差异大

"工欲善其事，必先利其器"是夏侯村村民的谚语之一，然而由于资源的缺乏、家庭的贫困，普通家庭根本没有能力购买很多工具，在市场化程度非常低的传统时期，村中又没有专门的磨坊、碾坊、租借牲口的商铺给村民提供专业化的服务，村民只能通过借用、辩稞等方式弥补劳动工具不足的情况。

### 1. 户均占有差异大

传统时期夏侯村的农户对工具的占有情况因家而异，但是总体而言有以下几种特征：其一，中农以上（家中有地15亩以上）的农户有两头以上的牲口，其余的只有一头，或者没有；家中没有土地或只有1—2亩土地的农户没有牲口。其二，劳动工具数量与劳动力数量成正比。其三，石磨、石碾大部分集中在地主、富农家中。其四，种地农户家中都有小型劳动工具。其五，除特殊职业农户，如贩卖粮食、做买卖的农户外，大部分车集中在中农以上家庭中，贫农家中车辆很少。传统时期夏侯村农户农具占有情况如表3-6所示。

表3-6  1949年以前夏侯村农户生产工具占有情况（部分）

| 农户 | 土地面积（亩） | 劳动力数量 | 大型劳动工具占有情况 | 小型劳动工具占有情况 |
|---|---|---|---|---|
| 孙长祚 | 550 | 12 | 石磨2盘，石碾2个，独轮小土车2个，牲口7—8头，架子车3辆，太平车1辆 | 犁3台，耙3台，木锨6—7把，铁锨10把，抓钩3个，榔头2个，耧2台，木杈3个，铁杈5个，扫帚10把，掠耙2把，锄头4把，镰11—12把，斧子4把，锯1把，连枷2把，镐3—5把 |
| 孙长明 | 30 | 4 | 石碾1盘，石碾1个，架子车1辆，独轮小土车2个，牲口3头 | 犁1台，耙1台，木锨1把，铁锨3把，抓钩1个，榔头1个，耧1台，木杈2个，铁杈2个，扫帚3把，掠耙1把，锄头3把，镰刀5把，斧子1把，镐1把 |
| 孙富坤 | 15 | 4 | 牲口2头，独轮小土车3个，架子车1辆，红车3辆（倒卖粮食） | 犁1台，耙1台，木锨1把，铁锨2把，抓钩1个，榔头1个，耧1台，木杈1个，铁杈1个，扫帚3把，掠耙1把，锄头3把，镰刀6把，斧子1把，镐1把 |
| 孙太安 | 10 | 1 | 石磨1盘，独轮小土车1个，牲口1头 | 木锨1把，铁锨1把，抓钩1个，榔头1个，木杈1个，铁杈1个，扫帚1把，掠耙1把，锄头1把，镰刀2把，斧子1把 |

续表

| 农 户 | 土地面积（亩） | 劳动力数量 | 大型劳动工具占有情况 | 小型劳动工具占有情况 |
|---|---|---|---|---|
| 孙广德 | 2 | 1 | 无 | 木锨1把，铁锨1把，抓钩1个，木杈1个，铁杈1个，扫帚1把，掠耙1把，锄头1把，镰刀1把，斧子1把 |
| 孙剩 | 0 | 3 | 无 | 无（借宿在堂哥家） |

**资料来源**：2016年10月至2017年1月的田野调查。

2. 工具借用频率高

传统时期夏侯村大部分农户家中都没有全套的劳动工具，工具的借用是非常普遍的现象，即使大地主孙长祚也会不时到木匠家里借个刨子，到瓦匠家里借个瓦刀。本部分将从大型工具借用和小型工具借用两部分考察传统时期夏侯村工具的借用。

(1) 大型工具的借用关系

大型工具中，牲口的借用最为普遍，村民称之为"辩犋"，在下一部分详细描述。其次是石磨、石碾的借用，也非常普遍。车辆的借用较少，因为普通农户不会用车，容易造成损坏，除非婚丧嫁娶时。石磨主要用来磨面、磨小米、磨高粱，石碾主要用来磨油。第一部分"大型生产工具"中有详细描述，夏侯村只有五六盘石磨、两盘石碾，都是农户个人所有，村中没有磨坊，所以村民如果需要磨面、磨油就必须借用。借用石磨、石碾，全看关系，村民称之为"关系好不好""关系近不近""对不对脾气"。如果关系好怎样都行，如果关系不好，则"就是不让用"。有些农户和这几个有石磨、石碾的农户关系不好，就只能走七八里到冯村集上的磨坊中磨面，或者在村中流动摊贩处磨油。石磨、石碾借用虽然不要钱，但是用村民的话叫作"欠了一份情"，或者"欠下了人情"，当别人有事的时候，自己就必须主动去帮忙。如果不帮忙，首先是自己良心上过不去，其次是不好意思下次再开口借用。如果有磨家有事，借用的家知道了而不帮忙，有磨家也不会说啥。但是"大家都不是瞎子，也都不傻"，长此以往，那些只占便宜不出力的人会被村民认为"人品不中""不要脸"，大家就会在背地里议论，慢慢这个人名声坏了，就没人愿意再和他打交道，这个人的生活就会处处不顺，混不下去。如果有石磨的家户不借给某个农户使用，村民不会指责，因为毕竟是人家的东西，但是有两个潜在的隐患。首先，有磨家不让借家用，那么以后需要借家帮忙的时候，肯定不会帮忙。其次，如果有磨家谁都不让用，或者对别人提要求，大家就会认为这家人"抠儿"。

(2) 小型工具的借用关系

村民间小型农具的借用非常普遍，频率也非常高。村民认为借东西非常正常。所有的小型劳动农具都会参与借用，基本上所有的生活用具也都参与借用。传统时期借用工具的情况非常多，具体有以下五种：其一，家中没有。某些农户因为家里穷，劳动工具缺乏，甚至一无所有，在这样的情况下，必须借用。其二，不够用了。某些农户因为家里临时有事情，耽误了播种或收割，临时叫来很多亲戚帮忙干活，由于人多，工具不够用，主家必须借用。其三，工具损坏了。并不是所有农户都会自己制造、维修劳动工具，一旦工具损坏，修理比较麻烦，可能由于缺钱，或者到集、会上不方便，就临时借别人的工具来使用。其四，某些工具不常用，买了浪费钱。如果家中临时有个门窗需要用锯、刨子等专业的木匠工具维修，或者房顶的几个瓦片松动了需要用泥瓦匠的瓦刀临时糊一层泥巴，这样的工具一般农户家中没有，就会到村中木匠家中借用。其五，自己的农具质量不好，没有别人家的工具用着顺手。传统时期，由于家庭条件差距比较大，有些农户会找有名气的工匠专门打造质量比较好的工具，这样的工具比在集、会上购买的要好用。如果两家关系比较好或者是亲戚关系，经常一起劳动，就会临时借好工具来用一用。

小型工具的借用相对于大型工具和牲口来讲，并没有严格的规矩，也不需要送礼，村民也不会认为是欠人情了。具体来讲有以下几点：第一，好借好还，再借不难。有借要有还，不能借了不还。如果借了不还，下次就借不到了。此外被借的人也可能在背地里宣传说某某人借东西不还，而导致其名声不好，这样代价就大了。所以除了地痞流氓一般不会借东西不还。第二，损坏赔偿。如果借用的工具损坏了，首先要维修；维修不好或者不能维修的情况下，要买一个差不多一样的工具赔偿给主家；如果没有能力买一个一模一样的，只能将自己家中的工具赔偿给主家。即使主家说不用赔了、"算了"，也要赔偿。如果实在赔不起，主家也说不用赔了，就欠人情了，以后要用别的方式偿还。第三，不耽误主家使用。如果借工具的时候，主家正好也用到，那么就不能借，甚至不能开口；如果开口，要先问主家最近用什么不用而不能直接说让我用用某个工具吧。如果在借用期间主家要临时使用，必须及时归还。

3. 普遍的犇犋行为

传统时期的夏侯村，由于土地非常瓷实，或干或黏，单凭一头牲口是拉不动犁的。但是由于村民普遍较贫困，一家一户很难买得起两头或两头以上的牲口，所以存在着两家将牲口和牲口犁地工具合在一起共同完成劳动的行为，村民称之为"犇犋"。犇犋一般发生在耕地、播种、碾场、拉磨时。在一起犇犋的一般是关系比较好的，且一般不出村。具体来讲，有以下五种情况：第一，兄弟；第二，本家亲戚；第三，普通亲戚，不包括姻亲关系；第四，本族人；第五，同村关系比较好的。总体来讲，关系不好，绝对不会在一起辩犋。

辩犋涉及家户重要劳动工具的使用，其间夹杂着很多规矩，具体来讲有以下六点：第一，辩犋一般是同样的牲口在一起，牛和牛一起，骡子和骡子一起，因为相同物种在一起干活更同步，劳动工具的大小也匹配。也有一头牛配一匹骡子或一头驴的，但是比较少。第二，如果两个牲口脾气不和，见面经常打架，就不能在一起辩犋。第三，牲口给哪家干活儿，就由哪家喂牲口，并且还要给牲口补一些精料，如大豆、小麦之类的。第四，牲口晚上必须归还。第五，辩犋过程中，如果农具损坏或牲口受伤，牲口在谁家干活由谁负责。如果牲口在干活儿过程中跑丢了，要赔偿一头同样的牲口。第六，土地拥有总量差不多的农户会在一起辩犋，如果一家只有一亩地，另一家有十几亩，一般不会在一起辩犋。

## 第二节 产权与产权关系

1949年以前，夏侯村村民认为本村的所有物品都呈现出"有私无公"的形态，除了老坟地，每块田、每块砖都有自己明确的主人。所谓的村庄大家共同使用、共同维护的砖窑也都有自己明确的主人，只不过在长期的历史发展过程中村子里的人都会借用，而主人不好意思不借用，也不敢不借用，慢慢地大家虽然仍记得其主人，但因所有农户都能用，就成了大家共同维护的财产，形成了"私产共有"的特殊形态。本部分将从土地产权类型、土地买卖、土地租佃和土地典当四个方面来考察传统时期夏侯村的产权形态。

一、土地产权类型

传统时期夏侯村村民并没有"产权"的概念，只有"这片地是我家的，由祖宗留下来"的概念，而土地是平原地区夏侯村村民最重要的产权对象。

(一) 家庭私有：耕地

耕地是传统时期夏侯村每家每户最重要的产权对象，耕地的多少可以决定一个家户的生活条件及社会地位。耕地多的家户拥有更多的粮食收入，因而可以养育更多的人口，进而"门势"比较硬，家底比较厚，在村子里不容易被欺负，并被村民尊称为"户家""大户人家"。

1. 产权来源

一般情况下，家户私有耕地的来源有以下五种：其一，开荒。据夏侯村孙氏族谱记载："夏侯村孙氏族人于明洪武年间，响应朝廷号召，到黄河北垦地开荒，方定居于此。"由于响应朝廷号召,故其开荒所得土地被朝廷认可,允许其世代在此繁衍。可以说,当时夏侯村孙氏族人的祖业就是开荒而来的。村中杨氏、闫氏的土地也是在夏侯村南部无人耕种的土地上开荒得来的。其二,购买。传统时期夏侯村王氏、杨氏、康氏都是通过向孙氏族人购买耕地才得以入村的。村中各个家户都希望通过购买土地的方式扩大家业,进而成为大户人家。在传统时期,村民无论通过做官还是经商等手段而发迹,最终都会返乡购买土地而"光宗耀祖"。如村民杨建华就是由于其弟弟杨锐刚在国民党军队中担任官职发了财,给他在村子里购买了三四十亩土地才被评为地主的。其三,分家继承。传统时期各家各户世代沿袭,人数倍增,当家庭规模过大,兄弟之间商量之后,就会分家自立门户,而从父母手中继承的土地就是每个家庭维持生存的基础。其四,过继。兄弟分家之后,各有其地。然而当某位兄弟没有子嗣、土地无人继承之时,为延续血脉,就会从子嗣较多的兄弟手中过继一个男孩到自己名下,成为自己的儿子,断绝其与亲生父母的继承关系,为自己养老送终,进而继承家业,这种方式称为"过继"。其五,赠予。家中没有子嗣、没有兄弟,本家亲戚之中没有合适人选,不能通过过继的方式继承家业,只能"八仙过海、各显神通",有些家庭就通过购买孩子的方式继承家业。然而在传统时期倒卖人口也是不仁不义的违法行为,村民更多的是通过收义子、"耕地换养老"的方式维持生存、绵延家门,其核心思想是"谁给我养老送终,我给谁田地房产"。这样的情况在夏侯村屡有发生,有哥哥赠予弟弟的、堂兄赠予表弟的、丈人赠予女婿的、父母赠予女儿的等等。其中女儿继承家业会受到本家亲戚的强烈反对,经常会发生矛盾;但是每遇灾年,所有亲戚自顾不暇、无力帮助时,只能任其发生。

2. 产权认定

传统时期夏侯村村民家庭私有耕地的产权认定主要有以下四种途径:其一,官府认定。官府给农户办理地契,农户通过缴纳一定的税费而得到官府印发的土地所有证明。其二,血缘认定。生于斯、长于斯的农户自出生就生活在这片土地上,子承父业成为最自然的产权认定方式。其三,宗族认定。没有子嗣的农户通过招上门女婿的方式使女婿获得土地所有权,需要获得全体宗族成员的共同认定。其四,买卖认定。传统时期的民间土地买卖契约也是农户获得耕地产权认定的一种方式。

3. 产权纠纷

传统时期,夏侯村村民的田地有着明显的界线(桑棵和田垄),且土地并不值钱,因此农户与农户之间因为田地边界发生的纠纷较少。但是夏侯村南20里左右,黄河左右两岸的村庄曾因黄河改道而引发持久冲突,具体情况如下所述:

A村位于黄河东岸，B村位于黄河西岸，A村和B村所在之处正好是黄河拐弯处，水情复杂，根据黄河水流量大小不同，基本呈现出"两年一改道"的情况。而两村村民并没有规定村庄耕地的边界，只是认为村庄的土地到黄河边为止。黄河水流量大时，冲击东岸较为严重，A村就会失去大量土地，B村会增加很多土地；反之，A村增加大量土地。黄河改道严重之时，黄河东移，本属A村村民的土地会被黄河隔断，变成B村村民的土地。

某年，黄河持续向东移动，本属A村村民的土地由黄河东岸移动至黄河西岸。A村村民只能划船前往西岸耕种，被B村村民看到，前来阻止，认为"这是我们村的地"。A村村民眼睁睁看着自家的土地不能耕种，十分恼火，认为受到欺负，就叫来本村村民帮忙。于是爆发了激烈的冲突，打死打伤很多人。后来，黄河持续向西移动，本属B村村民的土地变成了A村村民的土地，同样爆发激烈冲突。两村结为世仇，经常互相攻击，也经常出现晚间渡河偷粮食的情况，持续很多年。

### （二）家庭私有：砖窑

#### 1. 产权来源

传统时期夏侯村北地有两处砖窑，具体由谁修建已经难以追忆，但是村民们都认同的说法是由村中大户人家修建，因为普通农户用的是泥坯房，用不起砖，只有大户人家才能用砖盖房。据村民讲述，砖窑虽为个人财产，但是本村所有农户都能使用，究其原因主要有以下两点：其一，砖窑记不清是谁建的了。夏侯村的砖窑在大地主孙长祚的地里，按道理说应该是孙长祚家的财产，但是他自己都不记得了。因为在夏侯村土地上，就成为所有村民的共同财产了。其二，"砖窑就是个烧砖的地方，用起来还麻烦，一般人还不用呢"。据村民讲述，过去（1949年前）能盖起砖瓦房的不多，都是用泥和麦秆、谷桂一混合，"泥糊的房和墙"，一般人没谁费那个工夫去烧砖盖房。另外，外村人只要经得本村人同意，也可以使用，是典型的私产公用产品。

#### 2. 产权认定

传统时期夏侯村中家庭私有的砖窑由于记不清是谁修建的，因此其产权认定相对复杂，主要通过三种途径获得认定。其一，土地占有认定。砖窑坐落在谁家的土地上就是谁家的砖窑。其二，使用认定。谁能够使用砖窑，谁会使用砖窑，就是谁家的砖窑。其三，村庄认定。砖窑坐落在某个村庄的地界内，就是某个村庄的砖窑，其他村庄的人不能随意使用。

（三）家庭私有：庄

传统时期夏侯村村民将自己的房屋连同庄内的所有财产，共同称为"庄"，并在"庄"后补充一句"土木相连"。关于庄的布局、边界等在第二章第四节"四合之庄"部分有详细描述，在此着重描述庄的产权来源和产权认定关系。

1. 产权来源

传统时期庄内土地和房屋均为家庭私有，是私产，也是祖业，其来源与土地相似，有四个途径，分别是购买、继承、过继和赠予。

据夏侯村村民回忆，明洪武年间夏侯村孙氏族人搬迁至此时，到处都是荒地，孙氏族人的祖先就是在开荒扩地的同时，在耕地旁采用开荒建房的方式获得村庄第一批庄地和房屋的。此后，子承父业，同时不断扩充庄地，并在新庄之上建造新的房屋。随着其他宗族的迁入，夏侯村原住村民的居住地不断缩小，并不断集中。随着男丁的不断繁衍、人口的不断增加，庄地不够用了，且在村庄之内已经没有荒地可以开垦建房了，就只能通过内部买卖的方式获得庄地，并在其上建造新的房屋。如果某些农户由于做官或做买卖发家致富了，希望更进一步扩充庄地，但是村庄之内已经饱和，就只能搬迁至其他人口较少的村庄买庄置地建造房屋，这是通过迁移的方式获得庄的产权的途径。

2. 产权认定

综合夏侯村村民回忆，传统时期村民庄地和房屋的产权认定有以下四种情况：其一，官府认定。官府会号召村民办理宅基地证，并注册登记。但因需要缴纳很高的赋税，村中很多农户并没有办理宅基地证。其二，买卖认定。传统时期无论是亲属还是生人买卖庄地，均要签订买契和卖契。本部分描述的买卖认定主要侧重于生人之间的土地认定。民国前期，夏侯村中较少出现土地买卖的现象，即使买卖，也往往存在于亲戚之间。这主要是因为传统时期夏侯村土地买卖的习俗规约（在土地买卖部分详细描述）和亲戚有能力购买。一旦遭遇战乱灾荒年景，所有亲戚要穷都穷，都遭灾，只能将庄地出售给村外的人，以卖出合适的价钱。将土地卖给生人（主要指外村人，有时也指本村外姓人），需要经过所有本家亲戚的同意，并且要征得邻里街坊的同意。如果亲戚街坊中有人愿意购买，就必须首先卖给熟人，即使熟人的购买价格比较低。将庄地出卖给生人，双方之间不存在信任，只能通过双方中人的证明和买卖契约来进行土地认定，一切照约办事。庄地和房屋买卖之后，买卖双方会签订买契和卖契，凭借这样的民间契约可以确定庄地和房屋的主人。其三，继承或过继认定。如果农户家中只有一个儿子，那么子承父业就成为很自然的事情，并被宗族和四邻所承认。如果农户没有儿子，只有女儿，可以采用招上门女婿的方式让女儿和女婿继承家产，只要婚事被宗族所承认，那么女儿和女婿对庄的继承权也是被承认的。其四，四邻认定。传统时期由于夏侯村集中居住，难免与四邻发生庄地边界的纠纷，因此村民在自家庄地的四至都会埋灰橛，并且埋灰橛之前一定要让四邻共同到场，都没有意见之后才能进行。如果日后四邻的子孙发生庄地纠纷，只需扒开灰橛一看，即可知道庄的界线。

3. 产权纠纷

由于庄地和房屋价值很高，且村民集中居住，因此由庄地和房屋产生的纠纷非常多，大多数是因为小事产生的。据村民讲述：

> 1949 年前，夏侯村村民康健与孙太远家相邻。孙太远家的枣树长势比较旺，有一枝越过墙头长到了康健家中。康健看不惯，在没有和孙太远家商量的情况下，就私自把越过自家院墙的枣树枝锯掉了。孙太远是老实人，也没说什么。村中有一地痞流氓，叫作康昆，喜欢欺负人。有一日，康昆见到康健家的姑娘一个人在家，便动了歪心思。本来枣树枝比较软，还有刺，不能从枣树上跳到康健家，但是康健把枣树枝锯掉了，康昆就从孙太远家的枣树上跳过院墙，到了康健家。虽无人亲眼看见，但村民都说康健的闺女被康昆玷污了。这就是夏侯村村民一直口口相传的"贪小便宜吃大亏"的故事。

（四）宗族共有：老坟地

1. 产权来源

老坟地是安放族人遗体和灵魂的土地，它是传统时期夏侯村唯一的宗族公地，其数量根据宗族人数的多少有所不同。据村民回忆，夏侯村孙氏宗族约 300 人，共拥有 2—3 亩老坟地，平均每 100 人拥有一亩。自夏侯村孙氏宗族从山西洪洞县搬迁至此，就在开辟的荒地上设立老坟地。即使是 1910 年代迁入夏侯村的山东赵氏宗族，虽然只有一户，不过两三代人，搬迁的第一件事也是设立老坟地；否则族人无处安葬，将成为孤魂野鬼，这是传统时期各个宗族的大忌。由于平原地区地形均为平地，无山无水、无坡无湖，故不存在哪个地方风水好、哪个地方风水不好的问题，一般都坐落在各个宗族的地里，老祖宗从自己地里划出一片设为老坟地之后，世代沿袭。当老坟地不够用之后，就由族中儿女双全且有一定威望的老人自寻土地开新茔。老坟地的具体情况如图 3-1 所示。

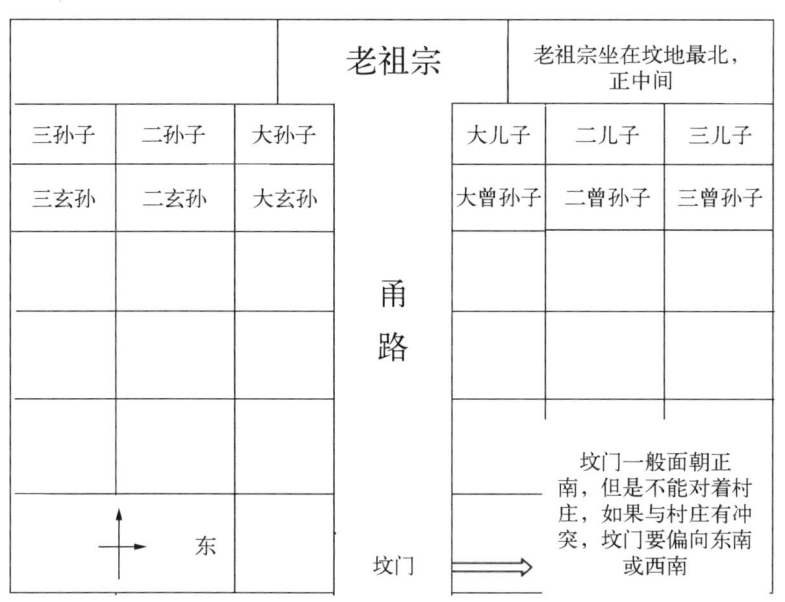

图 3-1 传统时期夏侯村各个宗族的老坟地

2. 产权认定

据夏侯村村民讲述,老坟地的开设并不需要过多人同意,老祖宗的遗体埋葬在这里就是最好的证据,即使是官府也不敢随意破坏农户的祖坟。但是老坟地开辟仍然需要相邻村庄和本宗族所有成员的产权认定,否则就不能称为宗族老坟地,而只是坟地或"坟头儿"。首先,老坟地要得到相邻村庄(包括本村庄)所有农户的认可。对于相邻村庄而言,本村庄各个宗族老坟地的坟门绝对不能正对着其他村庄,否则其他村庄会认为这个宗族的老坟地会给自己带来霉运,是不能容忍的。宗族老坟地的坟门不仅不能正对着其他村庄,也不能正对着自己的村庄。其次,本宗族开设新的老坟地,必须经过本宗族所有成员的同意才能顺利实施,一般情况下,只有那些儿女双全、人丁兴旺、辈分较高、德高望重、家庭条件比较好的农户才能有资格开新茔,否则本宗族就不会有后人葬在这块新坟地中,使得新坟地变成孤坟,这不仅对葬在新坟地的农户,而且对整个宗族都是非常不吉利的事情。

3. 产权纠纷

老坟地由于其特殊性质显得非常神圣和敏感,传统时期夏侯村由老坟地所引起的冲突很多。据村民讲述:

> 1949 年前,夏侯村杨氏宗族有一户人家死了唯一的儿子,家人十分悲痛;但是根据本宗族老坟地的规矩,死者去世的时候还没有结婚,因此不能进老

坟地。当时杨氏宗族的老人们（年龄大、辈分高）提出了这一点，但是说得太直白，也没有给死者想好安置遗体的办法。死者的父母在非常悲痛的情况下坚持要让儿子入土为安，受到阻拦后，双方互相推搡、辱骂，险些打起来。最后在孙氏宗族、王氏宗族和康氏宗族共同劝说下才没有起更大的冲突。最终决定，让死者娶一个同样早夭的姑娘，给二人举办冥婚，随后一起葬入老坟地。

## 二、土地买卖

传统时期，夏侯村的土地买卖有着鲜明的特点。首先是慎买慎卖，不到万不得已，绝对不会出售土地。其次是官方买卖和民间买卖并行，既有通过官府"产行"进行的土地买卖，也有农户与农户之间私下签订买卖契约的民间买卖。第三是分期付款，由于传统时期夏侯村的土地买卖大多使用粮食交易，普通农户家中根本没有那么多余粮，因此只需要首付一半的粮食，并且在三年之内付清尾款即可。本部分将从土地买卖概况、买卖类型、买卖流程和分期付款四个方面考察传统时期夏侯村的土地买卖关系。

### （一）土地买卖概况

土地买卖是传统时期夏侯村普通农户获取土地的主要手段之一，尤其是在较为稳定的历史时期，是普通农户扩展财富的唯一途径。在民国中后期，夏侯村中土地买卖频率远高于其他历史时期。但是无论任何历史时期，土地都是农户的命根子，因此普通农户对买地都有着强烈的追求，对卖地都慎之又慎。传统时期夏侯村村民买卖土地程序非常复杂，有定方式、请中人、明边界、看地板、签地契、请吃饭、付尾款等七个流程。

在传统时期，土地的多少是家庭生活好坏的唯一标准。所以，传统时期的夏侯村村民，只要有钱粮，都会买地。无论是庄还是地，对于村民来说都是命根子，一般情况下不会卖。即使外出讨饭为生，也不会轻易出卖土地。只有当家庭严重困难时，例如娶不起媳妇、看不起病、办不起丧事、无儿无女、自己没有能力耕种土地等，才会卖地卖庄。

只有一家之主才能决定是否买卖土地。在兄弟分家之前，有爷爷奶奶的，爷爷是大家长，也是唯一有权决定土地能否买卖的人。分家之前，没有爷爷的家户，奶奶做主。分家之前，没有爷爷奶奶的家户，父亲做主。分家之后，兄弟分家，各自做主。做主的只有家长本人，其他家庭成员即使有意见也不能私自做主，只能向家长提意见。

传统时期夏侯村村民将土地分为三大类，一类是好地，一类是孬地，这两类在第二章第一节"土壤品级"部分（见表2—3）有详细描述；第三类是庄地和房屋。根据土壤品级的不同，土地价格差别较大。一亩好地可以卖到5—6担粮食，一亩中等地可以卖到4—5担粮食，而一亩孬地只能卖到2—3担粮食，具体情况如表3-7所示。

表3-7 传统时期夏侯村耕地价格

| 类 | 层　　级 | 每亩价格 |
|---|---|---|
| 好地 | 沙土地（含沙量低） | 至少5担粮食 |
| | 黄土地（较软） | 至少6担粮食 |
| | 黑土地 | 6担粮食以上 |
| 中等地 | 沙土地（含沙量高）黄土地（较硬） | 4—5担粮食 |
| 孬地 | 碱场地 | 2担粮食 |
| | 淤地 | 3担粮食 |
| | 内涝地 | 1—2担粮食（一般没人买） |

资料来源：2016年10月至2017年1月的田野调查。

庄的价格远高于耕地，且庄不论好坏，一般情况下绝对不会卖。凡是到了卖庄程度的村民，必然是穷得叮当响，房子、院墙等都不可能非常好——如果非常好，就没有必要卖庄了。传统时期庄的价格每亩至少15—18担粮食。同时土地的价格受到交易时讨价还价的影响。但是钱粮的"大数"不会低于上表所述一般交易价格，只会在斗、升这些零头上有所起伏。土地买卖价格受交易双方关系影响很大，关系越近，价格越低。

（二）土地买卖类型

据夏侯村村民回忆，传统时期夏侯村的土地买卖有两种类型，一种是官方买卖，另一种是民间买卖。

1. 官方买卖：买主卖主不见面

所谓的官方买卖，就是农户到县城的产行出售或购买土地，由产行充当中人，并且买卖过程分离，即买卖双方不直接见面，卖家先将土地卖给产行，之后再由产行转卖给买家，以此来赚取差价。由于中华民国时期的产行有很强的官办背景，因此到产行购买或出售土地，都必须缴纳赋税（夏侯村村民称之为"印花税"），并且要办理加盖官府公章的买契或卖契。官方买卖需要农户自己主动到产行登记土地出售信息，或者自己传播土地出售信息。到产行登记需要交纳一定的手续费，类似于当下的广告费。据村民回忆："刚开始的时候，很便宜，三五个铜钱就中，后来越来越贵，一吊、两吊、一元、两元，一直涨，都没人去了。"随后，产行的人来查看土地情况，即"看地板"。土地情况如何，卖家自己说了不算，必须由产行的人来定价，出了问题由产行和买家沟通。那些懂事的农户，当产行的人来到村里之后，百般讨好、非常客气，并且一定要请产行的人吃饭，让其把自己的地评估得值钱一点。利用官方买卖形式进行土地买卖的农户大多是村中的小姓，或是希望搬迁至一个陌生的村庄或县城，既没有亲戚朋友帮助宣传，也无处获取购买土地的信息。采用这种方式一方面购买的土地获得官府的承认，买卖较为稳妥；另一方面可以顺利实现搬迁，新购买土地的产权不需要经过宗族、四邻的认证。

2. 民间买卖：亲疏远近要分清

所谓民间买卖，就是农户的土地不需要经过官府的认证，也不需要到官府登记，只需要买卖双方私下签订买契和卖契即可完成。但是这种买卖必须得到宗族、四邻的认同，其中所受宗族限制更多。首先，土地出售信息的宣传需要通过亲戚、街坊邻居口口相传，如果本宗族亲戚不允许这块土地出售，那么本村人就没有人帮助农户宣传这个信息，本村也无人会购买这块土地。如果土地的买卖得到了宗族认同，那么农户必须首先询问亲戚、街坊邻居是否有购买意向，如果有，则宣传就此停止，必须优先出售给本家亲戚、本宗族其他亲戚或者街坊邻居。关系越亲近土地价格越低，如果出售给本家亲戚的土地价格比街坊邻居还要高，卖地者就会得罪了这个本家亲戚。如果本村人和外村人同时要购买这块土地，必须优先出售给本村人，若农户因为外村人（非亲戚关系）出价较高就出售给了外村人，就会得罪本村人。

（三）买卖流程

传统时期夏侯村村民买卖土地除了当家人定买卖方式和提前宣传之外，还有请中人、明边界、看地板、签地契、请吃饭等五个流程。

1. 请中人

据村民回忆，中人一般都是帮助农户引荐买家或卖家的联系人。买卖双方在进入看地板程序之前都不见面。即使是同村人也不直接商谈土地买卖事宜，都是通过中间人牵线搭桥，避免因为谈事情而伤感情。中人不一定是德高望重的人，也不一定是年龄大、辈分高的人，但是必须是买卖双方都能信得过的人。如果是本家亲戚、街坊邻居之间的土地买卖，往往只需要一个中间人，因为都是熟人，彼此知根知底，中间人只负责协商价格、做个见证即可。如果是关系较远的本村人之间或者本村人同外村人之间的土地买卖，一般至少要找两个中人，买方找一个，卖方找一个，因为很难找到一个让买卖双方都非常信任的人。此时，由买卖双方的中间人进行交流，买卖双方不直接与对方的中间人接触。签地契时，中间人必须签字画押（会写字的签字，不会写字的按手印或随便画上几笔即可）。

2. 明边界

买卖双方确定买卖意向，并且在中人的沟通之下基本认同买卖价格之后，就要由土地的主人带领买家一同到待售土地现场确定边界，同时邀请四邻到场。不论买卖双方关系是本家亲戚、同村人还是陌生人，土地的主人一定要邀请四邻同时到场，现场指认土地的边界。如果是耕地买卖，要现场指认田垄和桑棵；如果是庄地的买卖，要现场扒开灰橛，让买家和四邻共同认证。如果四邻对土地所有权没有争议，则可进行下一步买卖。如果四邻对土地有争议，则土地的主人必须首先处理好土地的产权纠纷，之后才能进行下一步买卖。

3. 看地板

"看地板"这一流程主要针对耕地的买卖，在庄地的买卖之中不需要这一流程，只需要明确庄地边界即可。不同质量的耕地价格差别很大，而村民信奉眼见为实，单凭嘴说很难让人信服，所以必须亲自到地里考察土地质量。如果是亲戚、街坊邻居之间的土地买卖，对彼此家里的土地非常熟悉，也很了解土地的产量，就会省略这一步骤。如果卖家对土地质量过分吹嘘言不副实，被买方看透之后，买方就会对价格产生怀疑，并要求其把成交价格降低，进行直接的讨价还价。卖家接受才能进行土地买卖的后续步骤；如果卖家不同意，讨价还价失败，往往不欢而散。

4. 签地契

买家看完土地之后，如果对土地质量比较满意，就会直接付订金。订金至少为成交价格的一半。自中华民国中期开始都是使用粮食交易。一方面粮食不能长期储藏，另一方面夏侯村及附近村庄的普通农户家庭大多较为贫困，很少可以拿出如此多的粮食，所以一般都不会付全款。付款之后，买卖双方要签订地契。地契的签订要买卖双方签字画押，由于村民一般不会写字，故一般由中间人执笔，或者请专门的执笔先生。中间人和执笔人都要签字画押。地契一式两份，买家一份、卖家一份。具体情况如图 3-2 所示。

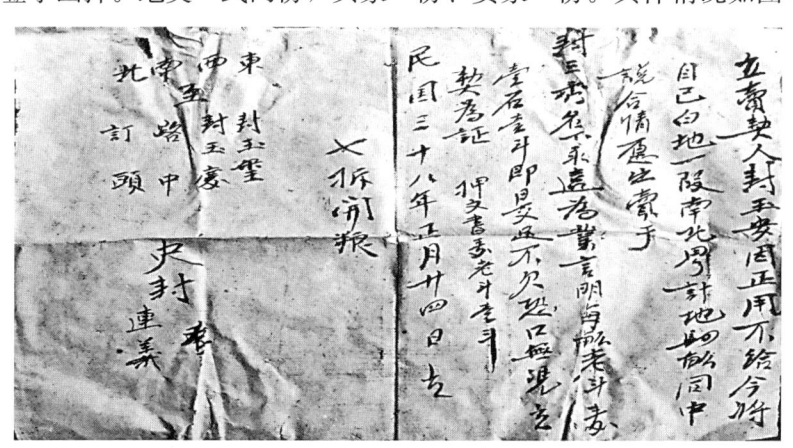

图 3-2 中华民国时期夏侯村的民间地契

5. 请吃饭

在传统时期的夏侯村,购买土地是大喜事,请吃饭之前要燃放一挂鞭炮。鞭炮可大可小,全凭买家个人的意愿和家庭条件。买家要邀请中人、执笔先生、关系好的四邻街坊、到场见证的本家叔伯等本家亲戚吃饭。并不是邀请所有的本家亲戚和四邻街坊,而是仅邀请同自己血缘关系最近、日常交往最密切、有礼俗往来、感情较好的亲戚邻居;如果关系一般,则一方面主家不会邀请,另一方面即使主家邀请,对方也不好意思参与。在请吃饭中,一般情况下买家不会邀请卖家吃饭,因为卖地对于夏侯村村民来说是非常丢人、悲伤的事情,卖地者一般没有心情参与这样的饭局庆祝。如果买卖双方是关系很好的亲戚或邻居,而卖地者家中又没有非常悲惨的变故,也会参与主家邀请的饭局。

(四)分期付款

传统时期夏侯村土地买卖属于大宗交易,尤其是普通农户购买土地,家中一般没有足够的粮食一次性付清;即使有足够的粮食,也不能一次性付清,因为自家还要留一些口粮。一般情况下都是付一半以上,然后签地契,之后付尾款。也有一次性全部付清的情况,但是其结算单位不是粮食,而是大洋。一次性付清的人不是一般人,是当官的人家,不属于普通农户,也不属于大户人家。付尾款有以下规矩:其一,尾款必须三年内还清。传统时期夏侯村讲究"事不过三",付尾款就是其中的一种,不能超过三年。其二,尾款一般是秋收之后,由买家送到卖家家中。其三,购买土地之后,由于天灾人祸导致买家没有能力付尾款,可以由卖家归还购买时所付的钱粮,收回土地。如果卖家也没有能力归还首付钱粮,可以由买家将土地转手卖给第三方,用此次交易所得付尾款。其四,超过三年没有还清尾款的,分两种情况。第一种是亲戚之间的交易,一般不会告官,也不会找中人来谈判,而是慢慢还,直到还清;如果确实没有能力偿还,买家又只能依靠这片土地来生活,并且买家和卖家关系非常好,尾款不多的情况下,也会不要尾款。第二种是非亲戚之间的交易,这样的情况下,买卖双方一般不会直接交涉,这样容易吵架,而是邀请中人前去买方家中询问情况。如果买家故意不还,中人要从中协调,催促还款,若协调失败,就可能打官司;如果买家没有能力偿还,则按上述第三条规矩处理。

在未付清尾款之前,买地者不能获得买契,或者不能获得完整的买契。据村民回忆:"没有付清(钱粮)之前,这个买契还不能是你拿着,就算关系再亲,(即使买卖双方是)亲兄弟,也不能把买契都给你啊,要不白纸黑字写的地是你的,你就不用再给钱了。一般是(卖地者)不给(买契),也有的把买契撕成两半,(卖地者)先给一半(买契),等付清了再给另一半(买契),(买地者获得完整买契之后)粘在一起就中了。"

## 三、土地租佃

传统时期夏侯村总体呈现出"多雇工、少租佃"的情况，村民将土地租出去称为"把地扩出去"。在村民眼中，老祖宗留下来的地就得自己种，如果土地很多，就会采用雇工的形式弥补劳动力的不足。反而是那些较为贫困、失去劳动能力的农户才会将自家为数不多的土地租出去，以收取固定地租为生。

### （一）租佃人物关系：出租土地很可怜，佃户租地算帮忙

传统时期夏侯村村民将第一人称的土地出租称为第三人称的扩地，前者的主语是地主，后者的主语是佃户。大地主从不出租土地，反倒是一些家庭条件较差或家庭条件一般的农户才会将自己的土地租出去。

#### 1. 土地出租者的社会关系

传统时期的夏侯村，只要村民个人有劳动能力，一般不会出租土地。如果村民家中无儿无女、没有青壮年劳动力，或者劳动力不足，会将土地租给别人使用。出租次序是本家亲戚、亲戚（本村）、亲戚（外村）、街坊邻居、本村人、外村人。传统时期的夏侯村，相比将土地出租给外人耕种收取租金这个形式，村民更倾向于选择买人、过继的形式，不收取租金，但让耕种土地者承担养老责任。除此之外，一些被村民称为破落户、败家子户、抽大烟的家庭，也会将土地出租出去。

#### 2. 佃户与地主的关系

在夏侯村有着"本村人种本村地"的说法，佃户一般都是本村的，很少有外村人来本村扩地。据村民回忆，只有一个姓闫的老太太，家人都去世了，本家亲戚都穷，没有人有能力帮助她，才将自家的地让外村的亲戚耕种。佃户一般都比较贫困，家中耕地很少，或者没有耕地。但是村民认为："给别人家种种地、打打粮食，他（指土地所有者）啥都不干，你还得管他饭（交地租），这还不算帮忙？"

### （二）租佃流程关系：亲戚租佃，程序简单

据村民孙占秀、孙占邦回忆："从我记事起，从来没有其他村的人来我们村扩地（租地）的，我们村人也没有到其他村扩地的，一般都是自己村里的人互相种种地。"因此传统时期夏侯村的土地租佃大多是村庄内部的亲戚租佃，程序相对简单。

#### 1. 发布信息，请人帮忙

传统时期，大多数夏侯村村民都不愿意租种别人的土地，而是更愿意购买土地进行耕种；即使是那些家中土地非常少的农户，也更愿意通过扛长工、做买卖的方式获取家庭收入，而不愿意通过租种他人的土地生活，因此一般都是土地的主人主动寻找佃户帮忙租地。土地的主人首先会寻找本家亲戚和左邻右舍的帮助，通常会看谁家劳

动力比较多，就直接上门询问；如果本家亲戚和左邻右舍都不愿意租种土地，那么土地的主人就会请其帮忙宣传信息。如果在本村庄内实在找不到人租地，自己也没有能力耕种土地，一般也不会把土地租给外村人耕种，因为外村人距离本村田地普遍较远，一般是没有人愿意到很远的地里干农活的。土地的主人找不到佃户，就只能将土地卖掉。

2. 签订租约或口头协议

传统时期夏侯村对外扩地，一般不签订租约，只需要佃户和田地的主人口头做约定即可。由于佃户大多是本村人，夏侯村村民认为："大家都讲良心、讲面子，扩地的都是穷人、可怜人，如果欺骗可怜人、欺负穷人，会被全村人骂。"

如果是本家亲戚租种土地，都不签订租约。如果是外姓人或外村人来扩地，会签订简单租约。传统时期夏侯村的租约如图3-3所示。

租约

今×年××月×日，主家×××将白地一块，共×亩×分让与×××使用。每年由×××给主家小麦×斤，玉米×斤，高粱×。立字为证。

×××（画押）
×××（画押）
执笔人（画押）

图3-3 传统时期夏侯村的租约

3. 交租关系：固定地租或饭食地租

传统时期夏侯村村民租佃土地的租金一般是固定地租。虽然是固定地租，但是地租的多少主要与每年打粮食的多少有关，打粮食多了就多给一些，少了就少给，主佃双方事先不做约定。但是夏侯村的地租有村民所公认的比例和交租时间，交租时间一般是每年秋收之后，交租比例根据土地类型和土地产量区别很大。交租详情见表3-8。

表3-8 传统时期夏侯村土地分类及地租

| 类　别 | 亩产量 | 地　租（斗*） |
|---|---|---|
| 好地 | 10—12（小麦）<br>10—15（玉米）<br>12—15（高粱） | 3—4 |
| 中等地 | 7—8（小麦） | 2—3 |
| 孬地 | 3—5（小麦） | 1—2 |
| 碱场地 | 2—3（小麦） | 2—3 |

＊一斗约等于10斤。
资料来源：2016年10月至2017年1月的田野调查。

除固定比例的地租之外，根据主佃双方关系以及双方商议结果，还有饭食地租这样的形式。"饭食地租"就是土地主人把自家全部土地或者土地的一部分给佃户耕种，佃户不需要给土地主人任何钱粮，只需要负责土地主人及其家人的一日三餐即可。采用饭食地租的主佃双方，一般是有直系血缘关系的亲戚、关系非常好的本家亲戚或者关系非常好的左邻右舍，主佃双方必须经常在一起生活。饭食的标准是佃户家中吃什么，就给田地主人提供什么，或者每到吃饭的时候佃户就上门邀请田地的主人到家中吃饭。收取饭食地租的田地主人，一般是无儿无女的光棍汉或者是没有儿子、早年丧偶、本人又失去劳动能力的孤寡老人。

### 四、土地典当

传统时期夏侯村存在土地典当情况。土地典当和土地买卖的重要区别是所有权的让渡时间。土地典当是将土地临时性地抵押或者周期性地转让以获取收入，同时约定好赎回土地时间并签订典契的行为。传统时期夏侯村的土地典当有两种情况，一种是依托专门产行而进行的典当行为，一种是依托中人而进行的民间典当行为。

#### （一）产行典当：官办典当

传统时期的产行是专门从事土地买卖、回收、经营，发放与回收典当钱的一般具有官方背景的营利性机构。其名义上属于民间金融机构，但是与政府官员有着千丝万缕的联系，甚至产行开具的田地典契上有县政府的印章。本部分将从产行典当流程、产行典当规则两个方面来考察传统时期依托产行进行的典当行为。

##### 1. 产行典当流程

产行典当开门营业。进行典当行为的第一步是有人上门抵押自己的地。第二步是现场考察出典人的土地，看看土地的实际情况。考察的费用由产行出，如果考察完毕，农户反悔，又不愿意典当自己的土地了，是完全可以的。第三步是协商典当钱，商量这块土地可以值多少钱。在商量的过程中，农户一般都非常明确自己需要多少钱，如果需要得多，就会在产行考察的时候热情款待其经手人。如果需要得不多，农户也不愿意典当过多的土地，只要够用就可以。在这个过程中，农户希望一亩地尽可能多地发放典当钱，而产行会尽量压低典当价格，因为农户都想少典当一些土地供自己耕种，而产行却希望获得更多土地的经营权以获取利润。协商典当钱的同时会商定典当时间，典当时间就是农户与产行约定的还款时间，农户预计自己在几年之后可以将土地赎回。如果签约三年，农户不能提前赎回；但是如果三年之后农户无钱赎回，产行就有权继续经营农户的土地。如果农户和产行达成一致意见，则签订田地典契，如果谈不拢，则农户另想办法筹钱。第四步是农户找中人，即寻找担保人，以应对农户土地典当期

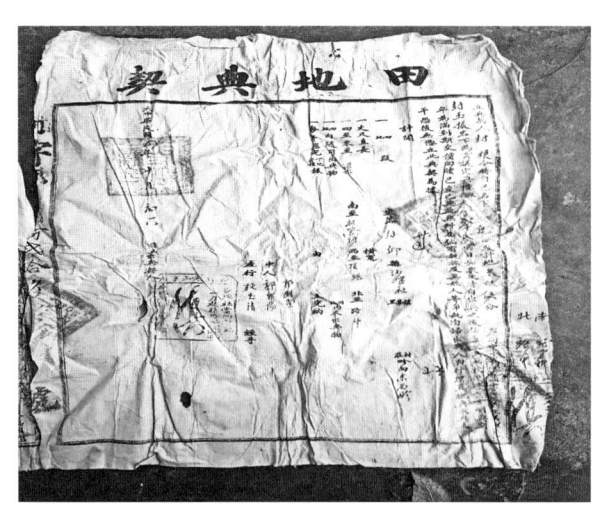

图 3-4 传统时期的田地典契

限到了而无钱赎回的情况。这个中人必须拥有一定的财产或声望，不能是一无所有的穷光蛋。第五步是签订田地典契（如图 3-4 所示）。田地典契由出典人（农户）、中人、产行经手人共同签署，并且要三方签名、产行盖章。如果出典人要求，会加盖政府公章。田地典契一式两份，出典人一份、产行一份。

第六步是按照田地典契发放典当钱。农户收到钱后，停止经营自己的土地，由产行经营。第七步是典期到后，农户还款，赎回土地。如果农户无钱赎回，在获取产行同意后，产行放宽还款期限，并重新签订一份田地典契。如果产行不同意，就要向农户施压，并寻找中人从中协调。如果农户实在无法还钱，产行会引导农户出卖自己的土地。如果农户没有能力赎回土地，也不愿意出卖土地，而产行又不愿意继续经营土地，就会打官司，据村民回忆："农民跟产行打官司是绝对不可能赢的。"

2. 产行典当规则

传统时期由于产行是专业的典当机构，所以有着明确的规则，具体有以下诸点：第一，田地典当必须双方自愿。第二，产行的经手人必须如实估计田地价值，不能故意抬高或压低价格。第三，出典农户的赎回期限需要尽可能准确，如果超期过长，产行有权利出卖农户的土地，一般不能超过三年。第四，典当之后，产行有权利决定土地如何使用，也可以转租他人，出典农户不能干涉，土地经营收益归产行所有。第五，产行付给农户多少钱，农户就要出多少钱赎回土地，必须事先约定好，产行不能中途加价。第六，产行付给农户的典当钱必须一次付清。第七，农户赎回土地必须一次性付清所有赎金，不能"付一半赎金，收回一半土地"。第八，产行在当期之内不能私自出售农户的土地。第九，签订田地典契，农户必须找中人担保。第十，如果农户逃跑，且田地卖不上价格，则由中人补偿产行的损失。第十一，中人可以代农户赎回土地。

3. 农户与产行的典当纠纷

传统时期，土地典当引发的纠纷主要发生在产行和农户之间，本村人发生纠纷较少。据村民回忆："民国初年，夏侯村王姓农户将土地典当给产行，但是产行的人不自己耕种，而是将土地转租给了与王姓村民有世仇的邻村村民。王姓村民就不乐意了，希望产行可以将土地租给别人。但是产行认为自己想租给谁就租给谁。王姓村民非常恼火,就借了很多钱提前把地赎回来了,也不再与产行打交道。"

(二)民间典当:当期地和死期地

传统时期民间的典当一般发生于本村人之间。流程相对简单,价格也相对合理。因为本村人谁家都知道谁家土地如何、有没有钱、讲不讲信用,本村人也有着共同的权威,只要由权威充当中人,就非常有保障。

1. 民间典当流程

第一步,农户无钱使用,也不愿意出卖土地,于是向本家亲戚、左邻右舍求助,看谁愿意帮忙耕种自己的土地。第二步,有人愿意帮忙之后,双方各寻找一个中人。这个中人一般是本家中德高望重、有一定财产且辈分比较高的长者。也可以双方共同寻找一个中人,只要双方都信得过即可。第三步,签订当契(图3-5),一式两份。第四步,典当人到另一农户家中取钱。第五步,到期之后,典当人还钱,收回土地使用权,撕毁当契。如果到期之后无力赎回土地,则由农户继续耕种;如果实在还不起,会找中人说和。同村人之间一般不会因为典当纠纷而打官司,

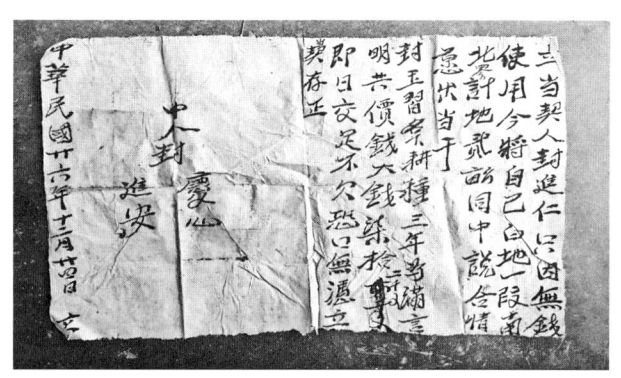

图3-5 传统时期的民间当契

因为慢慢还总能还得起钱,但是必须还清之后才能一次性收回所有土地的使用权,不能"还一半钱,收回一半土地"。如果两家关系非常好,也可以先让典当人收回土地经营权,钱慢慢还。

2. 民间典当规则

民间典当主要建立在村民之间互相信任的基础上,明确的规则较少,具体有以下五点:第一,出典农户必须信守承诺,在规定时间内将田地赎回。第二,收典农户不能私自出售典当期内的田地。第三,收典农户可以在田地上耕种,但是不能转租给他人,也不能故意破坏农田。第四,典当期到,出典农户如无钱赎回,需要借钱赎回。如果实在困难,可以找中人协商,有多少钱还多少钱。第五,如果出典农户一直无钱赎回土地,收典农户可以出卖土地,但必须由出典农户出售。如果出典农户拒不出售,收典农户只能一直耕种,不能出售,但是可以转典给本村的其他农户。

3. 当期地和死期地的产权及纠纷

传统时期夏侯村村民将民间典当中的土地分为当期地和死期地,所谓当期地就是在典当期内的土地,传统时期夏侯村的典当期一般为三年。当期地土地不能出售、租佃、转典,因为当期之内入典农户只有典契,而田契或买契仍然在土地主人的手中,单纯依靠典契是不能出售土地的。田地主人超过三年没有将土地赎回,当期地就变成了死期地,出典农户必须将地契或买契给入典农户送到家中,向入典农户表明其家庭困境,并承诺还款时间。一般情况下,夏侯村村民内部典当是一定会宽限一段时间的,出典农户与入典农户关系越好,越不会将土地卖掉。但是如果本村农户把土地典当给了外村农户,一般情况下不会获得时间上的宽限,并且入典农户会坚持让出典农户提供土地的地契或买契,获得完整的土地产权,随后将土地卖掉。如果田地主人的土地已经成为死期地,却依然不提供地契或买契的话,就由中人从中协商沟通。如果沟通失败,入典农户就会强行把土地卖掉;如果土地原主人阻挠,双方就会打官司,一般情况下,一旦土地成为死期地,打官司是打不赢的。但是如果出典农户与入典农户是本家亲戚、左邻右舍或者同村人,即使土地成为死期地,在田地主人没有同意将土地卖掉之前,一旦入典农户出售了土地,往往会引发重大矛盾。据村民孙占邦老人回忆:

> 那时候,我们家准备去逃荒,就把地当给本村的一个亲戚了,弄了三五担粮食。约好过完这一段时间,渡过难关后就赎回来。但是也没有说三年不三年这回事儿,都是自己亲戚,你种着我的地,打的粮食都归你,就算帮忙了,粮食也就算利息了,这个亲戚也不亏啊。但是后来,我们家好点后,回来了,要把地赎回来。谁知道这个亲戚以为我们不回来了,就把地卖了。这没有地种咋弄,于是大吵了一架,叫他把地买回来。但是后来再买这块地就贵了,得花可多粮食,我们两家谁都拿不出来,就没有办法了。不过后来解放了,地又分回来了,也就不说这事儿了,要不肯定弄得不可开交。

## 第三节 经营与经营关系

传统时期夏侯村是典型的一家一户的经营形态。在资源极其有限的普通农户家中,家长依托自己的权威,本着延续家庭的目标,必须精打细算,其主要挑战是如何通过家庭的经营获取更多的粮食以维持生存。大户人家基本可以做到自给自足,其经营更具内部性,其主要矛盾是劳动力的不足,此时需要通过雇工的方式来完成维持并扩大家业的经营目标。在不同阶层农户各取所需的情况下,其对各自家庭的经营与其他家庭产生联系,在长期交往中达成默契,形成传统时期的村庄经营形态。本部分将从经营主体、经营分工、雇工经营和合作经营四个方面考察传统时期夏侯村的产权经营形态。

## 一、经营主体

传统时期夏侯村除老坟地、寺庙田之外都属于家户私有财产,故其经营主体主要呈现以家户为单位的家庭独立经营形态。

### (一)家庭条件、人口、土地与经营的关系

传统时期的夏侯村,家庭条件、家庭人口规模、土地面积与土地经营方式间关系复杂,具体如下:

1. 成分越高,家庭规模越大,独立经营能力越强

夏侯村的家庭规模受到家庭经济实力的影响:家庭条件越好、土地越多,家庭规模越大、人口越多,同时家庭成员关系越稳定、越不容易出现分家的状况;反之,"越穷越分家"。全村总体上户均5.75人,被评为地主的家庭平均人口为10人以上,而被评为中农的家庭人口规模户均约6人,贫农家庭户均约4人。

夏侯村大地主孙长祚有550亩耕地,是村中最大户家,家庭成员19人以上,呈现四代同堂的状态。由于家庭成员比较多,有两处院落,但是两处对临,没有分家。村中其他被评为地主的农户都没有分家。而村中被评为贫农的农户往往由于各种原因,在兄弟各自成家或兄弟中有一人成家之后即分家。以孙太远家为例:由于家庭贫困,孙太远的长子孙铭于1920年代携妻、儿女外出逃荒,二子孙梅留在家中,三子"疙瘩"过继给本家亲戚。孙梅有两个儿子孙占秀与孙占玉,孙占秀成家之后即在父母的要求下与弟弟孙占玉分家,父亲跟着孙占秀生活,母亲跟着孙占玉生活。

2. 除地主外,均能完成独立经营

由于家庭情况各异,夏侯村户均土地规模差距很大,呈现出明显的阶层分化,总体表现为"地主家不能独立完成农业生产,中农普遍可以独立经营,贫农有人无地"。在劳动工具齐全的条件下,一个成年劳动力一般可以独立完成10—15亩土地的耕作。户均15亩土地以上的村民都被评为中农,中农家庭粮食够吃,可以自给自足。夏侯村中农及以上成分的村民仅占全村人口的40%,剩余60%的贫农家庭都没有10亩土地,而传统时期夏侯村户均至少有一个劳动力,这就意味着大部分家庭呈现"劳动力充足,而土地不足"的状态。

3. 中农以下牲口少,耕地需辨犋

传统时期夏侯村在犁地、耙地环节劳动难度非常大,大多数中农以下家庭不能独

立完成。原因是存在大量淤地、硬地等难以耕作的孬地，这样的土地占到全村土地的60％以上。耕作这样的土地，至少需要2头牲口，而传统时期中农以下家庭根本买不起2头牲口，即使买得起，也养不起。所以在这一劳动环节上存在大量的劳动合作，即2个或3个家庭结合，每个家庭出一头牲口，放在一起共同完成几个家庭的耕地工作。如果单凭人力耕地，其任务是非常繁重的。据村民回忆："牲口犁地，一天能犁7—8亩。如果人拿着锄头锄地，不仅锄不好（意指难以完成深耕，影响粮食产量），并且一个成年劳动力锄一天也顶多锄一亩地，太难了，很少有人这样耕地。"

（二）田地耕种体现独立经营

传统时期夏侯村拥有土地的农户都是以家庭为单位进行独立经营，在家庭之中，无论耕种何种作物、何时收割、何时劳动都由家长决定。

1. 土地按家庭需求播种

传统时期夏侯村的中农及以下家庭的农业生产活动主要是为满足自己吃，所以耕种什么取决于自己的家庭成员爱吃什么或者需要吃什么。自农历八九月至次年四月的麦季，所有农户都是在土地上种植小麦。受自然条件的影响，只有小麦可以越过寒冷的冬天，即使在不打粮食的碱场地上也只能种植小麦，没有别的选择。自农历四五月至农历八九月的秋收作物耕种期内，雨水充足、光热适宜，可种植作物很多，有谷（小米）、高粱、大豆、棉花、玉米、花生、芝麻等。传统时期夏侯村各个家庭往往采取"只要有地，什么都种一点"的方法，其思想是"吃多少种多少，爱吃啥就种啥"。

2. 自家的地情自己知道

从以上章节的描述我们知道，传统时期夏侯村的土地类型总体分为好地和孬地，其中又分为不同的种类。不同的土地上适宜耕种的粮食作物不同，农户需要根据土地的具体情况，酌情选择农作物种类。麦季没有选择，必须种植小麦。在秋收作物上，有着很多选择。如：碱场地不能种红薯，种出来的红薯煮不熟、咬不动，不能吃；碱场地种高粱产量高一点，也可以种棉花。淤地、硬地不能种花生，土地不透气。沙土地适合种花生、红薯。内涝地适合种一些芦苇、高粱，不能种谷、玉米等。

3. 种与不种别人不管

夏侯村村民认为，自家的土地是播种还是撂荒，别人都不会管，即使是自己的父亲、自己的亲兄弟，只要分家形成了各自的小家庭，就各自管理各自的土地，不能互相干涉。据村民孙占邦讲述：

过去（1949年前）我们村有个人叫杨法牛，家里总共8—9亩地，他还有个哥，兄弟都结婚之后就分家了，包括他爹他妈，一家分了差不多3亩地。这个杨法牛非常聪明，好折腾，做一些小买卖，不想种地，总想通过做买卖挣大钱。有两年，他去外地做倒腾古董的生意，家里的地就撂荒在那里，也不跟他爹说。杨法牛他爹他哥都不愿意了，就去教育杨法牛，但是他一直不在家。等杨法牛从外地回来后，他爹跟他哥就去教育他了，结果两个人也说不过一个杨法牛，他就是不种地，他说："种地能挣几个钱？就这几亩地还不够全家人吃饭呢。要种你们种，种了地你们把庄稼收了，也不用给我。你们要不种，就别管我。"最后杨法牛还真靠做买卖挣到钱了，衣锦还乡，他爹他哥就再也不说他了。

## 二、经营分工

传统时期夏侯村总体呈现出"家长一人说了算"的家庭经营权运营格局。但是由于家庭条件的不同，不同阶层家庭的劳动内容差别很大，必须对不同阶层的家庭分类考察，才能尽可能还原村庄家庭经营形态。

### （一）地主家庭的内部分工：能者多劳

传统时期夏侯村地主家庭占有大量耕地，依托耕地不仅可以满足家庭日常生活的一切开支，还可进行放贷、教育、出售粮食、购买土地等拓展经营内容。本部分以大地主孙长祚的家庭（550亩耕地）为例，讨论其家庭经营分工（具体情况如表3-9所示）。

表3-9 地主的家庭分工——以孙长祚家为例

| 成员及其身份 | 经营分工 |
|---|---|
| 孙长祚（父亲） | 全面管理家庭事务，决定各个儿子的工作内容 |
| 孙镜（长子） | 与父亲商量决定长工的雇用、管理、监督等内容 |
| 孙锐（二子） | 幼年时读书识字。成年后担任管家一职，负责管账、给长工发工资、购买牲口农具、放贷，并学习医术，负责给家人看病 |
| 孙锡（三子） | 协助母亲整理院落，修整家具，修屋建房 |
| 孙钟（四子） | 负责对外收回欠款，与邻里、保长打交道 |
| 孙镁（五子） | 管理仓库，保存粮食；监督喂牲口的和把式的工作情况 |
| 孙占绍（长孙） | 幼年时帮忙干农活，学习种地技术；成年后协助父亲工作 |
| 孙占逊（二孙） | 读书识字，努力考取官职 |
| 孙占凤（三孙） | 帮忙带孩子 |
| 孙占敏（四孙）<br>孙占洲（五孙）<br>孙占孟（六孙）<br>孙占友（七孙） | 1949年前尚年幼，未承担家庭分工 |

资料来源：2016年10月至2017年1月的田野调查。

## （二）中农家庭的内部分工：偷懒没有好结果

传统时期夏侯村的中农家庭是典型的自耕农家庭，家中拥有一二十亩土地，正常情况下单纯依靠农业生产即可获取足够的粮食，维持家庭生存。其家庭分工呈现"家长一人说了算"的情况，分工程度较低，家庭事务较单一，以农耕为主。本部分以普通农户孙良（16亩土地）为例，其家庭分工具体情况如表3-10所示。

表3-10　中农的家庭分工——以孙良家为例

| 成员及其身份 | 经营分工 |
| --- | --- |
| 孙良（父亲） | 种地，管账，负责所有农具、牲口的购买和维修，修建房屋<br>农闲时到开封做卖水生意<br>曾担任3年保长 |
| 孙长瑞（长子） | 什么都不干，游手好闲，1949年前因偷窃被人打死 |
| 孙长恩（二子） | 种地，干农活 |
| 孙长学（三子） | 种地，干农活，喂牲口 |

资料来源：2016年10月至2017年1月的田野调查。

## （三）贫农家庭的内部分工：每个人都拼命干

传统时期夏侯村的贫农家庭耕地一般少于10亩，大多数贫农家中只有3—5亩耕地，单纯依靠农业生产无法维持生活。贫农家庭有两种情况：一种是家中成员没有手艺，耕地也不足，在正常年景可以采用寄宿、乞讨的方式维持生活，这样的家庭时刻面临绝户的危险。家庭成员数量始终控制在1—2人，大多娶不起媳妇，另一种贫农家庭虽然耕地很少，生活很艰难，但是其成员拥有手艺、勤劳肯干，通过做买卖、扛长工、打短工的方式不仅可以维持生活，甚至可以发家致富，随后买田置地。本部分重点描述第二种贫农家庭的家庭分工，以孙太远家（2—3亩耕地）为例，具体情况如表3-11所示。

表3-11　贫农的家庭分工——以孙太远家为例

| 成员及其身份 | 家庭分工 |
| --- | --- |
| 孙太远（父亲） | 种地，扛长工（操劳过度，40岁去世） |
| 孙铭（长子） | 种地，逃荒，帮助弟弟打烧饼（逃荒路上去世） |
| 孙梅（二子） | 打烧饼，炸油条，编草席，打短工 |
| "疙瘩"（三子） | 懒惰，什么活儿都不干<br>过继到本家亲戚家，因过继父母一直让干活而逃回，后离家出走而失踪 |

资料来源：2016年10月至2017年1月的田野调查。

三、雇工经营

传统时期夏侯村"少租佃关系、多雇工关系",村中大地主、小地主以及家中劳动力不足的富裕农户、中等农户都会采用雇工的方式解决家庭经营问题。夏侯村及附近没有成规模的劳动力市场,雇工都是依托亲戚、朋友帮忙所找来的熟人,主雇双方在彼此完全不了解的情况下绝对不会结成主雇关系。本部分从觅汉、把式、临时帮忙的(短工)三类常见的雇工类型考察传统时期夏侯村的雇工经营关系。

(一)觅汉

"觅汉"是传统时期夏侯村村民对长工的称呼,"扛长工"就是"做长工"的意思,"觅觅汉"就是"雇长工"的意思。

1. 觅觅汉:只用熟人

据村民孙占秀回忆:"我们村的觅汉基本上都是自己村里的,就算不是自己村的,也都是本村人的亲戚。"村民认为,觅汉是常年在主家干活的,并且一雇最少就是一年,如果觅汉人品不好、好吃懒做,主家会生很多窝囊气。因此村民在决定觅觅汉之后,首先会向本家亲戚打听,看谁愿意到主家扛长工。在主家决定觅觅汉之前,心目中往往就有合适的人选,因为都是本家亲戚,哪个农户人品好、是否勤快、家中是否有空,都能做到心中有数;找人打听,一般都是托人直接问某个人一年给多少粮食愿不愿意干。在本家亲戚、四邻之中找不到觅汉,才会扩大打听范围,当然首先是托人打听本村庄之内是否有人愿意扛长工;本村庄之内没有合适的人选,才会托人打听自己的远房亲戚是否愿意扛长工。主家在托人向远房亲戚打探的时候,会考虑这个委托人的人品以及自己和委托人的关系,如果关系一般、没有信任感,或者这个委托人就比较懒惰,是不会让这个人去打探的,即使这个人毛遂自荐,一般也不会用。村民认为"农活不用学",即使某些活不会干,也是一教都会,是否雇用,关键看这个人的人品。人品好,非常忠厚勤快,是肯定可以干好的;如果人品不好,即使干活水平再高、力气再大,也不会雇。

2. "一天三顿饭,晚上回家睡"

传统时期夏侯村村民雇觅汉一般都是雇本村人,一方面本村人之间知根知底,另一方面是不用给觅汉提供住宿。如果是外村的觅汉,且距本村比较远,在农忙时节还要为其提供住宿。觅汉在主家干活的时候,主家要为觅汉提供一天三顿饭。觅汉不与主家同桌吃饭,饭菜质量一般比主家的差一些,但是也不能太差,否则主家会被人骂。觅汉都是在厨房吃饭,或者端着碗到大街、饭场上去吃饭。如果在农闲时期主家家中没有农活或杂活,觅汉就可以不去主家,在自家待着;但是如果主家有事,觅汉必须随叫随到，不能出远门，使主家联系不上。无论农闲时节还是农忙时节，觅汉都不在主家居住。如果是村内某个村民的远房亲戚来主家扛长工，且村庄距离比较远，主家才会给觅汉提供住宿，一般住在厨房、牛棚里，或者与把式住在一起。如果觅汉想要在自己亲戚家中居住，主家会非常高兴，省得自己麻烦。

3. "八月十五好节气，杀觅汉、退伙计"

传统时期夏侯村觅汉的工钱是一年一发，时间一般是农历八月十五。一个觅汉每年至少要耕种10亩土地，如果不能耕种10亩以上的土地，主家一般不会雇用。夏侯村有谚语，"八月十五好节气，杀觅汉、退伙计"。每年农历八月十五，主家都会邀请所有的觅汉到家中吃饭，这一顿饭非常丰盛，有酒有肉，酒足饭饱之后，主家就会主持饭局，在饭桌上"说事儿"，比如：某某某今年表现非常好，干活勤奋，打粮食比较多；某某某今年请了多少次假；某某某偷奸耍滑，叫你锄草你不锄草，导致粮食大量减产；某某某就知道吃，不知道干活，一顿饭吃得比其他人多，打的粮食却比其他人少，等等。并且会当场决定工资发放多少，吃过饭就可以领粮食回家。那些表现好的觅汉可能会获得奖励，表现不好的觅汉可能被扣工钱，或者被辞退，都是主家说了算。如果主家说的不是实情，觅汉可以讲道理，但是觅汉一般说不过主家，没有主家有文化。此外夏侯村村民认为："就算你有理，主家不给你发粮食，你也没有办法。"工资由主家发放，觅汉自己运送回家。正常年景，觅汉的工资都是每年4—5担粮食。如果遇到灾荒之年或人力不可控的天灾人祸，按道理来讲，主家依然要足数给觅汉发工资，因为灾难并不是由觅汉引发的，即使没有收成或粮食减产，觅汉们也足数给主家干了一年的活。但是在实际操作中，主家一般都会少发一些，觅汉也会少要一些，因为没有了收成主家也要饿肚子，都不容易。如果主家因为天灾人祸实在拿不起工钱，可以以物抵工资或者借贷发工资，无论如何都要在农历八月十五前后给觅汉们发一些东西。如遇灾荒之年，发完工资之后，一般情况下会将觅汉辞退；但是仗义的觅汉或者没有出路的觅汉，即使工钱比较少，也可能选择继续跟着主家干。如果天灾人祸是由觅汉引发的，觅汉不仅没有工资，还要赔偿主家损失。

4. 劳动工具自己有了就用自己的

传统时期夏侯村本村的觅汉下地干活所使用的锄头、铁锹、木锹、镰刀、斧头等小型工具一般都是自己携带的，因为自己的工具用着比较顺手；如果自家没有，也可以用主家的，但是不能损坏或带回自己家，用完要放在主家，且用坏要赔偿。如果需要牲口、犁、耙、架子车、石碾、石磨等大型生产工具，都是用主家的，因为一般情况下这些工具觅汉没有；即使觅汉家有，也使用主家的，因为主家有义务提供这些工具，自家的用坏了很心疼。如果主家没有，则需要主家借用；如果主家借不来，觅汉可以帮忙借，但是主家就因此欠了觅汉一个人情，需要请一顿饭，或者给两个馒头、一包枣来报答觅汉。外村的觅汉无论是大型劳动工具还是小型劳动工具都使用主家的，但是要帮助主家维护、修理和保管劳动工具。

5. 生病请假有工钱

觅汉如果生病或家中有事，需要向主家说一声（请假）。如果是农闲时期，觅汉料定主家没有什么农活，说不说都可以；如果是农忙时期，则必须提前、亲自给主家说一声。如果是因为生病不能干活，需要觅汉亲自给主家说一声；如果病重，可以由觅汉的家人来和主家说一声。如果病情较轻，主家可以不到觅汉家探望；如果病情比较严重，则主家必须亲自到觅汉家里探望，一表关心，二探虚实。如果请假时间较短，只有三五天，且不耽误事，不用扣工钱；如果请假时间较长，或经常请假，则需要扣除一部分工钱。无论请假时间长短，觅汉都要把自己的农活干完，他可以出钱找其他觅汉帮助自己干活，或者让自己的家人代替自己干活。如果觅汉病重，不能干活，且情况属实，主家会送来觅汉的工钱。如果劳动将近一年，会全额发工钱；如果劳动半年，则给一半工钱，视劳动时间而定。

（二）把式

"把式"是传统时期夏侯村村民对"车把式"的简称，村民在日常生活中一般不称"车把式"，都称之为"把式"。所谓"把式"是传统时期长工的一种，长年居住在主人家，专门负责给主人喂牲口、赶牲口和使牲口。

1. 好把式难觅

传统时期，夏侯村村民中会使牲口、喂牲口、套车、赶牲口的一般是家中有牲口的农户，并且赶牲口、喂牲口需要一定的技巧，因此一般人干不了把式的工作。如果家中有牲口，通常最少有 10 亩地，在自家劳动力有限的情况下，自顾不暇，没有时间去做把式，这就形成夏侯村村民所描述的"会使牲口的不做把式，想做把式的不会使牲口"。同时，把式要长期居住在主家，同主家朝夕相处，对人品道德有一定的要求，必须是忠厚老实的人才能让主家放心，因此"好把式难觅"是传统时期雇把式的基本情况。

2. 一日三餐，提供住宿

把式长年居住在主家，一天二十四小时不能离开，一般都和牲口住在一起，或者在牲口棚旁边搭建一所小屋居住。把式晚上也不能回家，因为要随时照料牲口的饮食，并保证牲口的安全。把式一日三餐都由主家提供，但是从来不与主家同桌吃饭，都是主家做好饭后给把式端一碗。把式的饭可能与主家一样，但一般情况下都没有主家吃的好。把式一般同觅汉一起去门口、街边或饭场吃饭，或者在自己的牲口棚吃饭。

3. 劳动工具：把式说了算

把式所使用的套、鞭、笼嘴、马掌、牛掌、犁、耙、耧等等都由主家提供。一旦损毁或缺乏，把式可以直接给主家说，让主家购买，把式自己不会出钱购买。工具购买之后，把式要负责日常维护，如果需要小修小补，都由把式自己维修。只要不是把式故意破坏工具，而是因为工具质量、使用年限等问题损坏，都不用赔偿。即使是把式故意破坏，主家也不懂的，所以把式对工具有着很大的发言权。

4. 不能请假，不能突然辞职

把式的工作属于"一个萝卜一个坑""根本离不开人"的工作，原则上不能请假，即使是农闲时期，也要有人每天照顾牲口，主家人不会自己喂牲口，也不会使用牲口。如果有特殊情况，如家中有婚丧嫁娶，或家庭成员病重等大事，把式可以回家，主家一般也会同意。但是把式必须提前把自己的工作安排好，找一个人代替自己看几天牲口，或者将牲口带回家中照顾。同时如果给主家带来不方便，要进行一定的补偿，如给些礼物，或者扣除一部分工钱。把式一般不能随意辞职，因为长期的工作过程导致牲口只认得某个把式，不让其他人赶车等情况，一旦更换把式，可能引起很多不便。主家一般不会随意辞退把式，除非把式出现严重的道德问题，如偷窃、不听话、虐待牲口、欺负主家妇女儿童等，才必须辞退。在主家想要辞退把式之前，一般会打听、物色新的把式。如果主家因为家中有难需要出售牲口亲自劳动，需要提前跟把式沟通，让其寻找新的主家。如果把式在跟主家干活时发生严重事故，导致把式伤残、受重伤，则主家要视具体情况给把式一定的赔偿。如果是因为把式操作不当引起的事故，主家可以不赔偿，但是要给把式一定的补偿。

（三）临时帮忙的（短工）

传统时期夏侯村并没有"短工"的叫法，都是把临时请来的短工称为"临时帮忙的"。短工所从事的工作相对复杂，与觅汉主要干农活不同，短工既可能干农活，也可能洗衣服、做鞋子、搬桌子，还可能赶车、喂牲口等，并且一定是主家有某种活儿没人干才会有针对性地请短工。

1. 慕名邀请

主家雇用短工，都是由主家亲自到本家亲戚、街坊邻居家中登门邀请，并且一般由家长亲自前往，以表示对短工的尊重或者对其技术的认可。当然，主家在上门邀请之前也会做一些打听，讨论谁家做饭做得好，谁家妇女会做衣服，谁洗衣服洗得快等等,在街坊邻居都认为某个人具备某种技术时,主家才会上门邀请。

2. 地主富农觅短工

据村民回忆:"只有地主富农才会觅短工,一般的(农户)都是互相帮忙,你帮帮我干活,我再帮帮你干活,顶多请吃吃饭就中了,不用给钱,也就不叫'觅人'了。地主富农不干活,他家有事的时候,你去帮他了,但是他又啥都不干,肯定不会给你干活,就给你点钱啊、粮食啥的。"

打短工的家庭一般是村中的中农及中农以下身份的农户,家庭比较贫困,但是比觅汉家庭条件好。尤其是村中的手艺人,如吹响器的、木匠等,就是依靠打短工来获得生活来源的一类人。很多家庭是中农,但是依然会外出打短工。地主和富农没有人打短工。雇用短工的主家一般是村中中农成分以上的家庭,且一般是村中小姓小户或与街坊邻居关系一般的人。因为只有中农和中农以上成分的家庭才能有足够的经济实力来雇短工;村中大姓和那些与街坊邻居关系比较好的农户一般没有必要雇短工,如果家中有事,依靠亲戚、街坊邻居的帮助完全可以应付,没有必要花钱雇人。

3. 工资不定,口头协商

短工的工资有两种情况,一种是每日结算,另一种是完工后结算。短工与主家不签订契约,都是口头约定,工资如何,关键看活重不重以及如何商讨,没有固定规定。据夏侯村村民回忆:"短工工钱高不高关键看你干的啥活。你要是帮忙种地,一般都是一天一两斗粮食。要是打杂(抬抬桌子、搬搬椅子、做做饭)之类的,一般都是一天三五升粮食。要是帮忙盖房、砍树那工钱就高了,一般人不会干,一天得二三斗、三五斗粮食。"

四、合作经营

恶劣的耕地状况、短缺的劳动工具、密切的邻里关系使得夏侯村中出现了频率很高的劳动协作行为。村民没有对各种帮工换工的行为加以区分,而是统称之为"帮忙干活"。帮忙干活也不讲平等回报,更多地认为是一种亲戚邻里的义务、积德行善的福报。本部分将从帮忙干活和搭伙两部分考察传统时期夏侯村的合作经营关系。

(一)帮忙干活

传统时期的夏侯村,将帮工、换工、请工行为统称为"帮忙干活"。所谓"帮忙干活"就是一家有任何事情,处理不过来,不是以出钱的方式雇工干活,而是主动或被动地接受别人帮助的生产生活行为。

1. "不说钱(粮),互相帮忙"

帮忙干活的核心原则是没有财物往来,如果收费,就是雇工。夏侯村村民认为如果帮忙干活给钱（粮）了，就算雇工干活了。帮忙干活的另一个原则是互相帮忙，且劳动量和难度必须大致相同。如果在其他农户帮助过自己之后，自己因为不具备劳动能力而帮不上忙，就不叫帮忙干活，而是别人"可怜"自己。如果因为自己的懒惰而不主动偿还帮助，那么就是人品有问题，一旦懒惰的名声传了出去，就没有人愿意再来帮你干活，只能花钱觅人干活。

2."谁家还没有个事儿"

传统时期夏侯村村民在大多数情况下采用一家一户独立经营的方式，但是村民认为"谁家还没有个事儿"，总会出现单家独户忙不过来的情况。根据村民回忆，传统时期家户遇到以下六种情况时，必须采用合作经营的方式来应对：第一，农忙，家中缺少劳动力，应付不过来。例如麦子成熟时，天快要下雨，收割不及，就会请亲戚、邻居帮忙。第二，婚丧嫁娶。婚丧嫁娶有很多事情，需要很多人，往往本家亲戚都会前来帮忙，在依然忙不过来的情况下，会请朋友过来帮忙。第三，生病。如果家中主要劳动力突然生病，丧失劳动能力，会请亲戚、朋友过来帮忙。第四，盖房子、修院墙。传统时期盖房子如果都通过请工的方式，普通农户承担不起高昂的费用，就会通过互相帮忙的方式节约资本。第五，烧砖。第六，砍树。砍树不是一两个人就能干的活儿，需要很多人帮忙。

3."可吃可不吃"

传统时期由于夏侯村大多数农户较为贫困，因此为了节约开支，能够互相帮忙干活的农户之间往往采用"互不请客"的方式来节约家庭合作经营的成本。在干完活之后，各自回各家吃饭。名义上虽然不吃饭，但是礼节上不可缺少邀请吃饭这一过程。在其他农户到自家帮忙干完活之后，主家必须真诚邀请其回家吃饭，并且提前准备好酒肉饭菜。如果前来帮忙干活的农户吃了这顿饭，那么下次主家去帮该农户干活的时候，也可以在其家中吃饭；如果帮忙干活的农户在主家再三邀请下也没有留下来吃饭，那么主家在帮助该农户干活后，也一定不能在他家吃饭。

4."差不多就中了"

传统时期夏侯村农户之间帮忙干活，虽然讲究互相帮忙、劳动量大致相同，但是村民并不会记账、算账，都会认为"差不多就中了"，并且有照顾弱者的传统。例如：农户A身强力壮，农户B会木工活，而农户C年龄较大且身体比较弱。如果农户A帮农户B和农户C在一天时间内各割了3亩地的麦子，按照道理来讲，农户B需要帮助农户A割3亩地的麦子或者干半天农活，农户C也需要帮助农户割3亩地的麦子或干半天农活来偿还。但是农户B不擅长干农活，他帮助农户A制作了一个木凳子；而农户C虽然帮助农户A干了一天的农活，却只割了1亩地的麦子。农户A就不会计较，认为"差不多就中了"，下次农户A、农户B和农户C依然可以在一起互相帮忙干活。

（二）搭伙

传统时期的夏侯村有很多搭伙行为，涉及生产、生活的方方面面，其含义可以描述为一个人或一个家庭忙不过来，与另一个有着同样情况的人或家庭长期在一起共同劳动。搭伙最少是一个劳动周期，如盖完一栋房子或种完一季地。搭伙行为的劳动时间普遍比帮忙干活要长很多，如果是临时性的帮忙，就叫帮忙干活。

1."关系非常好的才能在一起搭伙"

据夏侯村村民描述，搭伙含义很广，基本包括家庭经营的方方面面，可以是一起搭伙种地、搭伙养牲口，也可以是搭伙做买卖，还可以搭伙烧砖盖房等。能够在一起搭伙的农户一定是关系非常好的。村民认为："帮忙干活谁来都中，只要能干活、会干活就中，事后还了也就中了。搭伙可不容易，小两口经常在一起还吵架呢，要是关系不够铁的两个人在一起搭伙，肯定半路散伙儿。有时候，亲兄弟在一起搭伙还弄不成呢。"因此夏侯村村民所认为的能在一起搭伙的农户不仅兴趣相投、性格相近，并且都有着共同的爱好和理想，甚至是类似的习惯，显得比亲兄弟还亲，这才可能在一起成功搭伙。

2."有福同享，有难同当"

在一起搭伙的农户必须做到同进同退，不计个人利益得失，不吃独食，心往一处想、劲儿往一处使，夏侯村村民将其称为"有福同享，有难同当"，不能做到这一点绝对会导致搭伙行为的失败。甚至很多农户本以为关系比较好，因而在一起搭伙做买卖、养牲口或种地，但是不仅没有搭伙做好生意、养好牲口，反而因各种琐事不愉快地散伙儿，甚至反目成仇。在夏侯村历史上，搭伙失败的案例非常多。据夏侯村村民孙占炳讲述：

> 过去（1949年前）俺们村有个孙东方和杨林儿俩人搭伙养了一头母牛，想着用这个母牛生小牛，然后再卖小牛，卖了几头小牛之后，再多买两头母牛，然后多生小牛，俩儿人想用这个法儿发财呢。谁知道买回来的母牛不会生，俩人都互相埋怨起来，后来一直吵架，见面就吵。别说散伙儿了，都成仇人了，好些年不说话。

## 第四节 交换与交换关系

传统时期的夏侯村村民进行农业生产活动主要是为了养家糊口，村民中普遍存在"吃饱就是幸福"的生活标准要求。但是在长期的历史发展过程中，土地集中在少数人手中，使得许多农户不能从土地中获取足够的食物，只能通过做买卖的方式获取生活资料。随着从事传统商业人员的增加，村庄小社会也出现了分工的萌芽。受到传统庙会的启发，附近村庄做买卖的生意人集中到一起，形成了繁荣的固定集会，进而促进了市场交换的繁荣。故本部分将对不同的市场交换活动进行分类描述，分别从村内集会、村外集会、市场活动、借贷关系四个方面考察传统时期夏侯村的市场交换与交换关系。

一、村内集会

传统时期夏侯村内的市场交换活动有淳于集与淳于寺会。"集"和"会"在传统时期均属于综合性的大宗交易活动，其中集的开市频率较高，通常一个月三次；会依托于庙会的开展，一年一次。

（一）淳于集

传统时期夏侯村的淳于集举办地点是夏侯村东、淳于古寺西的南北大路上，每逢农历初一、初十、二十举办，属于"十天集"，每十天一集。淳于集规模不大，但由于道路较狭窄，每次开集，道路都被堵死，呈现人头攒动、水泄不通的情形。据村民回忆：其最初是夏侯村人独办的。这条大路是从冯村至北部辛安店、黄德镇的必经之路，虽然道路不宽，但人流量不小，许多本村的手艺人在此摆摊经商，也有过路的行人、商贩在此歇脚。由于摊贩在此经营生意比较好，消息传出，定期来此摆摊的商贩越来越多。随着外村商贩的进入，造成抢地盘、抢生意等纠纷。由于是在夏侯村地界，本村人就组织了专门的管理人员维持交易秩序。后来，每天都有很多摊贩摆摊，堵住了道路，造成交通不便，行商为了快速赶路，往往绕小路而走，来往的行商少了，摊贩生意也不好了。淳于集管理人员就决定，把每天集改为每十天一集，并形成习惯，延续至今。

淳于集上的摊贩种类各异，最初以服务行商为主，主要出售水、烧饼、干粮、小吃、小工具等，后来由于附近村民的参与，村中的手艺人都会把自家的农具、草席、鞋垫、衣服等拿出来售卖，变为综合性的周期性固定市场场所。参与淳于集的本村及附近村摊贩只要不寻衅滋事、强买强卖、打架斗殴都可以前来摆摊，同时由于都是村子附近的人，都认识，也就不收取摊位费。而远处村子的摊贩前来摆摊，要交纳一定的摊位费。摊位费的收取时间不固定，一般都是上午 8—9 点。摊贩前来摆摊的时间一般较早，如果在收费时认为生意不好，可以自由离开，不用交钱；生意好的摊贩，一般不会离开，同时也会主动交纳。淳于集的路边没有房屋，也没有人愿意将房屋建在大路边，一是往来人员很多，不得清净；另外大路距离村庄较远，有 100 米，用水不便，且容易被村民孤立。在此摆摊的摊贩都是流动摊贩，有推着架子车的、挑着扁担的，也有背个麻袋的。

（二）淳于寺会

淳于寺会是夏侯村内唯一的庙会，也是封丘县较为著名的古庙会。据村民回忆："淳于寺会影响大得很，那时候（指 1949 年前），滑县（安阳滑县）的人都来夏侯村赶会。"每年农历四月初八准时开会，会期 3—5 天。除大灾、战乱之年，年年举行。村民赶会，一般去得比较早，"大早上太阳一出来就去了"，主要是为了找一个理想的位置看大戏。老头老太太会带着孙子孙女去凑热闹，是非常隆重的节日。买东西的村民，尤其是买大件物品的村民，会联系左邻右舍、本家亲戚一同去买东西，人多，讨价还价比较占优势，尤其是懂行的亲戚朋友，一定会叫上一起去。买牲口的村民会提前约好村里的行户一同前往，买牲口必须找行户。本村有行户，一般会找本村的；如果本村没有，或者与本村行户关系不好，或者本村行户信用不好，也会到会场上临时找行户。卖东西、卖牲口、做小生意的村民，都会提前一天去会场，并且会提前与办会方取得联系。淳于寺会有专门的淳于寺会组织，组织中有会首、男大会首、女大会首负责协调附近村民捐资办会事务，同时有淳于寺会选定的专门负责市场秩序、收取摊位费的管理人员。

传统时期的淳于寺会非常隆重，在会上出售的物品有农具、牲口、家禽、针线、服饰、小吃、零食、家具等等，不同的商品有不同的出售区域，如牲口市、家具市、工具市、猪马牛羊市、花市等。其中花市较为特别，是指出售棉布、花布、首饰、铃铛、玩具等妇女用品的市场，位于戏台西边，占地 2—3 亩。花市中营业的以小摊贩为主，出售各种商品的小贩在交纳一定管理费之后就地摆摊，吆喝叫卖。女性会来赶会购买物品。传统时期的女人都是裹脚的小脚女人，走路不能走远，来逛花市的都是附近村子的妇女，距离较远的妇女都不会参加。有些老太太会由家人推着独轮车，坐在车上逛花市。淳于古寺坐北朝南，位于淳于寺会会场的正中心。寺庙大门的对面是戏台，戏台占地一亩有余。每逢开戏第一场，一定是请神佛的表演，演员进入淳于古寺，拿着供品、香烛，叩请神仙观看戏剧表演，表达对神灵的崇敬，并祈祷神灵庇佑四方百姓。牲口市是淳于寺会中最为繁忙的会场，牛、马、驴、骡子混在一起出售，占地

3—4亩，在戏台的西南。场地中有牲口桩，是木桩埋在地里，由淳于寺会的成员动工建造，各个牲口桩由麻绳连着，牲口可以拴在牲口桩上，也可以拴在绳子上，在此买牲口的人都要交纳一定的场地使用费。羊市位于牲口市北，中间有绳子隔开，单独成市。淳于寺会的羊市专门出售绵羊和山羊，占地不足一亩。羊市没有牲口桩，卖羊的农户都是牵着羊来出售，但是也要交纳一定的场地费，费用较低。猪和鸡、鸭等家禽在一起出售，统称为猪市。猪市位于牲口市的南边，占地不足一亩。猪市有绑猪桩，猪被绑住腿拴在桩上，鸡、鸭等家禽则被装在笼子里出售。家具市位于淳于古寺的东边，占地3—5亩。工具市位于淳于古寺西边，占地2—3亩。淳于寺会会场分布详情如图3-6所示。

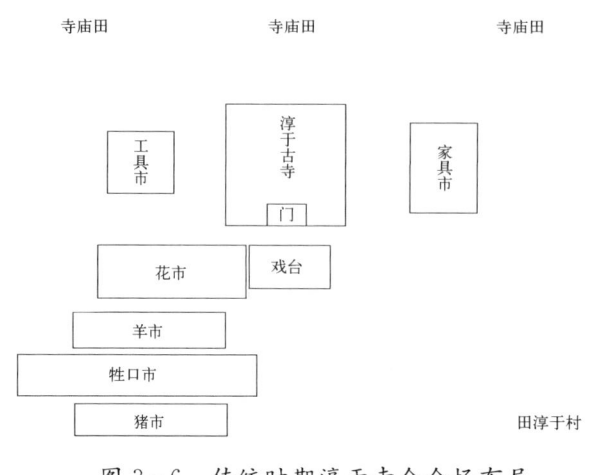

图3-6 传统时期淳于寺会会场布局

（三）村内集会中的交换关系

根据夏侯村村民对淳于集和淳于寺会的回忆，买家与卖家、摊贩与集会都有着丰富的交换关系，具体体现在以下几个方面：

1. 本村人摆摊不收摊位费

据村民孙占邦回忆："那时候不管是淳于集还是淳于寺会都是咱们夏侯村跟田淳于、秦淳于、宋淳于等附近几个村共同管理的，有个淳于寺会就是专门管这些摆摊的。咋管？就是来摆摊要交钱，不能乱，要听话，具体我也说不上来。"摆摊收费主要是针对外村来的摊贩和过往的行商，一般情况下一天十几个铜板，具体收费不固定，摊位占地比较大的摊贩要多交费，占地比较小的摊贩可以少交费。收费的都是本村或附近村子中身强力壮、能打架的年轻人。夏侯村村民前往淳于集和淳于寺会中摆摊，大部分人都认识这些年轻人，甚至都是这些年轻人的长辈，因此本村人摆摊经营都不收费。

2. 本村人能赊账，外村人概不赊账

据村民孙占秀回忆："我的父亲是打烧饼、炸油条的，在我小的时候，经常跟着父亲到淳于集和淳于寺会上摆摊卖油条。一般说的都是概不赊账，但是来赶会的好多都是自己村子里的人，有的还是本家亲戚，他想吃一根油条或者拿个烧饼，你还能不给？都是说先记着吧，回头给你。"一般情况下，赊账的农户都会定期还钱或还一些粮食来抵债。也不乏一些村中的老赖，厚脸皮、好吃懒做、游手好闲还穷得叮当响，根本没有能力还钱，但是还一直厚着脸皮要赊账；要账要得紧了，老赖又会大发脾气说"这点钱我还能不给你，催啥催"。摆摊的村民见到这样的老赖是非常头疼的，一般见到这样的人是没有什么好办法的。摊主被惹急之后，会用"东西卖完了"或者"收摊不干了"为理由逃避这些人的赊账，由于都是一个村子的熟人，因此一般不会撕破脸皮吵起来或者打起来。

3. 一锤子买卖

据夏侯村村民回忆，传统时期在集、会上买东西都是"一锤子买卖"，买过离手之后，商品有任何质量问题都不退换。例如：买到的水果或蔬菜是坏的，只能怪自己没有挑好、没有眼光，不能责怪摊主的货不好。如果买到的母牛不能生育，或者牲口买回家没几天就死掉了，也只能责怪自己没有眼光。如果农户寻找摊贩讲道理，要求退货或者换货，买家通常是讲不过卖家的。虽然有淳于寺会等管理组织，但其只负责维持市场秩序，不让随意摆摊和打架斗殴，并不负责监管产品质量。

4. 多数是附近村子的人

据村民孙占邦回忆："淳于寺会虽然名声很大，淳于集的人也很多，大多数还是附近村子的人。"村民认为，在淳于集和淳于寺会中前来购买物品的农户大多来自方圆十里之内，前来摆摊的农户也大多数是附近村子的，除了有少部分路过此处的行商、挑货郎之外，很少有从十里之外的村庄来此摆摊经营的。因此淳于集和淳于寺会大部分是附近村庄和农户的内部交换。

二、村外集会

传统时期夏侯村村民到淳于集主要买卖小百货，如鞋子、袜子、棉花、布等物品，十天一集属于间隔时间较长的集，且淳于集中没有固定店铺，全部为流动摊贩，而淳于寺会一年仅举办一次。因此如果农户有其他购买或交换的需要，就要到村庄外部规模更大、开集频率更高的集会，或者去那些专门交换某种商品的特殊集会。

（一）村外集市

据村民回忆，夏侯村村民常去的村外集市有农历单日集、农历双日集、每日集和县城集，其具体情况和交换物品概况如表3-12所示。

表3-12 传统时期夏侯村村民参与的村外集市

| 名 称 | 时 间 | 距离（里） | 赶集内容 |
| --- | --- | --- | --- |
| 辛安店集 | 农历单日 | 5 | 蔬菜品种多，价格便宜 |
| 冯村集 | 农历双日 | 8 | 其一，开始较早，属于"露水集"，凌晨三四点即开始营业，上午十点结束。村民在第一时间买到最新鲜的蔬菜、肉类<br>其二，"冯村刀具"非常有名，质量好<br>其三，有磨坊，村民可前去磨面、磨油 |

续表

| 名 称 | 时 间 | 距离（里） | 赶集内容 |
|---|---|---|---|
| 黄德集 | 每日 | 30 | 规模较大，货物品种全，常年有牲口、家具等大型产品的交易 |
| 留光集 | 每日 | 14 | 农具质量好，有"穆家楼"等有名农具 |
| 县城集 | 每日 | 17 | 其一，农产品价格普遍较低<br>其二，商品品种全，在地方集买不到的东西，县城都有出售<br>其三，有澡堂、学校、酒楼、药店等，都是地方集所没有的 |
| 陈固集 | 每日 | 30 | 以买卖黄烟丝出名 |
| 黄陵集 | 每日 | 55 | 其一，靠近黄河，河鲜较多，且价格低<br>其二，靠近山东省，可以跨省交易 |

资料来源：2016年10月至2017年1月的田野调查。

（二）村外庙会

传统时期夏侯村村民有着丰富的神佛信仰，不同的庙会供奉着不同的神灵，信仰某神灵的农户会赶很远的路程参与相应庙会。此外，有些庙会中以出售某种物品闻名，如距离夏侯村100余里的浚县山会，夏侯村农户所购买的石碌、石碾、石磨等各种石器基本来源于此，并且价格十分便宜。因此，夏侯村村民在每年固定时间参与不同的村外庙会。传统时期夏侯村村民经常参与的村外庙会如表3-13所示。

表3-13 传统时期夏侯村村民参与的村外庙会

| 名 称 | 开会时间（农历） | 会期（天） | 距离*（里） | 内 容 |
|---|---|---|---|---|
| 辛安店会 | 八月二十六 | 1 | 5 | ①有老鸡爷庙，里边供奉大公鸡神像，村民会去烧香，祈求六畜平安；②有繁荣的市场交往，有专门的牲口市场 |
| 沙岗会 | 二月十五 | 1—2 | 8 | ①求神；②看大戏；③做买卖 |
| 吴村会 | 四月初八 | 1—2 | 10 | ①拜佛，有吴村寺；②看大戏；③做买卖 |
| 大马寺会 | 三月三 | 3—5 | 12 | ①拜佛，有大马寺；②看大戏；③做买卖 |
| 黄村营会 | 三月十五 | 2—3 | 13 | ①求神有财神庙，农历三月十五是财神爷的生日，村中做买卖的和户家常前往祈祷生意顺利、日进斗金；②看大戏；③做买卖 |
| 后留固会 | 四月十五 | 1—3 | 14 | ①求神；②看大戏；③做买卖 |
| 白塔会 | 八月初十 | 1—3 | 14 | ①拜佛；②看大戏；③做买卖 |
| 王河会 | 三月初三 | 1—3 | 15 | ①求神；②看大戏；③做买卖 |

续表

| 名　称 | 开会时间（农历） | 会期（天） | 距离*（里） | 内　容 |
|---|---|---|---|---|
| 张广会 | 三月初一 | 1—3 | 15 | ① 看大戏，有专门的戏楼；② 做买卖 |
| 庙岗会 | 二月初十 | 1—3 | 14 | ① 求神，有老君庙；② 看大戏；③ 做买卖 |
| 浚县山会 | 正月初一 | 30 | 100 | ① 求子；② 看大戏；③ 买卖石头、粮食，浚县有石头山，盛产石料，有大量石匠 |

\* 相应数据均为约数。

资料来源：2016 年 10 月至 2017 年 1 月的田野调查。

（三）村外集会中的交换关系

传统时期夏侯村村民认为在村内赶集赶会和到村外赶集赶会有很多不同，具体可以体现在以下几个方面：

1. 结伴外出

据村民回忆："过去（1949 年前）去外边赶集、赶会、做买卖都是好几个人一块儿去的，一般都不敢一个人去，人生地不熟，容易受欺负啊。"对于做买卖的农户，一同外出可以在路上有个照应，并且可以互通信息，如遇到同行之间的纠纷，人多势众不容易被欺负。对于看戏、买东西的农户，一同外出可以共同讨价还价，可以购买到价格更低的商品；如果一同外出带老人和孩子去看戏，可以跟随有架子车的农户，几家共用一辆架子车即可。结伴外出一般是本家亲戚、左邻右舍或者关系比较好的农户结伴，关系一般的农户一般不会结伴外出。没有架子车的农户一般会寻找有架子车的农户一同外出，不仅方便运输而且可以让家中的老人和小孩子到更远的庙会看戏或玩耍。有架子车的农户通常不会拒绝没有架子车农户的邀请，因为趁车出行的农户一般会给有车农户一些好处，带上家中一些核桃、枣之类的零食送给有车农户。如果希望趁车赶会（集）的农户比较多，有车农户通常会挑选与自己关系最近（血缘关系比较近）的农户或者关系最好的农户一同出行，不讲究先来后到。

2. 互请吃饭

结伴外出赶集或赶会的农户通常会带上一些干粮，因为集会上的饭菜价格比较高，如果结伴外出的农户都带有干粮，会互相交换着吃。如果小孩子嘴馋，想要在集会上购买某种零食或小吃，农户不会只给自己家小孩子买，而是给所有的小孩子都买上一点。那些没有付钱的小孩子家长也不会白吃，通常会想方设法买一些其他零食或物品给其他小孩子一起吃，彼此互相请客。请客一般情况下是互相的，但是并不绝对，如果一同赶集赶会的农户有一家非常贫困，那么其他农户就不让其出钱，免费请其吃饭。

3. "捎点东西"

传统时期夏侯村村民只要外出一定会被街坊邻居看到，除非一个人晚上偷偷出村，因此一般都会碰到村民要求捎带一些物品的情况，村民称之为"捎点东西"。需要别人从集会上捎东西的农户，一般会在某个会开始的前几天就外出询问，打听谁会去赶某个会。捎东西不需要是非常亲近的关系，只需要两家没有矛盾和过节即可。捎东西一般都要提前把钱给那些去赶集或赶会的农户，并告诉对方需要捎带何种物品。如果捎带的物品不是非常贵重，也可以回来再给钱，但是一般情况下都要提前给钱。农户要求捎东西一般情况下不会找那些外出做买卖的农户捎带，因为外出做买卖本来就会带上很多行李，并且非常忙碌，很有可能忘掉；外出做买卖的农户一般也不会给本村人捎东西，除非是关系非常好的亲兄弟、本家亲戚。请别的农户外出捎东西不能捎带非常笨重、难以运输的物品，如粮食、石磨、石碾等，这些物品只能农户自己外出购买。捎东西都是捎带小东西，一般是那些体积小、重量轻、不贵重且便于携带的东西，如果是大东西，即体积大、重量大、比较贵重的物品，必须农户自己到村外集会上购买。

4. 请行户同行

如果村民到村外集会上购买贵重物品，如石礤、石碾、石磨、牲口、耧、车等，一般会邀请本村对相应领域较为懂行的农户一同前往，村民称这些懂行的农户为"行户"。由于传统时期夏侯村无论村内集会还是村外集会都是"一锤子买卖"，买到假货只能怪自己眼力不够，如果普通农户不懂商品，很有可能被卖东西的欺骗。尤其是买牲口，请行户已经成为必须有的过程，并且形成了专门的行户组织；但是在其他物品买卖领域中，并没有专门的行户。村民邀请行户一同购买物品，需要给行户一定的报酬，购买物品越贵重、路程越远，报酬越多。无论是行户的本家亲戚，还是关系非常好的街坊邻居，都要给行户一定的报酬。一般情况下至少是3—5斗粮食；如果是购买牲口，通常是牲口价格的十分之一。夏侯村只有一个买卖牲口的行户，名叫孙玉德，所有农户买卖牲口都要请他看一看，因此有着较高的威望。

三、市场活动

传统时期夏侯村村民所进行的市场交换活动主要有流动贩卖、开店、摆摊三种形式。

(一) 流动贩卖

据村民回忆，走村串巷沿街叫卖的流动商贩是村民买卖物品所常用的一种交换形式。夏侯村村民以流动商贩的形式倒卖物品主要有倒卖粮食和倒卖鸡蛋两种情况。村民认为，流动商贩只需要挑一个扁担或者推一个红车（贩卖粮食专用的独轮推车），不需要太多成本，从事该行当的大部分是村中较为贫穷、没有土地的可怜人。

1. 倒卖粮食

传统时期夏侯村村民中倒卖粮食的农户是孙富坤、孙占伟、孙占平等人。他们倒卖的粮食品种不固定，什么赚钱卖什么，包括麦子、大豆、高粱、玉米。运输方式主要是依靠红车和独轮小土车，红车载重量大，可以装载400—500斤粮食。运送地点主要是浚县、山东等地，运送距离在百里之内，超出百里就会得不偿失。倒卖粮食非常辛苦，但一般都能挣到钱。倒卖粮食需要灵通的消息和良好的身体，听说哪个地方缺什么，就要尽快前往，去得晚了，就失去了商机。村民将倒卖粮食的称为"推红车的"。夏侯村中的红车仅有三五辆，其中约3辆为村民孙富坤和他仨儿子所有，他们都是以贩卖粮食为生的家庭；一辆为孙长道所有，倒卖盐；剩余一辆为村民孙长江所有，其家庭往来于蚌埠、运城、侯马做元宵买卖。

2. 倒卖鸡蛋

传统时期夏侯村村民中倒卖鸡蛋的主要是孙良和"麻氏奶"，两家都是贫农，并且是本家亲戚，在贩卖过程中互相帮助、互通信息。鸡蛋收取都是在本村及附近村子，一般都是一斗粮食七八个鸡蛋。鸡蛋的贩卖地点是开封，没有别的地方。孙良本在开封地区依靠卖水为生，其间他发现开封地区养鸡的少，四五个鸡蛋即可换取一斗粮食，比自己村子里的便宜，就通过这样的方式赚取差价。后来见"麻氏奶"家中无地，非常可怜，同时由于"麻氏奶"身体好、没有裹脚、吃苦耐劳，就动员其一起贩卖鸡蛋，"麻氏奶"同意之后两人结伴倒卖鸡蛋。倒卖鸡蛋都是通过挑扁担的方式运输，需要特别注意，因为鸡蛋易碎，打破几个鸡蛋，一天就白干了。在蒋介石决堤花园口之前，需要坐船渡过黄河才能到达开封，需要支付一部分的摆渡钱，比较便宜，一般两三个鸡蛋就可以了。决堤之后，黄河改道，自夏侯村到开封不再需要坐船，走过去即可。

3. 挣的都是辛苦钱

据村民孙占秀回忆："不管是推红车的孙富坤，还是贩鸡蛋的孙良、'麻氏奶'，都非常辛苦啊，挣的都是辛苦钱。"推红车或者挑鸡蛋都是纯粹使用人力，一走至少几十里路，如果晚上回不来，还要露宿街头或田野。并且倒卖粮食和倒卖鸡蛋的大多非常贫困，集会上也不舍得去饭铺吃饭，都是自带干粮，一般是带上几个烧饼或者窝窝头。

4. 进村没人管

据夏侯村村民回忆，在传统时期流动摊贩进村不需要向任何人报告，村民不会将其驱赶出村，也不会欺负他们，因为大多数流动摊贩都非常不容易，挣的都是辛苦钱。同时，流动摊贩贩卖的物品通常比较便宜，价格不高，而且村民可以在家门口买到需要的东西，对其是比较欢迎的。

5. 不需要交钱

据村民孙占秀回忆："推红车倒卖粮食和贩鸡蛋一般都不需要交过路费、通关费之类的钱，就是坐船过黄河得花点钱，进县城倒卖东西得花钱。后来不太平，土匪多了，推红车的往滑县那边走一路，都能碰到好几个关卡，见谁都要钱。也不是收费，那都是敲竹杠了，到那时候也就没法儿贩粮食了，挣点钱都给土匪了。"

（二）开店

夏侯村内有馍店、首饰店和烧饼店三个店铺，附近的村庄有豆腐店、磨坊、酱油醋店，附近集镇上有饭铺、杂货店等各种店铺。各式各样的店铺是村民进行市场交换的重要场所之一。

1. 馍店

夏侯村有两个馍店，一个位于夏侯村前街牛王庙东路北，老板名叫杨占元，另一家位于夏侯村前街牛王庙西路南，老板姓杨，叫杨斗牛，两家店铺相距300米左右。夏侯村内的馍店没有竞争关系，两家老板都姓杨，是亲戚。馍店并不是每天营业，村民有人办事需要馒头或者临近过年才会营业。

据村民回忆："过去（1949年前）谁舍得整天吃白面馍啊，都是黄馍、黑馍，就算是孙长祚（本村大地主）也不会整天吃白面馍，更不会经常去馍店买馍。"村民认为，一般都是逢年过节的时候村民才会到馍店买一些白面馍，用于摆供或招待宾客用，在日常生活中很少有人到馍店消费。馍店的顾客一般都是本村的小孩子，小孩子嘴馋了，就会从家中偷出来两把麦子或其他粮食，然后到馍店换两个馒头吃。村民逢年过节到馍店买馍，也都是用粮食换购，从来没有人用钱购买。

2. 首饰店

传统时期夏侯村有一家首饰店，位于牛王庙西南北胡同路西，老板名叫杨玉庆，村民称之为"首饰炉"。首饰炉的生意面向周围很多村庄，主要是地主、户家的人前来要求打一些首饰。顾客会将银圆、铜器等物品送到首饰炉，后者将其熔断、再造，从中挣取一定的工钱。本村普通农户很少有制造首饰的需要，因为"温饱都成问题，不会在意这些没用的"；本村的户家让首饰炉帮忙打首饰，本着"劫富济贫"的原则，也要收费，但是对本村人收取的费用要低于外村人。

村民认为，普通农户基本上一辈子也不会购买一件首饰，即使是儿子结婚、嫁姑娘，也没有人去准备金银首饰，因此与首饰店交往的农户一般是户家，只有户家的女人才会佩戴首饰。普通农户到首饰店都是去看看热闹，聊聊天，没有人去打首饰或买首饰。

3. 烧饼店

夏侯村有一家烧饼店，位于夏侯村北，在自己家中经营，老板名叫孙梅。孙梅是一个手艺人，家中很穷，只有两亩不打粮食的碱场地，无法维持生活，只能依靠手艺补贴家用。孙梅既会编草席，又会打烧饼、炸油条，开有一家烧饼摊。此烧饼摊主要针对村中中农以上的农户经营，普通较为贫困的农户吃不起烧饼油条。贪吃的会赊账、赖账，孙梅不识字，只能依靠在墙上画道道记账，经常忘记，因此产生很多死账。烧饼摊不是每天经营，孙梅经常在各处的集会上摆摊，在村中摆摊挣不了几个钱，集会上人流量大，可以挣钱多一点。此外也会在村东北五路交叉口处的杨树林摆摊，此处经常有贩卖粮食的人在此歇脚，人流量相对较大。

据村民孙占秀回忆："孙梅是我的父亲，他开了个烧饼店，就是在自己门口搭个棚，有时候也炸油条。烧饼油条在现在认为是主食，过去那都是高级零食啊，没有人拿烧饼油条当饭吃的，都是小孩儿大人解解馋。"普通农户购买烧饼油条大多数是给自家小孩子或老人买一点，让其尝尝鲜、解解馋。村民前来购买烧饼油条都是拿粮食换，很少有用钱买的，一般都是一两升粮食换两三个烧饼或两三根油条。也有很多嘴馋且家里非常穷的农户采用赊销的方式购买烧饼或油条，由于都是一个村子的，孙梅不可能一个烧饼都不让吃。大多数农户都会在有钱之后或收粮食后还钱（粮），但是也有很多赖账的农户不还钱，孙梅碰到这些赖账的农户前来赊购，可以直接拒绝，或者以"没有面了，不做了"为由，直接关门收摊。

（三）摆摊

村民将去集会上做生意的行为称为"摆摊儿"。摆摊一般是固定的人到固定的集会在较为固定的地点做生意，被认为是摆摊标志的是交纳摊位费。本部分将从摆摊的概况和摆摊中的交换关系两个方面来考察传统时期夏侯村村民的摆摊行为。

1. 摆摊概况

村民摆摊的类型主要有卖馍的、炸油条的、打烧饼的、卖草席的、卖鸡蛋的、卖点心的、卖农具的、卖筐的等八种。摆摊的出发时间根据所卖物品的不同有很大区别。打烧饼、炸油条、卖馍等需要用火炉现场制作的，以及卖大型农具或草席等行李比较多、一个人拉不动、需要摆很长时间的，一般会提前一天到集会去，晚上摆好摊之后，会留一个人负责看守东西，由家人送饭，或者在集会上买一些东西吃。如果行李比较少，比如卖鸡蛋、点心、箩筐等，天刚蒙蒙亮的时候去集会即可，无论春夏秋冬都是天刚蒙蒙亮出发即可，因为冬天赶集赶会的人起床、出发比较晚，都是天明走道，摆摊的去得太早也没有生意。如果是露水集，摆摊的一过晚上12点就会出发摆摊，上午九十点就结束了。露水集以交易农产品为主，卖农具的、卖箩筐的比较少。摆摊经营的时间根据所卖东西有所不同，比较机动灵活。每天早上，有集会管理人员收取一定的摊位费，有的摊主来得比较早一些，看到集会上人比较少，预测生意不好，就会拒绝交纳费用，见到收费的人就会挑着货物离开。交过费用的摊主，一般会经营一整天，从早上到下午五六点。每个集的举办地点是固定的，一般都是邻近大路的一条街两边，并不会封锁道路。而会的举办地点是变动的，今年在这片空地办庙会，明年就可能去另外一片地方，但是大范围不变，都是在举办庙会村庄的附近。举办庙会的时间范围内，人非常多，道路是封闭的，各个摊点占道经营。县城的固定集市有很多商铺，不同于村办集会中的摆摊经营。

2. 摆摊中的交换关系

摆摊经营的农户大多数是手艺人或者专门做买卖的生意人，普通农户一般不会前往集会中摆摊经营，普通农户出售物品一般都是直接找摊主或者店铺出售，而不会以摆摊叫卖的形式出售。摆摊的农户要有口才、有脸皮、有技术才能将商品卖出去。据村民回忆，无论在村内还是村外，往往呈现出"买家精不过卖家"的情况。卖东西的一般都是见多识广、精明、拥有三寸不烂之舌的人物，而买家一般都被认为是老实巴交的农户，在讨价还价过程中，普通农户往往因为不了解行情、不懂得技术而被卖家欺骗。并且传统时期的交易往往是"一锤子买卖"，卖家也往往是"打一枪换一个地方"，一旦买家买到质量不好的东西，根本找不到卖家，只能自认倒霉。因此村民在购买大小物品时都期望与懂行情、懂技术的行户同行，尤其是在购买牲口、车辆、家具等大宗产品时，一定会寻求行户的帮助。然而夏侯村外出经商的卖家则认为，做生意不容易，很辛苦，受气还往往赚不到钱。无论本村人对于本村人、本村人对于外村人，都会因为买卖身份的不同，有完全不同的立场。

此外，摆摊既需要同村人的合作和帮助，也需要与同行竞争，因此村民认为"同村是帮手，同行是冤家"，即同行有同村和异村之别。同村的同行一般会互相帮助，结伴经营，呈现互通信息、互相帮助、有钱一起赚的互助合作经营模式。异村的同行是冤家，存在互相攻击、互相贬低、互相诋毁的情况，时常因为抢生意引起纠纷，甚至经常动手打架。

四、借贷关系

传统时期夏侯村的借贷形态需要分为三个时期进行考察，一是清末以前，二是中华民国的和平时期，三是"七七事变"之后。在清末以前，借贷发展程度较低，村民更多通过买卖、典当的方式应付资金不足、无钱使用的情况。清末以来至中华民国初期，封丘县城出现了钱庄、放账店等专门从事借贷的店铺。村民对乡村借贷也有了记忆，认为"地主就是从清末民初才开始放高利贷的，也没有放多少年。到1941年大灾的时候，乡亲们都逃荒出去了，地主也不敢随便借粮，此时主要是土匪放贷"。本部分基于放贷人物的不同分别从店铺放贷和地主放贷两个方面考察传统时期夏侯村的借贷关系。

（一）店铺放贷

据《封丘县志》记载：民国初年，县城有义和钱庄，是私人经营，地址在城内西街路北，专门经营高利贷业务。清末至民国年间有仁和典、中正典等（典当在"村庄典当关系"中有详细描述，在此不归类入借贷部分）。关于放账店，民国初期有兰记、寿丰等。另据村民回忆：传统时期村民一般不会到县城专门的店铺借贷，因为村民一般不需要太多的钱粮，没有必要去。此外县城的店铺都有官方背景，村民惹不起，也不愿意与之打交道。

（二）地主放贷

夏侯村村民借贷的首要选择是亲戚，因为向亲戚借贷不需要支付利息。其次是向邻居借贷，向邻居借贷需要来年多还一些，不多给也可以，但是不能少给。但是亲戚邻居也要生活，一般不能给予太多的帮助，如果给得太多，自家粮食就不够吃了，所以村民借一石以上粮食的钱物主要依靠村中地主、户家。本部分从借贷原因、内容、利息、规矩和死账五种情况考察传统时期夏侯村的借贷形态。

1. 借贷原因

传统时期夏侯村村民借贷的原因通常只有一种——无钱使用，但是根据钱粮的具体花费有以下六种情况：

其一，结婚。传统时期对于普通农户来说，婚姻花费仅次于丧葬花费，是村民除买房置地开支之外的第二大开支。同时买房置地可以有钱了再买、没钱不买，但是不能有钱了再结婚、没钱了不结婚，婚是一定要结的。

其二，丧葬。丧葬是传统时期普通农户的最大开支，但是因为丧葬而借贷的主要是村中小姓小户人家。村民对于无钱安葬的亲戚、邻居一般都会借钱，并且不收取利息，只有小姓小户可能借不到足够的钱来安葬家人。

其三，看病。传统时期夏侯村的普通农户普遍请不起大夫、抓不起药，一旦生病，尤其是大病，根本看不起，只能借钱，或者卖房卖地，或者在家等死。

其四，做买卖。普通农户做买卖需要本钱，但是很多农户没有本钱。因为做买卖向亲戚借钱，会觉得自己挣的钱不安心；如果亲戚认为这个买卖不行，也会奉劝其不要做生意，而不是冒险借钱。所以传统时期做买卖的农户一般采用借贷的方式弥补本钱的不足。

其五，购买大型农具和牲口。传统时期夏侯村村民日常劳动所使用的牲口、犁、耙、耧、石磨和石碾等都属于大宗花费，普通农户一般买不起。如果通过向亲戚、邻居借钱购买农具，往往会被认为是伙买的，在使用过程中经常被借用，并且"不落好"（不落人情），引起很多麻烦事。所以如果希望通过工具的改进而扩大再生产，通常采用借贷的方式购买。

其六，赌博、抽大烟。传统时期夏侯村村民中有赌博、抽大烟习惯的农户，一般都会变卖家产，最终只能借钱度日。这种行为被村民认为"多少钱都不够用"，所以一般没有亲戚、朋友愿意借给这样的农户，甚至普通地主、户家也不愿意借钱给他，但是这种人通常什么事都做得出来，地主、户家为求安宁，通常会给一点。

2. 借贷内容

清末以前夏侯村村民的借贷以粮食为主。清末至关金券贬值之前，钱、粮并行，但普通农户仍然以借粮为主。货币贬值至1950年，以借粮为主。总体而言，传统时期村中普通农户的借贷主要以借粮食为主。

3. 利息

传统时期夏侯村的地主借贷普遍是高利贷，并且村内村外都一样，无论是本村村民还是外村村民都是高利贷。据村民回忆："孙长祚（本村最大地主，拥有550亩土地）放高利贷，那时候村里的几个地主都放高利贷。对谁都收利息，要不都说地主剥削人呢。他（指孙长祚）对本家亲戚，该出的出，不要利息，有时候都不需要还钱；但是如果是借钱，都是该收多少利息收多少利息，因为借钱之前都搞好条件了（约定好了）。"地主高利贷的"高"体现在以下四点：其一，借一斗还一斗二。其二，借秋还麦。意指地主借出去的是高粱、谷（小米）、大豆、花生、红薯等秋收粮食作物，还时要归还同等数量的麦子。其三，一麦二秋。借一斗麦子，要归还两斗秋收粮食作物。其四，日期月期，利滚利。普通农户借贷通常以半年或一年为期，但是如果地主不同意（在后期的战乱灾荒时期，地主借贷风险很大，尤其是针对做买卖、赌博的农户），通常以一个月或一天为期，到期之后，本息合为新的本金，再计利息，村民称之为"驴打滚""利滚利"。

4. 规矩

传统时期夏侯村的借贷虽然时间较短，但也形成了一定的规矩，不过规矩不明显，且变动性很强，村民描述为："对这个人是这规矩，对那个人就是另一种规矩了。"具体来讲有以下五点规矩：其一，欠债还钱，天经地义，借钱必须还钱。其二，好借好还，再借不难。意思是借贷双方都要履行承诺，不能耍无赖。其三，口头约定，不签契约。夏侯村的地主借贷都是只做口头协定，借多少、还多少，都只有双方自己清楚，外人并不知道。因为在传统时期，借贷属于比较丢人的事情，有些借贷是背着家人去借的，为了不让家人知道，一般都会保密，也不签契约。但是地主一般都只借给本村知根知底的人，很少借给外村人；即使有外村人，也必须是本村人的亲戚，有本村人做担保，村民描述为"地主也不傻，他敢借给你，就不担心你能跑。过去人也实在，一般都不会跑"。其四，还钱超期，加收利息。如果约定一年还钱，到期之后仍然不还，或者还晚了，就要按照约定加收下一年的利息。例如，"约定好一斗粮食借一年还一斗二，如果还晚了，哪怕超过一天，就要还一斗四"。其五，地主记账，对拒不还钱者以告官相威胁，但通常没有告官的情况。普通农户向地主借贷，由于农户不会写字，并不记账，而是由地主记账。如果农户到时耍赖，地主就会把账本拿出来，当着邻里街坊的面，把借贷的详细情况吆喝出来，让众人皆知。如果还不还钱，地主会派人天天上门催款、逢人就讲此人欠钱不还，搞得这个农户名声扫地。除非农户彻底搬出村庄，否则都会还钱。地主虽然以告官威胁，但是一般都不会告官，因为一般都是小本借贷，借不了太多粮食，还不够打官司的成本；此外即使告官，也不一定能得到公正的判决。

5. 死账

"七七事变"之后，时局不稳、战乱不断，夏侯村地主放贷经常遇到死账、无头账，导致借出去的钱根本收不回来。尤其是1941年以后，由于死账过多，地主也就不再放贷了。主要有以下三种死账：其一，举家外出逃荒。借钱之后，仍然无法生活，面临着快要饿死的危险，扔下家中庄、地举家外出逃荒，地主找不到人，也没有办法。其二，被土匪抓走，剩下老弱病残。战乱时期，国民党军队和地方土匪都会前来村庄抓兵、抓壮丁，每天都会有人莫名失踪，谁都不知道去哪里了。如果这个人借了地主的钱，家人虽然有义务还钱，也有"父债子偿"的传统，但是老弱病残没有能力还钱，地主也没有办法。其三，八路军来了。据村民回忆：1947年初，八路军来到夏侯村进行第一次土地改革，村中地主得知消息后都逃跑了，八路军将地主的土地、房屋、农具分给普通农户，并宣布取消所有账目。八路军走后，地主返乡团（地主还乡团）返回村子进行报复，杀害了一些农会委员及其家属，村民将从地主家分到的农具、家具都归还给了地主，但是一些账目却因为账本的毁掉而理不清了。

## 第五节 分配与分配关系

传统时期夏侯村村民的分配可以分为国家赋税分配和家庭财物分配,其中国家分配主要以村庄为单位,家庭分配以家户为单位。本部分从分配单位、分配权、分配内容和分配关系四个方面考察传统时期夏侯村村民的分配形态。

一、分配单位

中华民国时期国家的赋税、徭役等,主要是以村庄为单位进行分配。宗族的集体祭祀活动和老坟地事务以宗族为单位进行分配。家庭财物的分配主要以家户为单位进行。

(一)以村庄为单位的分配

中华民国时期夏侯村为一个保,有一个保长。国家的赋税和徭役都是以村庄为单位进行摊派,据村民回忆:"过去(1949年前)国家收啥税、要啥粮食,一般人都不知道啥情况,都是跟保长要钱、要人、要粮食。"保长在村庄之内如何收取税费、派丁派兵,由保长本人亲自同各个家庭的家长直接商议,没有宗族的界限。一般情况下,村庄能不能完成赋税任务主要靠户家,普通农户家中并没有多余的钱粮来上缴,因此上级委派赋税任务之后,保长都是首先到户家催粮催款,希望村中的户家能够多交钱交物,以保证村庄和村民的平安。那些交不起钱粮、非常贫困的农户主要负责完成上级的兵役和徭役任务,具体也是由保长亲自找人商量。据村民孙占邦回忆:

> 我记得是1947年的时候,政府要挖河了,要求是一个村最少去三个人。俺家里穷啊,多少年没交过粮了,保长就找到我了,说"要不这次你去修工事吧,修不到一个月,一天还能挣一斗粮食",于是就去了。我记得非常清楚,一共挖河挖了19天,到村里后,我找保长要我那一石九斗粮食的工钱,结果保长说:"你这最近不在家,我这记的有账,上级派钱、派粮的账,你们家总共欠了一石九斗粮食,正好顶你的工钱了,你也就不欠账了。"

(二)以宗族为单位的分配

传统时期夏侯村以宗族为单位进行的分配主要有老坟地和宗族集体祭祀活动的分配,其中老坟地的分配是重中之重。同村庄本宗族所有家庭成员按照辈分、年龄都占有自己的一块老坟地,自出生之后就拥有了老坟地的分配权;除非发生一些特别的变故,如未婚早逝、暴毙而死或从事下九流的行当。发生这些情况时,宗族成员会自动失去在老坟地安葬的资格。随着宗族人口的繁衍和分化,一块老坟地已经不够使用,面对这样的情况,宗族成员会采用开新茔的方式扩充老坟地。随着老坟地的分化,其分配单位也发生了分化,宗族不再是老坟地的分配单位,由新形成的本家亲戚(埋葬在同一块老坟地中的人)取而代之。但是无论是否为同一支本家亲戚,都是宗族内部的一部分,本家亲戚之间也有互相干涉老坟地使用的权利,但是不能干涉过度,在大多数情况下只能言语上干涉,不能行为上干涉。

宗族在集体祭祀时的分配是以整个宗族为单位进行的。传统时期夏侯村各个宗族的集体祭祀活动有所不同,但分配方式大致相同,具体有以下三种:

1. 散路灯,户家多出钱

散路灯是夏侯村孙氏宗族所独有的宗族集体祭祀活动,其他宗族没有这样的活动。据夏侯村孙氏族人回忆:"过去(1949年前),散路灯说是每家都要出钱,(但是)有的家连饭都吃不上,哪里有能捐出来的油和麸啊。尤其是油,一般人家吃都不舍得吃,都还是户家出油。"而本宗族其他家庭主要是出力,宗族成员自发组织起来,到户家制作路灯,并且由宗族中年轻力壮、跑得快的小伙子负责燃放路灯。

2. 开新茔,家户独资

传统时期夏侯村的各个宗族都有因老坟地不够用而开新茔的情况,开新茔家庭中的死者无论在宗族之中辈分、年龄如何,都会成为新坟地的老祖宗,所有与死者沾亲带故、辈分低于死者的本家亲戚都可以埋葬在新坟地中。据村民回忆:"开新茔的(农户)必须儿女双全、有钱有势,因为新选的坟地都是开新茔这家人买的,坟门怎么开、风水好不好都是开新茔这家人定的。"因此,开新茔虽然是整个宗族的大事,但是其各项花销均由准备开新茔的家户独资,宗族只是负责定规矩、做仪式等活动。

3. 拜神办会,每家都要出钱

如果宗族遇到旱灾、水灾、蝗灾等自然灾害,需要集体到淳于古寺或其他寺庙求神拜佛,所需要的路费和香火钱需要全体宗族成员共同捐资。如果宗族需要办庙会,以求神灵保佑祖宗,所有家庭也都需要出钱。据夏侯村村民回忆:"出多出少没有定数,有钱的多出,没钱的少出,要真是穷得叮当响,也可以不出钱。"求神拜佛,由宗族中年龄最大、辈分最高、最有威望的一些老人共同组织,挨家挨户收取费用。办会则由各个宗族中的长辈共同组织办会组织,推选出来男大会首、女大会首、会首等各类管理人员,由这些人挨家挨户上门收钱。

### (三) 以家户为单位的分配

关于村民以家户为单位进行的分配其分配，单位既有复合式的大家庭，也有父子两代的小家庭，具体以何种形式的家庭进行分配，主要取决于家庭是否分家。分家之后，儿子经济独立，自己的义务要自己承担，父母不再参与；分家之前，全部由大家长说了算。一个家庭无论大小，只能由一个人说了算，即分家之后，父母不再干涉儿子的小家庭的财物分配。

## 二、分配权

不同的分配单位体现着不同的分配权力运作。在以家户为单位的分配中，"老子"是说一不二的。在以宗族为单位的分配中，辈分最高、年龄最大的老人有着很强的话语权，在夏侯村各个宗族或本家亲戚中掌握分配权的往往是"本家爷"。在以村庄为分配单位的分配中，保长拥有着绝对权威。但是无论是宗族分配还是村庄分配最终都是由各个家庭的家长来实施，本部分重点考察家庭内部成员之间与家庭分配权的关系。

### (一) "老子"说一不二

传统时期的夏侯村，在一个家庭中能掌握分配权的只有"老子"一人，夏侯村村民认为："'老子'说一不二，要家里都不听'老子'的话就乱套了，只能分家了。""老子"一般是一个家庭之中年龄最大、辈分最高的人，并且一般情况下敢于自称"老子"的只有一个，如果父亲去世，兄弟之间不可能自称"老子"，往往谁都不听谁的，一般都会分家。如果家庭之中爷爷身体健康、头脑灵活，则家庭一般都不会分家，父亲和叔伯共同服从爷爷的分配，即使父亲和叔伯各自结婚，也往往会同居一处、共同劳动，不会分家。如果爷爷身体不好，已经管不住自己的儿子们了，一般都会分家，由叔伯各自当家，爷爷跟随叔伯轮流居住，不再管事，也不再劳动，那么各家的事就由叔伯各自决定，爷爷不再参与。如果只有一个儿子，那么即使爷爷年事已高、身体已经不好、头脑也不再灵活了，父亲也不会自称"老子"，虽然实际上是当家人，但是家里大事小事的分配，父亲还是会询问爷爷的意见，在名义上仍然是爷爷为当家人。据孙占邦老人描述："一家只能有一个当家的，也只有一个人敢自称'老子'。过去（1949年前）'老子'的地位（在家庭中）至高无上，家里买不买啥东西、地里种啥庄稼、钱花哪都是老子说了算，其他人都不能乱插嘴。（但是）人有老的时候啊，'老子'镇不住场面了，就到分家的时候了，分家了，就儿子们各自说了算了，'老子'也就啥都不管了。"

### (二) 能者说了算

传统时期的夏侯村，在爷爷已经去世或者已经不管家事之后，兄弟之间一般都会分家。但是如果兄弟之间有着公认的能者（有本事，其他兄弟都信服），并且其他所有兄弟都依靠这个能者才能生活，兄弟也可能不分家，继续生活在一起，即使各自成婚之后也仍然居住在一起。据村民孙占秀回忆：

> 过去（1949年前），村里有个人叫孙长杰，他是家里老小，上边还有三个哥哥，但是这三个哥哥都是哑巴，只有孙长杰一个人会说话。孙长杰这个人还非常聪明，自己学会了做炮（做鞭炮、花炮），然后就把这个技术教给了他的三个哥哥。孙长杰家里非常穷，就3—5亩地，父亲又死得早，就是从孙长杰学会做炮以后，生活才算能过得下去。孙长杰能说会道，不仅会做炮，还能把炮卖出去，兄弟几个就靠着他了。后来孙长杰和他几个哥都结婚了，也没有分家，一直住一起。孙长杰知道，如果他离开了他这三个哥，他们肯定没法生活；他的几个哥也都非常听孙长杰的话，虽然他是老小，但是最有本事，家里的事儿都是他说了算。

（三）长兄如父

在传统时期的夏侯村，由于生育崇拜，大多数家庭在妻子可以怀孕的年龄段中会一直生育，因此出现很多长子与幼子年龄相差很大的情况。在这样的家庭中，可能父亲已经年龄大了或去世了，长子已经三四十岁，而幼子却不满十岁。村民认为在这样的家庭中，"老大（长子）不仅要当哥，还得当爹"，一般都是长子说了算。据孙占炳老人回忆："过去（1949年前），我是家里老小，我还非常小的时候俺爹就去世了，都是俺大哥给我养活大了，娶媳妇都是俺大哥给我娶的，要不是俺大哥，我早都饿死了。只要俺大哥活一天，虽然他是俺哥，我也是把他当父亲一样，啥都听他的。"

（四）"老子"培养当家的

在传统时期夏侯村各个家庭中，为了家庭的延续，或者为了兄弟和睦相处不闹矛盾，父亲在世时会对某个有资质的儿子予以特殊培养，让其具备其他儿子都不具备的技术、资源或能力，使得这个儿子能够得到其他儿子的信任，以便在自己去世或年龄较大之后，依然能够维持家庭不分裂。据村民孙占秀、孙占邦和孙占炳老人共同回忆：

> 在大地主孙长祚家，孙长祚一共有五个儿子，只有二儿子愿意读书，并且能读书，也最聪明。孙长祚就把二儿子孙锐送去读书，并且后来让他学习医术。最后就孙锐脑子够用，不仅能给家里记账管账，给觅汉、把式发工钱，

还能给家里人看病。（因此）孙长祚年龄大了之后，就把记账管账部分决定权下放给二儿子，让其说了算，二儿子可以决定今年家里该买什么东西、买多少、从哪里买等事情。二儿子的本事和其对家庭的贡献是被弟兄五个所认可的，大家也都没有意见。因此直到最后，他们家也没有分家，都是老二孙锐说了算。

在贫农孙太远家，孙太远的二儿子孙梅肯吃苦，也聪明。老大和老三整天没有个正形（不干正事）。孙太远就可以让孙梅去学艺，等孙太远年龄大了之后，只有孙梅有手艺、肯吃苦，会打烧饼、炸油条、编制草席、打长工，并把自己制作的东西拿到集、会上出售。在家里只有2—3亩地的情况下，孙梅是家里的顶梁柱，养活了一大家子人，如果没有孙梅，这个家就维持不下去。因此孙梅在家中可以决定粮食的分配，也可以自己多拿一点。在发生灾荒时，家长孙太远让大哥一家外出逃荒，三子"疙瘩"过继给本家亲戚，却让孙梅继续留在家中。

### 三、分配内容

传统时期夏侯村普通农户的家庭储备和收入主要是粮食，做买卖的农户也由于货币贬值严重，更多采用物物交换的方式来获取粮食，需要现金时再临时将粮食卖出换取现金，因此在传统时期夏侯村各个家庭的财物分配主要体现在粮食的分配上。对夏侯村普通农户而言，家庭财物的分配主要有赋税、种子与口粮、婚丧嫁娶、礼俗、养老五个部分。

（一）赋税分配

传统时期，夏侯村普通农户对赋税名目并不清楚，把所有前来收钱、收粮的行为统称为"派粮""派钱"。用村民的话："让交都得交，不交不中，人家来找你事儿，弄得你们家鸡犬不宁。管他是啥名目嘞，交了就没事儿，不交就有事儿。收钱的人背后有国民党军队撑腰，有枪，谁敢不交。"官方赋税有名称，可以从《封丘县志》中找到；找到之后与村民核实，并请求村民回忆，得出确有以下五种赋税：

1. 人头税（丁税、正税）

据《封丘县志》记载：1949年前，封丘县苛捐杂税名目繁多，最基本的形式是向民众按人口征收人头税即丁税。自中华民国初期，丁税改名为"正税"。人头税非常不固定，在总人口基本不变的情况下，自中华民国十八年（1929年）至中华民国二十二年（1933年），全县正税4年之内增加了70％。

2. 地丁税

据《封丘县志》记载：中华民国十七年（1928年），县政府以教育经费不足和公安费用不足为由，拟加征地丁税。据村民回忆："中华民国政府征税还有规矩，有条文，保长会给大家有个说法。例如中华民国十八年（1929年）左右，政府规定，村里一等好地每20亩加征白银一两（约2个大洋，2吊铜钱，约等于十几担粮食），每30亩二等地加征白银一两，每40亩三等地加征白银一两。"

3. 田税

田税就是根据农户耕地多少来缴纳的赋税。田多者多缴，田少者少缴。据村民回忆：传统时期的田税不固定，和平年间，政府收税是"三一"或"四二"，即农户家的田地总共打了3斗粮食，上缴1斗即可，此为"三一"；打4斗缴2斗，是为"四二"。田税都是保长收取，上缴至县城或联保所处，需要保长组织村民将粮食运输到交粮的地方。

4. 捐输（运输费）

据《封丘县志》记载：中华民国三年（1914年），全县加征捐输。据村民回忆，村中贩卖粮食的、贩卖水的、运输石料的都需要缴纳捐输。具体的缴纳方式是过关的时候给把门的官兵一些费用或粮食。关一般设在县城，县城与县城地界之间有关卡，如果在本县之内的乡镇之间贩卖粮食而不进城的话，不需要缴纳捐输。缴纳的费用不固定，根据运输货物的多少、贵贱有不同，贩卖的东西贵重就多交一点，运送的东西不值钱就少交一点。具体交多少由守关的官兵来定，官兵说交多少，就交多少。一般情况下，都可以和官兵讨价还价，也可以通过装疯卖傻、装可怜来博得官兵同情，进而少交或不交捐输。懂行的贩卖粮食人员，会通过私下给官兵塞红包来过关。

5. 印花税

村民进行土地买卖、典当时，需要政府出具官方地契，此时需要买地农户自行出钱购买地契上粘贴的类似于邮票的印花贴，这样的行为就是缴纳印花税。印花税税率变动很大，据村民回忆，中华民国初期，买个印花很便宜，一亩地贴一张印花，一张印花不到一吊铜钱，折合粮食3—5斗。至中华民国中后期，印花税不断增加，最高甚至要收取土地买卖价格的5％，村民交不起。所以后期的土地买卖、土地典当都是村民自己商量，签订民间地契即可。

（二）种子与口粮的分配

传统时期，夏侯村土地肥力不足、耕作技术低下、种子品种不佳等问题使得每亩土地需要的种子数量较大：每亩小麦可以产出一担左右，但是至少需要 2—3 斗种子；谷（小米）每亩土地产出约一担，至少需要 3—5 升种子；玉米每亩产出约一担，至少需要 3—5 升种子；高粱每亩产出约 7—8 斗，至少需要 5—6 升种子；大豆每亩约产出一担，至少需要一斗种子；花生每亩约产一担，至少需要一斗种子；红薯较为特殊，不使用种子，但需要育苗，每亩约产出 1000 多斤，至少需要留下 30—50 斤的红薯用来育红薯苗。不同家户根据其土地面积及准备种植作物的具体土地面积，至少要留下相应比例的种子，且留种不能正好，必须多一点；一旦没有种子，借别人家的粮食做种子，一是不放心，二是不好意思。

传统时期夏侯村村民普遍处于"节衣缩食"的生活状态，每家每户口粮都控制在较低水平，用村民的话："你要问够吃不够吃，肯定不够吃，吃着这一顿都得想着下一顿咋弄，都是省着吃。一瓶香油都用筷子蘸着吃，不舍得用，有时候蘸香油的筷子上有水，流进香油瓶的水都比吃的香油多，香油有时候越蘸越多呢。"按照维持生命的标准，传统时期夏侯村的成年劳动力每年至少需要 300—500 斤粮食；女性每年至少需要 200—400 斤粮食；未成年儿童每个年龄段需要不同，差别较大，一般情况下至少需要 200—300 斤粮食。

（三）婚丧嫁娶的分配

葬礼是夏侯村所有农户人生花费中最大的一项支出。其具体花费包括置棺、寿衣、灵棚、画像、纸钱、香烛、供品、孝服、请执客、抬仪杠、吃饭、乐队、戏班等 13 项，且在死者去世三周年时要将葬礼中所有流程重新走一遍，所以村民举办一场葬礼需要双份的花费。葬礼也存在较大的阶层分化，呈现出"有多少钱都能在葬礼上花出去"的情况。单以置棺为例，传统时期夏侯村的棺材分为四个等级，最高等级的"四独活"棺材，本身就是"少见的珍宝"，制作这样一口棺材就相当于一片 3 亩庄的价值。普通农户准备葬礼至少需要 20 担粮食，且三周年时又要花费至少 20 担粮食，共计 40 担粮食。夏侯村大多数农户办不起葬礼，需要借钱办葬礼，办一场葬礼往往会欠一屁股账，至少需要 3—5 年才能还清；但是不举办葬礼不仅会被人笑话，而且可能背上不孝的骂名。

传统时期夏侯村村民举办婚礼是人生花费中的第二大花费。婚礼花费中有请媒婆的花费，至少需要 3—5 升粮食；彩礼花费，至少需要 8 斗粮食；购买鞭炮的花费，至少需要 1 担粮食；请婚车（婚轿）的花费，至少需要 1 担粮食；做棉被（棉服）的费用，至少需要 2 担粮食；喜糖喜花生的费用，至少需要 1 担粮食；请客吃饭的费用，至少需要 3 担粮食；如果嫁姑娘，还要有嫁妆的费用，至少需要 5—6 担粮食。这基本相当于夏侯村普通农户 2 年的所有产出，普通农户至少需要准备 3—5 年的存储，才能办得起婚礼。另外，婚礼分配又呈现出以下两个特点：其一，阶层分化大。户家、地主会给媒婆银圆、首饰等贵重物品，普通农户根本没有；户家、地主给彩礼会给大洋、黄金、首饰等贵重物品；户家会燃放礼花，花费很大；户家的婚车是八抬大轿，其本身的租借费用即比架子车、棚子马车高，且单单请抬轿子的人吃饭就至少需要 1—2 担粮食。其二，嫁姑娘花销大。传统时期夏侯村嫁姑娘需要为姑娘准备至少"三大件"（被褥、三抽屉的桌子和衣柜），单是制作这"三大件"就至少需要 5—6 担粮食，相当于普通农户娶媳妇的所有花费。

（四）礼俗的分配

传统时期夏侯村每年节庆、祭祖、上坟都需要准备相应的供品。最常用的供品是 25 个白面馒头、1 盘肉菜、2 盘素菜、1 盘花生、1 盘点心，另有鞭炮 1 把、香 3—4 根、蜡烛 2 根、酒 3 杯、纸钱若干。供品使用完，可以带回家做口粮，但是普通农户一般不舍得吃肉、喝酒、吃白面馒头，那样属于奢侈消费。如果没有婚丧嫁娶之事，普通农户每年需要摆供 7—8 次。在供品花费上，不存在阶层分化，户家、地主的花费和普通农户花费是一致的，村民描述为"活人的东西，到那边不管用"。村民用于供品的花费，每年约 1—2 担粮食。

传统时期夏侯村村民每逢婚丧嫁娶、新生儿"做九"[1]、过年走亲戚、邻里亲戚建房搬新家等都要随礼。针对不同的事情，所随的礼各有不同，在此不做详细展开。随礼存在阶层分化，户家、地主的礼对于普通农户来说"根本随不起"。一般情况下，普通农户每年用于随礼的花费至少在 2 担粮食左右。

（五）养老的分配

据夏侯村村民回忆："过去（1949 年前）分家之后，如果老人还在世，都会给老人留一点养老地，够老人吃饭就中。如果没有分家，大家一起吃饭，有老人一口饭吃就中了。"养老分配只存在于分家之后，如果没有分家，则所有家庭成员共同吃饭，并没有专门给老人的口粮。如果分家之后老人依然能够自己劳动，只依靠分家时留给老人的养老地即可生活，则没有额外的养老分配。如果分家后老人生活不能自理，老人就要轮流在儿子家中居住，养老地会均分给儿子们，儿子们负责老人的口粮。如果老人常年在一个儿子家中居住，则其他儿子负责筹集老人的口粮，给老人提供住所的儿子不需要负责老人的口粮。一般情况下，一个老人一年至少需要 1—2 担粮食。

---

[1] 一种庆贺新生命的仪式，一般安排在婴儿出生后第九天，据说因"九"与"久"谐言，取其"长久"之意，表美好祝福。——编者注

## 四、分配关系

传统时期夏侯村的分配层级包括国家分配、村庄分配、老坟地分配和家庭分配，各个层级虽有不同的分配规则和分配项目，但是最终都会落脚到家庭分配这一基础层面上，因此传统时期各个层级的分配是相互交叉、相互影响的。

### （一）地主承担大量村庄赋税

国家对村庄的赋税和摊派与夏侯村地主的关系非常密切，尤其是赋税，其中大多数内容是针对有地农户征收的钱粮，所以村中每一个户家、地主都是纳税大户。代表国家力量的保长、联保书记等基层官员，都必须与户家、地主搞好关系反之，地主和户家也必须与这些人搞好关系；否则，基层官员完不成税收，会受到上级的撤换或直接惩罚，而地主和户家如果不与基层官员搞好关系，会面临交冤枉钱、做冤大头或无休止的上门骚扰等情况。在大多数历史时期，地主在与基层官员的交往中是"互相不惧"的关系，因为都有法理和规矩可遵循。如果地主坚持不交赋税，只要保长上报，会受到法律和相关制度的惩罚，地主本人可能被绑走抓进监狱，家人缴纳赋税之后才能放人。但在大多数历史时期，地主不交赋税的情况很少发生，一是由于赋税相对较低，地主有能力缴纳；二是政策较温和，赋税可以缓交或者拖欠。但是在一些特殊的历史时期，地主和保长是不敢得罪这样的国家力量的，因为一旦统治者有所不满，就会采取体罚、抓人的方式，甚至直接没收财产、抄家，地主即使借钱借粮，也不敢拖欠赋税。

### （二）农户向地主借钱

传统时期，地主与农户的关系是"相安无事""互不干扰"的，并且在某种层面上是"互相帮助"的。地主离不开普通农户，因为地主一般不亲自劳动，即使劳动，也面临劳动力不足的问题，需要雇用普通农户做长短工。普通农户因为工具的缺乏、临时的缺钱、牲口的缺乏、马车的缺乏以及老坟地的集体祭祖活动等，都可以向地主索要帮助，地主也会慷慨解囊，以获得好名声和威望。就算是地主，如果过于自私自利、没有道德，也会被隔绝、孤立，以致生存不下去，用村民的讲："地主都是聪明人，聪明得很，就算他再周扒皮，也不敢啥都不管，谁都得罪。地主再厉害，也搁不住小人老是敲他闷棍吧。过去（1949年前）还有打黑枪的，地主要是得罪哪个地痞、二百五，人家雇个打黑枪的，一枪就撂倒了。"

### （三）农户家庭内部的分配次序

在家庭内部的各项分配事务中，传统时期的夏侯村虽然每个家庭都有不同，但是在一些家庭分配原则上有一定的相似点，具体体现在四个方面。

1. 保命第一

在所有家庭分配事务中,能够保证家庭成员存活的口粮的分配是首要考虑的部分。在口粮不足的情况下,村民不会缴纳赋税,也不会给子女举办婚礼,甚至不会为死者举办葬礼,更不会将口粮分配在家庭礼俗事务中。粮食收获之后,首先要保障全家人的吃喝,必须首先分配足够全家人能够维持生存的口粮,然后才会考虑其他分配。

2. 宁肯饿肚子,不能丢面子

传统时期夏侯村村民在饿不死的情况下,是十分重视面子的,以礼俗的分配为例:过年走亲戚的时候,普通农户自己都不舍得吃的点心匣子,就是再穷也会带上一些;拿到亲戚家后,亲戚也不舍得吃,而是将点心匣子带到别的亲戚家,这样循环往复。从来没有人吃这个点心匣子,往往等到点心都坏了、硬了,也没有人舍得吃。逢年过节走亲戚,在家中已经穷得揭不开锅的情况下,仍然要有酒有肉地招待;菜是向左邻右舍借来的,尤其是荤菜,都是几个家庭轮流使用。到访的亲戚也不会吃这个荤菜,只是随便吃一点窝头。亲戚走后,再将荤菜收起来,或还给邻居,或小心存放起来,等待下一个亲戚来访时招待使用。如果某个小孩子忍不住,吃了一块肉,那么就会受到家长的严厉批评。

3. 紧着劳动力吃

据夏侯村村民回忆,过去大部分人都吃不饱,在家庭口粮有限的情况下,普通农户都是"紧着劳动力吃",即先让家中的主要劳动力吃饱,因为只有劳动力吃饱了,才能有力气为家庭创造更多的收入。据村民孙占玉回忆:"我记得我小时候家里非常穷,整天吃不饱,就没啥吃的,家里有点吃的都是紧着劳动力吃。俺妈为了让俺爸干活有力气,每天中午给俺爸割一块豆腐,稍微一煎,香得很,把我们几个小孩馋得都不行了,俺妈也不让我们吃,都是先让俺爹吃。"

4. 男的吃白馍、女的吃黑馍

在夏侯村各个农户家庭之中,家庭分配时的男女之别非常普遍。据村民姚素珍回忆:"那时候(1949年前)苦啊,小孩子最高兴的事就是过年能吃个白馍(白面馒头),就是白馍也不是谁都能吃住(吃到)的。我记得非常清楚,有一年过年,俺爹换了一小兜白馍,都是先让俺哥哥、弟弟们吃,到俺这几个姐妹这儿就没有了,俺妈让我们几个吃黑馍(窝窝头),把我气得哭啊。最后是俺二哥给我掰了一块儿,我才吃到白馍了。"在村民眼中,"闺女是给别人家养的,儿子才是自己家的",因此在家庭口粮的分配中都是先让男孩子吃饱,并且男孩子吃的普遍比女孩子要好一点。

## 第六节 消费与消费关系

传统时期夏侯村村民的消费主要以家庭为单位进行，农户的消费选择、家庭内部的消费次序均可以体现出丰富的家庭内部关系和外部关系。本节将从家庭消费及其关系、村庄集体消费及其关系两个方面展开描述。

### 一、家庭消费及其关系

传统时期夏侯村的家庭消费体现出很强的家庭差异，某些消费内容只有户家、地主才会进行，而普通农户往往表现出"参与而不消费""眼馋而没能力"的情况，只有在迫不得已的时候才会进行消费。本部分从消费内容和消费关系两方面考察传统时期夏侯村村民的家庭内部消费及其关系。

#### （一）消费内容

夏侯村村民认为消费就是花钱，在传统时期需要花钱购买的物品非常少，大部分村民具有"有啥吃啥、有啥用啥"的消费思想。大部分农户不需要对外消费，只需要借用、交换即可完成大部分生产生活，只有少量物品需要花钱购买。

1. 生产消费

传统时期夏侯村村民要完成农业生产，需要花钱购买农具、牲口和土地等必备的生产资料。购买农具一般到会上购买，因为会上购买的农具是一年之中最便宜的。如果农具损坏而又急需使用，会到附近集镇上购买，价格虽然略高于会上的农具，但是可以随买随用，较为方便。也有很多农户为了省钱，或者获得质量更好、用着更顺手的农具，会找铁匠或木匠专门制作相应的劳动工具。大部分劳动工具如铁锹、铲子、锄头等，铁匠的制作成本要低于市场价；也有一些特殊的农具如耧、犁等，专门制作的成本要高于购买，但是村民认为请人专门做的一般质量都比直接买的好。

农户购买土地和牲口是家里的大事，属于重大家庭消费。在传统时期一个家庭至少需要积攒够所购买土地或牲口一半的钱粮之后才能考虑购买；如果没有足够的钱粮，一般不会全部借钱购买土地或牲口。普通农户购买牲口一般至少需要二三年时间才能全部付清。

2. 生活消费

传统时期夏侯村村民为了顺利生活，往往需要购买油盐酱醋、家具和衣服等物品。夏侯村村民的食用油主要是大油（猪油）、豆油、香油（芝麻油），一般自己耕种有大豆和芝麻，会拿到磨坊交出一部分加工费之后请人加工成油，也可以用大豆和芝麻直接换购相应的油。据村民回忆："加工费很便宜，一般超不过一斗粮食。"而大油一般是村民在春节时期购买猪肉自己熬制的。"过去（1949年前）是整年不吃肉的，就算是孙长祚（大地主）也一般不吃肉。都是过年的时候，家里买一两斤肉包饺子，有钱多买点，没钱少买点。"村民购买的生活用具主要有锅碗瓢盆、剪刀、针线、笆斗和草席等，在购买这些生活物品时，一般由家中女当家的决定是否购买。女当家的购买生活用具一般都是"捡着便宜的买"，因此一般都是到庙会的花市上去购买；如果急需使用，也会从挑货郎手中购买，价格虽然高一点，但是购买方便。村民一般不会购买家具，都是儿子或女儿结婚的时候才会购买。村民一般到淳于寺会上购买家具，因为价格比较便宜，品种也较为丰富。如果村民家中有木料，会找木匠制作，木匠制作的成本是最低的，据村民回忆："嫁闺女要买立柜，在会上买，最便宜也得两担粮食，如果你有木头，找木匠造个立柜，给五六斗粮食就中了。"另据村民回忆："女的才买衣服，男的都是胡穿个啥都中，没有那么讲究，一般都是媳妇或娘自己缝的，做啥穿啥。"每年农历正月初九，婆婆一般要给儿媳"添箱"，此时婆婆会带上儿媳到集会上买上一两件衣服；除此之外，村民很少购买衣服，都是自己纺花织布或者买布制作。

3. 婚丧消费

传统时期夏侯村普通农户家中的婚丧消费是家庭中最主要的消费，其中葬礼消费比婚礼消费花销更大。据村民回忆："过去（1949年前）办个葬礼可不得了，一般人都得欠一屁股账，没有个十年八年都别想还清。"传统时期夏侯村的葬礼消费主要有买棺材、买寿衣、搭灵棚、买社火、画像、买黄纸、买香烛、买白布、执客报酬、抬仪杠的报酬、请吃饭、乐队和戏班报酬等12项。其中棺材最便宜的需要1担粮食，寿衣至少需要1担粮食，灵棚需要2担粮食，画像至少需要5斗粮食，黄纸和社火至少需要1担粮食，香烛至少需要5斗粮食，制作孝服所用的白布至少也需要2担粮食（不同家庭间差别很大），执客的报酬为二三斗粮食。抬仪杠的8个人一组，如果棺材比较大就是16个人一组，一般情况下至少需要两组人，也就是至少16个人或32个人，单单请抬仪杠的人吃饭就至少需要一两担粮食。请吃饭至少需要三五担粮食。戏班或乐队只有户家才会请，普通农户家庭只需要请一两个吹响器的（吹喇叭、唢呐的）即可，至少需要三五斗粮食，并且在吹响器的离开后主家还要为其每个人准备8个白面馒头。如果是请乐队或戏班，据村民回忆，每天最少三五块大洋。因此，传统时期夏侯村村民举办一场规模适中的葬礼，至少需要12—15担粮食，大部分农户都需要借钱办葬礼。

婚礼消费是传统时期夏侯村普通农户家中的第二大消费活动。村民认为嫁女儿的花费比娶媳妇的花费更多，因为要给女儿置办"三大件"（嫁妆中必须有的部分），仅是这个"三大件"就至少需要四五担粮食。除此之外，嫁女儿还要准备若干棉被，以及给新郎的帽子、鞋子，至少需要1担粮食。不同农户家的婚礼举办费用差别很大，村民认为是"富的大办，穷的随便"，但也认为一般情况下，娶媳妇没有三五担粮食是办不下来的，而嫁女儿至少需要七八担粮食。

4. 节庆消费

传统时期夏侯村村民认为"一年勒紧裤腰带，就为过个好年"。因此村民在日常消费中非常节俭，但是在节庆时期，尤其是春节期间，却相对舍得花钱。在农历腊月二十三祭灶节，农户要买上一只灶鸡（相传灶王爷爱吃鸡，供奉灶王爷的鸡就是灶鸡），并且要购买祭灶糖，至少需要3—5斗粮食。腊月二十九要灌上一壶酒，至少需要1—2斗粮食。腊月三十要买鞭炮、贴花门（贴春联和门神的画像），如果家中有人会写字，可以自己写春联，只需要买红纸即可，可以减少花费；如果没有，只能到集会上购买，至少需要2—3斗粮食。大年初一，本村庄内所有亲戚、四邻、街坊互相拜年，要给来拜年的小孩子准备花生、瓜子和梨膏糖（糖果）等作为压岁礼物，据村民回忆"1949年前，没有人给压岁钱"。正月初二，儿子儿媳回娘家，要准备大礼，一般是2—4盒点心和相应的柿饼，至少需要3—5斗粮食。正月初六，叫新客（结婚前三年，三年以后没有）。娘家人前来丈夫家中叫新媳妇回家，表达思念；丈夫家人要好酒、好烟、好菜一起上，还要叫上陪客的亲戚和四邻一起吃饭，从中午一直喝到晚上，不能让新媳妇被叫走，花费在1担粮食以上。正月初九，"添箱"。婆婆要带着媳妇上集会上买一些首饰或衣服，花费不定，普通农户花费至少在3—5斗粮食。正月十六，农户要制作灯笼。清明节、七月十五和十月初一都要到老坟地中祭拜，并且准备供品，其花费至少在3—5斗粮食之间。中秋节时，夏侯村的妇女要"愿月"（拜月亮许愿的仪式），并且准备锅盔、花生、毛豆和毛栗子之类的供品，花费至少在1斗粮食左右。

（二）消费关系

传统时期，夏侯村农户家庭消费形态可以表现出丰富的家庭内部关系以及与其他农户的交往关系，具体来讲，家庭消费关系主要表现如下：

1. 节衣缩食，诅咒浪费

在普通农户家庭，村民对各种形式的消费活动持反对和怀疑的态度，普遍认为"不能浪费，尽量不花钱"，并且没有农户向往消费，即使是夏侯村较为富裕的农户也会使自家的消费处于一种较低的水平，如大地主孙长祚也是吃窝窝头，很少去买烧饼油条吃。一旦有人浪费或乱花钱，不仅会被家长和自家人批评，而且会被街坊邻居耻笑，甚至被本村人编成故事或者在背后指指点点，进而损害农户的威望和名声。据村民孙占秀、惠秀荣、孙占邦等共同讲述："那时候（1949年前），家里谁要是浪费粮食、乱花钱都会被人笑话的。村里人都说不管多有钱都不能糟践粮食。有个说法是'扔剩饭坏良心'，就算饭菜剩了很多天了，都酸了，也不能乱扔，如果是好饭坏了（例如白面馒头发霉了），连喂猪都会被人说，都得自己想法吃掉。"

2. 办红白事都得借钱

据村民回忆："过去（1949年前）办红白事，除了户家（大地主）都得借钱。"并且借钱往往不是小范围的借钱，往往会向所有本家亲戚、四邻街坊借钱，如果借的钱不够，还要向户家（大地主）借高利贷。据上一部分描述可以得知，夏侯村村民给儿子娶媳妇至少需要3—5担粮食，嫁姑娘至少需要7—8担粮食，而办丧事至少需要12—15担粮食。据村民回忆，普通农户买一头7—8担粮食价格的牲口，就需要用三年时间才能付清，因此村民办红白事都要大量借钱，尤其是白事，往往需要用5—6年时间才能偿还所有债务。根据办事性质的不同，借钱有着不同的规矩。一般情况下，办喜事首先向亲兄弟借钱，因为夏侯村村民认为亲兄弟之间有帮助彼此传宗接代的义务，并且向亲兄弟借钱不需要付任何利息。其次是向姐妹借钱，即使姐妹已经出嫁，碰到家中办红白事，也必须借一点钱给兄弟，如果公婆不借钱，很有可能导致婚姻的破裂。再次是向所有本家亲戚借钱，向本家亲戚借钱办红白事，也不需要付任何利息。如果钱物仍然不足，就会向街坊邻居借钱，同样不需要付利息，但是要记得这份人情，有钱了要赶紧偿还。如果钱物还不足，农户就只能借高利贷。能否借到钱，主要看借钱人的为人和口碑，如果这个人人品不行、没有信誉，即使是本家亲戚，也没有人借钱给他；借不到钱的情况下，就可能娶不到媳妇，或者没钱办丧事，只能用草席一卷，草草埋葬。对此，村民回忆了两个相关案例。

**案例一**

孙占邦、惠秀荣老人讲述，过去（1949年前）他们有个邻居叫"迷瞪奶"，大家都知道她可抠，她老头蔫不拉唧的，在家里不当家，都是"迷瞪奶"说了算。儿子好不容易找个媳妇，人长得也好，也可"勤勤"（勤劳），大家都说"迷瞪奶"家有福了。马上都要办婚事了，儿媳妇的娘突然老了，这不得办丧事啊，得借钱啊，儿媳妇就向"迷瞪奶"借钱。按理说，"迷瞪奶"就算自己去借钱也得给儿媳妇家办丧事，谁知道"迷瞪奶"真是"迷瞪"（头脑不清楚）啊，家里本来就有点钱，还不借。这可把儿媳妇得罪了，儿媳妇一气之下跑了，他儿也受刺激了，傻了，一直到最后都没有再娶媳妇。

**案例二**

孙占炳老人讲述，过去姓王的有一家人，当家的叫"孬杆"，在村子里嚣张跋扈、游手好闲，人还可孬（厉害、不好），大家一见他都跟躲瘟神似的赶紧躲。谁知道"孬杆"跟外村人打架被打死了。他媳妇得给他办丧事啊，到处借钱借不到，只能用草席一卷埋自家地里就算完了。他媳妇知道自己家名声不中了，在村里混不下去了，就把庄、地都卖了，搬走了。

3. 过年没钱，找户家借

传统时期夏侯村村民非常看重过年，大多数农户认为："平常勒紧裤腰带也就算了，过年得排场排场（气派一下），借钱也得过个差不多的年。"村民认为，过年期间家里至少得买二三斤猪肉，用于包饺子，一年到头，家里必须见一点荤腥，否则不吉利。除此之外，家中必须买酒，如果没有酒，家里来客人了没办法招待。同时，必须买两封馃子、两串柿饼，供儿媳妇回娘家走亲戚使用。除此之外还必须购买春联和门神画像，必须给孩子们准备新衣服。如果农户到过年时家中没有钱购买这些物品，就会由家里当家的到户家借钱，借一斗粮食还一斗二，借一担粮食还一担二。过年期间，由于家家都要花钱，而大家都比较穷，因此一般不会到亲戚、四邻家中借钱。如果和户家是本家亲戚或关系非常好的街坊邻居，借钱的利息可能低一点，但是一定要收一点利息。偿还时间一般是来年麦收之后，如果麦收之后没有还钱，就要多收一倍的利息。借钱一般要写下欠条，并提前写明还款时间、借钱数量和还款数量。

二、村庄集体消费及其关系

传统时期夏侯村村民聚居成村，村民之间共同生产劳动，交往频繁，形成村庄共同体，因而产生了一些事关本村所有农户的村庄集体消费。传统时期夏侯村的村庄集体消费主要有办庙会和祈雨两种。

（一）办庙会消费

传统时期夏侯村的淳于寺会在每年农历四月初八都要举办，其间会邀请戏班子前来表演。请戏班子一般由淳于古寺的住持和淳于会大小会首商量决定。经费的来源由两部分组成，一部分是淳于古寺的寺庙田收入，另一部分是淳于会筹集的经费。一般情况下，淳于会会先发动村民进行捐资，捐资如果足够请戏班唱戏，那么淳于古寺不出资；如果捐资不足以请戏班唱戏，则由淳于寺方丈补足资金缺口。

村民认为"办庙会最花钱的就是请人唱戏"。据村民讲述，传统戏班有着严格的规矩和身份，成员分为三六九等，有领班、管账的、跑龙套的、吹响器的、台柱、当家花旦、打梆的、拉车的、管服装的等等。所有成员在领班的带领之下进行演出，必须服从领班的指挥。领班和管账的负责演出的承接和费用的收取。一般情况下都是邀请本地的戏班，因为传统时期本县戏班很多；且邀请外地的戏班可能因语言不通造成本地农户听不懂的情况，进而导致观众提前离场；此外，本地戏班收费也较低，如果邀请外地戏班，要负责戏班的餐饮、住宿和路费，费用更高。一般情况下，一个戏班至少一二十人，不同演员的收费有区别。例如，台柱和当家花旦一般情况下每天工钱约30吊铜钱，本县有名的演员需要四五十吊甚至更多，而吹响器、拉弦、打梆的乐队成员工资相对低一些，平均每天10吊铜钱左右，拉车的和管服装的工资每天约三五吊铜钱。计费方式非常复杂，一般村民很难搞明白。据村民估计，普通的戏班每天收取至少十几担粮食的费用。戏班不收粮食，只收货币。淳于古寺住持所出的经费以及村民的捐资一般都是粮食，需要会首把粮食出售，换成货币交给戏班。清末时期戏班以收取铜钱和银子为主，民国初期以收取关金券和银圆为主，民国中期收取关金券、联合票和银圆。民国后期，戏班也收粮食。那时因为连年灾荒、战乱，很少有村庄举办庙会，也没有人邀请戏班唱戏，本地的戏班为了求生存，给口饭吃就唱戏。

传统时期，每逢要举办淳于寺会，大会首会召集各个村庄的小会首，让其号召村民捐资，支持庙会。村民本着积攒功德、求保佑的思想自愿捐资。捐资的人，其名字会刻在淳于古寺的功德碑上。普通农户或多或少都会捐一些粮食，也有捐钱的。捐钱的多少根据家庭条件而定，名义上是自愿捐资，但是如果地主、户家捐钱非常少，"不符合身份"，村民会在背地里说三道四，造成舆论压力。

(二) 祈雨消费

传统时期夏侯村的祈雨仪式丰富多样，主要有寡妇扫坑、搬关公、担水泼庙、晒神和打马匹五种。其中产生村庄集体消费的活动主要是寡妇扫坑。所谓"寡妇扫坑"，是指每逢大旱，井水不够喝，坑里都干涸了，庄稼即将被旱死时，村民就会团结起来，在村中有威望、辈分高的老人倡议下，把村中寡妇挑出来12个，给她们一人一把扫帚，到干涸的坑底，边扫边唱"12个寡妇来扫坑，扫的扫，翁[1]的翁，叫你下，你不下，12个寡妇就要嫁"；扫完之后，在坑里大哭一场，并且吃一顿，随即离开；每天扫一场，直到下雨。寡妇扫坑所用的扫帚，是村民捐献的，一般不用寡妇家自己的劳动工具。12个寡妇吃的东西也是村民自愿捐助的，类似于供品，一般人不能吃，专门让这12个寡妇吃的。

---

[1] 音近字，当地方言，推的意思。

(三) 消费关系

传统时期，夏侯村的村庄集体消费可以体现丰富的社会关系，具体来讲，集体消费关系主要表现为以下两点：

1. 有钱出钱，有力出力

据村民孙占邦描述："办淳于寺会、求雨都是和村里每个人都有关系的，对每个人都有好处，你不能说这没我的事就不管了，你要是不管村里的事，你们家有啥事，村里也不管，你都没法混了。"夏侯村村民认为，村里的事，每个人都要参与，如果不参与就可能被大家在背后说闲话，认为这家人"太精明"，因而可能被孤立。无论是办庙会还是求神祈雨，主要出钱的还是户家，其他农户虽然都是自愿捐资，但大多数都是东家一斗粮食、西家几升粮食，根本不够，主要还是靠户家。如果有钱而不捐钱，就会遭人背后指点，骂其"为富不仁"之类的话。

2. 办庙会，烧香不要钱

传统时期夏侯村村民出钱办的庙会主要是淳于寺会。单纯依靠寺庙的寺庙田和香火钱收入是不足以办庙会的，因此寺庙中的方丈会寻求附近村庄各个宗族的帮助。方丈寻找各个村庄中最有威望的老人，以积攒功德为由请求村民帮助筹钱办庙会。村庄中有威望的老人认为办庙会是好事，就号召村庄中其他辈分较高、年龄较大的老人合作办庙会，并组建专门的庙会组织——淳于寺会，设立会首、男大会首和女大会首，专门负责筹集办庙会的钱粮，并绵延至今。据村民回忆："我们夏侯村人去淳于寺烧香，从来不需要掏香火钱，因为办庙会的时候都捐钱了。"而其他村庄的人到淳于古寺烧香拜佛是要主动捐献香火钱的。

## 第七节 继承与继承关系

在生活区域较为局限、生活方式较为稳定、阶层流动相对固化的传统时期，继承祖辈遗产的多少直接决定村民生活水平和社会层级的高低，村民普遍认为村中户家、地主拥有家产的合法性就在于"都是他的祖宗给他留下来的"。同时在没有明确法律法规来处理继承纠纷的传统时期，继承权的合法获得主要在于村民与村民之间的继承关系。本部分将从继承权获得及其关系、分家继承及其关系、抱养继承及其关系、过继继承及其关系四个方面考察传统时期夏侯村的继承和继承关系。

一、继承权获得及其关系

传统时期夏侯村村民所认为的继承权并不是法律条文所赋予的合法性权利，而是为村民所认可的合理合规性权利，更多的是一种习惯性权利，其神圣性来源于村民的习惯。本部分从家庭内部继承权和外部继承权两部分考察传统时期夏侯村的继承权形态。

（一）家庭内部继承权的获得

本部分将分别从儿子、女儿、上门女婿三部分考察家庭内部继承权。

1. 儿子：默认继承者

传统时期，直系血缘关系是村民认同的最具合法性的继承权，儿子是天经地义的第一顺位继承人。每个儿子在名义上都具有平均获得家产的权利，然而，每个儿子在继承方面有着不同的地位，从而产生不同的继承习惯。这具体体现在以下三个方面：其一，长子在所有儿子中地位最高，夏侯村俗语有云："长兄如父。"这不仅体现在日常生活中，而且体现在继承方面。只有长子可以继承"支门势"的地位，只有长子才可以在父母葬礼上抱遗像。如果不分家，只要长子身体、智力正常，一般情况下会成为默认的家长；如果分家，则父母以前的遗留事务都由长子代为处理，如债务的偿还、欠款的处理、亲戚的关系等。其二，年龄最小的儿子可以获得相对最多的家产。如果父母一方去世，且已经分家，但幼子未成年，那么只有幼子可以跟着父亲或母亲继续居住，而其他儿子会各自生活。其三，其他儿子在继承中尽量平均分配，核心原则是兄弟同意。为村民所赞扬的分配情况是兄弟之间互相谦让，不争不抢，大的让着小的、强的让着弱的，且分家之后仍然互相帮助。

儿子的继承权虽然是天经地义的，但是儿子仍然要受到家长的制约，如果家长否定其继承权，则儿子就不能具有继承的权利，具体有以下四种情况：第一，儿子与父母断绝关系。第二，儿子不孝，"生不养、死不葬"，就会失去继承权。第三，父母公开表示将家产留给别人（任何一个人，包括外村人），同时被所有本家亲戚所认可，并立有遗嘱，则儿子失去继承权。但是如果父母的遗嘱被本家亲戚否定，则儿子仍然具有继承权。第四，父母在世时，将某个儿子过继给本家亲戚或外人，则儿子失去对原有家庭家产的继承权。

2. 女儿：本家亲戚授权的继承者

传统时期的夏侯村，女儿一般情况下没有继承权。农户没有儿子，只有女儿，除收义子、抱养男孩子之外，必须采用生前过继或死后过继的形式，将家产保留在本家手中，不能使家产外流。也可以采用招上门女婿的做法使女儿获得继承权，但是名义上女儿仍然没有继承权，是女婿的继承权。传统时期女儿获得继承权是要遭到本家亲戚强烈反对的。据村民回忆，在过去（1949年前）有女儿获得继承权的情况,但是这个女儿和女婿都必须住在夏侯村里,不经过本家亲戚同意不能随意变卖家产。

> 传统时期,某村民去世,没有儿子,也没有兄弟,只有三个女儿。老人去世之前,只有小女儿经常白天从婆婆家带些吃的用的,送给老人,晚上回去;大女儿和二女儿没有来照顾过老人。老人去世之后,大女儿、二女儿回来分庄分地,本家亲戚不同意,经常吵架。后来为了平息事态,经所有本家亲戚一致讨论决定,把死者的庄、地都给了小女儿,但是条件是小女儿和女婿必须回村居住,不能卖掉,小女儿和女婿同意。

3. 上门女婿:村民授权的继承者

传统时期,如果家中没有儿子,只有女儿,夏侯村村民所公认的做法是采用招上门女婿的方式,使女婿和女儿获得继承权。招上门女婿对女方来说是"自豪"的事情,但是对男方来说是"丢人"的事情,会被村民看不起,传统时期夏侯村村民将上门女婿戏称为"老姑父",带有一定调侃的意味。上门女婿虽然名义上和其他儿子享有同样的家庭权利,也有继承财产的权利,属于本家人,但是往往受到其他兄弟、亲戚的欺负、排挤。此外,对上门女婿还有一定要求:其一,生下来的孩子跟女方姓。其二,必须长期在女方家中生活,需减少同以前家庭的接触,没有特殊原因,不能回自己家。其三,做上门女婿之后,不能入以前宗族的族谱和老坟地。

(二)家庭外部继承权的获得

传统时期夏侯村有以下三种情况,使得继承权旁落到外姓人、外村人和本家亲戚手中:其一,收义子。此种情况大多发生在灾荒战乱时期,并不是普通农户家中发生的事情,往往发生在地痞流氓或土匪家中,以江湖道义为精神支柱。一般发生在没有子女的家庭之中,且由于义子也是土匪,本家亲戚不敢插手。其二,抱养。夫妻不能生育,或没有儿子,但是并不想通过过继的方式将家产让侄子继承,就会从外村、外县抱养一个男孩子当作自己亲生儿子抚养,夫妻去世之后让其继承家产。抱养通常是越小的男孩子越好,且男孩子到家时通常不记事,左邻右舍虽然知道,但是一般不会告知男孩子,即使告知也是在夫妻去世之后。其三,过继。夫妻没有子女或没有儿子也没有抱养孩子的情况下,在夫妻年龄比较大即将失去劳动能力的时候,如果自己亲兄弟或堂兄弟家中有两个以上男孩子的情况,在夫妻征得亲兄弟或堂兄弟同意之后,将其中一个男孩子收留到自己家中,给夫妻养老送终,并继承夫妻遗产。其四,养老者继承。传统时期夏侯村曾经有一个老太太，村中小姓人家，有1—2亩地，4—5分庄。其丈夫早年去世，两个儿子一个逃荒去世，一个长年在外厮混，不管老太太的死活。在老太太失去劳动能力之后，她的本家亲戚也非常穷困，也没有多余的儿子过继给老太太。一个老太太的邻居，不同姓，也没有亲戚关系，见老太太可怜，就每天给老太太送饭，还帮助老太太把她的两亩地种上，粮食也会主动给老太太送到家中，但是老太太不要。等老太太去世之后，邻居帮其操办丧事，风光下葬。虽然老太太生前未留下遗嘱，但是村庄里的人都默认了邻居继续耕种老太太的地，并继承了老太太的庄。

二、分家继承及其关系

传统时期夏侯村一般是复合式的大家庭，祖孙三代同堂、四代同堂的情况非常普遍，分家的情况较少，一般是叔伯兄弟之间发生矛盾才会分家。本部分从分家继承的概况、继承程序和规则、分单和家庭内部关系四个方面来考察传统时期夏侯村的分家继承情况。

（一）分家继承概况

分家的原因有以下五点：其一，父母在世，兄弟双方发生矛盾，老子解决不了。其二，父母去世，兄弟之间发生矛盾。其三，哥哥或弟弟中有人因工作、生意、逃荒等离开村庄。其四，兄弟之间年龄差距过大，为减轻大儿子压力。其五，兄弟之间有人无子，需要过继。分家的时间没有具体规定，白天晚上都可以，只要所有家庭成员到场即可。无论父母是否在世、兄弟是否都成婚，只要当家人同意，都可以分家。传统时期，女儿、媳妇不能参与分家；母亲一般也不参与，但是如果父亲去世，就由母亲决定。兄弟、父亲、舅舅、说合人都要参与。舅舅必须到场。除此之外还要邀请本家亲戚中德高望重的几位老人参与做证，一般邀请三到四名本家亲戚，兄弟越多，参与的说合人越多。传统时期分家的内容基本涉及所有家产的分配，但是如果父母在世，父母的私房钱、金银首饰等不参与分配，除非父母同意。父母去世之后，所有财产都参与分配，包括庄、地、老坟地、所有劳动工具、牲口、粪坑、粮食、树、场、锅碗瓢盆、桌椅板凳。

（二）分家继承程序和规则

传统时期夏侯村家庭分家有以下五个程序：其一，家庭成员向家长提出意愿。如果父母在世，就向父母提意见；如果父母去世，就向长兄提议。其二，商量讨论。所有男性家庭成员聚在一起讨论，还要邀请舅舅到场，主要讨论分家的原因，决定要不要分家。其三，正式分家。所有男性家庭成员聚在一起开始讨论家产的分配、父母的赡养等事情。其四，签订分单。其五，所有到场家庭成员以及说合人吃一顿饭，好聚好散。

分家对于传统时期夏侯村村民是大事，有着很多规则：其一，尽量公平，但不绝对公平。其二，父母在世的话，父母说的算；父母不在世的话，长兄说的算。但是如果有很大矛盾，就需要协商解决。其三，"叨蛋儿"分家。也就是将庄和地分成若干份，如果谁都想要某一块地，协商不下，就采取"叨蛋儿"（抓阄）的方式分家，抽到哪块地，就要哪一块地。其四，幼子多得。尤其是没有成家的小儿子，父母一般会偏袒。如果长兄们不同意，在叨蛋儿之前，父母会提前告诉小儿子，抓大的还是抓小的，或者抓凉的还是抓热的。其五，父母留下一两亩养老地。分家时，如果父母在世，一般会给自己留下一两亩的养老地。养老地不参与分家，父母想给谁就给谁。父母失去劳动能力后，一般会把养老地留给最孝顺的儿子。如果所有儿子都不孝顺，父母也会送给别人。其六，分单人手一份，所有兄弟都要签字、按手印。其七，父母去世后，只有参加父母葬礼，并参与"摔盆儿"的儿子才有参与分家的权利，如果没有参与"摔盆儿"，就不能分得财产。

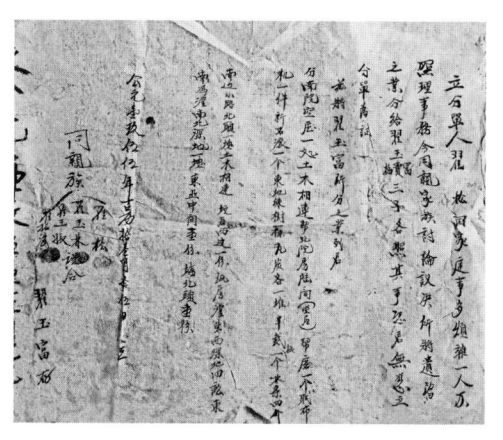

图 3-7 传统时期的分单

（三）分单

分家要签分单，传统时期夏侯村的分单如图 3-7 所示。

（四）分家继承中的家庭内部关系

传统时期引起农户家庭分家的原因不同，因而家庭成员间往往在分家继承中体现出不同的关系。

1. 父亲与儿子的关系

在传统时期夏侯村各个家庭内部，只要父亲在世，只有父亲可以决定是否分家。即使儿子、妯娌之间矛盾较为激烈，只要父亲不同意分家，就不能进行分家。此外在分家继承中，父亲对儿子的继承权有否决和分配的权力，父亲可以决定儿子能否获得继承权，在分家时能够继承哪种物品。父亲对儿子继承权的干涉和影响体现在以下方面：其一，父亲可以决定是否分家。其二，父亲可以通过叨蛋儿中作弊的方式，决定给予儿子家产的多少。其三，父亲占据道德制高点。父亲教育儿子是天经地义，但儿子顶撞父亲就是大逆不道。其四，父亲可以决定将哪个儿子过继到别人家，或者将哪个儿子赶出家门。其五，如果儿子对父母生不养、死不葬，以及出现其他不孝顺的行为，父母就可以将家产让养老者继承，剥夺儿子的财产继承权。其六，如果父亲与某个儿子断绝父子关系，那么这个儿子就会被赶出家门，失去财产继承权。

2. 兄弟之间的关系

传统时期夏侯村村民将兄弟之间的关系分为关系好和关系不好两种情况。兄弟之间关系好的，不仅不会发生矛盾，反而争着抢着孝敬父母、互相关心、互相谦让，在这种情况下，兄弟一般不会分家。如果父母即将去世，希望兄弟分清家产，那么兄弟就会遵从父亲的意愿，让父亲决定家产如何分配即可。关系不好的兄弟在父母在世的时候就可能分家，如果父母去世，则一定会分家，分家时可能会出现争家产的情况，各自都希望获得较多的一份。此时，舅舅和本家叔伯就成为关键协调角色，介入协调，协调不成，就会由其将家产分别写在纸上，用叨蛋儿的方式决定谁获得哪一份家产。

3. 妯娌之间的关系

夏侯村村民认为："兄弟没有各自结婚的时候，一般都不会分家。一结婚就不行了，媳妇们心眼小，容易吵架，吵吵就分家了。"村民认为兄弟之间的矛盾，往往是因为妯娌之间的吵闹而引起的，即使不是妯娌之间的问题，村民也会将其归结于妯娌矛盾。因此妯娌不和是引发兄弟分家的重要原因。

4. 分家继承与舅舅的关系

传统时期夏侯村农户如果要讨论分家继承的事情，所有舅舅是必须到场的人，如果母亲没有亲兄弟，则不用请舅舅到场。舅舅对父亲如何分家有着很大的影响力，如果父亲分家时不公平，有偏心，那么儿子们不能直接和父亲争吵，只能通过舅舅来提意见。如果没有舅舅到场或者在某个舅舅没有到场的情况下进行分家，舅舅对分家不满意，可以直接否决分家，撕毁分单，进行第二次分家。如果父亲去世，且没有留下遗愿（家产如何分配），则儿子们如何分家完全由舅舅和母亲共同决定。

三、抱养继承及其关系

传统时期的夏侯村，有着很多的抱养行为。不能生育的夫妻，或没有男孩子继承家业的夫妻，一般不愿意通过过继的行为来找人继承家业，因为过继来的孩子往往和自己不亲近，只是在宗族范围内继承了自己的门派，却没有感情归属；但是抱养过来的孩子，尤其是从小抱养的孩子，却像自己的亲生儿子一样。

（一）抱养孩子的概况

传统时期的夏侯村，抱养孩子是为宗族和全体村民所认可的；而买卖孩子是非法的、不道德的,即使有私自买卖孩子,也是"绝对不能让别人知道的,到死也不会承认的事情"[1]。村民认为抱养与买卖孩子是有着本质性的区别的:第一,抱养孩子是不要钱的,双方没有任何金钱上的交易,而买卖孩子是赤裸裸的金钱交易。第二,抱养孩子是道德的,是符合道义的。抱养孩子是孩子亲生父母同意的情况下才进行的,一般是在亲生父母没有能力养活孩子,或者家里孩子多实在养不活的情况下,才同意别人抱养的。有些时候,也是为了让孩子过上更好的生活,孩子的亲生父母可能恳求人将自己的孩子抱养走,抱养的一方也是在行善积德。而亲生父母买卖孩子,会被认为是财迷心窍,是不为孩子着想的自私行为。有的被买卖的孩子可能是偷来、抢来的孩子,无论买方还是卖方都是在干昧良心的事情。第三,抱养的孩子,一般都知道自己的亲生父母是谁,也允许孩子回家探望自己的亲生父母。而买卖来的孩子,绝对不让孩子知道自己亲生父母是谁,即使孩子知道自己不是亲生的,也绝对不允许孩子寻找自己的亲生父母。第四,抱养的孩子,左邻右舍、本家亲戚可能都知道关于孩子的事情;而买卖的孩子,绝对不会告诉任何人。第五,抱养孩子是合法的,而买卖孩子是不合法的,如果有人告官,官府会追究。

(二)抱养孩子的类型和规则

传统时期的夏候村,抱养孩子有两种情况:一种是从小抱养,就叫作"抱养",也叫"要来的孩子";另一种是孩子长大了再抱养,村里人不称之为"抱养",称为"收义子"。两者是有区别的。

1. 要的孩子

"要的孩子"是指从小抱养的孩子。一般情况下,男孩子要七八岁以下,女孩子要四五岁以下,因为"女孩子成熟早,比较恋家,男孩子懂事晚一些"。一般情况下,村民抱养女孩子的较多,一是对孩子的亲生父母来说,传统时期有重男轻女的思想,村民都倾向于养男孩子继承家业;二是对于抱养方来说,也不敢随便抱养男孩子,因为男孩子有继承家产的权利,"搞不好,自己的家业都归别人了"。

2. 收义子

如果男孩子长大了,一般是七八岁以上,家里突发变故,亲生父母无法养活孩子,亲生父母也没有兄弟,或者兄弟也无法养活这个男孩子,在男孩子的家长或亲戚的主持下,将男孩子送到别人家养活,而正好有人愿意接收这个男孩子,这种情况叫作"收义子"。此外,收义子还有另一种含义,即男孩子已经成人,为了经济利益、政治利益或帮会需求等,拜别人为父亲。这种行为也叫"收义子",但与本部分讨论的"收

---

[1] 内容源于2016年11月对孙占邦老人的访谈。

义子"有区别。

3. 抱养孩子的规则关系

传统时期，抱养孩子有着一定的民间规则，具体有以下几点：第一，抱养孩子不用请中人或证人，两方父母都同意即可进行，不需要向任何人汇报。第二，被抱养孩子的亲生父母不能索取财物，只希望对方能对自己的孩子好一点；而抱养人要主动给孩子亲生父母礼物，一般情况下给几十个馒头，或者10—20斤白面。第三，对于孩子的亲生父母来讲，只要有一点办法，都不能将孩子送出去。第四，对于抱养人来讲，却是希望孩子越小越好，因为孩子越小跟自己越亲近。第五，抱养过来的孩子要改姓氏、改名字。第六，抱养后，孩子的亲生父母可以来探望自己的孩子，但是不能经常来探望孩子，要考虑抱养人的感受。第七，抱养过来的孩子和自己的亲生子女一样，必须一视同仁，不能过度偏心。如果是男孩子，有参与分家的权利，不能剥夺。第八，如果抱养过来的孩子还没有满月，必须为其办酒席或做九，一方面告知邻里乡亲自家增添了新的家庭成员，另一方面是为了给孩子一个名分。

（三）抱养孩子的继承关系

由于抱养孩子涉及养父母和亲生父母两个家庭，因此抱养孩子的分家继承关系相对复杂，可以分为两种情况：如果抱养孩子是从很远的地方抱养过来，养父母从来没有告知孩子亲生父母的消息，孩子的亲生父母也从来没有来探望过抱养孩子，抱养孩子也不知道自己的身世，这种情况下，抱养孩子的继承关系同亲生儿子的继承关系完全相同。第二种情况是抱养时孩子年龄已经不小，已经记事，并且抱养孩子知道自己的身世，也和亲生父母有联系。本部分重点考察第二种情况下抱养孩子与家庭成员、本家亲戚之间的关系。

1. 抱养孩子与养父母的继承关系

抱养孩子自从被抱养之后，就不再由亲生父母养育，从小跟随养父母生活，养父母抱养孩子就是为了让这个男孩子继承自己的家业，因此抱养孩子与养父母的继承关系同亲生儿子与父母的继承关系相同。养父母可以决定抱养孩子能够继承多少家产，是否能够继承家产。如果抱养孩子不孝顺养父母，养父母就可以将其驱逐出门，让其失去继承家产的资格。

2. 抱养孩子与亲生父母的继承关系

抱养孩子一旦被抱养走，虽然可能和亲生父母依然保持联系，但是在亲生父母有其他儿子的情况下，抱养孩子会失去对亲生父母家产继承的权利；但是如果亲生父母主动要分给抱养孩子一些家产，在养父母同意之后，也是可以接受的。

如果亲生父母只有一个儿子，且儿子被抱养走了，在亲生父母去世之后，如果留下任何家产，抱养孩子是有资格继承家产的；但是必须得到亲生父母村庄内所有本家亲戚的同意和认可，此外还要获得养父母的认可，否则抱养孩子就不能去继承亲生父母的财产。

3. 抱养孩子与亲生儿子的关系

夏侯村村民认为，"从小抱养的小孩就跟自己小孩一样，都能继承一份家产"。但是家产如何分配由父母决定。

4. 抱养孩子与本家亲戚的关系

传统时期，夏侯村农户要通过抱养孩子的方式让其继承家产，必须获得所有本家亲戚的同意，让本家亲戚知道这个情况，否则本家亲戚就会怀疑孩子是从哪里来的。如果农户撒谎是自己生下来的，很容易被怀疑，反倒会引起本家亲戚的质问："本家兄弟家有男孩，为啥不过继，而是去抱养一个男孩儿？"为了不引起家庭与本家亲戚之间的猜忌和矛盾，养父母一般都会编造一个与抱养男孩有缘的说法，或者说这个孩子身世很可怜，如果不抱养就可能被饿死之类的，使得抱养男孩获得所有本家亲戚的认可和同情。

四、过继继承及其关系

过继继承是传统时期夏侯村及其附近村庄常见的一种家产继承方式。所谓"过继"是指夫妻双方不能生育或由于其他原因没有儿子，而亲兄弟或其他本家兄弟家中有两个以上的男丁，夫妻就会从亲兄弟或本家兄弟家中挑选一个男丁让其为自己养老，并继承自己家产的行为。本部分从过继继承的概况和类型、过继继承的情况和规则、过继继承的关系三个方面考察传统时期夏侯村的过继继承及其关系。

（一）过继继承的概况和类型

传统时期的夏侯村，只有男孩子才有权利继承家业，所以一旦有的夫妻不能生育，或没生男孩子，就要以过继的形式选人继承家业、传承血脉。过继行为可能发生的前提是夫妻必须有庄、有地才可以，如果非常贫困，一无所有，就没必要进行过继，也没人愿意被过继到夫妻门下。

1. 光棍过继

传统时期夏侯村的"光棍"是指那些因为贫穷、残疾或出家等情况，导致一辈子没有娶媳妇的男人。光棍特指男人，女人不叫光棍，叫尼姑。光棍一般家庭贫困、破罐破摔，不会自己主动找人过继，一般由其亲兄弟、亲侄子为其操办。如果没有亲兄弟，光棍的家业就无人继承，就断了血脉了。

## 2. 绝户头过继

传统时期夏侯村的绝户头有两种：一种是"单绝户头"，指夫妻正常结婚，但没有儿子；一种是"双绝户头"，夫妻正常结婚，但无儿无女。单绝户头过继的需求要小于双绝户头。一般情况下单绝户头有女儿养老，"内心深处有让女儿继承的愿望，但是不允许"。所以单绝户头一般是在家长、兄弟的要求下才进行过继行为的，或者等其去世后由其兄弟为其举办过继仪式。双绝户头无儿无女，一般会在夫妻还年轻时就从别处买一个或要一个儿子。但是如果买不来或要不来，且夫妻年龄比较大了，就必须找一个亲侄子或堂侄子过继到自己家中，继承家业。

## 3. 一门两不绝

传统时期，夫妻不能正常生育，没有儿子继承家业，但是有一个亲兄弟，且亲兄弟只有一个儿子，在这种情况下，兄弟不可能将自己的儿子过继到哥哥家里继承哥哥的家业而不继承自己的家业。所以，只能指望下一代人丁兴旺。在兄弟俩只有一个男孩子的情况下，就给这个男孩子娶两个老婆，一个老婆是哥哥给男孩子说媒、操办婚事，拜堂拜哥哥；一个老婆是弟弟给男孩子说媒办的婚事，拜弟弟的堂。哥哥给男孩子找的老婆所生下的孩子，归哥哥所有，继承哥哥的家业；弟弟给男孩子找的老婆所生下的孩子，归弟弟所有，继承弟弟的家业，这就是"一门两不绝"。传统时期的夏侯村，有这样的真实案例：

> 孙存德和孙守德是兄弟俩。孙存德是哥哥，有妻赵氏，两人不能生育，无儿无女，也要不来孩子，更买不起孩子。其弟弟孙守德，有妻康氏，一辈子只生育一个男孩子，叫作孙长经。兄弟两人由于只有一个后人，所以弟弟不能将孙长经过继给哥哥，兄弟两人就想办法。由哥哥孙存德为其娶一任妻子，是岳寨的刘氏。弟弟孙守德也给孙长经娶了一任妻子，是小李薛的李氏。刘氏生下的男孩子归哥哥孙存德所有，李氏生下的男孩子归弟弟孙守德所有。

（二）过继继承的情况和规则

据村民回忆，传统时期夏侯村的过继继承行为有两种情况，并且在两种情况中有着相同的过继规则。

### 1. 过继的情况

（1）生前过继

夫妻双方符合上述三种过继情况，且夫妻年龄已大，没有希望再进行生育的时候，会考虑从自己兄弟或亲戚等男孩子比较多的家庭中过继一人来继承自己的家业，是为生前过继。生前过继时，由夫妻两人决定是否过继、过继谁、用什么方式过继，其他任何人不能干涉。生前过继要立契，夫妻与过继人的父母签订协议，要请中人（证人），并且要双方签字、按手印。夫妻双方只要有一人在世，就属于生前过继。如果丈夫去世，只剩下妻子，事情往往容易受到丈夫的兄弟或本家亲戚的干涉；妻子有女儿，女儿会替母亲撑腰，如果没有女儿，妻子往往不能独立自主决定过继事务。

(2) 死后过继

夫妻双方都去世之后的过继行为是死后过继。夫妻去世，没有男孩子，如果有女儿，由女儿和叔叔伯伯们商量过继问题。女儿不能拿走家中房屋、土地，也不能变卖，但是夫妻家中的钱财、被褥、家具等物品，女儿可以带走，叔伯也不敢阻拦。如果死者没有亲兄弟，则由女儿与死者的堂兄弟商量过继事务。如果死者没有亲兄弟，也没有堂兄弟，那么女儿要与和死者埋在同一块老坟地中的本家亲戚商量过继事务，商量由谁来顶这一门。如果死者老坟地中的本家亲戚都没有男孩子，那么死者的女儿才可以变卖父母的土地、房屋、财产，带到丈夫家里，也可以和丈夫回村居住，继承死者遗业。但是这种情况只是理论上的，夏侯村村民的记忆中并没有真实发生这样的情况。

夫妻去世，无儿无女，那么由死者的亲兄弟替其决定由哪个孩子过继到死者门下，来顶替这一门。如果死者没有亲兄弟，那么由其堂兄弟决定过继事务。如果死者既没有亲兄弟，也没有堂兄弟，则由同一老坟地的本家亲戚来商量过继事务，决定谁来顶死者这一门。如果同一老坟地的人都死绝了，或者都没有男孩子传后，那么这一支脉就绝了。死后过继不立字据，不签契约，都是口头商量。

2. 过继的规则

传统时期夏侯村的过继行为有着严格的规矩，具体来讲，有以下八点：第一，必须是夫妻没有男孩子传后的情况下才能进行过继，如果夫妻领养了一个男孩子，就不能进行过继。第二，夫妻必须有庄有地，如果穷困潦倒、一无所有，就不允许过继。因为如果夫妻双方把祖上的房屋、田地都卖掉了，就属于忘记祖宗了，一是没有必要进行过继，二是没有人愿意过继到夫妻门下。第三，过继必须是同姓过继。异姓继承不叫过继，叫领养或招上门女婿。第四，过继有着严格的先后顺序。首先是亲兄弟的男孩子，第二是堂兄弟的男孩子，最后是同一老坟地中本家亲戚的男孩子。如果亲兄弟有男孩子，就不能找堂兄弟家的男孩子进行过继；如果有堂兄弟，就不能找本家亲戚。第五，过继后，夫妻在世时男孩子不必改口叫爹娘，但是夫妻去世举行葬礼时必须改口哭爹哭娘,并且要披麻戴孝、穿四边毛鞋。第六,过继后,男孩子不用和夫妻共同生活,可以继续跟自己的亲生父母一起生活。第七,过继后,对夫妻有赡养义务,对亲生父母就没有赡养义务了。如果男孩子不赡养自己的亲生父母,不会被指责不孝;但是如果不赡养自己的过继父母,就会被认为大逆不道。但是在实际情况中,男孩子往往和亲生父母更亲近,和过继父母相对疏远。第八,过继后,不能参与亲生父母家庭中的财产分配和继承。

(三)过继继承的关系

传统时期夏侯村村民普遍不愿意采用过继继承的方式来延续香火,因为过继继承中涉及的关系非常复杂,一旦处理不好非常容易引发矛盾。

1. 过继父母与过继子的关系

传统时期,过继来的儿子与父母一般是叔侄关系或者是本家叔侄关系,本就是亲戚关系,非常亲近,但是夏侯村村民认为"过继来的毕竟不是自己的儿子,还是跟亲生的差得多"。父母与过继儿子的关系更多的是道义和利益的关系,感情不稳定,具体体现在以下四点:其一,举办过继仪式之后,过继子可以跟随过继父母一起生活,也可以和亲生父母一起生活,大部分过继子仍然愿意和亲生父母一起生活。其二,过继子对于过继父母来说,打不得、骂不得,一打一骂就跑回自己以前家里了。其三,过继子承担对过继父母养老、丧葬的义务,同时获得继承家产的权利,更多是一种利益交换关系,不一定能买到真心。其四,过继子过继之后并不改变对过继父母的称谓,仍然叫叔伯,只是在死者去世之后改口哭爹哭娘。

2. 亲生父母与过继子的关系

过继子过继到亲兄弟或本家兄弟家中之后,一般情况下仍然与亲生父母一同生活,因此过继子同亲生父母的感情基本不会因为过继而受到影响。但是如果亲生父母非常贫困,家中不能同时养育两个或两个以上的儿子,就会让过继子同过继父母一同生活,在这样的情况下,过继子一般会对自己的亲生父母有意见,甚至有过继子因为自己被亲生父母过继了出去而不赡养自己的亲生父母。据村民孙占邦回忆:

> 过去我们村有个叫"瓜牛"的,被他爹妈过继到他大伯家了。瓜牛还有个兄弟,因为家里穷,瓜牛的爹妈养不起他们两个,就让瓜牛去跟他大伯过。瓜牛非常不情愿,就赖在家里不走。他爹他妈把他打一顿,撵走了。这一打不要紧,瓜牛再也不回家了,也不跟他爹妈说话了。后来瓜牛他亲爹年龄大了,生病卧床不起,瓜牛也不回去伺候,给他亲爹看病也不掏钱。后来大家

一起去劝，才回家伺候伺候他亲爹，给他亲爹花钱看看病。

3. 过继子与亲生儿子的关系

夏侯村村民认为，只有农户家中没有儿子的时候，才会采用过继的方式来让亲兄弟或本家兄弟的儿子继承自己的家业。如果在过继之后，农户又自己生下了儿子，则过继行为可以立刻取消，不需要经过任何仪式，只需要和亲兄弟或者本家兄弟说一声即可。

4. 过继子与本家亲戚的关系

夏侯村农户采用过继的行为继承家业，是受到所有本家亲戚支持和见证的。举行过继行为，必须邀请本家亲戚中的本家叔伯和本家爷到场见证，并且过继子必须当面表示要负责过继父母的养老、丧葬事务才能够继承过继父母的家产，如果过继子没有尽孝，就不能获得过继父母的财产继承权。据村民孙占邦、孙占秀老人共同回忆：

> 过去（1949年前），我们夏侯村姓孙的就有一家没有儿子，只有一个闺女，把他本家兄弟一个儿子过继到自己家了。等这个人年龄大了，卧床不起的时候，这个儿子不管不问，都是这个人的闺女和女婿来伺候的。等老人死了以后，这个儿子又第一时间蹦出来要继承家产了，闺女拿走两件老人的衣服都不让拿。结果被所有本家亲戚臭骂一顿，直接打跑了。最后也不让这个儿子继承家产了，让这个人的闺女和女婿继承了。

## 第八节　夏侯村经济变迁

传统时期，家户经济与经济关系构成了夏侯村经济发展的基础和基本特征。中华人民共和国成立之后，随着土地改革、集体化运动及家庭联产承包责任制的推进，夏侯村的传统经济形态及其关系发生了巨变，从传统小农经济逐步迈向新农村经济时代。

一、两次土地改革

据夏侯村村民回忆，夏侯村的土地改革起步较早，始于1947年。随着八路军进驻封丘县，全县开展"打土豪、分田地"的运动。夏侯村的户家（富户）听说八路军要来之后，都提前逃跑至开封、中牟地区避难。随后，八路军撤出封丘，地主闻讯重新返回村庄，并展开血腥报复，村民称之为"地主返乡团"（或"地主还乡团"）。随着

1949年中华人民共和国的成立，全国范围内开展土地改革运动，对于夏侯村村民来讲，这是第二次土地改革运动。鉴于历史的经验教训，村民对这次土地改革非常谨慎，很多村民不敢拿地主家的物品和耕地，直到几年以后，夏侯村村民才相信自己真正分到了田地。

根据对孙占秀、孙占邦、孙占炳、孙占玉、王希贤、吴东舟等十几位老人的访谈得知土地改革的细节经历。

第一次土地改革：

> 1947年冬天的时候，夏侯村共产党员闫国勋领着一堆本村人，包括六七个农会委员，夏侯村农会主任王荣、王爱兄弟俩，公派老师贾发尧（不是夏侯村村民，家住县城，会打算盘，字写得好）一同来到夏侯村。经他们商量，划出了六七家地主，砸开地主家的大门（地主及其家属早已逃至外地），将地主家的东西分给乡亲们，号召大家"清算阶级账"，并将地主家的地分给乡亲种。当时拿东西没有什么规矩，也不是平均分，都是随便拿。那时候人非常老实啊，都不敢拿，把地主家的东西抬出来，放大街上都没人拿。胆子大的村民白天拿了地主家的锅、床、椅子、锄头等值钱东西，胆子小的都是晚上了去偷偷拿个东西。我（孙占秀）的父亲非常胆小，就拿回家一个小板凳。

> 八路军走后，地主们都从外地回来了，对乡亲们吆喝"都是一个村子的，拿了东西送回来就不追究了"。当时的村民都认为拿了别人的东西很丢人，纷纷主动送还，有那拿的柴火、粮食已经用完的，就拿着自己家的给地主补偿回去。随后，地主家比较孬的后代王井善、王廷相、闫金中的儿子们和康运岭纠结了一帮地痞流氓，到农会主任王荣、王爱家报复，把他们家的人都押到村西北的地里，有的打死了，有的活埋了，这两家都绝户了。

第二次土地改革：

> 1949年后的土地改革，村里边没有人出头了，都是外地的共产党干部来村里宣传的，都带着枪。通过询问村民，计算剥削量之后，确定了阶级身份，有地主、富农、上中农、下中农、贫农五种成分。其他村有批斗，我们村都没有什么批斗，共产党的干部直接就把村里的地主、富农押到六七里外的岳

寨村关押起来。后来听说都判刑了,有的是反革命,有的杀人,基本上都枪毙了,没枪毙的都发配流放了,谁也不知道发配到哪里了,反正再也没见过地主家的了。地主家的女人和小孩子都跑了,或者流放了。

## 二、集体化时期

据《封丘县志》记载:1949年后,广大人民群众翻了身,劳动积极性空前高涨。占全县人口60%以上的贫农、下中农,面临着农具不足、耕畜短缺、资金缺乏的实际困难,因此,组织起来,互助合作,走农业集体化道路符合大多数农民的愿望。截至1951年,全县有季节性互助组441个,7560户,占总户数69851户的10.8%;常年互助组234个,1008户。1952年底,有季节性互助组4420个,常年互助组1523个,初级社6个,参加各类互助合作组织的农户已经达到总人口的46.6%。1954年,参与初级社的农户占到总户数的10%。1955年底,初级社发展到占有总户数的75.7%,高级社占总户数的24.3%。到了1956年,全县一哄而上,全部实现高级农业合作化。

据夏侯村村民回忆:

> 解放没几年,就全部入社了。家里的锅碗瓢盆全部拿出来大炼钢铁,家里不准做饭,都得到"伙上"(集体食堂)吃饭。谁开小灶,谁家的烟囱冒烟了,立马就有干部来家里查,说是"资本主义的尾巴""思想觉悟不够"。那时候都没有你家的地、我家的地这个说法了,都是大队的。下地劳动都是挣工分呢,工分决定分多少粮食。为了吃饱饭,都是全家出去劳动啊,大人种地,小孩子割草。刚开始大家劳动积极性也很高,但是后来发现"干多干少一个样","站一天也是那么多工分,干一天还是那么多工分","反正都吃不饱",大家的劳动积极性就下降了。

集体化时期是计划经济时期,集中体现在"四统一"原则上,所有粮食实行统一收购、统一销售、统一调拨与统一库存。在"大跃进"形势的影响下,商业战线忽视计划管理的相互平衡,只求大购大销,造成调拨不灵、商品积压。1962年实行"集中统一,全面管理"的政策,实行各经济行政部门与上级各专业公司双线上报下达计划的"双轨制",逐步扭转比例失调的局面。"文革时期"实行"统一计划、差额调拨、品种调剂、一年一定"的计划管理体制。

## 三、家庭联产承包责任制时期

1980 年初,封丘县的农村仍然实行人民公社的生产体制。只经过半年的发展,全县农村家庭联产承包的"大包干责任制"飞速发展,7 月份,这种形式已成为农村农业生产的主要形式。1980 年 8 月 9 日,封丘县委发出《农村人民公社经营管理座谈纪要》,要求全县因地制宜,大力推行"小段包工、定额计酬,五定一奖、联产计酬",以及"大包干"等形式的责任制。在 1981 年的第 6 个"五年计划"初期,彻底打破"大锅饭"制度。在公有制基础不变的前提下,生产资料通过承包合同,规定分配办法交给农民去经营。在社会主义公有制下,让劳动者直接参与管理经营,适当调整了集体与个人、领导和群众的关系,按合同扣除国家集体共同发展基金,其余归劳动者自己所有,多劳多得,这样就把社会利益和个人利益协调起来,农民的积极性比较充分地调动起来。

根据 70 岁的夏侯村村会计闫长生和 88 岁的老支书孙占邦老人的回忆:"一(实行)包产到户之后,人都能吃饱饭了。"进入 1990 年代以后,夏侯村中一部分头脑灵活、有经济眼光的农户率先下海,其中以杨梓为首的一部分乡村商业精英率先发迹。据村民讲述:"杨梓一开始办造纸厂,后来又开矿,现在年龄大了,开了个大酒店,是咱县最好的酒店,投资好几千万,这是我们村的亿万富翁,全县有名。"乡村商业精英的崛起不仅使自己先富了起来,而且带动了村中一部分亲戚的共同富裕。这些乡村商业精英在离开乡村之后依然能心系村庄的发展,如今村庄修路、村庄办庙会,他们都会主动返村捐资,据夏侯村村民回忆:"现在村里这柏油路,都是村里人自己筹钱修的,杨梓捐了 7 万多块钱呢。"

进入 21 世纪,夏侯村村民收入越来越多样化。有些农户没有舍弃家中的农田,农忙时节返乡收割、卖粮,农闲外出务工。据村民讲述:"现在种地太方便了,人都不用亲自下地干活,犁地了开着拖拉机下地转一圈就中了,下种子有播种机,除草喷点除草剂,收割了有联合收割机。都不用自己管,一到庄稼熟了,都有收割机在村口等着呢。收割一亩麦子 50 块钱,播种一亩麦子 50 块钱,收一亩秋儿(秋收作物)也只需 60 块钱。"有些农户将自家的土地出租出去,融入土地集体流转,供本村或外村专门进村建大棚种葡萄或其他药材的用,一亩地每年可以收入 700—800 元。外出务工的工资收入逐年增加,据村民讲:"2010 年后工资都涨得快了,过去在工地干活,一个月 2000(元)都是高工资,现在一个月 3000(元)都没人干。"

## 第九节 夏侯村经济实态

目前，夏侯村以家庭为单位进行生产经营活动是对传统时期的经济形态的延续，但是在具体的生产经营方式上却可以体现出更多现代化、个体化与市场化的时代特点。本节将从产权、生产经营、家庭分配、市场交换和家庭财产继承五个方面考察夏侯村的经济实态。

### 一、产权

自包产到户之后，夏侯村的土地产权一直延续集体化时期的"一切生产资料归国家所有"的公有制为基础的原则理念。但是在实际操作过程中，村民自留地和宅基地却是在不断走向传统私有。尤其是2015年"土地确权"以来，原则上村民的自留地可以自由流转，宅基地也可以像商品房一样自由转让。但是这一过程仍然在缓慢推行之中，村中虽有自由转让宅基地的情况，却没有类似于房产证的私有产权证明，只有宅基地证，属于小产权房。

2016年底，村民参与流转的土地将达到近500亩，占到所有土地面积的21.7%。村民的土地流转对象有外来投资商、本村村民，其中以本村村民内部的土地转包为主。由于大多数村民都希望留下一两亩土地用于自家耕种，不愿意将土地转包出去，所以夏侯村的土地流转费用普遍较高，一般情况下一亩土地每年的承包费用为800—1200元。

由于传统"安土重迁""叶落归根"之类根土思想的影响，村中宅基地买卖的行为比较少。许多长年在外生活的外出务工人员，即使已经将户口转入异地，仍然在村庄中保留着祖辈遗留的宅基地，很多破败、荒废的房屋仍然是"名花有主"。一旦村民委员会试图收回土地，外出务工人员就会重返家乡，盖上新房，以做养老、追思之用。同时，那些没有成功进入城市的村民，呈现出季节性外出务工的情况，农忙返乡、农闲外出，虽然大部分时间在城市务工，但是其主要居住地仍然在村庄。村中宅基地买卖大多发生在同村人之间，很少有外村人在本村购买宅基地，一方面是由于人员的生疏，另一方面是由于买卖的不稳定：虽然现在地价非常低，但是一旦地价上涨，卖家反悔，买家就必须赔偿卖家损失或归还宅基地。这种不稳定的宅基地买卖只能发生在熟人社会之中，村民认为"就算是一个村的，也必须是关系非常近的亲戚之间才敢买卖，关系稍微远一点的都不敢买"，因为村集体始终保持着对本村宅基地的最终所有权。

## 二、生产经营

2016年，夏侯村村民的生产经营形式主要有以下几种：

其一，集体土地承包收入。1980年代以前，夏侯村北地有一处村集体开办的砖窑厂，占地约20亩，在1980年代中后期由于市场不景气、生产效益低下而倒闭。随后，村集体将这一块土地转包给夏侯村村民杨梓，承包期30年，至2018年到期，承包不收取任何费用，但条件是杨梓给夏侯村村民修路。

其二，富户的无偿捐助。村民杨梓是夏侯村著名的亿万富翁，同时，村中还有其他靠做生意而发财的百姓。讲情义的富户都有着很强的根土情结，一旦村中有灾难和困难，就会来村里捐钱捐物。例如2003年村中重新整修道路时，杨梓捐款7万元，孙占芳捐款9200元，闫同顺捐款3000元等。

其三，国家的扶贫补贴。据村民讲述，封丘县是国家级贫困县，夏侯村也是著名贫困村，国家每年都要拨很多钱到村子里，但是老百姓见的最多的就是一年2000多元钱的贫困户扶贫款。

其四，家庭收入。1980年代以后，夏侯村村民由大集体时代重新回归到以家庭为单位生产的时代，村中每个家庭的收入共同构成了夏侯村集体收入的主要部分。家庭收入的形式是对传统时期的回归，但也有着根本性的区别：在传统时期，夏侯村最富裕的农户是指那些可以单纯依靠种地就能吃饱饭的家庭；但是在当下，判断是否是富裕农户的标志是能不能挣到钱，而单纯依靠种地的农户往往是村中最为贫困的农户，大部分农户的家庭走向市场，依靠经商或务工来谋取家庭收入最大化。夏侯村村民大多数以务农为生，没有完全脱离土地，但是种地务农却不是主要收入来源，往往打工两个月工资比全部粮食收入还要高，更有一些家庭依靠做买卖成为亿万富翁百万富翁（部分情况如表3-14所示）。

**表3-14 夏侯村部分家庭收入情况表**

| 村　民 | 家庭收入来源 |
|---|---|
| 杨梓 | 其一，开厂。家庭有毛毯厂、纸盒厂<br>其二，办酒店。开办御槐国际酒店<br>其三，集资投资。向社会公开集资，投资房地产，收取房租 |
| 杨杰 | 开办汽车修理厂 |
| 闫玉彬、康钦、孙占立等 | 在村中开办百货小商店 |
| 唐大荣 | 在村中打烧饼 |
| 孙富林、闫永利 | 开办葡萄园 |
| 康启胜 | 开办预制板厂 |
| 孙勇 | 务农、收废品 |

## 三、家庭分配

夏侯村当下的家庭分配形态与传统时期有着很大的不同,根据观念和家庭条件的不同,其分配情况由传统时期"每家都差不多"变为"每家和每家都有很大不同"。对于村中以务农为主业的贫困户来讲,养老支出、医疗支出在家庭收入中占有很高比例。对于普通"务农+务工"家庭来讲,教育支出、婚丧嫁娶支出占据最高比例。对于经商做买卖的农户,用于扩大再生产的投资往往在家庭消费中占有最高比例。本部分重点考察村中大多数"务农+务工"家庭的家庭分配情况,详见表3-15。

表3-15 夏侯村"务农+务工"家庭的一般分配情况

| 分配内容 | 平均费用 | 村民态度 |
| --- | --- | --- |
| 吃饭 | 约10000—20000元 | 吃喝不愁 |
| 子女教育 | 幼儿园:每年3000—8000元<br>小学:每年3000—5000元<br>初中:每年5000—8000元<br>高中:每年8000—10000元<br>大学:每年10000—20000元 | 压力较大,供个大学生读书不容易 |
| 攒钱盖房或县城买房 | 至少20万元 | 一般家庭在大城市(如郑州)根本买不起,在县城买房压力非常大 |
| 随礼 | 村民与村民之间因关系远近有很大区别。婚事至少100元,丧事至少50元,做九至少100元 | 没有压力 |
| 走亲戚 | 村民逢年过节走亲戚需要带上礼物,每份礼物至少需要100—200元 | 压力不大 |
| 交通 | 每年2000—3000元 | 压力不大 |
| 娱乐 | 因人而异,喜欢打牌的村民花费较高,每年至少10000元;不喜欢打牌的村民花费较低,每年2000—3000元 | 压力不大 |
| 婚丧事 | 婚事:至少需要20万元<br>丧事:至少3万—5万元<br>做九:1万—2万元 | 压力很大 |

## 四、市场交换

随着市场经济的发展和交通条件的改善,如今的夏侯村一方面延续了传统时期赶集、赶会的消费习惯,另一方面家庭消费呈现由集会集中购买变为日常购买的趋势,且消费内容更加丰富。

夏侯村中有5个小商店,提供村民日常生产生活所需的柴米油盐酱醋烟酒茶等一应物品，村民完全可以足不出村而正常生活。如今村民赶集、赶会或出村买东西，一方面是由于村中小商店的比较贵，另一方面是由于某些物品村中没有，最重要的一方面是去外边玩，一般会带着老人孩子到村外的商业场所，以娱乐为最重要的目的。

## 五、家庭财产继承

夏侯村村民当下的家庭继承情况相对于传统时期有很大不同，最大的不同是祖产对于村民的重要性。在传统时期祖宗或父母留下来土地的多少，可以决定一个家庭能否吃饱饭，能否活下去；而在当今时代父母留下来的庄和地都不值钱，也没有多大用处，尤其是一些稍微有点出息的村民，要父母留下来的庄就是为了对家乡有个念想，谁都不想整天在家种地，种地成了没出息的事情。具体还有以下几点不同：

其一，女儿也是继承人。在传统时期，出嫁的女儿不能继承家业，如果家中没有儿子，就只能采用过继、收养等方式获得传家人。在当下，如果家中只有一个女儿，女儿也可以继承家业。如果家中既有儿子也有女儿，且女儿生活条件不太好，父母一般会给女儿留下一些财产或现金；如果女儿衣食无忧，父母一般不会给女儿留下遗产。

其二，结婚就分家。在传统时期，一般是父母去世之后才分家。在当下，儿子结婚之前就要想办法给儿子盖一处新房，或把院子中的几间房屋分给儿子居住，因为父母和儿子儿媳住一起容易发生矛盾已经成为村民的共识。如果儿子儿媳要在县城生活，在结婚之前父母就要想办法给儿子在县城购买商品房。如果只有一个儿子，就不用急着考虑分家的事情，因为所有的东西都是他的。

其三，一个儿子一片庄。在当下，尤其是在夏侯村附近，由于土地并不值钱，所有村民所秉承的分家原则是"一个儿子一片庄"。如果有两个儿子，却只有一片庄，就可以向村集体申请一片空地，然后在此建房。在1990年代至2000年初，村民申请新地建房只需要请村干部吃顿饭就行了，也不用掏钱。2000年以后，随着土地管控愈发严格，村民申请新地建房需要向村集体缴纳一部分费用，一般情况下5分庄只需要缴纳1万—2万元钱即可。

# 第四章 夏侯村的社会形态与实态

以家户为基础的血缘关系是村庄社会的基础,血缘关系的绵延和分化,形成了亲族社会。聚居的居住形态,使得不同亲族、不同农户不断交流和融合,其在共同的生产和生活中的不断交往、分化和冲突,最终形成了传统时期夏侯村的村落社会形态。本章将从血缘、地缘、业缘、信缘、效、流动、分化、冲突、保护、变迁和实态等11个部分考察传统时期夏侯村的社会形态与实态。

## 第一节 血缘与血缘关系

夏侯村在可考的历史时期内被证明是一座移民型村庄,且在最初成村时,受国家力量规制较多,致使村民对血缘关系相对较为淡漠。但是毕竟血浓于水,面对血缘关系这种更为自然的动物本能,人类是一定会受到影响的。本部分将从家庭及其关系和亲戚及其关系两个方面考察传统时期夏侯村的血缘关系形态。

一、家庭及其关系

家庭是传统时期夏侯村的基本构成单元,是村庄社会关系的基础。同时家庭是血缘关系形成的基础,家庭成员之间有着血浓于水的亲情。

(一)家庭结构

传统时期夏侯村农户家庭可以主要分为两类,一类是祖孙三代或四代同堂的大家庭,另一类是只有父子的核心家庭。三代或四代同堂的大家庭是夏侯村村民的理想家庭形态,但往往由于家庭成员之间的各种纠纷和冲突而难以维系,因此事实上大部分家庭呈现出核心家庭的构成形态。

1. 家庭类型:三代同堂与核心小家庭

据夏侯村村民回忆:"过去(1949年前)能三代同堂或四代同堂的大家庭很少,基本都是地主、富农家才能这样。""三代同堂"指所有家庭成员在同一个院子中生活,只有一个家长,所有人共灶吃饭,共同参加农业劳动,家庭所有收入掌握在家长手中,集中收取、集中支配。在传统时期,夏侯村村民普遍认为四代同堂、五代同堂的复合式大家庭是最为幸福的家庭,认为因种种原因分家而产生的小家庭并不是理想的家庭结构。但是民国中期之后,由于战乱和灾荒,复合式大家庭普遍难以维持,出现"家庭成员各自谋生、各自逃荒、各顾各"的情况,如果坚持一个大家庭共同生活,则会"大家一起饿死"。此时的家庭规模出现阶层分化:户家、地主的家庭因为有稳定的生活来源、充足的粮食收入,可以维持以前复合式的大家庭,而中农、贫农家庭出现了普遍的分家情况,大多呈现出"父子"或"父子孙"的核心小家庭。夏侯村村民认为"三代以上同住一个院落,一起做饭吃饭,一起种地,没有分家"就是复合式大家庭,否则就是小家庭。传统时期夏侯村村民可回忆的最大家庭规模是村中大地主孙长祚家,有20人,共居于两座临街相望的院落,所有家人在一起吃饭,一起生产生活。村中共有8户地主,户均11.9人;村中中农家庭,户均约6人;贫农家庭户均仅约4人。根据村民的回忆,1949年前后夏侯村家庭类型情况如表4-1所示。

表4-1 1949年前后夏侯村家庭类型

| 类 型 | 户数及户主概况 | 占总户数百分比 |
|---|---|---|
| 三代同堂或四代同堂的复合式大家庭 | 共10户,分别是孙太远、孙长祚、孙长兴、孙震、康轩、王廷松、王廷相、王井善、闫金中、杨建华 | 6.25 |
| 父子同堂的核心家庭 | 约150户 | 93.75 |

说明:1949年前后,夏侯村共约160余户,约920余人。

2. 家庭的概念和范畴

家庭成员是"血浓于水"的关系,是自然而然的关系,但血是有"粘稠"和"稀释"之别的。夏侯村村民认为"血亲不过三代",三代之外不分家的情况是非常少见的,一旦不在一个屋檐下生活,血亲就稀释了。传统时期夏侯村村民认为能够否为一家人有以下三个标准:

其一,"有直系血缘关系才是一家人"。夏侯村村民认为直系血缘关系是家庭的基本关系，如果一家人没有血缘关系，临时拼凑在一起，即使能共同生产生活、共同吃饭睡觉，也不能称为一家人。即使通过抱养、过继而组成一个家庭，在夏侯村村民心目中也不算一个完整的家庭，只是为了后继有人、香火不断而采取的措施。

其二，"一起住、一起吃的才是一家人"。夏侯村村民认为在同一个院落居住，且在同一个锅里吃饭的才是一家人。如果建造新的院落和房屋，或者在同一院落建了一堵墙，将房屋分开居住，就不再算是一家人。此外，如果在一起居住，但是"吃不到一起""各吃各的"，采用"分灶吃饭"的形式在一起居住，村民认为"也是离分家不远了，都不是一家人干的事"。

其三，"有钱不能一起使的不算一家人"。夏侯村村民认为，如果家庭之内的各个成员，尤其是兄弟之间，总是把财物分得很清楚，总是斤斤计较个人的得失，就不算是一家人，即使仍然一起居住、一起吃饭，也距离分家不远了。在一个家庭中，只有儿媳的嫁妆钱由儿媳个人支配，家长不能集中使用，其他如农产品的收入、经营所得等都由家长统一支配，如果不能做到统一支配，就不算一家人。

(二) 家庭关系

1949年以前，夏侯村的家庭成员之间的关系可以从三个方面得以体现。

1. "打架亲兄弟"

夏侯村村民认为"打架亲兄弟，上阵父子兵"，这是指父子、兄弟之间面对家庭之外的事情必须立场一致，不能"自己人戳自己人的脊梁骨"，不能"胳膊肘往外拐"，即使自家人做得不对，也要支持自家人，不能让自家人受别人的欺负。据村民孙占邦老人讲述：

> 这过去（1949年前）为啥说谁家兄弟多（家庭）势力就大了？朋友多都不中，真碰到啥事了还得靠亲兄弟。我记得我小时候有一回，俺哥得罪人了，把外村的小孩打了，那小孩叫了一帮人，估计有十来个人，把我跟我哥围住了，对我说"你赶紧走啊，不关你的事"。我心说："我会走啊？那是俺亲哥啊，打不过也得一起打。"最后硬是把那十几个人打跑了。

2. "能者多劳"

夏侯村村民认为："亲兄弟不能计较，有本事的多干点，没本事少干点，能吵架，但是不能因为这打架。"村民认为的"能者多劳"是指亲兄弟之间由于年龄、头脑、技能掌握的不均衡，经常会出现在家庭劳动或经营中贡献不一致的情况。但是村民认为，贡献不一致，不能分配不一致，"干得多也不能吃得多"，兄弟之间要按能力付出，按需求索取，并且要互相谦让，不能互相指责。

3."嫁出去了也得靠兄弟"

夏侯村村民认为女儿出嫁之后，能否在婆家不被丈夫和婆婆欺负，还是要看家中亲兄弟。没有亲兄弟撑腰，是非常容易受到丈夫和婆婆欺负的。如果有亲兄弟撑腰，丈夫不敢随意殴打妻子，婆婆也不敢过于欺压儿媳，因为一旦妻子被殴打、欺负可以回娘家告状，妻子的兄弟就会上门讨个说法，如果不讲道理，就会大打出手。如果妻子没有亲兄弟，即使受到欺负也无处告状，即使向自己的亲生父母告状，亲生父母由于年龄和身份的限制也不能到女婿家中"胡搅蛮缠"，更不能动用武力。

二、亲戚及其关系

传统时期夏侯村的亲戚一般指五代以内有血缘关系的家属，但是并不绝对：一种是姻亲，是因婚姻关系而结成的亲戚；另一种是本家亲戚，即使血缘关系超过五代，只要家庭成员仍然埋葬在同一块老坟地中，就依然是亲戚。五代以外的亲戚，一般就不再来往，村民称之为"断亲"。在灾荒战乱年间，由于无法维持生存，"就没有那么多亲戚之间的交往，都是各顾各的命，很多时候三代都断亲了"。村民认为："亲戚都是越走越亲、不走不亲，这就是为啥过年非得走亲戚的原因。如果一年到头还不见一次面，那即使是亲戚，也不亲了。"因此本部分从亲戚的种类和认定关系、亲戚的交往关系两个方面考察传统时期夏侯村的亲戚及其交往关系。

（一）亲戚的种类和认定关系

传统时期夏侯村村民认为亲戚有本家亲戚、姻亲和远亲三种。

1. 本家亲戚

传统时期夏侯村的"本家亲戚"是指共同埋葬在同一块老坟地中的亲属。本家亲戚是关系最为亲密的亲属，日常交往最多，节日必然往来，婚丧嫁娶一定要邀请。本家亲戚类似于宗族型村庄的房亲，却又与之不同，因为传统时期夏侯村的宗族没有房支之分，只有派系之分。比如：夏侯村孙氏宗族由于在民国初年编写孙氏族谱之时，宗族成员分散居住在村中大街的东边和西边，于是就分为"路东支派"和"路西支派"。然而派与本家亲戚仍然有区别，路东支派有7块老坟地，路西支派只有一块老坟地，所以本宗族同一派的亲戚并不一定是本家亲戚，而本家亲戚一定是同一派的亲戚。本家亲戚中年龄最大、辈分最高的老人们是本家亲戚中的领导者，老人们有权力决定谁不能入祖坟、谁可以入祖坟，所以本家亲戚之间在丧葬、拜祖问题上交往程度最高。

2. 姻亲

传统时期由女儿嫁人、儿子娶媳妇所形成的非血缘亲属关系称之为"姻亲"。姻亲之间的关系非常近,交往非常密切,且女方家庭一定是男方家庭的"贵客",其亲近程度高于本家亲戚。传统时期夏侯村的同村姻亲非常少,村民可回忆起的只有一例,且是近亲结婚,是孙占林的女儿和孙占实的儿子结婚了。一方面,同村同姓的基本上都是本家亲戚,怕生下来的孩子有残缺。同时,同村不同姓的姻亲也比较少,因为谁都知道谁家什么样子,都比较穷,没有改变生活条件的可能。此外,本地流行着这样一种说法:夫妻两家距离越远,生的孩子越聪明。传统时期的夏侯村,村外姻亲占到全村的99%以上,具体情况如表4-2所示。

表4-2 传统时期夏侯村村民婚姻圈

| 项 目 | | 户 数 | 百分比 |
| --- | --- | --- | --- |
| 村内姻亲 | 不同姓姻亲 | 0 | 0 |
| | 同姓姻亲 | 1 | 0.8 |
| 村外姻亲 | 10公里范围内 | 90 | 78.3 |
| | 省内 | 20 | 17.4 |
| | 省外 | 4 | 3.5 |

说明:由于战乱和灾荒,有些村民失去联系,表中数据多为约数,由村民孙占炳、孙占邦、孙占秀等老人口述。

3. 远亲

传统时期夏侯村村民对于有血缘关系的本宗族成员中五代以外的亲戚,称为"远亲",也可以说是"断亲"。本家亲戚中,即使在四代以外,也不是远亲。远亲之间,逢年过节和遇上红白喜事时,互相不走礼。远亲之间的感情并不一定不好,如果碰上互相帮忙、经常在一起玩耍、有共同的爱好、"对脾气"等情况,关系不一定比本家亲戚差,可能会比本家亲戚更加亲密。远亲一定是本村落同宗族的亲戚,有血缘关系,由于生产的协作、地缘的交往而使得两家依然交往密切。

4. 亲戚的认定

村民对亲戚的认定主要有以下三个标准:其一,有血缘关系。村民认为凡是能称得上亲戚的农户都跟本家庭有血缘关系。其二,必须有亲戚之间的礼俗交往,例如新生儿做九、婚丧嫁娶、搬新家建新房、逢年过节等都要互相探望、随礼或者帮忙。其三,必须没有重大矛盾和纠纷,两家关系稳定。如果两家因为某事发生重大纠纷,或者成为世仇,那么即使是在三代以内的亲戚或者亲兄弟也会断亲。

（二）亲戚的交往关系

传统时期夏侯村亲戚之间经常进行的交往有走亲戚、摆酒席、随礼和借钱四种。

1. 走亲戚："不同的亲戚带不同的礼"

传统时期夏侯村村民的"走亲戚"说法特指过年期间的亲戚交往活动，春节之外，没有特定的事情发生，如丧葬、婚庆、做九、寿庆等都不叫作"走亲戚"，而称之为"随礼"。村民在整个过年期间根据与亲戚关系的不同有着不同的走动时间和礼物安排。大年三十，媳妇要在丈夫家过除夕。大年初一早上，先给父母拜年，随后去本家亲戚家中拜年，然后去同姓亲戚家中拜年，出门拜年时要先去辈分高、年龄大的人家里，后去辈分低的人家里；这些结束后再去左邻右舍、同村乡亲家中拜年。大年初二，要拜访姻亲，本村人称之为"回娘家"。大年初六，姻亲回访，本村人称之为"叫新客"。正月初十至十四，每天都要到本族亲戚家中玩耍娱乐。

传统时期夏侯村村民走亲戚所携带的礼物也有区别和讲究：（1）8封馃子（8盒点心，每盒半斤，其中有蜜三刀、红薯面饼、糖稀球等），加上8串柿饼。对于普通村民来说，这种规格的礼物一般是给娘家人或者结婚送彩礼时才使用，平时很少使用；但是对于地主、户家、官员来说，这样的礼物很平常。（2）6封馃子加6串柿饼。普通村民回娘家、叫新客时使用。（3）4封馃子加4串柿饼。普通村民看望父母、回娘家、叫新客或看望亲姐妹、亲兄弟时使用。（4）2封馃子加2串柿饼。普通村民看望本家亲戚、远房亲戚、兄弟姐妹、堂兄弟姐妹或表兄弟姐妹时使用。穷困村民看望父母、回娘家、叫新客时也可能使用，但显得有些小气。（5）1封馃子加1串柿饼。普通村民看望一般亲戚、左邻右舍时使用。（6）几块点心或几个柿饼、烧饼、鸡蛋等。这样的礼物主要用于普通村民过年期间随意串门、左邻右舍互相寒暄时使用。这种礼物一般不算正式的"礼"，而是"随便拿点东西"。

走亲戚的礼物讲究"回礼"，回礼要至少回一半，比如：村民探望带了8封馃子加8串柿饼，回礼就至少回4封馃子加4串柿饼。走亲戚时不能不带礼物，否则就会贻笑大方，即使再穷也要带礼。如果亲戚带礼看望，一定要请吃饭，且饭局中必须有酒有肉，否则将被认为不讲礼数。

2. 摆酒席："摆最好的酒席"

传统时期夏侯村普通农户摆酒席的情况有买庄买地、新生儿做九、丧葬、过年走亲戚、婚庆和寿庆六种情况。根据情况和家庭条件的不同，酒席邀请人物和规格也有所不同，但都要尽到家庭最大努力，拿出最好的饭菜来款待亲戚，否则会被认为小气。传统时期夏侯村村民摆酒席的情况和酒席规格的具体情况如表4-3所示。

表 4-3 传统时期夏侯村不同酒席的情况

| 摆酒席原因 | 邀请人物 | 酒席规格 |
|---|---|---|
| 买庄买地 | 本家亲戚中的男性长辈（妇女不参加）；左邻右舍（如果买庄，则邀请新庄和老庄的左邻右舍；如果买地，则只邀请新地的左邻右舍） | 随便吃点，有酒就行，对菜的数目没有讲究 |
| 新生儿做九 | 主家会邀请到场祝贺并随礼的所有亲戚、朋友（包括女性和小孩，男女不共桌）参与酒席，但是一般情况下关系较远的（如街坊四邻、关系一般的远亲）都会主动不参加 | 生男孩叫"大喜"，至少 8 个菜，且必须有 1 个荤菜，必须有酒<br>生女孩叫"小喜"，6—8 个菜即可，必须有酒 |
| 丧葬 | 主家会邀请所有到场吊唁的亲戚、朋友（包括女性和小孩，女人和小孩吃完，男人再吃），但是朋友一般不吃饭，上过供就走了 | 至少 6 个菜，且必须有 1 个荤菜，必须有酒 |
| 婚庆 | 三代以内直系血亲中的成年男性；帮忙干活的亲戚朋友（包括女性） | 至少 8 个菜，且必须有 1 个荤菜，必须有酒 |
| 过年走亲戚 | 相互探亲的两个家庭中所有成员在一起吃饭（女性和小孩一般不上桌吃饭，在厨房或屋外吃饭） | 至少 8 个菜，且必须有酒有肉，但是肉菜一般不吃 |
| 寿庆 | 三代以内直系血亲（女人和小孩也上桌一起吃饭，但是男女不共桌） | 寿庆一般只办整岁，且一般是 50 岁以上才办寿宴，最高规格，至少 8 个菜，且有酒有肉 |

资料来源：2016 年 10 月至 2017 年 1 月的田野调查。

3. 随礼："办啥事随啥礼"

传统时期夏侯村具有血缘关系的亲戚进行随礼的社会交往活动有新生儿做九和丧葬两种情况，其中丧葬又叫上供。在做九和丧葬事务中，农户根据本家庭与亲戚之间关系的不同要随不同数量和类型的礼物，村民描述为"办啥事随啥礼"。传统时期夏侯村村民随礼的具体情况如表 4-4 所示。

表 4-4 传统时期夏侯村亲戚之间的随礼情况

| 情况 | 随礼 |
|---|---|
| 新生儿做九 | 男孩做九，鸡蛋必须是单数，最多 49 个，鸡蛋筐底铺上谷（小米）<br>女孩做九，鸡蛋必须是双数，最多 48 个，鸡蛋筐底铺上白面<br>新生儿的姥爷姥姥要为新生儿准备特定的大礼，礼根据生辰八字不同有区别（较为虚玄，在此不做详细描述），男孩儿是八层盒子，女孩是六层盒子，且礼要当众展出 |
| 丧葬 | 此种情况的随礼又名上供，一般的供为 25 个白面馒头、1 挂鞭炮、1 叠纸钱，户家、地主之间的供包括现金和其他财物 |

资料来源：2016 年 10 月至 2017 年 1 月的田野调查。

4. 借钱："亲戚借钱，不能不借"

传统时期夏侯村村民认为："亲戚来借钱，一般都得借，不能不借，不借都把亲戚得罪了，有时候自己很作难，就算自己去借，多少也得给一点。"村民认为如果亲戚因为没钱吃饭、没钱办丧事、没钱办婚事、没钱看病等理由借钱，必须要借一点，并且都不用偿还利息。在大多数情况下，如果亲戚没有能力偿还，即使本金也不用偿还，村民描述为："有的亲戚，你看他都过不成了，给你开口借点粮食，你多少也得帮点，那都是白给了，还还啥啊。"

## 第二节 地缘与地缘关系

集中居住是夏侯村村民的历史居住形态，"低头不见抬头见""远亲不如近邻"的谚语也体现了村民重视地缘关系的历史传统。本部分将从地缘主体、地缘关系两个方面考察传统时期夏侯村的地缘和地缘关系形态。

一、地缘主体

（一）邻居

传统时期夏侯村村民口中的"邻居"，一般情况下仅仅指四邻，且不包括三代以内直系血亲。村民描述为："房屋东、南、西、北四周紧挨着的住户。"具体情况如图4-1所示。

1. 邻居的地缘界定

传统时期夏侯村村民关于"邻居"有着一定的界定，具体有以下情况：其一，如图所示，西南5的邻居仅仅指西南2、西南4、西南6和西南8的住户。如果

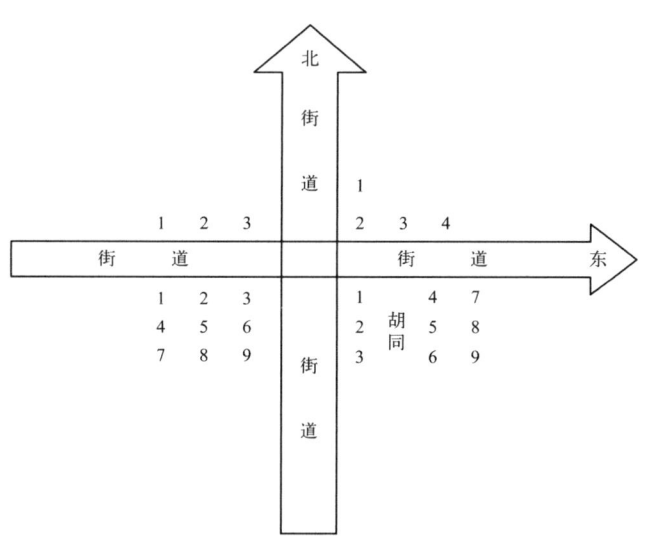

图4-1 夏侯村"邻居"示意图

西南1、西南3、西南7和西南9的农户与西南5的农户房屋有接壤，那么也叫邻居；如果不接壤，就不称之为邻居，一般称之为"斜对门"。其二，如果农户院落中间有街道穿过，一般不称邻居而是称之为"街坊"。如图所示，西南2的邻居一般不包括西北1—3和东南1—3户。其三，如果农户院落中间有胡同，则依然称之为邻居。如东南5

与东南 2 依然被村民称之为邻居。其四，村民口中的"四邻"，并不一定是东、南、西、北 4 个农户，可能多于 4 个，但是大多数情况下少于 4 个。

2. 邻居的血缘关系影响

传统时期夏侯村村民认为亲兄弟比本家亲戚关系近，而本家亲戚比邻居关系近，所以如果邻居是亲兄弟且分家分院，一般不称之为邻居，而是把两处院落依然视为一处，是一家。随着人口的繁衍，超过 4 代或 5 代之后，就改口称为本家；如果兄弟的后人"不在同一块老坟地埋了，就改口称邻居了"。如果兄弟闹翻，造成形同陌路的情况，也不再叫兄弟，而是改口称邻居。如图所示，西南 5 和西南 6 如果是本家亲戚，那么一般不称邻居，称为本家。称"邻居"，相对于"兄弟"和"本家亲戚"来说，显得"关系有点生分，感觉两家出矛盾了一样"。

（二）街坊

传统时期，夏侯村村民居住在同一条街或同一条胡同里的，称之为"街坊"，其具体界定方法有以下情况：其一，如图 4-1 所示，西南 1—3、西北 1—3、东北 2—4 和东南 1、4、7 都沿着东西大街居住，这些农户共同构成了东西大街街坊。同理，西南 3、6、9，东南 1—3，西北 3 和东北 1—2 共同构成了南北大街街坊。其二，如图 4-1 所示，西南 4、5、7、8 与东南 5、6、8、9 之间没有挨着街道，所以互相不称街坊。其三，东南 1—3 与东南 4—6 由于都紧邻胡同，所以他们彼此之间称"一道胡同里的"。其四，一道胡同里的街坊比一条街里的街坊交往更多，距离更近，因此关系也更为亲近。

（三）熟人

每当询问村庄 80 岁以上老人"咱们村子里的哪些人称为熟人"，老人都认为这个问题非常可笑。因为如上所述，村庄里的农户都集中居住，不是亲戚就是邻居，不是邻居就是街坊，因此整个村庄都是熟人。村民描述为："一个村子里谁不认识谁啊，低头不见抬头见，都是熟人。除非两家结仇，谁都不跟谁打交道，说着都咬牙，看着都恨得慌，老死不相往来的世仇，才被认为不是熟人。"

传统时期夏侯村的熟人关系可以拓展得非常远，只要"见过面，经常打交道，不管叫不叫得上名字，都可称之为熟人"。普通农户之间确定熟人关系的情况有以下三种：其一，因通婚变熟人。夏侯村村民娶了外村的女人做媳妇，那么丈夫在结婚当天和走亲戚的过程中，基本上会和女方村子里的人都见过面、打过交道，因此妻子村庄的人相对丈夫而言都是熟人。其二，因做买卖变熟人。传统时期夏侯村做买卖的农户被认为"熟人多、交际广"，他们与经常购买其商品的老主顾和其经常进货的老板之间，都是熟人关系。甚至有时候只购买过一两次东西，见面觉得脸熟的也是熟人。其三，因逃荒变熟人。历史上的灾荒战乱年间，夏侯村村民经常前往山西稷山县逃荒、乞讨，沿途施舍过的农户都是熟人。有的村民在稷山县某个镇上长住，一住就是好几年，整个镇上的都认识这个"外来的小要饭的"，此时夏侯村村民与整个镇子上的都成为熟人。传统时期夏侯村村民界定"熟人"的关键概念是"经常打交道"。这个打交道的频率是多少，村民并没有详细界定。有时候即使不经常打交道，但是"自己用得上对方"，也会"绞尽脑汁攀关系，变熟人"。相反，如果对方对自己没有什么帮助，"净会给自己捣乱添麻烦"，即使明知道对方姓甚名谁、家住哪里，也不承认自己认识对方。

（四）乡亲

传统时期夏侯村村民较少使用"乡亲"一词来描述地缘关系，而是用"一个村子里的"来替代。村民概念中的"乡亲"特指"一个村庄里的人"，只要常住在同一个村庄生产生活并定居于此，都是乡亲这是狭义上的乡亲。同时，村民使用频率较高的一词是"老乡"，"老乡"是一个相对概念："如果是两个距离较近或者紧挨着的村子打交道，那么大家都是老乡；如果两个距离较远的村子打交道，那么本村的叫老乡，外村的一般不叫老乡；如果在本县之内跨区打交道，那么一个区（乡）里的都是老乡；如果跨县打交道，那么一个县的都叫老乡；如果跨省打交道，那么同一个省的都叫老乡。那时候（指1940—1948年间）去山西逃荒，只要一问是河南的，都是老乡长老乡短地叫着。"

二、地缘关系

地缘主体包括邻居、街坊和乡亲，本部分所讨论的地缘关系主要围绕着三种身份之间的关系进行讨论，并且是将血缘关系排除在外的。本部分从借钱粮、借菜、借工具、帮忙干活、信息互通五个方面考察传统时期夏侯村的地缘关系形态。

（一）"远亲不如近邻"

传统时期夏侯村村民认为"远亲不如近邻"。但是邻居分为两种情况，一种是和自己关系不错的，一种是和自己有些小矛盾的。如果有些小矛盾，就会尽量减少交往，甚至可能终日不交往，极端情况下可能交恶。一旦交恶，就无所谓地缘关系了，双方就不打交道了，所以本部分着重讨论较为和谐、正常的邻里关系。

向邻居借钱粮和亲戚不同，要考虑邻居的经济状况，如果邻居家里"一穷二白、啥都没有"，一般不会开口去借。同时大家对彼此的经济状况都心知肚明，村民描述为："那时候大家都喜欢端个碗到饭场儿上一起吃饭，谁家吃的啥，吃得好不好，都大概能看出家里经济状况如何。"向较为有钱的邻居借钱是常事,邻居一般都会爽快地借出去,一是为了维持和谐顺心的居住环境,同时邻里之间互相帮忙"说话方便一些"。如果家里有钱还不借,往往会得罪人;即使不还钱,也没有关系。村民描述为:"邻居之间借钱,多少都会借给你。就算你不还钱也不要紧,因为你不还下一次都不好意思再开口借了吧。邻居有时候也图个不得罪人,看你能还得起的,你要多少,他就借你多少;看你还不起,一般借出去也就不准备要了,和一般亲戚差不多。"

据村民回忆,传统时期邻居之间借钱粮和亲戚一样,只要不是用来做生意而借的钱粮,都不收利息。但是邻居和亲戚有一点区别:"亲戚(指关系好的近亲)会尽全力借给你钱粮,如果亲戚没有,他会替你借钱。但是邻居不一样,如果邻居没有钱,他不会帮你借别人的钱,他没有你就不能再开口让人家帮忙给你借了。"

(二)街坊邻居一起待客

传统时期夏侯村村民只发生在街坊邻居之间的特殊借用行为是"借菜"。所谓的"借菜"是指过年走亲戚的时候,由于普遍比较贫困,没有很好的酒菜(荤菜、鸡蛋)来招待亲戚,就可能怠慢、失礼了,尤其是姻亲前来,"即使饿肚子,不能丢面子";面对这种情况,街坊邻居就会互相帮忙,当某位农户家中来亲戚了,就把自家有的好酒好菜借给他用一用,"摆摆场面",用完再归还。

在此需要特别补充说明的是(在第三章"走亲戚"部分有详细描述),传统时期夏侯村村民过年走亲戚,尤其是灾荒战乱年间,彼此都知道对方生活不容易,走亲戚时即使接受请客吃饭的邀请,面对好酒好菜(特指酒和荤菜),一般是不吃的;如果有小孩子忍不住吃了一两口肉,是会受到家长严厉批评的。所以才会出现特殊的"借出去的菜还能还回去"的情况。除了用来"摆摆场面"不吃的菜之外,邻里之间也会在日常生活中相互赠送一些能吃的菜。例如 A 今年种了一些大葱,而邻居 B 种的豆角比较多,如果 A 想吃豆角,就会主动到邻居 B 家赠送自己的大葱,邻居 B 觉得不好意思,也会反过来赠送 A 一些豆角作为交换。

(三)"邻居借着方便"

传统时期借用小型工具的首选是向邻里街坊借用,因为邻里街坊距离比较近,借着方便,不用跑很远。邻里街坊之间经常互相借用。尤其是有石磨、石碾、架子车之类大型农具的家庭,更是会"门庭若市",经常有人前来借用,而最接近有大型工具农户的邻居,享有"近水楼台"的优势,有优先借用权。村民解释为:

> 邻居都知道彼此之间工具用得多不多,到底有人用没有,你骗不了他。

如果是稍微远一点的街坊来借,你还可以"有人已经说好了要用"为借口来推辞推辞,那邻居你都不敢骗他,他隔着墙一看就知道到底有人用没有,甚至听听声音就知道了。

传统时期大型劳动工具有私产公用的现象,在邻居街坊之间,小型生产工具也有私产公用的情况。传统时期经常有农户放着自己刚买的新工具不用,借别人家的用,或者知道邻居家有,就跟自己有一样,根本就不买。村民虽然知道这个人好占便宜,但是由于是街坊邻居,同时也是小事儿,谁都没有办法,据孙占邦老人讲述:

> 那时候,俺那一道街里有个人,叫啥我都不说了,自己啥都不买,啥都借。他还穷,也确实啥都买不起,就靠借东西生活呢。他也不嫌不方便,借的时候也都理直气壮的。人家借东西都是偶尔借借,他倒好,纯靠借,就差媳妇不借了。

(四)互相帮忙不吃饭

传统时期夏侯村村民之间存在频率非常高的"帮忙干活"的情况,主要发生在亲戚和街坊邻居之间,村民描述为:"基本没有亲戚和街坊邻居在一起还干不成的活儿。"同时邻里之间也存在频率较高的辨禨行为。街坊邻居之间帮忙干活不用给钱粮作为酬劳,除了特殊的事情,也不用请吃饭;讲究平等交换,你帮我干活,我也得帮你干活,你帮我干了多少,我也得尽量帮你干多一点,不能干少了。传统时期村民生活较为宽裕的和平时期,有请客吃饭的传统,但是到了灾荒战乱年间,"请来请去的都请不起了,都负担不起这个饭钱,大家也就约定俗成地彼此都不请吃饭了"。

(五)街坊邻居闲了没事就说话

传统时期夏侯村村民获取信息的主要途径在于街坊邻居,获取的信息五花八门,具体情况如表4-5所示。

表4-5 传统时期夏侯村街坊邻居信息互通情况

| 类　别 | 内　容 |
| --- | --- |
| 市场类 | 1. 庄、地出售信息,庄、地购买愿望<br>2. 谁需要觅汉把式喂牲口的,谁想扛长工,长工人品如何<br>3. 哪里、什么生意比较挣钱<br>4. 哪个集、会,哪个店铺东西比较便宜,哪个质量好 |

续表

| 类　别 | 内　　容 |
|---|---|
| 信仰类 | 1. 哪里的菩萨比较灵<br>2. 哪个神婆、算命先生看得准 |
| 政治军事 | 1. 哪里打仗了，哪里死人了<br>2. 什么时候要抓兵，抓去哪里了，是否能活着回来<br>3. 哪个土匪势力大，哪个土匪好<br>4. 谁家有亲戚当官了，在哪里当官，管啥 |
| 社会生活类 | 1. 谁家的闺女快该嫁人了，谁家的男孩儿还没说媳妇<br>2. 谁家生病了，谁家死人了<br>3. 谁家的孩子不孝顺，谁家的孩子不听话<br>4. 谁家的媳妇作风不好，谁家的媳妇能干<br>5. 谁家有钱，谁家穷<br>6. 家长里短、闲言碎语 |
| 逃荒避难类 | 1. 哪里有吃的，哪里没有遭灾，哪里安全<br>2. 哪里没有日本军队<br>3. 哪里的人比较大方，能讨到饭<br>4. 谁家在外地有亲戚可以投奔 |

**资料来源**：2016年10月至2017年1月的田野调查。

传统时期夏侯村村民无论做什么事情，都喜欢找街坊邻居"聊一聊，说一说"，在饭场、杨树林儿、砖窑边儿等村民聚集的公共场所，可以获取各种各样的信息。那些经常在外经商、有知识、有人脉的村民被认为是"有大见识"的。如果其信息可以帮助村民促成某事，就会获取较高的社会威望；如果信息不准确，没有帮上忙，也无妨，村民认为："反正都是说闲话呢，说不准很正常，都说准了才不正常呢。"

## 第三节　业缘与业缘关系

从对村庄集会部分的考察我们得知，传统时期夏侯村是一个"自给而不自足"的农耕文明形态，走投无路、无法依靠耕种而生活的贫困农户只能通过做买卖赚差价的方式维持生存，进而促进了一定程度的社会分工，并形成了传统时期繁荣的集、会活动。随着其具有了一定的规模，集、会形成了较大的社会影响，为了集、会更好地维持和发展，夏侯村形成了相应的集、会组织来维持集、会秩序。在村域范围之外，共同从事同样生意的手艺人成立了行户组织。本部分将分别从集会组织和行户组织两个方面考察传统时期夏侯村的业缘与业缘关系形态。

## 一、集会组织

传统时期主要由夏侯村村民举办的集、会有淳于集和淳于寺会。淳于集是依托于交通优势,主要由夏侯村、秦淳于村、田淳于村、宋淳于村、李淳于村、刘淳于村等六个村的手艺人在南北大马路上做买卖而形成的市场组织。相传淳于寺会最初是因淳于古寺中的住持为回馈乡里、广积善缘、宣传寺庙而组织的一年一度的庙会。随着淳于寺会影响的扩大,参与人数的增加,尤其是附近六个村庄中参与做买卖的农户的增加,由夏侯村村民牵头,组成办会组织,以附近村庄村民自愿捐款的形式与淳于古寺住持共同出资办庙会,从而形成淳于寺会的庙会市场组织。本部分将分别从淳于集、淳于寺会两部分考察传统时期夏侯村的集会组织。

### (一)淳于集

淳于集位于夏侯村东南100米的南北大马路上,南起秦淳于村、田淳于村、夏侯村三村交界的十字路口,北至淳于古寺西。在南北大马路两边,就地摆摊形成市场交换场所。最初是"每天集",随后由于办集影响交通,减少了来往通行的客商,使得生意不好做,进而改为"十天集",即农历每月的初一、初十、二十、三十开集。本部分从市场组织概况、规则和运转三个方面考察传统时期的淳于集。

#### 1. 市场组织概况

淳于集在最初影响较小,主要是夏侯村几个手艺人或做买卖的,见到此处来往的行商较多,趁机向行商出售水、烧饼、油条、点心等商品,可以说是为服务行商而兴起的。行商主要是倒卖粮食的、卖水的、卖鸡蛋的等,大多从冯村集或县城而来,走到此处正好走了七八里路,需要歇歇脚,本村做买卖的就看中了这一点。

随后附近几个以"淳于"命名的村庄中的手艺人或做买卖的看到此处生意不错,也加入进来。慢慢地,人越聚越多,影响越来越大,也就成了每天都有十几个商户前来摆摊营业的小集。此时并没有任何形式的市场组织,主要是附近村庄中做买卖的农户参与淳于集进行市场交换。

南北大马路虽然名曰"大马路",但是仅有五六米宽,随着摆摊的村民越来越多,南北大马路拥堵得十分严重,不仅携带行李较多的行商不能通行,连本地人走路都挤不过去。此外由于在此做买卖的摊主抢地盘、抢生意,往往容易引发争吵,就使得淳于集十分混乱。基于上述原因,行商们选择不走此地,绕路通行,使得经过此地的行商越来越少,生意也越来越难做。在这样的背景之下,夏侯村中一些有头脑、有威望、会武术的人联合秦淳于、宋淳于、田淳于、李淳于、刘淳于等几个村中同样的人,组织了以"淳于集"为名的市场组织。

淳于集在最初形成时候，主要是维持市场秩序、保证道路畅通，主要任务是把捣乱的商户撵走，由于来此摆摊的商户主要是附近村庄的人，所以并不收费。随着淳于集影响的扩大，较远村庄前来做买卖的商户越来越多，同时淳于集中的组织者不能每天来做义工，就向外来摊主收取一定摊位费，对附近村庄的摊主仍然不收费。后来外来摊主感到不公平，常常因此争吵，就对所有摊主一视同仁，都收取费用。但是与收摊位费的人较为熟悉的本村人仍然有很多不交摊位费，或者是"嘴上说交了，实际上没有交"。

2. 规则

成熟的淳于集有以下规则：其一，不能占道经营，不能把马路堵死，需要尽量靠边儿。其二，不能打架斗殴。其三，不能强买强卖。其四，不能破坏马路。其五，要交纳一定摊位费。

3. 运转

淳于集的参与者都被称为摊主，由于南北大马路两边都是地，没有房屋且"十天一集"，所以所有摊主都没有固定店铺，都是在路边摆摊经营。成熟的淳于集出售的商品五花八门，主要有小农具、烧饼、油条、水、鸡蛋、西瓜、点心、布鞋鞋垫、菜、梨、豆腐。来往贩卖粮食、水、石料、鸡蛋或其他物品的行商经过此处，也会与附近村庄村民进行市场交换，但是行商都有自己的目的地，只是在此"短暂停留，做个顺手买卖"，并不摆摊经营，所以也不交摊位费。

淳于集的组织者主要是附近村庄年轻力壮、会武术的青壮年，主要是维持秩序、收取摊位费。"这些人在附近村子都是有名的'孬杆儿'，谁都不敢惹他们。镇不住场面，还咋收费、咋管理啊？碰到不听话的，直接轰走，不听话故意捣乱的，直接打一顿。不过对附近村子的还客气一点，都是邻里乡亲，动不动都是亲戚，一般不会动手的，都是说说就中了。"

摊位费中的一部分用于修路和维持集的正常运行。据村民回忆："那些人（只维持淳于集秩序的人）自己才不干活儿呢，叫来村里没啥事的老头、老太太来随便扫扫，给几个馍、几把粮食就中了。"剩余的大多数都被这几个人平分了，作为个人报酬。

淳于集是较为松散的组织。附近几个村庄都知道有那么几个人，但是具体是谁，普通农户都不是很清楚，所收摊位费，普通农户也并不知道去向。但是大家都知道这些人"比较孬"，普通人惹不起。

（二）淳于寺会

淳于寺会是夏侯村内唯一的庙会，也是封丘县较为著名的古庙会。据村民回忆：

"淳于寺会影响大得很,那时候(指1949年前),滑县(安阳滑县)的人都来夏侯村赶会。"每年农历四月初八准时开会,会期3—5天。除大灾、战乱之年,每年举行。此处重点讨论淳于寺会的办会主体及其运转方式。

淳于寺会的办会主体有两大部分,二者互相帮助、利益一致、强弱不定,分别是以寺庙住持为首的寺庙方和淳于寺会的会首们。在淳于寺会最初发展阶段,完全由寺庙住持利用200余亩的寺庙田的收入出资办会。在淳于寺会发展的成熟阶段,由村民(以自愿捐款形式)和寺庙(用寺庙田产收入)共同出资办会,其花费模式是"钱多了,办得会隆重一点,唱戏多唱几天;钱少了,就随便唱唱;如果战乱灾荒,也都不办会了,人命都顾不住,谁还有心思听戏啊"。

其运转方式可以从以下三点得以体现:

其一,设立负责人。由夏侯村、秦淳于村、田淳于村、宋淳于村、李淳于村和刘淳于村等6个村共同选出两名主院,由于淳于古寺占用的都是夏侯村的土地,所以主院都为夏侯村人,一名男性、一名女性,统揽全局,负责与寺院住持沟通,共同商讨办会事宜。主院都是由德高望重、辈分高、年龄大、有知识的人担任,是村庄精神领袖。主院之下有男大会首和女大会首,人数不定,一般情况下男大会首21人,女大会首15人。其中夏侯村村民担任男大会首的最多可以达到11人,担任女大会首的最多可以达到8人,占一半以上,其余5个村庄共占一半名额。男女大会首之下设置会首,人数不定,一般为43人,夏侯村村民占据其中22个名额,并设置保管一名(夏侯村人),会计一名(秦淳于村人)。

其二,各司其职。主院主要负责与寺院方沟通信息,商量事宜。男大会首和女大会首主要负责回村宣传淳于寺会,号召大家自愿捐款,并重点向户家、地主索要捐资。会首负责维持会场秩序,收取摊位费,规划会场布置并具体执行。会计负责记账并公示给村民。保管主要负责保管淳于寺会中由办会方提供的物品,如牲口桩、麻绳、劳动工具、木头架子、乐器、香炉等。

其三,淳于寺会与寺庙各自独立,各取所需。对于寺庙方来讲,举办淳于寺会可以扩大寺庙影响,使其香火旺盛、广积善缘。对于淳于寺会组织来说,村民可以依托淳于古寺扩大村庄影响,并为村中做买卖的提供生意场所,为普通农户提供娱乐和购物场所。二者协商办会,互相扶持:办会村庄中的村民到淳于古寺烧香拜佛不用掏香火钱,并且可以获得神佛保佑;淳于古寺则可以获得附近村庄村民的支持,为其提供安定的修佛场所,并获得村民的捐赠。在传统时期,村民对淳于古寺十分崇拜和尊敬,村民很少与寺庙发生争执和纠纷。

## 二、行户组织

传统时期是卖方市场,"买家精不过卖家"是真实写照。村民在参与市场交换过程中与做买卖的商户打交道,由于技术水平的不了解、信息获取的不对称等常常处于劣势。且在传统时期不存在市场监管、消费维权的官方组织,村民购买商品往往处于不放心、不敢买的境地。即使找熟人,也往往被坑。尤其是村民在买地、买牲口、买大型劳动工具的时候,由于其价格很高,一旦被坑,很可能使普通农户遭受巨大损失。鉴于这种情况,出现了一批技术垄断者,这些人懂行情、懂技术,"以前就是做买卖的",且愿意帮助乡亲,在乡亲买东西的时候陪同乡亲们一起看货,提供专业建议,并与商家讨价还价,为买家争取利益的同时自己获取一定的报酬,村民将这样的人称为"行户"。传统时期夏侯村的行户主要是买卖牲口时的行户。本部分从行户组织概况、规则和运转三个方面考察传统时期夏侯村的行户组织形态。

(一)行户组织概况

村民对行户的需要,使得行户可以从中获利。最初夏侯村村民中并没有十分懂牲口的行户,村民只能从外村寻找。最初的行户都是"个人为招牌""个人负责个人"的个体户,没有人"主持公道",就经常出现行户们"吃了买家吃卖家"的情况:通过与卖家串通,吃卖家回扣,并收买家钱财,使得普通农户找行户不仅不能买到好牲口,反而会多花钱。渐渐地找行户的人越来越少。同时行户与行户之间恶性竞争越来越多,行户碰到行户经常互相指责、互相谩骂、互相抢生意,并经常引起武力冲突。行户生意不好做、村民不敢找行户的情况使得行户与行户出现了联合,形成组织,制定行户之间的规章制度,对不遵守规则的行户共同打击。

行户组织没有明确的名称,属于"个人对个人"的松散组织。据村民回忆:"那时候(指1949年前),行户是比较少的,夏侯村就一两个,其他小村一般都没有。这技术(指相牲口的技术)没有人教啊,也不好学,不是谁都能看准的。行户和行户有交流,比如说某个村的行户比较出名,威望比较高,看得比较准,就会邀请附近几个村的行户到家里吃饭、喝酒,他们坐到一起都成朋友了,这附近都是他们几个说的算了,外来的行户都不敢来捣乱了。他们也定规矩,规矩可多,比如不能抢生意、收多少钱等等都有讲究。"

行户组织是跨村组织。传统时期一个较为大型的村庄往往只有一到两名行户,但是每逢大型的集、会,行户们也都聚到一起,"同行是冤家",就容易发生争吵。为了行户可以顺利地接活儿,同时为了树立信誉,行户们就聚在一起,共同商量事情、定规矩,并排挤外来行户。

## （二）规则

夏侯村附近的行户组织有着这样的规矩：其一，一单买卖最多只能有两个行户参与，如果有第三个行户想插手，就会被其他行户看不起。其二，行户只能收买家的钱，不能收卖牲口人的钱。"但是这个规则只有极少行户遵守，大多数行户都是既收买家钱，又收卖家钱。其三，收费最多收取牲口价格的十分之一。其四，买卖双方谈价格不能明说，而是通过"手语打码"的方式讨价还价。其五，行户充当中间人的角色，需要协调买卖双方尾款结算事宜的沟通。其六，如果牲口出问题，或刚买回去几天就死了，说明行户看走眼了，行户要负责，不仅要退还佣钱，而且要联系卖家，帮助买家向卖家退牲口，敦促卖家退钱。

## （三）组织运转

传统时期夏侯村的行户组织是一种个人对个人、以朋友身份聚在一起的松散民间组织，缺乏有效的组织形式和制约机制，其对行户的约束力是有限的。这主要体现在以下四个方面：其一，行户是技术活，但是技术高不高，全凭嘴说，缺乏评判标准。据村民回忆："那些能说会道、会办事儿的行户，大家都去找，但是不见得技术高，也经常看走眼。有人说这个中，有人说那个中，到底谁中，也不知道。"其二，行户组织无法有效排挤外来行户。一旦有大型庙会，行户云集，某几个行户是一伙儿的，他们可以产生集聚效应，但是并不能直接把别的行户赶走，而只能通过在背后吆喝、唱反调、故意拆台的江湖手段（有村民称之为下三滥手段）来使外来行户丢人，也不能强迫买家选择自己。相反地，买家可能更愿意选择那些不善言辞、看着老实的行户。同时，那些真正有技术、有威望的行户不屑于做这些排挤行为。其三，行户收费属于私下收费，组织无法有效监管。例如行户组织规定只能向买家收取百分之一的佣钱，但是现实中，行户往往会先向卖家询问："你这个牲口想不想卖个好价钱？我是行户，在这附近可出名，我给你带几个人过来，卖出去后，你给我××钱。"事实上，行户往往会向卖家收取百分之二甚至更多的佣钱。其四，行户组织发展更多依靠行户的亲戚、行户的同村等个人关系。传统时期村民寻找行户，不会信任某个行户组织，而是针对行户个人。如果本村有行户，只要和这个行户没有过节，就一定会寻找本村的行户，而组织的口碑，往往仍然是依靠个人的道德。

## 第四节　信缘与信缘关系

传统时期夏侯村村民往往呈现出什么都信的信仰形态，村民遇神拜神、遇佛拜佛、遇鬼拜鬼，构成了极其复杂的神佛鬼怪信仰体系。普通农户并不懂得神、佛、鬼、怪、主的区别，都是抱着利己、不得罪神佛的思想进行祭拜。家庭中出现难题，就会去找专门解决这种问题的神灵进行祭拜，或者听说某位神灵较为灵验，就会将其请回家中每日供奉。家中没有难题，也会跟着大家一起拜一拜，反正没有损失。夏侯村大多数普通农户属于"并不虔诚"但"谁都不敢说神灵坏话"，"并不相信"但"除此之外没有别的办法"的情况。村民赶庙会也往往有着听戏第一、买卖第二、祭拜第三的心理取向。由于没有非常虔诚的信仰，自然也没有因信仰而产生的冲突。本部分从家神信仰及其关系、神庙信仰及其关系两个方面考察传统时期夏侯村的信缘关系形态。

一、家神信仰及其关系

传统时期夏侯村村民信仰的家神种类繁多，村民普遍信仰的主要有门神、灶王爷、天地全神三种。

（一）门神信仰及其关系

1. 信仰概况

传统时期夏侯村村民信仰的门神是以尉迟恭、秦叔宝、张飞、关羽、钟馗为主的武门神。村民信仰门神的表现形式主要是在农户院落和房屋的各个大门上贴上门神画像。贴门神的时间都是每年农历大年三十当天上午，每年都要换新的门神，并且保持整年不掉；如果门神毁坏或掉落，被视为不吉利，要赶紧用面糊粘牢固。村民认为贴门神可以保护本家庭成员不受妖魔鬼怪、无耻小人的侵扰，可以保护家庭成员的平安和健康。

2. 信仰关系

传统时期夏侯村村民与门神的信仰关系主要体现在请门神和家长贴门神两个方面。"请门神"是指所有家庭成员不能对门神不尊敬，买神贴纸不能认为是买了个商品，而是认为请到了门神在凡间的化身，必须非常虔诚；如果家中有小孩子撕破或毁坏门神画像，家长必须快速制止，并且向门神磕头谢罪。"家长贴门神"的意思是指把门神贴到大门上必须是家长本人亲自粘贴，并且贴门神之前要向门神虔诚许愿，请门神保佑家人平安；其他家庭成员不能代替家长贴门神。

（二）灶王爷信仰及其关系

1. 信仰概况

传统时期夏侯村村民所供奉的灶王庙（见图4-2）是贴在厨屋或堂屋的一张纸，大多由村民从集、会上购买而来。但村民对此说法十分避讳，不能说"买回来"，而只能说"请回来"。一张灶王庙价格很低，但是其神圣性却高于牛王庙、马王庙，因为村民认为灶王爷的职能和自己的生活息息相关，每家每户都要用到灶王爷。传统时期夏侯村村民认为灶王爷于每年农历腊月二十三向玉皇大帝汇报人间工作，如果灶王爷上天告状，很有可能给农户和整个村庄带来灾难。因此在祭灶（腊月二十三）当天，农户都会用灶王爷最爱吃的烧鸡（夏侯村农户称为"灶鸡"）供奉灶王爷，让其收受到农户的贿赂，不忍心上天告状。同时，农户还会供奉祭灶糖，祭灶糖非常粘牙，灶王爷吃了祭灶糖就会张不开嘴、说不出话。此外，农户还会在灶王爷神像两侧贴上"上天言好事、下界保平安"的祈福话语，希望灶王爷可以多向玉皇大帝汇报人类的好，使得玉皇大帝可以多施恩惠在人间。

图 4-2 夏侯村民张贴的灶王爷神像

2. 信仰关系

传统时期夏侯村农户与灶王爷的信仰关系主要体现在家长祭拜和女不祭灶两个方面。"家长祭拜"是指农户家庭中可以代表全家祭拜灶王爷的必须是一家之主，只有一家之主才能够亲自杀灶鸡、供奉祭灶糖来祭拜灶王爷，如果家中小孩子和其他家庭成员私自祭拜灶王爷，会受到一家之主的训斥。传统时期夏侯村村民认为"男不拜月、女不祭灶"，即男性家庭成员不能在农历八月十五祭拜月亮，女性家庭成员不能在腊月二十三祭拜灶王爷。村民认为月亮上有嫦娥，非常漂亮，男性家庭成员如果拜月亮，容易被嫦娥吸引；而灶王爷身高七尺，仪表堂堂，就是个小白脸，女性家庭成员如果祭灶非常容易被灶王爷吸引，迷失魂魄，进而导致家庭的不和谐，因此家庭中的女性成员都不能祭拜灶王爷，否则会被家长训斥。

（三）天地全神信仰及其关系

1. 信仰概况

传统时期夏侯村村民将农户家中祭拜的各类神仙统称为"天地全神"，而农户祭拜天地全神的方式就是将各路神仙请来家中祈求保佑，其具体方式就是在集、会上购买各类神仙的画像，或者在寺庙中请道士施法，在红纸上写上各类神仙的姓名，或者购买各类神仙的雕像摆放在家中。由于每个家庭所祭拜的神仙都不一样，而老天爷（玉皇大帝）是统领各类神仙的，因此夏侯村村民将家中张贴的各类神仙统称为"天爷庙"。各种形式的天爷庙，其供奉的都是满天神佛，即使每天祭拜的村民也有很多神佛叫不上名字。天爷庙比灶王庙级别要高，掌管世间万物。传统时期，村民将天爷庙贴在堂屋中间，主要于农历春节期间每日供奉，同时，每当家中发生大事、邪事、喜事和丧事也会摆供祭祀。传统时期夏侯村村民家中张贴的天爷庙如图4-3所示。

供奉

齐天大圣　山神
青龙爷
五道将军
巡河大王
两天古佛　葛仙姑
孙真药王
关圣帝君　跑马姑
太上老君
华佗爷　玉皇大帝之神位
火帝真君
无生老母
金山老母
观音老母　柳仙
王母娘娘　黄駝
白衣母　灵官
老祖母

图4-3 传统时期夏侯村村民家中的天爷庙

#### 2. 信仰关系

传统时期夏侯村村民对天地全神的信仰纷繁复杂、各不相同，即使在家庭内部，不同的成员也有着不同的信仰，家长对此一般不干涉，表现为"各拜各的神"的关系形态。其信仰关系主要表现在以下几个方面：

其一，功利祭拜。传统时期夏侯村村民拜神都有着非常明确的功利目的，如：祭拜关圣帝君是为了表现农户重情重义，希望维持兄弟感情；拜财神是希望可以得到发财的机会；拜观音是希望可以得子得孙，延续香火；拜华佗是希望家庭成员保持健康，疾病远离。如果每日祭拜某个神灵并没有达到目的，农户会转拜其他神灵。

其二，各拜各神。传统时期夏侯村村民家中祭拜的天地全神种类各不相同，表现为：如果农户家中做买卖，多数会祭拜财神；如果农户家中种地，多会祭拜土地爷；如果农户家中有人爱好打牌、赌博，多会拜貔貅。即使在农户家庭内部，不同成员也有自己信仰的神，据村民孙占炳老人回忆："那时候（1949年前）俺家信神都是各拜各的，俺爹也不管。俺爹拜关公；俺妈信主，拜耶稣；俺姐姐信佛，拜佛；我信老天爷，就拜老天爷。"

其三，互不干涉。夏侯村村民认为，在村庄和家庭之内，不同的农户拜不同的神，不能互相攻击、互相指责，如果因为拜神而引起冲突，就会被认为糊涂。村民普遍认为："想拜啥神拜啥神，别管别人，也别因为这吵架，那就不值了。"

### 二、神庙信仰及其关系

传统时期夏侯村村民的神庙信仰极为丰富。根据神庙的方位可以分为村内神庙和村外神庙，根据神庙中神佛的身份可以分为佛教寺院和神庙两类。本部分从神庙概况和信仰关系两个方面考察传统时期夏侯村村民的神庙信仰及其关系。

（一）神庙概况

1. 村内神庙

牛王庙位于夏侯村二道街与后街的交叉口西北角，基本处于村庄居住区的几何中心，只有一座长约5米、宽约3米的房屋，据村民讲述是自古有之，具体由谁于何时修筑已经难以考察。房屋内供奉牛王爷，专管牛，村民认为牛王爷管整个人间的牛。但并不是每个人都祭拜，更没有外村人来祭拜，主要是一些家里养牛的老头老太太过年的时候或者牛生病的时候来拜拜。牛王庙没有具体的祭祀时间，一般情况下大年三十至正月十五每天都有人前来祭拜，除此之外没有村民集体祭拜的时间，只是谁家的黄牛生病了、中邪了都会前来牛王庙拜上一拜。牛王爷的威望不高，据村民回忆，"牛王爷没有看好过牲口的病，信家也不多"。

马王庙位于二道街与前街的东北角，位置相对偏南，其房屋比牛王庙大一些，拥有一座长约6米、宽约4米的小屋。其来源与牛王庙相同，都是自古有之。马王庙的祭祀时间、信仰程度、管理范围都与牛王庙完全一致。

淳于古寺位于夏侯村东1里左右的地里，与居民区分开。淳于古寺的日常维护由寺庙方丈负责，有庙田200多亩，不仅可以保障寺庙日常的花费，还可以在灾荒之年开仓施粥救济穷人。淳于古寺是佛教寺院，主要供奉如来佛、观音、弥勒佛、四大天王、十八罗汉等，掌管世间万物，但是据夏侯村村民回忆："淳于寺里不仅有佛，还有关公殿、阎王殿，啥都有。"

2. 村外神庙

传统时期夏侯村内的牛王庙、马王庙、淳于古寺、灶王庙和天爷庙已经可以做到掌管世间万物了，村民们遇到什么样的事情、困惑都有相应的神佛可以进行管理，较少单纯因为求神拜佛而前往村外的神庙进行祭拜，大多数是为了看庙会、做买卖、凑热闹、占便宜才前往村外的神庙。除此之外，如果村民祭拜本村的神灵不管用，一旦听说某处的神仙比较灵验，也会抱着试一试的心态前往祭拜。传统时期夏侯村村民中信佛的农户不仅活跃于本村的淳于古寺，而且会定期到村外的一些寺庙进行朝拜，认为拜的菩萨越多，自己得到的保佑越多，同时这也是信佛村民中所倡导的行为习惯。不信佛的农户也会去村外的寺庙，因为不同的寺庙都有庙会，且时间不同。本村淳于寺会只有每年农历四月初八举行，为期3—5天，除此之外，村民想要听戏就需要赶村外的庙会，届时不仅可以凑热闹，而且可以听戏娱乐。从地缘关系上看，村民常去的村外神庙与村外庙会是完全重合的。传统时期夏侯村村民常去的村外神庙的具体情况如表4-6所示。

表4-6 传统时期夏侯村村民常去的村外神庙

| 名 称 | 时 间 | 地 点 | 祭拜目的 |
|---|---|---|---|
| 老鸡爷庙 | 农历八月二十六 | 辛安店，距夏侯村5里 | 看庙会<br>求老鸡爷保佑家禽平安 |
| 财神庙 | 农历三月十五 | 黄村营，距夏侯村13里 | 看庙会<br>求财神赐予财富 |
| 老君庙 | 农历二月初十 | 庙岗，距夏侯村14里 | 看庙会<br>求保佑 |
| 浚县山会 | 正月初一至二月初二 | 鹤壁浚县，距夏侯村100多里 | 看庙会<br>求子<br>贩卖石料 |
| 沙岗寺 | 农历二月十五 | 沙岗，距夏侯村8里 | 拜佛<br>看庙会 |
| 吴村寺 | 农历四月初八 | 吴村，距夏侯村10里 | 拜佛<br>看庙会 |
| 大马寺 | 农历三月初三 | 大马寺村，距夏侯村12里 | 拜佛<br>看庙会 |

**资料来源**：2016年10月至2017年1月的田野调查。

(二) 信仰关系

传统时期夏侯村村民有着丰富的神庙信仰文化，但是极为丰富的信仰文化背后却有着相同的信仰关系，不同村民对人神关系的看法具有一致性。

1. 有求于神佛才会拜

传统时期夏侯村村民无论到村外神庙还是村内神庙祭拜，绝大多数都是有着明确目的的。做买卖的农户会祭拜财神爷，不做买卖的农户一般不会拜财神。由于月神嫦娥只保佑女性，因此只有女性才去拜月亮，而男性不去祭拜月神。

2. 祭拜专门的神佛

村民认为："拜神得拜准，你干啥事，就拜啥神，拜错了可没用。"村民认为每个神佛都有各自的职能和管辖范围，如果超出神佛的管辖范围，或者某位神佛不管这样的事情，农户就不会去祭拜。夏侯村村民每逢干旱就会去搬关公，而遇到水灾会去祭拜龙王，如果遇到虫灾则会去祭拜土地神，如果求子就去祭拜观音菩萨或其他菩萨；农户希望达成什么样的愿望，就会去祭拜管理这类事务的神佛，而不会去随意祭拜。

3. 不灵没人拜

农户到村外祭拜神佛一般都是因为这个神庙中的神佛较为灵验。神佛是否灵验关键在于名声，此外神庙规模的大小、建筑是否豪华、庙会是否繁荣、关于神佛传说的多少都是农户判断神佛灵验与否的标准。传统时期夏侯村村民判断神庙是否灵验主要在于"听说"，即是否有其他农户讲述关于某地神佛的故事。如果农户听说某处的神佛经常显灵，或者治好了某种病、保佑了某些人，农户就会认为这个神佛较为灵验，才可能前去祭拜；如果农户认为神佛不灵，一般不会去祭拜。

4. 凑凑热闹

传统时期夏侯村村民中大部分农户虽然敬畏神佛，但是却不是所有的农户都迷信神佛，很多农户到村外的神庙祭拜神佛单纯是为了"凑凑热闹"。据村民孙占秀、孙占邦老人讲述："过去（1949年前），村里人平时去赶庙会的也不多，都是过年的时候去逛庙会的多。去的也不都是去拜神了，很多都是去转转、凑凑热闹，也不一定非要拜神、买东西。可多（很多）老头、老太太带着小孩去看戏。"

5. 组团祭拜

据夏侯村村民讲述，传统时期村民到村外求神拜佛一般都是本村几个人共同前往，很少有农户单独到村外祭拜的。农户去祭拜之前就会询问街坊邻居或本家亲戚，只有有人一同前往时才会前去祭拜，如果没有人去祭拜，则农户一般不会去祭拜；如果农户一个人跑很远去祭拜某个神佛，村民会认为这个农户"脑子不正常""神神道道的"。一同前往的一定是关系比较好的，如果关系不好或一般则不会一同出村祭拜。并且一同祭拜的农户往往有着同样的目的和信仰，如果一个农户信某个神，另一个农户信另外一个神，并且彼此都认为对方信仰的神灵不灵验，则一般不会一同出村祭拜。在准备供品时，一般都是各自准备各自的；如果已经出门，但是某个农户忘记携带了某些供品，也可以相互借用，村民并不避讳，认为"谁拜保佑谁，神佛肯定不在乎那一点供品，是个意思就中了。（但是）既然拜了，就要心诚，心诚则灵"。

6. 不信也得拜

传统时期夏侯村村民到村外祭拜神佛一般都是在村外神庙举办庙会的时候前往。如果某些农户遭遇了某种灾难而去祭拜，不存在"不信也得拜"的问题，而是祭拜专门的神佛，"不信也得拜"的情况主要是针对那些到村外庙会上做买卖、凑热闹的农户。据村民讲述："你到人家的地盘上了，不管你信不信都得去拜拜，就算不信，也不能说人家的不好，不能碎嘴。过去（1949年前）各村人都信自己村里的神，要不庙会也办不起来。就拿我们村来说，谁不信淳于寺里的神啊，那是我们村的神，整天保佑我们呢，我们办庙会，你不来也就算了，既然来了，戏也看了、钱也挣了，你好歹也得拜拜吧。"如果有外村人到本村神庙中公开质疑神佛的权威，或者诋毁本地的神佛，往往会引发激烈的冲突。

## 第五节 交往与交往关系

传统时期夏侯村普通农户的交往大多局限于村庄范围之内，与外村人交往大多是基于姻亲关系进行的社会交往。但是夏侯村中以做买卖为生的农户，其交往范围则要大大扩展，出现跨村、跨县甚至跨省交往形态。同时，在灾荒战乱年间，由于大量农户的逃荒，出现了非常规状态下的跨县、跨省交往。本部分将从家庭内部交往、亲戚交往、村庄内部交往和村庄外部交往四个方面考察传统时期夏侯村的社会交往形态。

一、家庭内部交往

传统时期夏侯村的家庭内部交往有着一定程度的阶层分化，即村中中农及中农以上的大多数为复合式大家庭，而较为贫困的农户，虽然希望组成复合式的大家庭，但是由于家庭条件较差，父亲或爷爷很难平衡家庭成员的产品分配，容易出现利益矛盾，进而导致分家，形成规模较小的核心家庭。兄弟一旦分家，即组成两个家庭，成为两个家庭之间的交往。本部分从夫妻交往、婆媳交往、兄妹（姐弟）交往、叔嫂交往四个方面重点考察复合式大家庭的内部交往。

（一）夫妻交往

传统时期夏侯村村民认为夫妻之间大多数不是因为感情而结合的，主要是为了传宗接代、延续香火，且大多数夫妻之间在日常生活中都是各忙各的，交流得比较少。

1. 男主外、女主内

村民认为夫妻之间一般都是"男主外、女主内"，丈夫一般负责出门干活、做买卖、走亲戚等家门之外的活动，而妻子一般负责家门之内的事务，如洗衣做饭、带孩子、纺花织布等。如果某些农户丈夫整日待在家中不与人交往，主要由妻子负责对外交往，那么这个男人就会被其他村民看不起，认为其"没出息""窝囊废"，而妻子则会被认为"不本分"。

2. 嫁鸡随鸡、嫁狗随狗

村民普遍认为夫妻之间丈夫处于支配地位，妻子是丈夫的人，必须听丈夫的话。妻子和家庭的命运都掌握在丈夫手中，妻子不能选择自己的生活，只能"嫁鸡随鸡、嫁狗随狗"，妻子生活得好不好全靠丈夫。妻子自出生之后，其人生的最大目标就是"找一个好丈夫"，妻子生活能否幸福、命运如何都不能由其本人决定，都是由其丈夫代为决定。

3. 妻子不管钱

据夏侯村村民回忆，大多数家庭中都是由丈夫掌管家中钱粮的支配，妻子一般不能私自使用。家中需要购买何种物品一般都是由丈夫亲自去，妻子如果需要某些物品必须告诉丈夫，由丈夫帮助自己购买，如果妻子随便花钱或私自购买物品，不仅可能被丈夫殴打，甚至可能因此导致夫妻关系的破裂。据村民孙占邦老人讲述：

> 过去（1949年前）俺们姓孙的有一个人叫"粮牛儿"，他媳妇就是因为乱花钱，俩人离婚了。他的媳妇经常背着粮牛儿上街买东西，今天买两根油条，明天买几个烧饼，还经常自己买两个鸡蛋，偷偷在家炒炒吃。街坊邻居告诉粮牛儿说你媳妇又买啥东西了，（粮牛儿）回去询问妻子之后，其妻子还不承认，因为这个事情两口子经常吵架。最后粮牛儿在本家亲戚的劝说下和妻子离婚了。

（二）婆媳交往

传统时期夏侯村村民普遍认为婆媳之间容易有矛盾，婆婆将媳妇娶进门之后会对儿媳有各种各样的要求，一旦儿媳没有满足婆婆的要求，婆婆就会对儿媳抱怨，认为儿媳没有用。另一方面儿媳在生完孩子之后，在家庭中的地位会提升很多，尤其是婆婆年龄大了不能再干家务活之后，儿媳往往会因为伺候老人而对婆婆产生怨念。传统时期夏侯村的婆媳交往关系主要体现在以下四个方面：

1. 婆婆管教儿媳

传统时期夏侯村的儿媳一进丈夫家门，就要承担一些家务，如洗衣做饭、缝补衣物等，而新进门的儿媳往往不会做这些家务，或者由于家庭生活习惯的不同而不熟悉丈夫家中的家务活，这就需要婆婆手把手教授儿媳如何做家务。儿媳必须听从婆婆的管教，如果儿媳忤逆婆婆的管教，不仅会被婆婆骂，而且可能遭到丈夫的殴打，严重时可能被休掉。村民认为：找丈夫其实就是找婆婆，和丈夫在一起的时候远没有和婆婆在一起的时候多。

2. 婆婆给儿媳买衣服

在传统时期的夏侯村，媳妇娶进门之后，除了自己的嫁妆钱媳妇可以支配之外，其他任何钱物都由婆婆管理，儿媳妇需要购买何种物品，必须向婆婆申请，如果婆婆不让买，儿媳不能私自去买。夏侯村有正月初九婆婆给儿媳"添箱"的习俗，即正月初九当天，婆婆要带上儿媳去集、会上购买新衣服或者购买新布料给儿媳做衣服；如果婆婆不给儿媳买衣服，儿媳就一年没有新衣服，不能私自去买衣服或者买布做衣服。

3. 母以子贵

传统时期夏侯村有着"母以子贵"的说法，妻子进门之后在家庭中的地位是比较低的，只有在生下儿子后才能在家庭中有一定的话语权，才算是真正进门了。如果妻子一直生女儿，在家庭中的地位并不能提高，反而会引发更多的婆媳矛盾；如果不能生育，则婚姻关系一般都会破裂，婆媳关系也会空前恶化。只有在妻子生育儿子之后，婆婆才会更多地尊重儿媳的意见，婆婆会因为不敢得罪孙子而不敢责备儿媳。如果婆婆对儿媳不好，儿媳就可能让自己的儿子不和奶奶亲近，想方设法不让儿子和奶奶接触，或者对儿子哭诉奶奶对自己如何如何不好，引发孙子和奶奶的矛盾。婆婆敢得罪儿媳，但是却不敢得罪孙子。

4. 婆媳矛盾

传统时期夏侯村村民认为："婆媳之间有矛盾，一般都是媳妇太强（强势）了。"村民很少将矛盾的原因归结到婆婆身上，一般都是指责儿媳不能服从婆婆的管教或者儿媳妇脾气不好等等。一旦婆媳矛盾爆发，婆婆是不怕把矛盾暴露出家门的，有的婆婆甚至会在和左邻右舍的交往中主动诉说和儿媳的矛盾，并且对街坊邻居诉说儿媳的不是，希望获得街坊邻居的支持和同情；街坊邻居一般都会支持婆婆，因为婆婆常年居住在村中，和街坊邻居都是老交情。儿媳一般不敢把矛盾暴露出家门，都是默默地反抗，采用偷懒、不劳动或者故意把活干坏的方式来反抗婆婆的管教。如果儿媳和婆婆争吵打架，街坊邻居一定会帮助婆婆，并且丈夫一般也不会站在妻子这一边，村民普遍认为：孝顺比夫妻感情更重要，媳妇跟婆婆吵架打架就是不孝顺，要是儿子帮着媳妇就是"娶了媳妇忘了娘"。

（三）兄妹（姐弟）交往

传统时期夏侯村兄妹之间的关系普遍比较好。如果是兄妹，妹妹受欺负的情况下，哥哥会为其出头。如果是姐弟，且年龄差别比较大，则弟弟可能从小就被姐姐照顾；如果年龄差别比较小，姐姐一般会让着弟弟，不跟弟弟争。在姐姐或妹妹出嫁之后，兄弟是姐妹最重要的依靠，如果姐妹在丈夫家受欺负，主要靠兄弟前来"讨说法""维持公道"。兄弟多的女孩子不容易被丈夫欺负。

传统时期夏侯村兄妹（姐弟）之间存在一种特殊的"换亲"形式，即某家的哥哥或弟弟由于贫困、残疾找不到媳妇,正巧碰到具有同样困难的家庭,那么两家就会商量让双方家庭的兄妹(姐弟)互相结婚,例如:A 家庭的男孩子 $A_1$ 和 B 家庭的男孩子 $B_1$ 找不到媳妇,恰好 A 家庭有个女孩子 $A_2$,B 家庭有女孩子 $B_2$;那么 A 家庭就会以 $A_2$ 和 $B_1$ 结婚为条件来换取 $B_2$ 和 $A_1$ 结婚。在这种情况下,姐姐或妹妹往往要为哥哥或弟弟做出重大牺牲,如果没有姐弟(兄妹)之间良好的感情基础,姐姐(妹妹)是不会同意的。

(四)叔嫂交往

传统时期夏侯村村民认为小叔子和嫂子的关系是非常好的,俗语有云,"长兄如父、长嫂如母"。尤其是年龄差别比较大的兄弟之间,嫂子可能承担着养活丈夫弟弟的责任,同自己的孩子一样。小叔子可以公开和嫂子打闹、玩耍,而丈夫不能过多干涉。传统时期,哥哥和弟媳妇一般秉承着"男女授受不亲""非礼勿视,非礼勿听,非礼勿看"的刻意不交往或少交往状态。哥哥面对弟媳必须保持长者的威严,不能和弟媳打闹、玩耍,不能越过弟弟主动和弟媳说话,甚至在弟弟不在家的时候不能进入弟弟家门或房门。

## 二、亲戚交往

传统时期夏侯村亲戚之间的交往主要是本家亲戚和姻亲之间的交往,远亲、同族其他亲戚基本上和陌生人一样,其亲近程度还不如左邻右舍。夏侯村村民认为:"过去(1949 年前),别说五代断亲了,有时候三代都断亲了,就本家亲戚还来往来往,其他的亲戚真是还没有邻居亲呢。"

(一)与本家亲戚之间的交往

传统时期夏侯村的本家亲戚是指埋葬在同一块老坟地中的亲戚,意指本家亲戚都是同宗同祖的族人。如果老坟地较大,则埋葬的人可能多于五代;如果老坟地比较小,或者同一块老坟地中的人少、绝后了,那么这一本家就可能失传。传统时期同本家亲戚的交往主要有以下五个方面:

1. 丧葬

夏侯村村民家中有人去世,能否进入老坟地安葬,有着严格的规定,例如:年幼夭折的不能进入,成年未娶妻的不能进入,胎死腹中的孕妇不能进入,从事下九流行当的亲戚不能进入,等等。到老坟地中安葬必须得到所有本家亲戚的同意,因为一旦有人不经允许而私自葬入老坟地,可能会破坏这块老坟地的风水,进而影响所有本家亲戚的运势。同时,在举办丧事时,要邀请所有本家亲戚前来给死者上供、吃饭等。

### 2. 过继和继承

夏侯村村民过继子嗣首选自己的亲兄弟，如果没有亲兄弟，就必须找本家兄弟来商量过继事宜。同时，在遗产继承方面，本家亲戚也有发言权：如果父亲要将遗产让女儿继承，则本家亲戚一般会出面阻止；如果遗产让抱养子、义子等继承，则必须给本家亲戚一个说法，让大家知道是怎么回事，否则得不到本家亲戚的承认，本家亲戚会将新来居住者赶走，将土地和房屋重新分配给合适的人选。

### 3. 走亲戚

本家亲戚或在同一个村庄里，或住得很近，大家在平时互相不走亲戚，但每逢农历春节的大年初一早上都互相拜年。此时的拜年虽然不带礼物，但是有着一定的亲属次序：首先给自己的爷爷奶奶拜年，其次是本家亲戚中的长辈，第三是同姓的长辈，最后才是其他的村民。正月初十至正月十四，村民们将所有的姻亲亲戚和村外亲戚全部走完之后，就会彼此互相串门、互相请客吃饭。此时，就没有那么多讲究了，无论是否为本家亲戚，都互相串门，但是一般农户只去和自己关系比较好的农户家中。

### 4. 帮忙干活

本家亲戚和左邻右舍是传统时期夏侯村村民找人帮忙干活的首要人选。如果本家亲戚有人可以帮忙，一般不会找左邻右舍；如果左邻右舍中有人可以帮忙，一般不会找街坊；如果街坊中有人可以帮忙，一般不会去找其他街道的村民。帮忙干活最重亲疏关系，其次是"住得近"，最后才是"同村人"。如果同一个村庄有人能帮得上忙，一般不会到外村找人帮忙干活。

## （二）与姻亲之间的交往

姻亲之间的交往基本上是传统时期夏侯村普通农户（除做买卖、做官的家庭）获得跨村交往的唯一途径。传统时期夏侯村姻亲之间的交往可以从以下几个方面进行考察：

### 1. 婚姻交往

姻亲关系因婚姻而成，不赞成同村人结婚的夏侯村，在遵循"父母之命、媒妁之言"的传统时期，男女双方的婚事主要由媒婆和亲戚促成。媒婆是专门从事婚姻介绍的乡间活跃人物，其日常最重要的事情就是在附近各个村庄打探单身男女信息。而亲戚之间的介绍，往往是因为介绍人自身的姻亲关系使其交际圈跨出村庄，进而可以为本村人提供信息，一对姻亲关系可能促成两个村庄很多姻亲关系的确立。在男女得知彼此信息，有意交往至结婚期间，男女双方家长要结为拟婚姻关系，此时也是女方家庭考察男方家庭的时期。男方家庭会频繁与女方家庭交往，帮助干农活、互赠小礼物成为常态，送好（定婚期）、定亲、送彩礼、请吃饭、丧事随礼、过年走亲戚等许多行为也都是在结婚以前即已开始。婚事举办之后，男女结为夫妻关系，两个家庭、两个本家甚至两个村庄都结为亲戚朋友关系；但婚礼之后，男女双方大家庭的日常交往反而减少，而转变为男女小家庭与双方父母之间的交往，更多的是一种礼俗交往。

2. 走亲戚

对于已经结为夫妻的男女双方，农历正月初二是定期到娘家走亲戚的时候，此时会因家庭不同而产生不同的回娘家走亲戚情况。如果男方家中人丁较少，则妻子要留在丈夫家帮忙做饭、招待宾客，由丈夫带上礼物回娘家探亲；如果男方家中人丁较多，忙得过来，则夫妻双方都可回娘家探亲；如果男方家中人丁不少，虽然很忙，但是不需要所有的儿媳妇都留在家中照顾，则两个儿媳妇可以轮流回娘家，即"一人回一年、一年回一人"。正月初二回娘家可以呆一晚上，也可以连夜赶回，全看各个家庭的情况以及夫妻二人的想法；一般情况下会住一晚上，第二天返回。姻亲间走亲戚所带礼物是探望所有亲戚中礼物最贵重、最多的一份，一般会准备至少两封果子、两串柿饼，娘家一般会拿一半回一半。

3. 回娘家

传统时期夏侯村的媳妇在日常生活中一般不会回娘家，除非发生特别的事情，如妻子赌气离家出走、妻子娘家有人病重等。尤其是娘家距离本村较远的，妻子更是很少回娘家。如果妻子一人回娘家，可以带上礼物，也可以不带；如果妻子和丈夫两人回娘家，则必须带上礼物。妻子回娘家必须得到丈夫或婆婆的同意（除赌气出走的情况），否则会受到丈夫的强烈批评。赌气出走回娘家是非常严重的情况。如果过错在妻子，则娘家人会在开导妻子之后，将妻子送回丈夫家；如果过错在丈夫，则丈夫必须亲自登门请妻子回家，并要得到娘家人的原谅，如果谈不拢，往往会发生打架、离婚等严重情况。

4. 借钱借粮

姻亲之间借钱借粮，无论出于什么原因，都不收利息，且一旦有多余的钱粮而不借，往往会闹矛盾，甚至离婚。1949年前，有一孙姓村民和一刘姓女子结为夫妻，女方家较穷，而男方家生活条件比较好。有一年妻子家遭灾，家中没有粮食吃了，向男方家求助，男方家虽然同意了，但是婆婆非常吝啬，不想借给媳妇，提出收利息的问题。妻子家中非常恼火，拒绝了婆婆的要求，妻子和丈夫大吵一架后离婚。

5. 赶人情（随礼）

姻亲之间在对方家庭办喜事、丧事、新生儿做九、老人过大寿等时，都要互相随礼，并且要随大礼。以新生儿做九为例，男方家办酒席，女方的父母作为贵宾来男方家中祝贺必须带上"八大盒子"（其中有小孩子春夏秋冬的衣服、鸡蛋、肉、酒、棉被、帽子、鞋子、长命锁、红腰带等等，礼物要装满八个大盒子），且礼物要摆在男方院子里供所有宾客参观；如果给得少了，就是丢了男方家的面子，同时也丢了女方家的面子，就会引发矛盾。姻亲之间彼此随礼，一定是所有亲戚中最贵重、最多的一份。

### 三、村庄内部交往

传统时期夏侯村村民之间（非亲戚关系）的交往基本占据普通农户日常生活的全部内容，具体有三个方面。

#### （一）生产交往

"一个篱笆三个桩、一个好汉三个帮、一个庄稼汉大家帮"，传统时期的夏侯村由于生产力水平和自然条件的限制，农业劳动需要大量劳动力，依靠单家独户尤其是小门小户很难完成，村民认为"谁家还没有个需要人帮忙的时候"。户家、地主主要依靠雇工的方式完成农业生产，而普通农户没有能力雇工，必须依靠邻里街坊之间的互相帮助。

1. 工具借用

夏侯村村民借用小型劳动工具，一般遵循就近原则，会首先向四邻求助。帮忙是"互相帮忙""互相记着人情"，如果某位邻居啥都不借、一毛不拔，那么当他需要借东西时，一定借不到。大型劳动工具的借用则首选家中有这个东西的农户。以石磨、石碾为例，夏侯村总共只有八九盘，且集中分布在户家、地主家中，很多村民借用必须超越亲戚关系，否则就必须到七八里之外的冯村集上找磨坊，不仅麻烦，而且非常费时费力。由于大家都不能做到完全依靠自己，难免需要帮忙，即使户家、地主也很难做到自给自足，所以大家都非常重视同其他村民的关系，很少得罪人。

2. 搿犋

搿犋行为一般发生在亲戚、亲兄弟之间，但是也有发生在街坊邻居间的。尤其是小姓小户之间，亲戚非常少，且亲戚之间的牲口不一定"对脾气"，所以需要跨越亲戚关系与街坊邻居进行搿犋。此时就更需要高尚的道德和人品，以及个人良好的口碑和信誉，否则很难找到一起搿犋的乡亲。

#### （二）生活交往

1. 淘井

传统时期夏侯村有5口井，每过三五年就可能发生淤泥增多、水井浑浊的情况，这就需要淘井。淘井一般在冬天淘，且需要下到井底，需要很好的体力和技术，不是中老年人可以应付的，但是却需要中老年人指挥并定下人选。淘井最重要的人物来源是井附近几个家庭中的年轻人，因为这些家庭靠近井边，长期享受便利，村民就认为需要在此时多付出劳动，方能显得公平。这些距井较近的年轻人一般也不会推辞。一方面是由于舆论的压力，如果有能力而不干活会被大家认为"没成色"；另一方面是因为中老年人的鼓励和"怂恿"，年轻人一般年轻气盛，"禁不住激慌（激将法）"，一说就上了。

2. 赶集赶会

传统时期，夏侯村村民到村外的集会上买东西、做买卖，一般会找本村街坊邻居同行，一方面是为了彼此照应、更加安全，另一方面是人多热闹、人多有意思。尤其是有共同信仰的街坊邻居，可能一起到村外求神拜佛，求平安求保佑。做同样生意的乡亲也会同行，一方面壮大声势，另一方面互通信息，大家一同赚钱。

3. 娱乐活动

传统时期夏侯村村民之间经常开展如赌色子、打台、打鞋、斗蛐蛐、舞龙舞狮等娱乐活动。因为娱乐而聚在一起的村民不一定是关系非常好的，有时候彼此有恩怨的也会在一起赌色子、斗蛐蛐，一定要争出个高低。但是在传统时期普通农户之间的娱乐活动，一般不会出现大输大赢的情况，输赢都很少，不会影响生活。

4. 借菜

传统时期由于夏侯村村民普遍较为贫困，有外村的亲戚前来走亲戚的时候，家中没有好酒好菜招待，就需要沿街借菜，东借一点、西借一点，就组成了一桌丰盛的酒席。宾客一般不吃荤菜，荤菜借完之后要归还，而素菜不用归还，当自家菜地产出蔬菜之后，不论品种，都要还回去一点。同时在街坊邻居前来借菜的时候，不能拒绝，有时候，自己家里也没有什么菜，还是会想办法给凑一点。

（三）农户与政府的交往

传统时期夏侯村中有保长一人、"保长腿儿"一人、甲长若干，共同构成了代表政府的基层国家治理力量。

1. 农户与保长的交往

在传统时期夏侯村村民眼中，保长就代表政府，但是保长是和村民"一事儿"的；保长有一定的权力，但是权力不大，经常挨打受气；保长必须是能人，是孬人，有句话叫"不是秃子管赌咒",意为传统时期夏侯村的保长都是秃子,而秃子在普通农户眼中就是地痞流氓。保长主要负责代表政府催粮派款、派兵派丁,然而普通农户并不能详细了解到国家的赋税、兵役、劳役政策,所以往往呈现出保长说交多少就是多少的情况。普通农户也不敢不交,一是害怕被抓走,二是害怕保长的流氓手段,三是普通农户认为交皇粮国税是天经地义的事情。

在大多数历史时期,保长有一定的权力,有能力的村民都愿意当保长。但是在灾荒战乱时期,国家赋税摊派较多,保长普遍完不成任务,并且一旦完不成任务,就可能被地方兵痞、军官辱骂殴打,严重时还可能被关进监狱、丢了小命,所以此时的保长一般是选举出来的,村民都不想当。保长在与普通农户交往的时候,村民都对其敬而远之,一方面不敢得罪他,另一方面是怕惹麻烦。尤其是户家、地主,是保长能否完成任务的关键,保长一方面讨好户家,希望其按时交税,另一方面威逼利诱。但是村民认为保长的权威不如户家、地主家,因为户家家中往往有人上过学,懂得国家政策,保长不能"瞎胡要",所以"保长怕户家,户家能控制保长"。保长在村中没有任何特殊地位:村民家中办事、逢年过节走亲戚,如果保长是亲戚、本家亲戚、街坊邻居,会按照相应的规矩和身份进行邀请,否则不会邀请,没有任何农户因为某个村民是保长而对其有特别的邀请。

2. 农户与保长腿儿的交往

"保长腿儿"是村民的戏谑称谓,意为保长的狗腿子。村民对保长腿儿的看法差别很大。如果保长腿儿照顾过自己,则一般会认为"保长腿儿帮助乡亲,讲义气、够朋友"。如果保长腿儿得罪了某个农户,那么这个农户就会四处宣传其不好。

3. 农户与甲长的交往

传统时期夏侯村村民对甲长基本没有印象,因为甲长并没有什么特别的事情要做,就是个虚职,没有一点权力。

四、村庄外部交往

传统时期夏侯村村民的村外交往主要有因集、会的交往,因雇工的交往,因婚姻的姻亲交往,因逃荒避难的临时交往,因做买卖的交往等方面。本部分将从县内交往和县外交往两部分考察传统时期夏侯村农户的村庄外部交往。

(一)县内交往

村民最主要的交往村庄集中在方圆20里之内,尤其是姻亲之间的交往。传统时期夏侯村村民的婚姻圈中,在方圆20里之内的姻亲数量占到78.3%。与夏侯村有密切交往的县内村庄有很多个,具体情况及交往原因如表4-7所示。

表 4-7 传统时期夏侯村的县内交往情况

| 交往对象 | 距离（里） | 交往原因 |
| --- | --- | --- |
| 刘淳于村 | 1 | 一、共同办淳于寺会<br>二、共同参与淳于集<br>三、通婚<br>四、田地相邻、村庄相邻<br>五、做买卖的、手艺人之间互相交往<br>六、到夏侯村扛长工 |
| 秦淳于村 | 1 | 同上 |
| 田淳于村 | 1 | 同上 |
| 宋淳于村 | 1 | 同上 |
| 李淳于村 | 1.5 | 同上 |
| 赵庄 | 5 | 一、田地相邻、村庄相邻<br>二、通婚 |
| 冯村 | 8 | 一、冯村有冯村集，每日开集，村民经常参与<br>二、通婚 |
| 赵彩村 | 6 | 一、赵彩村有大土匪张继坤，曾经统治夏侯村<br>二、通婚 |
| 辛安店村 | 5 | 一、辛安店有辛安店会，会上有老鸡爷庙，村民每年都会参与<br>二、通婚 |
| 沙岗村 | 8 | 一、沙岗有沙岗会，村民每年参与<br>二、通婚 |
| 老庄村 | 9 | 一、中华民国时期联保总部设在老庄，保长办事要到老庄<br>二、通婚 |
| 吴村 | 10 | 一、吴村有吴村会，村民每年参与<br>二、通婚 |
| 大马寺村 | 12 | 一、大马寺有大马寺会，村民每年参与<br>二、通婚 |
| 白塔村 | 14 | 一、白塔有白塔会，村民每年参与<br>二、通婚 |
| 王河村 | 15 | 一、王河有王河会，村民每年参与<br>二、通婚 |
| 张广村 | 15 | 一、张广有张广会，村民每年参与<br>二、通婚 |
| 庙岗村 | 14 | 一、庙岗有庙岗会，村民每年参与<br>二、通婚 |
| 荆隆宫乡 | 30 | 一、荆隆宫有集，在黄河边上，可以购买河鲜<br>二、有龙王庙，村中发洪水时有村民前往拜龙王 |

续表

| 交往对象 | 距离（里） | 交往原因 |
|---|---|---|
| 陈桥镇 | 50 | 一、陈桥有陈桥集，夏侯村中做买卖的偶尔参与<br>二、陈桥有陈桥驿，是宋太祖赵匡胤黄袍加身处，村民会去瞻仰遗迹 |
| 县城 | 15 | 一、县城有县衙，保长和村民办事会去<br>二、县城有固定集市，村民大批量购买物品时会去<br>三、县城有其他集、会上没有的物品和澡堂，村民可能去长见识<br>四、县城有学校<br>五、县城有基督教堂，信主的村民会去 |

资料来源：2016年10月至2017年1月的田野调查。

（二）县外交往

传统时期的和平时期，普通农户很少到外县去，只有为数不多的几个做买卖的可能走出封丘县。在灾荒战乱年间，村中一半以上的农户曾经一路向西直到山西省稷山县，有很多定居于此，但大部分逃荒的农户在家乡时局稳定之后仍然重返夏侯村。传统时期村民的县外交往地点情况如表4-8所示。

表4-8 传统时期夏侯村村民的县外交往情况

| 地　点 | 距离（里） | 交往原因 |
|---|---|---|
| 河南开封 | 60 | 一、地主避难<br>二、村民到开封卖水、卖鸡蛋<br>三、通婚 |
| 河南焦作 | 350 | 一、通婚<br>二、逃荒 |
| 山西稷山县 | 900 | 一、逃荒<br>二、做买卖 |
| 鹤壁浚县 | 100 | 一、浚县有浚县山会，村民可能到此求子<br>二、浚县有石料，村民会到此购买石磨、石碌、石碾等物品<br>三、很多来村中锻磨的来自浚县，想学锻磨的村民会到浚县求学手艺，会到浚县求学 |

资料来源：2016年10月至2017年1月的田野调查。

## 第六节 流动与流动关系

传统时期夏侯村村民有着根深蒂固的安土重迁、叶落归根的思想，一般情况下很少外出定居。凡是离开村庄的都是因为得罪了人或混不下去了，都是很丢人的事情。在一些特殊的历史时期，村民被迫离开家乡的情况非常多，尤其是在中华民国三十年

(1941年)至中华民国三十七年(1948年),夏侯村中一半以上的农户有外出避难和逃荒乞讨的经历,此时的流动呈现出突发暴增的非常态。本部分将从土地与人口流动、职业流动、灾害流动、国家政策流动和战争流动五个方面考察传统时期夏侯村的流动与流动关系形态。

一、土地与人口流动

土地是传统时期夏侯村村民在村庄中赖以扎根生存的基本生产资料,"没有庄和地就不算本村人"。村民普遍认为"不论要搬到哪里,都必须有片地",因此土地的买卖是引发夏侯村人口流动的重要原因。

(一)获得赠予,搬迁入村

传统时期土地是村民的命根子,一般情况下是绝对不会赠予他人的,并且土地作为宗族的财产,也是不允许随便赠予外姓人和外村人的。但是在一些特殊的历史时期,家中无儿无女,而宗族由于人口较少不能为家庭提供任何帮助时,有外村人为本村老人端茶送水伺候终老,并且获得农户所有本家亲戚和街坊邻居的认可,也可以搬迁入村。据村民孙占秀老人回忆:

> 过去(1949年前),我们村有一个姓康的老太太,她丈夫死得早,无儿无女,家里有一两亩地,老太太自己种着。但是老太太年龄大了以后,种不动地了,她的本家也没有人有能力管她。幸好老太太有个外甥专门搬过来和老太太一起住,给老太太种地,帮老太太做饭。老太太死了以后就把庄和地都给他这个外甥了,他也就在我们村住下了。

(二)买庄买地,搬迁入村

传统时期通过在夏侯村买庄买地而搬迁进入夏侯村定居并且成为本村村民的比较少,因为夏侯村地理位置偏僻,自然条件恶劣,很少有能购买得起地的富裕农户愿意搬迁到此地来居住。据民孙占秀、孙占邦等老人共同回忆,本不是夏侯村人,通过买庄买地而搬迁进入夏侯村的只有一人。

(三)卖庄卖地,搬迁出村

传统时期夏侯村村民普遍具有安土重迁的思想,认为"金窝银窝不如自己的狗窝",只要不是实在没有办法,绝对不会卖庄卖地搬迁出村的。根据村民回忆,中华民国时期通过卖庄卖地而搬迁出夏侯村的一般都是赌博或抽大烟欠下了高利贷。根据村民孙占邦、孙占秀、孙占炳等老人口述:

赌博还好，一般农户都经常赌赌色子啥的，但是都打得小啊，一晚上输赢几个烧饼钱，根本不影响啥。那因为赌博跑的，大部分是被下套了，欠了人家高利贷，驴打滚、利滚利，一般种地的啥时候都还不清。过去（1949年前）那大小赌场里，都有专门放贷的，你敢借他就敢给，就是利息高得吓人。赢了立刻还还能还得清，只要输了，隔个十天半个月，那基本上就还不清了。过去村子里不仅有抽鸦片的，还有抽"老海"的。"老海"就像现在的海洛因吧，白色粉末，下边垫个锡纸，用火一烤，冒出白色烟雾，吸了就上瘾。过去"老海"贵啊，比鸦片贵得多，那抽"老海"的都是钻被窝里吸，生怕跑出去一点儿烟。大夏天也钻被窝里，不怕热。一吸完，那整个人都看着不一样。就过去（1949年前），这东西只要沾上，不管家里都多少钱、多少地，都搁不住。家里只要有人抽，肯定会立刻被赶出家门，一切亲戚都和他断绝关系，要不肯定家破人亡。

据孙占秀老人讲述，过去（1949年前）他有个表叔，也抽"老海"，生怕家里人知道，经常偷偷跑到他家抽，抽完就走了。最后听说家里人知道了，就把他赶出去了，具体去哪了，谁都不知道。

## 二、职业流动

传统时期，那些土地较少，扛长工、当把式、当丫鬟的农户往往与雇主有着很强的人身依附关系。由于职业的特殊性，这些农户的流动性要高于务农为生的农户，带来了因职业而引发的人口流动。

### （一）觅汉与流动

传统时期，在夏侯村及其周边村庄，那些家中无地或土地少于三五亩，且家中人口较多，单纯依靠种地无法养活家人的农户，就会采用扛长工、当把式的方式去主家做工。村民雇用工人大多会首先雇用本村的人，在这种情况下一般不会产生人口的搬迁和流动；但是在需要雇工较多，且由于主家名声不好，村中没有人愿意到他们家中做工时，某些地主、户家不得不雇用其他村庄的农户来做工。此外，有些主家由于机缘巧合碰到了无家可归或者逃难的孤儿，也会招到家中做工，不需要给工钱，只需要提供吃饭住宿的地方，这样的觅汉会长期跟随主家生活。据村民回忆："过去（1949年前），孙长祚家里就收养了一个孤儿。大家都不知道这个孤儿从哪来的，孙长祚说是从地里捡来的。来的时候都快饿死了，孙长祚就把他领回家，教他干活，给他吃喝。后来孙长祚还专门给他分了一间小屋，这个孩子就在村子里住下了。"

(二)丫鬟与流动

传统时期夏侯村并没有农户雇用丫鬟,因为村民认为只有做官的人家中才能雇用丫鬟。丫鬟一般是孤儿或离家出走的可怜人,普通农户只要有一点办法都不会让自家的女儿到别人家做丫鬟。丫鬟无家可归,只能跟随主人。如果遇到好主人,就会长期跟随主人;如果碰到的主人性格非常恶劣,丫鬟为了生存就会出逃,流动到其他主人家中,或者与普通农户结为夫妻。据村民回忆:

> 那时候(1940年左右)有一个丫头,十二三岁,据说是从岳寨某个当官人家逃出来的,到咱们村子里也不走了,有时候住在牛王庙,有时候住在马王庙。村里人见这小丫头可怜,谁见了都给口饭吃,小闺女认为这个村里人不错,就在这里住下来了,经常跟村子里的孩子们玩,无忧无虑的。人们问她为啥不敢回家,她说自己父母在她很小的时候就把她送到这个主人家了,主人经常打骂她。这一次,她把主人家很贵重的一个花瓶打破了,就赶紧跑了,被主人发现肯定会打死她。村里有个光棍汉孙长路,40多岁,为人忠厚老实,对小丫头也非常好,小丫头也喜欢这个男的,村子里的人就撮合他俩,希望孙长路把小丫头领回家,长大了就娶回来。但是孙长路认为小丫头的年龄太小,都快能当自己孙女了,认为自己把小闺女娶回来是耽误人家了。小闺女也因为这事伤心了,就又跑了,具体跑到哪里、是死是活,谁都不知道。

(三)做买卖与流动

传统时期夏侯村中有打烧饼、炸油条、卖元宵、卖鸡蛋、贩粮食等依靠做买卖为生的农户,此类农户有着较强的流动性。一方面,依靠做买卖为生的农户大多非常贫困,家中没有多少土地,村民认为"只有种地养活不了家人了才会去做买卖";没有了土地的羁绊,做买卖就会表现出较强的流动性,具体表现为哪里可以挣到钱就去哪里做买卖。其次,打烧饼的、炸油条的和挑货郎等行商必须经常到附近集会上走街串巷地销售,因为集会上人流量大、有钱人也多,如果只在村子里或者附近村子叫卖,商品就卖不出去。村民回忆:

> 只要是做买卖的,必须来回跑,不跑就没有生意,不挣钱就会饿死。过

去（1949年前），夏侯村最能跑的就数孙长江一家了，全家有五口人，分别是孙长江，妻子孙赵氏，大儿子孙运城，二儿子孙运发，三儿子孙铅。大儿子、二儿子都是夫妻二人在山西运城逃荒时生下的，三儿子孙铅是1945年返回家乡后生下的，四儿子"补牛儿"是1953年在夏侯村生下的。孙长江家中没有地，只有一处破庄，两间破屋子；全家依靠做买卖、逃荒为生，经常外出经商逃荒。据孙铅、"补牛儿"二人讲述，他们的父母带着全家到处走，哪里有生意就到哪里去，曾经到安徽蚌埠卖元宵，到山西运城、侯马卖粮食、卖水、卖元宵、卖鸡蛋，什么挣钱倒卖什么。1945年，返乡居住一段时间。1957年除"补牛儿"外，全家搬迁至山西稷山县，因为"补牛儿"在冯村免购点上班，可以维持生活。

### 三、灾害流动

夏侯村地处黄河北岸，且村庄之内自然条件恶劣，时常发生水旱灾害。一旦发生灾害，农户无法生存，就会采用投奔亲戚、逃荒等方式维持生存，出现大规模人口流动。

（一）投奔亲戚

传统时期夏侯村一旦发生水灾，房屋被水淹没，村民就会去投奔附近没有遭受水灾村庄中的亲戚，一般情况下首先投奔的亲戚是娘家亲戚。如果水灾不严重，只需要在娘家亲戚家中住上十天半个月，是不需要付出任何报酬的，村民描述为"和走亲戚一样"。但是如果水灾较为严重，需要在娘家亲戚处长住，就要帮助娘家亲戚干农活，并且要将家中值钱的物品变卖一些以补贴在此居住时的花销。如果娘家亲戚也较为贫困，粮食不够吃，那么受灾农户就要在娘家亲戚的村庄做工或做买卖来挣钱，并且要将收入中很大一部分给娘家亲戚，让其购买食物以维持生活。如果娘家亲戚也遭受水灾，就会去投奔居住在外地的远房亲戚。投奔远房亲戚，受灾农户必须自食其力，自己携带粮食，远房亲戚只需要提供住所。如果远房亲戚家中没有足够的房屋用于居住，必须由受灾农户出钱，由远房亲戚做中间人，租住或借宿在房屋较为充足的农户家中。如果自家没有亲戚可投奔，就会投奔本家亲戚的亲戚或者跟随街坊四邻一同投奔亲戚；但是投奔他人的亲戚，必须是关系非常好的农户，并且要主动给提供帮助的亲戚钱物，不能白吃白喝。

（二）逃荒流动

如果灾害非常严重，且没有亲戚投奔，就只能到外地用逃荒的方式维持生存。需要采用逃荒的方式躲避的自然灾害一般是非常严重的水旱灾害，使得粮食颗粒无收，并且一般是大规模的自然灾害，使得附近村庄都遭受了灾荒，没有亲戚可投奔。逃荒一般是街坊四邻一同外出逃荒，农户收拾好自家所有物品之后，在某位消息灵通、有见识的农户带领下，到某处可能没有受灾的地方求生存。夏侯村外出逃荒的小孩子、妇女、老头儿、老太太没有劳动能力，没有生产工具，也没有知识和技能，只能张嘴要饭，靠挨家挨户地讨要来维持基本生存。哪里要的饭好，就不再继续跟随逃荒队伍前进，暂时定居在这里，等灾荒过后再返回家中。外出逃荒者中的青壮年男子，一般通过扛长工、打短工的方式获取生存资料。但是外出逃荒者需要主家提供食宿，所以工资非常低，通常情况下每年只有二三担粮食，并且由于在外地，"寄人篱下把头低"，必须听主家的话，工作量比在本村打工大得多。夏侯村的很多逃荒者本来就是做买卖出身的，有自己独特的手艺，且对于做生意很有头脑和办法，就到外地继续从事自己的本行。此类逃荒者，到外地之后，生活条件普遍比单纯要饭、打工的村民要好。夏侯村中一些较为富裕的户家外出逃荒不需要做任何工作，只需要"吃老本"即可维持生存。户家外出逃荒一般不会走很远，只需要到一些没有受灾的城镇租一间房屋居住下来，等灾害过去之后返回家中即可。

四、国家政策流动

追溯夏侯村的历史，其成村根源是国家垦荒政策的号召；但是在村民自山西洪洞定居于此之后，并无因国家政策而产生的大规模人口流动，倒是有一些在政府工作的会因为国家政策性的调动而频繁流动。就中华民国时期而言，主要是村中一些就职于国民党军队的村民的流动。据村民回忆，因在国民党军队做官而流动的农户有两个，一个是康运泰，一个是杨广健。康运泰曾在国民党军队任师长以上级别的高官，1949年之后随国民党军队逃往台湾。家中兄弟3人，康运泰是老大，老二康运岭，老三康运山。兄弟俩家中一贫如洗，大哥康运泰当上军官之后，专程返乡给两兄弟买田买庄，土地改革以前拥有30多亩地，土地改革时被没收。杨广健父亲杨占元，没有兄弟，有3个儿子，由于土地改革后土地被没收，都搬走了，所以姓名不详。杨广健曾在县城担任营长，后升官到山东某市担任警察局长，1949年后随国民党军队逃往台湾。杨广健家中30—40亩地，在土地改革时期被评为富农，土地被没收。

五、战乱流动

中华民国时期，日本军队的入侵、国共两党的战争以及土匪之间的战争引发了村民大规模的人口流动，主要有避难逃离和地主还乡团两种流动情况。

（一）避难逃离

据村民回忆，1940年到1949年期间，村中一大半的人都有外出逃荒避难的经历，主要就是因为世道不太平。

**案例一**

孙占邦，生于1933年，现已85岁。1949年前家中6人，分别是孙占邦和其爷爷、父亲、母亲、哥哥和嫂子。曾于1937年和父母到山西稷山县清河集镇逃荒，爷爷、哥哥和嫂子留在家中，逢年过节返乡探望，过完年重新返回山西，1945年返乡。孙占邦家逃荒的原因是家中只有2亩地，1937年之后时局不稳，国民党杂牌军队派粮派款增加，加上这两年庄稼遭虫害，多方原因导致家中粮食不够吃，如果维持现状一定会饿死人，只能外出逃荒。孙占邦说："穷家难舍。爷爷不舍得扔下庄、地全家外出逃荒，于是家里人在一起讨论决定，由爷爷和哥哥、嫂子留在家中，努力求存。"

与孙占邦一同逃荒的有本家亲戚、四邻街坊共计三四十户人家，100多人同时上路，一路向西，边走边乞讨。路上陆陆续续有人走散了、饿死了或者觉得某个地方不错就停止继续向西了。当翻过焦作北部的太行山脉之后，到达山西省境内，发现山西省受灾较轻，可以乞讨到白面馒头，就决定再次定居。同行村民中的青壮年劳动力会在当地地主、户家家中做长工，可以解决家人的食宿问题，且一年还可以挣到一两担粮食。孙占邦的父亲就在某大户人家扛长工，不仅种地，而且养牲口、挖草料、铡草、打扫院子，和家人一起住在牲口棚中。某日，孙占邦的父亲外出给主家办事，遇到日本军队沿街盘查，孙占邦的父亲把良民证弄丢了，被日本军人认为是游击队、八路军，就当街枪杀了。孙占邦的父亲去世之后，全家离开了主家，只能依靠乞讨过日子。据孙占邦回忆："那时候，人家见我们孤儿寡母，也听说了我们家的事儿，认为我们比较可怜，还是能要到东西吃的，能吃饱。"1944年春节返乡之后，孙占邦听爷爷说八路军要解放封丘了，听说能分到地，而且时局稳定了，就决定重新返乡。

**案例二**

董月廷1949年前家中有10口人，除他本人外，还有父亲、母亲和7个妹妹。董月廷家中十几亩地，基本可以维持生存，但是由于土匪王深、张继坤在山庄村修小寨，占用了董家的地，导致其无法生存，只能外出逃荒。董月廷曾跟随父母在封丘县、开封、中牟附近以乞讨、拾粪为生，逃荒期间，其妹妹陆续出嫁。董月廷于1947年返回山庄村，土地改革时分得十几亩地，此后一直在山庄村生活。

**案例三**

中华民国时期，村中有一孙姓户家，其二儿子加入了中国共产党。在当时，共产党员只要抓住，就要被杀头，并且全家都遭殃。村中及附近村子的几个地痞流氓得知这个消息之后，就天天登门骚扰威胁、敲诈勒索，并谎称自己是国民党军队的人，只要把人交出来，啥事没有，要是不交出来，就要上报政府，要抄家杀人。这一户家因为害怕，经常给这些人好处，不到两三年时间，家里七八十亩地全部被敲诈走了。由于得罪了这帮地痞，谁都没有办法，只能离家出走，具体跑到哪里去了，谁都不知道。

（二）地主还乡团

在第三章第八节"两次土地改革"部分我们了解到夏侯村经历了两次土地改革，分别发生于1947年和1949年。在1947年时，八路军进驻夏侯村，发出了"打土豪、分田地"的号召。夏侯村中的户家（户均耕地多于70—80亩的）听说八路军要来，纷纷提前逃离。据村民回忆：孙长祚（大地主）去投奔他在中牟（现郑州市中牟区）的亲戚，亲戚帮他在镇上租了个房子，全家在那住了两年；孙长兴去投奔他原阳（今原阳县）的亲戚了；王廷松和王廷相跑到开封了，其他的都不知道去哪了。八路军进驻夏侯村之后，在村民闫国勋（共产党员）的带领下成立了夏侯村农会，专门清算阶级账，号召乡亲们把外逃地主的地都分掉。但是由于都是乡里乡亲或本家亲戚，并没有多少农户响应。1948年底，八路军从夏侯村撤离之后，夏侯村的户家纷纷从外地返回家乡。地主返乡之后，分到地主土地的农户纷纷主动归还给地主，即使已经种上粮食的，粮食也都不要了，拿了地主家里东西的农户也都在一夜之间纷纷归还。地主对农会成员进行了血腥的报复，将农会主任和委员王荣、王爱和闫国勋的家人押到夏侯村西北的地里展开屠杀。据村民回忆，王井善、王廷相、闫金中的儿子们和康运岭纠结了一帮地痞流氓，到王荣、王爱家报复，把他们家的人都押到村西北的地里，有的打死了，有的活埋了，这两家都绝户了。

## 第七节 分化与群体关系

传统时期，夏侯村村民认为祖上遗留、勤奋程度、技艺水平、为人处世等方面的差距导致本村出现严重的社会分化现象，且由于世代积累，出现"贫家更贫、富家更富"的阶层固化情况。本部分从血缘分化、家庭财富分化和职业技能分化三个方面考察传统时期夏侯村的分化与群体关系形态。

### 一、血缘分化

传统时期夏侯村内孙姓最大，杨、王、康、闫次大，李、赵等小姓只有二三家，姓氏人口差距显著。村中时常出现"大姓欺负小姓、人多欺负人少"的情况。

#### （一）大姓欺负小姓

传统时期的夏侯村，虽然同宗族内五代甚至三代都已断亲，但是每当外姓欺负到家门口，还是会表现出一定程度的"同姓相亲"的情况。如果同姓人与外姓人发生争执，只要不是和外姓人为街坊邻居，关系比较好的情况，一般会站到同姓人的立场上；如果发生暴力冲突，尤其是与外村外姓人发生冲突，同姓人都会同仇敌忾上前帮忙，即使劝架，也必须"向着同姓人"。如果不这样做，就会被同姓人排挤，认为"胳膊肘往外拐""不气势"，被人骂软蛋、叛徒。

中小姓家庭如果想在夏侯村有立锥之地，必须与大姓搞好关系、攀亲戚，只有得到大姓的庇护和接纳，才能顺利入村。例如：本村山东赵氏就是将女儿嫁给孙氏族人，才得以在此生存；李淳于李氏是因为娶了孙家的闺女才得以入村；黄德镇王氏也是由于与村中孙氏族人和王氏族人有姻亲关系，才得以入村。

#### （二）人多欺负人少

在同宗族内部，也有着人多欺负人少、恶人欺负老实人的传统。村民认为这样的事情是很平常的："兄弟多，打架不吃亏，吵架有气势。几个亲兄弟逮着某个小孩打一顿，把小孩子的东西抢了，回到家之后，不仅不会被家长批评，反而会被认为有本事。而被欺负的小孩子回到家之后，即使告知大人，大人也往往不能因为小孩子的事情上门要求赔礼道歉，因为即使上门要求道歉，也会被对方家长和街坊邻居随便几句'小孩子打打闹闹很正常''回家我打他们几个兔崽子一顿'而搪塞过去。大人更不能私下向小孩子动武，这样往往引起两个家庭的械斗，到最后依然是强者说了算。"在夏侯村中时常有这样"人多欺负人少"的情况：

传统时期，夏侯村中有一个叫康昆的康姓族人，这个年轻人是村里有名的"孬杆"，仗着自己兄弟多、身手狠，天不怕地不怕，经常为非作歹。有一天，他路过康健家中，爬墙一看，见到康健的女儿一个人在家，就起了歹意，从康健邻居家的枣树上翻墙进了康健家的院子，把他的女儿玷污了。康健知道后，也没有什么好办法，因为自己只有一个儿子，还和儿子关系不好，经常吵架，儿子不会帮忙，即使帮忙，也打不过人家。他只能忍气吞声，隐藏秘密，当作没有这回事。

## 二、家庭财富分化

通过对传统时期夏侯村人地关系的考察可以发现，夏侯村的社会阶层分化非常严重。村中8户大地主家庭（被村民称为"户家"），共95人，就占有1090亩耕地，占全村耕地的60.6%；而户均不足3亩耕地的贫农家庭，约有750余人，但是耕地占有量只有162亩，仅占全村耕地的9%。在传统时期，耕地占有量就是家庭财富的象征，可见传统时期夏侯村农户间的财富分化程度。家庭财富的严重分化表现在以下几点：

（一）户家人多势众

由于土地生产能力有限，一亩好地最多产150斤小麦、180斤秋粮，一亩中等地亩产最多100斤小麦、150斤秋粮。按照村民的约算，成年人每人每年至少6担粮食，小孩子每人每年最少4担粮食。因此一个四口之家（两个孩子），至少需要6亩好地或8亩中等地才能维持基本生存。而占到村中人口81.6%的贫农家庭，最多只有3—4亩耕地，且大部分是孬地，显然在大部分时期是不能单纯依靠种地为生的。如果没有额外收入，有限的粮食只能够养活一个孩子，再生一个就要全家饿肚子。以贫农孙梅的家庭为例，夫妻二人共生下12个孩子，最终养活的只有2个。与之相对，本村最大地主孙长祚，一家有20余人，共生下5个儿子、7个孙子。其依靠的不仅是祖上遗留的耕地，还有依靠放高利贷、做买卖、当医生获取额外收入之后重新购买的新增土地。

（二）户家都放贷

据村民回忆，传统时期夏侯村的户家都放高利贷。那时候谁家也难保没有个要用钱的时候，一般人都非常穷，借也借不到，很多时候只能借高利贷。那时候，有借秋还麦的，有借一斗还一斗二的，有借一斗还两斗的，有的常年借粮食，年年不够吃，越欠账越多，一辈子都还不清。且根据调查，传统时期夏侯村中的8个大地主的子女，大多在年幼时或读书或学艺，相对普通农户而言更有一技之长，可以很好地依靠自己的技能获取稳定的收入。而普通农户上不起学、学不到技术，一旦有小灾小难，往往只能卖庄卖地来解燃眉之急，家庭经济十分脆弱。

(三) 户家做公益

传统时期夏侯村中户家有着很特殊的地位，很多具有公共性的出资，都是由户家单独出资或者主要出资的，具体有以下几种：

其一，缴纳地丁税。传统时期夏侯村中实行"有地者交税"的赋税缴纳制度，而户家占有本村60%以上的耕地，因此承担了本村大部分税收。到后期，只有2—3亩地的贫农维持生存尚成问题，都不缴纳赋税，保长催得紧了，就欠账赖账。保长只能找户家商量，户家为了村子的平安，也为了生产顺利进行，经常替贫农垫付赋税。再经过保长的斡旋，夏侯村呈现出普通农户不欠国家赋税，但是都欠保长和户家的钱粮或人情的状况。

其二，户家打井又修路，还给村民借农具。传统时期，夏侯村中有一口日本人要求打的井，是孙长祚独资修建的。孙长祚打的这口井，所有村民都可使用，并且使得村民暂时避免了日本人的骚扰。中华民国后期，无论是土匪还是国民党政府，要求村中修路，都是户家出资。户家为方便自己磨面、磨油而花高价购买的石磨、石碾等大型劳动工具，不仅本家亲戚、街坊邻居可以随意借用，外姓农户、"村那头儿的"，只要来说两句好话，也都能借用，且不需要给户家任何报酬。但是懂事的农户，都会记得户家的恩情，或者给户家的小孩子一两个柿饼、点心之类的作为补偿。

其三，户家捐钱办庙会、捐油做路灯。夏侯村一年一度的淳于寺会是全村人的盛会，虽然大家都会捐钱捐粮，但是户家的出资占据着绝大多数。没有户家出钱，一般是办不起庙会的。孙氏宗族每年正月十五、十六有着祭祖的"散路灯"仪式，制作路灯需要很多油。普通农户日常都不舍得吃油，更没能力把自家不舍得吃的油用来制作路灯，据孙氏族人回忆："过去做路灯那油都是户家买的。"

三、职业分化

传统时期夏侯村中有各式各样的手艺人，且手艺有着"家传不外传"的特点，因而形成了一些手艺人世家。但是村民所掌握的手艺大多技术简单，只要稍微聪明一点、手巧一点都能学会，缺乏一些技术性非常强的手艺。相对于手艺好和手艺差工匠的收入区别，更明显表现出的是有手艺和没手艺家庭收入的差距。本部分将从职业概况、社会地位和社会关系三个方面考察传统时期夏侯村的职业分化情况。

(一) 职业分化概况

根据村中老人讲述，1949年前，夏侯村中手艺人情况如表4-9所示。

表 4-9 传统时期夏侯村手艺人概况

| 项 目 | 从业人数 | 项 目 | 从业人数 |
| --- | --- | --- | --- |
| 打烧饼、炸油条 | 3 | 会计 | 1 |
| 教书先生 | 2 | 做首饰 | 1 |
| 编草席 | 1 | 吹响器 | 1 |
| 木匠、泥瓦匠 | 2 | 行户 | 1 |
| 做鞭炮 | 4 | 倒卖粮食 | 3 |
| 接生婆、媒婆 | 5—6 | 倒卖鸡蛋 | 2 |
| 管家 | 1 | 卖馒头 | 2 |

**资料来源：** 2016 年 10 月至 2017 年 1 月的田野调查。

（二）地位分化

掌握技术的手艺人不仅可以获得更多的收入，养活更多的家人，成为家庭不可或缺的顶梁柱，而且经常会有村民找其帮忙，社会地位普遍较高。只有吹响器这一种职业不同，社会地位十分低下，被人看不起，甚至不能入祖坟。具体可以从以下五个侧面体现：

1. 管家与主家同桌吃饭

传统时期夏侯村中的觅汉、喂牲口的和把式虽然在主人家（东家）吃饭，但是一般不与主人同桌，都是自己端着碗到门口或牲口棚中吃饭，只有管家可以上桌吃饭。本村有一名管家，是大地主孙长祚家邀请的，孙长祚全家对他十分尊重，尊称为"先生"，因为其有文化、懂得读书识字。

2. 教书先生以教抵债

夏侯村有一个烧饼摊，是孙梅开的。村中教书先生王明经常去烧饼摊通过赊账的方式买烧饼，一年下来欠了孙梅大约 3—5 斗高粱。具体有多少，孙梅由于不会写字，只能通过在墙上"画道道"（画线）的方式来记账，非常不准确，且村民赊账的多，出现很多糊涂账。王明正巧这一年没有收到学生，且因灾荒也不想还钱，就跟孙梅商量："让你家孩子跟着我读书吧，我教他记账。学费就不收了，就当还钱了。"孙梅认为这个主意不错，就让自己的孩子跟着王明读了三个月书。

3. "会计说你欠多少粮，你就欠多少"

夏侯村有一名会计，既负责帮助保长记村账，又帮助淳于寺会记录办会花销，为人公道正派，在村子里名声非常好。村民每逢有大宗交易，如买地、买庄、买牲口都会请其帮忙算算账。至中华民国后期，由于战乱灾荒，大多数村民交不起摊派，只能先欠着。保长虽然知道欠账，但是也不可能全都记得清楚，具体数目还要问会计，因此经常出现"面儿上（表面上）是保长说你欠多少就欠多少；但是保长也不能瞎胡说，都是问问会计，叫会计拿着算盘算算，他说个数，那就是这个数了"。

4. 能不能说个好媳妇，得看媒婆

夏侯村中能说会道、行事泼辣、善于交往的中老年妇女才可以成为媒婆。虽然有很多村民看不惯媒婆，但是大多不会得罪媒婆，因为在传统时期村民信息非常封闭，普通农户的生产和生活大多不出村庄，即使是做买卖经常走动、认识人比较多的农户，在子女成婚之前都要托人说媒。姑娘家人品啥样，人长得漂亮不漂亮，家庭条件啥样，只有媒婆心里最清楚。虽然媒婆不敢瞒天过海，但是通过传话也能影响甚至决定这门婚事能成不能成。所以，村民一般不得罪媒婆，即使是看不惯媒婆的村民，也是公开场合疏远，有事求媒婆的时候私下亲近。

5. "给你8个馍吧？"

由于族规家训和传统思想的影响，大家都认为吹响器是下九流的职业，从业者死后不能入祖坟，所以村民不到万不得已是绝对不会学吹响器的。但是村民举行丧葬仪式时又必须用到吹响器的，不仅在路祭、出殡时都要用到，而且在中午宴请宾客的时候必须有吹响器的全程吹奏。据村民讲述：

> 夏侯村好像就有一个吹响器的，也是个没爹没娘的可怜孩子，都没有名字，是被赵庄（距夏侯村北3里的一个村庄）那一班儿吹响器的收留了。吹响器的一个人是接不了活儿的。那时候结婚不用吹响器的，但是办白事儿（丧事）的时候是一定有吹响器的。吹响器的收入多啊，一场白事儿下来，不仅主家给点钱粮，而且吹响器的可以吃两桌菜，中午饭前一桌、饭后一桌，走的时候，主家还得给他们一人8个馍（白面馒头）。那时候8个馍可是很值钱的啊。也只有吹响器的能得8个馍。所以村里后来骂人都会说"我给你8个馍吧？"意思是，你是个下九流的吹响器的。

（三）分化关系

传统时期夏侯村手艺人与手艺人、普通农户与普通农户、手艺人和普通农户之间的交往都是一样的，"是亲戚，就按亲戚关系走；是街坊邻居，就按街坊邻居那一套礼走；啥都不是，就是一个村的，该咋弄咋弄"。手艺人并没有因为其社会地位高或低而影响其社会交往关系。但是手艺人的家庭与普通农户的家庭内部成员之间的交往却有着区别，具体有以下两个方面：

1. 有手艺的留在家

中华民国后期，灾荒战乱等原因使得夏侯村一半以上的农户外出逃荒。因为有手艺的可以给家庭带来更多收入，可以维持家庭成员的生存，所以有手艺的成员一般在家中，而没有手艺的成员会外出逃荒。以孙太远家为例：孙太远有3个儿子，长子孙铭、次子孙梅和离家出走的三儿子。长子没有手艺，在1940年左右携妻子、子女外出逃荒；二子孙梅有手艺，就留在家中照顾老人、维持家庭。

2. 有手艺的说了算

传统时期夏侯村农户家中，往往是有手艺的或手艺最精、脑子最管用的在家中说了算。以大地主孙长祚家为例：二儿子孙锐曾拜管家先生为师，学习读书写字，后来学习医术并掌握了行医的技能。因此家中大小事情，在孙长祚年龄大之后都由二儿子说了算。以木工孙长礼家为例：孙长礼有两个儿子，长子孙留保，次子孙顺。孙留保比较笨，学不会木工活，而二子孙顺继承了父亲的手艺。所以在孙长礼年龄大之后，家里事情都是孙顺说了算；并且在中华民国后期，孙留保携家人外出逃荒，孙顺留在家中。

## 第八节　冲突与冲突关系

传统时期，由于夏侯村村民之间没有明确的规章制度，虽然有公认的道理，但是在具体事情的处理上难免出现分歧，一旦处理不好，就可能引发如骂街、打架之类的冲突。尤其是家庭成员内部，"都住在一起，难免磕磕碰碰"。村庄内部因谁家的房子比谁家的高了、谁家的厕所对着谁家的厨屋了、谁家的枣树长过墙了之类而产生的冲突也非常多。与村庄内部时有冲突和家庭内部频繁冲突形成鲜明对比的是村庄与村庄之间少有冲突或基本没有冲突。本部分将从家庭内部冲突、村庄内部冲突、村庄与村庄的冲突三部分考察传统时期夏侯村的冲突与冲突关系形态。

一、家庭内部冲突

传统时期，夏侯村大多崇尚复合式大家庭，一家老小不分家，共同在一个屋檐下生活是村民的美好愿望。但是由于家庭中难免有不肖子孙，同时由于共同生活而产生非常频繁的交往，就难免因小矛盾引发家庭内部冲突，具体可分四种情况。

（一）父母与子女的冲突

夏侯村几句口口相传的话，如"娶了媳妇忘了娘""嫁出去的姑娘泼出去的水"等，都是形容父子、母子、父女或母女之间冲突的。一旦发生冲突，儿女会认为父母不公平，父母会认为儿女不孝顺（"不听话"）。相对而言，女孩子不孝顺的情况非常少，"女孩子一般比较听话，不敢反对父母"，大部分是父母与儿子的冲突。有以下案例：

**案例一**

村民康健，生有一子康运甫，小名"磨牛"，磨牛是村子里面公认的不孝顺的典型。有一天磨牛在院子里扫地，而康健在吃饭，父亲认为儿子在自己吃饭的时候扫地是"故意找事儿""灰尘很大"，就高声呵斥儿子，不让其扫地，而儿子非常气愤，继续扫地。两个人就争吵了起来，越吵越激烈，把街坊邻居都吸引过来了。大家都责备磨牛，说他："哪有这样和父亲说话的！"磨牛实在气不过，就以跳井相威胁，并真的跳下去了，只不过磨牛并不是真的寻死，不是头朝下跳的，而是脚朝下跳的。磨牛的母亲见儿子跳井了，就赶紧向人求救。村民们非常讨厌磨牛，就找了个抓钩，并且钩尖向下，让磨牛抓着钩尖。最后磨牛虽然得救了，但是他的手上却被扎了很多孔。

**案例二**

夏侯村中的闫姓某户人家，父亲和儿子分家不公，儿子一直怀恨在心。有一天，父亲失手打死了儿子家的一只鸡，儿子得理不饶人，不仅要求父亲赔偿损失，而且狮子大张口。父亲非常气愤，反驳道："我打的就是你这鸡，你这鸡三天两头跑我这菜地里偷吃菜，我打死它又怎样？"就这样父子二人你一言、我一语，吵了很久。

（二）葬礼纠纷

生老病死是人生大事，夏侯村普通农户对婚礼或葬礼上的礼数细节十分重视，一旦礼数不周或不公平、不合适，很容易引发纠纷。有以下案例：

村民孙占秀和孙占玉是亲兄弟，二人早已分家，共同约定母亲跟着哥哥孙占秀生活，父亲跟着弟弟孙占玉生活。在母亲去世的时候，兄弟二人在母亲遗体摆放几天的问题上发生了争议。按道理，摆九天已经不少了，且因为天气热，一旦放时间长，很容易有异味，但是弟弟坚持要求"最少摆十天"。在父亲去世的时候，在弟弟家办丧事，弟弟想少摆几天，因为摆的天数越多花费越大（虽然弟弟可能没有这方面的意思）。鉴于以前发生的事情，哥哥要求弟弟"父亲母亲要一致，都摆十天"。因为这件事，兄弟两人发生了不愉快。

（三）养老纠纷

传统时期夏侯村非常注重孝道。不孝敬老人的村民名声非常不好，没有人愿意和其打交道，社会舆论压力非常大。此外养老规定十分完善，父子分家之后一般有养老田，够老年人吃喝；当父母失去劳动能力后，或两位由儿子们分别赡养，或父母在儿子家轮流居住，基本没有"父老无人养"和"将父母推墙头"的情况。养老纠纷主要体现在丧葬费用的纠纷上。

> 夏侯村中有一孙姓农户，有兄弟三人。大儿子和小儿子比较穷，比较没本事；二儿子有手艺，家庭条件相对较好。为父亲举办葬礼的时候，大儿子和小儿子都让二儿子先出钱办事，承诺事后均摊。但是由于葬礼花费较大，三个儿子算过账之后，大儿子和小儿子根本没有那么多钱粮，就反悔了，认为"老二有钱，你都出了吧"。二儿子比较恼火，兄弟三人因此发生了不愉快，之后也很少再交往了。

（四）妯娌纠纷

传统时期村民认为"女人心眼小，见不得别人好，就是妯娌之间也不中"。妯娌之间本没有血缘关系，只因为丈夫是亲兄弟才在同一屋檐下生活，整日低头不见抬头见。由于从小各自生活环境不同，造成了不同的秉性和脾气，尤其是碰到厉害、强势的女人，就更是有理说不清。如果双方都很厉害，遇到小问题都不让步，即使妯娌之间，也很容易打得头破血流。有案例为证：

> 1949 年前，夏侯村一孙姓农户的家中，兄弟三人都已结婚，并且分家。老大和老三生活相对困难。老二有手艺，家庭生活条件相对较好，但是其妻子比较吝啬，村民认为是"铁公鸡""一毛不拔"，即使对亲兄弟也"一分钱的忙都不帮"。时间长了，老大的媳妇和老三的媳妇就对老二媳妇有了意见，并且两个人经常聚在一起，在街坊邻居面前说老二媳妇不好，说什么"作风不端正""不知亲疏远近""不孝顺"等等。闲言碎语传到老二媳

妇耳朵中，老二媳妇就找老大媳妇和老三媳妇吵架，以至于后来上升到身体接触。兄弟之间也因为媳妇们的闲言碎语有了嫌隙，关系越来越疏远，甚至到后来老人去世之后都不来往了。

## 二、村庄内部冲突

传统时期夏侯村村庄内部有着各种各样的冲突。严重的冲突非常严重，双方家庭结为世仇，互相打杀，甚至有活埋人的情况；不严重的冲突都是因为一些鸡毛蒜皮的小事，双方吵吵说说，回头在街坊邻居的劝说下，吃顿饭、喝顿酒就和解了。冲突是否严重，一方面涉及矛盾纠纷本身的性质，另一方面也与当事人双方的胸襟、度量有关。具体而言，夏侯村有三种村庄内部冲突情况。

### （一）庄的冲突

传统时期夏侯村内部关于庄的冲突是最常见的冲突，种类繁多、情况复杂，较为常见的有以下七种情况：其一，因房屋或院墙高低不合适，挡着四邻或街坊的阳光或风水了。其二，因建庄时所垫地基不合适，导致水流到别人家了。其三，因厕所挨着别人家的厨房或卧室了。其四，因不给四邻留胡同而引发的冲突。其五，因宅基地占用大街而引发的冲突。其六，因宅基地中树木长到别人家而引发的冲突。其七，因建庄时占用别人的坑而引发的冲突。具体案例：

> 1949年前，夏侯村一孙姓农户和一王姓农户之间因为建庄而引发冲突。孙家要盖新房，正好旁边的坑里经常没水，就想往坑边扩建一点，就把坑里的树砍掉，垫上了土，准备盖房。但是这一小片坑是王家的地盘，这几棵树也是王家栽的。按道理讲，虽然坑里这一点地不值钱，但这几棵树却很重要，同时也是王家儿子们的"成长树"（王家的孩子六七岁的时候自己种的，伴随孩子一同生长），孙家都没有跟王家打任何招呼，就把树砍了、坑占了，是非常不礼貌的。随后王家找孙家理论，孙家不仅不承认错误，反而认为是王家故意找碴、"事儿多"，是来敲诈的。孙家兄弟多，且比较孬，在村里横惯了，但是王家兄弟也不少，双方就闹起来了。王家的大儿子带着一帮人经常在坑里摆桌喝酒，而且住在这里，并扬言"只要孙家盖房，就把房拆了"。双方僵持不下，只能求助于双方长辈。

传统时期夏侯村关于庄的冲突影响虽然大，但是用村民的话来讲："庄一般没有啥争议，因为都有灰橛，是谁的地儿、不是谁的地儿都很清楚。就是有家儿（家庭）比较厉害，会欺负人，有家儿比较软，经常是厉害家儿欺负软家儿。能不能解决矛盾，一般看厉害家儿论不论理，要是不论理，那就可能打架了。"具体调解方式如下：

其一，街坊邻居出来说说。四邻对发生矛盾的两个家庭的事是最清楚的，一般都是街坊邻居最有发言权。一般都是向着本家亲戚或和自己关系好的说话，但也不能理太偏，否则双方不会听建议，并且认为邻居是来捣乱的。和四邻关系都不好的当事方一般都会有理说不清、吃哑巴亏，因为村民认为"这事儿都是正着说有理，反着说也有理"。

其二，本家亲戚调解。如果冲突双方是本家亲戚，矛盾都不会闹得太大，因为本家的长辈都会过来说说，都是本家亲戚，说话一般是非常公道的；并且由于多少沾点亲戚，虽然关系有点远，爷爷辈都是埋在同一块老坟地里的，甚至都是兄弟，不能太不讲情义。

其三，双方明事理的长辈出来调解。如果双方家庭已经闹得比较厉害，关系比较僵，一见面就吵架，根本不可能坐在一起谈，且不是本家，也不同姓，那么双方本家亲戚中的较为明事理的长辈就会坐在一起谈判，商量解决办法。村民认为：双方本家亲戚中总有德高望重的老人，他们在一起总能谈出一个合适的解决办法。解决办法谈出来之后，双方家庭不一定接受这些建议，不过一般都会接受，因为一旦谁的话都不听了，那么就会"背了长辈的面子"，也就没人再管他们的事了，只能依靠武力解决，双方打死打伤都是两家的事情。

（二）牲口和家禽引发的冲突

传统时期因为放羊放牛破坏了庄稼往往能引发不小的冲突。此外，传统时期的鸡、鸭、鹅等家禽一般都是散养，只有晚上返回院子里，家禽经常在外搞破坏（偷吃庄稼和菜），又由于家家都养鸡鸭，鸡鸭经常"搞混"（认错）了，也可能发生冲突。关于牲口和家禽引发的冲突有以下三个案例：

**案例一**

村民康健和其儿子康运甫之间因为一只老母鸡发生争吵。起因是父亲失手将儿子家的鸡打死了，但是儿子态度不好引起了父亲的反感，后者指责儿子家的鸡经常到自己菜地里偷吃菜。由于父子二人和邻居关系都不好，也没有邻居出来劝架，都是来看热闹的，最终双方争吵累了，各自回家生闷气。

**案例二**

孙如德家中无地，依靠放羊维持生活。1949年前的某年农历二月底三月初,正是羊吃了一冬天草料,且青黄不接、没啥吃的时候。按道理来讲,此时的麦苗正是长势旺盛的时候,"不怕踩、不怕拽,只要不连根拔起,都没有事儿"。孙如德的羊非常饿,跑到庄稼地没有忍住,就吃了某家地里的麦苗。正巧被地的主人看到,主人不愿意,扬言要把偷吃麦苗的羊杀掉,吃羊肉。孙如德以放羊为生,拼死保护自己的羊,双方僵持不下。最后很多村民赶到现场,都说"你看人家孙如德家里连地都没有,就靠这群羊生活呢,杀一只羊,他都两个月吃不上饭",并且认为麦苗在这个时候吃一点还能长出来。面对乡亲们的舆论压力,另一孙姓农户决定不再吃羊,但是一些被羊连根吃掉的麦子,得孙如德赔偿。孙如德答应羊卖掉之后赔偿2—3斗小麦。

**案例三**

过去(1949年前),村民孙东槐家养了个老母猪,被认为长得膘肥体壮,并且懂得看家护院,村民都认为其"成精了"。某段时间,村里经常发生东边丢一只鸡、西边丢一只鸭、某家地里的玉米被偷吃了、某家地里的花生被刨走了的事件。村民都认为村里出现了个小偷,经大家商量决定,挑选了十几个年轻力壮的年轻人晚上到地里巡逻,看看能不能抓到小偷。某天晚上,某个玉米地里出现异常的响动,这十几个年轻人组成包围圈,慢慢向小偷靠近,在包围圈越来越小的时候,又没了响动。年轻人们继续缩小包围圈。在几个年轻人即将合围的时候,突然蹿出来一个老母猪,大家都认识,就是孙东槐家的老母猪。虽然没有当场将老母猪抓住,但是这些人都来到孙东槐家,让他交出老母猪。孙东槐说:"这老母猪好多天都没有回家了,也跑不丢,我也就没有管过它。"村民对猪圈进行搜索,竟然发现了鸡、鸭的羽毛,说明最近村里出现的小偷不是人,而正是这头老母猪。村民纷纷让孙东槐赔偿损失,但是孙东槐家里很穷,拿不出那么多钱粮。平时孙东槐也是老实人,也不是故意让老母猪去偷东西的。最后经村民商量决定,认为这个猪不能再养了,把猪杀掉,遭受损失的农户到孙东槐家一人拿一些猪肉作为赔偿。

**(三)小孩儿打架引起的冲突**

夏侯村中经常因为小孩儿打架而引发冲突,其原因大多是小孩子年幼无知,经常"搁气"(吵架打架);甚至有些"孩子王"(最厉害的小孩儿,小孩子的头目)打起架来下手非常狠,大人都害怕。小孩子打架有土枪(填充式淬火枪),里边有石头子、铁砂,杀伤力很大,使用不当的话非常容易伤到人。尤其是"这村的小孩儿和那村的小孩儿打架，更厉害"，往往动用土枪、弹弓和镰刀等武器。本部分主要讨论同村小孩打架，在"村庄与村庄冲突"部分详细描述跨村小孩打架事件。

总体而言，本村小孩儿之间打得不厉害，即使打架，也不下狠手，都是打到一方服气为止。但是护短的家长一旦插手，往往能引发两个家庭的大人吵架，甚至动手。

> 1949年前，夏侯村有两个孩子（一个姓孙、一个姓闫）打架了，谁都不服谁。姓孙的小孩儿晚上报复，把闫家小孩儿院子附近的麦秸垛（麦秆堆放形成的垛）点了。由于是深夜，人都在睡觉，且有风，火势较大，最终控制不住，把房顶都引着了，差点烧死人。后来孙家的小孩儿意识到事情严重了，告诉了自己的家长。那时候大家都不知道是谁点的火，都在猜测是什么原因形成的。后来孙家的家长领着孩子主动到闫家承认错误，请求原谅，并主动赔钱、赔粮食，并帮助其盖房。一开始闫家并不同意，认为小孩子的做法性质太恶劣，要把小孩子交到官府。这时两家长辈们便来开导："人家要不来承认，你都不知道谁点的火。人家孙家又赔钱，又帮你盖房，又没有伤到人，就算了吧。"后来，双方和解，但是关系变冷淡了。

### 三、村庄与村庄的冲突

传统时期，夏侯村与外村之间交往较少，村民日常生产、生活都不出村，所以较少有两三个村庄之间的冲突。但是一旦村庄与村庄之间发生冲突，就十分严重，一定会打架，并且引起人员伤亡。具体有以下两种情况：

（一）因黄河改道而引发的村民械斗

此村庄与村庄的冲突不是发生在夏侯村，而是发生在黄河沿岸的两个村庄，在第三章"产权纠纷"部分有描述，在此不再赘述。

（二）因小孩儿打架而引发的冲突

1949年前，村庄与村庄间小孩子交流的重要方式就是打架。跨村打架比较厉害，但是据村民回忆，过去（1949年前）小孩子打架也是有原则的，不是乱打。如果乱打，那肯定会经常打死人。一般遵循的原则有以下五点：第一，大人在场不打架；第二，不能以多欺少，只能一对一或车轮战，不能一群人欺负一个；第三，空手双方都空手，拿武器双方都拿武器，不能一方拿武器，一方空手；第四，小孩子打架，不能叫大人帮忙；第五，打服为止，投降之后，不能进行侮辱性的攻击。遵守这些规矩，一般不会出大事，甚至越打感情越好、不打不相识。但是由于小孩子毕竟是小孩子，难免出现不守规矩的神经病（下手没轻重），或者由于大人插手而引发激烈冲突。有案例为证：

> 1949年前，有外村（据说是双炉村的，但意见不一致）的小孩儿来夏侯村打架，本村小孩儿打输了。本村的大人见了很心疼，就暗地里把对方的一个小孩儿打了一顿。外村小孩儿扬言报复。本来想着打得也不严重，谁也没有想到，第二天晚上，外村小孩儿纠结了很多小青年（有的村民说50—60个人，有的说100多人），最小的七八岁，最大的十六七岁，把动手打小孩的大人家团团围住，先拿着土枪打了几枪，随后又把门砸了，并扬言要把房子点了。这家大人见势不妙，从后门翻墙溜走了，藏了起来。最后这帮孩子见没人应答，骂着也没意思，就把院子里能砸的东西都砸了，扬长而去。本村村民自知理亏，就没有人插手，也就没有人再打回去，因为一旦大人打回去了，就可能造成更大规模的冲突。

## 第九节　保护与保护关系

传统时期夏侯村是一个"相依为命"的村庄共同体。在长期的历史发展过程中，村民与村民之间形成了非常强烈的情感认同，彼此互相照顾，很多讲义气农户之间有着过命的交情。在和平稳定时期，村庄主要预防一些小偷小盗、小打小闹的事情；在灾荒战乱时期，村庄整体保护机制面对强大的外力经常失效，普通农户往往自身难保，此时家庭保护、亲属保护起着主要作用；当大家都处于"泥菩萨过河"的境地时，只能"自求多福"了。本节将从家庭保护、亲戚保护、村庄保护、土匪保护和国家保护五个方面考察传统时期夏侯村的保护与保护关系。

### 一、家庭保护

在可追忆的大多数历史时期中，村民以一家一户为基本生产、生活单位，一般情况下，家庭成员之间是"同生共死"的关系。家庭对亲人的保护被村民视为理所当然、非常平常的事情。但是由于家长个人能力的差别，不同家庭对家庭成员的保护作用差别很大：有的家长没有本事，往往不能对所有家庭成员提供保护；有些家长却可以提供很好的保护。本部分不考虑实际执行能力方面，仅考虑理念和惯行方面家庭对家庭成员的保护。具体有以下三种情况：

(一)兄弟打架一起上

亲兄弟在外挨打受气、受欺负了,不管是对是错,其他兄弟一定会坚定地和自己的兄弟站在同一立场、保持同一说法,否则不仅不能得到自家人的尊重,被认为"不分亲疏、没有人性",而且在街坊邻居、乡里乡亲之间也会失去威信。如果亲兄弟被打死了,只要知道凶手,其他兄弟一定会为其报仇,以命抵命。

(二)兄弟逃荒、当兵留一个

传统时期夏侯村中无论逃荒还是被抓壮丁,一定会留一个儿子在家照顾自己的父母和家庭。关于逃荒,一般情况下是"所有人都在家,一定会饿死;家里少一个人,就少吃一口饭,其他人就会有更多活下来的机会",并且"逃荒路上非常危险,不仅有土匪、饥民,而且路途遥远,往往需要翻山越岭,走不好都摔死了。山上还有饥饿的野兽,很多人被野兽咬死。同时也有很多病死、饿死在路上的"。所以,逃荒的时候很多是兄弟之间生离死别的时候,家人商量之后,会留下一个最合适、最有本事(能挣钱、能养活老人)的人,其他兄弟到外边逃荒求存。

被抓壮丁也是非常危险的,随时有战死沙场的可能。尤其是灾荒战乱时期,被抓走的往往回不来。所以家里无论有多少男孩子,一定会留一个在家里,保证家庭不绝后。在中华民国中后期,如果家里就剩一个男孩子了,就算倾家荡产、全家逃跑,也一定会留一个儿子不当兵。

(三)娘家人对女儿的保护

虽然村民有着"嫁出去的女儿泼出去的水"的说法,但是如果女儿出嫁之后在娘家受到无理欺负,经常挨打或者被打死打伤了,娘家人是一定会到婆家讨个说法的。尤其是女儿的兄弟,见到姐姐或妹妹被欺负,即使是听说、没有亲眼见到,也一定会去婆家问个明白。

> 1949年前,夏侯村有一孙姓人家的姑娘嫁到刘淳于村刘姓人家,结婚刚两年,就不幸去世了。据丈夫讲述是因为难产而死,由于死相不好,已经封棺了。但是娘家人不相信,坚持说是另有原因,直到丈夫把曾经给妻子看过病的郎中找来,证明之后,娘家人才相信。丈夫家人倾尽家产,用最隆重的葬礼安葬了妻子之后,婆家人虽然悲痛,但人死不能复生,只能节哀。后来丈夫家希望再娶妻子传宗接代,也一定要先征得娘家人的同意,并且娘家人要求死后必须合葬,以示娘家人对失去亲人的悲痛和交代。

## 二、亲戚保护

夏侯村俗语有云:"在家靠亲戚,出门靠朋友。"但是在较为封闭的传统时期,普通农户很少出门,所以亲戚就显得非常重要。亲戚不仅能提供经济上的资助、感情上的支持,更能提供关键时刻的保护。具体来讲有以下两种情况:

### (一) 对鳏寡老人的帮扶

传统时期夏侯村有很多一辈子没有结婚的光棍、早年丧夫的寡妇、没有子女的老头老太太等,都是年纪大、没人管的可怜人。此时,就主要依靠亲戚的帮助。亲戚所提供的帮助五花八门,有的亲戚是真心实意帮忙的,但有的亲戚是看中了老头老太太的东西。村民认为,虽然人心隔肚皮,但是谁啥样,大家心里都清楚。如果是真心实意帮忙的,在老人去世之后,可以得到老人的庄和地,但是必须为老人所有本家亲戚所承认。

> 夏侯村有一康姓老太太,早年丧夫,无儿无女,家中有两亩地。等老太太干不动农活的时候,老太太就叫了自己一个外甥从娘家村庄来村里帮忙种地。老太太不给工钱,但是把自己的地给这个外甥了。外甥想自己耕种就自己种,不想自己种,卖掉也可以,但是要负责老太太的一日三餐和养老送葬。外甥同意,把老太太伺候得很好,并且给其风光大葬。最后老太太去世之后,把自己的庄和地都留给了外甥,老太太丈夫的康姓本家亲戚也没啥说的,毕竟老太太不是他们养老送终的。

### (二) 对不孝子孙的驱赶

传统时期村民遵从孝道,认为儿子如果要获得遗产,必须尽孝道,否则就没有资格继承家产。当老人去世之后,如果老人留下遗嘱,就由所有本家亲戚做公证,如果合情合理,就按照遗嘱办事;如果老人没有留下遗嘱,就按照"生养死葬者得家产"的原则对老人的遗产进行分配。

> 1949年前,夏侯村孙氏族人中有一个不孝子,这个不孝子整日游手好闲、吃喝嫖赌,不干正事,最终被父亲断绝父子关系,赶出家门。老人失去劳动能力之后,主要靠一个邻居养老送终。老人去世之后,这个不孝子不知道从哪里得到这个消息,要回村继承家产。所有本家亲戚都出来指责这个不孝子,都说:你爹干不动活儿的时候,你不回来帮忙干活;你爹去世的时候,你不

回来办丧事。现在竟然有脸回来要家产。该不孝子最终被所有本家亲戚连骂带打地轰出了村庄，老人的家产也由为老人养老送终的邻居继承。

### 三、村庄保护

传统时期夏侯村具有较强的村庄整体性。村庄虽无寨墙，但是一个安危与共的地缘共同体，每个村民心中都有明确的"本村人"和"外村人"的区别。在和平稳定时期，村庄可以为每一个村民提供安全上的有效保护，然而在灾荒战乱时期，村庄保护却只能体现在"强者保护弱者""官员保护百姓"方面，村庄整体自我保护机制被强大的外力所消解，只有同样强大的外力才能给村民以一定程度的保护。传统时期的村庄保护具体有以下几种形式：

（一）狮子会抓贼

传统时期，夏侯村中武术高手孙广德、康坤、康宽、杨占远、王坤、杨占榜等人组建狮子会，农闲时期在场里教授村中年轻人武术，练习手劈青砖、石碌压胸口等技术。在农忙时期，一旦有农户发现自家地里的东西被偷了，就会向狮子会告状，请求其帮忙抓贼。狮子会成员不收取任何报酬，只是得到村民的认同和尊重。此外，如果有地痞流氓、小毛贼前来村中无理取闹，一般情况下，狮子会成员都会主动出头，主持公道。

（二）鸡蛋会的分红

1949年前，夏侯村馍店老板杨占元组建鸡蛋会，在每年春季向村中老头老太太收鸡蛋，算是股份，一个鸡蛋算一股。老板把鸡蛋卖掉，买来面粉蒸馒头，用于扩大再生产。快到过年（农历春节）的时候，老头老太太凭借手里的鸡蛋股券来领取相应的白面馒头，馍店老板则还要请所有老头老太太吃一顿饭。鸡蛋会是一种村级慈善组织，老板只收老头老太太的鸡蛋，不收小孩子和青壮年村民的鸡蛋。村民比较赞同老板的做法，认为：老头老太太拿着鸡蛋也不舍得吃，卖也卖不了多少钱，放着都放坏了。教老板收走，就相当于存银行了，保证过年的时候能有白面馒头吃，能过个好年。

（三）"内奸"的通风报信

中华民国中后期，由于连年战乱，无论国民党军队还是土匪部队都经常到村中抓兵抓壮丁。夏侯村有人加入土匪部队之后，每逢匪兵要来夏侯村抓兵，都会想办法提前给乡亲们说一下，让他们提前得到消息，该跑的跑、该藏的藏。据村民回忆："那时候一来抓兵，很多时候都提前知道了。青壮年劳力都是赶紧跑啊，家里就留些老弱病残、妇女小孩儿。到后来稍大一点的小孩儿也抓……不知道谁通风报信的，反正有人知道就会给村里人赶紧说……也有不知道的时候，都不知道就看谁跑得快了，跑不快都被抓走了。"

（四）联保书记解救学生

中华民国二十五年（1936年）后，封丘县5个区缩编为3个区，区下增设联保，此时夏侯村隶属于第一区"沙岗-老庄"联保。夏侯村村民孙震由于知书达理、能说会道，在附近村庄知名度很高，且威望比较高，被国民党政府任命为联保书记。联保书记虽然为政府官员，但是本人仍然在本村生活，与本村村民有着很深的感情。据村民回忆，孙震曾经利用自己在国民党政府的威望和"职务之便"，从国民党军队手中拯救过本村被抓的六七个孩子。

（五）红枪会、白枪会的组建

中华民国二十七年（1938年），国民党政府组织利用红枪会成员，以"看家护院""保家卫国"为口号，将红枪会重新武装，试图对抗八路军和日本军队。红枪会成员号称"不怕炮火，刀枪不入"，必要时可以"撒绳过水""划墙为门""死后百天还阳"。中华民国三十四年（1945年），夏侯村附近的红枪会成员在与土匪李二天的对抗中伤亡殆尽。

白枪会是国民政府在与共产党斗争节节败退之后，利用社会黑恶势力反对革命的组织。其具体组织形式是招揽大规模恶霸土匪，委以官职，专门负责和共产党作对。恶霸土匪在村庄的活动是向保长派人派粮，曾经要求村中15—45岁的男性无条件入会，支持"剿灭共产党"的工作。白枪会设有神头（大师傅）、点传师等官职，对外称"保家卫国"，对内号召"剿灭共匪"。

四、土匪保护

据村民回忆，中华民国时期夏侯村附近出现义匪刘凤桐，有保护村民的行为。刘凤桐曾是八路军成员，在抗日战争时期号召"中国人不打中国人"，并率兵抗击日本军队。后与石友三部队作战时，因受伤脱离队伍，被日本宪兵抓获，关押至开封宪兵司令部。他最终叛变，被日军授予封丘县三、四区自卫团团长。此外土匪王深、张继坤也有主持正义、保护村民的行为，据村民回忆：中华民国中期本村村民参加辛安店庙会期间，土匪王深和张继坤到场听戏。席间一年轻人耍流氓，调戏一年轻女子。张继坤大发雷霆，号令其手下把该青年用草席捆了起来，当众用铡草的铡刀把他的头铡掉示众。

但是村民认为土匪对村民的保护往往是较为随性的、不稳定的，其提供保护的目的不一，往往不是出于良心和道义而从内心深处同情百姓，有时是为了立威，让村民心甘情愿接受土匪的派粮派款，有的是为了招兵买马而打出道义大旗。土匪是唯利是图的，其立场不坚定，经常动摇，在一定时期保护了村民，但是在个人利益与村民利益发生冲突时又往往舍弃村民利益，经常出现村民口中的"行好没作恶大"的情况。

### 五、国家保护

传统时期作为国家力量代表的保长对村民的保护作用虽然有限,但是他们也会尽可能地为村民提供力所能及的保护。具体表现为以下两个方面:

#### (一)保长替村民挨打

据村民回忆,过去(1949年前),不管是政府的部队还是土匪的部队,来村里都是向保长要钱要粮。保长完成任务了,大家都没事;如果保长完不成任务,就会挨打。保长是村民推举出来的村庄能人,能够担任保长的一般都是村中能说会道、脸皮很厚的人。保长要懂得如何同上级官员打交道,同时也不能完全得罪村民,否则是完不成上级的各项摊派任务的。如果遭遇灾荒,农户普遍较为贫困,交不起足够的摊派,保长就只能厚着脸皮去向上级官员解释,请求上级政府的理解和宽限。保长一般不会向上级官府告状,更不能派人将没有缴纳摊派的农户上交给政府,因为都是乡里乡亲,如果保长这样做会被全村人骂,保长也就干不下去了;另一方面,即使保长把人抓走,交不起摊派的家庭依然交不起。因此保长一旦完不成上级的摊派任务,就只能代替村民挨打。

#### (二)保长给农户出主意

中华民国中后期,由于匪患和战乱,无论是土匪的部队还是国民党军队都会开展频率很高的抓兵行动。负责抓兵的都是保长,即使是军队直接到村子里抓兵也需要保长带路。部队进村一般会提前通知保长。保长得知消息后会给村民放风,让村庄中的成年男性提前到其他地方躲避,或者给农户出主意,让其想方设法躲避抓兵。如家中男丁较多的农户,让其他兄弟到外地躲避或者去投奔亲戚,家中只留下年幼的或残疾的兄弟;实在躲不过去的,就让其装疯卖傻,表示自己没有能力上战场打仗。对于较为富裕的户家,保长会让其出钱,由保长贿赂前来抓兵的官兵或者用钱买兵完成上级抓兵任务。保长不会给村庄内所有农户出主意,一般只给自己的本家亲戚、左邻右舍和街坊邻居中关系比较好的农户出主意。如果某些农户和保长有过节、关系不好,保长就会"公事公办",直接带人到家中抓兵。

## 第十节 夏侯村社会变迁

1949年之后,随着土地改革、人民公社化运动及家庭联产承包责任制等一系列政治经济变革的推进,夏侯村的村庄社会发生重大变迁。本部分将从1949年以前的传统时期、土地改革时期、集体化时期和包产到户后的新时期四个时段考察夏侯村的社会变迁。

一、1949年以前的传统时期

通过本章前九节对夏侯村传统形态的详细描述,可以总结出传统时期的夏侯村村庄社会具有以下几个特点:

其一,相对封闭的社会。在传统时期的夏侯村,村民的社会交往范围集中在以家庭为中心的本家亲戚中,村民之间的血缘、地缘、信缘、业缘、冲突、分化、保护、交往等一系列关系大多集中在村庄之内。与村外的交往,只有庙会和姻亲两种形式。村民的生产和生活大多在村庄范围内进行。普通农户的生活圈非常狭窄,许多村民认为村庄就是全世界。在村民的思想意识中,对所有人的判断只有"本村人"和"外村人"的区别,且界限非常明显。

其二,以家庭为核心。传统时期村民的心理界限一个是"本村人"和"外村人",另一个就是"本家人"和"其他人"。传统时期,家庭是夏侯村村民赖以生存并视为最重要的存在。村民崇拜五代同堂或六代同堂的大家庭,并视一大家子人在一起为最幸福的生活。但是由于大多数家庭都非常贫困,一方面家庭规模不能扩大,另一方面"贫贱夫妻百事哀",家庭时常爆发出这样那样的内部矛盾,这就造成了村民崇拜大家庭却难以维持的现象。村民只要有能力,就会维持大家庭不分裂,如本村8个大地主,全部为复合式的大家庭。

其三,普遍贫穷,但贫富分化严重。如上章节所述,夏侯村不到10%的户家占据着夏侯村70%以上的土地,而土地的多少又是传统时期家庭条件好坏的决定性因素,由此可见夏侯村贫富分化是十分严重的。但是并未出现"朱门酒肉臭,路有冻死骨"的情况。村民普遍认为"地主也是可怜人""地主也整天吃黑馍",如村中大地主孙长祚拥有500亩土地,却只能供起一个儿子读5年书,可见村民是处于普遍贫穷的状态。

其四,关系社会。传统时期的夏侯村村民极其重视与其他村民的关系,关系好不好是衡量一切社会交往事务的唯一标准。在某种程度上,关系超越了血缘:村民找人帮忙干活或进行辩祺行为,一般会寻找与家庭关系最好的人,而不是寻找拥有血缘关系的本家亲戚。大多时候,即使是本家亲戚或亲兄弟,如果关系不好,也经常出现"老死不相往来"的情况。

二、土地改革时期

1949年底至1950年初,夏侯村进行了第二次土地改革(详情见第三章第八节)。与第一次土地改革的轰轰烈烈不同的是村民对第二次土地改革的谨慎,以至于村民因害怕报复而不敢对地主富农进行公开的批斗和打击。直到解放军干部将地主富农中的强硬分子直接抓走枪毙之后,村民才敢于相信、敢于接受分田地的事实。

土地改革运动之后，夏侯村的贫困农户都分到了土地。分配原则是"尽量平均"，这使得夏侯村中的贫困农户由户均占有2—3亩土地普遍变为7—8亩，大多数农户可以依靠务农维持温饱。农民的劳动积极性得到提高，很多外出逃荒、经商的农户纷纷返乡耕种土地。

伴随着土地改革运动的进行，夏侯村村民的思想发生了变化，户家光荣、升官发财的思想被破除，转变为"谁穷谁骄傲""谁穷谁革命"。1949年前因为与户家关系好、上边有人或人比较孬而担任保长或村庄权威的人纷纷被惩罚。村庄新的权威变为了"穷人权威"，穷困百姓，尤其是在旧社会吃了大苦头的穷困百姓纷纷成为村庄具有话语权的人，例如在传统时期依靠乞讨、逃荒为生的孙占邦老人，由于其非常穷困、非常革命而被任命为村支书，并且一干就是20年。

### 三、集体化时期

土地改革之后不到5年时间，夏侯村就完全实现了集体化，"人民公社"取代了传统"区""乡"的概念，"生产大队"取代了"村庄"的概念，"生产队"取代了传统"保甲"的概念。村中户家、保长和会首等的权威全部被干部权威所替代，村支书成为村中最具权威的人，国家权力完全渗透进乡村。村民口中的"乡亲""邻里街坊"统统被"群众"所替代，干群关系成为村庄社会的唯一关系，亲戚关系、邻里关系、本家关系都被弱化。"干部"成为村中管理一切的人，无论人民群众发生任何矛盾、摩擦、困难都由"干部"负责，由"干部"帮忙解决。

集体化初期，这种集体劳动的方式展现出非凡的战斗力。农民团结起来之后，对灌溉、盐碱、旱涝不均等在传统时期依靠单家独户所不能解决的问题宣战，并取得一系列成果。例如，夏侯村北的文岩十支排渠是村民单凭人力所挖出来的。全县人民团结起来之后，硬生生挖出了两条大水渠"文岩渠"和"十支渠"，使得引黄灌溉成为可能，村民第一次依靠灌溉来缓解旱灾，而不是求神祈雨。在中科院的科学指导下，盐碱问题得以缓解。在全村人民及附近村庄的共同努力之下，修建了高达6—8米、厚约2—3米的土围子，将夏侯村全村包围起来，村民依靠吊桥进出村庄，其目的是为了抵御洪水和内涝，一旦暴发洪水，附近村庄都可以到夏侯村来躲避水灾。

但是在集体化后期，尤其是"大跃进"运动和"文化大革命"运动时期，人民群众的热情过于高涨，出现了不遵循客观规律、社会动荡、政局混乱的现象。村民难以安心发展生产，发生了灾荒和混乱，农业生产陷入停滞。

### 四、包产到户后的村庄社会

1980年代以后，夏侯村实施"包产到户"的新政策，由集体化时期的以生产队为单位的农业生产重新回归至传统时期以家庭为单位的生产经营模式。历史再次证明更加符合人民需要和生产力发展水平的经济体制更能解放生产力和发展生产力。夏侯村迅速解决了温饱问题，但是以务农为主的村民却迟迟没有脱贫。

1990年代，进入改革开放的新时期，夏侯村社会氛围更加宽松，人口流动性增大。伴随着市场经济深入乡村社会，村民的思想和生产生活方式产生了进一步的转变。很多村民尝试着挣脱土地的束缚，放下农具而下海经商，并取得了一定的成就。其对村民的影响体现在以下几个方面：

其一，由集体走向家庭，并进一步由家庭走向个人。包产到户之后，农业生产重新实现了以家庭为单位的生产经营模式。改革开放以后，家庭成员之间进一步独立和自由。由于摆脱了土地的束缚，即使同一家庭的村民也纷纷从事不同的行业，彼此之间互不干涉、各自奋斗。尤其是村中年轻人，纷纷投身大都市，从事服务业，这是村中许多老年人所不齿的下九流行当。对此，家中老人大多数持反对态度，但是由于能赚钱，许多老年人也是睁一只眼、闭一只眼，不再干涉，并声称管不住。村庄老年人对年轻人所从事的行业不管不问、不关心、不干涉成为共识。

其二，贫富差距悬殊。改革开放以来，村中有能力、有头脑、抓住机遇的一少部分人获得了巨大的财富，如村民杨梓，由普通农民变为亿万富翁。但是村中仍然存在很多非常贫穷的人，尤其是由于身体缺陷而什么都干不了、娶不到媳妇的光棍汉，成为村中最可怜的人。

其三，由"道德权威"到"身份权威"，再到"金钱权威"。传统时期的夏侯村民普遍认为德高望重的人是最受村民尊重的人。土地改革运动之后的集体化时期，村民认为干部是最受尊重的人。在包产到户后的改革开放时期，村民普遍认为有钱人一般都值得尊重。村民普遍认为"干啥不需要钱啊""有钱能使鬼推磨""没钱寸步难行""一高遮百丑、一白遮千丑、一富遮所有"，尤其是在村中年轻一代心目中，追求财富和金钱成为人生的最高追求。

## 第十一节　夏侯村社会实态

进入21世纪以来，随着改革开放的进一步深化、市场经济的进一步发展、国家治理能力的进一步增强及其对乡村社会影响的进一步深入，夏侯村的村庄社会由传统形态向现代化急速转型，其社会实态呈现出现代化的一系列新特点。本部分从血缘关系、地缘关系、信缘关系、社会交往、社会流动、社会分化、社会冲突、社会保障等八个方面考察夏侯村的当下实态。

一、血缘关系

在当今的夏侯村，血缘关系更进一步淡化，复合式大家庭已经完全不存在，并且村民态度已经由传统时期"崇拜复合式大家庭"变为"各过各的比较好"。父母和未婚子女所组成的核心家庭成为村庄主要家庭组合形式。村庄呈现出一结婚就分家的状况，否则往往暴露出婆媳矛盾、兄弟矛盾、妯娌矛盾等一系列家庭矛盾。

亲兄弟之间一旦结婚，由于生产生活方式的不同，联系非常少，尤其是父母已去世且在异地工作的兄弟，更不用说本家亲戚之间，甚至很多本家亲戚之间名字都不知道。"亲戚走了才亲，不走不亲"已成为村民共识，出现很多"亲戚不一定亲，朋友不一定不亲，好朋友比亲戚亲"的情况。在当今的夏侯村，职业联系、利益关系、个人感情完全可以超越血缘关系。

二、地缘关系

与传统时期"邻居就是亲戚"的情况有所不同，如今的夏侯村由于村民宅基地的变更和扩建，不同姓氏穿插居住的情况更为凸显，地缘关系与血缘关系的联系更为松散，"远亲不如近邻"的思想得到进一步体现。相对于本家亲戚，村民更重视同街坊邻居之间关系的处理。

这一方面是对夏侯村传统地缘关系的一种延续，同时也是对血缘关系的一种超越。新时期的村民更加重视地缘关系，其基于地缘关系的交往呈现出内容更私密、范围更广的发展趋势。传统时期邻里关系更多表现在工具的借用上，帮忙干活、婚丧嫁娶的通知、借钱借粮一般都是先找本家亲戚。当今的夏侯村，邻里之间的交往往往比本家亲戚更为亲密。在婚丧嫁娶、帮忙干活、过年拜年、借钱、共同赶会、共同外出务工方面，四邻街坊之间的联系都与本家亲戚无异，有的邻居如果在一起打工或孩子在一个地方读书，其联系更加紧密。这集中表现为婚丧嫁娶之中，四邻街坊所随的礼很多时候比本家亲戚的礼要大。例如本家亲戚之间约定，亲戚的孩子结婚互相随礼100元，那么关系好的邻居经常会比100元要多，并且帮忙干活要多。村民总结为"过去说远亲不如近邻，现在有的近亲还不如街坊呢"。

三、信缘关系

自"破四旧"运动之后至1980年代初，夏侯村传统的淳于寺会被解散，村民对神佛共同的信仰被肃清。实施包产到户之后，尤其是改革开放之后，随着思想的活跃和社会氛围的宽松化，夏侯村村民重新组建淳于寺会。这一方面是对传统时期村民共同精神信仰的回归，同时也是一种升华。传统时期村民信奉神佛大多是抱着功利的目的，祈祷淳于古寺中的神佛驱瘟降雨、旱涝保收或升官发财。当下的淳于寺会纯粹是村民对传统的一种追忆，对村庄历史的一种传承。村民再也不会因为洪涝灾害、治病救人等事情来祭拜神佛，而是为了弘扬村庄文化，并以此为契机恢复传统淳于寺会，重新摆上戏台，吸引十里八乡的老百姓前来观看。

### 四、社会交往

社会主义市场经济的发展，对村民的生活交往产生了深刻影响。当下村民的社会交往虽有对传统时期的延续，但更多表现出了现代化的特点，具体可以从以下几个方面进行考量：

其一，生产交往个体化。随着大型全自动机械化农具的发展，村民的生产力得到空前提高。传统时期依靠人力和牲口耕种土地的方式，使得单凭一家一户的力量不能完成农业生产，必须找人帮忙干活或辩犋。在当下，村民完全可以凭借单家独户的力量完成大量土地的耕作。新时期的农民甚至从播种到收割都不用亲自下地干活，而是雇用专门的播种机、收割机进行劳动，农民自己购买种子、化肥和农药即可。粮食收获之后，直接就有粮食贩子开车前来收粮。村民在田间地头即可将粮食出售，拿着现金回家，非常方便。

其二，生活交往个人化。对于家庭来讲，传统时期村民与村民的请客吃饭、婚丧随礼、购买物品都是以家庭为单位。在当下的夏侯村，家庭对家庭成员个体的牵制力越来越小，家庭成员无论买卖物品、请客吃饭都是以个人的名义进行，出现了"儿子不代表老子，老子管不住儿子""某两个家庭的大人互不来往，但是两个家庭中的孩子是好朋友"的情况。对于整个村庄来讲，村民的社会交往范围日益扩大。与传统时期基本上只和本村人打交道的情况不同，跨村、跨县，甚至跨省市的交往成为常态。村庄共同体对村民的约束、评价作用正在弱化，村民完全可以不和村庄中任何人打交道而正常生活。

其三，公共活动减少。传统时期，村民吃饭、晒粮食、淘井、闲聊的公共场所非常多，呈现出大家一起吃饭、一起干活、一起睡觉的状态。在当今的夏侯村，传统时期的饭场已经为饭店、酒楼所取代，邻里街坊都是各吃各的饭，基本没有一人端着一碗饭到大街上吃的情况了。供村民乘凉闲聊的杨树林、柳树林早已消失。尤其是村中的年轻一代，都是各自在各自家中，或各自到各自的朋友家小范围地交往、娱乐。只有村中60岁以上的老人，才会聚在某一个凉快或暖和的地方一起聊天。村庄公共生活越来越少。

### 五、社会流动

随着市场经济的发展和农民家庭追求收入最大化，村中几乎所有家庭中的年轻人都选择通过外出务工、求学、经商的方式来进入城市、放弃农村生活。夏侯村中只剩下老弱病残，年轻人长期在村庄的情况非常罕见。成功进城的村民定居城市，在城市买房，户口迁出，并且只有在逢年过节之时返乡走亲访友；进城失败的村民呈现出周期性进城务工的状况，农忙返乡、农闲进城。

以村民孙东槐的家庭为例：老两口留守村庄，有4个儿子4个女儿。大儿子长期在外承包工程，是一个小包工头，经常带领本村亲戚、朋友或邻居集体外出做工。二儿子成功考取大学，在某地级市高校工作并定居。三儿子外出开饭馆，生意成功之时在外地买了房子，常年不回家，生意失败之后经常往返于全国各地寻求商机，伺机重新创业。四儿子在家照顾老人，并周期性外出务工。大女儿年轻时成功进入国营企业，定居外地。二女儿随丈夫（国企职工）生活，定居外地。三女儿随丈夫经商，定居外地。四女儿随丈夫外出务工，行踪不定。

### 六、社会分化

进入21世纪，随着社会氛围的宽松化和身份制的破除，村民已经没有"干部""农民""工人""个体户"的概念区分，只有"有钱人""一般人"和"穷人"的财富分化之别。随着村民职业变动性的增强，村民的职业分化呈现弱化趋势，与之相应的是财富分化概念的明晰。"成为有钱人"是当今夏侯村村民的共同追求，"不管一个行业地位高不高，只要能挣钱就行"。

同时，由于村民个人能力、身体状况、家庭氛围、受教育程度的不同，财富分化逐渐加剧。村中出现亿万富翁、百万富翁的同时，仍然有很多食不果腹、看不起病、吃低保的贫困户。

### 七、社会冲突

随着社会主义法制建设的推进，夏侯村村民之间的社会冲突逐渐减少。尤其是"严打"之后，村中喜欢打架闹事的地痞流氓面对过高的违法成本，已经不敢随意闹事。据村民讲述，现在村里谁和谁吵架、骂两句都成重大新闻了，一般都没有人打架了。此外，村民间一旦发生稍微激烈的骂街行为（还没打起来），其中一方就会打110报警，村委会不再管那么多事情，都是民警负责调解。村民描述为："现在打110可方便，不管啥时候，15分钟就到了，警察一来就肯定吵不起来了。别说打架了，吵架吵狠了（吵得厉害了）都打110。也别说不一家人吵架了，一家人吵架（丈夫和妻子吵架）还报警呢。"

### 八、社会保障

夏侯村作为国家级贫困县的贫困村，除低保之外，有很多专项扶贫资金和扶贫政策。例如，村中70岁以上老人每人每年补贴360元，80岁以上老人每人每年补贴720元，90岁以上老人每人每年补贴1080元，100岁以上老人每人每年补贴3600元，且这些钱不经村民委员会发放，而是直接由封丘县民政局委托银行直接打到老人的存折上。

除此之外，夏侯村村民全部办理医疗保险，并获得社会保障卡，由村民委员会集体办理。每人每年向村民委员会缴纳180元即可享受看病报销的国家政策，报销比例在70%左右。但是据村民描述："现在是能报销了，但是医院不中啊。很多自费药，咱老百姓也不懂，报销的时候很多都不能报。医生会告诉你这是自费的，不能报，虽然是自己选择，但都是连哄带骗的，说自费药好。咱们村子的某个人，全部用了能报销的药，但是动手术动了三四次才治好，花的钱比用那些不能报销的药还多，还受罪。所以还是医生说啥好，咱用啥吧。但是比过去好多了，看病压力小了很多。"

表4-10  2016年夏侯村90岁以上老人补贴发放情况

| 姓　名 | 性　别 | 年　龄 | 补贴金额（元） |
|---|---|---|---|
| 杨广坤 | 男 | 96 | 1080 |
| 班青云 | 女 | 96 | 1080 |
| 闫金明 | 男 | 94 | 1080 |
| 赵清枝 | 女 | 94 | 1080 |
| 孙占炳 | 男 | 91 | 1080 |
| 王金凤 | 女 | 90 | 720 |
| 韦秀花 | 女 | 90 | 720 |
| 姚素珍 | 女 | 92 | 1080 |

资料来源：冯村乡民政所2016第三季度"老龄上报情况表"。

# 第五章 夏侯村的文化形态与实态

在长期的历史发展过程中,由于村庄生活的相对封闭性、集体性、交往性和延续性,夏侯村及其周围的村庄形成了非常相似的心理动态和信仰习俗,共同构成了传统时期夏侯村的文化形态。文化具有稳定性和延续性,并且事关每个村民的日常生产生活,本章拟从祖先崇拜、信仰、思维、态度、习俗、规训、文娱活动、文化变迁及当下实态等九个方面考察夏侯村的文化形态与实态。

## 第一节 祖先崇拜与崇拜关系

传统时期,夏侯村村民对远祖的崇拜感普遍较低,更多的是一种社会主流道德舆论压力下的和功利性的祖先崇拜,集中表现为没有祠堂和中华民国之后新修族谱。村民普遍认为爷爷奶奶就是祖先,对近祖的崇拜远重于对远祖的崇拜。这一方面是由于夏侯村民中除孙、杨两个大姓之外,都是因为避难、逃荒、投奔亲戚等原因落户夏侯村,另外孙、杨两姓也均为外来移民,都不是原住居民。两姓均号称是自明洪武年间从山西洪洞县搬迁至此,但历史的真相究竟如何,村民并不确定。普通农户只记得祖孙三代的事情,甚至很多村民只清楚父子两代之事,对祖先并不关心。本节从族谱、祖轴、老坟地、祭祖仪式四部分考察传统时期夏侯村的祖先崇拜情况。

## 一、族谱

夏侯村有孙、王、康、杨、闫、赵、李等七大宗族，只有孙氏宗族和杨氏宗族有族谱，且都始修族谱于中华民国十七年（1928年）前后。据夏侯村孙氏族谱记载："中华民国十七年……长振、长祚重修家谱者，按谱而稽。先人名讳续数代，然皆不甚详悉。从堂伯孙瑗所知先人名讳叙之。"传统时期无论是孙氏族谱抑或是杨氏族谱，修谱难度都非常之大。据老人讲述，没有任何可以考证的资料，甚至会读书写字的人都很少，大多根据老人的讲述、回忆以及部分传言编辑而成，更多的是对当前族人或上两三代人的记叙。关于族谱中内容的真实性，编写族谱的老人亦不能做出准确判断；但是对当前人员姓名的记录，却是非常准确的。

### （一）修谱原因

孙氏族谱和杨氏族谱都始修于中华民国初期，在此之前，村民并无关于族谱的印象。对此，村民有两种说法：一种是传统时期皇帝不让平民百姓修族谱；第二种是"以前肯定也修的有，就是一打仗，不知道丢哪里去了"。无论是哪一种，只能更多地从现有族谱记载中考证。

据孙氏族谱记载：

> 今余志其世系，不惟远者难追，即近如路北、路南祖茔先人名讳，虽间有者亦不可详悉。而志仍可沿之，诚恐凶荒之世，流离播迁，遗世子孙至有觌面不相知，甚至有相为仇者，大可悯也。
>
> 观我《孙氏家谱》序中，无排辈次序，故后世子孙名讳混乱、重名者有之，重先辈名讳者有之不甚雅观。现借重修家谱之际，将为后世子孙起名讳，规定如下……

根据族谱记载，修谱原因主要有五：其一，追忆先祖。其二，记录当下族人。其三，延续宗族规约（大年初一斋戒等）。其四，辨识族亲。其五，帮助族人起名字。

### （二）修谱关系

根据夏侯村孙氏族谱记载，参与修族谱的人都是中农以上成分家庭的当家人。以民国时期的孙氏族谱为例，总理孙玉德的家庭有20—30亩地，孙长振家中有20多亩地，而孙长祚是本村最大地主，有550亩地，且孙玉德是有文化的能人。

### （三）农户与族谱的关系

关于修谱，村民如此描述："那时候普通人谁能想着族谱这东西，连族谱是什么东西都不知道。都是户家或几个有威望的老先生提一下,找一个会写字的师傅写一下就行了。出钱的肯定都是户家,一般人你把族谱给他他也不一定想要,又没啥用,不能当饭吃,族谱上写不写自己的名字也无所谓。"

（四）上谱关系

村民认为自修谱以来,宗族之中所有男丁都可以上族谱,具体上谱事宜由编撰和保存族谱的族中老人来负责。农户本人并不在意自家孩子的姓名是否上了族谱,在孩子降生之后也不会专门向宗族之中的老人汇报上谱事宜。一般都是在孩子做九的时候,邀请所有本家亲戚前来参加喜宴,保存族谱的老人吃过喜宴之后自然就得知了孩子降生的消息,也得知了孩子的姓名,回家之后就在族谱上添上新生儿的名字。女孩子一般不上族谱,因为村民认为"女孩子是别人家的",因此一般不上自家的族谱。同样,夏侯村村民结婚娶媳妇后,一般都会邀请本宗族中保存族谱的老人前来参加,因为能够保存宗族族谱的老人一般都是本宗族中年龄较大、辈分最高且较有威望的人,本宗族所有农户家中的婚丧嫁娶事宜都会邀请老人前来。老人参加完婚礼后,返回家中,在结婚青年的名后写上"配王氏（或张氏等）",一般不会写新娘的姓名,只写姓氏。

二、祖轴

传统时期夏侯村中所有宗族都有自己的祖轴,祖轴是宗族共同财产。所谓祖轴类似于宗族型村庄的祠堂,但却是画在纸上的祠堂。祖轴上有亭台楼阁、仙鹤灵兽,以及所有先祖的姓名。

（一）制作原因

夏侯村村民回忆:"祖轴是安放祖先灵魂的地方,就类似于祠堂。但是过去人穷,没有能力建祠堂,此外也可能是皇帝不让建祠堂。本村这也不算什么名门望族,没有出什么名人,建个真祠堂,容易树大招风。把祠堂画在画布上,不是更隐蔽,更好保存?一卷都收起来了。再说了,咱县好多地方都是这样做的。"

根据村村民的分析可以将制作祖轴的原因总结为以下三点:其一,相对于建祠堂,成本更低。其二,更低调,更安全,更隐蔽。其三,从众心理,大家都这样做。

（二）制作关系

祖轴由专门的匠人制作,这样的匠人既会绘画,又会书法,并且懂得一定的风水。在长约4米、宽约3米的白色粗布上作画,遵循"上北下南、左西右东"的绘画原则。以孙氏家族的祖轴为例:最南为两座石狮子,气势威武,与院墙等高,随后是红墙蓝瓦的高大院墙。南边院墙正中间是大门,进入大门之后为院落,院落左右两侧分立四个神兽仙禽，东侧是马、梅花鹿，西侧为羚羊和白鹅。同时神兽以北有两盆花，东侧为荷花，西侧为兰花，花盆中间为一铜制四角鼎。继续向北为供桌，供桌之上摆放三盘供品，自左至右分别为猪头、馒头和石榴，下有三杯酒。继续向北为供奉祖先牌位的仙亭，仙亭一楼供奉无名牌位，意为中华孙姓始祖，二楼正中间为夏侯村孙氏始祖孙华，始祖东侧为二世祖，西侧为三世祖。仙亭东西两侧为"名墙"，名墙上记录着四世直至八世的名讳。据族人回忆，其祖轴历史非常悠久，是其祖先自古传下来的，一直被族人悉心保存，一有损伤，即刻寻找工匠修补，遵循着"谁破坏，谁修补"的原则。

（三）保存关系

据夏侯村村民讲述，每个宗族只有一张祖轴，由族中辈分最高、年龄最大的族人轮流保存，一人保存一年。保存祖轴的老人一般和保存宗族族谱的老人是同一类人，但族谱一般不会轮流保存，一般由会写字的老人保存，而祖轴不需要修改，只需悬挂祭祖即可。能够保存祖轴是非常光荣的事情，过年时前来家中拜年的人也更多，因此必须轮流保存。

（四）上祖轴关系

据村民回忆，祖轴一旦做成，就不会再修改，即使祖轴上有空白位置用来写人名，一般也不能随便写。因此祖轴上记录的仅仅是开基祖的名讳，其子孙后代是没有资格上祖轴的。以夏侯村孙氏宗族的祖轴为例，祖轴上只显示了孙氏宗族第一世至第八世的名讳，中华民国时期已繁衍至第十二世，至今已繁衍至第十八世，却从未增添新的名字。

（五）农户与祖轴的关系

村民认为，祖轴是宗族的神物，是存放祖宗灵魂的地方，任何人都不能对祖轴不敬。每逢农历春节，所有农户在家中给长辈拜年之后，都要第一时间前往存放祖轴的本家亲戚家中拜祖轴，随后才会到其他农户家中拜年。拜祖轴时必须三叩九拜，其祭拜礼仪与祭拜神佛相同，高于祭拜父母和其他长辈。

三、老坟地

传统时期夏侯村的每一个宗族，搬迁至此就要设立老坟地，以解决族人埋葬之事——没有老坟地，就没有地方埋葬。老坟地有着严格的秩序，每块老坟地中辈分最高、首开坟地的祖宗安葬于风水最好的最北边，且在甬路的正中间。只有老祖宗可以放在甬路中间，具体情况如图3-1所示。

（一）祭拜关系

每年的清明节、鬼节、正月十五十六，村民都要前往老坟地祭拜先祖。村民丧葬之前，出殡当天，头七、一七、二七直到七七，一周年，二周年，三周年都要前往老坟地祭拜刚刚去世的父母、爷爷奶奶。同时，进入老坟地之前，都要在坟门处摆供祭祀老坟地中所有的先祖。

（二）规则关系

老坟地有着严格的规则：

第一，老坟地一般情况下坐北朝南，坟门的开门方位决定老坟地的朝向。坟门不能正对着自己和别人的村庄，否则会被认为对村庄不吉利。如果老坟地正南是村庄，必须将坟门倾斜，有的偏向东南，有的偏向西南，具体偏向哪里，要找风水先生测算。

第二，坟门向北是一条直道，叫作甬路。甬路的最北头是老祖宗的坟地，只有老祖宗可以埋在甬路上，其他子孙都不能埋在甬路上。

第三，靠近老祖宗坟地为上，即北为上；老祖宗坟地的左手边为上，即东为上。甬路东边最靠近老祖宗的一排坟地是老祖宗的儿子，甬路西边最靠近老祖宗坟地的一排坟地是老祖宗的孙子，依次类推。

第四，同一辈分的坟地区域，靠近甬路者为大。并非大儿子生下的就是大孙子，而是所有的孙子按照年龄排序，年龄大的就是大孙子。

第五，如果老坟地规定区域不够埋人，就会"开新茔"（开设新坟地）。开新茔的费用，由新茔的老祖宗及其子孙支付。只要老坟地不够埋人，新老祖宗一支（派）有财力购买新坟地，就可以开新茔。

（三）维护关系

老坟地神圣不可侵犯，如果有人破坏，必然会引发激烈的斗争。一旦有人故意破坏坟头，不仅会与当事人结仇，而且一定会打架。如果破坏者是不懂事的小孩子，也不会引发大仇恨，通知小孩子的家长，由小孩子家长处理。如果是成年人，同一老坟地的人会群起而攻之。老坟地日常的维护，如除草、治安等，由耕种老坟地的家户负责。每年农历十月初一要去给已逝的父母、爷爷奶奶的坟头"添坟"。所谓的"添坟"就是将坟头的杂草去除，再往坟头上添点土，用铁锹拍得平整一些，并且要专门祭奠自己的亲人。

（四）入祖坟关系

传统时期，人们比较迷信鬼神、风水，根据老祖宗定下的规矩和风水先生的研究，村民有以下情况的不能入祖坟：第一，20岁以下去世的，没结过婚的不能入祖坟，结过婚、有孩子的可以入祖坟，结过婚、没有孩子的也不能入祖坟。第二，20岁以上，结过婚、有孩子的可以入祖坟，结过婚、没有孩子的也可以入祖坟，没有结过婚的可以入祖坟。第三，意外身亡（包括自杀）的都不能入祖坟，如被打死、被撞死、淹死、上吊自杀、被毒死等情况。第四，从事下九流行当的子孙不能入祖坟，如吹响器的、剃头的、修脚的、偷盗的、按摩的、唱戏的等。

不能入祖坟的原因是害怕冤魂的怨气太重，会影响后代子孙的运势。从事下九流行当的子孙入祖坟，对风水不好。不能入祖坟的子孙只能埋在自家田地里。如果自家没有田地，就用草席一卷，随便扔在哪个阴沟里边，或者火化。

（五）农户与老坟地的关系

村民普遍认为只有进入老坟地才能得到祖先的庇佑，如果不能进入老坟地就不算入土为安，就会变成孤魂野鬼，不仅对农户个人不好，而且会影响农户家庭未来几代人的运势和风水。夏侯村每个宗族的老坟地都有风水上的称谓，开设老坟地一定会请风水先生前来看风水，并对老坟地的花草树木、坟头位置进行布局。其中，孙氏宗族的老坟地在风水上称为"携子抱孙式"，杨氏宗族的老坟地称为富贵双全式。

传统时期，夏侯村非常重视能否进入老坟地。村民对老坟地的重视，具体体现在以下几个方面：其一，老坟地有专人日夜看护，任何人不能随意破坏，也不能随意埋葬族人。其二，只有进入老坟地才算入土为安，才能得到祖先的庇佑，否则就是孤魂野鬼。其三，无论是清明、七月十五、十月初一还是春节期间，所有族人都要到老坟地中祭拜，并且祭拜自家亲人之前一定要在坟门口祭拜老坟地中的所有亲人。其四，只有埋葬在同一块老坟地中的亲戚才是本家亲戚，而本家亲戚有权干涉农户家庭内部的财产继承、田地买卖以及婚丧嫁娶事务，宗族之内的其他亲戚一般都不能干涉。其五，如果由于未婚夭折而不能进入老坟地安葬，就会用配冥婚等各种"破除风水"的方式使家人能够进入老坟地安葬，为此不惜付出巨大代价。其六，不到万不得已，绝对不会从事下九流的行当。

四、祭祖仪式

传统时期夏侯村宗族全体祭祖的情况非常少。大多是以家户为单位的老坟地祭祖，在祭拜自己亲属的同时顺带着祭拜自己的祖宗。除此之外，会在大年初一早上拜年的时候，走到有祖轴的长辈家中，在给长辈拜过年之后，顺带拜一拜宗族的老祖宗，也是一种顺带祭拜。并且无论是否为本宗族的成员，都会拜一拜祖轴，许多时候并不是缅怀先祖，而是将祖先神化之后当作神灵来祭拜。传统时期夏侯村常见的祭祖仪式有散路灯、老坟地祭拜、家户祭拜三种形式。

（一）散路灯

散路灯仪式是夏侯村孙氏族人所独有的祭祖仪式，其他宗族没有这样的活动。其祭祖时间是每年正月十五的晚上。

1. 祭祖准备

路灯是孙氏族人自己制作的，用糠和棉花做的纸拌上油，然后包起来放在油锅中浸泡，要浸泡12个小时以上，所以需要提前准备原材料，提前制作。参与制作的大多数是本宗族的老头、老太太、中年妇女等，青壮年男子和小孩子一般不参与，因为小孩子不会制作，青壮年劳力有自己要做的事情，而且要走亲戚、招待亲戚。制作路灯所用的糠和棉花是夏侯村孙氏族人自愿捐出来的，"谁家里有就会拿出来一点"。因为到时的祭拜，不仅有大家共同的祖先，而且也有自己的亲人，一般都"舍得拿出来"。但是普通农户不会拿得太多，如果都拿出来，自己家就"没的用了"。制作路灯需要很多油，普通农户出不起，所有的花费均由孙氏宗族中的户家、地主、有钱人出，其他族人参与活动。大家都是在正月十四，在场里支上油锅，边制作路灯边往油锅里扔，由于人多力量大，这一点活儿干不了多久就干完了。

2. 祭祖当晚

到正月十五晚上，孙氏族人聚在一起，大家共同选出几个年轻力壮、腿脚麻利的年轻人，一般是20岁左右的年轻人——较小的孩子可能干活不老练，也可能害怕；年龄再大一点的不愿意干这样的活儿；年老的，腿脚就不麻利了。年轻人从油锅里捞出路灯，随身拿个布包或布袋装着，一人拿十几个或二十几个。不能拿太多，拿多了跑不动，且必须拿双数。随后几个年轻人商量一下怎么点燃。也可以一人拿东西，一人负责点燃。

随后，在场里到孙氏宗族老坟地的路上开始点燃。路两边对称放路灯，点燃，根据路灯的多少决定每隔多少米放置一个路灯，没有严格的规定。"路上可以少放，但是老坟地中每一个坟头至少有一盏路灯"。每个路灯燃烧时间最多只有半个多小时，所以一旦开始就要尽快全部点燃，而且只有一起点燃看着才好看、气派。多余的路灯也不能浪费。孙氏宗族的老坟地中的坟头放置完之后，若仍有路灯，就由年轻人往外姓的坟头或者孤坟、野坟的坟头也放置一盏，直到放完。此时老坟地被路灯照亮，直至村中，有着请祖先的灵魂回家过年、安抚已故的先人等美好寓意。

（二）老坟地祭拜

在传统时期，村民们每逢清明节，七月十五，正月十五、十六，老人的逢七、周年都要前往老坟地祭拜，重点祭拜自家的老人。这一般是指三代以内的本家，甚至有的只祭拜自己的爷爷奶奶、叔叔伯伯等，其他的亲戚都不再祭拜。在祭拜自家老人时，进入老坟地之前要先祭拜老坟地中所有亲戚。

祭拜老坟地中所有亲戚的具体做法是在坟门口摆供，磕头作揖，并高声呼喊"都有了啊！"其供品一般是3根香，2根白蜡烛，酒，1盘肉菜、4盘素菜，25个白面馒头，纸钱，鞭炮等。磕头不同于祭拜自家老人：夏侯村村民磕头遵循"神三鬼四"的磕法，意为对神灵磕头要磕3个，对死人磕头要磕4个。老坟地中所有亲戚并不是某一个人，而是已经神化的祖先，所以要磕3个头，而祭拜自家老人时磕4个头。

（三）家户祭拜

传统时期夏侯村农户一般会将祖先的画像摆放在堂屋正中，其具体祭拜日期有所不同：有些农户每天早上起来都会对父母或爷爷奶奶的画像念叨念叨、说说话，有些农户只有在特定的日子进行祭拜，有些农户只有逢年过节时祭拜。并不是每个家户都有父母或爷爷奶奶的画像，有的农户有牌位，但是有牌位的农户一般是祖上做过官的才有，并且不是一般的小官，这一点在第二章第四节"祭牌位"处有详细描述。

传统时期家户祭拜有以下四种情形：

1. 添坟

每逢农历十月初一，夏侯村民都会以家庭为单位，到老坟地给自己的父母、爷爷奶奶拔草、填土、修整坟头，此时也会顺道拜一下老坟地中的所有亲戚。供品与日常祖宗摆供基本相同，都有3根香，2根白蜡烛，酒，1盘肉菜、4盘素菜，25个白面馒头，纸钱，鞭炮。由于此时天气由暖变寒，还要给老人准备一些纸棉袄，意为给老人添冬装。

2. 鬼节祭拜

每逢农历七月十五，村民都会以家庭为单位在自己家中摆供祭祖先。此时一般不去老坟地祭拜，而是"将老人请回家中吃饭"，并保佑家人平安。村民认为"农历七月十五是一年之中阴气最重的时候，此时鬼魂十分活跃，自家老人都会在这一天出来转悠转悠"。如果七月十五不祭拜祖宗，不求自家祖宗保佑，就容易被其他鬼魂攻击，出现"鬼上身"之类的邪门事情。

3. 初一十五祭拜

传统时期夏侯村很多农户在每个农历的初一、十五两天，都会在家中摆供祭祖。因为传统时期村民较为迷信鬼神，认为初一、十五都是鬼神活动的时候，在此时祭拜，容易受到祖宗保佑，更好。

4. 清明节祭拜

传统时期夏侯村村民认为清明时节是一年中由寒转暖的时候，要给故去的亲人脱下冬装换上单衣服,会给故去的亲人送去(烧纸)一些单衣服(纸制的单衣服)。清明节的祭祖要到老坟地祭拜,此时会顺便祭拜老坟地中的所有亲戚,让其照顾自己的亲人,祈祷其保佑自己的家庭。

## 第二节 信仰与信仰关系

传统时期夏侯村村民有着纷繁复杂的满天神佛信仰系统。甚至村民自己都不知道自己信仰什么神仙,这个神仙是干吗的,有时候是听别人说"这个神仙比较灵",有时候是"大家都在拜这个神仙",有时候是由于"拜一拜不得罪"。问其是否信仰,答曰信仰;但是其行为方式往往只是停留在"嘴上信仰",事实上并不虔诚,一旦没有得到某个神仙的庇佑,就会转投其他神仙,有很强的功利性。每个家庭有不同的保护神,而家庭中的每个成员可能各自拥有不同的信仰,但总而言之,多以"人"为核心的信仰。侯村民多拜人而少拜物,甚至将神仙与世俗社会联系起来,神仙也封有各种官职,分三六九等。本部分从天地全神、巫婆和算命先生三方面考察传统时期夏侯村的信仰形态。

一、天地全神

夏侯村地近黄河,天灾较多,且村中自然条件差,大量盐碱、内涝地导致粮食产量极低,都是靠天吃饭。农民无法左右自己的生活,只能求神拜佛,祈祷老天爷的保佑,从而形成了夏侯村民非常丰富的信仰体系。传统时期,夏侯村村民信奉的神灵非常多,有如来佛、观音、玉皇大帝、十八罗汉、阎王、土地公、牛王、马王、灶神、嫦娥、关圣帝君、钟馗、门神、妖魔鬼怪,以及种种叫不上名字的各路神仙,统称"天地全神"。具体情况如表 5-1 所示。

表 5-1 传统时期夏侯村村民神灵信仰情况表

| 神 灵 | 祭拜时间 | 供 品 | 特殊规矩 | 祭拜原因 | 祭拜地点 |
| --- | --- | --- | --- | --- | --- |
| 如来佛 | 随时 | 仙果 | 跪拜 9 次 | 求保佑平安 | 淳于古寺<br>大雄宝殿 |
| 观音 | 随时 | 仙果 | 跪拜 3 次 | 求子,求保平安 | 淳于古寺<br>观音殿 |
| 阎王 | 随时 | 仙酒 | 跪拜 3 次 | 求保平安,重病求痊愈 | 淳于古寺<br>阎王殿 |
| 十八罗汉 | 随时 | 香 | 跪拜 3 次 | 十八罗汉各司其职 | 淳于古寺<br>大雄宝殿 |

续表

| 神 灵 | 祭拜时间 | 供品 | 特殊规矩 | 祭拜原因 | 祭拜地点 |
|---|---|---|---|---|---|
| 马王爷 | 正月初一 | 香、鞭炮 | 跪拜3次 | 马王爷管马,求马、骡子平安 | 夏侯村马王庙 |
| 牛王爷 | 正月初一 | 香、鞭炮 | 跪拜3次 | 牛王爷管牛,求牛、驴平安 | 夏侯村牛王庙 |
| 老灶爷 | 腊月二十三 正月初一 | 祭灶糖、供鸡 | 跪拜3次 说好话 | 老灶爷是玉帝派来人间的特使,每年腊月二十三向玉帝汇报工作,俗话说"上天言好事,下界保平安" | 各家各户都有灶神画像 |
| 嫦娥 | 八月十五 | 毛栗子、毛豆、锅盔 | 只女的祭拜 | 求美丽,求漂亮,求生活幸福 | 对着八月十五的月亮 |
| 关圣帝君 | 正月初一 大旱时 | 酒、肉、馒头 | 无 | 干旱求雨 结拜拜关公 | 淳于古寺 武圣殿 |
| 天地全神 天爷庙 | 正月初一至 正月十五 | 酒、肉、馒头 | 向房屋东西南北四方各磕3次 | 保佑一切 | 家户墙上都有专门的天地全神画像 |
| 钟馗 | 腊月三十至 正月十六 | 无 | 贴在门上 | 保佑农户远离小鬼骚扰 | 各家户的门上 |
| 尉迟恭 秦叔宝 | 腊月三十至 正月十六 | 无 | 贴在门上 | 保佑农户远离盗贼困扰 | 各家户的门上 |
| 龙王 | 随时 | 酒、肉 | 跪拜3次 | 洪灾时祭拜 | 青龙宫庙 |

**资料来源:** 2016年10月至2017年1月的田野调查。

传统时期的夏侯村,信什么神,关键在所遇到的困难是什么。如果不孕不育,就会更信观音;如果天下大旱,更信关圣帝君;如遇洪灾,则更信龙王;如果图个自家吉利,则更信灶神、财神等家神;如果家中牲口生病,则更信牛王爷、马王爷;如果人久病不愈,就会信阎王、巫医等。信仰不固定,但庙宇越大、神灵越灵验,就越不敢不敬。拜神时,一般都是遇到不顺利的事情,专程去祭拜某位神灵。顺路去拜神的情况,只有赶庙会的时候。庙会中的神没有规定的管理范围,各村都说本村的神庙比较灵验,并且号称本村的神灵是掌管天地万物的,法力无边。

二、巫婆

传统时期,夏侯村的巫婆是弥补普通农户看不起病的空白而产生的,以驱鬼吓神看病为职业的"江湖人员"。本部分从巫婆的等级、收入、社会关系三个方面考察传统时期夏侯村的巫婆信仰。

（一）等级关系

村民打过交道的巫婆有三个等级，第一个等级是"出名的巫婆"，第二个等级是"一般的巫婆"，第三个等级是"看不好病的巫婆"。

第一个等级的巫婆非常神秘，常常自称是王母娘娘的弟子，被派到凡间拯救众生，一般不看病驱鬼。如果请其看病驱鬼，费用非常高，已经到了村中户家都请不起的程度。此种巫婆一般从不亲自出手，其借助一系列欺骗手段，势力很大，据说都和官府有关系，并且给某位将军或高官看好过病，可以达到收徒弟的程度，甚至弟子很多，自创门派，广收教众。村民听说的有龙门会的方张氏，其自称"雷公老母"，利用吓神治病发展会徒，先后在斑鸠寨、西林庄、西黄村营、留光集、杨庄设立佛堂。

第二个等级的巫婆也较为神秘，都是通过村民之间的口口相传而得知其治好过病或者看得准。村民眼中第二个等级的巫婆一般有以下特征：首先是外村的，因为本村人都知根知底，没有神秘性；其次是听说能治病，具有一定的口碑和影响力，最起码被人听说过；最后是收费不高，能请得起。

第三个等级的巫婆一般为人所熟知。村民明知道其不会看病，往往抱着试一试的心态，死马当活马医时会找其帮忙。这类巫婆一般都是为村民所熟知的身边的人，例如夏侯村村民"假妮"，自称加入龙门会，得到大师父真传，一朝顿悟，决定拯救苍生。

（二）收入关系

不同等级的巫婆，其收入相差很大。据村民听说，第一等级的巫婆一般都手眼通天、黑白通吃，不是一般人，是非常有钱的，但是具体有多少钱，家庭收入多少，村民并不知道。第二等级的巫婆的收入情况被村民描述为"半年不开张，开张吃半年"，意为一般情况下没人去找其看病，也就没有收入，一旦碰到一个慕名而来的信徒，巫婆就会狠狠宰上一笔。通过做法事，其在主家骗吃骗喝，离开时还能得到一担左右粮食。而且一次法事往往不能生效，需要做很多次，直到信徒不再相信、不再邀请，否则巫婆会定期前来。第三个等级的巫婆没有收入，因为没人相信，也就没人敢邀请其给自己看病。

（三）信仰关系

传统时期夏侯村大部分村民对巫婆是完全不相信的，但是抱着不得罪人的态度，也不会刻意疏远之——巫婆说什么，只管听一听，"当个乐"，但是事后该怎么做还是怎么做。村民找不找巫婆关键看信不信鬼怪，如果有些农户比较信，就会找巫婆，但是为了避免街坊邻居说长道短，一般也是秘密找巫婆，其行事一般是在"院墙之内"，尽量不让外人知道。找巫婆的农户一般是中农以上的家庭，因为普通家庭非常穷困，没有闲钱请巫婆。

三、算命先生

传统时期夏侯村村内并无村民从事算命先生的行当，村中的算命先生大多是外村的。本部分从算命先生的工作内容、收入、社会关系三个方面考察。

（一）工作内容

传统时期夏侯村出现的算命先生大多是瞎子。但是据村民回忆，也不都是瞎子，有的是装瞎子。算命先生有的举着个幡，有的什么都不拿，但是大多都扛一个肩包，到村子里转悠转悠，有的什么都不说，有的手拿两个铜片拨弄拨弄。算命先生一般以"王八卦"、阴阳五行为工具，通过察言观色诌人祸福，在卦语中加入夸、吓、揽的伎俩。一般会骗算卦者说其有灾相，随后会用风水不好、命犯太岁等玄语让人心生绝望，只得求助于自己，进而提出一些对策，例如拜某个神、捐某个物品、变换祖坟方位、改变房屋布局等，使得算卦者信以为真，急忙道谢。

（二）收入关系

算命先生都声称不要钱，给人免费算卦。如果没有人相信，没有人找他，他就没有一点收入；如果有人相信他，找他算卦，虽然他说不要钱，但是大多会说求卦者有灾有难，需要如何破解，破解本身需要花费，求得破解之术会使得算命先生泄露天机，进而折损阳寿。懂事的村民都会央求破解之术，主动奉上一定钱粮。有些村民看着算命先生比较可怜，也会请其到家中吃饭，或者端一碗饭给算命先生。

（三）信仰关系

1949年以前很多时候算命只是一种乞讨的伎俩，通过夸奖别人或者说一些玄之又玄的好听话，使别人心里高兴，然后多给一些吃的，或者给一些钱粮，但是后期被某些坏人利用，通过讹诈的伎俩骗人钱财、损人利己。据村民回忆：大多数算命先生是可怜人，都是为了混口饭吃；骗人的算命先生比较少，此外也很少能骗到人。

传统时期，村民与算命先生聊一聊，也是农闲时期一项重要的娱乐活动。村民喜欢逗算命先生，经常问算命先生一些问题，如"你这么厉害，都能算到一个人的命数，怎么不给自己算算，让自己转转运？"算命先生答："我的命理决定如此，否则将大难临头。"

## 第三节 思维与思维关系

传统时期夏侯村在恶劣的自然条件以及低下的改造自然能力状态下，产生了敬畏自然、顺从自然的宿命思维，产生了较为慵懒的性格——其农业生产基本为靠天农业，人们并不奢求通过自己的努力改变耕作条件而增收，更多的是希望天公作美而获得丰收。其慵懒思维进一步加剧了粮食的短缺，使得村民必须通过在社会上的激烈竞争才能勉强维持生存，进而又产生了与"对自然的慵懒"相对应的"对社会的竞争和好斗"。本部分从宿命思维、勤俭思维、平均思维、矛盾的流动思维四个方面考察传统时期夏侯村的思维形态。

### 一、宿命思维

传统时期夏侯村村民的宿命思维主要是面对恶劣的自然环境而无能为力所表现出的寄希望于老天爷、无心改造自然的生产状态，长期贫困而不能看到希望之后影响到村民的生活状态，且经过历史的延续，一代又一代人"皆是如此"所形成的思维习惯。本部分从以下三个方面考察夏侯村民的"宿命思维"。

（一）靠天农业

农耕是传统时期夏侯村民获取粮食收入的根本途径，但是由于恶劣的自然环境和土地状况，夏侯村民长期处于饥饿状态，粮食常年不够吃。对此，夏侯村民并没有思考如何通过灌溉、改良土壤等方式增加农业产量，而是完全寄希望于天降祥瑞、天公作美，在粮食生产处于"下雨多就淹死、不下雨就旱死"的状态下，继续做着"冬天麦盖三层被，来年枕着馒头睡"的美梦。以下访谈内容即体现了其强烈的靠天思维：

> 那过去（1949年前）都是纯粹靠天吃饭，粮食打得多不多，全看天好不好。年景好了，春冬不旱、夏秋不涝，那就是丰收年；天不好，就减产；大旱大涝就绝收。过去（1949年前）没有人想着浇地，一方面是因为过去雨水比现在多，没有那么旱，另一方面也没有人浇地，大家都不浇地，旱（死）都（就）旱死。另外咱们这土多厚啊，你浇那一桶两桶水根本没有一点用，也就自家的菜地浇浇水。
> 
> 大旱的时候可以从坑里边挑水浇地，但是你要碰到大旱，那坑里也就没有水了。井里的水都不够喝，哪还能浇地？过去为啥不治碱场地？谁会啊。一直到解放后很多年，来的这专家、那专家都没治好，过去谁也没有办法。

(二)"龙生龙,凤生凤,老鼠的儿子会打洞"

村民认为村中的户家都是祖上遗留得多,是"一生下来就有的","打断胳膊腿,躺床上也能不挨饿",是"天生的富贵命"。而穷人生下来就穷,是"穷命",再努力也改变不了命运。如果想彻底改变,就是"逆天行事",就算富贵了,也终究会再遭灾返贫。

造成这种现象的原因是传统时期夏侯村尖锐的人地矛盾和贫富分化问题。根据之前章节的描述,夏侯村的8个户家(地主)以不足8%的人口占据夏侯村60%以上的耕地,而耕地和粮食是传统时期夏侯村的"硬通货",对于普通农户来讲,是比黄金白银更加珍贵的"稀有资源"。尤其是在战乱灾荒年间,"一斗粮食都能娶个媳妇"的故事并不仅仅是故事,而是现实的写照。并且户家有更多的粮食养活更多的人口,使得户家更有"人势";有着更多的钱粮使后代子孙接受教育、学习技术,从而更具"才势";有着更大的推动力,使得后代从政做官,更具"权势";有着更多的力量武装自己,更具"威势";也有闲暇的资源捐资、"做人情",更具"德势"。而普通农户,尤其是贫穷农户,一切围绕着填饱肚子延续生命,其他都退居次要地位,更没有多余的精力从事教育,子孙一代又一代务农,代代相似。如果有幸多养活了一个儿子,则后代比上一代拥有更少的耕地,只能更加贫穷。在这样的情况下,想要改变命运,难上加难。

(三)强者人怕天不怕,弱者人欺天不欺

恶劣的自然条件、固化的阶层流动,使得传统时期夏侯村大部分农户看不到希望,只能寄希望于来生,寄希望于"天"。鸵鸟心态与宿命思想使得农户对饿肚子的现实和悬殊的贫富差距视而不见,转而相信一些"强者人怕天不怕,弱者人欺天不欺""行好不见好,终究跑不了""不是不报,时辰未到,时辰一到,好坏都报"的轮回报应的思想。认为这辈子吃苦是上天的考验,只要坚持本心,积德行善,就能有福报,子孙后代自然就会转运而变得富贵。

二、勤俭思维

传统时期,夏侯村村民并不认为自己有勤俭的传统,而认为是维持生存所必须做的,是很平常的事情,只有通过时代的对比,才有了对传统时期村民勤俭的认识。本部分三点考察之。

(一)母亲很少睡觉

据夏侯村的孙占秀老人回忆:"过去,我的母亲是一个非常勤劳的人,你们现在的年轻人很难想象,那都不能简单用勤劳来形容,可以说就是拼命。过去我们家穷,只有一两亩地。家里人得吃饭啊。父亲在外做买卖,母亲在家纺花织布,就想着能多织点布，做点鞋垫、布鞋、衣服，然后到集会上卖了换点粮食。白天洗衣做饭照顾一大家子人，纺花织布都是晚上。我记得小时候，我半夜醒了，睡不着了，就看着我的母亲都一直在纺花，累了就在纺花车上趴着休息休息，都不到床上睡，生怕一睡醒不来，耽误干活。母亲生了12个孩子，就活下来我们兄弟两个，都是没有钱看病，这对母亲刺激很大。"

（二）过年才吃肉

据村民回忆，传统时期只有过年的时候才会吃肉，就算户家平时也是吃黑馍（窝窝头、高粱面馒头），也不是天天吃白馍（白面馒头）。据村民描述："过去，只有过年才能见到点肉啊，平常谁舍吃啊？鸡、鸭都不舍得杀，下蛋卖钱呢。猪就更别说了，一般都是结婚娶媳妇、给老人办丧事才杀的。一到过年才弄个一两斤肉，全家包饺子，只有过年才能吃饺子啊。过去那小孩子为啥想过年啊？过年才能吃到肉啊。过去的饺子可不是现在这饺子，那都是一堆白菜、野菜掺上一点肉，有个肉味都流口水。另外过去买肉，没有人要瘦肉，都想要肥肉，肥肉香啊。"

此外，"走亲戚看肉不吃肉"也能体现夏侯村村民的勤俭。村民回忆："过去也要面子啊，亲戚一年好不容易来一回，肯定把家里好吃好喝的都拿出来招待啊。但是真是穷得啥都没有，怎么办？借个肉菜，摆桌子上。亲戚也都穷，知根知底，也不会吃你的肉，都是随便吃两口馍、配点咸菜就中了。有时候，邻居几家就用一个肉菜就过年了。都不舍得吃，放坏了都不舍得吃。"

（三）衣服补丁摞补丁

传统时期村民的勤俭还体现在穿衣上。据村民描述："过去谁管穿啥呢，（男的）夏天都不穿上衣，就穿个破单裤。小孩子（七八岁以下）都是'解肚'（裸体），哪有衣服穿。天冷了，就穿点单布衫，再冷点都穿棉袄棉裤。那衣裳都是破破烂烂、补丁摞补丁，一屁股补丁，一身衣服都过好几年。过年穿新衣裳，谁舍得穿啊，都是年里穿几次，就赶紧放（收藏）起来了，一新好几年（指新衣服在很多年内都算作新衣服）。小孩的衣服都是大的穿完小的穿，小的穿完改着穿（意思是在一个家庭中，大孩子的衣服小了，穿不上了，也不会扔掉，由弟弟或妹妹继续穿；弟弟妹妹穿着也小了，就改成鞋垫、布鞋或其他衣服的边角料继续穿）。"

三、平均思维

传统时期夏侯村村民有着朴素的平均思想。大家生活都非常艰苦，但是"所有人都是这样子"的时候，并没有因为生活艰苦而整日忧愁。相反，一旦有人暴富，或者展现出与身份不相符合的阔气的时候，就会受到村民的敌对和排挤。这更多的是一种

"不患贫而患不均"的思维，而且更加注重"身边人""同村人"的平均，对村外不相熟知的人反而没有这样的平均思维。本部分将分三个部分进行考察。

（一）兄弟不公闹分家，分家不公要吵架

夏侯村每个家庭成员之间也需要一种"完全平均"的思想，尤其是亲兄弟之间。父母必须"一碗水端平"。如果某个父母偏心某个兄弟，就会出现儿子记恨父母的情况。当不平均达到一定程度，矛盾公开之后，很有可能兄弟分家。

> 夏侯村民孙占秀和其弟弟孙占玉之间年龄差别比较大，哥哥不仅要种地干农活，还要照顾年幼的弟弟，并且弟弟相对争强好胜，什么都要和哥哥抢。哥哥非常爱护自己的弟弟，内心还可以接受。但是哥哥成家之后，弟弟年龄也不小了，仍然什么都不干，需要哥哥嫂子的照顾，慢慢嫂子有意见了，经常抱怨。经过与父母的商讨之后，为避免矛盾升级，就分家了。

在分家的时候，尤其能体现平均思想：对所有物品，只要能一分为二的都要完全平分，不能等量等质的，就要叨蛋儿决定，否则兄弟之间就会发生不愉快。村民认为，兄弟之间的矛盾相对好调解，但是兄弟都成家之后，儿媳妇之间非常容易"争强好胜""心眼儿小"。一旦分家不公，往往是儿媳妇有意见，经常在丈夫耳朵边啰唆，使得丈夫受其影响，转变了观念，或者为"小家庭和睦""耳根清净"，要求兄弟之间平均分配。

从分家的部分原则可以看出平均思维：其一，庄的大小必须一分为二，不能一个很大、一个很小，或者一个很破、一个很新。其二，如果有两片庄，一片是包袱庄，另一片是临街庄，兄弟都想要临街庄，就必须叨蛋儿决定。如果有兄弟三人、两片不相连的庄，那么分到庄的两个兄弟要对钱（凑钱）给没有庄的兄弟买一片新庄，或者一人分出来一半让兄弟重新建房居住，并且如果需要建房，有庄的兄弟必须出钱出力，帮忙建好之后再分家。其三，地必须完全均质均量分配，好地和孬地要互相搭配，不能一个兄弟全部是好地或者孬地。具体如何分配，要兄弟自己商量，如果商量不成，就需要家长将地分为几份，然后兄弟叨蛋儿决定。其四，家中物品如床、柜子、厨具、劳动工具、檩条、柴火等的分配，也要尽量公平，核心是兄弟同意。一旦兄弟两人或三人都想要某个物品，"谈不拢"，就需要家长将物品平均分为若干份，叨蛋儿决定。

（二）帮忙干活必须偿还人情

传统时期由于自然条件的限制和礼俗的繁杂，难免有单家独户难以应对的各种情况，夏侯村普通农户家中经常需要彼此帮忙干活，例如婚庆、丧葬、开新茔、做九、耕地、收麦、磨面、淘井、烧窑、建房等。农户遇到上述情况，会邀请亲戚、街坊邻居和朋友来帮忙干活。按照"老礼"，帮忙干活需要请吃饭，但由于村民们过于贫困，也就默契地都省略了这一步骤。如果一个农户请另一个农户吃饭，那么按照平均思维，农户也必须回请，一来一去，就是两顿饭。且请客吃饭与日常吃饭不同，必须有酒有肉。这对于普遍贫困的夏侯村农户来说有着不小的压力。

不论彼此是否请客吃饭，吃饭是一回事，把帮忙干的活还回去又是另外一回事。也就是说，请客吃饭并不是人情的终结，请客吃饭也不能代表已经偿还了所帮之忙，而是必须以大约相同的劳动量还回去。例如：A农户帮助B农户耕种了两亩地，那么B农户至少得帮助A农户种两亩地。如果A农户家里只有两亩地，B农户帮着"干到底了"（干完了），但是B农户家中有五亩地，那么A农户就要帮着多干一些，不能只干两亩地就算完了，也要干到底。

如果一农户帮助另一农户干的活儿另一个农户不会，不能在同样的事情上偿还这个人情，那么必须牢记在心，在别的方面，以别的方式偿还。偿还必须是大致等量或者多一些的活儿。例如：A农户是木匠，B农户是普通农户。A帮助B做了一些家具，如果找人帮忙，大概需要一担粮食的工钱，但是A没有收B的钱，那么B就要记得这份人情，通过帮忙耕地犁地，帮忙修屋建房，或者送个鞋垫、鞋子、蔬菜、鸡鸭的方式来偿还，并且其价值需要与一担粮食大差不差。

（三）随礼必须有来有往

传统时期夏侯村村民无论丧葬、婚礼、做九、做寿等事情都要随礼。根据不同的事情、不同的关系有着完全不同的礼，但是礼不论多少，都要在别人办事的时候同样地随回去，否则就得罪人了。例如：A农户在B的父亲去世的时候，随了25个白面馒头、1串鞭炮、2叠纸钱、1担小麦，那么B农户必须将其牢记在心，在A农户父亲或母亲去世的时候，至少给A农户同样的礼。如果A农户的双亲都去世了，办丧事的时候没有通知B，那么B在父亲或母亲去世的时候就不能邀请A来参加，即使A来随礼，也不能随便收，只参加吊唁即可。

在走亲戚的时候，没有那么严格的等量交换原则。但是由于亲戚彼此都知根知底，走亲戚带的礼物也就有所不同，家庭条件较好的亲戚必须带上符合自己身份的礼物。例如：A是户家，B是普通农户，A和B是亲戚。过年期间，B到A家带了2封锞子、2串柿饼，若某天A到B家走亲戚，就不能只带2封锞子、2串柿饼，必须多一点，否则B就会认为A小气，看不起人。但是这也因人而异，不是绝对情况，一般情况下，礼物相同就不算失礼。

### 四、矛盾的流动思维

传统时期，夏侯村村民在生死线上徘徊，生产生活状况极不稳定，一旦遭遇天灾人祸，就可能出现逃荒要饭的情况。此外，夏侯村有着很多不能单纯依靠种地而生的农户，他们只能背井离乡，通过外出做买卖获取收入。从这一角度看，夏侯村村民可能有着很强的流动思维。但是其"流动思维"与"安土重迁""叶落归根"思维并行，共同构成了"矛盾的流动思维"或者说是"外向性的根土思维"。本部分从以下四方面加以考察：

（一）"做买卖的随圈跑"

1949 年前，村民中有很多依靠做买卖为生。买卖做得最远的农户是孙长江，通过卖元宵，其足迹遍布山西运城、侯马，安徽蚌埠等地，是跨省跨市的买卖。村中从事"跨县买卖"者甚多，有在开封和封丘之间倒卖鸡蛋的麻氏奶，有在开封和封丘之间倒卖水的孙良，有往来于浚县和封丘之间倒卖石磨、石碾的康坤等。从事"县内买卖"的农户更多，有往来于各个村庄集会的打烧饼、炸油条的孙梅，有往来于各村之间倒卖粮食的孙富坤父子，可以说凡是过去有手艺的农户，都会频繁穿梭于县内各个集会，以求将自己制作的东西卖出更高的价格。村民们普遍认为，一般人（指务农的农户）一般不会乱跑，就做买卖的"随圈跑"（到处乱跑）。做买卖的农户是村中最具流动思维的农户，但是无论买卖做得是否成功、是否赚钱，最终都要回到自己的家乡，将钱粮用在夏侯村中，鲜有买卖做大之后在外村外地定居的情况。

（二）大半村民外出逃荒

中华民国二十九年（1940 年）至中华民国三十七年（1948 年）期间，由于长期的战乱和灾荒，夏侯村普通农户中的大多数处于"没法活"的境地。黄河水灾、蝗虫灾害使得粮食数年减产或绝收，不仅普通农户没有吃的，就是户家也没有了余粮，村民无处借粮，陷入普遍性饥荒。此外，严重的匪患使得夏侯村村民生活朝不保夕，常有土匪带枪进村公开索要钱粮。并且由于战乱频发，各个武装都要扩充军队，抓兵现象非常普遍，导致"男性村民不敢在家里睡觉"，"在地里睡也有被抓走的危险"。频发的自然灾害和战争破坏同时作用，其危害呈几何级数增加，村中"饿死很多人"。村民没有办法，只能背井离乡，希望求得生存。

（三）"树挪死，人挪活"

1949 年以前，夏侯村有"树挪死、人挪活"这样的俗语，意为树木不能随便移动，一旦移动伤到根系，就可能死掉，但是如果人遇到了困境，或发生危险，到别的地方躲一躲、避一避、走走看看，事情就有转机。同时村民也有豁达的流动观念，表述为"此处不留爷，自有留爷处"，意为一个地方的人不欢迎我、排挤我，我不怕，（通过流动）总会找到容身之处。

（四）衣锦还乡

传统时期夏侯村村民认为"无论在外边生活得多好，都不是自己的家，金窝银窝不如自己的狗窝"，有着很强的故土情结。村民普遍认为"真正有情有义的人是不管在外边做了多大的官、做了多大的买卖，都能想着村子里的乡亲，这才算是真正有成就的人。那些做官了、挣钱了就在外边定居了，也不回家、也不联系的人是薄情寡义、见利忘义的人"。村民这样的人生观、价值观造成了很大的舆论道义约束，使得夏侯村民不论通过流动获得多么大的利益，都要重返故土，否则就是无情无义之人，也就算不上有成就的人。

## 第四节 态度与态度关系

村民的态度涉及村民对生产生活的根本看法和根本判断，从内心深处影响人的行为价值取向，归根结底是传统时期夏侯村民人生观的体现。传统时期村民认为有意义、合情理的行为，往往可以超越"理性"和"经济利益"的限制。夏侯村民虽有"理想"，但也有着很强的"现世"情结，注重今生，也注重来世，对许多事情持一种"对立统一"的态度。本部分将从生育态度、生产态度、生活态度、社会态度和政治态度五部分考察传统时期夏侯村民的态度与态度关系。

一、生育态度与态度关系

传统时期夏侯村村民的生育态度总体表现为"多子多福""能多生就多生"的生育崇拜和人口崇拜。同时，虽然重男轻女但是也必须儿女双全，虽然想要闺女但是又怕生闺女赔钱等一系列矛盾的生育态度也客观存在。本部分将从以下五个方面考察：

（一）多子多福

传统时期夏侯村村民认为"多子多福"，儿子多了就有福气，没有儿子就没福气。有没有儿子被夏侯村村民视为是人生能否幸福的根本因素，"人活着，就是为了传宗接代"。据村民讲述："过去总是说'不孝有三，无后为大'，老祖宗都说清楚了，你这辈子没有生个儿子就是不孝顺。"

村民多子多福的态度还体现在男丁的重要性上。具体来讲，生育男丁的重要性有以下五点：其一，只有男孩子才可以传宗接代，才能使自己的姓氏和血脉得到传承。姓氏传承算是"对得起祖宗"，血脉传承算是"对得起自己和父母"。其二，生男孩子可以使自己"子孙满堂""枝繁叶茂""人丁兴旺"。生一个男孩子，可以带回一个儿媳妇，并且有机会生下更多的男孩子，家庭人口越来越多，规模越来越大，"有人才有意思"。而生女孩子都是"给别人家生的"，"女儿一嫁出去，就不是自己家的人了"。其三，在传统时期，只有男孩子可以发家致富、当官、从事农业劳动等，很多活只有男孩子可以干。其四，生男孩子是"赚钱事儿"，生女孩子是"赔钱事儿"，女孩子生得多了，"家底儿都赔光了"。这意指传统时期男孩子娶媳妇并不付出很多彩礼，而女孩子出嫁的嫁妆却比较贵重。嫁妆和彩礼之间，是夏侯村民认为的一赔一赚的事情。其五，男孩子能打架、"支门势"，只有男孩子才可以维护家庭安全。没有男孩子的家庭经常被欺负，并且人少势微，打不过别人，往往是被欺负了也不敢还手。

（二）五男二女

传统时期夏侯村村民心中关于生育的最高幸福标准是五男二女，意为只有男孩子也不行，家中很多事情还是需要女孩子操心。女孩子比男孩子心细，被村民描述为"贴心小棉袄儿"。尤其是父母年龄大之后，晚年生活能否幸福，更多的是看是否有女儿。传统时期女儿对家庭的重要性有以下四点：其一，女儿可以在家帮助母亲缝缝补补、洗衣做饭、帮忙带孩子，可以减轻奶奶和母亲的生活压力。其二，女儿和母亲是"一条心"，可以使母亲不受儿媳妇的欺负。母亲对儿媳不满可以和女儿说，一般不能和儿子说。和儿子说的容易使夫妻之间吵架打架，但是和女儿抱怨抱怨，不影响家庭成员之间的感情，还能过嘴瘾。并且如果儿媳妇和母亲有争吵，有女儿的母亲往往处于强势地位，"两张嘴说一张嘴"，没有女儿的母亲则可能因为嘴笨而导致有理说不清。其三，村民认为女孩子比男孩子更孝顺。夏侯村有许多只有女孩子的家庭，当父母年龄大或有病卧床不起的时候，女孩子经常从婆家带东西给父母吃，并且在床边伺候。但是有男孩子的家庭，如果男孩子不孝顺，经常有老头老太太"老了没人管""生闷气"的情况。其四，村民认为当丈人、丈母娘很威风，尤其是女儿尚未出嫁的时候，"女婿比儿子更谦虚、更听话"。

（三）男女有别

传统时期夏侯村村民虽希望儿女双全，但是却有着明显重男轻女的现象。这不仅体现在男女对于家庭的客观影响上，而且更多体现在仪式性、习俗性的礼俗差异上，具体有以下四种情况：其一，新生儿做九上。生男孩子叫"大喜"，生女孩子叫"小喜"。甚至有些家庭在生了很多女孩子而仍然没有男孩子的时候，怕别人笑话，就不给女孩子做九儿了。在仪式的隆重程度上，男孩子做九场面更大、礼物更多、亲戚更重视。其二，在上族谱、入祖坟的安排上。女人上族谱没有姓名，只有姓氏。在老坟地中，女人没有自己的坟头，只能和自己的丈夫合葬，或者在丈夫坟头的边上挖一个小坟，不能占用一个坟头的位置。其三，在寿庆安排上。传统时期夏侯村的男人一般到50或60岁即开始过寿，女人一般要晚一些，并且有很多女人不过寿庆。男人在寿庆仪式上会邀请左邻右舍、街坊邻居前来吃饭，但是女人过寿一般只邀请亲戚。其四，在婚姻关系中。女人不能要求解除婚姻关系，只有男人才能决定是否结束婚姻。并且不论是因为男人的问题还是女人的问题而离婚，对外的说法都是男人将女人休掉了，也就是休妻。男人给女人写一封休书，直接将女方赶回娘家，不需要经过他人同意即为离婚。女方家人不同意，可以找男方家庭协商，但是不能否定或改变男方家庭的意见。

（四）过继

传统时期的夏侯村，只有男孩子才有权利继承家业，所以一旦有的夫妻不能生育或没生男孩子，就要以过继的形式选人继承家业、传承血脉。过继行为可能发生的前提是夫妻必须有庄有地，如果非常贫困，一无所有，就没必要进行过继，也没人愿意被过继到该夫妻门下。如果有亲兄弟，一般选择亲兄弟家的孩子进行过继，如果没有亲兄弟，会选择本家兄弟（堂兄弟）的孩子进行过继。如果没有本家兄弟，则不会采用过继的形式来获得男丁。一般情况下不会从娘家亲戚中过继，也不会从本家亲戚之外的亲戚家中过继。

过继时，必须由两家的家长亲自商量，如果家中长辈健在还必须获得长辈的同意。在本家亲戚的过继中，必须获得本家亲戚中长辈的同意，并且举行过继仪式时一定要这些长辈都到场做证。双方同意过继之后，要由本家亲戚中的长辈代替过继子写下保证书，让过继子保证承担过继父母的养老和丧葬事务，也就是尽孝，之后才能获得过继父母的财产继承权，且要按下手印，并赌咒发誓做出口头保证。如果日后过继子没有尽孝，本家亲戚或过继父母就有权剥夺过继子对家产的继承权。过继仪式举办之后，过继子可以跟随过继父母一同生活，也可以跟随亲生父母生活。但是如果过继父母家中有事，必须做到随叫随到；如果过继父母和亲生父母同时生病，过继子必须优先照看过继父母。过继子过继之后便失去了对以前家庭的财产继承权，亲兄弟分家时不能参与。亲生父母生病或去世，过继子可以帮忙，但是没有出钱的义务。如果过继子跟随过继父母生活，亲生父母家中有事需要帮忙，过继子必须经过继父母同意之后才能前往，如果过继父母不让去，过继子就不能去。

（五）"一门两不绝"

村民以过继的方式找人继承家业，一般偏向于寻找自己亲兄弟家中的儿子，不愿意选择本家兄弟家中的儿子，认为亲兄弟之间的感情肯定比本家兄弟牢靠得多。传统时期，如果夫妻不能生育，但丈夫有一个亲兄弟且其有一个儿子，在这种情况下兄弟不可能将自己的儿子过继到哥哥家里，所以只能指望下一代人丁兴旺。在兄弟俩只有一个男孩子的情况下，就给这个男孩子娶两个老婆，一个老婆是哥哥给男孩子说媒、操办婚事，拜堂拜哥哥，一个老婆是弟弟给男孩子说媒、办婚事，拜弟弟的堂。哥哥给男孩子找的老婆所生下的孩子归哥哥所有，继承哥哥的家业；弟弟给男孩子找的老婆所生下的孩子，归弟弟所有，继承弟弟的家业，这就是"一门两不绝"。据村民回忆：

> 孙存德和孙守德是兄弟俩。孙存德是哥哥，有妻赵氏，两人不能生育，无儿无女，也要不来孩子，更买不起孩子。其弟弟孙守德，有妻康氏，一辈子只生育一个男孩子，叫作孙长经。兄弟两人由于只有一个后人，所以弟弟不能将孙长经过继给哥哥，兄弟两人就想办法。哥哥孙存德为其娶一任妻子，是岳寨的刘氏。弟弟孙守德也给孙长经娶了一任妻子，是小李薛的李氏。刘氏生下的男孩子归哥哥孙存德所有，李氏生下的男孩子归弟弟孙守德所有。

## 二、生产态度与态度关系

传统时期夏侯村村民的生产态度可以从以下四个方面考察：

（一）产业态度及其关系

传统时期村民的产业态度是统一的，都认为种地才是老本行。但由于恶劣的自然环境和尖锐的人地矛盾，村民中只有中农及其以上成分的家庭才能单纯依靠种地维持生活，占人口70%以上的农户都必须依靠其他行业获取收入来维持生存。村民所从事的行业五花八门，根据收入水平，村民将其分为三六九等，具体情况如表5-2所示。

表 5-2 传统时期夏侯村民所从事行业的收入情况

| 行　业 | 收入情况 |
|---|---|
| 做官、土匪、打黑枪、郎中 | 高<br>⇅<br>低 |
| 木匠、行户、打铁、泥瓦匠 | |
| 吹响器、唱戏、拉弦 | |
| 锻磨、劁猪骟马 | |
| 打烧饼、炸油条、编草席、倒卖粮食、挑货郎、倒卖鸡蛋、卖水 | |
| 扛长工、当把式、放羊 | |
| 拾粪、要饭、说书 | |

资料来源：2016 年 10 月至 2017 年 1 月的田野调查。

在传统时期，并不是所有农户都想从事收入最高的行业，有以下三种情况：其一，当官、当土匪、打黑枪都有风险，不是一般人能干的。普通农户愿意让子女当官，但是在灾荒战乱年间，往往不希望子女当官，更希望从事其他危险性较小的行业。其二，传统时期，普通农户无论从事何种行业，最终都希望买地买庄，拥有大片土地之后做户家，可以单纯依靠种地为生。其三，普通农户一般情况下不会自己或让子女从事吹响器、唱戏、拉弦等下九流的行当，认为这是"丢人败姓"的事情、"下贱的行当"、"死后不能进祖坟"。

（二）生产的独立性与非独立性

传统时期夏侯村农户的农业生产活动兼有独立性与非独立性两种矛盾的特性。其独立性主要体现在以下两个方面：其一，农业劳动以家庭为单位进行，其他任何人都不会干涉耕种内容和耕种方式。其二，除少数特殊时期（如日本军队入侵夏侯村时强令村民种蔬菜）外，大部分历史时期夏侯村农户都是想种什么就种什么，可以完全根据家庭需要和个人喜好耕种自己选择的作物。

普通农户进行农业生产时的非独立性主要体现在以下三个方面：其一，户家由于土地较多，单纯依靠核心家庭人口难以完成农业生产，必须采用雇工的方式帮助其完成农业生产。其二，贫困农户由于家中劳动工具（犁、耙、锄、石磙等）和牲口的缺乏，无法完成种地的所有耕作流程（犁地、耙地、碾场、脱粒等），必须借用户家或其他有牲口农具农户家的劳动工具完成农业生产，或者采用辫犋的方式。其三，无子女的老人和寡妇无法独立完成农业生产，必须依靠亲戚或街坊邻居的帮助。

（三）自给但不自足

传统时期的夏侯村，所有农户按照土地多少缴纳地租，按照人口多少缴纳人头税。在此之后，所有的劳动所得都归农户家庭私有。关于劳动成果的分配，每个家庭有不同的分配办法。有相对平均的，也有多劳多得的，更有多劳少得而孬者多得的，各不相同，不甚公平，但是都以家庭成员同意为原则。

传统时期，除耕地15亩以上的农户，占人口总数70%以上的农户都无法单纯依靠农业生产维持生活。大部分农户负债累累、四处欠人情，依靠借粮、乞讨为生。一旦发生灾荒战乱，就会产生大量农户外出逃荒的情况。

（四）勤劳观念

传统时期夏侯村村民非常穷困，普通农户只有起早贪黑、没日没夜地干，才可能维持生存，否则只能逃荒要饭。村民认为"人勤地不懒""人哄地皮，地哄肚皮"，所以为了吃饱饭，必须勤劳。由于夏侯村自然条件恶劣，土地盐碱严重、内涝频发、肥力差，粮食产量非常低，村民必须付出更多的劳动才能获得为数不多的收成。即使如此，村民依然坚持种地上粪、深耕除草等农业劳动。谚语有云，"种地不上粪，等于瞎胡混""人误地一天，地误人一年"。

村民将村中无所事事、啥都不会干、啥都干不成、啥都不想干的人称为"没材料货"，并对这样的村民嗤之以鼻。经常有各种各样"没材料货干的没材料事儿"被当作典型，添油加醋之后编成故事，流传于村庄之中。如果一个人"没材料得很"，其事迹流传到外村人耳中，可能面临找不到媳妇的情况。

三、生活态度与态度关系

传统时期大部分夏侯村村民有限的家庭收入使其家庭生活不得不时刻处于仅够维持的状态。在这样的状态下，节俭已经不是一种态度，而是为了生存所必须做的事情，村民描述为"想浪费也没得浪费，一到灾荒战乱年间，树皮都叫吃光了"。但是与维持生存的生活态度完全相悖的是村民在某些事情上的大方和舍得花钱，从而呈现出极为矛盾的状况。

（一）极度节俭

1. 户家也得吃黑馍

据夏侯村民讲述："过去夏侯村穷得很，每个人都穷，孙长祚也是吃黑馍啊。……那也有可能他是装穷，但是大部分都吃不饱饭是真的。"

2. 过年才能吃白馍

据夏侯村民回忆："那时候吃个白馍，都是过年了。平常谁舍得吃白面馍啊，见都没见过……那上供用的25个白面馍啊？那时候说是这样说的，但是一般谁有这么多白馍啊，有的都是画几个就中了，或者就是少用俩。"

（二）办事大方

1. 亲戚来了有酒肉

传统时期，夏侯村逢年过节都要走亲戚。届时所有亲戚，包括本家亲戚、姻亲都要相互串门，不仅要带上平时根本舍不得吃的馃子（点心），而且作为东道主的亲戚必须邀请吃饭，且餐桌上必须有酒有肉。即使是最贫困的农户，也要有酒有肉，买不起就借菜，甚至有村民因此借高利贷招待亲戚。

2. 葬礼要花几年财

传统时期夏侯村村民办葬礼，至少需要十几担粮食。然而普通农户一年所有的粮食收入仅有十几担，较为贫困的农户一年只有四五担粮食的收入。除了生存所必需的口粮，普通农户即使省吃俭用，每年也只有一两担粮食的余粮，较为贫困的农户甚至根本没有余粮，完全依靠借钱借粮度日。即使在这样的情况下，村民依然要办风光的葬礼，如果不办，可能被其他村民认为不孝。甚至某些以不孝顺著称的村民也会在老人去世之后大操大办葬礼，以致被村民耻笑，谚语有云："活着不孝敬，死了唱道情。不敬活佛敬死人，笑得世人肚子疼。"在传统时期的夏侯村人死为大，"死人比活人厉害"，所以村民对待葬礼必须重视。大多数农户会因为办葬礼四处借钱，并且由于大部分都是穷亲戚，只能向户家借高利贷，至少要用三五年时间才能还清。

（三）极重名声

传统时期村民非常重视自家名声，如果某家人被冠以道德败坏、心眼不好、小偷骗子的称号，会导致以下严重后果：其一，被孤立，没有人愿意与之打交道。不会有村民与名声不好的人互相帮忙干活、辫辑、借东西、借钱借粮，甚至高利贷都借不到，造成"混不下去"的情况。其二，村中孬人会趁机欺辱那些名声不好的农户，借机栽赃陷害、肆意挑衅甚至公开殴打而无人帮助。其三，名声坏掉了，直接影响后代娶妻生子。因为村民寻找结婚对象的时候都会打听名声，名声不好，没有姑娘愿意嫁其儿子，也没有男人愿意娶其女儿。

四、社会态度与态度关系

传统时期夏侯村是一个小社会，村民的交往（除婚姻、做买卖之外）大部分都在本村庄进行。村民的社会态度可以从以下两个方面进行考察：

（一）重义轻利

夏侯村村民虽然贫穷，但是非常讲义气，并且将讲义气的人视为榜样和楷模，所有村民都非常敬佩。相反，如果只顾自己家庭，不帮助别人，就会被认为是自私自利的无耻之徒。通过以下事例可以看出村民的重义轻利情结。

其一，拜关公。村中不仅会武术的青年会前去淳于古寺中祭拜关公，并且基本上所有村民都认为关公是值得崇拜的神灵。询问缘由，都告知为"关公讲义气"。

其二，尊敬村民孙震。夏侯村民孙震以"重义气、讲情义"著称，获得很高的社会威望。当冒着被杀头的危险，从国民党军队手中解救本村被抓兵的年轻人之后，其社会威望一度达到顶点，被村民视为道德楷模，不仅被救家庭对其感恩戴德，其他村民对其也都十分尊敬。

其三，放高利贷的户家为人所不齿。传统时期夏侯村中的户家大多数都放高利贷，但是如果某个户家向本村人收取和外村人一样的高利息，就会被村民记恨，被认为"不讲情分""钻钱眼儿里了"。如果其对本村人不急着要账、不催账逼账或减免一部分租金的话，则被认为"重义轻利""讲义气"，就会得到村民的认同和感激。

（二）重公轻私

传统时期的夏侯村非常重视集体生活和公共活动。如果男人整日待在家中，不参与集体吃饭、集体娱乐活动、淘井、烧砖、集体聊天，就会被认为"装"（装清高、装气派），或者"没出息"。这还可以从以下事例看出：

其一，自家孩子不跟别的孩子玩耍，就会被认为是"太惯孩子了"，整天"含在嘴里怕化了"，就会有亲戚、街坊邻居前来劝告。

其二，如果村子里修路、修胡同的时候，某家农户的庄比较碍事，给所有村民都带来不便，就会被劝告为了大家让一让，如果不让，就会被其他村民所抨击、批评。

其三，村子里的石磨、石碾等大型劳动工具都是公用的。如果某家农户自己买的石磨、石碾或石碓不让别人用，只允许自家人使用，就会被认为小气、"抠儿"，进而得不到村民的尊重，会被其他村民背地里说坏话，甚至直接有村民对其搞破坏。

其四，兄弟各自成家之后的核心家庭要服从大家庭。如果大家庭有事，兄弟各顾各，就会被所有村民嘲笑、看笑话。

五、政治态度

传统时期夏侯村村民虽然与国家政权交往不多，基本没有打官司的情况，交往最多的只有保长一人，但是却有着非常一致的政治态度。

（一）敬畏权力

村民普遍较为顺从国家权力，表现出很多顺民的特点。在日常缴纳赋税的过程中，往往是"国家说交多少就是交多少"，丝毫没有考虑到是否合理。只要一听说是"国家的人""政府的人"，就会肃然起敬，导致很多土匪部队随便给自己冠以某个国家军队的称号即可向村民随意征收赋税。

村民普遍认为"不能得罪政府",因为"政府有军队,军队有枪,不听话就可能被杀头"。即使村中的武术高手,也不敢对国民党军队或土匪部队的兵痞、保长有任何反抗。

(二)一个保长管全村

在夏侯村可追忆的历史时期,代表国家权力的村庄官吏只有一人,往往呈现出"一个保长管全村"的情况。村民对保长之下的甲长没有印象,认为都是轮流当,没有明确的人,"派钱派粮食的就是保长一个人"。保长有一名会计、一个保长腿儿帮忙,会计帮忙记账,保长腿儿是主动靠近保长、帮助保长干活的人。村民认为会计和保长腿儿都是保长个人请过来帮忙的,不是政府的人,而是保长的人,因此大多数对会计和保长腿儿嗤之以鼻。

(三)"谁管都一样,只会派钱派粮又抓兵"

1949年前,村民普遍认为"当官的就是要钱要粮食的","当官也是为了挣钱","当官很威风,没有人敢得罪"。村民普遍认为无论谁管理本村都一样,只要能保证村民的安全,不对村民收取过多的赋税,不随便抓兵、抓壮丁,就是好的政府。但是传统时期,从未有政府不收税、不抓兵、不抓壮丁的,所以村民对统治者的认识是"谁管都一样"。因此村民对土匪部队是否是真政府军队,并不在意。只要土匪有枪,村民又抗争不过,就会陷入完全的服从,因为村民认为"打不过,也不想躲"。但是一旦威胁到村民的生命,尤其是所有家庭成员安全的时候,就会举家搬迁,此时村民认为"打不过还躲不过吗?"

## 第五节 习俗与习俗关系

传统习俗是一个村庄的特点,同时影响村民的生产生活和思想习惯,通过对传统时期村庄习俗的考察,可以得知一个村庄的"性格"和"脉络"。因此本部分将从婚丧习俗和节庆习俗两个部分考察1949年以前夏侯村的习俗和习俗关系。

一、婚丧习俗与习俗关系

生、老、病、死、葬是传统时期夏侯村为数不多的人生大事。婚姻作为获得生育资格的标志,可以视为新生命的起点,丧葬则是人生的终点。这是人生最为重要的两件事情。

(一)婚姻习俗与习俗关系

传统时期村民的婚姻往往是单纯为了传宗接代,感情因素影响很小。很多夫妻结婚之前根本没有见过面，仅仅是"父母之命、媒妁之言"。夫妻之间没有爱情，只有亲情，婚姻很多都是"维持婚姻"，而不是"感情婚姻"。本部分将从婚姻圈、条件、婚前活动、婚礼流程、婚后活动、特殊婚姻六方面考察传统时期夏侯村的婚姻形态及其关系。

1. 婚姻的地缘关系

村民的婚姻大多在10公里范围之内的村庄之间，属于附近村异村结婚，也有同村结婚、近亲结婚的行为。婚姻距离最远的，是孙兴德的二女儿、三女儿和小女儿，分别嫁到了新疆、甘肃天水和宁夏。孙兴德在本村名声不好，混不下去了，生个大女儿被人"欺负"死了，为保证后代的延续，只能让后人都远走他乡。具体情况如表5-3所示。

表5-3 传统时期夏侯村村民的婚姻圈

| 项 目 | | 户 数 | 百分比 |
|---|---|---|---|
| 村内姻亲 | 不同姓姻亲 | 0 | 0 |
| | 同姓姻亲 | 1 | 0.8 |
| 村外姻亲 | 10公里范围内 | 90 | 78.3 |
| | 省内 | 20 | 17.4 |
| | 省外 | 4 | 3.5 |

资料来源：2016年10月至2017年1月的田野调查。

2. 门当户对

传统时期夏侯村的婚配讲究严格的门当户对。穷人家的孩子和穷人家的孩子结婚，户家的孩子和户家的孩子结婚，并有俗语"龙生龙，凤生凤，老鼠家的孩子会打洞"。门当户对更多地体现在"嫁"上，关于"娶"，则更注重女方的人品、性格，考虑家庭背景相对少一点。如果门不当户不对，往往会苦了父母，最终也将导致婚姻不幸。具体情况如表5-4所示。

表5-4 传统时期夏侯村男女双方条件不对等情况表

| 情 况 | 会出现的结果 |
|---|---|
| 条件好的男方娶了条件差的女方 | 1. 男方家长嫌女方的嫁妆少<br>2. 男方父母对女方颐指气使、不公平，导致女方挨打、受气 |
| 条件差的男方娶了条件好的女方 | 1. 男方给不起合适的彩礼<br>2. 男方不能给女方合适的家庭环境<br>3. 男方父母基于女方家庭压力，不敢管教女方，导致男方父母受气 |

续表

| 情　况 | 会出现的结果 |
| --- | --- |
| 条件好的女方嫁给了条件差的男方 | 1. 女方认为男方父母沾光，不服从父母管教，引发婆媳矛盾<br>2. 女方认为自己生活水平下降，不满生活现状，对丈夫不满 |
| 条件差的女方嫁给了条件好的男方 | 1. 女方嫁妆少，不能给丈夫帮助，导致自身家庭地位低<br>2. 女方不会梳妆打扮，做事不合规矩，可能会丢男方人的脸 |

**资料来源**：孙占炳、孙占邦、孙占秀、杨广坤、闫金明等老人的口述。

3. 婚前活动及其关系

传统时期夏侯村的婚姻大多是"父母之命、媒妁之言"的传统媒妁婚姻。传统的媒妁婚姻要经过找对象、找媒婆说媒、换小帖、下婚书四个步骤，其间穿插着各种惯习和规矩。

（1）找对象关系

传统时期，找对象不是男女双方的谈情说爱，而是父母为其子女物色适龄结婚对象。无论男孩子、女孩子父母从小都会为其终身大事着想，男孩子要找个好媳妇，女孩子要找一个好婆家。有的关系好的朋友，甚至在孩子出生之前就指腹为婚。所谓的指腹为婚，并不是没有条件的，一般情况下，因为不知男女，所以指腹为婚往往只是"讨个吉利"的说法。可以做到指腹为婚的家庭，家中条件必定类似，要么都是有钱人，要么都是读书人，要么都是穷苦人。指腹为婚不是必然的约定，如果生下来两个都是男孩，或者都是女孩子，必然不能结婚。如果生下来一男一女，且双方家庭都没有发生大的变故，一般都会在孩子十五六岁时举办婚礼。如果双方家庭有一方由于家庭破败、逃亡、英年早逝等原因无法履行婚约，都会自然解除。指腹为婚不需要签订任何文本契约，纯属朋友之间的美好约定，如果事成，是一桩美事，会使朋友双方亲上加亲，成为世交，如果事情失败，父辈朋友感情一般也会破裂。比指腹为婚的定亲时间更靠后的是娃娃亲。所谓的"娃娃亲"并不是童养媳，而是男女双方都是小孩子的时候就定下终身，但是不举办结婚仪式，只是双方父母本着先下手为强的观念，在男女双方还小的时候，就换小贴、送彩礼、签婚书，等到男女双方长到十五六岁，立刻举办结婚仪式。在男女双方都已经 14 岁（达到适婚年龄）之后，父母再为其物色结婚对象，就是"找对象"。找对象的途径有以下五个：其一，亲戚朋友的推荐；其二，邻居街坊的推荐；其三，媒婆的推荐；其四，父母的社会交往；其五，男女青年的自我结合。

男女双方的对象,一般都是双方亲戚朋友之间互相撮合、互相做媒的结果。传统时期,大家都愿意为亲戚朋友做媒,因为这样不仅得到男女双方父母的感谢,也可以拉近两家关系,而且介绍年轻人见面也不耗费很多财物。另外,如果是自家亲戚,一般都会主动关心家中年轻人是否有对象。

(2) 找媒婆关系

传统时期,男女双方父母即使都认识,都是亲戚,抑或是娃娃亲、指腹为婚的情况,也要有媒婆说媒这一流程。一般是男方父母找媒婆向女方父母提亲,也有女方找媒婆说媒的。但是女方找媒婆是比较丢人(不矜持)的事情,如果事成,男方父母为了照顾女方父母的面子,也会说是自家找人说的媒。传统时期的夏侯村,并没有专门以说媒为生的人,因为传统时期给媒婆的谢礼不足以支撑其生活。媒婆都是本村能说会道、行事泼辣的中年妇女或老太太。男女双方父母不直接坐在一起谈论孩子的婚事,说话、谈条件都是通过媒婆,因为在谈判过程中难免有这样那样的顾虑,对男女双方家庭条件的评判也不能直接说出来:如果直接说"你家穷""我家有钱"这样的话语,可能会导致矛盾。并且通过媒婆说媒,也是民间比较正式的传统。找媒婆说媒,是要付给媒婆一定报酬的。家庭条件一般的农户,一般情况下会给媒婆三五升粮食,或者给一些枣、柿子等水果。户家、地主人家会给媒婆一些银首饰、银圆、衣服等财物作为酬劳。

(3) 换小帖关系

男女家长经过媒婆的撮合同意双方子女的婚事之后,男女双方要将写有彼此子女的生辰八字的"小帖"交给媒婆,再由媒婆交给对方父母。小帖一式两份,男方一份、女方一份。双方父母拿到未来儿媳或女婿的生辰八字之后,要找算命先生测算彼此八字是否相合。如果相契合,会给彼此家族带来好运,这段姻缘也就理所当然可以顺利结成。如果八字不合,双方父母则会重新考虑婚事。但是一般情况下,不是在风水、命运上特别不合,父母都会同意彼此子女之间的婚事。男女双方交换小帖的时候,还要送上男女之间的定情信物。家庭条件一般的普通农户家中,男方会送给女方扎腿带、袜子、头绳等饰品,女方会给男方一顶帽子。家庭条件较好的大户人家,双方可能相互攀比,给的都是金银、玉佩等贵重饰品。

(4) 下婚书关系

等到男女双方达到适婚年龄(传统时期,男的16岁以上、女的15岁以上就达到适婚年龄),男女双方父母就会准备办婚礼。办婚礼之前最重要的一步就是下婚书。所谓的婚书，包含婚礼日期，几点出门接亲，几点前接回家，新娘上轿面朝何方、下轿面朝何处，生肖避讳（某几个属相不能参与婚礼），抬轿子几个人，接亲几个人，回来几个人等细节内容。

4. 婚礼流程

明清时期的婚礼场景，村民已难追忆，只能从古县志中寻求记载。据《明清民国封丘县志》记载：

> 婚期既定，亲友知之，备礼添箱。前一日，女家具床褥、妆奁，送至婚室。届期备彩轿，张旗牌，鼓乐，酒礼，以尊长一人，导婿迎亲。至妇家，为之披红簪花，女服妆衣顶绛巾，坐椅上，足履石，以箸、馍向后掷，母以衿受之，弟侄辈舁之出门，面向某方，迎喜神上轿，婿辞出。引者导前，次新郎、新妇、男女送客，及仆从随其后。在途遇石，帖以红纸，庙、井遮以红毡。归则新人轿停于门外，打醋丹后，驾新妇者扶之面向某方，背本相，下轿，骑鞍，过笈。用二女，一执瓶，一执杼，俱交于新妇。一妇执斗，草节、黑豆、刺钱实其中，迎面撒之，名撒草料；更以袋递相传，使新妇履其上，名"蹈席"；中庭设香案，置斗粟，中竖衡一杆，悬铜镜一面，新人至，置瓶、杼其上，焚香拜堂。妇入洞房，坐某向，冠带交拜（俗称拜床第）合卺；客宴毕，辞归；邻里贺喜，杯盘款待，黄昏始罢，故谓之"婚礼"。

根据夏侯村老人的回忆，中华民国时期夏侯村的婚礼大致有通知、抬嫁妆、压床、接亲、拜堂成亲、闹洞房、摆喜宴、听房八个流程。

（1）婚礼的通知关系

通知婚礼一般在婚礼举办前十天开始通知。某某家有男孩子结婚，叫作"某某家要娶新媳妇呢"；谁家有女孩子结婚，叫作"某某家嫁闺女呢"。无论娶新媳妇还是嫁闺女，都是好事、喜事，大家都愿意把这个事情告知亲朋好友。但是告知谁、不告知谁，是有讲究的。首先，本族三代以内的亲戚必须主动告知，除非是结仇、老死不相往来的亲戚。其次，有礼物交换的亲戚，必须主动告知。再次，姻亲之间，关系好的可以告知，关系一般的不用告知。姻亲没有义务必须参与本家族的婚礼。最后，朋友、邻里之间，关系好的都会主动告知，关系不好的一般不会主动告知。邻里、乡亲都可以参加婚礼，一般会带礼物过来，但是也有专门过来蹭饭蹭酒的，由于是喜事，主家也不会驱逐那些不请自到的乡亲。一般由新郎的亲兄弟、亲姐妹前去通知，如果没有亲兄弟、亲姐妹，一般由堂兄弟、堂姐妹通知。通知家族中的长者或者关系非常好、非常重要的贵客，则由新郎的父母亲自登门。

（2）抬嫁妆及其关系

在婚礼举行的前一天下午，男方的亲戚、朋友会去女方家中，将女方给女儿准备的嫁妆抬到男方家中。普通农户与大户人家的嫁妆有着很大的不同。普通农户给女儿准备"三大件"（被褥、三抽屉的桌子和衣柜）即可，而户家嫁女儿不仅会准备"三大件"，而且会准备牲口、马车、金银首饰等"奢侈品"。抬嫁妆的人在新郎的一个叔或伯带领下，由很多堂兄弟、表兄弟和新郎的朋友组成。新郎的父母不能去。因为抬嫁妆是体力活，所以主要由年轻人组成。也由于抬嫁妆是去女方家中"抢东西"，所以男方和女方的青年朋友会发生"混乱"和"争执"，但这些"混乱"和"争执"都不是真正的斗争，是一种仪式性的"乱场"，并且民间约定"越乱越吉利""越乱越增进感情"。

抬嫁妆时，男方父母要专门为儿子准备嫁妆礼。嫁妆礼不同于彩礼，彩礼是定婚期时男方支付给女方的，而嫁妆礼是男方去女方家抬嫁妆时需要支付的礼金。嫁妆礼同彩礼一样，都是男女双方父母事先沟通好的。但是在抬嫁妆的时候，女方亲属也会和男方亲属进行现场"讨价还价"，这也属于婚礼娱乐的一种，并不是真正的讨价还价。抢嫁妆队伍到达女方家中时，除嫁妆礼之外，还要备上专门的礼物，礼物有半头猪和一筐喜饼（烧饼）。如果男女双方家庭都过于贫困，男方没有能力准备嫁妆礼，女方没有能力置办嫁妆或者嫁妆很少，比较丢人，那么经过男女双方家长协商，可以省略这个抬嫁妆的流程，直接接亲拜堂。抬嫁妆的年轻人们将嫁妆抬回之后，男方为表达感谢，要请帮忙抬嫁妆的年轻人吃饭。如果男方的朋友住得较远，吃过饭之后就不再回家，而是在新郎家玩耍、休息，直到第二天婚礼结束才返回家中。

（3）压床及其关系

结婚前一天晚上，新郎的母亲、姨、婶婶为其铺好婚床之后，新郎的母亲要在床尾或者床下撒上花生、红枣、桂圆和莲子四样物品，寓意"早生贵子"。如果没有桂圆，可以将其省略，只用花生、红枣和莲子三样即可。婚房布置完毕，新郎不能独自在婚房睡觉，必须找一未婚男童陪其一同入睡。传统说法是男童身上阳气充足，一是可以辟邪，二是有利于新婚夫妇生男孩子。压床的男童一般在自己的亲兄弟、堂兄弟和表兄弟中挑选一人即可，男童的年龄一般在 10 岁以下，一般挑选和新郎关系最亲近的一个。有适龄亲兄弟的，一般由亲兄弟压床；如果没有，堂兄弟和表兄弟都一样，主要看和新郎的亲密程度，没有长幼要求。如果一个适龄男童都没有，新郎的母亲可以找四邻的男童来帮忙压床。由于是喜事,四邻都愿意帮这个忙,但这样的情况非常少。

(4)接亲关系

接亲是结婚当天由新郎带队把新娘接回男方家中的仪式。传统时期夏侯村的接亲讲究越早越好。因为接亲又叫"抢喜神",村民认为喜神出没时间比较早,且喜神一天只有一个,而同一天结婚的人家却有很多,谁家结婚早,谁就更有机会将喜神抢到自己家中。接亲一般都是在凌晨一两点就出发,最晚的也是凌晨四五点,接亲队伍都是在太阳升起之前就早早地将新媳妇接回家中了。接亲队伍由新郎、娶女客(男方家中40—60岁的中年妇女,一般由新郎的姑姑、婶婶担任,且生肖不能与新娘相冲)、提首饰盒的男童、轿夫或车把式、新郎的兄弟、新郎的朋友组成。人数不限,讲究"去单回双",即去接亲时人数为单数,接亲回来的人数为双数。接亲的阶层差别主要体现在接亲的交通工具即喜轿上。大户人家的喜轿是八抬大轿,即由八个轿夫抬的轿子。普通家户的喜轿一般不是人抬的轿子,而是马车或者毛驴车。喜轿上坐的一般是四个人:新郎、新娘、娶女客和提首饰盒的男童。其他宾客都是步行尾随。队伍最前边的是放炮、撒喜糖的人,队伍后边的是跟着看热闹、烘托气氛的宾客。放炮的人一般是新郎的未婚朋友或者新郎的未婚堂兄弟、表兄弟。必须是未婚的,因为放炮是一项比较危险的工作,未婚的人没有家室,即使受伤,影响较小,且未婚的年轻人反应一般比较快,遇到危险可以及时处理。

接亲队伍出发之前,放炮的人要沿着喜轿放一圈鞭炮。家庭条件一般的农户,家中买不起鞭炮,为了节约成本,沿着喜轿放三支即可。放过鞭炮之后,接亲队伍就会出发。接亲队伍在本村并没有人索要喜糖、喜烟、喜花生,但是来到新娘的村庄之后,就会有很多新娘村庄的小孩子、中年妇女和老年人拦住迎亲队伍,索要喜糖、喜炮、喜烟、喜花生等物品。如果不给,接亲队伍不能顺利到达新娘家中,甚至有因为新郎家过于吝啬而与新娘村人打架的。即使打架,也都是小孩子们和年轻人之间打架,并不会引发重大矛盾。接亲队伍来到新娘家中,会受到新娘亲戚朋友的"刁难",索要红包等。新郎不能恼怒,必须一一安抚,"舌战群儒",方能顺利接走新娘。遇到"不讲道理"的新娘亲朋,就需要新郎亲朋的帮忙,将这些"不讲道理"的人拉走。新娘家人为新郎设置种种障碍,并不是真的阻拦婚礼,而是为了表示新娘家人对新娘的不舍,同时让新郎明白婚姻生活的责任、不易,从而更加珍惜新娘。接亲队伍迎娶到新娘,离开新娘家之前,新郎新娘要对新娘的父母三叩首,以感谢父母的养育之恩,且新娘要"哭别"父母,以表示自己对父母的不舍和孝顺。新娘上喜轿之前,新娘的家人为新娘准备喜火烧（有馅的烧饼），放在新娘身上。新郎要对新娘行上轿礼，鞠三个躬。接亲队伍返回到新郎村庄，要散喜糖、喜炮、喜烟、喜花生等物品，这些物品由新娘准备，寓意"礼尚往来"。但是在新郎的村庄，大家对喜糖、喜炮、喜烟、喜花生的索要力度，要远远小于在新娘的村庄，只是象征性地索要一点，不给也不要紧。

（5）拜堂及其关系

接亲队伍到达新郎家门口之后，新娘不能随意下轿。新郎父母会提前在灶台上烧红一个犁铧，并准备一碗醋，由放炮的人一手拿着烧红的犁铧，另一手端着醋，将醋倒在烧红的犁铧上，同时围绕着新娘的喜轿顺时针转三圈，逆时针转三圈，寓意"为新娘去病消灾"。新郎的父母还要准备一把谷秆（小米秆），用红绳捆住，中间塞上三个鞭炮，在醋浇犁铧结束之后点燃谷秆。鞭炮响后，新娘下轿。由于新娘此时盖着红盖头，什么都看不到，所以新娘面朝哪个方向下轿，下轿时哪些属相的人不能面朝新娘，都需要娶女客的指挥。新娘下轿之后，在娶女客的搀扶下往新郎家走。走到门口之前，新郎家的亲戚会准备一个马鞍放在门槛上。如果新娘在此时处于月经期，不能从马鞍上跨过，而要从旁边跨过；如果不处于月经期，则要从马鞍上跨过。借此仪式，新郎的亲戚朋友就能判断给新娘准备的洗手水要热水还是凉水，可以掌握闹洞房的尺度，以及晚上是否"听房"。进门以后，新郎家中会有一个专门的女客负责给新娘"撒喜"，并且边撒东西边唱一些吉祥祝福的顺口溜。这个女客一般是新郎家族的亲戚，还要能说会道、口齿伶俐。"撒喜"中的"喜"是指用一种名为"升"[1]的容器，其中装满麸子（麦子皮）和谷秆（小米秆，剪成二指长），由专门的女客往新娘头上撒，边撒边唱"一把草、一把料，喂得牲口嘚嘚叫""媳妇一进门，来年抱个大胖孙"等。

新娘进门之后在司仪的主持下拜堂成亲。拜堂成亲是传统时期夏侯村男女确定婚姻关系的唯一合法途径。拜堂成亲之后，新娘正式成为新郎妻子，也正式加入新郎的家庭。传统时期夏侯村的司仪有男司仪和女司仪之分，一般为男司仪，女司仪较少，但是有村中泼辣、能说会道的女性给村民帮忙当司仪的。传统时期的司仪都不是以此为生的专职人员，而是由村中公认的比较了解婚礼礼俗的、能说会道的、嗓门大的"能人"担任。司仪以帮忙的形式主持婚礼，并不收费，但是办婚礼的新郎家一般会专门给司仪备一份礼物，如一盒点心、几个鸡蛋等等。寻找司仪，一般寻找和自家关系比较好的亲戚和邻居，不会跨村寻找。拜堂一般在院子正中间，或者在堂屋门前。新郎父母中间会摆上一张大桌子，桌子都是自己家最好的桌子，没有要求，但是桌子上摆放的物品却有明确的规定。桌子上要摆一个斗，斗里装满粮食，有小麦、高粱、大

---

[1] 传统时期常用容器有石、斗、升、合之说。其中，十合为一升，十升为一斗，十斗为一石。

豆等。斗里还要插上一杆秤，秤钩上悬挂一面铜镜。拜堂仪式开始时还要点燃一把香，插在斗里。拜堂需天地桌一张，上铺红纸。有红香一捆，带座的红蜡烛一对（传递香火用），酒盅2个（备喝交杯酒用），用红线捆着把的大红苹果一个（备新人共吃平安果用）。有柳编升一个，外贴红"喜"字，内装麦麸，硬币6个，碎谷草、碎彩纸若干，备新娘下车后小姑撒草料用，也叫"步步高升"。中间放柳编斗一个，外贴红"喜"字，内装满红高粱，叫"红红火火"；若装满玉米，叫"黄金用斗量"，也叫"多多少少斗为证"。另有算盘一架，老布尺一把，老秤一杆，铜镜一面，剪刀一把，都用红纸包裹，叫作"高高低低尺为证，轻轻重重秤为证，清清白白镜为证，长长短短剪为证，账目清晰不清晰算盘为证"（再加上男方媒人、女方媒人、中间媒人，合起来叫"三媒六证"）。再准备红色梳子一把，备上头时用。桌前边摆大红枣、带把的花生、桂圆、莲子（或瓜子），叫"早生贵子"。桌子两边也可挂两双筷子，叫"快生贵子"；筷子成双成对，表示夫妻恩爱，永不分离，夫妻有饭吃。拜堂仪式在司仪的主持下，一拜天、二拜地、三拜父母，新郎磕头，新娘作揖。新娘作揖动作是双手上下相合，除大拇指外，四指勾连，放在右腰间，侧身而立，双膝微蹲，下颚微收。无论新郎磕头，还是新娘作揖，都是拜3次，拜天3次，拜地3次，拜父母3次。拜堂仪式十分简短。拜堂之后，新郎新娘在众人的簇拥、欢呼、推搡之下进入婚房，就是"送入洞房"。新郎新娘送入洞房之后，新郎可以掀去新娘的红盖头，一睹新娘的容貌。随后，由新郎的亲妹妹（如果没有妹妹，可以用堂妹、表妹）为新娘端上事先准备好的甜汤（面疙瘩汤）让新娘喝。新娘只喝一口，剩下的泼洒至床下，有"早生贵子""生活幸福"之美好寓意。接着，由新郎的姑姑或婶婶给新娘梳头。也并不是真正的梳头，因为新娘为迎接大婚之日都会提前盘好头、戴好首饰，这个梳头只是一种仪式，边梳边唱："一梳二梳，被子窝里乱哭；三梳四梳，盖地窝里乱拱……"（寓意新郎新娘早生贵子、儿孙满堂。）

（7）闹洞房关系

举行完一些特殊的仪式之后，新郎新娘的长辈亲戚都会退出洞房，由新郎的弟弟、妹妹和朋友想方设法戏耍新郎新娘，新郎新娘需尽量放开，不能违背朋友的要求，并且不能恼怒，这个过程就是"闹洞房"。传统时期的闹洞房讲究"越乱越好，越闹越和睦，越闹越吉利"。闹洞房的方式各有千秋，每场婚礼都不一样，许多仪式由于较为粗俗，在此不再赘述。一般情况下的闹洞房方式，第一种是不论男的女的都来抢着看新媳妇长什么样子、漂不漂亮，直到新娘不好意思。第二种是大家抢下新娘子的鞋，往天上扔，看看鞋子落地后是鞋口朝上还是鞋口朝下。鞋口朝上，预示着新郎新娘会生男孩子；鞋口朝下，预示新郎新娘会生女孩子。传统时期，女性的鞋子都是鞋底重，所以一般都是鞋口朝上，加上传统时期重男轻女，所以这个游戏也是对新郎新娘的一种美好祝福。第三种是大家偷看新娘的脚大不大。如果新娘脚大，会不好意思；如果新娘脚比较小，一般都是裹脚裹得比较严重，脚会变形，新娘同样会不好意思。这属于让新娘子故意难堪，戏弄意味较浓。

(8) 宴请关系

按照老礼来讲，新婚当天中午，闹洞房之后，新郎要宴请宾客吃喜宴。但是由于传统时期的普通农户家庭条件都不好，都比较穷，吃饭都成问题，根本无力承担大规模的宴请，所以对于普通农户，这一习俗被舍弃。直到包产到户之后，人民生活水平不断提高，吃喜宴的礼俗才得到恢复。传统时期的摆喜宴是只有户家、做官的人家才有的行为。按照老礼，摆喜宴不仅要宴请本家和亲家的所有亲戚，而且要邀请四邻街坊，只要到场，都可以吃上一顿。但是主家大方，到场的宾客也必须讲究礼数，要随礼。传统时期的随礼讲究和自己身价（家庭条件）相当：家里条件一般的，可以带上几个红皮鸡蛋（普通鸡蛋用红纸包红，上色），或者一些布匹、衣服、鞋子；大户人家、做官人家必须带上更多的礼物；如果特别有钱，就要送上一些金银首饰、家具、花瓶等大礼，否则不仅自己觉得丢人，主家也会不满意。摆喜宴讲究至少"六凉六热"（6个凉菜、6个热菜），要鸡、鸭、鱼、肉齐全，并且必须有喜酒。传统时期的普通农户根本无力承担这样的礼俗，所以大家就约定俗成地"客人不送礼，主人不请客"，即参加婚礼的亲戚朋友都不带礼物，而主家在婚礼当天中午邀请宾客吃饭的时候宾客都默契地拒绝。闹洞房之后，亲戚朋友都会在中午之前返回自己家中。

(9) 听房及其关系

听房被夏侯村村民称为"对未成年人最老式的性启蒙教育"。所谓的"听房"，是指村中的青年男子（16岁以下）在新婚夫妇结婚的当晚，偷偷跑到新郎新娘的窗户下边，偷听新郎新娘说话、动作的行为。有人听房被认为是非常吉利的事情，有助于早生贵子。新郎的父母都十分欢迎年轻人前来听房，如果没有，往往会主动邀请本家的青年男子前来听房。家长也鼓励家中的青年男子去新婚夫妇家里听房：由于传统时期父母不对孩子进行性教育，害怕孩子结婚入洞房之后不知道怎么做才能生孩子，所以就会让家里的年轻人去新婚夫妇那里听一听、学一学。由于村民结婚往往是在腊月，天气已经非常寒冷，所以听房是一个比较受罪的苦差事。尤其是灾荒之年，年轻人没有人愿意去听房。新郎的父母就会在婚房窗口下放一个耙，搭上一个衣服，戴上一个帽子，做成人形，假装有人听房，以图吉利。听房习俗慢慢就被舍弃了。

5. 婚后活动及其关系

婚礼之后的第二天，新郎新娘一起床，就要由新郎带着新娘向新郎的父母做一次正式的请安。新娘要给自己的公公婆婆倒夜壶、端洗脸水，以示孝顺。婚礼之后的第三天，新娘就要亲自做一顿中午饭，向自己的公婆、丈夫、小叔子、小姑子、妯娌展现厨艺，以示自己的贤惠。传统时期夏侯村的中午饭一般都是面条，做法比较简单，在出嫁之前，新娘的母亲一般都会教给自己女儿这些基本的厨艺。如果新娘不会做，婆婆就会手把手教导，直到掌握饭菜的做法。如果新娘一直学不会，或者坚持不做饭，就是大问题了：新娘会被婆婆认为懒惰，而且会被认为"脑子缺根弦"（脑子有问题），甚至可能会因此而被新郎休掉，因为在传统时期，做饭被认为是女性的天职，女人不会做饭就不是一个合格的女人。婚礼之后的第七天，新郎新娘要一起带着礼物回到丈母娘家吃中午饭，是为"回门"。回门当天早上，新郎的父母会为新郎新娘准备厚礼。传统时期的"厚礼"一般为点心匣子，八盒点心匣子为最高级别的礼物，俗名"八封馃子"。新郎新娘拿多少点心匣子根据家庭情况而定，但是一般情况下最少带两盒，是为"好事成双"。新娘的父母会准备丰盛的午餐，备上很多酒，并会叫上新娘的叔伯或者新娘的舅舅前来陪客（陪新郎喝酒）。当天的新郎必须尽可能多地喝酒，一般都会喝多，一是体现新娘家的好客，二是检测新郎的酒量，三是看看新郎的酒品（传统时期的夏侯村村民坚信"酒品看人品"）。婚礼之后一个月之内，新娘要在新郎的带领下，去老坟地祭拜自己的祖先。在坟门处摆上供品、点香、点纸、放鞭炮之后，磕头、祈福，随后收起供品，进入坟地，祭拜新郎家两三代之内的去世长辈，祭拜流程和坟门处祭拜流程一样。新郎带领新娘前来祭拜，一是向爷爷奶奶汇报自己找到了媳妇，二是希望得到长辈们的保佑，早生贵子、生活顺风顺水。

6. 特殊婚姻关系

传统时期夏侯村有五种特殊的婚姻形式。

(1) 娃娃亲及其关系

所谓"娃娃亲"是指在青年男女还是小孩子（通常是 10 岁以下）的时候，由双方父母私下约定等孩子长大之后就让他们结为夫妻的行为。传统时期夏侯村的娃娃亲往往发生于以下三种情况：其一，男女双方家庭关系非常好，是世交、拜把子兄弟。其二，女方家比较穷，养不起女儿，就提前将女儿嫁出去，让其到男方家提前生活。其三，男女双方家庭都比较穷，为了降低婚礼成本。

传统时期夏侯村的娃娃亲不提前签订婚约，只是男女双方父母的口头约定。随着小孩子年龄的增长或者家庭条件的变化，娃娃的婚姻关系很不稳定，很多情况下不能顺利结婚。一旦男女双方家庭某一方毁掉娃娃亲之约，双方家庭关系必然发生重大变化，一般都会因此交恶或不来往了。如果男女双方有一方夭折，则娃娃亲自动失效。

(2) 童养媳婚姻及其关系

童养媳婚姻一般情况下是指女子在幼年时期（最多10岁）就被女方家长送至未来丈夫家中生活，由于年幼，不具备生育能力，也不与未来的丈夫同房；丈夫家把未来的儿媳妇当作女儿抚养成人，待女子长到适婚年龄（15岁以上）就举办婚礼，成为正式夫妻的姻亲关系。童养媳婚姻对于男女双方都有着一定的优越性。

对于男方来讲：第一，可以不用担心儿子找不到媳妇，所谓"先下手为强"。第二，媳妇自幼在丈夫家生活，公婆对其有抚养之恩，不容易发生婆媳矛盾。第三，可以不给女方家送彩礼，降低结婚成本。第四，夫妻自幼熟知，有默契，不容易引发夫妻矛盾。

对于女方来讲：第一，可以节约养女成本。普通家户在一般情况下不会提前将女儿送到别人家做童养媳，这被认为没有面子。但是在生活非常困难的情况下，这样却可以让女儿生活下去，同时使得家族可以抚育更多的男丁。第二，嫁女儿不用准备嫁妆，降低结婚成本。第三，可以提前找个好婆家、好丈夫，有利于女儿未来的生活。

童养媳婚姻在婚前省略了找对象、找媒婆、送小帖、下婚书的过程，等到良辰吉日直接举办婚礼即可。这减少了婚前流程，降低了结婚成本，但是会被村民认为没有面子，不够风光。虽然简单省事，但是一般家庭只要有条件，就不会走这条道路。

(3) 换亲及其关系

传统时期夏侯村有一种婚姻形式叫作"换亲"。所谓"换亲"是指双方或三方家庭的孩子都找不到适婚对象，但是彼此家庭都是既有男孩子又有女孩子，则双方互相结婚，一个家庭以女孩子嫁给另一个家庭的男孩子为条件，换取这个家庭的男孩子娶得另一个家庭的女孩子的情况。可以用数字表述如下：A家庭有男孩子$A_1$和女孩子$A_2$，B家庭有男孩子$B_1$和女孩子$B_2$，C家庭有男孩子$C_1$和女孩子$C_2$，且三方家庭都因为某种原因使得男孩子娶不到媳妇（传统时期很少有女孩子嫁不出去的情况），则经过媒婆与各个家庭商量，最终决定$A_2$嫁给$C_1$，$C_2$嫁给$B_1$，$B_2$嫁给$A_1$。

一般情况下村民不会采用换亲的形式来结婚，因为换亲有着很多缺陷，如下所述：其一，需要换亲的家庭大多因名声不好、男孩子残疾等情况使得男孩子娶不到妻子，自家女孩子嫁入这样的家庭是大多数农户所不愿意的。其二，对女孩子是一种伤害，是一种牺牲，对女孩子来讲非常不公平。其三，结为夫妻的新家庭关系不稳定，彼此容易受干扰，比如某个家庭的丈夫对妻子不好，或者离婚，则必然导致另外一个家庭夫妻关系的损伤或破裂。其四，家庭背景的原因使得这样的家庭组合生下来的孩子仍然面临娶不到媳妇的情况。

换亲一般发生在有以下两种情况的家庭：其一，因家庭名声不好使男孩子娶不到媳妇，如家庭背上了偷盗、抠门、道德败坏、缺心眼、二百五、非常懒惰、不务正业等名声。其二，因男孩子残疾而娶不到媳妇，如智力障碍、缺胳膊少腿、不具备劳动能力等情况。村民认为不到万不得已，不会采取换亲的形式来结婚，因为这样做非常容易遭到家中女孩子的反对，很有可能使得父（母）女、兄妹反目成仇。即使女孩子勉强同意，父母、兄弟也会觉得是亏欠了女孩子，非常愧疚，所以但凡有一点办法也不会采用这样的方式。

（4）汉回通婚及其关系

传统时期，汉民和回民一般情况下不通婚。不仅是因为汉民、回民在饮食习惯上的不统一，更重要的原因是回民人数比较少。在本地回民中有着约定俗成的规矩：第一，回民女子不允许嫁给汉民，这会导致回民人口的减少。第二，回民男子可以娶汉民女子为妻，这可以增加回民人口。

（5）冥婚及其关系

家中年轻男子未婚夭折，按照老礼不能进入祖坟，以免"怨气太重"而影响祖坟风水。父母为了让儿子进入祖坟或者为了完成为儿子娶妻生子的愿望，可能会通过"阴婚媒婆"（没有固定称谓）寻找有同样境遇的家庭，或者通过专门的偷尸人、卖尸人（没有固定称谓）买一尊女性尸体，使双方已故的年轻子女完成婚礼，是为"冥婚"，也叫"阴婚"。

冥婚属于"见不得光"的事情，尤其是通过买尸完成的冥婚更是比较隐秘的事情，一般都会尽量保密，不会让街坊邻居知道。发生于有同样境遇家庭之间的冥婚相对光明正大。双方父母会按照活人的婚礼为夭折的子女举行仪式。也要通过媒婆下婚书、定婚期、送彩礼，但是此时的彩礼一般比活人的要低很多，属于随便给一点，表达一下感情，女方也不用陪送嫁妆。同时，婚礼期间的拜堂等仪式是在坟地举行的，将两人合葬入老坟地即可。事后，双方父母在一起吃顿饭，到场人员非常少，只是双方家庭和彼此的亲兄弟，不邀请本家亲戚和街坊邻居。

（二）丧葬习俗及其关系

传统时期夏侯村村民认为"死者为大"。无论从村民的重视程度、礼俗的复杂程度，还是花费的多少来看，丧葬要远远高于做九和婚礼。村民对死人的重视程度要远高于对活人的重视程度，一方面是传统观念的影响，另一方面是传统时期村民的鬼神崇拜、风水观念以及惯行习俗的影响。本部分将分置棺、报丧、吊丧、出殡、入坟、缅怀、规矩七个部分来考察传统时期夏侯村的丧葬习俗。

1. 置棺及其关系

老人一般不会突然去世，去世之前都会有一个时间段，家人会在老人弥留之际，为老人提前定做寿衣和棺材。如果老人突然去世，则只能购买成衣和做好的棺材。提前准备寿衣和棺材虽然有些不吉利，但是老人去世了还没有穿上寿衣入棺的话会被认为更不吉利，所以在一般情况下，老人都允许家人提前购买棺材和寿衣。有的老人甚至自己给自己购买棺材，提前很久就把棺材做好拉回家。传统时期的夏侯村附近，没有专门的棺材店和寿衣店。寿衣比较好解决，可以上布店或集市上买布找裁缝帮忙制作，或者由家中妇女自己制作。棺材则需要找木匠帮忙制作。做棺材需要为木匠提供木材，木匠手中一般没有那么多木材，即使有一般也不出售。木匠做棺材可以上门制作，也可以在木匠家中制作。木匠上门制作，要请木匠一天吃三顿饭，且做好之后给木匠一定的粮食、财物，多少不定，主要看关系。如果木匠在自己家制作，不需要管饭，但是要适当多给木匠一些粮食和财物，且用不完的木材一般都归木匠所有。传统时期夏侯村有一个木匠，本村人找他做棺材收费比较低，外村人来找他做活收费比较高。同样，本村人找外村木匠做活，收费也比较高。本村人与木匠关系好的，不收费，只请吃一顿饭即可。

村民将棺材分为四个等级：第一个等级叫"四独活"，意味整个棺材由四块整木板组成，四块板材都是直径超过一米的柏木切割而成。这种棺材在传统时期十分稀少，因为直径不足一米的大树树干都是可以用作房子主梁的，而直径超过一米的柏木更是十分稀少。一根房梁在传统时期的价格十分昂贵，大约为七八担粮食或十几个大洋。将可以做房梁的大树切割做棺材，是十分奢侈的事情。村中老人只是听说有这样的棺材品级，但是从未亲眼见到过。第二个等级叫"大头拼活"，意为整个棺材是由六七块大木板拼接而成的，木材没有要求，杨树木、杂木均可。第三个等级叫作"小匣"，即由很多块木板拼接而成。传统时期，大部分村民所用的都是这种级别的棺材。第四个等级就没有名字了，用芦苇席、草席一卷，埋葬即可。

2. 报丧与亲戚的关系

报丧的人可以是死者的儿子，死者的丈夫（妻子），本村的亲戚、堂兄，也可以是邻居。不同的情况有不同的报丧规矩。如果去世的是妻子，丈夫还活着，那么必须由丈夫本人前去妻子家中报丧，尤其是妻子的父母还健在。如果丈夫年龄较大，身体不好，由死者的儿子陪同丈夫前往，有谢罪之意，表示自己没有将妻子照顾好，希望获取娘家人的原谅。特别是妻子英年早逝，或者因难产而死，更要丈夫前去，给娘家人一个解释。如果去世的是妻子，但丈夫已经去世了，则由死者的儿子在死者亲兄弟的陪同下前去娘家报丧；如果死者没有亲兄弟，则由堂兄弟陪同报丧；如果没有堂兄弟，则由表兄弟陪同。如果去世的是丈夫，无论妻子是否活着，都不由妻子报丧，由死者的儿子向自己的叔叔伯伯报丧，随后去姥爷姥姥、舅舅家中报丧。死者的儿子需要在叔伯带领下，向娘家人报丧。无论去世的是丈夫还是妻子，报丧的顺序都是先本家关系最近的叔伯兄弟，其次是娘家、舅舅家，随后是自己的姑姑、姑奶奶等。

向远亲报丧，一般由死者的堂兄弟或其他远房亲戚相互转告，不需要死者的本家亲戚亲自报丧。向街坊邻居报丧，不需要死者的亲属专门前往报丧，邻居得知之后，会相互转告。

报丧的方式，就是进门悲痛地说上一声"某某某老了"，不需要携带任何物品。大门口外的一侧吊上"通天纸"。通天纸俗称"岁头纸""纸骨朵"，具有报丧的性质，挂上通天纸则表示老人亡故了。死者为男，通天纸悬于大门左侧；死者为女，则悬于右侧。通天纸是用黄烧纸折的，首尾相剪，连缀成链，宽约 5 厘米，长约 40—50 厘米，呈长条状，一头打洞，亡人为男一头剪个尖，亡人为女一头剪个豁。其数量也是按岁数大小一岁一张，天一张、地一张，如果 80 岁死亡，则剪 80 张。剪好纸条后再用麻绳把一头串好绑在一根柳树杆上，悬于大门外一侧。如果死者的丈夫或妻子已在此前去世，还要请专门的吹鼓手奏乐，以请回丈夫或妻子灵魂来安慰死者。

3. 吊丧及其关系

（1）穿寿衣

死者去世之后，首先要穿上事先准备好的寿衣。传统时期的寿衣与现代的不同，只有两层，并且都是黑白麻布制作。给死者换寿衣，不脱死者的内衣、内裤。随后由死者的妻子或丈夫给死者用清水擦脸、擦手，边擦边对死者说上最后一些话。如果死者妻子或丈夫已经去世，由长子擦脸、擦手；如果长子不在家，或者没有及时赶回，则由次子代劳。穿好寿衣后，入殓（入棺）之前，将死者放在床上，肚子上放三根谷秆（小米秆），谷秆头用白线捆绑在一起，入殓时拿掉。

（2）入殓

如果老人早上去世，晚上入殓；如果老人中午去世，晚上入殓；如果老人晚上去世，随时入殓。入殓有一个原则，即"不能让死者过夜"。入殓之时，将一枚铜钱放在死者的舌头上，也有用面团替代的，叫作"噤口钱"。棺材内部，要提前把黄色的麻纸用糨糊（用面制作）糊在棺材里边，且棺材底部铺上黄色的"铺地"（褥子）。因为按照老礼来讲，是不用铺地的，而是用真正的黄金铺在棺材底部，意味着让死者躺在金山中去世，非常富贵，但是普通农户根本没有这样的财力，只能用黄色的铺地和黄色的麻纸来替代。死者躺下之后，用白色的被子盖在死者身上，是为"盖银"。身下铺黄色的铺地，身上盖白色的被子，身边用黄色的麻纸糊上，就是"铺金盖银，金山环绕"。

（3）吊唁

入殓之后，将棺材盖子盖上——必须斜着盖，漏个口子，不能盖严实——摆放在堂屋之中，供人吊唁，是为"做三儿"（做三天），三天后封棺。吊丧的天数有长有短，时间不定。供人吊丧五天，叫作"排五"；吊丧七天，叫作"一七"，一般不会超过十天。具体摆放多少天由家人商量决定，吊丧天数由出殡的时间决定，出殡时间由死者的生辰八字，也就是风水决定。在传统时期，村民心中有着约定俗成的道德判断，"仿佛在家里放的天数越多，对死者的哀悼之情越浓，也显得子女更孝顺"。所以只要能在家中多放几天，就会尽可能多地延长吊丧时间。但是传统时期没有冷冻水晶棺等设备，老人夏天去世尸体很容易腐臭，所以在夏天吊丧天数一般不会超过五天。吊丧无论几天，都必须三天封棺。因为将棺材开口三天，是为了防止有的老人不是真正的死亡，只是假死；但是三天过后，就是真正的死亡了，必须赶紧封棺，以免打扰死者休息，发生不吉利的事情。传统时期的夏侯村，大家都知道一个由老人口口相传的故事：有一个老太太已经入殓了，但是在亲人前来吊丧的时候突然坐了起来。众人以为是诈尸，但是老太太呼吸正常，并问亲人："我怎么会在这里？"随后，亲人将老太太从棺材中扶起来，好生伺候。老太太又活了好多年才去世。这就是为什么死者入殓之后，要将棺材开口放三天的原因，也是做三儿的由来。

吊唁的流程：第一，搭建灵棚。传统时期的灵棚不同于当下的灵棚，只是用四根木棍支撑起一个临时框架。棚顶和北、东、西三面用蓝色的棉布、麻布挡住，以充当墙体。棚门向南开，不遮布。棚北摆放一张长条几，上边摆上死者的画像、五盘供品（馒头、酒、肉、菜、水果等）、香炉、蜡烛。长条几下放着专门用来烧纸的老盆。传统时期，搭建灵棚的较少，一般都是家庭条件比较好的才会搭建灵棚。家庭条件一般的，都是将棺材、画像、供品等摆在堂屋中，"以屋为棚"。第二，宾客到。前来探望死者的亲戚朋友称为"宾客"，主持丧事的称为"执客"。执客一般由村中年龄大（四五十岁以上）、辈分高、懂礼节、能说会道且较有威望的人担任。宾客会带上给死者的礼物，称为"供儿"。宾客来到灵棚前，带着供儿，给死者上供。宾客一到，执客就会高声吆喝"客到，点纸吧！"坐在灵棚两侧的孝子、孝孙就会哭声一片，宾客在哭声中磕四个头、烧纸、作两个揖。执客高喊"请吧、请吧！"，并代死者向宾客还礼，磕一个头、作一个揖；但是由于执客年龄一般比较大，不真正磕头，只是膝盖弯曲一下，代表磕头。执客又喊"谢！"孝子、孝孙随之给宾客磕一个头、作一个揖以示感谢。第三，吊丧的时间一般为上午至午饭期间，下午和晚上不进行正式的吊丧活动。第四，传统时期，主家不请前来吊丧的宾客吃饭，宾客看望死者、上供之后，自行离开。

（4）封棺

经过或"做三儿"或"排五"或"一七"或"摆十天"的吊唁流程之后，就要封棺。封棺之前，由大儿媳一手端着盛水的碗，一手拿着棉花，将死者的双眼、鼻子、耳朵、嘴巴擦一擦，名为"净五官"。且要边擦边祷告："擦擦眼，眼睛亮；擦擦鼻子，闻着香；擦擦嘴，想吃就吃；擦擦耳朵，想听就听。"祷告词不固定，意思都是安慰逝者，让其安心上路，保佑子孙后代。如果没有儿子，则由女儿代替；如无儿无女，就将这一流程省略。净五官之后，所有参与吊丧的宾客烧纸、磕头，并且绕棺材一圈。绕棺材时，必须由娘家人排头，视为礼让。绕行过程中，哭丧、瞻仰遗容，并且说一些安慰的话。之后，在封棺之前，要将死者固定于棺材之中。由于棺材比较大，如果不固定，抬棺材的时候人会在里边晃来晃去，发出响声，这是不吉利的事情。传统时期，用烧砖的泥坯放于死者的头部和脚下以固定死者。放多少块泥坯没有定数，视死者的身高而定：个子高的，会少垫几块泥坯；个子低的，会多垫几块泥坯，将死者固定在棺材正中间即可。垫的泥坯越多，棺材越沉。故传统时期有戏说："矮子的棺材抬不动。"固定之后，就要进行封棺仪式。传统时期的封棺就是用木楔子将棺材盖子钉上。封棺之后，死者就再无还阳的可能，固有"盖棺定论"之说。

4. 出殡及其关系

上述吊丧的种种流程都在自己家中进行，故也称"家祭"。家祭过后，就要送死者上路，即上黄泉路、入祖宗坟。

（1）摔老盆的家庭内部关系

所谓"老盆"，就是在灵棚前吊丧时，专门用来烧纸的或瓦制或陶瓷制的器具。老盆又叫"阴阳盆"，本地俗称"丧盆子"，也叫"吉祥盆"。摔老盆的必须是死者的长子，如果长子已故，则由二儿子摔盆，依次类推。如死者无子，则由死者的长女婿来摔盆；如果死者无儿无女，则一般由死者的侄子或外甥来摔盆。传统时期，摔盆者和扛引魂幡者才有继承、支配死者遗产的权利。老盆底部有九个眼，盆底有土，土中有九个铜钱。摔碎之后，铜钱洒出，围观的邻居可以去捡拾铜钱，捡到铜钱的人会有好运气。摔盆讲究一次摔碎，越碎越好。俗话说这盆是死者在阴间使用的锅，摔得粉碎才好带到阴间去。摔盆时，所有孝子跪在灵车前面，由长子猛地向地上或棺材头上摔去。

（2）抬仪杠的关系

老盆摔碎之后，随着"哇"的一声号哭和"砰"的一声碎响，所有孝子、孝孙一齐号啕，悲声一片，准备将老人送上灵车。参与帮忙的人将棺材抬出家门之后，就要上仪杠或者灵车。所谓"仪杠"是八个人或十六个人抬的，专门用来放置棺材的人力灵车（如图5-1所示），而传统时期的灵车都是马、骡子或毛驴拉的木板车。仪杠被认为是最体面的出殡工具，只有有钱有势的村民才能使用，较为穷困的村民一般用灵车。因为用仪杠，必须有人愿意给主家抬棺材，这是个力气活，一般人不愿意干；主家要给抬仪杠的人一人一双鞋子，并且要请抬仪杠的人吃饭，花销比较大。

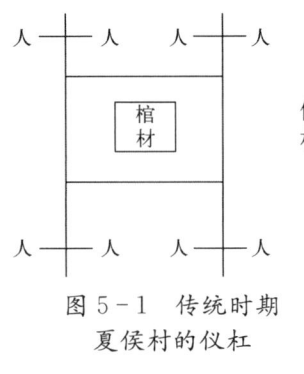

图5-1 传统时期夏侯村的仪杠

抬仪杠的人为了对死者表示尊敬，同时也为了避晦气，一般不说抬"死人""棺材"等，而是将仪杠称为"活儿"。传统时期，有的家户本家亲戚少、实在找不到合适的抬棺材的人，但是家庭条件还不错、用灵车拉棺材显得不够身份，同时也不想欠别人人情，或者在本村人缘不太好，这就产生了专门抬仪杠的生意人，叫作"仪工"。不论是专门的仪工，还是帮忙抬棺材的人，都有一定的收入。本地人称之为"不兴空"（不能两手空空），意为帮忙抬老人棺材，不能空着手回去，空着手非常不吉利。但是专门的仪工和帮忙抬仪杠的人的收入差别就比较大了。前者可能收费几十个铜钱，而后者只要给一两个铜钱，表达一下这个"不兴空"的意思即可。

灵车也有等级差别。灵车有两个轮子的，也有四个轮子的。两轮的只需要两个人即可，而四轮的需要四个人干活。两个轮子的相对较差，推着走得不平稳，甚至在出殡途中可能出现棺材掉下来的情况，四个轮子的灵车较平稳。传统时期，一般家庭没有两轮车或四轮车，只有有钱人家、地主老财家才有四轮车。但是大家一般都不愿意将平时拉粮食、货物甚至人的车用来拉棺材，认为不吉利，所以就产生了专门出租灵车的生意人。抬仪杠的生意人叫作"仪工"，而专门出租灵车的生意人称为"土工"。

（3）路祭与街坊的关系

所谓"路祭"，就是指将死者的棺材从家中抬往老坟地的路上进行的一系列祭祀活动。孝子、孝孙随老人的棺材一同出门，手里提着丧棒。传统时期将丧棒称为"幡"，此处所谓的"幡"用芦苇秆制成，将白纸条分别粘在芦苇秆的周边。长子、长孙扛引魂幡，比普通的幡要大。叩头后，男孝子就紧跟牌位桌边哭边走，女孝子则一边号啕，一边跟在男孝子后边。儿子、儿媳都有本家人或其他人搀扶，以防因过分悲伤而出现意外。死者的长子、长孙都扛着引魂幡。二子在左，抱牌位，牌位上粘有写上老人名字的纸扎，男子写着"先考某某某之灵位"，女子写"先妣某某某之灵位"。三子在右，抱着老人的遗像。其他儿子分立左右，依次类推。孙子跟在儿子后边，只有长孙在前边。孝孙在孝子的后边，孝女在孝孙的后边，儿媳妇跟在孝女的后边，侄子、外甥跟在儿媳妇后边，其他亲戚跟在侄子、外甥后边。死者的父、母、叔、伯、舅、兄弟、姐妹等长辈或平辈，一般不参与路祭。路祭的整体线路必须是一个环形，不能走回头路。出门上大路之后向北走，绕一个半圈来到老坟地，下葬之后，再绕一个差不多同等大小的半圈返回家中。路祭过程中，出殡队伍要屡次停下来做法事，次数视家中至老坟地的距离而定，一般总时长至少一个时辰。如果路程近，就要多做几次路祭；如果路程远，就少做几次，但一般至少3次。死者一般都是在午时之前下葬，所以出殡队伍需尽早出发，不能晚于上午11点。当出殡队伍走到十字大街时，也要做法事。一般有"花九拜""巧十三""二十四拜""三十六拜""七十二拜"等，还有"请主""三请主"等礼节。由于路祭时间较长，抬仪杠至少需要两套人员，一套人员8个人，至少需要16个人，甚至24个人。整个路祭过程中，都会有街坊邻居出来观看，大家主要看这家人是否孝顺。孝顺不孝顺的标准就是"会不会哭""哭得痛不痛"。而主家为了显示自己的悲伤和孝顺，一般都会用力地哭。儿子、孙子等男的一般不哭，所以主要看女的，故传统时期的夏侯村有"不生儿子，死了没人摔盆；不生女儿，死了没人哭"的说法。女儿的哭一般是"真哭"，儿媳妇的哭一般为"假哭""虚哭"，因为不哭会被人说"不孝"。故有说法："闺女哭，实心实意；媳妇儿哭，老驴放屁。"

（4）孝服的等级关系

传统时期夏侯村的丧葬，根据与死者的关系远近，所穿孝服也有严格的等级差别。

长子与其他儿子服饰规格一样，但长子拿引魂幡，其他儿子拿普通幡。女儿与儿子服饰规格一样，但是头巾不系、上衣略短。媳妇的服饰同儿子规格一样，但是要看自己的亲生父母是否在世，如果在世，则鞋子是"三边毛"，如果不在世，鞋子是"四边毛"。孙子孙女服饰同儿子一样，但是鞋子是"三边毛"。与死者同辈或高辈分的，不戴孝。侄子、侄女以及其他辈分低于死者的本家亲戚，衣服自带，主家不提供，鞋子是"两边毛"，头巾比较短，衣服、裤子随意，可以穿，也可以不穿。死者的外甥等辈分低于死者的姻亲亲戚，只戴孝帽，并且不包不披，挂在耳朵上即可。死者的女婿，不穿白裤子和孝鞋，只需穿大长衫即可，并且孝帽比儿子、女儿的都要短，不能系在头上，只需像围巾一样挂在脖子里即可。具体情况参见表5-5。

表5-5 传统时期夏侯村的孝服等级

| | 服饰 | | | | |
|---|---|---|---|---|---|
| | 孝帽 | 孝衣 | 孝裤 | 孝鞋 | 腰带 |
| 儿子 | 四五尺长、一尺宽的白布，绑在头上，在前额处打结 | 白色、麻布长孝衣，达到膝盖以下 | 白色、麻布裤子，裤脚不锁边 | "四边毛"*，如双亲有一位在世，那么后脚跟要锁边四指 | 白色，用麻布做 |
| 女儿 | 同儿子，但不系，包在头上 | 略短于儿子，膝盖以上 | 同儿子 | 同儿子 | 同儿子 |
| 媳妇 | 同儿子 | 同儿子 | 同儿子 | 要看亲生父母是否在世，如果在世，只能"三边毛" | 同儿子 |
| 孙子孙女 | 同儿子 | 同儿子 | 同儿子 | "三边毛"* | 同儿子 |
| 本家亲戚**（侄子、侄女） | 短于儿子、女儿，约二三尺 | 自己找着穿，也可以不穿 | 自己找着穿，也可以不穿 | "两边毛"* | 自己找着穿，也可不穿 |
| 娘家亲戚**（外甥、外甥女） | 短孝帽，约二三尺长，不系不包，挂在耳朵上 | 不穿 | 不穿 | 不穿 | 不穿 |
| 女婿 | 短孝帽，约二三尺长，挂在脖子上 | 不穿孝衣、孝裤，只需穿长衫即可 | 不穿 | 不穿 | 不穿 |

\* "四边毛""三边毛""两边毛"都是指孝鞋（传统布鞋）的制作工艺。"四边毛"是指鞋子的四周都不锁边，留着毛边；"三边毛"是指鞋子的前、左、右三边不锁边；"两边毛"是指鞋子的左、右两侧不锁边。

\*\* 本家亲戚、娘家亲戚都是指比死者辈分低的亲戚，不包括平辈或比死者辈分高的亲戚。

**资料来源：** 表中内容源于孙占秀、孙占邦、孙占玉等80岁以上老人的访谈。

5. 入坟及其关系

出殡队伍到达老坟地之后，就要准备将老人的棺材放在事先挖好的墓穴中进行埋葬，其间的流程统称为入坟。

（1）入坟的流程

传统时期，入坟要经过进坟门、下棺材、摆供祭祀、封墓、插幡、宴请宾客等程序。第一,"进坟门"是指棺材必须从老坟地的坟门进入甬路,不能随意进入,更不能踩着别人的坟头进入。到达坟门时,出殡队伍要略微停顿,放一挂鞭炮,意为告诉老坟地中的老祖宗死者的到来。第二,"下棺材"就是将棺材从仪杠或灵车上抬下来,放入事先挖好的墓穴中。这一环节是力气活,也是抬仪杠的仪工或赶灵车的土工的重要工作。第三,棺材下到墓穴后,先不封土,要摆供祭祀。摆供,就是在坟头摆放25个白面馒头,5个一组,共分5组,还要摆上5个碗菜,其中四荤一素。还要根据死者生前爱好,摆上烟、酒。随后子女烧纸、哭祭,对老人说说心里话,"嘱咐老人在阴间照顾好身体,好吃好喝地享受着,一路走好,保佑子孙后代,缺钱花了托个梦,想家人了就飘回来看看等等"。第四,由执客宣布"吉时已到,闭棺封土"。随后,仪工或土工开始拿着铁锹向坑中填土,子女的哭祭达到高潮。最终形成一个高于地面一米左右的圆形土堆,叫作"墓冢",也叫"坟头"。第五,"插幡"是指封土以后,大儿子将引魂幡插到死者坟头的东边,一般是死者的右手边,其他子女的幡也插到坟头附近。至此,入坟仪式结束,返回家中。第六,从老坟地返回,由孝子宴请所有宾客吃饭。传统时期的丧宴比较简单,根据家庭条件,对菜品没有明确规定,只要有一个荤菜即可。丧宴开始时,女宾客、小孩以及响器班成员先吃,吃完之后男宾客再吃。响器班成员会受到额外待遇,每人4个白面馒头,并且吃不完可以带走。男宾客入席吃饭时,响器班要持续奏乐,直到丧宴完全结束。事后,要给响器班成员再单独摆一桌饭菜,并再次赠送乐队成员每人4个白面馒头。传统时期的吹响器的属于下九流,村民看不起,故有戏称"给你8个馍吧",意指你是下九流的。

(2)"拔新茔"

"拔新茔"是指开辟新的坟地。传统时期拔新茔的原因有以下三种:第一,老坟地没有地方埋了,又叫"没穴位"了。第二,兄弟之间发生激烈矛盾,誓言不埋在一起。第三,经济实力非常强,做了大官,想自己"开宗立派"。传统时期拔新茔没有人会干涉,宗族、保长都允许,但是必须有一定条件,具体来讲有以下三种:第一,必须儿女双全。第二,必须有一片私有的土地,设为坟地之后,不能用于耕种。第三,必须有一定经济实力和社会威望,否则控制不住场面,大家会认为是"瞎胡弄"。拔新茔在传统时期是大事,必须有一定神圣性的仪式,并且不能提前很多天举行仪式,只能在入坟当天举行。仪式虽神圣,但也比较简单。具体流程有以下三条:第一,由专人提前在新茔的坟门处支起一个门,这个门由三根木杆构成,左、右各一根,上边一根横梁,组成门的形状,且此门不能太高。第二,由执客手拿一只大公鸡,绑住公鸡的双腿,从坟门的横杆上扔过去,且最好一次扔过去,否则会被认为不吉利。第三,扔过去之后，燃放鞭炮，响器班奏乐，即可进入。

(3) 合葬

夫妻双方有一方先死亡，后死亡的一方与先死亡的一方葬在同一墓穴的行为，叫作"合葬"。合葬是在旧葬处旁边另开一墓穴，并将配偶的棺材露出，两棺要放置得一样平、一样齐，绝不可一高一低，不可赶前错后。如果有两位以上夫人，原配夫人的棺材大头可以与其亡夫的并齐，以下的依次后退少许，这叫"排丧"，也可叫"夹丧"。合葬时要使棺盖相接，两棺中间搭上红纸或者红布六尺，以达到两个鬼魂互相沟通、互相来往的目的。掩埋时，长子媳妇要沿着墓边将土一把一把洒向墓坑四角，接着土工用铁锹往墓穴填土，并在墓穴的前方小材头前栽上挑着"纸骨朵"的柳树杆，谓之"扳着柳树吃供飨"，并插上引魂幡。为什么要栽一棵柳树呢？一是柳树好活，可根生，可籽生，可枝生；二是表达留恋、留下之意。墓穴填满土后，要把坟丘堆得不偏不斜，但不能用铁锹拍打坟丘。

传统时期夏侯村的合葬，主动权在丈夫。具体表现在以下几种情况：第一，丈夫先去世，对子孙立下遗嘱要与妻子合葬，那么等妻子去世后，子孙必须把妻子和丈夫进行合葬。第二，妻子先去世，丈夫不愿意同妻子合葬，就可以不进行合葬。第三，如果丈夫有两任以上的妻子，那么丈夫可以决定是否同妻子合葬，但是不能只同一位妻子合葬，一旦合葬，必须全部葬在一个墓穴。虽然主动权在丈夫，但是进行合葬必须提前和娘家人沟通，合葬之时，娘家人必须在场，因为合葬要挖开妻子的墓穴，涉及风水和尊重问题。

6. 缅怀与缅怀关系

传统时期的夏侯村，入坟之后，除子女需穿三年孝鞋之外，还要举行"复三""过七""百日""一周年""二周年"和"三周年"等一系列缅怀死者的仪式。三周年过后，死者上祖轴，除在家中春节祭拜之外，还要于清明节上坟前祭拜，可谓仪式繁多。

(1) 复三

"复三"就是在死者入坟后第三天，三代以内所有直系亲属都会到死者的坟头，为坟头填土、平整坟头的活动。传统时期的复三原则上要求姻亲、远亲也到场，但是由于路途一般比较远，主家在入坟之后，一般都会要求执客宣布"不复三"，以表示不麻烦姻亲和远亲。但是三代以内的直系亲属，一般都会到场。复三是因为死者入坟后三年之内都不允许往坟头添土，为了保证坟头能够支撑三年，也因为仪工、土工不会将坟头修整得十分坚固，所以，本家亲戚必须亲自为死者修整坟头，将坟头修成圆的（坚固）。这种修整坟头的行为也称"圆坟"。

（2）过七

"过七"又称"做七"，是指从死者去世的那天起，每隔七天，就要摆供祭祀，一直到"尽七"，共70天。关于"过七"在民间有着这样的传说：新鬼进入冥界后，每隔七日就要受到阎王爷的拘传鞭挞。家人为保护亡灵，就会准备专门的小旗、小伞让其躲避，并且还要在"五七"的时候买一只活鸡或烧鸡在死者坟头祭祀，因为阎王爷最爱吃鸡，死者拿着鸡去贿赂阎王爷，才能躲得过阎王爷的刁难、盘查。传统时期的夏侯村村民，非常忌讳"犯七"。所谓"犯七"是指死者的生辰八字与"七"冲撞，也就是做"头七""二七""三七"直至"尽七"期间的某一天正好是死者的生日。如果犯七，死者的家人就要用黄纸剪成小三角旗、小雨伞各一把，在过七的前一天傍晚插在坟前，其中小雨伞插在坟中间，小三角旗在坟头周围插一圈。祭坟的人还要祈祷："犯七、犯八，阎王打他，无处躲藏，旗伞躲下。"

（3）百日

人死一百天，家人登坟头祭祀，称为"过百天"，又称"百日祭"。在这一天，只有孝子、孝女携带祭品祭祀，其他本家亲戚、姻亲亲戚都不前来。百日祭过后，重孝服（包括帽子、腰带等全套孝服）改为常孝服（犹如正常衣服的孝服，也就是脱去孝服）。百日过后，男子可以剃头，女子可以洗衣服。

（4）一周年

死者去世一周年时，所有直系三代以内的亲属去坟头摆供品烧纸祭祀。本家亲戚和姻亲亲属都不参与。

（5）二周年

二周年祭祀，只需要儿子登坟头祭祀即可，女儿不参与。

（6）三周年

重新搭建灵棚，邀请宾客前来吊唁，仿佛死者刚去世。除置棺外，把丧事习俗中的报丧、吊丧、出殡、入坟等所有仪式再举办一次，很多情况下，场面要比死者刚去世时还要隆重。三周年过后，孝子、孝女就可以脱去孝鞋，彻底"脱孝"，恢复正常。三周年过后，死者上祖轴，每年春节在家中祭祀。

7. 规则关系

传统时期丧葬作为村民家中花费最大、最隆重、最神圣的事情，有着很多特定的规矩。具体来讲，有以下几点：第一，丧葬花费，儿子均摊，女儿不出钱。如果儿子不愿意出钱，就会被全体村民攻击，骂其不孝。第二，无钱举办葬礼，可以向任何人借钱，一般不能拒绝，且不用打欠条。如果家庭困难，就不用还钱。第三，孝子、孝女必须穿三年孝鞋，如果孝鞋穿坏了，可以用白鞋子替代。第四，穿孝衣、戴孝帽不能去别人家，会给别人带来"不好的东西"。第五，百日之后，脱下重孝衣，可以去别人家串门，但必须先"掏十家的锅底灰"。

二、节庆习俗与习俗关系

传统时期夏侯村有着丰富的节庆习俗，较为严格地遵循祖宗流传下来的"四时八节"。其中春节是最为隆重的节日，夏侯村民称之为"过大年"。大年既包括腊八祭灶，也包括正月十五、十六，而较为严格的春节仅指自腊月二十六至正月十四这段时间。本部分将过大年分开描述，具体从春节、小年、龙抬头、中秋节四节日考察传统时期夏侯村的节庆习俗及其关系。

（一）春节

传统时期夏侯村的春节又叫"阴历年""过年"。村民认为过大年是包括祭灶和小年的，自腊月二十三开始到正月十六结束。也有村民认为"不出正月都是年"，意指自腊月二十三到正月三十都是过大年"。而村民严格界定的过年时间是自腊月二十六至正月十四。春节是传统时期夏侯村最为隆重的节日，是花费最大的节日，同时也是礼数要求最多的节日。传统时期夏侯村村民与春节的关系主要体现在以下几个方面：

1. 备年货与户家的关系

据村民回忆，传统时期夏侯村中农及中农以下成分的家庭在过年前都要向户家借钱过年。村民认为过年必须吃白面馒头、吃饺子、吃肉喝酒，并且必须要为过年走亲戚准备馃子和柿饼，否则不仅不吉利，而且会有失亲戚之间的礼数。但是大多数农户都买不起年货，只能向户家借钱过年。一般农户都会借一担或两担麦子用于过年的各项花销。借钱过年需要在来年麦收之后即刻偿还，要写下借条，并且要付利息。即使是与户家关系非常亲近的本家亲戚，借钱过年也需要偿还一些利息，但是利息会低于其他农户。一般情况下借一担粮食，麦收之后要偿还一担二的粮食。如果麦收之后无力偿还，秋收之后就要偿还一担五到两担的秋收作物（玉米、高粱、小米等，红薯除外）。如果秋收时依然没有能力偿还债务，那么来年就要偿还一担五到两担的麦子，并且来年过年无法再向户家借钱。

2. 备年货与馍店老板的关系

传统时期夏侯村有两家馍店（馒头店）。其中一个馍店老板杨占元组建了鸡蛋会，专门针对夏侯村中的老年人，其目的就是让村中老头老太太能在过年时吃上白面馒头。馍店老板杨占元在平时发行鸡蛋券，一个鸡蛋换取一枚鸡蛋券，具体发行多少都由馍店老板自己决定。馍店老板拿到老人的鸡蛋后出售，换取麦子磨面后蒸馒头售卖，用老人的鸡蛋扩大再生产。在过年之前，馍店老板会通知村中拥有鸡蛋券的老人前来用鸡蛋券兑换白面馒头，并请所有入股的老人大吃一顿。

3. 春联的购买与写作关系

传统时期，除家中有人去世且去世未满三周年的不能贴春联之外，其他农户都要贴春联。购买春联、门神的花费是普通农户过年时的一笔重要开销。每逢腊月二十八、二十九两天，农户都要赶紧准备春联。其准备途径有两种，一种是从集、会上购买，另一种是购买红纸之后，请村中有文化、会写字的农户帮助写一下。直接购买的价格相对较高，大多数农户为了节约这样一笔花销都会请人写。会读书写字的先生在这两天非常忙碌，只要时间来得及且是本村人前来求字，一般都会帮忙写作。书写春联的先生非常注重先来后到的时间顺序，不管农户是自己的本家亲戚、亲兄弟、街坊邻居还是普通乡亲，春联一般都得遵循先到先得的原则，而不会因为对方是保长或穷人而区别对待。先生帮忙写春联是不收钱也不收礼的，村民描述为："过去（1949年前）为啥说会读书写字的一般都德高望重呢？就是因为村里会读书写字的人不畏权贵、不贪财、和普通人不一样。他给你帮忙写字都不要钱，也不求回报。但是大家（普通农户）也都不傻啊，人家对你好，你得记着，啥时候（有机会）还得还回去。"

4. 拜年的次序关系

每逢正月初一，夏侯村村民就会起个大早（一般是五更天就会起床），全家穿上新衣服在全村挨家挨户地串门拜年。拜年时，家中的长辈一般都会在家中等候前来拜年的宾客，而家中的年轻男性都会出去拜年。大于15岁（已经成年）的女孩子一般不出去拜年，而小于15岁的女孩子会跟随自己的父母出门拜年。拜年首先给自己的父母拜。小孩子要首先给自己的爷爷奶奶拜年，一般不需要给自己的父母拜年。村民给长辈拜年都要磕头，一般是磕三个头，绝对不能磕四个头，因为一般给死人才磕四个头。同辈见面拜年只需双手抱拳作揖即可，不需要跪拜，而长辈给晚辈拜年一般不需要作揖，只需要打个招呼即可。给父母拜年之后就要到本宗族悬挂祖轴的长辈家中拜年，随后到所有本家亲戚家中拜年，之后给街坊四邻和同村乡亲拜年。传统时期，除了直系爷爷奶奶会给一些压岁钱（一般都是几个铜板）之外，其他所有亲戚都不会给压岁钱。亲生父母一般不会给儿子儿媳压岁钱，只给自己的孙子孙女压岁钱。给本家亲戚、街坊四邻拜年，不用携带礼物，长辈都会给小孩子一些花生、核桃、枣或鞭炮等物品作为拜年礼物。如果到非常穷困的长辈家中拜年，即使长辈给小孩子礼物，成年人也会让小孩子赶紧放回去，不收取长辈的礼物。村民认为，拜年只讲亲情和感情，不讲其他的。村民互相拜年时，觅汉不会刻意到雇主家拜年，普通农户也不会因为某个农户是保长而首先给其拜年，都是按照血缘关系、邻里关系来拜年。拜年虽然不讲身份，但是要讲感情，那些平时有冲突和矛盾的农户一般不会互相拜年；但是如果是本家亲戚，即使有一些矛盾也照样要去拜年。

5. 走亲戚携带的礼物等级关系

传统时期夏侯村将过年走亲戚所携带的礼物分为六个等级。第一等级是八封馃子（八个点心匣子、每盒半斤，其中有蜜三刀、红薯面饼、糖稀球等），加上八串柿饼。对于普通村民来说，这种规格的礼物一般是给娘家人或者结婚送彩礼时才使用，平时很少使用；对于地主、户家、官员来说，这样的礼物很平常。第二等级是六封馃子加六串柿饼，普通村民回娘家、叫新客时使用。第三等级是四封馃子加四串柿饼，普通村民看望父母、回娘家、叫新客，或看望亲姐妹、亲兄弟时使用。第四等级是两封馃子加两串柿饼，普通村民看望本家亲戚、远房亲戚、兄弟姐妹、堂兄弟姐妹或表兄弟姐妹时使用。穷困村民看望父母、回娘家、叫新客时也可能使用，但显得有些小气。第五等级是一封馃子加一串柿饼，普通村民看望一般亲戚、左邻右舍时使用。第六等级是几个柿饼、烧饼、鸡蛋、点心，普通村民过年期间随意串门、左邻右舍互相寒暄时使用。这种礼物一般不算正式的礼，而是"随便拿点东西"。

6. 过年的禁忌关系

传统时期夏侯村的春节是最为神圣、最为重大的节日，有着很多禁忌：其一，办丧事家庭，三年内不能贴春联。其二，年三十晚上，不能睡得太早，最好全家聚在一起守岁。其三，大年初一早上不能起得太晚，素有"初一五更来"的说法。小孩子在这一天不能让大人叫醒，必须自己早点醒过来。如果必须要喊小孩子，不能喊名字，只能喊"虱子跳蚤都醒了，来咬人了"。其四，大年初一当天，不能骂人，不能打架。其五，大年初一至初七，不能往家门外倒垃圾。其六，大年初三当天，不能说"鬼"。其七，大年初七必须送祖轴，如果没有送，初八、初九、初十直到十四都不能再送，必须等到正月十六过后才能送。其八，特殊禁忌，夏侯村孙氏族人特有。传统时期，夏侯村孙氏族人每逢大年初一、十五当天，要全族禁食。后来由于族中老人两天不吃饭容易发生危险，就于中华民国时期改为正月初一斋戒一天。究其原因，有这样的故事：

> 夏侯村孙氏族人的一位先祖走丢了，孙氏族人全族到寺庙中许愿，如果能保佑老人归来，他们情愿每月初一、十五不吃饭。后来老人果然又回来了。族人为了还愿，信守对老天爷的承诺，就真的不吃饭了。后来有的族人不同

意每月初一、十五不吃饭,就改为正月初一、十五不吃饭。再后来,改为斋戒,不吃肉。至1949年,已经全部被废除。

(二)小年

传统时期夏侯村正月十五、十六两天被称为"小年""灯节"或"元宵节"。这一天被村民认为是"月亮最圆,距地最近,天人通灵"的一天,在这一天有着特殊的习俗关系。

1. 集体祭祖与家庭的关系

传统时期夏侯村各个宗族,每逢正月十五、十六两天都要到老坟地中开展集体祭祖活动。夏侯村孙氏宗族的集体祭祖活动较为特殊,是以整个宗族为单位进行的。孙氏族人称本宗族的祭祖活动为"散路灯",由宗族中的富裕农户出油、出粮,较为贫困的农户出人力,在本宗族中年龄最大、辈分最高老人的组织下集体制作、点燃、放置,在本宗族所有老坟地的每一个坟头上都放上一盏"路灯",以祭祀先祖,为先祖照亮回家的路。其他宗族大多以老坟地为祭祖单位,某一老坟地的族人不管本宗族内其他老坟地的祭祀事务。在正月十五或十六当天上午,同一块老坟地的所有成员按时到达老坟地,在本家亲戚中年龄最大、辈分最高老人的带领下,在坟门口摆上供品,集体跪拜,祈求祖先保佑。随后,进入老坟地,以家庭为单位分别祭拜各自的祖先。

2. 狮子会与村庄的关系

狮子会是传统时期夏侯村中一些会武术的年轻人在武术高手孙广德、康坤的组织下,自发习武、自我组织而形成的村庄娱乐组织。每逢正月十五、十六两天,狮子会中的年轻人为了让节日更加热闹一些,都会免费给村民进行武术表演。表演地点一般在村庄的场里,只要是夏侯村的都可以免费来看,其他村庄的人也可以前来观看,但是一般情况下要给狮子准备一些供品,如几个核桃、枣、馒头等。狮子会还会到村外的集、会上进行游街表演,一方面是为了交流武术,另一方面可以宣传村庄,狮子会的成员也会受到本村村民的崇拜,获得更高的威望。

(三)龙抬头

传统时期夏侯村村民将每年农历二月初二称为"龙抬头"。在这一天,所有农户会集体到场里祈祷五谷丰登。龙抬头预示着春季来临,万物复苏,一年的农业生产活动即将开始,素有"二月二,龙抬头,大仓满,小仓流"的说法。

1. 祭农具与家庭的关系

在二月二当天,村民会以家庭为单位进行"祭农具"的活动。具体做法是用锅底灰在场里画出各式各样的农具，并且在每一个农具的画前刨一个小坑，埋一点粮食，祈祷农具在新的一年正常使用，不要损坏。祭农具一般都在农户家的场里进行，如果家里没有场，则会借用其他农户家的。做买卖的农户以及其他不种地的农户一般不会举行祭农具活动。觅汉在这一天需要到主家帮助主家祭农具，因为主家的农具较多，要把每一种农具都用锅底灰画出来，单凭主家的力量是无法完成的。觅汉帮助主家祭农具之后，主家会给觅汉一两个馒头或锅盔作为奖励。

2. 农户与剃头的关系

传统时期夏侯村素有二月二剃头的习俗，并且有"正月里不能剃头""正月剃头死舅舅"的说法。因此剃头匠一般都会在二月二当天进村剃头，生意非常好。传统时期二月二剃头一般只针对家庭中的男性，尤其是男孩子，在这一天剃头的话会比较吉利。女孩子一般不剃头，而是在家中由母亲象征性地剪上一缕头发来代替。

（四）中秋节

传统时期每年农历八月十五，村民称之为"中秋节"，并绵延至今。中秋节是全家团圆的节日，同时是地主给长工发工资的节日。

1. 妇女愿月

传统时期每逢八月十五中秋节，夏侯村农户家中的妇女就会提前联系好左邻右舍、街坊邻居中关系比较好的朋友商量着在哪里愿月（拜月亮，对着月亮许愿）。男性一般不愿月，因为村民认为月神（嫦娥）只保佑女性而不保佑男性。妇女在白天会从集、会上买一些锅盔、点心，也可以在家煮一些花生和毛豆作为供品。关系比较好的妇女聚在一起后，一起来到某个妇女家的院子中或者房顶上，摆上供品，集体跪拜、许愿，随后一起品尝各自准备的供品。每个妇女都要准备一些供品，如果没有准备，只吃其他人准备的是不行的，会被其他妇女赶走。

2. 觅汉与主家的关系

传统时期夏侯村素有"八月十五好节气，杀觅汉，退伙计"的说法，意为当天是主家给觅汉发工钱的时间。每年农历八月十五，主家都会邀请所有的觅汉到家中吃饭，这一顿饭非常丰盛，有酒有肉。酒足饭饱之后，主家就会主持饭局，在饭桌上"说事儿"，比如：某某某今年表现非常好，干活勤奋，打粮食比较多；某某某今年请了多少次假；某某某偷奸耍滑，叫锄草不锄草，导致粮食大量减产；某某某就知道吃，不知道干活，一顿饭吃得比其他人多，打的粮食却比其他人少，等等。主家会当场决定工资发放多少，让觅汉们吃过饭领粮食回家。那些表现好的觅汉可能会获得奖励，表现不好的可能被扣工钱，或者被辞退，都是主家说了算。如果主家说的不是实情，觅汉可以讲道理，但是一般说不过主家，没有主家有文化。此外村民认为：就算你有理，主家不给你发粮食，你也没有办法。

## 第六节 规训与规训关系

传统时期夏侯村对子孙后代的教育和教化更多依靠的是以家庭为单位，父做子学、耳濡目染式的方式方法。宗族的教育相对缺失，没有体现出对族人的有效制约和引导。学校教育更多是一种功利性教育，教书先生为了讨生活，学生为了做官发财或混个技能。本部分从家庭教育、私塾教育、宗族教化和政治教化四个方面考察传统时期夏侯村的规训与规训关系。

一、家庭教育

在传统时期的夏侯村，家庭教育是影响村民最多的教化形式，更多的是一种言传身教、传帮带式的模仿学习。本部分从四个方面考察传统时期夏侯村的家庭教育。

（一）家风好坏

村民的家庭教育根据家庭的不同有着很大的区别。俗语有云"上梁不正下梁歪"，如果父母不能对子女进行良好的示范引导，其子女必定不能做得很好。家风和口碑代表着一个家庭在村庄中的信誉和名声，家风好的家庭教育出来的子女懂事，家风不好的家庭，所教育出来的子女往往被村民认为有各种各样的缺点。

村民认为好家风有以下内涵：其一，孝敬父母；其二，勤劳踏实；其三，不作恶、不杀人、不放火、不赌博、不抽大烟、不当土匪、不做下九流；其四，知远近亲疏；其五，兄弟和睦、妯娌相容；其六，知善恶对错。

（二）言传身教

子女所获得的教育和技能，大多与父母有关：如果父母善于农活，则子女大多善于耕作；如果父母善于放羊喂牲口，则子女往往也比较擅长；如果父母对爷爷奶奶端茶送水、孝敬有加，则子女往往也是如此。对此，侯村民描述为："过去（1949年前）哪有什么教育，都是爹妈说怎么做就怎么做，不听话就挨打。爹妈啥样，子女就啥样。爹妈只会种地，儿女也只会种地；爹妈是当官的，儿女也是当官的；爹妈是放羊的，儿女也是放羊的；爹妈好占小便宜，儿女也好占小便宜。子女都是跟着爹妈学的。"

（三）家规家训

传统时期夏侯村大多数普通农户家中没有家规家训。户家、地主家庭有家训，村民认为这是"祖上有文化的人留下来的文绉绉的话"，具体有以下四条：其一，一粥一饭，当思来之不易；半丝半缕，恒念物力维艰。其二，居家戒争讼，讼则终凶。其三，天亦有道，不可怍道；不是不报，时候未到。其四，饭食约而精，园蔬逾珍馐。

（四）家庭教育方式

传统时期夏侯村的家庭教育方式较为单一，主要是以打骂为主的棍棒教育，具体体现在以下三点：

其一，扫帚打屁股。此种教育方式主要针对未满 12 岁的孩子。子女不听父母的话往往容易被父母用扫帚打屁股。此种方式是较为严格的惩罚措施，一般情况下不会使用，只有当子女闯祸了才会用到，例如骂长辈了、把别人打伤了、顶撞父母了等。用扫帚打，是因为扫帚一般用高粱秆制成，比较软，不会受内伤，但是打在身上也比较疼，声音比较大，可以对子女起到很好的震慑作用。

其二，吓唬、恐吓。此种方式一般用于更小的子女。通过塑造一个恶人形象、讲鬼故事或者把子女暂时赶出去等吓唬小孩子，以此来达到教育目的。例如，一旦有小孩子不听话，总是乱跑，或者在别人的坟头乱蹦乱跳、大喊大闹，父母就会说"你再乱跑，老马虎（一种专门晚上抓小孩的鬼怪）把你抓走，我可拦不住啊""你再站在坟头，小心坟里的人出来把你抓走"等等。

其三，吊起来打。此种方式最为暴力，一般是真打，被打者往往皮开肉绽，严重的也可能失手打死。此种方式一般不会在家中采用，除非家中孩子已经长大成人，却仍然游手好闲、偷拐抢骗或殴打父母长辈。据村民孙占邦回忆：

> 我记得我七八岁的时候，有个小叔都成年了（老人估计 20 岁左右，具体年龄不详），整天游手好闲，把我爷爷惹生气了。批评了他两句，他不仅不听，还拿起家里的铜壶往俺爷身上砸过去了，铜壶里边还有热水呢。我爹和其他几个叔一看这情况，那还得了，就地就把我小叔绑了，吊起来打。那是真打啊，打得半死不活，吊树上一夜，直到小叔跪在地上磕头认错才放下来。

其四，"商量商量"。当子女已经长大成人、成家立业、娶妻生子之后，父母对子女不会采取打骂等教育方式，更多是用一种平等的姿态和子女商量事情，并在交谈的过程中表达自己的观点，以影响子女。但是子女无论怎样做，父母都不会再做过度干预，是所谓的"长大了我都（就）不管你了"。

## 二、私塾教育

据村民回忆，1949 年以前，夏侯村共有两位教书先生。一位是孙震，是救了被国民党军队抓走的学生后为掩人耳目而临时性地办了三个月的私塾,在第四章第九节"村庄保护"部分有详细描述,在此不再赘述。夏侯村常年教书的私塾先生只有一人,名叫王明,小名"瓜牛",其家庭在土改时期被评为中农,有30—40亩地,家中兄弟三人,他排行老三。

(一)私塾中的亲戚关系

王明的办学地点是借用来的叔叔家闲置的房屋。其叔叔叫王廷相,是村中大地主之一。由于是亲叔侄关系,并不收取房租,但是王廷相家中子女读书写字是不交学费的。教书的地点是王廷相家的东屋,有3个房间,长约9米,宽约3米,高约4米。其办学经费来自父母资助,叔叔王廷相则为其提供桌椅板凳。常年在他处读书的都是儿童,有五六个,都是村中户家的孩子,且都是男孩子。

(二)授课内容和教学方式

教书先生王明幼年时期读过几年私塾,其所教授的大多是他的老师所教给他的《论语》《孟子》《三字经》《百家姓》之类的传统文学。

教书先生对每个孩子的教育内容都不相同,其称"根据每个学生的情况,适合读什么书,就买什么书"。在学生入私塾读书之前,教书先生会问孩子几个问题,然后让其家长到集、会上购买所需要的书本,教书先生处并没有书本。

学生买来书本之后,请教书先生过目。书本无误之后,教书先生读一句,学生跟着读一句,是一对一的教学。跟读一遍之后,教书先生会让学生自己朗读。如果学生自己读不下来,可以询问教书先生。如果询问次数过多,教书先生就会认为学生是故意捣乱、不用心,就会拿着戒尺敲打学生,或者罚站。教书先生每天上午教书三四个小时,随后布置背诵任务,由学生返回家中各自学习。第二天上课时,要首先提问昨天要求背诵的内容,如果背不下来,就会挨打,或者被罚站。

此外,教书先生还会教学生用毛笔写字。最重要的练习方式是抄书本,一边朗读,一边抄写,最终要熟记于心。

(三)学费关系

常年读书的孩子按年支付教书先生的工资。工资主要由教书先生和孩子的家长商量,教书先生并不会与学生讨论工资收入的事情,家长一般也不会让孩子知道。每个孩子所支付的学费都不一样。调皮捣蛋的孩子教育难度相对较大,家长需支付较多的工资;年龄较大的孩子,较难管理,也需要支付较多的工资。工资每年都有所不同,具体数目都是由教书先生与孩子的父母商量决定。一般情况下,一个学生读书一年要交给教书先生至少一两担粮食,有时教书先生上门收取,有时学生家长送至教书先生家中。

只有孙占秀是特殊情况。其父亲本不想让他读书，只因为教书先生欠了其父亲两斗高粱，不想还钱，就与孙占秀的父亲商量"以教抵债"。孙占秀以两斗高粱的代价跟着教书先生读了三个月的私塾。到了年底，孙占秀的父亲认为"还债还得差不多了"，就不让孙占秀继续去私塾了，教书先生也没有上门再鼓励读书，双方也就不再讨论这个事情了。

（四）教书先生的社会关系

据村民回忆，教书先生的地位并不高。普通农户认为教书先生"不干正事儿""阴阳怪气"的，对其印象不好，愿意与之打交道的也不多。

村民认为教书先生也"没有多大本事"，要不然"早就当大官了"，认为其文化水平只能"哄哄小孩子"。普通农户认为读书太贵，一般人根本读不起，只有户家的孩子才能"有那闲钱"，但是并不认为会读书写字是什么坏事，只是认为对自己没有什么帮助，是没有什么用的事情。

（五）私塾教育中的贫富关系

据村民孙占秀、孙占邦等老人共同回忆，教书先生王明所收的学生全部为村中富裕农户家的孩子，如大地主孙长祚二儿子孙锐，地主孙长兴二儿子孙锒，地主杨建华儿子杨韫、侄子杨桐，地主闫金中儿子闫同乐等。只有孙占秀是贫农子弟，且有特殊原因。

（六）私塾教育中的节日关系

和教书先生是亲戚关系的学生会自然按照亲戚之间的礼仪进行交往，并没有因为其是自己的教书先生而对其特殊对待。与教书先生不是亲戚关系的学生，在节日期间一般不会专门进行交往。但是在春节期间，学生除跟随家长拜年之外，一定要专程到教书先生家中磕头拜年，不需要携带礼物。如果学生的家长认为教书先生教得好，学生用自己的所学给家里帮了忙，为了感谢教书先生，会在八月十五或在春节之前让自己的孩子给教书先生送上一盒点心、一串柿饼。如果来年不准备继续跟随教书先生学习，学生一般会在年底给教书先生带上一些礼物，说明来年不再读书了，并感谢教书先生的教育。

三、宗族教化

传统时期，夏侯村民大多是一家一户地处理各自家庭事务，事关宗族的只有入祖坟、上祖轴、上族谱等事情。由于没有祠堂、族产，宗族在大多数历史时期中处于名存实亡的状态，对族人的教化没有任何实质性的强制约束。

夏侯村的小姓（小宗小族），都是因为避难、逃荒或为了出家当和尚而来，没有任何宗族的观念。村中只有孙氏宗族有着简短的两则祖训，但是村民认为只是"简单的呼吁"，而现实当中，"没有人考虑这些"。

传统时期孙氏宗族有族谱，族谱中只有祖训一条：重德轻利，忠孝仁义，诚信温良。其他宗族都没有成文的族规、家训，也没有口口相传的治家规则。据村民回忆："族规家训没有一点用，自家管自家的事，自家的事情还管不过来，没有人管这。"

### 四、政治教化

中华民国时期，国民党政府较为注重在县城宣传政治口号和教育思想。据《封丘县志》记载：中华民国二十七年（1938年），国民政府公布《中华民国的教育宗旨》，从培养目标、课程、训育诸方面做了具体规定，将"明礼仪、知廉耻、尽忠孝、行仁义"作为教育宗旨，把教育引上了党化教育的道路。但是其对乡村缺乏有效的教育和规训，普通农户大多不知道国家所倡导的价值观，也不知道国家要村民怎么做，只有村中读书的年轻人可能对国家政治有所了解，普通农户大多接受的是父母的家庭教育。作为国家力量的代表，保长并不对村民进行任何政治教育，因为保长本身就没有文化，大多数时期只是因为其可以完成上级的派粮派款任务才当了保长。

日本军队入侵之后，民国政府和日伪政府并存。国民党政府也处于游击状态，无论是民国政府还是日伪政府都会拉拢本地的土匪部队。据村民回忆：土匪经常在乡村活动，今天喊一个"打倒日寇""中国人不打中国人"的口号，明天就可能喊出"大东亚共荣""剿灭共匪"的口号。在这一时期，村民反而可以接受更多的国家规训，但是由于搞不清楚国家大事，只要对方不杀人、不抓人、少要粮食，就认同对方的口号。村民并不真正关心所谓的规训内容，只是为了求平安、求活命。

据《封丘县志》记载：

> 日伪政府在其盘踞的县城及一些村镇，先后办了一些学校，推行"奴化教育"；广大农村官办学校停办，私塾复兴，讲授"四书""五经""三字经""百家姓"……后期实行"一保一校""政校合一"的原则，美其名曰"普及教育"，实则为其反共、反人民，推行法西斯专政服务。

## 第七节 文娱与文娱关系

与极为贫困的生活不符的是夏侯村有着丰富的文娱活动。传统时期大多数村民都喜欢看热闹，喜欢玩。普通农户所进行的文娱活动的最大特点是"不花钱"，活动经费大多由户家来出。本部分将从节庆文娱活动和日常文娱活动两部分考察传统时期夏侯村的文娱形态及其关系。

一、节庆文娱

（一）舞狮子及其关系

传统时期夏侯村有专门的狮子会，每逢农历春节至春耕农忙的时间，会在各个集、会或村中场里进行舞狮表演。

1. 表演关系

舞狮表演时，有狮把师一人，狮头、狮尾各一人。狮把师头包蓝扎布，上身穿着十三太保紧身皂布短衣，镶有白边，下身穿着骑马式兜裆皂布裤，腰系深色宽布带，足蹬双脸薄底鞋。狮头、狮尾各穿连脚黄套裤，并且在脚上捆绑绿麻织成的蹄毛。表演内容有"狮子蹲桌""沿桌子""上老杆""滚绣球诱狮子"等。县城的舞狮表演，还有在地上表演的"四门斗"，随后上桌子表演的"大中堂""小中堂""海底捞月""凤凰展翅"等专业剧目，并在最高一层桌子上前腿站立、嘴喷礼花，伴有吉祥对联从嘴里滑出。

2. 舞狮子与村民的关系

夏侯村舞狮表演一般在场里进行。村民自由观看，不收取任何费用；外村人观看，同样不收取任何费用。狮子会表演非常欢迎外村人前来，因为来的人越多，越是"为村争光""提升村庄知名度"，表演的人也会"脸上有面子""被村里人尊重"。

3. 舞狮子与集、会的关系

夏侯村的狮子会相对于其他乡镇的舞狮队规模较小，所以没有其他乡镇邀请夏侯村的狮子会外出表演。一般都是狮子会的"头儿"私下联系某个集、会的负责人（一般为会首），允许表演之后，夏侯村的狮子会就会在规定时间前往某地进行表演，所有的表演都不收费。参与狮子会进行表演的年轻人大多抱着学习武术、强身健体的目的，在对外表演中获得尊重和名声。表演结束后，一般会有村民给狮子上供，供品有水果、馒头、酒肉等。但是舞狮子的人不能吃，一旦收下，就被村民认为是"黑狮子"，以后也就没人邀请了，不仅不能获得威望和尊重，相反会被村民笑话。

4. 狮子会的筹办关系

传统时期夏侯村的狮子会由夏侯村武术高手孙广德和康坤筹办，村中爱好武术的年轻人自愿参与。本村人参加狮子会不需要交纳任何会费和学费，但是要举行拜师仪式。如果是成年男性参加，自己拜师即可；如果是小孩子想要参加，必须由其父母同意，并且父母要和师傅约好，在练武过程中有任何损伤都由孩子自己负责，师傅没有责任。拜师之后，学生要请师傅吃顿饭，或者带上一些礼物（如一盒点心、一把枣等），如果学生家庭非常贫困，则不需要携带任何礼物。夏侯村的狮子会一般不收其他村庄的年轻人为徒，都是本村人前来学艺，如果其他村庄的人前来拜师学艺，要交学费。

5. 狮子会的经费筹集

据村民回忆，狮子会表演都不收钱，他们表演用的狮子、枪、凳子等服装和道具都是自己买的。其出钱方式是自愿出钱，有钱的多出，没钱的少出，如果成员实在贫困也可以不出钱，但是师傅必须多出钱，给徒弟做出表率。如果凑不齐足够的钱粮购买道具，就不进行表演。狮子会也会接受村中户家的捐助和支持，一般不接受村中普通农户的捐助。

6. 请狮子

狮子会在正月十五、十六表演舞狮子一般是不收费的，如果夏侯村中某位户家办喜事或丧事想要请狮子进行表演，那么狮子会就会收取一定的费用。如果是本村的户家邀请表演，收费比较少，一般情况下每家一两斗粮食即可，但户家要请狮子会所有成员吃饭喝酒。如果是村外的户家邀请夏侯村的狮子会进行表演，收取费用相对较高，一般情况下每家至少三五斗粮食。

（二）会戏及其关系

传统时期村民参与的庙会很多，但是自己掏钱主办的庙会只有每年农历四月初八的淳于寺会。本部分将从请戏的人物和经费的来源、戏班的运营和收费、村民的出资方式三个方面来考察传统时期夏侯村的看戏活动。

1. 请戏的人物和经费筹集

传统时期夏侯村每年农历四月初八都要举办庙会，其间会邀请戏班子前来表演。请戏班子一般由淳于古寺的住持和淳于寺会大会首、小会首商量决定。经费的来源由两部分组成，一部分是淳于古寺的寺庙田收入，另一部分是淳于寺会筹集的经费。一般情况下，淳于寺会开办之前会先发动村民进行捐资。如果捐资充足，那么淳于古寺不出资；如果捐资不足以请戏班唱戏，则由淳于寺方丈补足资金缺口。

2. 戏班的运营和收费

传统戏班有着严格的规矩和身份。成员分为三六九等，有领班、管账的、跑龙套的、吹响器的、台柱、当家花旦、打梆的、拉车的、管服装的等等。所有成员在领班的带领之下进行演出，必须服从领班的指挥。领班和管账的负责演出的承接和费用的收取。一般情况下都是邀请本地的戏班，因为传统时期本县戏班很多，且如果邀请外地的戏班，可能因语言不通造成本地农户听不懂而提前离场的情况。此外，本地戏班收费也较低，如果邀请外地戏班，要负责戏班的餐饮、住宿和路费，费用更高。一般情况下，一个戏班至少一二十人，不同演员的收费有区别。例如，台柱和当家花旦一般情况下每天工钱约30吊铜钱，本县有名的演员需要四五十吊甚至更多，而吹响器、拉弦、打梆的乐队成员工资相对低一些，平均每天10吊铜钱左右，拉车的和管服装的工资每天约三五吊铜钱。计费方式非常复杂，一般村民很难搞明白。据村民估计，普通戏班每天收取的费用至少有十几担粮食。

戏班不收粮食，只收货币。淳于古寺住持出的和村民捐的一般都是粮食，需要把粮食出售，换成货币交给戏班。清末，戏班以收取铜钱和银子为主，民国初期以收取关金券和银圆为主，民国中期收取关金券、联合票和银圆。民国后期，戏班也收粮食，因为灾荒、战乱年间民不聊生，很少有人举办庙会，也没有人邀请戏班唱戏，本地的戏班为了求生存，给口饭吃就唱。

3. 村民的出资

传统时期，每逢要举办淳于寺会，大会首会召集各个村庄的小会首，让其号召村民捐资支持庙会。村民本着"积攒功德""求保佑"的思想自愿捐资。捐资的人，其名字会刻在淳于古寺的功德碑上。普通农户或多或少都会捐一些粮食，也有捐钱的，多少根据家庭条件而定。名义上是自愿捐资，但是如果地主、户家捐钱非常少，不符合身份，村民会在背地里说三道四，造成舆论压力。

4. 会戏与外村村民的关系

传统时期夏侯村举办会戏，其他村庄的农户前来看戏是不收取任何费用的。但是在举办会戏之前，一般都要举办请神、祭庙活动，其他村庄前来看戏的农户一般要先到举办会戏的寺庙中烧香拜佛，捐献一点香火钱，否则会被认为不虔诚。此外，外村农户前来看戏一般不能太靠前，只能在远处看。因为戏台附近最佳看戏位置都被本村农户所占据，外村来看戏的农户不能抢了本村农户的位置。

二、日常文娱活动

传统时期夏侯村村民在日常生活中会进行一些赌色子、斗蛐蛐和打台打鞋之类的娱乐活动。

(一) 赌色子

赌色子是普通农户唯一具有赌博性质的经常性娱乐活动。赌色子一般不在村民家中，都是到集、会上去玩。逢年过节，关系较好的亲戚朋友也会在自己家中玩，用来喝酒助兴，输赢很小。

集、会上有专门的赌场，其具体的赌博形式有"比大小""猜单双""猜点数"三种。村民在集上参与赌色子的时间一般是晚上，一般都玩一整夜，早上在集上买个烧饼或者喝碗汤再回家。在会上赌色子一般是白天，玩一会儿就离开。赌色子用货币结算，一般是铜钱、关金券、联合票。赌场有专门放高利贷的商人，可以借钱赌博，但第二天就得多还一倍，"借一吊，还两吊"。赌色子有赌大的，也可以赌小的。赌大的，可以赌得倾家荡产、卖地卖庄。赌小的，玩一晚上，输赢就是买一个烧饼的钱。

（二）斗蛐蛐

斗蛐蛐是传统时期村民经常进行的娱乐活动。普通农户斗蛐蛐，一般是为了娱乐。也有赌东西的，如赌一只老母鸡或者赌一斗粮食，但是一般不赌钱。普通农户自己到地头、墙头逮一只公蛐蛐，放在盒子里养着。有同样爱好的农户会聚在场里，把两个蛐蛐放在一起，公蛐蛐一见面就会互相打架，直到一方把另一方"打服"或打得逃跑，才算胜利。

地主、户家斗蛐蛐，一般都会赌钱，且输赢很大。地主、户家不自己抓蛐蛐，而是购买厉害的蛐蛐。若普通农户家的蛐蛐非常厉害，百战百胜，有斗蛐蛐爱好的地主、户家就会前去商量购买，两人商定之后，当场成交。

购买蛐蛐的价格不定，主要看蛐蛐的战绩和买家的喜好，战绩好的、确实厉害的，又碰到非常喜欢这项娱乐活动的买家，就能卖出一个非常高的价钱。据村民回忆，1949年前有位村民的蛐蛐卖了好几担粮食，都快能买一头牲口了。

（三）打台打鞋

"打台"是传统时期夏侯村的日常娱乐活动之一，通常是年轻人和小孩子玩的游戏。具体规则如下：一人拿一支木棍，地上划两条线，一条线是起点线，击打人不能越线击打，另一条线是终点线，把别人的棍子打过线就算赢，如果把自己的棍子打过了线就算输，两条线相聚7—10米。所有参与打台的人都站在起点线附近，通过猜拳（石头、剪刀、布）来决定击打顺序，谁赢谁后打。游戏胜利的人可以获得很多棍子，可以用来当柴火使用，也可以制作农具。据村民回忆："过去（1949年前），我们村有一个木匠。他制造的棍子又扁又结实，别人打不到他的棍子，他打别人的棍子却一打一个准，每次都能赢很多木棍。后来都没人跟他玩这个游戏了。"

"打鞋"是传统时期夏侯村民经常进行的娱乐活动，男女老少都有人玩。打鞋类似于打台，又与之不同。其具体比赛方式是，地上划一条起点线，每人脱下一只鞋子，在起点线后击打，先扔鞋子的人会尽量把自己的鞋子扔得很远，后扔鞋子的人只要用自己的鞋子打到对方的鞋子就可把这只鞋子赢走。赢的人可以获得对方的鞋子，输的人就要光脚回家。

## 第八节 夏侯村文化变迁

1949年以后，随着中华人民共和国的建立，乡村社会总体转型，传统文化也发生了一系列变化，并且在不同时期呈现出不同的特点。本部分将从1949年前的传统文化、革命文化和改革开放时期的文化三个部分考察夏侯村的文化变迁。

### 一、1949年前的传统文化

总体来讲，夏侯村的传统文化具有以下四个特点：

其一，重近亲，轻远祖。从第一章"祖居于墙"部分的描述可以得知，在1949年前的大多数历史时期夏侯村并没有祠堂和族谱，只是在民国中后期村中大姓大族才首次修编族谱。大多数村民不知道自己的祖先从何而来，存放祖先灵魂的祖轴也只是在过年期间被当作神灵一样挂在墙上祭拜，对远祖并没有十分深厚的感情。相反，村民对本家亲戚、父母、爷爷奶奶十分重视，当亲人去世时，丧事要大操大办，并且一年数次祭拜。

其二，重当下，轻传统。夏侯村历史上战乱频发、多灾多难，村庄历史数次中断。夏侯村原住居民夏侯氏早已难寻踪迹。根据孙氏族谱的记载，明洪武年间始建夏侯村，此前直至周朝的村庄历史完全遗失。明清之际，族谱的记载依然不甚翔实，从先祖生辰考量，至少出现两三次30年左右的历史中断。村民分析：夏侯村地处平原地区，自古以来都是兵家必争之地，经常打仗，一旦打起来，村民朝不保夕，都外出逃荒避难了，先人的姓名早已记不得了。由于传统难以追忆，自然养成了村民重当下、"来人不问出处"的习惯。

其三，重义轻利。传统时期的夏侯村村民极为重"义"。村民对"义"并没有明确的解释，但是根据访谈可以得知，村民将"义"不仅理解为"正统道义"，更理解为"江湖义气""村民情义"。重"义"的村民们非常反感"自私自利""见利忘义""只顾个人"的行为，并且有很强的仇富心态。如果富户公开表现得骄奢淫逸或"不顾村民感受"，就很难在村庄立足。

其四，重整体，轻个人。传统时期夏侯村村民的村庄整体观念很强，如果本村村民在和别村村民发生冲突时，哪个本村人不帮助本村人，就会被认为"胳膊肘往外拐""背叛村庄"，并最终难以在村庄生存。"重整体"还体现在"让胡同""让街道"这样的村庄事务上，如果修路方便大多数农户的生产生活，但是要牺牲某个农户的庄或地，那么这个农户很难维护个人的利益，是一定要对大多数农户做出让步的。此外，"重整体"不仅体现在家庭与家庭交往中，在家庭内部更是如此。某个家庭成员如果只顾个人的兴趣爱好，不听从其他家庭成员的劝告，轻则被体罚殴打，重则被扫地出门。

二、革命文化

自土地改革运动开始至"文化大革命"运动的结束，中国共产党领导的一系列社会主义改造和建设活动中都充满了浓重的革命情结，突出表现为生活革命化、生产战斗化、娱乐样板化的趋势，并且深深影响着夏侯村的传统文化。这一时期的村庄革命文化可以从以下几个方面考察：

第一，祖先崇拜进一步破除。据村民回忆：那时候（指1949年至1980年），什么族谱啊，祖轴啊，都被认为是封建残余，过年都不挂祖轴了。清明节也不上老坟地烧纸了，就算烧纸也是偷偷地烧。都是去烈士陵园纪念革命烈士。

第二，神佛崇拜被取缔。集体化开始之后，村民已经不再前往牛王庙、马王庙祭拜，并且将牛王庙、马王庙改为仓库。在"文化大革命"时期，夏侯村东的淳于古寺被红卫兵破坏，庙中神佛一律被破坏殆尽。据村民回忆："'文革'那几年，说是要打倒'牛鬼蛇神'，红卫兵们知道咱们村有个大寺庙，就都来造神佛的反。把淳于古寺里的大铜钟拆了，炼钢；把庙里泥塑的菩萨都砸毁了；庙里最大的那个如来佛像，是榆木的，整根的榆木啊，都砍砍烧掉了，太可惜了。"

第三，村庄内部阶级化。土地改革时期，将村民分为地主、富农等身份。至"文化大革命"时期，重提阶级斗争，并且斗争被扩大化。村中的"黑五类""臭老九"（教书的）都被打倒。村民都不敢与"黑五类"交往，怕被连累。"黑五类"分子不仅被孤立，而且经常受到红卫兵的批斗，还找不到媳妇。

第四，在婚庆方面更加自由化，更多采用自由恋爱的方式结成夫妻，而不再采用传统时期"父母之命、媒妁之言"的结合方式。此外，不再算日子、送彩礼、拜天地，在"文化大革命"时期，夫妻结婚要手持《毛主席语录》，感谢党和国家。

第五，在丧葬方面，不再大操大办，而是简单追思，丧葬中很多带有迷信色彩的流程都不再进行。

第六，庙会依然举办，依然唱大戏，但是不再有请神的仪式，也没有做买卖的摊贩，不再由村民捐资办庙会，而是邀请县豫剧团来村庄演出。演出曲目有所改变，尤其是"文化大革命"期间，都是表演革命样板戏，但是村民依然保留了到庙会听戏的习惯。

第七，在生育问题上，随着"男女平等"观念的宣传，传统时期"重男轻女"的生育观念得到一定程度上的破除，女子的社会地位提高，但"多子多福"的生育习惯并未有明显改变。

第八，教育得到大力发展。据夏侯村民回忆："解放后没多久，就在夏侯村东南的秦淳于村办了小学，村里的孩子都能去上学了，还不要钱。并且，女孩子也能去上学。但是家里人一般不让女孩子上学，尤其是家里劳动力比较少的，不管男孩子还是女孩子都得挣工分，没有时间上学。"

第九，节庆习俗淡化。这一时期，村民每天都在忙着搞生产，传统时期的"四时八节"等的节庆活动减少。

### 三、改革开放时期的文化

进入 1980 年代以后，社会氛围的宽松、市场经济的发展使得夏侯村的村庄文化再一次发生转变。这一时期的文化呈现出多元化的趋势，既有向传统文化的回归，又有向现代化的过渡。

其一，从文化一统到文化多元。当今的夏侯村，再也没有所有村民都认同的道理和所有村民都坚持的信仰。不同的村民有着不同的观念和思想，即使是同一核心家庭的成员，父母与子女的思想都呈现出很大不同。村民遇到不同的思想和观念不再是"嗤之以鼻""猛烈抨击"，而是更具开放性和包容性。拥有不同信仰、不同思想的村民在同一村庄中共同生活，彼此相安无事。

其二，神佛信仰的回归。改革开放后，夏侯村集全体村民之力，重修淳于古寺，重建淳于寺会。虽然无法再现传统时期香火旺盛的场面，但是村民尽自己的努力挽救传统文化。在村民家中，重新请回了天地全神，贴上了门神，挂上了灶神，逢年过节都会拜上一拜，不求风调雨顺，但求四季平安。

第三，婚丧嫁娶市场化，花销扩大化。在如今的夏侯村，伴随着婚庆公司的发展，婚庆走向专业化。村民结婚必须要办酒席，不仅要宴请宾客，而且全村人只要来吃饭，都可以来凑热闹。随着物价的上涨，截至 2016 年，如果在县城请喜宴，一桌至少五六百元，如果在村内摆喜宴，主家可以自己买菜买肉，请来专门做婚宴的团队，成本相对较低，一桌酒席需要两三百元。单单彩礼一项，至少五六万，有的甚至开口就是 10 万元。还有嫁妆钱、改口费、上车礼、下车礼、红包礼等等各项支出，普通农户很难承受。丧事更是有着大操大办、盲目攀比的现象。但凡家庭条件达到一般水平的农户办丧事，都要邀请戏班唱戏，每晚至少两三千元。甚至出现了专门的代理磕头人，本应由子女在路祭时磕头祭拜的仪式，都由磕头人代为行礼，请一个磕头人至少需要五六百元。

第三，娱乐形式多样化。相对于传统时期打牌、看戏、看舞龙舞狮表演等相对单调的娱乐形式，如今的村民娱乐活动极其丰富。随着交通的便捷化，普通农户不仅可以看电视、听收音机，并且可以随时到县城逛公园、逛商场、打太极拳、跳广场舞、打门球。身体状况和经济条件都允许的老人，也会参加旅行团到全国各地旅游。

第四，重视教育。自1977年恢复高考以来，夏侯村中的年轻人都抱着极大的热情参与到高考中来，并视其为"跳出农门"的重要途径。在当今的夏侯村，全部小孩都会接受九年义务教育，许多村民依托高考，进入国家公职人员行列，成功在城市扎根。

## 第九节　夏侯村文化实态

进入21世纪，随着市场经济的发展和改革开放的深入，国家治理能力的现代化直接促进了夏侯村文化生活的现代化。本部分从祖先崇拜、信仰概况、生育观念、教育观念、文化习俗、文化娱乐六个方面考察当今夏侯村的文化实态。

### 一、祖先崇拜

随着村民日渐富裕，认祖归宗、寻根问祖的情结日渐浓郁。村中大姓大族纷纷重修族谱。以孙氏宗族为例，村中"占"字辈老人自发组织到山西洪洞县寻根问祖，将民国十七年（1928年）和1980年的族谱重新编订并印刷出版，如今夏侯村孙氏族人每个家庭都拥有一本孙氏家谱。据夏侯村孙氏宗族的老人介绍："借重建淳于古寺之机，我们准备修建孙氏祠堂，地方都准备好了，砖也拉过来了一部分，本村姓孙的都非常支持，但是由于土地问题，县里本来已经批下来的土地又不批了，建设就暂停下来了。以后批准了就准备建祠堂了。"

### 二、信仰

如今村民的信仰出现了严重的代际差异。老年人大多回归传统，许多老年人逢年过节、遇到大事都依然到淳于古寺烧香拜佛，或者在自己家中祭拜灶王爷、玉皇大帝等神灵。村中牛王庙和马王庙也得到重新整修，但是由于大多数村民已经不再养牛养马，参与祭拜的老人减少了。

图5-2　2016年的淳于古寺

## 三、生育观念

时至 2016 年,村民的生育观念依然是"多子多福",但是此时的"子"的概念既包括儿子,也包括女儿。据夏侯村党支部书记杨杰描述:"在没有放开二胎以前,村里独生子女户依然是非常少的,很多村民宁愿倾家荡产缴纳超生罚款,也要多生。如今放开二胎了,计划生育管得松了一些,村民生育热情更高了。"

但是,村民尤其是年轻一代当下的生育观念受国家优生优育政策影响较深,且养育子女的成本普遍提高,大多数年轻人迫于生活压力不愿意生育过多的子女。年轻人认为:"只要有一个儿子、一个女儿就行了,如果生两个儿子,那就得给他准备两套房子,压力比较大。"

村民在对待男女之别上与传统时期相比也发生了变化。大多数村民认为生男生女都一样,且有一部分村民认为女儿还比儿子好。村民认为,女儿一般都比男孩子孝顺,当老丈人或丈母娘比当公公、婆婆要神气多了。有一种说法是,生个儿子,是生了个敌人,长大再带回来个仇人;生个闺女,等于生了个恩人,长大再带回来个帮忙干活儿的人。虽然大多数村民口头上不承认自己有这样的意图,但是实际上嫁女儿的时候,大多数女方父母可以得到一部分彩礼钱。在生育仪式上,不再有传统时期的大喜小喜之别,男孩女孩都一样。

## 四、教育

如今的夏侯村附近有一所小学,坐落于秦淳于村。但是,随着村民对子女教育的日益重视,大多数家长(尤其是年轻家长)只要有能力,都愿意将孩子送到县城或其他城市的小学,因为城市小学无论从师资力量、人员配备还是学校环境方面来讲都优于村办小学。村民大都愿意花费成本投入到少年儿童的教育上。

2000 年初,大多数村民见面都会讨论孩子学习成绩好不好,学习成绩好的孩子会被村民夸奖,被认为"有出息",并要求自家的孩子向其学习。但是在近几年(三五年)时间内,由于一些学习非常好的学生并没有获得良好的工作岗位和工资待遇,相反一些平时调皮捣蛋、较早脱离学校而进城经商的孩子却挣到了钱,村民对教育的看法有些转变,不再"以成绩论英雄"。不过大多数村民仍然希望孩子能够到本科类院校读书,依然有一定的"学习好能当官,是光宗耀祖的事情"的思想。

## 五、文化习俗

相对于改革开放初期"村民忙着挣钱,没时间过节"的形势,如今大多数已经步入小康生活的夏侯村村民日益重视传统节日。村民不再只是过年回家,每逢清明节、五一劳动节或国庆节等节日,也会返乡。村民认为:"说心里话,现在的生活天天像过年，反倒衬着过年不是特别喜庆了。"

村民最为重视的节日依然是春节，但是如今夏侯村的春节不再像传统时期那样隆重，不再进行大年初一全村人走街串巷拜年的活动，也不再磕头拜年，而是采用给长辈鞠躬或抱拳的拜年方式。此外，过年期间，也不再是全村人互相串门，大多以大家庭、本家亲戚或朋友的小范围聚会的方式进行娱乐。过年期间，村中不再举办舞龙、舞狮子等活动，而是以乡镇为单位，由基层政府组织活动。

在婚丧嫁娶方面，随着市场化的发展，豪华婚礼和豪华葬礼时常出现。基于传统面子心理，大多数村民在婚礼和葬礼方面的消费有攀比趋势，且花费日益增加，普通农户在婚丧嫁娶方面压力很大。

### 六、文化娱乐

与传统时期普通农户很少到外村参加娱乐活动，都是在本村里玩的情况相比，如今夏侯村村民的娱乐范围不断扩大，很多村民请朋友吃饭喝酒都要专程前往县城的饭店。村庄内部的娱乐活动反而日渐稀少。

在驻村调研的两个月时间内，除了一些老人聚在村中小广场晒太阳，小孩子聚在一起玩手机之外，很少见到大型的娱乐场面。村民们一般都是提前商量好，聚在某位村民家中打打麻将或扑克牌，且大多是中老年人。如果进行像模像样的娱乐活动，就会前往县城的专业化娱乐场所，如KTV、洗脚城等，或直接前往外地旅游。村中由体彩和福彩捐赠的健身设备、运动设备都处于闲置状态，如图5-3所示。

图5-3 闲置的村庄公共娱乐设施

# 第六章 夏侯村的治理形态与实态

在"国权不下县"的传统时期,夏侯村难以有效依靠国家力量实现村庄的日常治理,更多依靠家庭和亲族的自我治理,达到维持秩序、实现生存的目的。但是国权的缺位,使得夏侯村经常陷入"强人治理"的困境,普通农户相对缺乏有效的合作、联结机制,当面对有组织的强大外力干预时,村庄治理权流入他人手中。在这样的情况下,村民只得在夹缝中求生。本部分将从政权治理、土匪治理、家户治理、亲族治理、信缘治理、业缘治理、治理变迁和治理实态八个方面考察传统时期夏侯村的治理形态与治理关系。

## 第一节 政权治理与治理关系

由于朝代的更迭和不断的战乱,村民对历史上的政权治理方式难以追忆,更难以准确表述。但是无论上层政权如何变化,夏侯村始终作为一个整体处于国家治理的末梢,自清末至1949年初,无论乡镇政权设置如何变化,夏侯村村庄之内一直推行保甲制度。故本部分将从保甲制度、政权治理主体、政权治理事务和政权治理方式四个方面考察传统时期夏侯村的政权治理与治理关系。

一、保甲制度

自清末至1949年初,保甲制度一直是国家所实施的主要基层政权治理制度。清末时期，基层政权治理推行"地方"与"社"并存而治，此时的夏侯村隶属淳于社。中华民国初期至中华民国十八年（1929年），基层政权实行"区—地方"制度，此时的夏侯村隶属淳于地方。自中华民国十八年（1929年）至中华民国二十一年（1932年），国民政府推行"划区自治"，此时的夏侯村隶属淳于乡。中华民国二十一年（1932年）至中华民国二十五年（1936年），"停办自治"，推行保甲制度，夏侯村自成一保，直接归县政府管辖。自中华民国二十五年（1936年）至中华民国二十六年（1937年），增设联保，此时的夏侯村隶属"沙岗-老庄"联保。中华民国二十六年（1937年）至中华民国三十四年（1945年），封丘沦陷，联保取消，改为区公署管辖下的保甲制度，此后至本地区解放一直推行保甲制度。

夏侯村名义上为保甲制度，但是却出现村民"只知有保长，不知有甲长"的情况。据《封丘县志》记载，10—15户为一甲，10—15甲为一保。中华民国时期，夏侯村共约300余户，至少有20个甲，具体谁做过甲长，村民竟然说不上一个人名；但是村民对每一任保长的姓名、家庭情况都了如指掌。根据村民的口述，可以做出以下解释：

其一，"保长是官，甲长不是官"。村民认为，保长是政府任命的官员，而甲长只是保长定的或轮着当的，不正式，没有任何权力，在实际村庄事务处理过程中也没有任何职能和功效。

其二，"上边来人了，就只找保长，没有人找甲长的"。无论是土匪、官兵，还是区公所、联保里来官员到村庄开展工作，都只找保长，让其给村民传达，从来不找甲长。

其三，"保长收粮食，甲长不收粮食，和老百姓一样"。传统时期只有保长负责完成政府派粮、派款、派人的各项摊派，甲长没有任何知情权和干预权。

其四，"保长必须有人当，甲长经常没人干"。村民认为"保长是一村之主，是必须有的，甲长都不知道是弄啥的，也不算官，有没有都一样"。尤其是在灾荒战乱年间，村中60%以上的村民外出逃荒避难，甲长长期处于空缺的状态；但是保长不能走，保长走了，村庄就没有人管事了。

二、政权治理主体

村民可追忆的村级政权治理主体有联保书记、保长、甲长、会计和保长腿儿五种。联保书记属于乡公所的官职，一般不直接与农户发生关系，而保长与户家、保长与农户、保长与甲长、保长与会计、保长与保长腿儿之间的联系较为密切。

（一）联保书记

据《封丘县志》记载，自中华民国二十五年（1936年）起，全县5个区缩编为3

个区，区设联保，全县设联保30个，当时的夏侯村隶属第一区的"沙岗-老庄"联保。村民孙震曾于中华民国后期在夏侯村北10里处的后留固村担任"沙岗-老庄"联保的书记，做了二三年，后来由于国民政府乱抓壮丁，自己为了救村子里的孩子越轨袒护，辞职不干了。孙震担任联保书记的时候有四五十岁，学识广博、头脑聪明，小时候读过私塾，写字非常好。他不仅在夏侯村里辈分高、德高望重，在周围几个村子都很有威信，说话算数，办事公道，而且愿意为百姓办事。

联保书记负责沟通县政府和各保，相当于当今的乡镇一把手，全面负责协调县政府的抓丁、派粮、派款、宣传、教育等工作。联保书记没有固定的任期，只要表现好，不出问题，自己愿意干，就能一直干下去，也可以自己辞职。如果联保书记没有把政府要求的事办好，就会被撤职；如果投敌叛国，也会和普通农户一样被枪毙。联保书记工资较高，并且用银圆结算，平均每年10—20块大洋。

（二）保长

据村民回忆，中华民国时期的保长一般是村民推举出来的，直接由乡政府管理。同时保长也直接受县政府管理，如果县里来了警察、保安团军官，保长都要服从指挥、配合工作。保长主要是向乡亲们要粮、要钱、要人，所以能当保长的一般是村子里的恶人，用村民的话说就是"比较孬"的人。中华民国政府和土匪的派粮、派款、派壮丁任务一般都比较重，根本完成不了，所以保长要圆滑，会说谎、会欺上瞒下、会吹牛才可以。此外，保长完不成任务，经常被政府官员、官兵和土匪殴打、"扇巴掌"，所以保长必须是脸皮厚的人。保长经常向村民要钱、要粮、要人，同村民关系不好，所以必须是村中大姓才能担任，否则根本没人听他的，也"镇不住场面"。保长一般没有人愿意当，是受气包、出气筒，一旦有村民担任，一般不会有人主动替换。除非保长一直完不成任务，上级才将其开除，较少有主动辞职的情况，因为辞职了没有人愿意替代他，上级也不同意。保长本人可以不交摊派，不交钱粮，保长的家人不用出壮丁。同时保长和县政府官员、官兵、土匪都认识，有资格进行沟通，可以"说得上话"，但是"保长是官员、土匪的走狗"，一般没有面子。保长没有工资，但是可以从上级派粮、派款中通过少交、克扣而获利。

据村民回忆，保长并没有明确的任期，只要保长能完成上级派粮、派款和抓兵的任务就可以一直干下去。整个中华民国时期夏侯村共有四任保长。第一任保长是孙玉德，担任保长时40多岁，家中有7—8亩地，在土改时被评为贫农，因为会相牲口，当过行户，通过倒卖牲口补贴家用，被村中地主、户家推举为保长。第二任保长是孙良，担任保长时年龄60多岁，家中只有1—2亩耕地，生活较为贫困，通过做小生意、卖水补贴家用,由于长期在外做买卖,见多识广、能说会道,被村中户家和普通农户共同推举为保长。第三任保长是杨会,担任保长时50多岁,家中20—30亩地,在土改时期被评为中农,由于会读书写字且头脑聪明、能说会道被推举为保长。第四任保长是康远学,担任保长时40多岁,家中2—3亩地,长期在开封地区给户家做觅汉,由于见多识广、能说会道被推举为保长。具体情况如表6-1所示。

表 6-1　中华民国时期夏侯村历任保长概况

|  | 保长姓名 | 占地亩数 | 其他经营 |
| --- | --- | --- | --- |
| 第一任 | 孙玉德 | 7—8 | 当行户,通过给人相牲口获取其他收入 |
| 第二任 | 孙良 | 1—2 | 挑货郎,做小买卖,并且来往于开封、封丘地区贩卖饮用水 |
| 第三任 | 杨会 | 20—30 | 无 |
| 第四任 | 康远学 | 2—3 | 在开封地区做觅汉 |

资料来源:2016年10月至2017年1月的田野调查。

(三)甲长、会计和保长腿儿

保长腿儿、甲长和会计都是由保长任命的。中华民国初年没有打仗、灾荒的时期,甲长较为固定。中华民国二十六年(1937年)之后,时局不稳,战乱频发,匪患不断,连年灾荒,村中很多人都去逃荒了,留在村子里的农户谁都不想当甲长,由家中有成年男劳动力的家户轮流担任。据村民描述,甲长就类似于现在的小队长[1],负责他们家那一片的事,啥都管,也不是谁都听他的话。甲长负责协助保长完成县政府、土匪或官兵的派粮、派钱、派壮丁任务,平时就跟着保长一同收粮食。穷人没有当甲长的,都是地主、富农才能当。原因是地主、富农在一甲范围内具有一定的威信,说话有人听;如果某位农户比较困难,拿不起摊派,甲长可以提供帮助,帮其垫付钱粮,穷人没有能力垫付。另外,战乱时期普通农户生活难以保障,很多都外出逃荒,家中只剩下老弱病残,基本没有明白人了,只有地主、户家还能维持生活,没有外出逃荒,所以甲长只能由地主、户家担任。甲长一般不更换,都是本甲范围内最有钱的地主、户家的家长担任。战乱时期,甲长定期更换,一家一个月,或者一家十天。甲长没有工资,由于在本甲范围内都知根知底,很难从摊派中获利,还要时常贴钱。甲长在本甲范围内有着很高的威信,让某个家户出多少钱、粮、人,家户就得听话,不能违抗甲长,否则就难以保证家户的太平。如果是丰收之年,甲长本人可以少交一些摊派,由本甲范围内的其他农户多交一些。

---

[1] 即人民公社时期的生产队队长,实行村民自治以后的村民小组组长。——编者注

据村民回忆，会计一直有，比保长、甲长要先有。村民可回忆起的会计只有一位，叫作王自发。会计负责记录上级各种摊派的数目，并记录村民缴纳摊派的数目。会计要认字、会写字、会算数，且人要老实、公道、大家信得过才可以。那时夏侯村中读过书、会写字且会算数的人非常少，因此据村民回忆，1949年以前从来没有更换过会计。会计有工资，由保长负责发放，平均每年2—3担粮食。如果没有人给会计发工资，会计会通过做假账的方式来扣出自己的工资。会计会得到村民的尊重，因为村民本身不会记账，往往是会计说交多少粮食，就要交多少粮食，没有人敢惹会计。据村民推测——因为没有证据，没有人亲眼见过，所以只能是推测——会计自己并不交摊派，随便做做假账就把自己的那一份补出来了。

保长腿儿不是官，就是村里有个人叫孙绣，整天没有什么事情，就跟着保长，主动给保长帮忙，也不主动要工钱，大家都叫他"保长腿儿"。保长腿儿主要是帮助保长完成县政府、官兵、土匪的派粮、派款和派壮丁任务，为保长出主意，给保长提供信息。保长家里有私事，保长腿儿也提供帮助。保长腿儿不需要任何资格，谁愿意当都可以当，保长也欢迎有人支持自己。保长腿儿不需要更换，只要本人愿意干，就可以一直干下去。如果保长腿儿年龄大了，生病了，或者和保长不对脾气（合作不顺利），就不去帮保长了，有人愿意帮助保长的话就自动更换，没人愿意帮助保长的话就没有保长腿儿了。据村民回忆："保长腿儿自己从来不会被抓壮丁，也不用交摊派。即使他本人说自己交了，也没有人知道，因为保长说谁交过了，就是交过了——会计一般都听保长的。"

中华民国时期村民可追忆的甲长、会计和保长腿儿的具体情况如表6-2所示。

表6-2 中华民国时期夏侯村甲长、会计和保长腿儿概况

| 职　务 | 姓　名 | 土地占有情况 | 家庭经营情况 |
| --- | --- | --- | --- |
| 甲长 | 孙长祚 | 550余亩 | 雇工耕种 |
| 甲长 | 康轩 | 100余亩 | 雇工耕种 |
| 甲长 | 王廷松 | 70—80亩 | 雇工耕种 |
| 甲长 | 王井善 | 70—80亩 | 雇工耕种 |
| 保长腿儿 | 孙绣 | 0 | 做觅汉、当短工 |
| 会计 | 王自发 | 20余亩 | 独立耕种 |

资料来源：2016年10月至2017年1月的田野调查。

（四）保长、甲长与户家的关系

中华民国时期，夏侯村的保长虽然名义上是全体农户推举产生，但是实际上主

要由户家推举产生,因为普通农户都忙于生计,并没有多余的心思操心政事。此外,保长的主要任务是完成上级的各项摊派和征兵,而户家是村庄最主要的纳税人,如果没有户家的支持,保长是无法完成任务的。保长上任之后,会请村庄中的户家做甲长,从上文我们可以看到,所有担任甲长的农户都是户家。甲长负责本居住片区的征粮派款活动,如果某个甲长不愿意干这些事,则由保长代替其干活,甲长只挂个名号即可。

保长不敢得罪村中的户家,户家也一般不会得罪保长,两者是互相需要、互相帮助的关系。在日常交往中,保长为了顺利完成上级摊派任务,会主动和户家搞好关系,会经常带上礼物到户家拜访,向其讲述上级的摊派任务,并且主动分享信息。户家一般不会去拜访保长,但是如果遇到抓兵较为频繁的时期,户家会让保长想办法"买兵",让保长想办法解决自己的服兵役问题,避免自家孩子被抓兵。逢年过节,一般都是保长主动到户家拜年,而户家如果没有事情让保长帮忙的话一般不会去给保长拜年。

(五)保长与联保书记的关系

据村民回忆:保长要听联保书记的话,联保书记官更大。因此当联保书记是本村人的时候,保长会经常主动带上礼物到联保书记(如孙震)家中打探消息,请求联保书记的照顾,并且当联保书记家中有农活或杂活需要干时,保长会主动去帮忙干活。当联保书记是外村人的时候,保长和联保书记的交往就没有如此密切,只是在逢年过节时到联保书记家中拜年,而联保书记是绝对不会主动到保长家中拜年的。

(六)联保书记与农户的关系

据村民回忆:"我们村的孙震当过联保书记,这个人德高望重,能照顾乡里,为民做事,是个非常有威望的人。"普通农户在日常生活中非常尊敬联保书记,当联保书记家中有农活或杂活时,都会主动帮忙去干,并且不要任何报酬。逢年过节,街坊邻居和村庄内受过联保书记帮助的农户都会主动携带礼物到其家中拜年。联保书记虽然不是户家,不是村庄中的有钱人,但是家中的红白喜事都非常隆重,全村人都会主动去帮忙。联保书记为了回馈乡里,也会尽量在自己的职权范围内照顾本村的农户。据村民回忆,国民政府就发生过联保书记解救本村年轻人的事情。

> 夏侯村村民孙震曾经担任联保书记。有一天,在老庄(村名,距离夏侯村10里左右)吃饭,看到一帮国民党的官兵押送着本村村民孙占实、孙占昌、孙海等6人,便上前询问原因。得知是被抓去当兵之后,请求国民党官兵放了这几个孩子,谎称"这几个孩子都是我的学生,我是他们的老师,今

天放假,没有上课,不巧被你们抓去了,是误会啊",并且表明自己的身份。连唬带蒙地就把这几个孩子救了下来。回村之后,思考思考,觉得这样不妥,万一国民党官兵再回来,发现自己说谎,不仅这几个孩子保不住,自己的性命也有危险。就辞去官职,返乡在自己家里办了3个月私塾,等事情过去之后,就不再办私塾了。

（七）保长与农户的关系

在村民眼中,保长就代表政府,但是保长是和村民"一事儿"的;保长有一定的权力,但是权力不大,经常挨打受气;保长必须是能人,是孬人。有句话叫"不是秃子管赌咒",意为传统时期夏侯村的保长都是"秃子",而"秃子"在普通农户眼中就是地痞流氓。保长主要负责代表政府催粮派款、派兵派丁,而普通农户并不能详细了解到国家的赋税、兵役、劳役政策,所以往往出现保长说交多少就是多少的情况。普通农户也不敢不交,一是害怕被抓走,二是害怕保长的流氓手段。普通农户一般不敢得罪保长,因为害怕保长让自己交钱交粮。保长一般都是能说会道的聪明人,会和农户都搞好关系,村民认为保长一般没有特别坏的,都是村里的能人,能为民做事。夏侯村中较为贫困的农户大都欠保长"公粮"（税收和摊派）。村民都认为是在保长的保护下,自己才能欠政府的钱而没有被抓走,因此大多数农户对保长是心存感激的。逢年过节普通农户一般都会到保长家中拜年,并且携带一些礼物。保长家中有红白喜事,普通农户一般都会主动去帮忙。

三、政权治理事务

据村民回忆,无论是中华民国政府、国民党军队、土匪部队还是日本军队,都是只向村中派粮派款、抓兵抓人。村民称"那时候（政府）啥事儿都不管,就是要钱、要粮食,啥都要"。

（一）派粮派款

根据村民口述,结合《封丘县志》的记载发现,中华民国时期,村民需要支付的钱粮摊派有国家赋税和苛捐杂税两类。

1. 国家赋税

（1）人头税（丁税、正税）

据《封丘县志》记载:1949年前,封丘县苛捐杂税名目繁多,最基本的形式是向人民按人口征收人头税即丁税。自中华民国初期,丁税改名为正税。人头税非常不稳定,在总人口基本不变的情况下,自中华民国十八年（1929年）至中华民国二十二年

(1933 年)，全县正税四年之内增加了 70%。

(2) 地丁税

据《封丘县志》记载：中华民国十七年（1928 年），县政府以教育经费不足和公安费用不足为由，拟加征地丁税。据村民回忆，中华民国政府征税还有规矩，有条文，保长会给大家个说法。例如中华民国十八年（1929 年）左右，政府规定：每 20 亩一等地加征白银一两（约 2 个大洋，2 吊铜钱，约等于十几担粮食），每 30 亩二等地加征白银一两，每 40 亩三等地加征白银一两。普通农户都没有金银，都是以粮食替代。

(3) 田税

田税就是根据农户耕地多少来缴纳的赋税。田多者多缴，田少者少缴。据村民回忆，一般情况下政府收税是"三一"或"四二"即农户家的田地总共打了 3 斗粮食，上缴 1 斗即可，此为"三一"；打 4 斗缴 2 斗，是为"四二"。田税都是保长收取，上缴至县城或联保所，需要保长组织村民运输。

(4) 封捐（军事摊派）

据《封丘县志》记载，中华民国二年（1913 年），全县加征封捐。村民对封捐没有印象，没有听说过这个说法。村民并不清楚自己交的粮食都是什么名目，但是在大多数历史时期都处于"交不起税"的境况。村民将其描述为"随便你们（指政府）咋说，家里就是没钱，连饭都吃不上，看你咋弄"。

(5) 捐输（运输费）

据《封丘县志》记载，中华民国三年（1914 年），全县加征捐输。据村民回忆，传统时期村中贩卖粮食的、贩卖水的、运输石料的都需要缴纳捐输。具体的缴纳方式是过关的时候给把门的官兵一些费用或粮食。关一般在县城，县城与县城地界之间也有关卡。如果在本县之内的乡镇之间贩卖粮食而不进城的话，不需要缴纳捐输。缴纳的费用不固定，根据运输货物的多少而有不同：贩卖的东西贵重，就多交一点；如果运送的东西不值钱，就少交一点。具体交多少由守关的官兵来定，官兵说交多少就交多少。一般情况下都可以和官兵讨价还价，也可以通过装疯卖傻、装可怜来博得官兵同情，进而少交或不交捐输。懂行的贩卖粮食人员会通过私下给官兵塞红包来过关。

(6) 印花税

传统时期村民进行土地买卖、典当，需要政府出具官方地契时，买地农户要自行出钱购买地契上粘贴的类似于邮票的印花贴，这样的行为就是缴纳印花税。印花税税率变动很大。据村民回忆：中华民国初期，买个印花很便宜，一亩地贴一张印花，一张印花不到一吊铜钱，折合粮食 3—5 斗。至中华民国中后期，印花税不断增加，最高甚至要收取土地买卖价格的5%，村民交不起。所以后期的土地买卖、土地典当都是村民自己商量，签订民间地契即可。

（7）营业税

据村民回忆，村中做买卖的到集上摆摊，要交营业税。刚开始的营业税是集上的村民收的，价格公道；后来的营业税是官兵、土匪收的，非常"黑"（意收税高）。会上摆摊不交税，会一般有会首、会头，随便给他们交点钱就行。交多交少不一定，看做什么生意，大生意交得多，小生意交得少。本村人不交钱。营业税税率不固定。前期由村民收取时，打烧饼、炸油条的摊位，每天交十几个铜钱，并且不想交的话"收摊儿走人"即可。后期由官兵、土匪收费时，必须先交费，即使走，也要交钱再走，并且摊位费非常高，不过可以通过装可怜、攀亲戚、塞红包等方式降低税费。

2. 苛捐杂税

至中华民国中后期，时局不稳、灾荒战乱较多，且由于国民党政府转入地下、日本军队入侵、土匪横行等情况，官方正式赋税功能丧失。取而代之的是"谁占了这个地盘，就收保护费"，并且"这些不知道名字的杂费比正式赋税高得多，根本不讲道理"。村民可追忆的苛捐杂税有以下三种：

（1）壮丁费

那时，匪兵会冒充官兵，拿着枪来村子里抓壮丁去打仗或干苦力。村民搞不清这些官兵是否是真正的正式官兵，因为其有枪，所以都叫"军爷""兵爷"或"将军"。许多土匪都有各自的封号，例如土匪刘凤桐自封"师长"，土匪李二天自封"豫东防共总司令"。匪兵来村子里抓壮丁，没有钱的普通农户只能被抓走，或者通过逃跑、躲藏的方式躲避被抓。地主、户家碰到抓壮丁的匪兵，就出钱买平安——不出人，而是通过缴纳壮丁费来避免被抓丁。据村民回忆：壮丁费并不固定。讲道理的匪兵会给一个合适的价码，一般情况下，一个壮丁出10—20个大洋，十几担粮食即可。不讲道理的匪兵不要钱，直接抓人，碰到阻拦就殴打。

（2）子弹费

据村民回忆，那个时候土匪打仗比较多，或者在某个村子里碰到情况开枪了，就要找本村的保长，索要子弹费。子弹费征收的名义是帮助该村庄维持了治安，保证了村民的安全。子弹费不固定，属于土匪勒索方式之一。对于土匪来说，收得越多越好；对于村民来说，交得越少越好。都是可以商量的，关键是让匪兵满意。

（3）棺材钱

土匪在某个村子活动时产生了伤亡，其余土匪就会来到阵亡者的村子收取棺材钱。

棺材钱名义上是为了安葬阵亡的土匪，给阵亡者的家人一个交代。棺材钱收取的费用不固定。如果是到阵亡者村中收取，会比较讲道理，收得也少，村民也是自愿出。因为土匪来收钱的目的是向村民表示对阵亡者的重视，通过树立一个讲义气、重情义的形象，吸引更多的人来投奔。如果因为意外，被村子里的人围攻了，或打死了，土匪就会兴师动众，纠结大量队伍前来勒索。如果土匪伤亡过大，就不收钱了，而是采取一些报复性行动。

（二）抓壮丁

抓壮丁是指在战乱年间，无论正规官兵还是匪兵都来村子里强行抓丁，扩充队伍，一人发一杆枪，就让去前线打仗。由于死亡率极高，被抓走的很少能回来，所以几乎所有农户都不愿意去当兵。抓壮丁是由于战乱，没有农户愿意服兵役，国民党军队或土匪缺乏兵源，只能通过强行抓人的方式来弥补兵源的不足。地主、户家通过缴纳一定的壮丁费，就可以避免被抓走。普通农户没有能力缴纳壮丁费，只能采用各种方式"躲兵"。

1. 躲兵

由于抓壮丁是强制性的，村民会采用各种方式躲兵。常见的有以下五种办法：其一，谎称学生。国民党官兵在抗战前期一般不抓学生。其二，年轻人装老，老年人装病。抗日战争初期，国民党军队和土匪只抓20—40岁的青壮年男丁做壮丁。夏侯村中有一位姓杨的年轻人，长相本身就老，并且整天留着长胡子，非常邋遢。一见到国民党军队和土匪来抓兵，就弯腰驼背、装聋作哑，假装年龄大，逃过了很多次。其三，逃跑、躲藏。逃跑、躲藏是村民逃避抓兵最常见的手段。一旦听说这几天有人要来抓兵，或者邻村有人抓兵，就提前跑到远处亲戚家里，或者钻到麦地、砖窑里躲藏，有的甚至举家逃荒、搬迁，迁往时局相对稳定的地区。其四，当逃兵。传统时期，村民一旦不幸被抓走，就会被发一杆枪，上前线作战。前线非常混乱，有很多逃跑的机会。比如在站岗、守夜时谎称上厕所方便，随后逃跑；有的趁深夜其他人都熟睡之后，立刻逃跑；也有些人在部队正作战时趁乱逃跑。传统时期夏侯村孙有的小舅子曾被抓壮丁。他是夏侯村西十几里处的白庄村民，被抓走之后，一直寻思逃跑，心想："打仗也是死，逃跑也是死，逃跑还有个希望，万一跑回家了，就平安了。"所以，当部队在开封作战时，他趁某晚站岗之际，把枪交给身边的战友，谎称去解手，随后头也不回，连夜一路向北狂跑50里，回到了封丘县。但是不敢回自己家，怕万一有人通风报信，说自己当逃兵了，就来夏侯村投奔自己的亲姐姐。其五，自残。传统时期，有些村民为了避免被抓壮丁，就自己把自己的腿打瘸，或者把手指头切掉，以此来躲兵。

### 2. 出壮丁

国民党正规军队派壮丁有一定的规矩，村民回忆如下：其一，家里只有一个男孩子的，一般不会被抓，出钱即可。其二，三丁出一、五丁出二。意指一个保里所有符合当兵条件的20—40岁男子，三个人中选出一个，五个人中选出两个。其三，如果没有人当兵也可以，家户出钱、出粮，由国民党军队自己雇人当兵。平均一个壮丁七八担粮食，费用由不出丁的几个家户共同出，一般是有钱的户家、地主家多出一点粮。土匪抓壮丁没有规矩，想抓谁就抓谁，不讲道理，有时候给钱土匪都不要。

### 3. 卖壮丁

所谓的"卖壮丁"，是村中户家、老财（地主）的孩子不愿意去当壮丁，或者全村人都不愿意去当壮丁，无法完成上级壮丁摊派的时候，有些聪明的村民就会主动代替全村人或某个人去当兵，借以收取费用。这个人就是卖壮丁的。卖壮丁不是贩卖人口，而是卖自己，将自己卖给国民党政府、土匪等组织，是以营利为目的的。据老人回忆，民国时卖过壮丁的有康运岭、孙富坤两人，还有几个没有正式名字的非常穷困的村民，但后者卖壮丁后就牺牲在了战场，再也没有回来。康运岭，家中兄弟三人，另两个分别是哥哥康运泰、弟弟康运山。哥哥康运泰是国民党部队军官，后随国民党逃跑至台湾。哥哥当兵之前，家里十分贫困，当兵之后，哥哥专门回村，买了20—30亩地，留给家中二弟耕种，家庭条件明显改善。弟弟康运山，逃荒至河南灵宝县，至今无音信。康运岭仗着自己军队有人，不怕被抓壮丁，但是自己也不想白去，希望可以从中受益，就向村民提条件，希望大家给自己凑粮食，才会代替大家去服兵役。孙富坤，家中兄弟三人，哥哥孙乾、弟弟孙銮。家中共20多亩地，生活条件属于中等偏上，自己还做倒卖粮食的生意。他卖壮丁完全是为了挣钱。孙富坤运气比较好，也比较聪明，前后卖了至少三次壮丁，每一次都可以成功跑回来。那时抓壮丁，并不登记姓名、村庄、家庭住址等信息，很多都是被强制抓走的，第二天上战场，第三天就牺牲了，所以并没有人问太多。逃跑是需要智慧的，也要承担着巨大的风险，国民党部队对逃兵惩罚十分严厉，抓到当场枪毙，所以孙富坤也是在刀尖上讨生活。每一次卖壮丁的收入是十分丰厚的，一次7—8担麦子。卖壮丁的人物特点总结：第一，穷人，无法生存的可怜人。第二，兄弟多的家户。第三，不太穷，喜欢投机倒把，希望可以借此挣钱的聪明人。第四，有亲戚在国民党军队任职的人。第五，好斗，家里管不住的年轻人。

### （三）干苦力

传统时期，国民党军队修筑城墙战壕、挖河挖沟，或者土匪修建老巢、盖房盖炮楼，都会到各个村庄抓人干苦力。苦力的年龄范围比壮丁宽泛，基本上村中男女老幼，只要能干活的,都会被抓去干苦力。只要家中有男劳动力,一般不会让女的去干活,因为太危险。据孙占秀老人回忆,自己那时候十一二岁,就去帮土匪修炮楼、抬木头、搬砖头、跑腿送饭。村民干苦力没有报酬,每天早上吃完饭后就自带工具去规定的地方干活,中午也没有人管饭,都是自带干粮,一直干到天黑才返回自家居住。干苦力是强制性的,土匪、官兵先找到保长,让保长、甲长商量谁出工,如果完不成任务,土匪、官兵就会拿着枪挨家挨户敲门,见到能干活的就带走。据村民回忆:中华民国三十年(1941)大土匪王深、张继坤要在山庄村修建大本营,叫"山庄小寨",就强占山庄村、辛安店村农户的耕地一百多亩,并到方圆二三十里的村子抓苦力,让普通农户充当免费劳动力,为其修寨。夏侯村村民没有人愿意出工,就鼓动村子里的两名残疾人孙占兴和康某去干苦力,两人一个瘸左腿、一个瘸右腿,晃晃悠悠地帮助土匪拉土、修寨墙。直到工程完工之后,干苦力才能结束。

### 四、政权治理方式

在"国权不下县"的传统时期,国家是通过何种手段向村民派粮派款的?村民为何必须将自己用来保命的钱粮交给国家?本部分将分别进行考察。

#### (一)种地纳粮,天经地义

村民普遍认为"种地交公粮,是天经地义的事情"。在对传统社会调查过程中,每当询问村民为何要交公粮(纳税)时,村民并没有明确的认识,只是说:"种地不交粮会中?地虽然是祖宗留下来的,但是祖宗从哪弄的地啊?不也是国家给的?"村民自身并不清楚这种思想的来源,大多是国家的宣传以及一代传一代的教诲。

#### (二)不交粮会送命

村民可追忆的历史时期中,从来没有发生过村民敢于拒不交粮的情况。国家让交就要交,"顶多就是一直没钱,一直欠着","欠得太多了,永远还不完,就逃荒",但是从来没有村民敢说不交粮,因为在1949年以前的夏侯村,"不交粮会送命"已成村民的共识。具体有以下几种情况:其一,不交粮可能被官兵抓走。如果有村民交不起摊派,就要向亲戚朋友、户家借钱借粮,或者央求保长想想办法。如果保长也没有办法,只能向上级如实报告。如果这样,那些不交摊派的农户就要倒霉,可能被抓走关进监狱,或者充军。无论哪种方式,村民认为都是九死一生的事情——很多被抓走的村民都再也没有回来。其二,不交粮会直接被殴打。据村民回忆:"1949年前,一旦村里交不上粮食了,就有军官下来质问保长,或者召集村民到场里,看着保长挨打。村民都非常害怕,只要有一点办法,都交了。保长不敢打人,保长他想打也打不过全村人啊。所以说,保长是受气包、出气筒,两头受气。"

（三）主要靠户家

1949年以前，村中普通农户大多处于"家中没有几亩地"或"吃都不够吃，没有多余的粮食上交"的境况。户家拥有大量的土地，有充足的粮食，并且按照国家规定一般都是有地的人交税，所以保长要与村中户家搞好关系，否则完不成任务。同时户家也不敢得罪保长，因为如果和保长撕破脸，保长可能向上级政府诬告，说有村民拒不交税，户家就可能倒大霉。有3—5亩地的普通农户，产的粮食尚不够吃没有余粮交税，但其有地，就必须交。对于穷人而言，如果上边催得紧，就必须向户家借粮食；如果催得不紧，就会一直拖着，让保长想办法，反正自己是"死猪不怕开水烫""光脚的不怕穿鞋的"。催得紧不紧，关键看是否直接威胁到自己和家庭成员的生命安全，如果威胁到了，就算借高利贷也得先交上。

## 第二节　村落治理与治理关系

1949年以前，夏侯村由孙、杨、王、康、闫五大宗族聚居而成。在国家政权并不过多干涉村庄公共事务的大多数历史时期，夏侯村村庄内部的几个宗族和各个家庭是如何处理村庄共同事务的？本节将从村庄治理主体、村庄治理事务和村庄治理方式三个方面考察传统时期夏侯村的村庄治理和治理关系。

一、村庄治理主体

根据村民的讲述，中华民国时期夏侯村的保长只管征粮派款的事情，而村庄其他公共事务，尤其是各个宗族之间的事务处理一般由各个宗族年龄最大、辈分最高、最有威望的本家爷帮忙处理。农户家庭中的红白喜事的主持，以及与所有本家亲戚之间的联系都由执客来处理。

（一）本家爷

夏侯村的各个宗族没有族长。特别是一些人口较多的大姓，随着人口的繁衍，宗族发生分化，在宗族之内很难找出一个最有权威的人，因此宗族分化为以老坟地为单位的本家亲戚，而本家爷是本家亲戚中最有权威、说话最管用的人。

1. 本家爷的产生

一个"本家亲戚"单位中可以有一个说话最算数的本家爷，也可以有3—5个本家爷共同商量来处理本家亲戚中的对内对外事务。本家爷的产生是自然而然地得到所有本家亲戚的公认。首先，本家爷必须是所有本家亲戚中年龄最大、辈分最高的老人。如果某些本家爷的辈分比较低，但是年龄比较大，依然可以成为本家爷，单纯辈分高的族人并不能成为本家爷。其次，本家爷的权威是在不断处理本家亲戚事务中积攒起来的。如果某个本家爷没有为本家亲戚做过任何贡献，也没有帮助过其他本家亲戚，一般不会被所有本家亲戚称为本家爷。本家爷不仅是本家亲戚对辈分和年龄的称谓，更是一种尊称。本家爷在本家亲戚中的权威非常高，在本家亲戚之内是说一不二的。

2. 本家爷的资格

据夏侯村村民讲述，能够被所有本家亲戚尊称为本家爷的人首先必须有足够的年龄和辈分。其次，本家爷必须是本家亲戚中头脑最为灵活、经验最为丰富的人。本家爷不一定非要读过书，但是要对村庄内各个宗族之间的关系，以及本家亲戚中各个家庭的关系有准确的把握，能够认清局势，并且在发生矛盾和纠纷时能够有办法妥善处理，使各个方面都满意。此外，本家爷一定是本家亲戚中的热心人，不仅能够处理好自家的事情，同时乐于帮助所有本家亲戚。一般情况下，本家爷是所有本家亲戚中较为富裕的农户，村民认为："穷得叮当响的人在本家里说话一般都不会太管用，他自己还顾不住自己呢，哪有心思操别人家的闲心。退一步说，本家爷处理矛盾不能光靠嘴吧，你得请客喝酒啊，要是家里非常穷，哪有钱喝酒啊。"

3. 本家爷与保长、甲长

与保长、甲长等官方权力主体相比，本家爷一般不参与征粮派款等保甲事务，也没有任何优待和特权，自己也要缴纳赋税和摊派，自己的儿子也有可能被抓兵。但是本家爷对本家亲戚有一定的保护作用。如果某位本家亲戚交不起赋税，或者不愿意服兵役，就会邀请本家爷一同出面与保长讲道理，有本家爷在场，保长一般不敢乱来。同时如果本家亲戚过于贫困，交不起赋税，保长在报官抓人之前一定要到农户这一本家亲戚中的本家爷家打个招呼。如果本家爷可以替农户垫付赋税，则保长就可以完成摊派任务；如果本家爷不管，保长才能够采取行动。否则如果保长强行抓人或进屋搜刮财物，会被所有本家亲戚围攻。

4. 本家爷与户家

本家爷一般不缺钱，但是就经济实力而言，本家爷远不如户家有钱。如果在本家亲戚中有户家，并且户家的家长愿意为本家亲戚做事，也会出现户家的家长就是本家爷的情况。但是据村民回忆，"户家一般都非常抠儿，只管自己家里的事，本家亲戚去借钱还收利息呢"，因此户家当家的一般都不会被称为本家爷。本家爷在本家亲戚中的威望高于户家，但是本家爷在很多时候要寻求户家的帮忙和支持，如果户家不支持，本家亲戚里的很多事情都处理不好。据孙占邦老人回忆：

过去（1949年前）我们孙家有这样一件事，就是我们这一本家的老坟地不够用了。孙长祚正好是我们本家，按道理说他们家有钱有势，也儿女双全，可以开新茔（开辟新的老坟地）。但是开新茔要自家拿出来2—3亩地，孙长祚就不愿意了，想让所有本家亲戚都出点钱来买自己的地。其他人都非常穷，没有能力出这个钱。我们的几个本家爷就去找孙长祚商量了，但是孙长祚并不给本家爷面子，还是不同意。最后本家爷跟我们这所有本家亲戚商量，说一家出2—3斗粮食，没有的先欠着，不收利息，算是大家买他的地。给过粮食之后孙长祚才同意用自家的地开新茔了。

5. 本家爷与普通农户

本家爷在所有本家亲戚中的权威是非常高的，有权干涉所有本家亲戚家庭内部的分家、继承、养老、买地卖地、婚丧嫁娶等事务，所有本家亲戚都不能违背本家爷制定的规矩。基本上所有普通农户都信奉本家爷的权威。同时，在春节拜年时，给亲生父母、爷爷奶奶拜年之后，首先必须前往保存、祖轴的本家爷家中拜年，随后再到其他本家爷家中拜年，而本家爷不需要到其他农户家中拜年。据夏侯村民孙占炳老人回忆：

过去（1949年前）家里的事很多都得听本家爷的，本家爷让咋弄就得咋弄。我们姓孙的有一户人家死人了，死的时候是阴历九月，但是我们姓孙的在这一年正好"忌九月土"的，意思是在农历九月的时候，不能破土埋人，否则就会影响整个老坟地的风水。但是过去没有水晶棺啊，人死时间长了都臭了，这家人非常恼火这个规矩，准备直接埋到老坟地里。在出殡的路上被我们几个本家爷拦下来了，这几个本家爷说："你要是不认咱们所有本家亲戚了，你就只管埋，没有人拦着，但是这样做违背了老祖宗留下来的规矩。你看这样行不行，先埋到别的地方，等九月过了再迁回老坟地里。地方我们都给你选好了，到时候移棺材的时候你们都不用管了，我们几个老家伙把钱出了。"这家农户就同意了，并且非常感谢这几个本家爷的帮助。

（二）执客

传统时期夏侯村中有几个著名的执客，分别是孙长礼、孙长聚、王廷槐、闫三、杨金和康宽，村民家中举办红白喜事都需要找这几个人。

1. 执客的产生和概况

村民认为"执客"就是主持红白喜事的司仪，负责主持整个红白喜事的流程、时间，并且会测算良辰吉日和风水。执客的产生不是自然而然的，虽然有子承父业的情况，但是执客要能为村民所接受和邀请，必须经过一段时间的主持实践。传统时期夏侯村村民家中办红白喜事，基本上所有的本家亲戚、左邻右舍和街坊邻居都会前来送礼。尤其是丧事，宾客前来哭丧、祭拜，都需要执客一步一步地吆喝指导，并且将农户送来的礼物和供品登记在册。执客主持得好不好是红白喜事能否举办成功的关键。由于传统时期各个宗族在婚丧嫁娶中的礼仪有所差别，因此执客一般都是只主持本宗族内的红白喜事，呈现出一个宗族一到两名执客的情况。主持得好的执客自然被全体族人看在眼里，自己家中办事都会去邀请这个执客前来主持。

2. 执客的资格

传统时期夏侯村各个宗族的执客一般都会读书写字，口才一定要好，声音一定要洪亮，并且一定要精通神鬼习俗，具有一定的风水知识，一般都是村中的"半仙儿"。执客在宗族之中必须有一定的年龄和辈分，不一定最高，但是年龄一般在 40 岁以上，年轻人是不能做执客的。执客要对参加红白喜事的农户所带来的礼物种类和数量进行登记，因此一般都会写字，并且会计算。执客给本宗族农户主持红白喜事不收取任何报酬，因此必须是本宗族中的热心人，能够为其他农户做事。

3. 执客与户家

村民认为，"谁家都会办这事（指红白喜事），就算你再有钱，也有用得着执客的时候"。因此户家对本宗族的执客一般都会以礼相待，逢年过节会邀请执客来家中吃饭，并且如果家中出现一些怪事或者有人生病了，都会请执客先生前来看一看。执客到户家借钱一般都能借得到，并且一般不需要给利息。户家举办红白喜事一般都希望热闹或庄重一些，这就需要提前给执客带一些礼物，否则执客可能在主持过程中不卖力，或者故意将仪式程序弄错，有损户家的名声。

4. 执客与保长、甲长

传统时期夏侯村的执客不参与村庄官方的保甲治理，也要缴纳赋税。但是执客一般不会被抓兵的抓走，因为如果村庄中没有执客，农户家中的红白喜事就没有人主持了。保长和甲长家中也要办红白喜事，因此保长一般不会抓执客去当兵。

5. 执客与普通农户

执客在普通农户中有着很高的威望。村民认为所有农户都有有求于执客的时候，因此大多数农户都不会得罪执客。尤其是家中即将举办红白喜事的农户，都会提前和执客搞好关系。在办事之前如果要邀请某位执客前来主持，就需要家长亲自带上一条猪肉和一壶酒去给执客送礼。如果执客收下礼物，就表示同意帮农户主持，如果执客不收礼，农户就需要寻找其他执客来帮忙主持。

## 二、村庄治理事务

传统时期夏侯村中涉及村庄全体农户的治理事务主要有求神祈雨、安保巡逻和纠纷矛盾调解三个方面。

### （一）求神祈雨事务

1949年以前，求神祈雨是夏侯村每个家庭都要进行的事务，其中以村庄为单位的集体祭祀主要有每年农历四月初八举办的淳于寺会中的集体拜神、水灾中的集体拜龙王，以及旱灾发生时丰富多样的"晒神""寡妇扫坑""搬关公""担水泼庙"等祈雨活动。举行这些公共事务时，除淳于寺会有专门的办会组织，由会首和淳于古寺中的方丈共同商议举办之外，其余的一般由各个宗族的本家爷号召组织。比如发生旱灾之后，某个本家亲戚的本家爷认为需要举行某种祈雨活动，就会先找本宗族其他本家亲戚商量是否举行，如果得到其他本家亲戚的支持，就会以宗族为单位进行相应的祈雨活动。如果单纯依靠本宗族的力量不能顺利举办祈雨活动，如"寡妇扫坑"至少需要12名寡妇而本宗族并没有这么多寡妇，这个宗族的几个本家爷就会寻求其他宗族本家爷的帮助，让其也号召本宗族的人参与祈雨活动。当各个宗族的本家爷达成一致意见后，就会举行规模较大的祈雨活动。如果各个宗族没有达成一致意见，就会以宗族或本家亲戚为单位举行小范围的祈雨活动。

### （二）安保巡逻事务

据村民回忆，民国中后期，夏侯村周边的土匪非常多，规模较大的土匪就有6股。人最多的是高子白和李二天的部队，有3000多人；"胡三罗锅"、张连三，以及邵鸿基的八支队，也有二三千人；还有投靠日本人的刘凤桐，有1000多人；夏侯村附近赵彩村的王深和张继坤的"十一师"，也有将近两千人。较为严重的匪患使得村民难以保证家人的安全。在各个本家亲戚中本家爷的号召下，同时在保长组建的红枪会的带领下，以及在村中狮子会武术青年的支持下，夏侯村曾经组建过一支巡逻队。巡逻队在保长、各宗族的本家爷以及狮子会成员的共同号召下组建，由夏侯村中会武术的青壮年男子自愿加入，加入者自备红缨枪，抽签巡夜。据村民孙占炳老人回忆：

> （巡逻队）最多有20—30个人，都是村里的壮小伙，我当时就是巡逻队的。那时候都是抽签巡逻，抽到谁，谁就晚上在村边守夜，一般都是睡到地

里或者场里，一听到有啥动静就敲锣。晚上一般都是三五个人就中了，各守（村庄）一个角儿，白天不需要巡逻。要说巡逻队有啥用啊，也没有啥用，土匪都是带着枪的，会武术也没有用。我们村里有个巡逻队的，晚上在地里正睡着呢都被土匪抓走了。

（三）纠纷矛盾调解

1949年前，夏侯村中各个家庭的内部纠纷，只要不是影响特别恶劣，或者发生"儿子打老子"的事情，本家爷一般都不会介入处理。只有发生大规模的纠纷，例如宗族与宗族的纠纷、一个本家和另一个本家的纠纷、某个家庭与所有本家亲戚的纠纷、本村庄与其他村庄的纠纷等，才需要各个宗族的本家爷出面调解。其中如果出现关于风水之类的纠纷，就要邀请执客前来调解。本家爷介入纠纷调解是不需要其他人邀请的。当本家爷认为这件事有伤风化或影响很坏之后，自己不需要任何家长的邀请就会主动介入家庭、宗族或村庄事务。如果本家爷认为这件事是小事，不需要自己介入，即使其他宗族、家长邀请其出面调解，本家爷也不会出面。如果本家亲戚受到其他本家亲戚的殴打，或者本家亲戚中有人被保长强行抓兵，或者有人破坏老坟地这样的事情发生，本家爷一定会出面调解，并且为本家亲戚讨要一个说法。如果调解不成，就会带领本家亲戚一起打架。无论村庄发生任何纠纷，保长一般都不会介入调解。即使是宗族打架打死人了，保长也不会干预。如果需要报官，就需要农户自己到县城报官。除非农户与保长关系比较好，是保长的本家亲戚或左邻右舍，请求保长帮忙报官，保长才会陪着一同到县城报官。

三、村庄治理方式

在"无讼"的传统社会，夏侯村村民都是独立自主地处理村庄内外事务，较少与政府发生联系。传统时期的村庄治理方式主要有以下几个方面：

（一）大事介入，小事不管

据村民回忆："过去（1949年前）跟现在差不多，事儿只要不大，都是各家管各家的事儿，本家爷一般都不管；必须是大事，本家爷才会去管。"因此只有当事情被村民认为是"大事"时，才会有本家爷介入，否则都是在家长的管理下进行家户治理。村民认为是大事，需要本家爷介入的情况主要有六种。

其一，子女不孝，殴打老人。如果农户家中发生这样的情况，即使家长认为儿子还可以，没有必要惩罚孩子，本家爷和其他本家亲戚也会主动去处理，一般情况下会直接用暴力手段殴打不孝子，严重时直接将其驱逐出村。在这种情况下，即使家长并不愿意将儿子赶走或者不忍心打儿子也是不行的。

其二，事关老坟地的纠纷必须由本家爷出面调解。农户家中有人不能进入老坟地而要强行进入，老坟地埋葬的墓穴次序问题，因老坟地风水问题与其他村庄或宗族的农户发生纠纷以及开新茔的问题等，必须由本家爷同意，并且由执客主持仪式才能进行。

其三，事关全体本家亲戚或整个村庄的较大规模的水旱灾害。如果仅仅一两家农户的耕地遭遇了病虫害或者因为内涝而减产，一般由家户自己解决，本家爷一般不会举行大规模的求神祈雨活动。

其四，事关全体本家亲戚或整个村庄的安全问题。如土匪入侵、土匪抓兵、土匪绑架、小偷偷东西等问题，都需要本家爷同保长共同商量，一同保护全体村民。如果某个农户家中的人被土匪绑走了，勒索赎金，本家爷就会号召全体本家亲戚给这个农户凑钱赎人。

其五，农户家中买卖庄、地都需要经过以本家爷为代表的本家亲戚的认可。如果有些子孙在生前对父母不孝顺，或者已经和父母断绝父子关系，等父母去世之后又要来村中出卖父母的庄和地，就会遭到本家爷的制止。

其六，农户家中的分家、继承、过继等事关家产继承的大事，必须请本家爷到场做见证，并且本家爷一般都会作为中人在分单上签字画押。

（二）请人说和

传统时期如果夏侯村家庭内部或者家庭之间发生小矛盾和小纠纷，但是单凭两家家长的力量无法妥善解决，一般都会邀请双方的本家爷到场说和，以达到解决矛盾的目的。具体包括两个家庭因为小孩子打架而引发的纠纷，因庄地边界引发的纠纷，因坑和场的使用而引发的纠纷，因礼节琐事而引发的纠纷等等，凡是家长解决不了的问题都会找本家爷前来"说道说道"。请本家爷前来说和不需要付钱，只需要记得本家爷的恩情，并且请吃一顿饭即可。保长一般不需要请本家爷前来说和，因为村民认为保长都是村中的孬人，一般农户不会招惹保长，同时保长都是村庄的能人，一般情况下村子里不存在保长"说不下去"的事情。

（三）从不打官司

据村民回忆："过去（1949年前），就没有听说过谁去打官司的。就算康昆把康健家的闺女侮辱了，谁家把自己儿子打死了，哪两家打架把柴火垛点了，也都没有听说谁去报官了。"由此可以得知，传统时期夏侯村村民从未把国法判决当作是处理村庄事务的一种有效办法，也从未有农户尝试用国法来维护自身的利益。究其原因有以下两点：其一，村民认为"当官的没有好东西"，大部分农户认为"当官的只顾着自己升官发财，没有人会真正为百姓着想"。其二，打官司还是靠关系。村民听说的官司中从未有民告官告得赢的案例，也从未听说过官员秉公执法的案例，因此内心深处对国家审判存在不信任。据村民回忆：

> 过去（1949年前），听说我们村北边的赵庄村有个姓连的农户，以前在国民党军队里当官，后来受伤返乡了。这个退伍军官因为本村有两个小孩子到自家地里偷玉米，就把这两个孩子打残废了。他们的所有本家亲戚都说和不了，这两个孩子的家长就去县里告官了。告了很多年也没有个结果。大家都说这个退伍军官上边有人，后来这两个孩子的家长只能自认倒霉，也放弃告官了。

## 第三节 家庭治理与治理关系

对于1949年以前的夏侯村，家庭是最基本的治理单元。无论是保长、甲长、政府还是土匪，其对村民的治理最终都会落脚到一个一个家庭上来。家长是夏侯村每个家庭的绝对当家人，家长就代表家庭的最高权威，且一个家庭只能有一个权威（家长），否则就会出现"乱套了"的情况。家长对家庭成员有绝对权威，甚至有生杀予夺的权力。本部分将从家庭权力结构、家庭治理内容、家庭治理方式三个方面考察传统时期夏侯村的家庭治理形态。

一、家庭权力结构

传统时期夏侯村的家庭可以分为普通农户和户家。普通农户一般为核心家庭，而在户家，一般为复合式大家庭。两种家庭呈现出完全不同的家庭权力配置形态。

（一）当家人的认定关系

"当家的"是传统时期夏侯村村民对家里说话算数的家长的称谓。据村民回忆，传统时期夏侯村中根据家庭情况的不同有着不同的当家人，而不同的当家人可以体现不同的认定关系，主要有四种当家情况。

1. "老子"当家

"老子"是传统时期夏侯村一个家庭之中年龄最大、辈分最高的男性成员的自称，在一个家庭之中只有一个人敢自称"老子"。如果爷爷在世，那么父亲就不敢自称"老子"；如果爷爷去世，那么父亲就是"老子"。如果叔伯和父亲没有分家，一般情况下兄弟之间只有长兄敢于自称"老子"。正常情况下，只要"老子"有劳动能力且头脑清楚，在一个家庭之中都是"老子"当家。即使"老子"失去劳动能力，只要其没有糊涂，家中大事小事也都要过问一下"老子"。除非"老子"主动将当家权授予某个儿子，才会出现新的当家人。村民认为"老子"当家是天经地义的，不需要经过任何家庭成员的认可，是按照年龄和辈分自然而然形成的权威。

2. 母亲当家

根据村民的回忆，传统时期夏侯村中女性当家的情况也不少。这种家庭有以下五种情况：其一，寡妇家庭，丈夫早年去世而儿子尚未成年，一般都由母亲当家。其二，丈夫有残疾，或者丈夫头脑不清楚。其三，丈夫是"窝囊废"，经常被人欺负，而自己又没有一点办法，相反妻子头脑聪明、心思缜密，有手段、有办法处理家庭中的事务，并且能够保证自己家庭成员不被欺负时，家里的大事小事都由妻子说了算。其四，家中非常贫困，丈夫没有能力挣钱，家庭主要收入都是依靠妻子做工、做买卖挣得，在这样的家庭中一般由妻子当家。其五，通过"招上门女婿"组成的家庭中，丈夫在村庄中的势力一般要小于妻子的家族，一般情况下家中的事情都由妻子说了算。

3. 长子当家

按照惯例，在父亲去世或者父亲年事已高、头脑不清楚且失去劳动能力之后，家庭中的当家权一般都由长子自然继承。夏侯村素有"长兄如父"的说法，村民认为长兄的权威也是生来具有的，在家庭中弟弟一般要听哥哥的话。在父亲去世之后，只有长兄可以为父亲摔老盆，并且只有长兄有权利决定家产如何分配，其他兄弟都要服从长兄的指挥。如果母亲没有去世，且头脑清楚，则长子要当家必须获得母亲的授权，如果母亲不让长子当家，长子就不能当家，而由母亲当家。如果父母都去世了，且兄弟尚未分家，一般都是由长子自然当家。但是如果其他兄弟已经成年，且不服从长子当家的安排，一般都会在长子的主持下进行兄弟分家，分家后兄弟各自当家。如果兄弟尚未成年，也没有娶妻，即使兄弟要求分家，长兄也可以拒绝兄弟的要求。

4. 其他儿子当家

在传统时期夏侯村普通农户家庭中，经常会出现二子当家、三子当家或者幼子当家的情况，这种情况不仅可能出现在父母去世的家庭，也可能出现在父母都在世的家庭中，村民称之为"有材料的当家"（有本事的人当家）。村民认为一个家庭中最有材料的人是所有家庭成员都佩服的人，是能给家庭带来最多收入的人，是最适合管钱的人，同时也是最公正无私的人。复合式大家庭中的当家人不一定是年龄最大、辈分最高的人，但一定是最适合当家的人。传统时期"贤者当家"的夏侯村农户家庭中的"贤者"必须得到所有家庭成员的一致认同。当家的不仅需要获得父亲或母亲的认同和授权，而且需要获得其他兄弟的一致认同，如果有兄弟不认同其才能，认为自己更适合当家，往往会提出分家。传统时期夏侯村"贤者当家"的案例如表6-3所示。

表6-3 传统时期夏侯村"贤者当家"的情况

| 户 主 | 家庭人数 | 当家人及其身份 | 当家原因 |
| --- | --- | --- | --- |
| 孙长祚 | 20 | 孙锐（次子） | 会读书，会写字，能记账，脑子管用，有道德 |
| 孙长礼 | 6 | 孙顺（次子） | 会木匠活，可以挣钱养家 |
| 孙存德（兄）孙守德（弟） | 9 | 孙长经（长子） | 兄弟两人只有一个男孩子，哥哥孙存德和弟弟孙守德一人给孙长经找了个媳妇，所谓的"一门两不绝"。家中大小事务都由孙长经说了算，孙长经的父亲和伯伯并不干涉 |
| 孙长杰 | 11 | 孙长杰（幼子） | 孙长杰和三个哑巴哥哥住在一起，弟兄四人都以做炮为生，只有幼子孙长杰能说话，鞭炮制作得好，想要卖出去必须依靠幼子，所以家里的事是幼子说了算 |
| 孙剩 | 5 | "麻氏奶"（母亲） | 孙剩家中非常贫困，一亩地都没有，只有依靠"麻氏奶"在夏侯村和开封来回倒卖鸡蛋维持生活 |
| 孙太远 | 10 | 孙梅（次子） | 孙太远家中只有两三亩地，非常贫穷，全家都是依靠孙梅外出打烧饼、炸油条、编草席维持生活 |

资料来源：2016年10月至2017年1月的田野调查。

（二）当家人的权威

传统时期夏侯村所有农户家中，家长是唯一的权威，家庭中的一切大事都由家长说了算。据夏侯村民描述："一个家里只能有一个人说了算，大事儿小事儿都得问他，都得他说了算，那这个人就是当家的……当家的都是家里边最重要的劳力，是家里的顶梁柱。家里少谁都中，就是少不了他，他一不在，家都散了。"

"贤者当家"的情况下，虽然"贤者"是家长，但是其权威却远不及"'老子'当家"中"老子"的权威；因为在传统时期"贤者"之所以为"贤者"，不仅因其能力和才干，还靠其德行。虽然儿子是当家人，但是如果其父亲或爷爷还在世，就不能忤逆父亲或爷爷的心意，更不能公开指责、批评父亲或爷爷，而是必须采用聪明的办法或委婉的方式实现自己的目的。如果父亲或爷爷糊涂了，坚持要做某件事情，即使儿子是当家人，也必须按照父亲或爷爷的意思做，否则就会失去当家人的权威，失去威信。同样，当家人如果是二儿子、三儿子，其权威还要受到兄长的限制，必须尊敬兄长。

具体来讲，传统时期夏侯村家长的权威有以下四个方面：

其一，财产（粮食）支配权。村民描述为："过去（1949年前），家里的钱（粮食）都是一个人管着的，可不是谁想用钱（粮）都能用的，必须得当家的点头才行。如果用的钱（粮）比较多，那得全家人同意才能用。一般都是当家的说买什么才能买什么。比如我们家（孙占邦），只有俺爹俺妈才能去买牲口、买东西（其他农具），我自己弄点啥（挣点钱）都得交给俺爹俺妈；但是俺爹俺妈干啥那都不用跟我说，等我长大了，才会跟我商量商量。"

其二，分配权。家里的钱粮用在什么地方，给谁多少，都是由家长说了算。家长可以决定在分家时给某个孩子几亩地、几亩庄、多少农具，儿子即使有意见，也只能抱怨，但是必须找舅舅或叔叔和家长商量，不能直接顶撞家长。如果家长坚持，即使其他长辈插手，也不起作用。

其三，祭祀权。一个家庭无论是祭拜祖轴，到老坟地祭拜祖先，抑或是到某个神庙里祭拜某位神灵，必须家长首先祭拜。此时的家长仅指"老子"（辈分最高、年龄最大），而不是"贤者当家"的家长。

其四，生杀予夺的大权。传统时期，由于大部分夏侯村普通农户都非常贫困，每逢战乱灾荒之年，家中没有粮食或粮食不够吃的时候，家庭成员不能全部留在家中。如果全部留下，必然会全部饿死，只能使一部分家庭成员离开家庭外出逃荒。此时，家长可以决定家庭成员的去留，谁留在家中、谁外出逃荒都由家长决定。传统时期，外出逃荒是非常危险的事情。尤其是在村民没有发现"山西稷山县"这个理想逃荒地点之前，外出逃荒死亡率非常高。即使有了明确的逃荒地点，仍然有很多逃荒的农户因战争、疾病等死于途中。同时，如果某位家庭成员危及家庭其他成员的生命安全，如干八路、当土匪或得罪了官兵，家长为了保护其他家庭成员，可以选择将此家庭成员交出去，或者藏匿起来，但这事只有家长可以决定。

二、家庭治理内容

传统时期，村中大大小小的所有事务，最终都会落脚到一个个家庭之中；而在家庭之中，家长是唯一可以"拍板儿"（做出决定）的人。总的来讲，家庭治理事务主要有四个方面。

（一）家庭财产的经营管理

传统时期夏侯村的当家的是家庭成员所公认的"家里事儿说了算的人"。家庭成员发生意见分歧不能获得统一意见时，都要由当家的做决定。当家的一旦做出决定，其他家庭成员间必须听从，否则就是"拆自己家墙脚儿"，被认为是亲疏不分、不知好歹的人。

第一，土地的耕种、收获和分配。孙占邦、孙占秀老人认为："过去（1949年前），种小麦一般没有啥不一样的，都是别人咋着咱咋着，全村人都种小麦，都是差不多一起种。对于秋儿（秋收作物）来说就不一样了，种多少，哪块儿地种啥，啥时候种，啥时候锄地，啥时候收，都是当家的说了算。因为当家的是家里最聪明的，也是最有经验的，他说的准没错。即使错了，也不能怨当家的，肯定有别的原因。"第二，雇工事务。传统时期夏侯村的家庭，无论雇长工、觅短工、觅把式还是觅管家、觅喂牲口的，都是当家的说了算。具体觅多少，觅谁，工钱多少，啥时候给工钱，怎么给工钱等一切相关事务，都是当家的说了算，且一般都是由当家的本人给工人结算工资。第三，工具的借用。村民之间借用工具，都要给当家的说一下。如果当家的不在家，且是关系非常好的农户（四邻、亲戚）来借一些不贵重的小型劳动工具（如扫帚、木锨等），家庭成员可以代替当家的借出，但是当家的回来之后一定要给当家的说一下。如果是大型劳动工具（如牲口、车、石磙、石磨、石碾等），必须当家的本人同意之后才能借用，家庭成员不能代替当家的做决定。第四，牲口的辧犋。传统时期夏侯村由于自然条件恶劣、耕作难度大，存在广泛的辧犋行为。辧犋是家里的大事，牲口是家里的宝贝，具体和谁家辧犋、怎么辧犋，都必须由当家的做决定，其他家庭成员不能私自同亲戚邻居辧犋，也不能随便把牲口借出去让别人使用。第五，管账。传统时期夏侯村做买卖的家庭，或者户家进行放高利贷活动，都必须是当家的管账，其他家庭成员不能私自插手。管账包括收钱、记账、赊账、收利息等活动，都必须当家的亲自办理。如果当家的有事，也可以让家中小孩子、兄弟帮忙收钱，但是最后必须汇总到当家的手中，不能私藏。如果私藏，就会被家长批评，被认为是"手长"（讽刺小偷的意思）。如果小孩子私藏钱粮，往往会挨打。

（二）婚丧嫁娶和生育

传统时期夏侯村村民的人生大事，都是以家庭为单位进行操办，如新生儿做九、婚嫁、丧葬等，都由当家的（此时的"当家的"一般指辈分最高、年龄最大的家长）说了算。

第一，新生儿做九。添丁是家庭中的大喜事，要举办喜宴。此时喜宴的规格、邀请的宾客、何时举办，都由"当家的"做决定。

第二，婚嫁。传统时期夏侯村子女的婚配都是"父母之命、媒妁之言"，所有家庭成员都要遵从"当家的"安排和介绍。何时举办婚礼，和谁结婚（或嫁给谁），彩礼给多少，嫁妆陪多少，都由"当家的"做决定。婚姻大事要和子女商量，但是子女如果不同意,而当家人的决定又没有什么问题,子女就会被认为"不孝""大逆不道"。

第三,葬礼。传统时期村民奉行"死者为大",葬礼是普通农户家中花销最大的事务。传统葬礼程序复杂、礼俗严苛、事务众多,不仅要当家的做出决定,而且要考虑规矩和本家亲戚的态度。同时,如果当家的去世,家务混乱,没有人当家做主,最重要的事情是选出新的当家的。如果当家的在弥留之际已经对家庭事务做出安排,则子女必须遵从;如果没有做出安排,突然死亡,就要按照规矩,由家里的长子或长孙成为新当家的。其他家庭成员如果不同意,很可能造成家庭不和,进而导致分家。

第四,分家。分家有两种情况,一种是当家的在世,另一种是当家的不在世。如果当家的在世,则主要由当家的做决定。其他亲属(一般指孩子的舅舅)如果在场,有一定的建议权;但是如果当家的已经做出决定,即使决定看起来很不公平,家庭成员也只能接受,即使是孩子的舅舅也没有办法。如果当家的去世了,一般会邀请舅舅或本家叔伯同时到场,共同讨论分家事务。

(三)日常生活和家庭内部摩擦

传统时期,夏侯村以家庭为单位进行生产生活,每个家庭成员的具体工作"当家的"都要操心。第一,子女教育。传统时期教育对于村民来讲是非常奢侈的事情,即使是户家,往往也只能供一个人读书。具体谁去读书、谁来干活都要由当家的决定,当家的一般会让最聪明的孩子去读书。判断是否聪明的办法一是看平时表现,二是"试读书",即让每一个孩子都去读几天书,哪个孩子记得最好、学得最快,就由哪个孩子继续读书,而另外的孩子一般会帮助大人干活,或者学习其他技艺。女孩子一般不读书,都是在家帮助母亲洗衣做饭或者帮忙带孩子。第二,洗衣做饭。当家的一般不插手洗衣做饭这样的问题,一般由女当家的(奶奶或母亲)做主,儿媳、闺女都要服从奶奶或母亲的指挥,不能过分偷懒。如果母亲偏心,只让一个人干活儿,那么这个人可以向当家的抱怨,当家的如果觉得确实不合适,往往会批评教育"女当家的"。第三,家庭成员闹矛盾。如果是小孩子闹矛盾,当家的不会和小孩子解释那么多,一般都会全部打一顿,直到老实为止。如果妯娌、姑嫂、婆媳等女性家庭成员闹矛盾,当家的一般会都批评一顿,然后由"儿子们各自说说各自的女人"。如果出现大矛盾(如儿媳妇被打死打伤了,或儿子打老子了),当家的一般会展现出其权威,对矛盾进行"霸道处理"。如果儿媳家来人质问,当家的就要出面解释,一般会说"这是我们的家事,你们先不要插手"。如果打死人了,当家的就必须给娘家人一个合理的解释,否则很容易发展成为两个家庭的矛盾。如果当家的处理不了家庭矛盾,往往被认为软弱、没本事,很容易造成家庭成员矛盾的激化,直至分家。

(四) 家庭对外事务

1949年以前，虽然大多数事务是以家庭为单位进行处理的，但是家庭并不是完全自给自足的，必须与村庄内或村庄外的其他家庭发生联系。传统时期村民与村外家庭的交往，绝大多数是因为婚姻而结成的姻亲交往。与村内其他家庭的交往主要体现在帮忙干活儿、辖禖、借东西、建房留胡同、淘井、烧窑、砍树、建房等方面，集中体现在生产协作方面。本部分将从以下几个重要方面进行描述：其一，人情往来。传统时期夏侯村村民与村民之间要根据其关系的不同，进行不同的人情往来，村民称之为"随礼"。礼随多少，随什么，什么时候去都由当家的决定。当家的会根据关系的亲疏远近、自家与主家的身份地位、自身经济实力来判断带什么样的礼，并决定由谁去送。一般情况下，只有关系最亲近的农户办大事的时候，当家的才会亲自去随礼，比如婚丧嫁娶；如果与办事家庭关系比较远，就会让其他家庭成员前去，而不是当家的本人。当家的亲自上门随礼，是给主家最大的面子。其二，帮忙干活。当家的一般不亲自去帮忙干活，都会让家里人外出帮忙干活，而当家的主要处理自己家里的事情，干自己家里的活。但是当家的要记清楚这些事情，帮谁干活、谁去帮忙的、帮忙过程都要熟记于心。其三，拜年。当家的一般都是年龄最大、辈分最高的长辈，大年初一早上不参与走街串巷的拜年活动，除非当家的非常年轻、辈分比较低。当家的一般坐在家中等待宾客前来拜年，并提前与女当家的准备好新年礼物（如花生、核桃、炮），送给前来拜年的小孩子和晚辈。其四，与姻亲的交往。传统时期夏侯村各个家庭对姻亲的到访，一般必须当家的亲自出面接待。如果同时来了两个或两个以上的娘家人，一般会由当家的把前来拜访的宾客都聚在一起吃饭喝酒，具体吃什么、喝什么，都由当家的提前准备。前往姻亲家走亲戚，当家的不会亲自出马；如果发生矛盾，需要调解，则一定需要当家的亲自去。前往外村拜访姻亲，都是由丈夫亲自去，丈夫可以带妻子，也可以不带妻子，都由夫妻两人自己商量。但是如果家中女当家的年龄比较大，干不动活儿了，家里没有人做饭，则妻子不能前往娘家走亲戚，由丈夫代表自己前往。

三、家庭治理方式

传统时期，一个家庭中当家的、女当家的、儿子女儿、儿媳女婿等家庭成员之间主要通过三种方式处理家庭事务。

(一) 家规和祖训

传统时期夏侯村绝大多数普通农户家中并没有成文或口口相传的家规，只有户家可能有祖上留下来的祖训或成文的遗训等作为家规家法，成为后世家庭成员之间处理问题的行为准则。所谓"遗训"，就是父亲在去世之前，由其亲自或请会读书写字的人写的留给子孙后人的话，一般写在遗书上。通过访谈地主的后代，得出以下家规遗训：其一，一粥一饭，当思来之不易；半丝半缕，恒念物力维艰。其二，居家戒争诉，讼则终凶。其三，天亦有道，不可忤道；不是不报，时候未到。其四，饭食约而精，园蔬逾珍馐。

在长期的历史发展过程中，由于各种各样的原因，村民内部形成了大家共同遵循的一系列事关家庭生活的习俗和伦理，其中涉及家庭成员日常行为的方方面面。根据家庭成员身份的不同和历史经验的总结，有以下十点：其一，孝敬父母，不孝者，猪狗不如。其二，尊重长辈。弟弟尊重兄长，不可忤逆；甥侄尊重舅叔，不可顶撞。其三，不可偷盗。其四，不可乱伦。其五，不可杀人放火。其六，不可随意骂人打架。其七，男女授受不亲。其八，女子无才便是德。其九，不可懒惰。其十，不可数典忘祖。同时有一些村民不会整天挂在嘴上，但是一旦发现就会"闹笑话"或"被议论"的情况。如老公公和儿媳妇走得近了，哥哥与弟妹整天打闹嬉戏了，兄嫂整天调戏小叔子了等这些。都会被认为是"不雅观"的事情，但也不是完全禁止，要把握分寸。

村民认为家规和祖训对家庭成员的影响作用是非常有限的，大部分子女都只是认为这是父母或爷爷奶奶所讲的"大道理"。对于大多数不会读书写字的村民来讲，根本不知道某些家规祖训是什么意思，只是嘴上说说。但是对于那些会读书写字的村民，家规祖训有一定的警示作用。

（二）长幼和孝道

在传统时期的夏侯村，非常重视长幼秩序和孝道文化。一般情况下，如果不是父亲过于"不照路"（不守规矩、不务正业），儿子必须对父亲恭恭敬敬，说话都不能大声吆喝；即使父亲有很多错误，儿子女儿依然要耐心和其讲道理，不能直接吆喝、辱骂、冒犯父亲的权威和尊严。在家庭内部，弟弟见到长兄必须叫"哥哥""大哥""二哥"等，而不能直呼其名，见到姐姐必须叫"大姐""二姐"或"某某姐"等，即使叫名字，后边也必须加上"姐"字。

（三）暴力和体罚

传统时期村民普遍认为"棍棒底下出孝子"，在家庭内部，尤其是父子之间，最有效的治理方式仍然是暴力和体罚。如果子女偷盗物品、辱骂长辈、和父母顶嘴，或者在外打架斗殴，往往会被父母用扫帚打屁股、用木棍打手或者罚跪。但是暴力和体罚的行为一般只发生在父子、母子、父女、母女以及舅舅的外甥之间，如果兄弟之间、爷孙之间或叔侄之间运用暴力和体罚的方式，往往会导致双方关系的破裂和恶化。村民认为："打孩子都是打自己家的孩子，不能乱打。你要打自己的侄子，别人的爹妈肯定都不愿意了。当爷的一般也不能乱打孙子，隔代亲啊，孙子犯错了，只能他爹他妈去打，你当爷的不能打。兄弟之间也不能乱打，谁都不服谁，打架也解决不了问题。舅舅比较特殊，舅舅能打外甥，舅舅打外甥，亲爹亲妈都管不了。"

如果子女屡教不改，打也不管用，且子女未成年，父母可能采取升级的暴力和体罚行为。如果子女已经结婚生子，父母一般就不会采用直接的暴力和体罚行为，因为必须给其子女留下父亲或母亲的威严和面子，此外子女成年之后都有自己的想法了，村民认为"成家了都是大人了，各有各的活法，做父母的都管不了那么多了"。据村民回忆，传统时期夏侯村中采用升级的暴力行为来治理家庭的案例有一个：

> 过去（1949年前），夏侯村南3里的赵彩村有一个家庭的孩子总是偷东西，屡教不改。其偷窃的也不是贵重物品，都是小东西，比如东家偷一只鸡，西家偷几个馒头、几升粮食。时间久了，这家人就被冠以"小偷之家"的名号，名声就坏了，所有村民只要有人家里丢了东西，就说是这家人偷的。家中爹妈没有办法，根本管不住，打也打不改，就联合孩子的舅舅，在一天晚上，让孩子吃了一顿好的，哄到地里把孩子活埋了。

## 第四节　亲族治理与治理关系

在1949年前的大多数历史时期，夏侯村内呈现出"有家无族"的情况：祖宗被挂在墙上，和菩萨一样，或者"只拜死去的祖宗，不拜活着的祖宗"。亲族或宗族对其成员的治理最终会落脚到个人与个人、个人与家庭或家庭与家庭之间的关系处理上。本部分将从门派治理与治理关系、亲戚治理与治理关系两个方面考察传统时期夏侯村的亲族治理及其治理关系。

### 一、门派治理及治理关系

门派治理是传统时期夏侯村孙氏宗族所特有的亲族治理方式。夏侯村其他的宗族均没有门、派之分：一方面是因为其他宗族的人口数量都不多，只分出若干个本家；另一方面是因为其他宗族均没有族谱，即使有门、派之分，普通农户也不知晓。因此本部分从门派治理主体、门派治理事务和门派治理方式三个方面考察传统时期夏侯村孙氏宗族的门派治理。

（一）门派治理主体

传统时期夏侯村孙氏宗族的门派治理主体主要是"门长"和"派长"。

1. 支派和门派概况

传统时期的宗族派系是根据居住地的不同、生产生活联系的日益疏远而产生的"分派而治"的情况。不同派系之间互不干涉，互相独立。据村民回忆，派并无派长、派首之类的牵头人物，内部也很少有公共事务往来，只有在上族谱的时候才知道自己是哪一派。据夏侯村孙氏族谱记录：路东支派与路西支派本是一支，自山西省洪洞县迁至封丘夏侯村，以现在孙长芹、孙松德西的南北路为界，路东叫路东支派，路西叫路西支派。本是一个祖茔（都叫"小老坟"），位于堰外的东西路路南，有七八个坟墓，约四五代人。逢春生二子，长子汉英、二子汉才为路东支派；成印、成照与逢春为堂兄弟，为路西支派。

宗族人数增加之后，族人关系日益疏远，家庭矛盾日益增加，且老坟地不够埋葬族人，就会分门。据孙氏族谱记载：路东支派自三世汉英与汉才二人之后，开始分门。缘由是汉英生有七子，而汉才仅育有一子，并收有一义子文氏；两兄弟在家族事务中很难有共同意见，并且有人经常吃亏。家庭力量的不均衡导致了分门而治。汉英为长门，汉才为二门。路西支派由于人丁一直较少，往往数代单传，自始至终也没有分门。据村民回忆：不同门的交往非常少，因为都不在同一块老坟地中了。五代以上也都断亲了，在过去穷的时候，三代都不怎么联系了。只有在上族谱的时候，还知道自己是长门还是二门的。

2. 门长和派长的认定

传统时期夏侯村孙氏宗族的门派划分非常混乱，村民自己都搞不清楚自己属于路西支派还是路东支派，也不清楚自己是长门还是二门，只有翻阅族谱才能得知。路东支派由于人丁兴旺，每一代都分为两门，而路西支派由于数代单传，因此只有一门，门长和派长是同一个人。据村民描述，路东支派的派长就相当于族长。由于整个夏侯村孙氏宗族的路东支派和路西支派并没有一个统一的大族长，因此各自的派长就是族长，而门长相当于长老。派长和门长都是根据族人的年龄和辈分自然默认的，本门之中年龄最大、辈分最高的人为门长，本派之中年龄最大、辈分最高的长门后人自动成为派长。

3. 门长和派长的资格

据夏侯村孙氏宗族的孙占秀、孙占邦和孙占炳老人共同回忆，夏侯村孙氏宗族的门长和派长是论资排辈而定的，只需要根据族谱中记载的辈分和年龄来确定即可。在同一门中,年龄最大、辈分最高的老人自动称为门长,在本门中享有最高权威。在同一派中,只有长门中年龄最大、辈分最高的老人有资格称为派长。因此夏侯村孙氏宗族路东支派的长门门长也是路东支派的派长。而路西支派由于没有分门,因此只有派长而没有门长。门长和派长由于没有过多的职能,因此并不需要能说会道、德高望重,只需要身体健康即可。如果"老糊涂了",就不能继续担任门长或派长,而由本门派中辈分相同、年龄次于这位老人的其他老人做门长或派长。如果这位老人主动放弃,则由其他老人做门长或派长。如果这一辈的老人年龄都比较大了,就由下一辈人做门长或派长。

4. 门长和派长与本家爷的关系

据孙占秀老人回忆,夏侯村路东支派只有一个派长,相当于路东支派的族长,有两个门长,分别是长门门长和二门门长。单单路东支派的长门就最少有三块老坟地,分成了三个本家;二门也有两块老坟地,就分成了两个本家。一个本家最少有二三个或者三五个本家爷。原则上讲门长和派长的地位都比本家爷高,但是在实际生活中,门长和派长一般都不管事,农户有事都是找本家爷。因此夏侯村孙氏宗族的本家爷在本宗族的地位和权威要高于门长或派长。门长和派长家里有事也得找本家爷前来帮忙调解。

5. 门长和派长与农户的关系

门长和派长一般都是本门派年龄最大、辈分最高的老人,一般在宗族集体祭祀(正月十五"散路灯")或者集体求神祈雨的时候,要首先祭拜,并且如果门长和派长有体力的话,要负责主持祭祀事宜。然而在农户的日常生活中,门长和派长一般不会参与协调。夏侯村孙氏族人认为:"门长"和"派长"就是个尊称,并没有实际作用。但是由于门长和派长的年龄大、辈分高,因此本宗族中关于老祖宗定下的规矩,如老坟地怎么布置、祖轴怎样悬挂、拜神如何拜等事务,门长和派长是最有解释权的,其他农户都必须听从门长或派长的。

(二)门派治理事务

传统时期夏侯村孙氏宗族的门长和派长主要在以下事务上对宗族进行治理。

1. 老坟地的风水和布局

据夏侯村孙氏族人回忆,传统时期一旦家中有人去世一定要给门长或派长说一下,主要是询问能否进入老坟地埋葬,以及埋葬在老坟地哪个位置。普通农户一般不会直接找门长或派长,因为普通农户一般不知道谁是门长、谁是派长,一般都是先询问本家爷,然后由本家爷询问门长或派长。如果本家爷对老坟地的规划非常清楚,明确知道应该如何埋人,就不需要询问门长或派长。但是如果门长和派长发现老坟地埋葬方式或埋葬次序不正确,就要质问本家爷,一般情况下如果本家爷的意见和门长或派长的意见不一致,要以门长或派长的意见为准。

2. 修谱和上谱

传统时期夏侯村孙氏宗族家中添丁,需要上族谱的,就要找门长或派长说一下,因为本宗族的族谱一般都保存在门长或派长手中。如果本宗族的族谱过于陈旧或者已经损坏,就需要门长和派长带头给本宗族的各个本家亲戚中的本家爷商量一下重修族谱。如果各个本家都同意修族谱,才能修;如果没有人同意,即使门长或派长提出修族谱的要求,也修不了。

(三)门派治理方式

传统时期夏侯村孙氏宗族的门长和派长在宗族之内只有年龄和辈分的优势,并没有任何实权和手段,因此门派治理方式较为贫乏。本应由门派治理的事务随着门、派分为不同的本家,其治理实权多为各个本家亲戚的本家爷所掌握。传统时期夏侯村孙氏宗族的门长和派长治理的主要方式是依托于风水和老习惯的礼俗治理。门长和派长由于年龄大、阅历丰富,对老祖宗留下的规矩和习惯较为熟悉。尤其是族人的红白喜事、添丁做九等礼俗较为复杂的事务,门长和派长对农户家中该如何办事有着最权威的解释权。一般情况下,只要门长或派长说了可以这样办,农户就可以按照这个流程举办红白喜事。

但是门长和派长的解释权往往被更为能说会道的本家爷或执客所架空。村民在举办红白喜事时,往往更多地根据执客的流程安排和本家爷赞成与否来办。如果执客说大家都是这样做的,并且本家爷也同意农户这样做,即使老礼或老规矩并不是这个样子,且门长和派长已经提出来了,农户可能依然不会考虑门长或派长的意见。

二、亲戚治理与治理关系

传统时期夏侯村农户家中有些事务必须依靠亲戚前来帮忙处理才符合规矩。能够参与农户家庭事务治理的亲戚主要是舅舅和本家叔伯。

(一)舅舅与亲族事务治理

据村民回忆:"过去(1949年前),舅舅在家庭中的地位是非常高的,仅次于亲生父亲。有的舅舅比较厉害,小孩子就算不怕他爹也怕他舅舅。"因此舅舅对农户家庭的治理参与是传统时期夏侯村亲戚治理的重要组成部分。

1. 舅舅必须参与的家庭事务治理

据村民回忆,传统时期舅舅必须参与的家庭事务治理主要有夫妻矛盾的协调、父子矛盾的处理、子女的管教、分家和继承事宜、红白喜事等。基本上农户家庭中的所有事务舅舅都可以参与。尤其是分家和继承，如果没有舅舅到场做证，这次分家或继承就是无效的。如果分家不公平，舅舅有权利推翻父亲所做出的分家决定。农历春节的正月初二回娘家探亲时，一定要专门给舅舅带上一份礼物；如果舅舅和姥爷姥姥没有住在一起，就要在正月初三或初四专程去探望舅舅。即使舅舅已经去世，每年仍然要到舅舅家探望表兄弟，并在探望之前到舅舅的坟头烧纸摆供、磕头祭拜。

2. 舅舅与父母矛盾的处理

如果父母发生矛盾，一定要请舅舅前来评理，否则非常容易出现父亲欺负母亲的情况。尤其是在孩子未成年的时候，如果母亲没有舅舅撑腰，非常容易受到公婆和丈夫的欺负。如果父母发生矛盾而没有找舅舅调解，而是直接将母亲赶回家，或者母亲被气得回娘家了，那么舅舅一定会登门讨个说法。一旦父亲没有给出一个合理的解释，舅舅就非常容易和父亲打架或吵架。因此在传统时期，如果母亲兄弟多，那么母亲在公婆家一般都不会被欺负，丈夫也一般不敢殴打自己的妻子，因为担心舅舅会找上门来打架闹事。

3. 舅舅与分家继承的关系

传统时期夏侯村农户家中如果要分家，或者父母去世之后涉及家庭财产的继承问题，一定要邀请所有的舅舅到场参与。舅舅在农户分家时有很大的话语权。父亲必须与舅舅商量如何分家，并且分家方案必须得到舅舅的同意。除非舅舅主动放弃不参与农户的分家，才可以在没有舅舅在场的情况下分家。如果有舅舅而没有邀请舅舅就分家了，那么这次分家是不能算数的。如果某个儿子认为分家时不公平，一般不能直接向父亲提意见，都是找舅舅商量。如果舅舅认为确实不公平，就要重新分家；如果舅舅认为公平，那么儿子认为不公平也没有办法。如果父亲去世且家庭没有分家，一般都由舅舅主持分家；如果父母同时去世，则仍然由舅舅主持分家。如果儿子认为舅舅分家不公平，只能找别的舅舅商量，如果所有舅舅都认为这样分家是公平的，那么这个儿子即使不同意也没有办法。即使母亲已经决定了如何分家，在舅舅不同意或没有参与的情况下，分家或继承依然无效。

4. 舅舅与续弦或休妻的关系

如果父母关系破裂，或者因为母亲不能生育需要休妻，一定要给舅舅一个合理的说法。如果父亲在没有和舅舅商量好的情况下单方面和母亲离婚，舅舅是一定会前来讨个说法的，往往会打架。如果母亲去世，父亲需要续弦，也一定要获得舅舅的同意。如果舅舅认为母亲是因为父亲的过失而死，那么舅舅一定会打上门来，甚至会打官司。如果舅舅不同意父亲续弦，父亲是不能再次结婚的。

## （二）本家叔伯与亲族事务治理

传统时期在农户家庭某些事务的处理上，不仅父亲的亲兄弟必须参与，并且父亲的本家叔伯也都必须参与。如果没有本家叔伯的参与，夏侯村普通农户家中许多事务是不能够进行的。

1. 本家叔伯必须参与的家庭事务治理

据村民回忆，传统时期本家叔伯必须参与的村民家庭事务主要有红白喜事、过继、分家和继承、庄地的买卖等。并且本家叔伯作为自家人有权利决定儿子能否继承家产，家庭成员能否进入老坟地安葬，房屋田地能否买卖等事务。逢年过节在给祖轴和本家爷拜年之后，一定要首先前往本家叔伯家中拜年。由于都是自家人，因此不需要携带任何礼物。

2. 本家叔伯与庄地买卖的关系

传统时期夏侯村农户要出售庄或耕地之前，一定要先征得所有本家叔伯的同意。如果本家叔伯中有要购买庄、地的，一定要优先出售给本家叔伯；如果本家叔伯中没有人有能力购买庄、地，才能够出售给其他人。否则，即使庄、地已经出售，本家叔伯也有权利推翻这次买卖，让新的买主不能顺利居住或耕种。尤其是父亲去世之后，如果母亲想要把庄、地出售，搬迁出村，会受到所有本家叔伯的阻拦。

3. 本家叔伯与分家继承

1949年前，村民要进行分家或继承，在邀请舅舅到场的同时，必须请所有本家叔伯前来见证。本家叔伯一般不参与具体财产分配的讨论，但是一定要确定儿子是否有继承财产的资格。如果儿子非常不孝顺，或者名声非常不好，即使父亲和舅舅都同意将家产让这个不孝子孙继承，本家叔伯也有权利将其赶走。

4. 本家叔伯与红白喜事

传统时期夏侯村民家中举办红白喜事，一定要邀请所有本家叔伯前来喝酒，除非本家叔伯自己不来，才不算失礼，否则就算是失礼，得罪人了。尤其是葬礼，如果没有本家叔伯的同意，是不能够随意进入老坟地埋葬的。

## 第五节 信缘治理与治理关系

传统时期夏侯村有着纷繁复杂的信仰体系，对村民的生产生活有着深刻的影响。夏侯村东的淳于古寺，是与嵩山少林寺齐名的大寺庙。在相当长的一段历史时期中，夏侯村在发生水旱虫害、举办庙会、治病求子、躲灾避难等一系列事务上，都要寻求淳于古寺方丈的支持。本部分以淳于古寺为主要切入点，从淳于古寺与治理主体、淳于古寺与村庄治理、淳于古寺与家庭生活三个方面考察传统时期夏侯村的信缘治理与治理关系。

一、淳于古寺与治理主体

相传淳于古寺是西汉文帝时期由淳于意的女儿淳于缇萦所建，本是治病救人的行医之所，后改为学堂，免费教书育人。东汉时期，由于佛教盛行，在当时政府官员的提议之下，将学堂改为淳于古寺，绵延上千年，香火不断。至中华民国初期，形成占地220余亩，拥有几十僧众的大中型寺庙。每逢农历四月初八举行一年一度的淳于寺会，为期3—5天，届时十里八乡的乡亲都会前往庙会拜神、看大戏、买卖物品。淳于古寺是在夏侯村的土地上建设起来的，从最初淳于缇萦购买土地到一代又一代村民对淳于古寺的捐赠和出售，淳于古寺与夏侯村村民有着千丝万缕的联系。

（一）方丈与主院

办庙会是夏侯村民的大事。传统时期"有庙才有会，有会才热闹"。这句话有两层含义：其一，庙会必须有个说法，必须有神灵保佑和向神灵祈福，如果没有一个吉祥的说法，外村村民不会前来。其二，一个村庄有庙会，才能提高知名度和这个村庄在附近村子的威信，本村人到外村不容易受欺负，同时村庄才能吸引更多的外村人前来做买卖。

方丈是淳于古寺的首脑，寺院内的事务都要由方丈来决定，寺院的和尚要听从方丈指挥。"主院"是淳于寺会的首脑，由村民推举产生，一般是村中年龄较大、辈分较高、最有威望的老人来担任。村民举办庙会的宣传、捐资、物品管理、请戏班唱戏、会场规划、会费收取、会场秩序维持、人员分配、事务协调等一切世俗事务都由主院负责。传统时期淳于寺会的主院只有两人，一人是夏侯村村民，另一人是秦淳于村村民。一般情况下都是由夏侯村村民说了算，因为夏侯村人多势众，且淳于古寺自古以来就是占用夏侯村土地最多，只是在后期发展过程中占用了一部分秦淳于村的土地。方丈与主院是互利共赢的关系，方丈希望通过办庙会来繁荣寺庙的香火，而主院办庙会也必须依托淳于古寺内神灵的神圣性。同时，方丈和主院也存在一定程度上的利益博弈：如果灾荒之年办庙会，则方丈要多出一点钱粮，因为村民普遍贫穷，甚至吃不上饭，捐资往往不多；如果在丰收之年办庙会，村民余粮较多，就会多捐一些，此时方丈就可以少出一些。如果时局动荡、民不聊生，方丈和主院一般都不会办庙会，而是将办庙会的钱用来救济灾民。主院代表村民的信仰，具有很高的威望，方丈则代表寺院。主院会号召村民保护寺院、积德行善，而方丈却必须慈悲为怀、帮助村民。如果双方关系恶化，方丈就难以保证寺庙的安全和存续，主院也可能因为寺庙的消失而失去办庙会的资格。

（二）方丈与保长

传统时期夏侯村的保长与淳于古寺的方丈并没有特殊联系。保长一般不敢到寺院派钱派粮，因为寺院"有神灵保佑"，保长到寺院抓人是要"遭天谴""遭报应"的行为。保长到淳于古寺烧香拜佛，也不会受到任何特殊待遇，与普通村民一样。

（三）方丈与普通农户

普通农户到寺庙求神拜佛一般由普通和尚接待，方丈本人不会亲自出面。普通村民如果想要见方丈，一般要通过主院来和方丈交流。如果普通农户遇到大灾大难，可以到寺庙求助，但是能否得到帮助，还是要方丈来决定。如果想要避难、剃度出家，则必须经过方丈的允许。

（四）方丈与户家

户家是办庙会的主要出资方，户家通常有余粮，可以对寺庙进行较多的帮助，所以如果户家有事，方丈一般会出面帮忙。但是如果是不信佛、不捐资的户家因为临时有难向方丈求助，方丈一般不会帮忙，除非户家给寺院捐出大量田产或财产。

（五）和尚与普通农户

在传统时期的夏侯村，村民对待淳于古寺的和尚一般非常客气。如果和尚亲自到夏侯村化缘，村民一般会慷慨解囊、热情接待。本村村民到淳于古寺烧香，可以不出香火钱，因为和寺院内的和尚都认识；但是外村村民来烧香拜佛，必须捐出一定的香火钱。

二、淳于古寺与村庄治理

传统时期夏侯村村民的日常生活与淳于古寺有着千丝万缕的联系，具体体现在四个方面。

其一，水旱灾害。在第二章第一节"自然灾害"部分已经详细描述，夏侯村属于"十年九旱、内涝严重"。以水旱灾害为主的自然灾害的频发，使得村民只能依托向天求雨、求神拜佛的方式来消灾。每逢大旱灾，村民就会集体到淳于古寺进行搬关公、晒神、拜神等祈雨活动。这些活动都是淳于古寺所同意并支持的，否则必然会引起冲突。

其二，办庙会。办庙会是夏侯村一年一度的大事，具有提升村庄知名度和村民威望，吸引人脉，提供生意场所，增加寺庙知名度，繁荣寺庙香火等众多功效，是夏侯村村民和淳于古寺都"乐此不疲"的事情。村民以庙会的热闹为荣,因此而慷慨捐资;淳于古寺以香火的旺盛为耀,因此而提供场地、作法祈福。

其三,淳于古寺施粥救人。淳于古寺有200余亩寺庙田,既有创立者的购买,也有历代村民的捐赠。佛语认定此事为"结善缘""积功德"。因此每逢夏侯村发生重大自然灾害,使得民不聊生之时,淳于古寺就会开仓赈灾,向村民施粥赠粮。届时,十里八乡的乡亲都会前来领取口粮,夏侯村村民有着近水楼台的优势,一般会获得较多的赈灾粮。但是寺庙的力量毕竟有限,一旦发生连年灾荒,寺庙生活也不能为继,甚至和尚也要外出化缘,村民与淳于古寺只能各自求存。

其四,提供避难场所。淳于古寺信奉佛法,主张慈悲为怀,来人不问出处,只要心诚即可"放下屠刀,立地成佛"。据村民回忆,淳于古寺的方丈是高人,非常厉害,听说有的杀人犯都在寺里剃度出家了,但是具体犯了什么事不清楚。村民经常听说有人前来淳于古寺请求收留,但并不是所有人都会被收留的。夏侯村闫姓村民就是从新乡长垣县前来投奔淳于古寺的,被拒绝之后,将女儿嫁给夏侯村孙姓村民结为姻亲,遂在夏侯村落户。

三、淳于古寺与家庭生活

传统时期夏侯村村民的家庭生活与淳于古寺有着密切的联系。

其一,寺庙与建房。村民建房需要看风水,可以请风水先生测算,也可以请和尚前来指点,具体采用何种方式,关键看村民是何种信仰。信佛的村民一般会找和尚,信神的村民一般会找风水先生。

其二,寺庙与邪门事。村民家中发生比较蹊跷、邪门、不正常、想不通等事情(如所谓的"撞鬼""鬼上身"等,村民统称之为"邪门事儿")时,就会到淳于古寺找和尚解惑。如果和尚认为"有妖气",就会前来作法,但是作法需要村民支付一定的香火钱,且要请和尚吃斋饭。事情如果没有解决,和尚往往会以法力不足为由而告辞,请其另请高明;如果事情圆满解决,农户要还愿(即当初许下什么愿望,就要兑现自己的承诺)。

其三,寺庙与姻缘。村民如果找不到媳妇或者嫁不出女儿,就会到淳于古寺向观音大士求签测姻缘。求签需要捐赠一定的香火钱,并且求签之后请大师解签,仍然需要支付一定的费用。村民认为:"虽然师父说的都是不要钱,但是不给钱,他不给你好好解,或者说一些不好的话来恶心你。"

其四,寺庙与疾病、丧葬。村民每逢亲人弥留之际或者过世后,往往会到淳于古寺的阎王殿祈福祷告。亲人没有去世时,会祈求阎王不要将亲人带走;亲人去世之后,一定要向阎王祈祷不要为难亲人，让亲人来世投胎成富贵有福之人。

其五，求子。如果村民家中在举办婚礼之后久不得子或只生女儿不生男孩，就会到淳于古寺的南海大士殿或娘娘殿向神灵求子，祈祷其赐予子嗣。

## 第六节　业缘治理与治理关系

在第四章"业缘与业缘关系"中我们得知，1949年前的夏侯村发展出淳于集、淳于寺会、行户组织等成熟的业缘组织，在村民进行市场活动时有着很强社会救助性质的鸡蛋会，以及以师徒关系或父子关系为主的木匠、石匠、铁匠等一系列手艺人的传统规矩。本部分将从村庄集会治理、行户治理、手艺人的规矩三个方面考察传统时期夏侯村的业缘治理与治理关系。

一、村庄集会治理

本部分将从村内集会治理和县城商铺治理两个方面考察传统时期夏侯村内外的集会治理。

（一）村内集会治理

传统时期夏侯村内有淳于集，农历逢十开集；有淳于寺会，每年农历四月初八办会，属于村办集会。一般情况下，集会没有外界力量的介入，都是由夏侯村联合周边村庄进行自我组织、自我管理。

其一，据村民回忆，在淳于集和淳于寺会举办之初，并不收取摊位费，做买卖的老板与村民自由买卖、自由经营，秩序相对良好。在规模和影响力都不断扩大之后，出现了摊贩抢摊位、道路拥堵、会场混乱等许多问题，使得延续多年的淳于集和淳于寺会有着办不下去的危险。为此夏侯村和周边几个村庄商量决定，由村庄中一些会武术的年轻人组成集会管理组织，负责维持市场秩序，并收取一定摊位费。其二，无讼的集会。传统时期不管是外村村民还是本村村民在集会上买卖东西，无论发生什么样的纠纷，都是在集会内部解决，只要不打死人，一般不会上报官府。村民从未记得因在集会上买卖东西而引发的官司。尤其是在灾荒战乱年间，土匪控制乡村集会，集会中发生纠纷，即使打死人，也没有官兵的介入，此时"土匪就是王法"。其三，本土优势。1949年以前夏侯村村民买东西，只要本村的集会上可以买到，一般不会前往外村集会或县城购买。在本村附近买东西，做买卖的商人不敢随意欺骗，如果欺骗，以后就在这个集会上混不下去，因为村民可以带着家人、亲戚和朋友前来找麻烦，做买卖的非常害怕。同时，夏侯村做买卖的农户只要生意还可以，一般不会前往外村集会摆摊做买卖，因为在本村做买卖不仅更加省事，可以节约交通运输的麻烦，而且不容易被欺负，不用缴纳摊位费。其四，吵架和打架。1949年前村庄集会市场内部秩序的形成主要依靠做买卖的与做买卖的之间、做买卖的与顾客之间、本村做买卖的与外村做买卖的之间不断争吵、不断妥协、不断打架。无论是商家与商家抢位置、抢生意，还是商家出售假冒伪劣产品、顾客捣乱、本村人欺负外村人，主要的解决手段都是吵架或打架。在吵架过程中，厉害的顾客或商家会怎么说怎么有理，那些比较老实本分的人一般都吵不过，在"声势上都处于弱势"，围观群众通常认为"谁吃喝得响谁有理""谁哭得冤谁吃亏"。吵架吵不过对方会有三种结果，一种是妥协退让，另一种是回村找帮手，第三种情况是直接动手开打。打架是传统时期夏侯村内部和夏侯村人与外村人之间处理矛盾的最终手段。较为厉害或会武术的人一般人惹不起，最终就会"他说怎样就怎样"。打架讲究人势，即人多势众。村民常说"好狗咬不出村""强龙不压地头蛇"，意为即使功夫再高，到了别的村庄也得忍着，否则"打一个人可以，但是总打不过一个村子的人"。当本村人与外村人发生冲突时，本村人一般会"向着"（帮助）本村人，无论本村人是否占理，因为村民认为"事情都是咋说咋有理"。在夏侯村流传着本村一名武术高手面对黄河摆渡人的敲诈而奋起反抗，最终成功维护个人利益的传奇故事。

> 清末时期，夏侯村一孙姓村民，村民记不清楚具体叫什么名字，只记得其小名叫"武牛儿"，自幼习武，练就一身武艺。武牛儿家里很穷，其父亲需要经常渡过黄河到开封倒卖鸡蛋、粮食、蔬菜等产品来维持生活。彼时黄河上没有桥，只能通过摆渡人撑船过河，摆渡人收取一定的过河费。摆渡人不守信用，经常在岸边谈好一个过河价格，到黄河中间之后又要临时加价，否则就不划船，或者以弃船逃跑相威胁，把需要过河的人留在河中间。大多数过河的人都会接受摆渡人的勒索。有一次，武牛儿和父亲一起去开封渡河，碰到这样的情况，武牛儿非常生气，抓住摆渡人的胳膊，只一招，就把其胳膊卸掉了，并且威胁摆渡人："你要不把我们送过去，你这胳膊就废了。"摆渡人惊慌失措，赶紧求饶，乖乖地把武牛儿父子送过了黄河。

（二）县城商铺治理

相对于夏侯村附近以流动摊贩为主的市场模式，县城之内大多是以固定店铺和摊位为主的市场经营。固定店铺或固定摊位的治理同村庄集会有着很多不同。

其一，政府统一管理。据《封丘县志》记载：清末，县城工商管理由钱粮房下设的商务会负责。中华民国十五年（1926年），由国民政府财政科统一管理。中华民国二十六年（1937年）前，县城有商业行户159家，从业人数928人，多为坐贾，经营花布、杂货、肉类、盐、粮棉、中草药、饮食、铁货、估衣、理发、浴池、典当、照相等。政府对商铺统一登记、统一管理、统一征收赋税。其二，官商勾结，讲究背景。据村中老人回忆，不是谁想在县城做生意就能做生意的。摆摊卖个菜没有人管那么多，但是想要开挣钱的店铺，一般人开不了，因为政府经常去找麻烦。尤其是非常挣钱的生意，一般人无论挣多少，都往往被各式各样的官员吃拿卡要走了。只有那些有背景的商人才能从事挣钱的行业。一般是家里有人做官，或者有亲戚做官的家庭才敢开店铺。中华民国中后期，县城里大部分店铺都是山西人开的。山西人有钱，会做生意，本地人不行。因为本地人名声没有山西人响亮，而且山西商会非常团结，本地没有商会，都是单家独户，不成气候。

二、行户治理

所谓"行户"是指在各个生意领域中掌握核心技术的人，村民认为是"有手艺、懂技术、有水平"的人。每个村庄在不同领域有一两个行户，不同村庄的行户互相交流，会形成不同的行户组织。据村民描述："各行各业都有自己的行户，木匠有，铁匠有，泥瓦匠有，相牲口的有，盖房的也有。但是必须有一定的名号（影响力），且有一定水平，外村的行户或行户组织才会来找你。如果水平不行，就加入不了那个组织。"

（一）行户组织的概况

传统时期夏侯村附近的行户组织都没有严格的组织章程、办公地点和领导人，属于松散的民间组织，其具有以下七个特点：其一，以朋友聚会的方式互相交流。其二，大家互相称兄道弟，信奉江湖道义，但是没有硬性的惩罚措施。如果某个行户不守规矩，大家只能孤立、排挤，但不能直接打击或罚款。其三，行户组织没有明确的称号，也不会对外举行集体活动。外人一般不知道有这样的组织在，只有内部人才知道。其四，行户组织中一般有一个"老大"，这个人一定是这个组织中手艺较好（不一定是最好）、德高望重、大家都佩服的人。"老大"有地位、有面子，但是一般是愿意吃亏的人：聚会一般在"老大"家中，"老大"要管饭；一旦成员发生矛盾，"老大"要调解，且往往是"出力不讨好"。其五，行户组织的成员在聚会的时候互相切磋技术，交流心得，可以共同提高技艺和水平。其六，行户组织一般是跨村组织。同村的同行不是亲戚，就是街坊邻居，经常见面，不用搞行户组织这一套。其七，行户组织一旦没有人牵头联络，就会解散。

（二）行户组织的治理方式

传统时期村民所了解的行户虽然被认为"没有多大用处"，但是对手艺人仍然有一定的约束作用，具体体现在以下三个方面：其一，聚势。有组织的行户不容易受欺负，因人多而势众。例如，若碰到霸道的买家或不讲道理的雇主，可以向同组织的行户讲述，使其找不到工人帮其干活。这是传统时期行户组织对成员的内在约束，使其因好处而不愿脱离组织。其二，孤立和排挤。传统时期夏侯村手艺人的生意好不好做，关键靠口碑。如果某个行户不守规矩，不考虑别的同行，就可能受到组织内其他成员的诋毁和诽谤。一旦撕破脸，不仅会受到同行的排挤和诋毁，甚至可能受到同行的围攻。其三，立规矩。不同的行户组织有着不同的规矩，都是行户们在一起互相商量所定下来的"讲究"。其直接目的在于化解矛盾、划定范围，最终目的是为了大家共同发财。例如，相牲口的行户规定：同一单生意最多有两个行户参与；商量价格不能直接吆喝，必须"打暗码"（用毛巾掩盖后打手势商量价钱）；在买卖成交之后，其他行户不能指手画脚、评论是非等。

三、手艺人的规矩

传统时期无论是摆摊吆喝、走街串巷还是开设店铺，手艺人都有着相应的行业规矩。其规矩纷繁复杂，但是都有一定的内部性和区域性，只有在同一范围内的同行之间才互相了解、互相遵守，外行或外村、外地的同行一般不了解。只有守规矩的才能在本地区顺利做生意，不守规矩的手艺人被认为是断人财路、欺师灭祖等，会受到同行的打压和排挤，致使其不能顺利做买卖。外地的手艺人，在遵守外地同行规矩的同时，也要遵守本地的规矩。如果外地的规矩与本地的规矩发生冲突，要以本地规矩为准，否则也无法在本地顺利经营。本部分将从以下几个行业考察传统时期夏侯村手艺人的规矩。

（一）石匠的规矩

由于较为贫困，传统时期村民所交往的石匠主要以锻磨的为主，较少与凿碑刻字的石匠打交道。由于石器厚重，难以运输，锻磨的石匠一般是进村锻磨。石匠中有着这样的规矩：其一，有同行在村工作，其他同行不再进入。如果已经有石匠在某个村庄内工作，其他石匠就不会再进村抢生意，必须等这个石匠离开村庄之后再进村。其二，片区划分。由于封丘县没有石料，本地的石匠非常少，以外地的石匠为主，其中最多的是北边100里左右的鹤壁浚县的石匠。浚县的石匠进村一般是团体进村，很少有单个石匠进村的。据村民回忆："那时候（1949年前）来咱们村的石匠都是那几个人，都是一个地方的（浚县的）。他们都是很多人一起来。来到咱县之后，都提前分好了，比如说你去这几个村，我去那几个村，一般都不会乱跑。如果某个地方生意好，就会多去几个人。他们都会提前商量好。"其三，搭伙工作。传统时期锻磨至少需要两个人，所以石匠进村一般都是两个人一起来的。一般情况下是一个年龄稍微大一点的师傅带着一个较为年轻的徒弟，也有两个年龄差不多的亲兄弟、朋友组团工作的。如果是师傅带徒弟，一般是师傅拿工钱，随后分给徒弟一些，也可以不分给徒弟，都是师傅决定。如果是兄弟或朋友搭伙工作，工钱一人一半。

（二）木匠的规矩

传统时期夏侯村有两个木匠，一个叫孙顺，一个姓杨。木匠属于传统时期的高收入行业，技术含量比较高，一般人做不来。夏侯村的木匠属于水平一般的木匠，不是有名的木匠。这意味着不是在某一物品或农具的制作上水平非常高，而是通过什么都干的方式获取家庭收入，例如孙顺既是木匠，又是泥瓦匠、漆匠，同时还会盖房、烧窑。在木匠之中有着以下不成文的规矩：其一，技术不外传。传统时期木匠一般不收徒弟，收到"活儿"（任务）之后都是关起门来自己琢磨，东西做好之后，或拿给主家，或拿到集会上出售，外人一般看不到木匠"做活儿"的过程。其技术一般只传给家中男孩子，如果男孩子不愿意学，或者没有天赋，也不会传给外人，更不会传给女儿。其二，照顾本村人。传统时期夏侯村的木匠对本村村民收费要比对外村村民收费低很多。如果左邻右舍、街坊邻居让其帮忙做个凳子桌子，经常不收取任何费用，但是如果主家没有提供木料，就要收取一定的成本费。如果制作立柜、床、大农具等较为复杂的物品，对本村人的收费一般只是对外收费的一半，否则就会被同村人骂。

（三）铁匠的规矩

传统时期夏侯村内没有铁匠，铁匠全部为外村人。村民制作铁器有两种方式。一种是等待铁匠进村时，请其帮忙制作物品。另一种方式是村民慕名前往，专门到某地寻找较为有名的铁匠制作顺手的农具或工具，比如村民如果制作一把好菜刀，一般会到夏侯村东南7里左右的冯村找"杨氏菜刀"的传人来制作。

铁匠之中有着以下不成文的规矩：其一，拜师学艺。传统时期铁匠有一定的技术专利，一般人做不来。如果想成为一名铁匠，必须找一名师傅来教授知识。收徒弟没有数量限制。一般情况下，有名的铁匠有很多徒弟。由于有名的铁匠选择较多，其对徒弟要求非常苛刻，且不会随意收徒。找不到有名的铁匠做师傅，只能找一些水平相对较低的铁匠做师傅。拜师要徒弟的父母亲自带上礼物带孩子过去，且不能直接登门，还要找到与铁匠师傅有一定亲属关系的中间人传话，得到师傅同意之后才能登门拜访。徒弟对师傅三叩九拜端水敬茶之后即为礼成。在学艺的前三年，师傅不给徒弟任何报酬，只管徒弟吃饭，徒弟处于做义工的阶段。此后师傅和徒弟做工获取收入之后，师傅会给徒弟一些报酬,但是数量不一定,"有的师傅给得多,有的师傅给得少,给多给少全看师傅的心意",徒弟不能有怨言。师傅认为徒弟达到出师的水平之后才会放徒弟走。徒弟如果不能忍受师傅的盘剥,也可以自行离开,但是一旦自行离开,就与师傅恩断义绝不再交往了。学艺期间,徒弟必须对师傅言听计从,徒弟的父母还要在逢年过节时带上礼物去拜访师傅。

其二,干活期间不说话。村民认为,"木匠是偷偷哄人,铁匠是明着哄人"。木匠做工是不让别人看到,以避免技术被偷学。铁匠则是在露天场所(一般为村庄十字路口或其他空旷地方)做工,为了避免其他村民学会打铁的奥秘,在干活期间,师徒二人不说话,而是采取打哑语、打手势的方式来交流。据村民孙占秀回忆:"我小的时候非常喜欢看铁匠打铁。铁匠出来都是最少两个人,一个人指挥,一个人打。一般都是师傅指挥,徒弟烧火、抡锤。师傅拿一个小锤子,在烧红的铁器上边指指点点,轻重不一地敲击。师傅敲哪里,徒弟就打哪里;师傅敲几下,徒弟就敲几下;师傅敲得轻,徒弟就打得轻;师傅敲得重,徒弟就砸得重一些。师傅一会儿指这里,一会儿指那里,旁人无法摸清其具体用意。"

其三,不打小件物品。传统时期夏侯村进村打铁的铁匠,一般只打锅碗瓢盆、劳动工具、武器大刀或其他较为大件的物品,不制作针、锥子、顶针等小物品。这些小物品一般是制作首饰的首饰匠或专门制作此类工具的铁匠来制作。因为这些小物品单纯依靠手工打制非常麻烦,且"小东西不值钱",铁匠"不值得浪费功夫"。村民如果需要此类小铁器,一般都是到集会上或从挑货郎处购买。

## 第七节 夏侯村治理变迁

1949年中华人民共和国成立以后,夏侯村经历了土地改革、集体化和包产到户三个时期。与传统时期相比,夏侯村的村庄治理发生了根本性的变化。

一、1949年以前的村庄治理

在1949年以前的传统时期,政权治理、土匪治理、家庭治理、亲族治理、信缘治理和业缘治理共同建构了夏侯村的村庄治理内容。总体上看,有以下四个特征:

其一,政权统而不治。在1949年前相当长的一段时间内(村民可追忆的历史时期之内),国家政权都是处于"除了要钱要粮,什么都不管"的状态。无论是村庄与村庄发生冲突还是村庄内部发生冲突,只要没有人报告官府,就没有专门的工作人员前来处理。在很多时候,即使报官,也没有人前来处理。

其二，土匪的侵扰。据村民回忆："那时候（指1949年前），土匪想杀谁就杀谁，没有人敢反抗。听说过有的村反抗了，但是全村都被土匪一把火烧了。"土匪有枪有炮，普通农户根本没有能力与之抗衡，只能听之任之。不过村民认为，土匪也有好有坏，好土匪一般只求财，给点钱粮就平安了，坏土匪才乱杀人；一般情况下，只要不惹土匪，不会乱杀人。

其三，官匪勾结。据《封丘县志》记载，曾经统治夏侯村的高子白、李二天、胡三罗锅、刘凤桐等大土匪都曾任职于国民党军队，被村民认为都是政府的人。此外，由于国民党的招抚政策，很多规模较大的土匪都被国民党军队正式收编，并获得番号和枪支，由土匪正式变身为国家军队。夏侯村普通农户根本没有能力分清什么人是土匪，什么人是军队，认为："什么军队土匪啊，都是一拨人，就是军队有个旗号，土匪没有。后来土匪也聪明了，也都自封个官职，谁敢多问啊，人家有枪你就得听话。"

其四，村庄共同权威缺失，家庭内部治理为主。村民认为，"保长只管收钱、收粮食、抓丁、抓兵，其他的啥都不管。没有族长，户家也没有什么用，都是各家顾各家"。但夏侯村的家庭内部治理并不是"各家自扫门前雪"式的封闭式治理。由于传统时期夏侯村各家各户都比较贫困，且自然条件恶劣，大多数家庭都不能依靠单家独户而完成所有家庭生产生活活动，各个家庭必须依赖亲戚、邻居以及关系好的街坊的帮助才能够生存，因此夏侯村的家庭内部治理呈现出村庄范围内的外向性，互相帮忙成为常态。每家每户在互相不干涉家务事的同时，存在广泛的生产协作和礼俗交往，并有着家庭关系扩大化或亲属关系扩大化的情况，村民将其描述为："由于交往多，全村人都能攀得上关系，都沾亲带故。"

二、土地改革时期的村庄治理

土改运动的进行使夏侯村发生了翻天覆地的变化，村庄治理被纳入国家治理的正式轨道中来，并集中表现为两个方面。

其一，土匪势力被肃清。早在1947年6月进行的第一次土地改革运动中就出现了农民积极分子，在村庄农会的帮助下，组建民兵组织，当时称为"保田队"。但是由于后期八路军战略撤离，地主返乡团（或还乡团）联合国民党残余部队进行回击，对一批农会、保田队领导人进行打击报复，民兵组织解体。进入1949年，重新组建民兵组织，各个村庄建立民兵队，几个相邻的村庄建立民兵联防组织，民兵队长的选举和执勤采用轮流传签制，有效打击了反动残余势力，保卫了土地改革的成果，维护了社会治安，巩固了人民政权。据《封丘县志》记载：

1948年8月，国民党封丘县保安团七八百人，在县城一带抢粮、抓丁，残害广大群众。中共冀鲁豫军区命令七四纵队四二旅于八月六日，从滑县出发，配合四分区部队奇袭封丘县城。七日，四二旅行军中遇到滂沱大雨，洪水冲坏道路和桥梁，但仍坚持一天一夜行军75公里。赶到封丘县城时，敌保安大队两千余人闻风而逃，一举收复封丘县城。

其二，建立人民政权。据《封丘县志》记载，1950年1月，民主建政试点工作在辛庄、康寨等村庄开始，每300到500多户建一个行政村，设村长、民政、财政、文教、武装、生产委员各一人，全县共建立9个区、95个乡、152个行政村。据村民回忆，"土改一结束，就开始选新的村长、农会委员、民兵队长等村干部了。那时候的选举都是在工作队的帮助下，工作队指定几个人，然后村民开始选。就是在每个人背后放一个碗，村民一个人拿一个豆子，往里边扔。"孙占秀老人回忆说："俺爹也参与选举了。俺家非常穷嘛，就2亩地，让俺爹选村长。但是俺爹不愿意当村长，就偷偷让我捣乱，一看到他背后碗里的豆子多了，我就偷偷拿出来一把，结果也就没有选上。"

### 三、集体化时期的村庄治理

土地改革运动之后经过一系列社会主义改造过程，村庄政权组织由农业生产互助组到初级农业生产合作社，又到高级农业生产合作社。到1958年，实行人民公社制度，此时的夏侯村隶属于冯村人民公社夏侯生产大队。全村分为7个生产队，各生产队队长由村委商议决定，事实上基本由老村长向上级提名，随后上级公社研究决定干部选用。老村长由上级党委任命，村中大小事务一般都由老村长决定。

### 四、包产到户后的村庄治理

20世纪80年代以后，"一大二公"的人民公社体制解体，转变为"大包干"体制，后又转变为家庭联产承包责任制。所谓的"大包干"体制就是将土地按人头或劳动力比例分包到户，将牲畜、农具、机器作价之后分配到人到户，由社员按照集体生产计划自主经营，每年分秋、麦两季向国家缴纳农业税，出售余粮，上交集体提留，剩余归农户自己支配。

包产到户之后，夏侯村农户生产积极性提高，伴随而来的是村庄政治参与的活跃。尤其是村民自治之后，村支书和村主任3年一届，至多连任2届，村民选举热情高涨，村委班子成员更换频繁，并出现年轻化趋势（具体情况如表6-4所示）。

表6-4　1987年以后夏侯村党支部书记和村主任任职情况

| 时　间 | 村党支部书记 | 村民委员会主任 |
|---|---|---|
| 1987—1993 | 李现平 | 孙占炳 |
| 1993—1999 | 康铭复 | 杨凯 |
| 1999—2005 | 康粥 | 孙铜印 |
| 2005—2011 | 杨凯 | 康粥 |
| 2011—2014 | 杨裴 | ＊ |
| 2014至今 | 杨杰 | ＊ |

＊候选人票数均未过半，空缺。
资料来源：2016年10月至2017年1月的田野调查。

## 第八节　夏侯村治理实态

1987年之后，夏侯村进入村民自治时期，村委会成为夏侯村村庄治理主体。随着市场经济的深入发展，夏侯村大多数村民将主要精力放在外出务工、经商等相对能够获取更多收入的事业上，精英人才大量外流，村庄治理出现"空心化"的情况，村庄主要事务也由生产转向养老、扶贫和调解。本部分将从选举与村治、人才外流与村治困境两个方面考察当下的夏侯村治理实态。

一、选举与村治

截至2016年底，夏侯村共有村民1600余人，党员47人。村党支部选举实行"两推一选"的方式。村民委员会的选举以"全体村民选举"的方式进行海选，原则上允许任何有法定资格的村民参与村民委员会主任的选举之中，事实上也是如此。

村民委员会的选举流程包括确定候选人，向村民发放选票，候选人公开竞选，群众投票，当众唱票，宣布结果等六个流程。

二、人才外流与村治困境

随着市场经济的发展，大多数村民面对村庄自然资源贫乏、致富希望渺茫的现实纷纷选择离开村庄，前往县城或其他城市发展，并以"货币收入最大化"为现实追求，最终出现村中只剩下老弱病残的情况，村治陷入困境，具体有以下表现：

其一，信任危机，选举失败。由于村庄贫困、村集体资源缺失、村干部能力不足等一系列客观情况，村民与村两委成员之间矛盾颇多，最终发展成为互相猜忌、互不信任的关系。村民认为"谁当村主任都是那个样子，对我没有任何影响"，因此参与选举的热情降低。而村干部认为"当村主任手里一点资源都没有，啥都弄不成，有可能出力不讨好,还耽误挣钱",也都不想干。由此出现了自2011年至今村民委员会主任的选举中三次选举均未有候选人票数过半的情况,并因而导致选举失败。

其二,穷乡僻壤,人才外流。夏侯村一直以来就是以务农为主的村庄,穷困是村庄历史的主旋律。在改革开放的今天,没有资源、缺乏教育、单靠务农、地理位置等一系列原因使得夏侯村依然难以摆脱贫困村的帽子和现实。村中少数发家致富的农户,无一例外都是走出村庄之后才找到了新的机遇。富人的示范效应和贫困的现实使得夏侯村中几乎所有的年轻人都以外出务工、走出家乡为发展目标,因此出现村庄留不住年轻人,更留不住人才的情况。由于资金的缺乏,作为村庄政治标识的村委会大楼是村中最为破败的危楼,不仅没有村庄

图6-1 夏侯村村民委员会大楼

文档,更是一台计算机都没有,足以见证村庄治理的失败(如图6-1所示)。

其三,没有分工、闲人治村。如今的夏侯村除村党支部书记杨杰开办了一家汽车修理厂之外,其余村党委委员、村委委员都是以务农为主的闲人。除村会计、民事调解委员、治保主任之外,其他村两委成员没有一个人有明确的工作范围和工作内容,村书记杨杰认为:"一说都是啥都管,但是事实上啥都管不了,叫干啥干啥。"具体情况可参见表6-5。

表6-5 2016年夏侯村村两委工作人员及其职能

| 姓 名 | 职 务 | 生活来源 |
| --- | --- | --- |
| 杨杰 | 村党支部书记、村民委员会主任 | 在冯村乡开办一家汽车修理厂 |
| 闫长生 | 会计 | 务农 |
| 康力 | 村党委委员 | 务农、务工 |
| 杨国胜 | 村党委委员 | 务农、装修、卖化肥 |
| 康兴 | 民事调解员 | 务农 |
| 杨勇 | 治保主任 | 务农 |

# 附录一

# 夏侯村调查小记

　　黄河区域村庄调查是华中师范大学中国农村研究院在全国范围内展开的七大区域调查中的第三站，也是关键一站。黄河自古以来就是中华民族的母亲河，然而在传统时期普通农户如何在黄河边绵延生存却始终没有被详细记载，以一个村庄为单位的研究更是少之又少。笔者的故乡就在黄河边，虽然对此无比熟悉，但是却很难总结出黄河边村庄和村民的详细特点，尤其是融进黄河岸边村民血脉和基因中的烙印，虽然大致明了，但却难以名状。笔者在此真心感谢我们的学院能够给我这样一次机会，让笔者能够有机会重新深挖故乡的历史，抢救故乡的文化，并且能够带上一定的学术理想，可能形成一定的学术成果。笔者对此深感幸运。

　　一、轻车熟路，顺利进村

　　黄河岸边的村庄很多都以"庄""寨"和"堡"来命名，这不仅是因为一种历史绵延之习惯，更是由于在平原地区没有天险的阻碍，百里之内一马平川，普通农户根本不能够抵御外来者的侵扰，甚至不能抵御大风的侵袭，而只能集中居住，在居住区人为建设寨墙、土堡以抵御自然和人类的入侵。也有很多村庄甚至本身就是以兵寨的形式出现：战士拿起农具进行农业生产，戍边屯田；随着朝代的更迭，许多士兵再也没有走向战场，而是永久地成为普通农户。村庄的性质发生变化，但是村庄的名字却延续了下来。防御是很多黄河岸边村庄的首要任务，因此也就产生了"内部凝聚、外部排斥"的欺生人、惧生人、防生人的传统。对于作为"本地人"的调研员来讲，进村是轻车熟路的事情，很多调研员根本就不需要通过官方途径，只需要利用自己的亲朋关系即可入场；但是如果前来调查的调研员是"生人"，进村就是不可能的事情，入户更是异想天开。在此要感谢学院领导"非河南籍调研员全部撤出河南"的合理安排，调查方能够顺利开展。

笔者调研的村庄是河南省封丘县冯村乡夏侯村。笔者的父亲和母亲都是封丘县人，在此有着深厚的人情基础，来此调研可谓轻车熟路。"熟路"到何种程度从笔者到封丘县民政局老龄办对接一事即可看出：母亲一听说封丘县老龄办负责人孙国鹏副局长的姓名，即知道其是我二姨的同学，也是我母亲的校友，私交也非常不错，无须多言，除公务安排之外自然添加了私人感情的因素，对接甚是顺利，协助也甚为有力。在此再次感谢封丘县民政局的大力协助。

封丘县自古以来就以小麦为主要粮食作物（当然要排除紧靠黄河边一些种植水稻的村庄），并且在改革开放发展市场经济以来，封丘县大部分村庄仍然坚持务农，虽然有一部分是国家打造中原粮仓的政策需要，但是更多的是本地村民自愿的选择。封丘县大部分村民"务农才是务本"，然而"务本却不能致富"的残酷现实使得传统与市场发生了剧烈冲突，全国贫困县的帽子也一直没有被务农为主的封丘人民所摘掉。传统麦作的延续和平原地区的自然地理形态决定了封丘县一定是黄河流域平原农耕型村庄的典型代表。带着徐勇老师提出的黄河村庄"旱""大""聚""合""稳"的底色预设和选村要求，笔者坚决选择封丘县作为此次调研的首选县域。但是面对一个个极为相似、外观面貌都符合选村标准的"理想研究对象"，笔者却有一种"乱花渐欲迷人眼"的感觉。村庄与村庄极为相似，在无论村庄面貌、生产习惯、生活习俗，还是经济市场和风俗文化都非常接近的情况下，笔者曾一度认为选哪个村庄调查都可以顺利完成任务。但是在真正选择一个村庄进行深入调查时，却发现很多村庄或者由于1949年以前被土匪占据、发生了严重的饥荒和瘟疫、成为战区而失去了记忆，或者只能展现出非常有限的社会关系，远远不能满足调查的需要。封丘县民政局的同志们也因为笔者一次次推翻选择对象而非常烦躁。但是经过前两次华南地区宗族型村庄调查和长江流域村庄调查，笔者深知选村的重要性：如果没有合适的研究对象，即使村中老人再多，所得知的信息再详细，也难以满足全部研究需要。经过一系列考察，最终决定在赤贫的封丘县选择了一个相对富裕的村庄夏侯村作为本次调查对象，因为只有村庄较为富裕时才能形成市场，才能够有雇工、租佃、乡村集会等一系列因市场和经济所产生的特殊关系。

二、关系所至，不计得失

传统时期的夏侯村由于逃荒、匪患、做壮丁、做买卖等原因，村民关系并未局限于村庄之内，而延展至村庄之外。以笔者的主要访谈对象孙占秀老人为例，其虽是夏侯村人，但是由于求学、工作等原因已经在郑州市工作了20余年，如今也不在夏侯村居住，而是居住在封丘县城的敬老院中。老人做过教师，记忆力惊人，并在2014—2015年期间负责编写了夏侯村孙氏族谱，其对夏侯村历史的了解全面而翔实。然而对于要求驻村调研的我们来讲，对这样的老人进行访谈，交通和住宿这些客观原因就会成为阻碍。面对这样的情况，调研员必须抱着刨根问底的态度和坚韧的精神来克服困难，不能产生畏难情绪。明知有合适访谈对象，却因为客观原因而放弃，这对我们的调查是一种严重的损失。笔者为了完成对孙占秀老人的访谈，在调研经费非常有限的情况下在县城寻找小酒店和小宾馆住宿15天以上，为了节约经费只能寻找最便宜的小宾馆。过程虽然辛苦，但是收获却是颇丰。

在笔者访谈至"村庄治理"部分时，村中所有80岁以上老人都对势力强大的土匪有着深刻的记忆，并且一致认为土匪无论对村庄治理、村民生产生活还是对国家治理安排都有着重要影响。虽然村民知道土匪的传闻和大本营所在地，但是由于村中没有人做过土匪，很难了解土匪在实际过程中如何运行、如何治理，调研员就必须前往土匪的大本营，寻找曾经做过土匪，或者给土匪做过工的农户进行访谈。笔者就曾经前往大土匪刘凤桐、张继坤所在的山庄村和赵彩村进行访谈，困难同样很多，收获同样很大。在村庄调查过程中，村民生产生活的关系扩展到何处，调研员就要尽量前往何处。研究对象虽然是村庄，但是却不能局限于村庄之内，必须不怕困难、不计得失，才能更好地完成村庄调查。

三、见贤思齐，终有所得

村庄调查过程中需要韧性，将调查成果转换成文字需要勤奋，但是如果将散乱的文字资料转换为具有学术价值的调查报告，就需要勤奋加韧性，必须在坚持自我的同时还能够开眼看人、见贤思齐，才能够实现研究目标，贡献学术成果。在调查过程中要见贤思齐，有很多女同学比我更优秀，能够吃更多的苦，并且能够和坐拥天时、地利、人和的我一同完成任务，甚至进度更快，着实为人钦佩。在讨论总结的过程中要见贤思齐，很多同学能够讲述更为丰富和翔实的调查细节，使我认识到自己调查过程中方法的不足和思维的短板，进而亡羊补牢，及时通过电话和其他方式的回访获得有用的信息。在撰写报告的过程中更要见贤思齐，面对各级同学的优秀作品一定要认真研读，借鉴其分类分层的描述方法，并且要虚心接受批评，敢于承认不足，善于弥补不足。

调查之后，需要感谢的人太多太多，请原谅笔者不在此一一列举。调查结束之后，也有很多人不理解，发出很多质疑。或许只有那些深入调查的调研员才能够理解村庄调查之不易，误解之伤痛，以及文字之真切。笔者相信我们的努力终究会为人所认同，受人所尊敬，因为这样的调查可能真的是独一无二的，也可能真的是不可复制的。

# 附录二

## 夏侯村调查日记（节选）

自 2016 年 9 月 14 日中国农村研究院召开长江流域调查总结会和黄河流域调查启动仪式，我就被邓老师委以重任，担任河南省调查联络员。经过与河南省民政厅老龄办以及各地市老龄办长达 20 天左右的沟通，终于可以确保所有调研员都能顺利下村展开调查。从我于 2016 年 9 月 27 日第一次到达封丘县至 2017 年 1 月初离开封丘，调查时间虽有间隔，但是总体入村时间在 70 天以上。我根据调查的进程撰写了《夏侯村调查日记》，基本按照调查时间顺序记录了入村准备、调查经历、材料收集、调查感受和在调查中个人所收获的心得体会。

2016 年 9 月 19 日　星期一　晴

黄河流域村庄调查启动仪式举行之后，自己被委以重任，充当河南省联络员。要保证在河南省调查的 19 名调研员顺利入村，深感责任重大，在学校进行简单的材料领取和材料准备之后，就赶紧返回家乡与河南省民政厅老龄办联络。通电之后，对方表示在全国老龄办的官网上确实于 9 月 7 日下发了关于协助展开"全国农村老年人养老现状调查"的通知，但是河南省民政厅老龄办却是没有收到相关正式文件，对方表示只能在收到文件之后才能展开工作。这就麻烦了，由于学院时间紧迫，邓老师要求务必保证所有调研员于 10 月 1 日之前全部下村，但是文件能不能到呢？心想不能坐等文件啊，必须主动出击。

学院虽然有正式的"红头文件",但是让我一个学生拿着送到河南省民政厅老龄办肯定是不正式的,老龄办也肯定不会协助我们开展工作。幸好我的母亲是一名公务员,有着丰富的工作经验,母亲让我问一问有没有在济源民政局工作的同学,然后让济源民政局老龄办跟省厅打个招呼表示同意协助入村调查就可以了。我一想,正好我发小的父亲在民政局工作,便急忙联系发小,让他安排一次见面。

2016年9月20日　星期二　晴

见到发小的父亲后,向其说明情况,发小的父亲表示可以提供帮助。随后发小的父亲将济源老龄办的王主任叫了过来,让其帮忙联系省厅。正好,省老龄办的张处和王主任是半个老乡,张处表示要向有关领导汇报这个情况之后,才能确定能否协助我们入村调查。有体制内的人帮忙果然效率提高很多,省民政厅人回话,表示可以提前让我们展开工作,但是要让我亲自去一趟省厅,跟有关领导汇报情况。我非常高兴,心中一块大石头终于落地了。

2016年9月21日　星期三　晴

大早上坐上第一班去郑州的车,刚刚9点就到达省民政厅大楼,登记、问清办公地址后直接进入了省老龄办办公室,张处长和贺大哥都在工作,我表明自己身份后受到了热情的接待,但是等了一个小时,领导一直没来。最后贺大哥给领导再次打了个电话,领导表示临时有紧急任务,今天就不来办公室了,并让贺大哥帮我落实有关工作。我提出要求说,希望河南省老龄办能够开具一份"红头文件",表示同意协助各地市调研员下村调查,请各地老龄办配合即可。但是贺大哥表示此项工作难度很大,开具"红头文件"需要厅长盖章,程序非常复杂。贺大哥建议由省老龄办出面给各地市老龄办发电话通知即可。我说:"只要能让我们的同学和老师顺利进村调查就行,不给地方添任何麻烦。"随后,贺大哥给我们要调查的市县老龄办主任一一打电话通知,等通知完毕后,贺大哥又留下了个人的电话,表示:"你把我的电话告诉你们所有同学和老师,有问题了让他们联系我就行。"我被贺大哥的直爽所感动,不愧是光荣的转业军人,办事雷厉风行。告别贺大哥和张处长之后,终于可以踏实地向邓老师汇报了。

2016年9月26日　星期一　中雨

我目前虽然居住于河南济源,但祖籍是河南封丘。选择在河南封丘调研是因为封丘实在是太典型的黄河中下游冲积平原的村庄了。我在五岁之前都在这里生活,在爷爷奶奶还在世的时候每年春节都会回老家，从未间断，对封丘的一草一木是那么的熟悉和亲切，并且通过向奶奶和父母了解得知封丘历史文化底蕴深厚，是北宋开国皇帝赵匡胤黄袍加身的地方。我选定在此调查，绝对不仅仅是因为对家乡的熟悉和本土资源优势，着实是因为封丘这个地方能够代表黄河边典型的农耕村庄，此外，封丘至今依然是国家级贫困县，农业耕种形态依然保存完好。因此经过五天时间的思考和考证，决定将调研地点选在河南封丘。

在家乡调研的优势立刻得到显现，尤其是交通方面。早上起床之后，收拾行李，准备去新乡市老龄办找胡解冰主任对接，让其帮忙联系封丘县民政局。昨晚给胡主任发送了信息，表明了事由，但是并没有得到回复，因此准备直接到新乡市民政局当面进行对接。谁知在开车的路途中接到了胡主任的回复，对方得知我是河南封丘人后，表示热烈欢迎并全力配合我的工作，询问调查组有多少人，我说就我一个人，看来胡主任把我们想象成了走马观花的访问团。当胡主任进一步了解了我们的工作流程和办法之后，表示他不能陪我这么长时间，我说我们都是自己驻村调查，一切费用自理，不给地方组织添麻烦。开车刚抵达新乡，准备先去探望一下我亲爱的二姨，安顿好今晚住的地方之后再去民政局对接，谁知道胡主任又打来电话说："孙博士啊，你直接去封丘吧，不用来回跑了，你的事情我已经安排好了，直接去封丘县民政局找孙局长对接就行。"幸福来得太突然，没有见面事情就解决了。准备在二姨家聊聊天，明天一早就赶去我的老家——封丘。

2016年9月27日　星期二　阴/小雨

早上起床告别二姨和姨夫驱车出发，不到10点就来到了封丘县城。通过昨晚与二姨的聊天得知封丘县民政局的孙国鹏局长竟然是我二姨的同班同学，并且属于关系非常好、经常联系的闺蜜。这就厉害了，得知我的行程之后，我二姨直接就给孙局长打电话说："我外甥要去封丘调研了，你可得配合啊。"我这心里顿时就有谱了，心想："在家乡调研果然不一样，根本就不需要官方的批准，完全依托家庭和家族的关系即可顺利入村调研。"到达封丘民政局门口后，直接进入，孙局长早就坐在办公室等我了，一见面就表示："工作的事放一放，中午安排你喝酒。"在河南大家都知道封丘的酒文化是非常厉害的，并且喝酒必须找人

图1　封丘县民政局

陪客，不喝晕不算陪好。我的酒量也就是啤酒一瓶、白酒一两，怎么能禁得住这种阵仗的考验，赶紧用各种方法推辞，但是吃饭是少不了的。中午12点，孙局长叫上了民政局三个副局长、两个科长一起陪我吃饭，说："现在中央八项规定说中午不让喝酒，我们就不喝了，但是我们得给小客人倒酒。"几个长辈轮流给我倒酒，不到半个小时，就彻底晕了。中午找了个地方随便休息了一下，我表示希望孙局长可以下午带着我到封丘史志办、档案馆、文史委之类的地方收集一些县志、地方志和村志之类的资料。但是孙局长下午非常忙，要下乡扶贫，没有时间，就让李艳群主任带我前往这些机关单位寻求帮助。

首先到了史志办，见到程远菊主任，程主任表示，现在没有新的县志，只有1991年版的《封丘县志》，并且县志中记载的事情只到1988年。我说："这正是我所需要的，我们调查的重点就是一个村庄1949年以前的事情。希望能够赠送给我一本，如果不方便，我可以购买一本。"程远菊主任表示："赠送绝对可以，但是现在已经没有多少存本了，你找找看吧，如果能找到就赠送给你一本。"环顾四周，哪里有《封丘县志》的影子。正巧碰到一位老先生正在翻阅一本大书，我就上前看了一看，果然是《封丘县志》，希望老先生能够赠送给我。老先生是史志办的老工作人员，名叫张建华，已经退休了，最近要重修县志，才把这位老先生请来做县志的核对、校准工作。向其汇报完我们的调查任务之后，张先生说："你们的事情更重要，这一本县志你要不嫌旧就拿走吧，我家里还有一本。"向其表示真诚的谢意之后，进行了简单的交流，询问封丘有哪些历史文化名村，最好是有村寨和城墙，并且1949年前的农耕形态保存比较完整的村庄。张先生表示："封丘过去是黄泛区，在民国时期也是主战场，黄河的数次改道和严重的战乱使得封丘的历史遗迹出现了重大损毁，想要找这样的村庄几乎是不可能的。"随后老先生向我推荐了陈桥镇，说是赵匡胤黄袍加身的地方，历史文化底蕴最为深厚。但是通过询问，得知陈桥镇距离黄河太近，其种植作物以水稻为主，并且如果距离黄河太近，一定会受到黄河水灾的影响，村庄历史可能很难追溯和复原，如今黄袍加身处的系马槐等历史景观都是近年新建的。讨论至下午5点，并没有明确的选择，因此决定拿回《封丘县志》和《封丘乡村概览》等资料，晚上研究一下。

图2　笔者与张建华先生合影

2016年9月28日　星期三　晴

早上起床再次来到民政局,希望可以从其他方面获取更多的外围资料。今天孙局长依然要下乡扶贫,仍然由李主任带着我去搜集资料。上午到政协文史委找到了王东明主任,王主任非常热情,知道我是孙局长介绍来搞调研的非常欢迎,拉着我说:"咱们封丘这个地方其实历史文化底蕴非常深厚,但是你看文史委没有成立多少年,整个文史委也就我们两个人,实在是忙不过来,因此编撰的文史资料汇编也没有几本,基本上都是一年才能出一本。"并表示如果我在调研过程中有什么新的发现,写成了文章,希望我可以投稿给文史委,随后赠送了我6本《封丘文史资料汇编》。向其道谢后离开。中午总结了一下,看来从外围搜集村庄资料的计划是行不通了,因为各方资料都很缺乏,整个封丘县竟然只有两本村志,并且都是一些戏曲文化名村,只能从别的方面找突破口。

下午见到了孙局长,工作很辛苦,眼睛都有点红了,嘘寒问暖之后向其询问:"封丘哪个村庄有大地主?"孙局长想了想:"这个我还真不知道,不过有大地主的村是真不多啊,我们村就有一个,好像有500多亩地呢。"我表示非常感兴趣,希望孙局长可以安排我到村庄找一些老人进行试访谈。孙局长说:"你都不用找别人,直接找我的父亲就行,他都80岁了,还整天写族谱写诗呢。"经过进一步的询问发现孙局长的父亲叫孙占秀,竟然是我母亲的高中语文老师,也是我姥爷的同事,现在住在封丘县城北的爱馨敬老院。真是无巧不成书啊,晚上给老先生买一些礼物,明天就去拜访。

2016年9月29日　星期四　晴

早上见到孙占秀老人。见面后,老人非常亲切,表示和我姥爷关系非常好,愿意全力协助我工作,要是我姥爷在世,一定要去见见面、叙叙旧。老人的精神状态非常好,声如洪钟、鹤发童颜,记忆力惊人,曾经在封丘县《毛主席语录》背诵大会上获得一等奖,对毛主席的某些文章竟然可以一字不差地背诵下来。姥爷的敬老院条件确实好,属于酒店式单间,带卫生间,有空调,有暖气,并且旁边就是医院,吃饭住宿一条龙解决,一月1000多元人民币。人也很精神,并且还能写一手好毛笔字。一见面,就致以"老革命家式的握手"(长达3分钟)。占秀姥爷一辈子教书,曾经在郑州十六

图3　笔者与孙占秀老人的合影

中、封丘三中、冯村乡希哲中学、封丘实验中学执教36年以上,有中学高级教师的职称。寒暄过后,向姥爷汇报此次调研的目的。

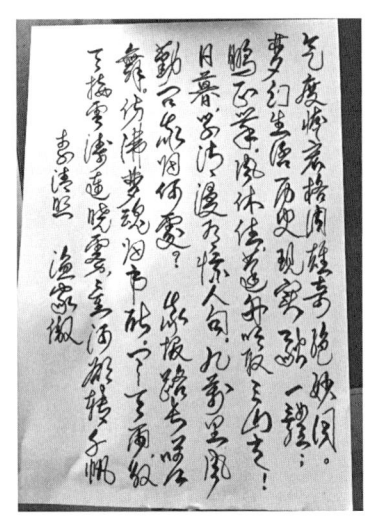

图4 孙占秀老人的书法作品

姥爷说夏侯村绝对符合我们的调研目的,一方面是平原农耕村庄,另一方面历史悠久,村中姓氏也很多,其中孙、杨两大姓氏都是在明洪武年间从山西洪洞大槐树下搬迁至此的,已经有几百年的历史。村庄有寨墙,但是并不是为了防御,而是1949年后大集体时期由附近十几个村庄共同修筑的,目的是为了防洪。村庄租佃关系虽然不明显,但是雇工关系非常丰富;也有大地主孙长祚1人,有550余亩的耕地,其他各类地主7人;最关键的是村中像姥爷一样年龄80岁以上且头脑清晰的老人至少有七八个。按照提纲进行简短的访谈之后,发现姥爷确实厉害,对1949年前的事情记忆十分深刻,不仅对村庄家庭与家庭之间的关系有准确的把握,而且对村庄土改时期的历史、民俗和婚丧嫁娶的流程都有着准确的描述。立刻将老人列为重点访谈对象,准备进行长期深入的访谈——调研员最幸福的事情恐怕就是碰到占秀姥爷这样年龄大、记忆力好、说话客观的明白老人了。

2016年9月30日　星期五　晴

通过昨天对占秀姥爷的试访谈,决定将调研村庄暂定为封丘县冯村乡夏侯村,但是为了进一步确定村庄的现在面貌,决定今天驱车前往夏侯村实地考察一下。向孙局长汇报想法之后,孙局长准备和我一同下村庄。我说:"您工作辛苦,好不容易周末了,就休息休息吧,我一个人去看看就行。等完成对姥爷的访谈之后,需要驻村调研了,再麻烦您给我安排一下。"孙局长表示支持,我就一个人开着车去夏侯村了。

夏侯村的位置非常好找,就在我姥爷家赵庄村的南边3里处,轻车熟路。沿着公路一路向北,心想平原地区很难迷路,不仅一望无际没有任何屏障,而且道路都是正南正北,想走偏都不容易,不像在福建、江西和广东的村庄调研,道路都是蜿蜒曲折,往往需要用指南针

图5 夏侯村村民的麦地

确认方向。田地里的玉米和豆子或者已经收割,或者正在收割;收割较早的农户已经种下了冬小麦,种植较早的农户地里的麦子已经长出了麦苗,虽然低矮但是生机盎然。打开车窗,到处都是泥土的清香,多么美丽的田野景象。

通过一条相对曲折的斜路就到达了夏侯村。村庄和田野的界限如此分明。一排排的民房紧密聚居,虽然修筑了院墙,但是院墙与院墙之间却都紧挨着。虽然院墙越来越高,但是也没有改变农户聚居吃饭的习惯,到达村庄正是上午11点多,有很多年龄较大的老人都端着碗走出家门,坐在村口的建设设施处,边吃饭边晒太阳边聊天。所有人都不认得我,都注视着我,我没有打扰他们吃饭,而是开着车默默地离开,心想以后相处

图6 夏侯村村庄景象

图7 夏侯村破败的民居

的日子长着呢,你们肯定都会记得我这个邻村的老乡。在村中溜达一圈,和小时候各个村庄的样子差别并不大,还是记忆中的村庄,只不过由于地下水位的下降,村中大大小小的坑中都没有了水,有的坑已经填平,建成了房屋,有的农户在坑内种起了庄稼,而有的坑纯粹成为村民丢弃生活垃圾的地方,成为了垃圾场。来到村民委员会大楼前,破败、萧条和贫穷的感觉席卷我的灵魂。真是"永远的封丘"啊,没有自然资源、远离城市,一代又一代农户依然延续着传统的农耕生活,有本事的农户和年轻人都进城了,或务工或经商或求学,扎根之后就再也不回村庄居住了,留下了一座座破败的空院子。但是我知道,一到过年,他们都会开着车回来,因为这里有他们的亲戚,有他们从小生活的记忆。

2016年10月1日 星期六 晴

综合考虑夏侯村的自然形态和村庄明白老人较多的情况,决定就在夏侯村展开调研了。民政局的孙局长也认为:"咱们平原地区的村庄都差不多。你说的那些关系啥的应该也都有一致的地方,就是看老人多不多,我给你查了一下,夏侯村只90岁以上的老人就有七八个呢,虽然说好多是老太太,但是也应该记得过去的事情。同时在我的

老家你做访谈有我父亲的帮助，应该比较好，先试试吧，看看行不行，不行再换。"因此决定今天正式按照访谈提纲开始对姥爷进行深度访谈。

早上9点半如约来到封丘县文化路与封曹路交叉口往南200米的爱馨敬老院，得知孙占秀姥爷喜欢喝酸奶之后，果断带上一箱安慕希酸奶。与第一次来敬老院的被审问不同，看门的大姐已经非常熟悉我了，并且各位老人都在议论我和占秀姥爷的关系，我也笑笑不语，让老人们闲暇的时候有个讨论的对象吧。9：26，如约来到占秀姥爷的401住处，姥爷刚刚做完电磁理疗（最近腿不舒服），正在收拾桌子，等我。

简单的寒暄后，直接进入访谈。由于占秀姥爷编写过夏侯村孙氏族谱，对村中人物及关系十分熟悉，就打算先不从访谈专题提纲入手，而是从人物入手，将1949年前夏侯村孙氏家族的成员一个一个搞清楚。随后发现，这个工作量异乎寻常的大。因为老人对村里人太熟悉了，每一个家庭成员发生了什么变故、娶的媳妇是哪里的、和邻居关系如何等等都十分熟悉，每个家庭的每个家庭成员，老人家都会简单介绍，这一介绍就复杂了，涉及人物在不断增加，访谈了一上午（2小时30分钟），仅搞完10户左右的家庭。进度虽然慢，但老人的记忆却是太清晰了，十分佩服。老人也感到了进度比较慢，于是约定下午早一点开始，暂定1时30分。我担心老人的健康，就说："姥爷，您该休息休息，别赶进度，您现在不是赶进度的年龄了。"老人笑笑说没事，又是要留我吃饭，我婉言谢绝了。

下午进行了一下午，从1点半到4点半都在讨论人物，频率虽然加快，但整体进度仍然很慢。下午进行了约200名农户的记录，仍有约250人没有讨论。老人也是有点疲惫，就穿插了专题提纲的访谈。访谈发现，老人对人很熟悉，但是对村庄治理的规则，分水的规则，打井、挖坑的规则并不是很了解，也许事实就像占秀姥爷说的，确实没有发生过纠纷和确权的行为。水利体系非常简单，使用规则几乎没有，都是公共的，谁想用谁用。这就有点不合逻辑了，只能以后慢慢访谈，也让老人回忆回忆。晚上回去整理白天访谈的内容。

2016年10月2日　星期日　晴

随着和姥爷越来越熟络，我们两个说话都更随意了一些，姥爷经常嘲笑我们这些经常用计算机打字的博士，字写得那么难看，此外都读博士了，竟然还有不会写的字。我不知道怎么解释，可能社会发展确实是把双刃剑，一个时代的教育有一个时代教育的特点，也有弱点。我询问姥爷："为什么不跟着儿子一起住啊，是不是儿子不孝顺？"

姥爷也没有生气，说："儿子怎么会不孝顺呢？都非常孝顺。就是现在我年龄大了，吆喝他们他们也不敢顶嘴，叫他们来都得来。就是我还是喜欢一个人安静一点，你看我住这挺好，想说话了一出房间门都是老头老太太，不想说话了就一个人写写诗、看看电视、写写文章，我喜欢这样安静的生活。"姥爷果然是个有思想的老人，可能真正的知识分子都喜欢独处吧，做学问也要耐得住寂寞。

随着访谈一步步地进行，我对1949年前较为神秘的村庄社会有了越发深入的了解，许多事情并不是我小时候认为的样子，而是更古老、更传统的人际关系。我们在调查的时候一定要摒弃这个时代人的"理性"和逻辑，要把自己放空，放弃自己原有的知识体系和价值判断，才能更客观地呈现传统时期村庄的形态。

2016年10月3日　星期一　晴

经过两天的访谈，对村庄主要人物及其家庭关系做出了简要的总结。随后主要进入了村庄水利的访谈。在这部分访谈中，由于姥爷的一句"过去夏侯村就没有水利，完全靠天吃饭，完全不浇地不灌溉"，这一章节基本就没得写了，完全废掉了。我在非常着急、非常失望的情况下质疑老人对村庄做出的判断。姥爷见我不信任他，说话可能也有些冲，他的音调也不断升高，最后两个人的访谈就成了吆喝，最后两个人都笑笑，化解了尴尬。通过今天的访谈得出以下细节：

传统时期的夏侯村，粮食生产都是"靠天吃饭"，用孙占秀姥爷的话："天要下雨，娘要嫁人。老天爷下雨下多了，庄稼就淹了；老天爷要不下雨，旱就旱死。没有人像现在一样打井、抽水灌溉，那都是解放后的事儿。"村民对小麦、玉米、小米、高粱、黄豆、绿豆、棉花等农作物从不灌溉，风调雨顺就可以丰收，一旦发生水旱灾害就会减产，或者绝收。村民只有对自家附近的菜地种植的白菜、葱、大蒜、萝卜等蔬菜和红薯，才会偶尔打一些水浇灌，因为红薯如果在插秧时不灌溉很难成活。红薯苗都是自己培养，农历三月，春暖花开，开始从地窖中取出存储一冬天的细长好红薯苗，最下层铺上芦苇席（或草席），然后铺上粪（一般是马粪、骡粪、牛粪和驴粪），然后铺上一层透气性较好的薄土（含30%的沙土），放在一个合适的位置（一般为自家粪坑，或者一个光照、通风较好的地方），等待红薯苗的发芽。当红薯苗长到20—30厘米的时候，可以拔下来，进行插秧。红薯苗的灌溉一般用两轮的马车或者四轮的太平车，将陶制大水缸或者木制大水缸捆绑在马车上，拉到地里，用水瓢舀水浇灌。传统时期，只有中农以上的家户才可能有马车，马车属于奢侈品。

传统时期的夏侯村，并没有专门的管水员，因为无论坑中水还是井中水，都可以随意使用,所以都是以村庄为单位,共同拥有、共同管理。每5—10年对水井进行一次清洗,村民称之为"淘井"。淘井事宜一般在村集体饭场上商量、确定。所谓的饭场,就是在传统时期,大家各自做好饭了,一个人拿一个碗,从家里出来,来到村庄开阔地,共同吃饭,吃饭期间大家闲聊、商量事情,这个场所就是饭场。大家吃饭的时候,有人提出"咱们村子里的井该淘了吧?淤泥多了,存不住水,井口都长绿毛了",大家都认同的话,就会商量谁来干这个活。传统时期夏侯村的干活分配,并不需要强制力作为保障,村里的各家户都是踊跃参加,用孙占秀的话说:"那时候无所谓谁下井、谁不下井,大家都很朴素,没有计较报酬和功利,你要说这是傻,那那时候的人就是傻。不过一般都是离井较近的家儿里的年轻人来干这个活。不过大家都很希望干这个活,叫谁干,谁都会干,把这个事情当成一种荣誉,大家都会尊重他。"由此可以看出,传统时期夏侯村公共性用水、管水活动都是以村庄为单位的集体商议、集体决定、家户服从的管理模式。

2016年10月4日　星期二　阴/小雨

为了节约调研经费,也为了方便对占秀姥爷的访谈,最近几天一直都是住在县城里一个价格很便宜的旅社,一晚上50块。好久没有住过这样的旅社了:房间隔音超差、空气污浊、空间狭窄、电源不通电。真是后悔没有听取我的好室友冯秀成同学的"名人名言":"在好地方,可以住差一点的酒店;到小地方,一定要住好一点的酒店。"早上早早起床,赶紧又找了一家条件不错的宾馆,躺下休息一会儿。随后就顶着黑眼圈去爱馨敬老院开始一天的访谈。

访谈至10:30,孙国鹏局长打来电话,说给我找了两个封丘的历史文化名人,此外,民政局的局长对我的调研感兴趣,想交流交流(第一次见面没有会见民政局的局长)。于是匆匆告别占秀姥爷,前往封丘民政局。国鹏阿姨对我的工作十分支持,一见到我,就放下手头的工作,陪我去地名办公室见那两位文化名人。由于最近省里让重新编订封丘地名志,所以才邀请两位老先生来民政局帮忙,机会难得。

见面寒暄之后,得知两位老先生分别是南范庄的朱朝彬(71岁)和梅口村的翟振亮(68岁)。两位老人都参与编写《封丘县志》。前者善于研究古碑文,建议我通过古碑文了解一个村庄的历史文化形态和生产生活状态;后者曾经数次给中华人民共和国主席写信,邮寄到国务院办公厅,其描述封丘县受到严重水灾的信件被中央领导批示,封丘县水利局曾因此获得了2亿人民币的财政拨款。随便聊了聊,已经12点了,于是国鹏阿姨安排了简餐，邀请两位老人参加，继续聊天。通过聊天，得知翟振亮老爷爷家中收藏有很多明、清、民国时期的地契，约定改天登门拜访，希望可以让我拍拍照、复印复印，老爷爷欣然应允。吃过饭后，随民政局李艳群主任去冯村民政所办些事，下午3点回到敬老院，继续对占秀姥爷访谈。晚上，整理一天的收获。

2016年10月5日　星期三　阴/小雨

访谈渐入佳境。经过最近几天的访谈，孙占秀姥爷已经逐步理解我们调研的意图和访谈的方式，不再单单描述亲眼见闻的东西，开始帮助我推理和解释出一些普遍性的规则，并愿意推测一些当时的普遍数据，而不是单纯地经历过的说，没有经历过的就说不知道。

上午访谈期间，妈妈打来电话，说给我联系了一个老同学，在县政府部门工作，给我安排了房间，并且邀请晚上一起吃饭。我赶紧谢绝，因为一方面时间紧、任务重，另一方面在封丘吃饭必须得喝酒，俗语有云"无酒不成席"，这一吃一喝，恐怕耽误的不是一点半点东西。在感动"儿行千里母担忧"的同时，也慨叹，在每个母亲心中，无论儿子成长到什么程度，始终是长不大、需要照顾的孩子。

下午1点半访谈，一直持续到下午5点。由于连续几天的访谈，和姥爷的关系逐渐熟络起来，讨论问题也就没有那么多客气话了，都是直来直去的。姥爷也是一个性格暴躁的人，就嚷嚷起来，声音越来越大，在家户边界、田地边界和村庄边界的问题上，老人总是说"这种情况绝对不可能，我在村子里生活这么多年，从来没看到过这样的纠纷，在每个人心目中都是约定俗成的，没有任何矛盾"。我也坚持"虽然可能没有官方的规定、规则，但是在每个人心中，也肯定会有潜规则的意识，也有底线，这个底线是什么？超越这个底线就要引发斗争"。两人在这个问题上争论了很久，最后姥爷在我的不断劝说下，通过回忆、合理推测和事件细节还原，终于与我共同讨论出了一些关于边界问题的规则。讨论了一下午，占秀姥爷疲惫了，我也累了，就各自回去吃饭，并约定明天继续访谈。

2016年10月6日　星期四　晴

今天对姥爷的访谈主要是水旱灾害的防御以及公田问题。通过访谈得知传统时期的夏侯村虽然没有灌溉，但是水旱灾害并不频发。一方面是因为过去（1949年前）的雨水比现在的多，很多时候都是"三日一风、五日一雨"，没有现在这么干旱。另一方面村庄在长期的历史发展过程中摸索出抵御水灾的办法，最重要的就是在村庄容易下雨积水的低洼地挖坑，坑越挖越大，就形成了村庄一些长年有水的水坑。如果不是连续阴雨或者特大暴雨使得村庄所有坑中的水都溢出，一般是不会影响家户生活的，更不会威胁人的安全。

传统时期夏侯村发生的旱灾并不多，发生旱灾的标志是井里的水不够全村人喝了，这时只能祈求老天爷下雨，需要举行求雨仪式。如果需要求雨，全体村民一般会在饭场上商量，商定之后，在本村找12个寡妇，一人拿一个扫帚，在干涸的坑里扫坑，并且边扫边唱："12个寡妇来扫坑，扫哩扫，翁哩翁；叫你下，你不下，12个寡妇就要嫁。"除此之外还有"搬关公""晒神""担水泼庙"等祈雨仪式。夏侯村发生水灾的频率比较低，远远低于旱灾，即使发生水灾一般也不会死人，根本原因是夏侯村距离黄河比较远，有20多公里，且地势相对比较高，即使发生水灾，大多也是以内涝的形式出现。如果发生大规模的水灾，村民一般都会到附近村庄亲戚家中避难；如果水灾非常严重，就需要去外地逃荒。一般情况下，在亲戚家躲上十天半个月，洪水就会退去了。

传统时期夏侯村基本没有公田，占秀姥爷认为："过去（1949年前），村里没有无主的地，每一块地都有自己的主人，就算是坑中的地，也都有明确的归属。"可以定性为公田的只有老坟地，老坟地是以本家为所有权单位的，埋葬在同一块老坟地中的亲戚就是本家亲戚。如果老坟地没有埋葬满，有空余的土地可以耕种，那么一般由本家亲戚中最为贫困的农户耕种，不需要缴纳任何费用，但是耕种者负有看管老坟地的职责。

2016年10月7日　星期五　阴

今日访谈主要围绕土地展开，姥爷详细回忆了传统时期夏侯村的土地租佃、土地买卖中的关系和流程。

首先是土地租佃，传统时期夏侯村中并没有关于土地出租的概念，也没有这样的称谓。村民把"土地出租出去"的行为称为"把地扩出去了"，而前来租地的佃户称之为"来扩地的"。据占秀姥爷回忆，过去（1949年前）很少有人把地扩出去，如果家里地多了，都是"觅觅汉"（雇长工）来完成家庭农业生产，而不是通过出租土地收取地租的方式扩大家庭生产规模。究其原因，姥爷认为一方面是扩地麻烦，还得想着怎么收租。万一别人不好好种，绝收了，或者遭灾了，你是收租还是不收租？都是乡里乡亲的，很难不顾及情面。此外，扩地的租金很低，传统时期夏侯村耕地难度很大，且收成也不高，如果扩地，将降低家庭粮食获取。第三，扩地不光荣，不劳动、只收租是剥削行为。

占秀姥爷认为传统时期，尤其是中华民国中后期，夏侯村土地买卖频率非常高，但是无论如何村民对卖地是非常谨慎的，不到无法维持生活的地步，一般不会出售自家的土地。只要有钱，大家都愿意买，地多地少是家庭生活好坏的唯一标准。所以，传统时期的夏侯村村民，只要有钱，都会买地。在兄弟分家之前，有爷爷奶奶的，爷爷是大家长，也是唯一有权决定土地能否买卖的人。分家之前，没有爷爷的家户，奶奶做主。分家之前，没有爷爷奶奶的家户，父亲做主。分家之后，兄弟各自做主。做主的只有家长本人，其他家庭成员即使有意见也不能私自做主，只能向家长提意见。在买卖土地过程中，卖家和买家不见面，都是通过彼此的中间人发布出售信息、获取出售信息、协商价格。当价格确定之后，买卖双方才见面，共同丈量土地，共同签订地契。中间人没有身份限制，只要买家、卖家都信得过，就可以当中间人；但一般比较有威望。一般是一个中间人，但是如果没有买家、卖家都信得过的中间人，就会找两个中间人，由中间人和中间人讲价格。买家会在签订地契之后请中间人吃饭，卖家不请吃饭。土地买卖属于大宗交易，一般农户家里没有用于买卖的全部粮食，都是先付一半订金，剩下的慢慢还给卖家，在地契中会明确说明订金给多少，价格是多少，还有多少未付清。尾款的结算，还要依靠中间人担保、催促。

2016年10月8日　星期六　阴

今天的访谈内容主要围绕传统时期夏侯村的生产工具、生产方式进行。

据占秀姥爷回忆，传统时期夏侯村的常用生产工具有犁、耙（前边10个耙齿、后边11个耙齿）、木锨、铁锨、抓钩（木质的钉耙，有弯曲的齿）、榔头（木质，有1.5—2米长，很重，翻耕土地时候用于砸碎大土块）、耧（下种子用的，牲口或者人在前边拉着）、石磙、石碾（比石磙长、大，用来碾玉米、小米）、磨、杈、扫帚、掠耙（清理碎麦秆用）、笼嘴（防止牲口偷吃粮食而套在牲口嘴上的用具）、套（套在牲口身上，用来拉车拉人的）。农户间的生产工具经常互相借用，借用频率很高。向谁借并不固定，前提是对方在这一时间段不使用这个生产工具，原则是不耽误对方使用。借用先后顺序是四邻、本村远处的亲戚、外村的亲戚。一般不用出村借，在本村范围内可以解决问题。工具的借用不给报酬。原则上，损坏要赔偿；但是有的主家大方，坚持不让赔偿的情况下，可以不赔偿。赔偿一般不赔钱粮，而是负责维修好；如果损坏过于严重，无法维修，借用者买一个新的、一模一样的赔偿给主家。

牲口是传统时期夏侯村村民家庭生产生活中不可缺少的大型劳动工具，同时家庭中是否拥有牲口也是衡量村民家庭生活条件的重要指标。一般情况下，有牲口的家庭至少有十亩以上的耕地，阶级成分一般是中农或中农以上。马、骡最珍贵，跑得最快，耕地一般不舍得使用，一般用于拉人拉货。毛驴其次，但毛驴力量小，一般不用于耕地；如果牲口不够用，也用毛驴耕地。黄牛最便宜，有力量，但是跑得慢，耕地一般用黄牛。借牲口是大事，一般情况下不会随便借用，只有在耕地、播种的时候才会借用，因为用牲口套犁耕地、播种效率很高。牲口借用，关系必须到。有血缘关系的亲戚、关系比较好的邻里才会借给你牲口。一片土地如果刚下过雨，单纯靠人力可能耕得动；如果长期没有雨水，有的土地单纯靠人力根本无法翻耕。并且耕牛套犁一天的工作量，如果单纯依靠人力，可能十天也干不完。用牲口耕地，最少是两头牲口，才能正常工作，一头牲口无法正常工作，所以传统时期借牲口最少借两头，如果只能借到一头就不借了。借用牲口，还要加上主家的牲口套、犁、耧等配套工具。不论借多久，必须当天晚上还回去，因为牲口晚上要回自己的窝棚里休息、吃草料，没有牲口的家户家里一般都没有窝棚。借牲口不用给钱。借牲口一般是关系非常好的亲戚、邻里，谈钱伤感情。此外，没有牲口的家户一般非常穷，也没有什么钱给主家。最主要的是欠主家一个人情，是人情债。事后，一定要还，主家有什么事需要帮忙的，一定会去主动帮忙，否则就是坏良心。

传统时期夏侯村的农业生产有着极为成熟的雇工体系以及换工、帮工现象。村民将长工称为"觅汉"，将短工称为"帮忙干活的"，将喂牲口、使用牲口的工种称为"把式"。不同工种有着不同的工资水平，每年农历八月十五是主家给觅汉、把式发工资的时候。传统时期的夏侯村不把"换工"称为"换工"，而称之为"帮忙干活"。帮忙干活非常普遍，在以下几种情况下会出现帮忙干活的现象：其一，家中无儿无女、鳏寡孤独的，或者子女尚不具备劳动能力的，请人帮忙干活后，记得人情，日后有能力了再偿还。其二，家中劳动力生病、残疾的，会找人帮忙干活，等劳动力康复了会还回去。其三，家中劳动力有特殊技能的、手艺人（如编草席的、木匠、铁匠、石磨匠等），帮助村民做手艺，随后村民会去该家帮忙干活。其四，家中劳动力外出做生意，农忙时候回不来，会找邻里、亲戚帮忙干活，记得人情，劳动力回来之后帮忙干活，偿还这个人情。帮忙干活一般都是自己拿着自己的工具去帮忙，因为自己的工具用着顺手，本来都是无偿帮忙干活的，也就不计较谁拿工具、谁不拿工具了。如果被帮忙的人家没有相应的工具，主家会去借工具，而不会让帮忙的人借工具。帮忙干活干完一般都回自己家吃饭，因为本来就是去帮忙的，是为别人解决麻烦的，在别人家吃饭反而给别人增添了麻烦。但是如果主家坚持让吃饭，非常诚恳、热情地邀请吃饭，也会"客随主便"。

2016年10月9日　星期日　晴

今天是九九重阳节，占秀姥爷的家人准备带姥爷去外边转一转，因此今天没有能够对姥爷访谈。此外占秀姥爷由于最近一直腿疼，准备到他大儿子所在城市洛阳检查身体，并治疗一下。我对洛阳是比较熟悉的，洛阳骨科医院在全国也是排得上名号的，水平很高，跟姥爷告别后，祝福其保重身体。因此今天决定到村庄中转一转，找老人们聊一聊。占秀姥爷给了我两个人的联系方式，分别是孙占邦老人（88岁，夏侯村老书记）和孙占玉老人（孙占秀老人的亲弟弟），让我在村中有问题随时联系。非常感谢姥爷的大力支持。

进村之后，经过询问找到了孙占邦老人的家。没想到孙占邦老爷爷的身体也是这么好，心想封丘不愧是长寿之乡啊，长寿老人真厉害。见面寒暄之后，孙占邦老人表示完全配合我的工作，并且非常乐意提供帮助，自己在家闲着也是闲着，跟小孩子聊聊天是非常好的。随后拿出对占秀姥爷之前的访谈内容，希望占邦姥爷能够有所补充，如果有不符合情况的地方，请其及时提出来。我读了将近一个小时，占邦姥爷说过去的情况大概就是占秀说的这个样子，是非常准确的，随后就让我随便问一些问题。我并没有按照提纲访谈，因为第一次见面如果就一直问问题，害怕占邦姥爷不想见我第二次。就随便聊了聊村里的事情，如村里老人多不多，并且希望姥爷能够带着我在村子里转一转，和村民打打招呼，也混个脸熟。

2016年10月10日　星期一　晴

最近河南的调研员都陆陆续续进村了，我们学院的美女老师杨嬛老师也准备明天进村了。鉴于我的调研点距离杨老师的调研点非常近，仅有几十公里，就决定去迎接一下杨老师，并且跟着杨老师学习两天，看看老师们是如何选村、调研的，今天就没有进村。占秀姥爷在洛阳看病，也失去了访谈对象。离家已经十几天了，也挺想家的，尤其是妻子已经怀孕7个多月了，想到马上就要做父亲了，对家的依恋和思念有些难以用语言表达。想到自己还有两年才能毕业，可能在未来的两年也不能经常陪伴在家人身边，心中还是很愧疚的，只希望可以顺利毕业，早日回到他们身边。

2016年10月11日　星期二　晴

我院老师真的比我见过的其他任何学院的老师都要辛苦。杨老师既要做科研，还要做调研,作为一个女孩子是很辛苦的,整日忙于科研没有时间处理自己的事情,甚至还没有成家。在这一点上,我这做学生的明显已经领先老师很多了。杨老师早上7点就坐上了从武汉到开封的高铁,预计10点左右就可以到达开封高铁站。我为了保证能第一时间接到老师,也是起了个大早,不到9点就到达开封高铁站。途经我的母校河南大学,往日的美好生活历历在目。自从来到武汉华中师范大学读书以来,就再也没有时间回母校了,我的硕士研究生导师也是数次邀请我回去看看,但是也一直失约。

图8　杨嬛老师访谈李瑞军老师

杨老师一下高铁,果然是美女老师,一点都不显年龄,穿上运动衣、运动鞋,简直比我们这些学生还年轻。上车之后,直接出发,前往兰考。中午11点多,到达兰考县民政局,民政局局长亲自迎接杨老师。杨老师简要地向民政局杨局长和老龄办的宋主任介绍了这次调查的目的和方法,希望对方能够提供帮助,并且提供一些现有的文本资料。有局长出马,效率自然不同凡响,不一会儿,这些资料就被送到杨老师手中。关于选村,杨老师是非常谨慎的,表示希望民政局的同志能够推荐一些村庄,但是由于已经到了下班时间,因此我们在民政局食堂简单吃了顿工作餐就继续工作了。下午2点,民政局找来了在县志办工作三十多年的李瑞军老师来给我们推荐村庄,并简要介绍兰考县的历史。李老师推荐了仪封乡老君营村、谷阳镇爪营村、小宋集村、四明堂村以及坝城寺村。时间过去得很快,不一会儿就又到了下班时间,老龄办的宋主任邀请杨老师去吃饭,盛情难却,必须前往。

2016年10月12日至10月15日

在这四天时间中,我一方面担任司机的角色,另一方面担任学生和助理研究员的角色,跟随杨老师走遍了五个乡镇的六个村庄,并且跟随老师在档案馆查阅了一天的档案资料。老龄办的宋主任和我都被杨老师认真的精神所震撼了,没有想到杨老师对于选村如此认真、如此深入。宋主任在得知杨老师要到这六个村庄一一走访时,试图以单位现在没有公车、村庄距离非常远为由拒绝,或者让杨老师知难而退,但是幸

图9　杨嬛老师与村民的访谈

好我带了自己的车,让杨老师和宋主任不用坐公交车出行,大大提高了选村效率,更

何况在走访过程中发现，某些村庄位置非常偏僻，已经到达了山东省界附近，一天仅有一两趟公车，如果错过了时间很有可能就回不来了。但是这些困难都没有令杨老师有丝毫动摇，事后我询问杨老师："老师，您说如果没有车，你这几个村庄还都去看吗？"杨老师一本正经地回答我："肯定要看的，虽然耽误时间可能久一些，但是为了研究能够深入，还是要认真对待的。"我再一次被老师的认真精神所打动，这一点一定要学习。

跟随老师访谈的过程中，学习到了许多新的访谈办法。第一是不必按照提纲来，要根据村庄现有特点，抓重点提问。第二是顺着农户的思路说，让农户畅所欲言，在农户自我表达过程中发现自己所需要的信息，不能一直打断农户。第三是注重追问和推测，自己总结出一些东西之后追求村民的认同，并且拓宽村民的思路。这三点是我在以前访谈过程中所没有掌握，也没有认识到的。此外，老师访谈时一定会带上录音设备，并且每天晚上都会整理白天的访谈内容，这样的认真精神和严谨态度也是值得我学习的。

图 10　杨嬛老师与笔者在兰考小宋集访谈

2016 年 10 月 16 日　星期日　晴

结束了与杨嬛老师长达五天的愉快学习，就要返回村庄继续调查了。走的时候对宋主任千叮咛、万嘱咐，一定要保证我们年轻老师的安全，并且让老师有事情随时联系我。随后依依不舍告别了老师。

中午 11 点，再次回到封丘县，继续我的调研。得知占秀姥爷已经看病回来了，就决定继续对占秀姥爷进行访谈，把所有内容访谈一遍之后，再入村访谈其他老人。医生给占秀姥爷开了一些膏药，好像不见效果，并且随着天气不断转凉，姥爷的腿疼程度越来越严重，访谈中休息的频率也越来越高，但是仍然不能着急，一定要以老人的身体为重。今天主要进行了"村庄边界""房屋边界"和"田地边界"的访谈。传统时期夏侯村各类产权边界还是非常清晰的，如农户的耕地有专门的桑棵作为边界，农户的房屋有灰橛作为边界，但是村庄的边界却是不断流动的。传统时期同现在一样，村庄的周围都是农户家中的耕地，如果耕地的所有权变动，那么村庄的边界就会变动。因此传统时期夏侯村村民进行耕地买卖一般要首先出售给本村的人，如果所有耕地都出售给了其他村庄，本村庄的范围就会大大缩小。

2016年10月17日　星期一　雨

今天继续对占秀姥爷进行访谈，主要访谈内容是"村庄市场"和"社会组织"。通过访谈得出以下内容和感悟。

传统时期的夏侯村土地产量极低，存在着大量不打粮食的盐碱地和内涝地，村民单纯依靠粮食种植不能保证生活。村民为了谋生，只得通过出卖手艺或者倒卖物品来获取收入，所以村中存在大量的手艺人，如打烧饼的、炸油条的、行户（懂得买卖牲口的人）、锻磨的、锡匠、银匠、木匠、剃头的、吹响器的等等。这些手艺人聚在一起，就产生了繁荣的集会市场。传统时期夏侯村的集一般指固定集市，有农历单日集、农历双日集、十天集、每日集，具体有辛安店集、冯村集、黄德集、留光集、陈固集、淳于集、黄陵集和县城集市。村民赶集时间一般比较早，"露水集"是早上5点到上午10点左右，每日集一般是早上6点到下午5点。如果是去卖东西，要提前半天去占摊位。村民买东西频率不固定，一般是十天到半个月去一次。做生意的天天去，买东西的不常去。一般是成年男子去赶集，女子一般不出门赶集；但是如果没有成年男劳力，女子也会出门赶集。寡妇会出门赶集。赶集的一般是家长，也可能家长带着小孩子一起去。传统时期夏侯村农户到集上赶集或摆摊都有着详细的规则，具体有以下几点：第一，需要缴纳摊位费，之后可以自由卖东西。只需要向本地管理人员缴纳一定的摊位费。一般有专门的集会管理人员，哪个村子的集市，管理人员就是哪个村子的人。第二，买东西是完全自由的，可以随便买，只要有钱，想买什么买什么。第三，买卖都是所谓的"一锤子买卖"，没有售后，买到假货、赖货，只能怪自己没有挑选好，事后找卖家，卖家一般不会承认，所谓的"离手概不负责"。第四，买东西一般都是本家人、邻里街坊或者本村人一起去，很少有一个人去的，越是远的集市，一起去的人会越多。因为"好狗咬不出村"，到外村赶集，离家远，怕被骗、被欺负。第五，卖东西的人都非常聪明，能说会道，就是所谓的"买家精明不过卖家"。买家凭借三寸不烂之舌，能把不好的说成好的，错的说成对的；普通百姓一般都是老实人，在和卖家做生意的过程中，处于弱势地位。第六，民国初期，一般使用关金券、铜钱、银圆等货币进行交易，币值相对稳定，大家也愿意用货币进行交易。民国中期开始发行联合票，贬值严重，大家都不愿意用钞票交易，更愿意用铜钱、粮食进行交易；银圆一般是有钱人家才用得起的，一般人家没有银圆。

除集之外，还有会。传统时期夏侯村的会一般指庙会、年会。通常一年一次，一次从1天到30天不等。会比集隆重。一般情况下，有会就有庙，有庙就有唱戏的，会一般都是伴随着庙会、看戏等活动共同举行的。会上的商业活动，也是后于唱戏、庙会产生的。由于一年一度的大型庙会、看戏活动可以吸引大量的群众前来凑热闹，所以做生意的都会在庙会上进行宣传、买卖，进而形成惯习。

2016年10月18日　星期二　小雨/阴

今天访谈的主要部分是"职业"和"家庭"。

传统时期夏侯村村内职业有教书先生、打烧饼的、炸油条的、拾粪的、木匠、金银匠、做鞭炮的、织布的、接生婆、媒婆、烧窑的，以及贩卖各式物品的小商贩，如倒卖鸡蛋的、倒卖水的和贩卖粮食的。其中大部分都是兼职工作的，农忙时种地，农闲时做买卖。但是如果某些手艺人非常贫穷，家中没有地，也有全部依靠做买卖为生的，如教书先生、金银匠和拾粪的。不同的行业与村民、保长之间的交往关系都有类似的成分，具体体现在亲缘关系身份要比业缘关系身份重要上。

家户是传统时期夏侯村的治理单元末梢，是村庄的最小单元，也是与村民日常生活关系最为密切的单元。大家户是传统时期夏侯村的基本特征，"四世同堂""一大家子十几口人"是村民所追求和向往的幸福家庭标准，同时也是村民穷其一生为之奋斗的事情。大家户必须有着严格的道德约束，才能有稳定的秩序，如家庭成员不服管教，就只能分家。分家被视为家庭不和睦的标志，也是村民所避讳的事情。所谓的"嫡亲"，是根据血缘关系而定的。传统时期夏侯村村民奉行"四代断亲"的标准，意指同一对父母所生育的子女，上下推四代人，就联系很少了，不再是"嫡亲"了，而成为"本家""普通亲戚"。家庭较为贫困，大家户无法维持而只能各自求生活的家户，断亲较早。最早的"两代断亲"，意指仅父母与子女是亲戚，孙子都不再和爷爷奶奶交往。传统时期夏侯村的家庭都是大家庭，其标志是吃、住在一起，且财权、决定权只由一个大家长掌管。在传统时期的夏侯村，一般的核心家庭成员是6—8人，这是平均计算得出的。核心家庭中规模最大的农户是大地主孙长祚家，有20人；家庭规模最小的农户是只有一人的光棍汉。核心家庭的组成不需要在村庄登记，并没有专门的户口管理人员。"姻亲"非常容易理解，是通过婚姻关系结亲的农户。传统时期夏侯村村民的婚姻圈非常小，90%以上的夏侯村农户都是与方圆10公里之内的村庄的农户通婚，存在很多姻亲介绍姻亲最终结为姻亲的情况。

2016年10月19日　星期三　小雨/中雨

今天主要访谈的是"婚丧嫁娶"。通过今天的访谈认识到传统时期夏侯村最重要的家庭事务就是生和死了：结婚是为了生，而丧葬是为了死。任何其他事务都没有生死重要，村民为了生和死可以说耗费了毕生的精力。传统时期夏侯村举办婚礼，至少要耗尽一个普通农户家庭三年的积累，而举办葬礼更为复杂，至少需要花费掉五年的积累。花销巨大、礼节烦琐、讲究甚多，极易引发各种冲突，并且延伸出复杂的借贷关系。

关于婚礼，传统时期夏侯村有同村结婚、近亲结婚的行为，最近的婚姻距离不出本村。而婚姻距离最远的，是孙兴德的二女儿、三女儿和小女儿，分别嫁到了新疆、甘肃天水和宁夏。因为孙兴德在本村名声不好，混不下去了，生个大女儿被人"欺负"死了，为保证后代的延续，只能让后人都远走他乡。传统时期夏侯村的婚配，讲究严格的门当户对。穷人家的孩子和穷人家的孩子结婚，户家的孩子和户家的孩子结婚，并有俗语"鸡生鸡，凤生凤，老鼠家的孩子会打洞"。门当户对更体现在"嫁"上，而关于"娶"，却更注重女性的人品、性格，考虑家庭背景相对少一点。通婚的村庄关系不一定会好，但是通婚的村庄联系一定会更密切。因为夫妻双方逢年过节要走亲戚、拉家常，会互相讲述一些本村有意思的事情，通过讲述，可以增进熟悉程度，进而邀请姻亲、朋友来本村做客吃饭从而还可能会因为一对夫妻而产生更多的姻亲关系。传统时期夏侯村村民的婚礼大多是"父母之命，媒妁之言"，除此之外还有童养媳、换亲和冥婚等特殊形式。除冥婚之外，其他任何婚姻形式都是为了传宗接代绵延香火，而夫妻感情在传统时期婚姻关系中处于第二位甚至第三位。

关于葬礼，传统时期的夏侯村讲究死者为大，无论从村民的重视程度、礼俗的复杂程度还是花费的多少来看，丧葬要远高于"做九儿"和结婚。村民对死人的重视程度要远高于对活人的重视程度，一方面是传统观念的影响，另一方面是传统时期村民的鬼神崇拜、风水观念以及惯行习俗的影响。传统时期夏侯村村民的葬礼有"置棺""报丧""吊丧""出殡""入坟""缅怀"等六个流程。在死者去世三周年之后，会重新置棺、搭灵棚，将所有丧葬流程重新再来一遍，仿佛死者刚刚去世。其他农户不仅要在死者刚去世时随礼，在三周年时同样要随礼，丧事要办两次，随礼也要随两次。

2016年10月20日　星期四　小雨/阴

连日的阴雨让人很不舒服，大早上一起床就感觉很压抑。干旱的北方村庄竟有了江南水乡的湿度，着实让人很不适应。姥爷的腿病也随着连日的阴雨愈发严重，有时候看到姥爷很痛苦的样子便不忍心访谈了，因此进度也比较慢。在这么多天的"回忆过去"中，姥爷也显得很疲惫。老人虽然身体很好，但是毕竟已经80岁高龄，有时也于心不忍，但是我也不断鼓励姥爷："我们确实是在抢救村庄的历史，您这一辈的老人去世之后，这一段历史可能就没人知道了，我想即使是您的儿子女儿都不清楚那时的事情，何况我们这一辈的人。"姥爷表示没有问题，非常理解和支持我们的工作。但是每当看到姥爷疼得揉腿、皱眉，就感觉于心不忍，就会停下来和姥爷聊聊别的事情，或者静静地陪姥爷看看电视。

在对姥爷长达半个月的访谈中，姥爷的一次落泪让我十分触动。那是讲到占秀姥爷的家庭时。姥爷说："我的母亲本来生下了八个孩子，八个孩子啊，最后活下来的就我们兄弟两个，那时候的日子真的太穷了，穷得让人想着都难受。我清楚记得我有个哥哥，在四五岁的时候得了一个怪病，脖子直不起来，身上没劲，也不知道是什么病，父亲母亲四处求医啊，但是过去的郎中是真不行啊，到底也没治好，可能也是饿得了吧，就这样去世了。我的母亲因为这眼都哭瞎了，后来能看到东西，也看得不清楚了。母亲是一个非常勤劳的女人，非常坚强，是拼了命地挣钱才让我和我弟弟活下来了。我记得我六七岁的时候，我的母亲整夜整夜地纺花织布，就为了多挣一点粮食，晚上都很少睡觉。"说到自己年少夭折的兄弟姐妹和自己的母亲，占秀姥爷总是哽咽。今天的访谈进行比较慢，主要讨论了新生儿"做九儿"的仪式，并且补充了一些丧葬中的关系和仪式。

2016年10月21日　星期五　阴

今天的天阴沉沉的，正如我的心情。媳妇从家里打电话说身体不舒服，可能要住院治疗。我向姥爷请了假，并且和孙局长通了电话，之后立刻驱车回家了。

2016年10月21日至10月26日

这段时间一直在家安顿妻子。妻子应该是自己不注意身体，怀孕七八个月了还在学校上课，不仅如此，竟然还参加学校的健美操比赛。医生诊断结果是"胎盘前置、宫颈松弛，需要住院保胎"。我严肃批评了妻子和妻子学校的领导，并且给妻子请了三个月的长假，让其长期在家卧床观察，先不采取其他治疗方案。经过几天的卧床休息，情况十分稳定，也就不需要住院了，但是在胎儿九个月之前要十分注意，绝对不能长时间站立、走路，更不能劳累。我在家陪了几天，但是妻子看得出我一直心神不宁，整天仍然会想着自己的访谈，妻子就把我赶走了，说让我赶紧忙完，不要耽误孩子的出生。妻子虽然孩子气，但是却识大体、顾大局，真是每一个能完成上级任务的男人背后都有一个无私支持自己的妻子和家庭。在嘱咐完妈妈看住妻子之后，自己再次回村，继续自己的村庄调查和深度访谈。

2016年10月27日　星期四　小雨/中雨

随着连日的阴雨，天气终于冷得要穿棉袄了。我想北方的冬天马上就要来了，访谈要加速。今日对占秀姥爷的访谈包括"过继""入赘""续弦""养老"等部分的内容。通过访谈获得以下感悟和细节：

关于过继，主要是指传统时期的夏侯村，只有男孩子才有权利继承家业，所以一旦有的夫妻不能生育或没生男孩子，就要以过继的形式选人继承家业、传承血脉。过继行为可能发生的前提是夫妻必须有庄（住宅）、有地才可以。如果非常贫困，一无所有，就没必要进行过继，也没人愿意被过继到夫妻门下。过继一般首先在亲兄弟之间进行，如果没有亲兄弟，那么就会找本家兄弟过继，如果也没有本家兄弟就不会采用过继的形式寻找男孩继承家业，而是采用买卖孩子、抱养孩子等较为复杂和不稳定的方式来寻找继承人。在兄弟俩只有一个男孩子的情况下，就给这个男孩子娶两个老婆。一个老婆是哥哥给男孩子说媒、操办婚事，拜堂拜哥哥；一个老婆是弟弟给男孩子说的媒、办的婚事，拜弟弟的堂。哥哥给男孩子找的老婆所生下的孩子，归哥哥所有，继承哥哥的家业；弟弟给男孩子找的老婆所生下的孩子，归弟弟所有，继承弟弟的家业。这就是"一门两不绝"。

关于入赘，主要是上门女婿与本家亲戚的关系。传统时期夏侯村村民戏称上门女婿为老姑父，以示上门女婿始终是姑姑家的人，或者说是外来人。上门女婿非常容易受欺负。占秀姥爷给我讲了几个案例，并且详细分析了上门女婿为什么容易受欺负，原理很简单，但是关系却较为复杂多样。

关于养老，传统时期夏侯村的兄弟分家之后，土地较多（多于10亩）的农户一般会给父母留下一两亩的养老地，作为父母口粮来源，归父母自己所有、支配和管理。土地较少的农户，一般不会给父母留下专门的养老地，儿子们要负责给老人一碗饭吃；或父母在儿子家轮流居住；或父母分开，父亲跟着某个儿子生活，母亲跟着另一个儿子生活。养老地一般不参与继承和分配。养老地的分配权在父母手中，父母有权利将其给任何人或直接出售，如果儿子不孝，父母甚至可以将养老地赠送给其他任何人。

2016年10月28日　星期五　晴

天终于放晴了，对占秀姥爷的访谈也即将结束。我计划今天或者明天就结束所有提纲内容的访谈，尽快下村对其他老人进行补充访谈。因为占秀姥爷属于非常明白的老人，不仅能熟练操作手机接打电话，甚至能熟练使用微信等网络社交工具，所以如果在日后有其他遗漏，可以随时咨询姥爷。姥爷也不属于"人走茶凉"型的人物。因此需要尽快下村访谈其他老人，尤其是孙占邦老书记。今天访谈的主要内容是"家庭纠纷及其处理""节庆娱乐活动"以及"村庄治理结构"。通过访谈获得以下细节：

在纠纷部分姥爷思路非常清晰，讲述事件的能力也非常强。占秀姥爷仿佛满脑子都是故事，讲述得栩栩如生。家庭纠纷主要有父子纠纷、夫妻纠纷、公媳纠纷、婆媳纠纷、邻里纠纷以及地主还乡团与农会的纠纷等等，使我获得极其丰富的素材。要不是时间紧迫，单单这些纠纷，占秀姥爷就可以讲上三天三夜。

传统时期夏侯村的节日十分丰富，有春节、小年、龙抬头、清明节、端午节、鬼节（七月十五）、中秋节、十月初一、混沌节（冬至）、腊八节和祭灶节。我想可能还是因为贫穷，农户在节日中最深的记忆就是可以吃一些好吃的，很多节日并没有展现出丰富的社会关系，只是以家庭为单位吃一些特定的食物。传统时期村民有赌色子、搁方、挤死鬼、斗蛐蛐、玩蝈蝈、打台、打鞋、放盒、打枰、跳马、斗鸡、纳石头子、摔泥钱、捉迷藏等各式各样的娱乐活动，但是其中很多娱乐活动只是小孩子单纯的游戏，也并没有体现出过多的社会关系，体现最多的可能就是孩子之间因为游戏斗气，反而引起了成年人或者两个家庭之间的矛盾。

在治理部分，占秀姥爷认为传统时期夏侯村只有保长没有甲长，除此之外并无任何官方治理行为，反倒是土匪势力非常猖獗，甚至取代了政府的治理而控制了乡村。关于这一部分还有待回村进一步补充调查。

2016年10月29日　星期六　晴

今天一定要结束对占秀姥爷的访谈了。计划上午补充一些"村庄治理"部分的内容，下午让姥爷给我绘制一些图，如房屋耕地布局图、街道图、水井图、坑的分布图、神庙分布图、淳于古寺内部结构图等。

"村庄治理"的访谈仍然集中在土匪身上。姥爷认为传统时期夏侯村保长只管抓兵、催粮派款、抓壮丁、抓苦力，并不负责村庄安保、村民纠纷和其他家庭及宗族事务的处理。反倒是土匪势力极为强大，人数上千的土匪就有好多股，有高自白和李二天部、胡三罗锅、张连三、邵鸿基、刘凤桐、王深和张继坤部，并且在距离夏侯村西北七八里的山庄村修建有土匪的老巢，规模十分巨大。八路军攻陷土匪老巢时，单单土匪储存的粮食就堆满了四五间房屋。八路军让十里八乡的百姓都去分粮食，也分了三天才分完。由此看来，传统时期夏侯村的国家治理处于瘫痪状态，反倒是土匪代替了国家力量而统治乡村。

下午，占秀姥爷果然又一次让人惊喜。姥爷不仅毛笔字写得好，就连画图也是有模有样、横平竖直的，不到一个小时就给我画了五张图，让我信心爆棚。离别时，向姥爷保证，一定要写好家乡的村庄，把姥爷讲的东西都如实写在文章中，到时候文章写好之后发给姥爷看看，姥爷认为有不合适的地方一定再改。姥爷也是千叮咛万嘱咐一定要诚实做学问，来不得半点虚假，是什么样子就是什么样子，如果我如实写了，被判有罪，姥爷愿和我一同打官司、上访。晚上收拾行李，明天正式下村。

2016 年 10 月 30 日　　星期日　　晴

早上一起床，吃了熟悉的胡辣汤、油饼。整天吃这些都有点上火了，真搞不懂为什么这么干燥的地方，人们却喜欢吃咸、香、辣的东西。封丘、开封地区著名的"三狠汤"就是以特咸、麻辣和酸爽三种口味为主，并且这三种口味都达到了极致，所以称之为"三狠"。此外，由于封丘地区缺水，人们并没有养成多喝水的习惯，种种饮食习惯完全与现在健康饮食的理念背道而驰。但是万万没想到的是封丘竟然是全国长寿之乡，看来所谓专家的养生办法与实际中人们是否长寿并无绝对关系，我们的社会学研究是不是也是这样呢？社会的复杂与自然界的神秘似乎都难以窥测，任何普世性的经典理论也未必符合全部事实，这或许也是科学的界限吧。

吃完饭之后联系孙局长，表示今天要下村。孙局长说一定要让李主任陪我到乡镇做一个正式的对接，并且带我见一下夏侯村的书记。我心想没有必要，直接下去就行了，但是孙局长坚持要走一个正式的程序。来到民政局，带上李艳群主任直奔冯村乡乡政府。到达乡政府之后，民政所的所长表示了解此事并全力配合工作。随后我们直接抵达了夏侯村书记杨杰的住处。因为孙局长之前已经和杨杰书记说好，杨杰书记已经了解此事，所以见面非常热情。我向杨杰书记汇报了调查的目的，并且表明了自己老乡的身份。杨杰书记非常放心，并且表示全力支持我的工作。杨杰书记并没有住在村子里，而是住在自己开办的汽修厂里，一般也不回村，忙着自己的生意，只有村里有事了才会回去。令人没有想到的是，杨杰书记如此年轻，还不到四十岁，基本和我同龄，这是我走遍这么多村庄所见过最年轻的村党支部书记了。中午一起吃了顿饭后，就把李艳群主任送回了民政局，我继续返回夏侯村做调查。今天主要是进村和村民简单熟悉一下，随便聊一聊。

2016年10月31日  星期一  晴

今天正式进入村庄进行访谈。昨日从冯村乡民政所获取了村中80岁以上老人的名单。虽然人数很多，但是令人没有想到的是很多老人的实际年龄并没有80岁以上，而是为了多领取一些补助才虚报的年龄。并且其中很多老人都是妇女，还有很多老人在外跟随子女定居在开封、郑州或其他城市，难以见面，真正在村子中的80岁以上，并且对1949年以前的事情有所了解的老人并不多。但是仍然要坚持和每个老人都见上一面，随便聊一聊。如果实在难以获取有价值的信息或者老人身体状况非常不好，就放弃对这个老人的访谈。

图11  孙占邦老人的家

图12  笔者与孙占邦老人在卧室访谈

昨晚依然住在县城的旅社中，因为尚未在村中找到接纳我的农户。据杨杰书记推测："别看村子里那么多房子，但是你要真正住在一个人家恐怕不好找，很多人家里就剩下老头老太太了，你住在这可能非常麻烦，吃饭问题没办法解决。另外一家有一家的事，你要是住到别人家了，人家家里有事你得帮忙吧，可能你都没有时间工作了。"因此决定暂时不住在别人家了。占秀姥爷说自家有个空院子，并且愿意把钥匙给我，让我进去住，但是由于长期没有人住，可能没有水、没有电，我心中勉强笑笑，还是算了吧。继续进行访谈，今天主要的访谈对象是孙占邦老人。

孙占邦老人目前和妻子还有长孙住在一起，和儿子已经分开居住了。1949年以前，孙占邦老人家中共六口人，分别是他的爷爷、父亲、母亲、哥哥、嫂子和自己，家中仅有两亩土地，是非常贫困的农户，家中吃不饱饭。孙占邦老人在年幼的时候经常投奔亲戚，并且还要饭，非常可怜，全家在中华民国时期还逃荒了两次。因此决定在明天的访谈中增加"逃荒"专题，今天主要是对之前访谈过程中的疑点进行补充。

2016年11月1日　星期二　晴

今天继续在孙占邦老人家中访谈，主要访谈逃荒和土地改革时期的事情。

自"七七事变"之后，时局不稳，匪患严重，夏侯村出现大量逃荒的情况。尤其是中华民国三十一年（1942年），由于大旱灾、大蝗灾导致大饥荒，村民无法生存，大量外出逃荒。据村民回忆：村里除了几个大地主、老财没有出去逃荒过，基本每家都有人出去逃荒。传统时期夏侯村村民外出逃荒的总体原因是在家无法维持生活，如果坚守故土，一定会被饿死，但是导致无法维持生活的具体原因有所不同。有的是单纯的吃不饱饭，不逃荒就会被饿死。有的是因为家中本就是做小买卖的，但是由于本地人都去逃荒了，只能到外地做买卖，否则也会饿死。有的是家中有人干八路，经常被附近的地痞流氓敲诈，如果不逃荒，全家都可能被抓进监狱。还有的是与土匪结仇，害怕打击报复。根据村民逃荒过程中谋生手段的不同，可将逃荒分为以下五种：第一，讨饭逃荒。村民中外出逃荒的小孩子、妇女、老头儿、老太太没有劳动能力，没有生产工具，也没有知识和技能，只能张嘴要饭，靠挨家挨户地讨要来维持基本生存。哪里要的饭好，就长期在哪里定居。第二，打工逃荒。传统时期夏侯村外出逃荒者中的青壮年男子，一般通过扛长工、打短工的方式获取生存资料。但是外出逃荒者需要主家提供食宿，所以工资非常低，通常情况下每年只有2—3担粮食；并且由于在外地，"寄人篱下把头低"，必须听主家的话，工作量比在本村打工大得多。第三，做买卖逃荒。夏侯村很多逃荒者本来就是做买卖出身的，有自己独特的手艺，且对于做生意很有头脑和办法，就到外地继续从事自己的本行。此类逃荒者，到外地之后，生活条件普遍比单纯要饭、打工的村民要好。第四，吃老本逃荒。夏侯村中因为八路军的到来外出逃荒的户家、地主，通过变卖家产获取很多金钱，依靠自己的钱就能维持原来的生活。此类外出逃荒者，不讨饭、不打工，也不做买卖，而是每天打听家乡的情报，一旦八路军离开、时局稳定，就会返乡。第五，出嫁逃荒。传统时期夏侯村中没有结婚的女性，往往会通过在外地找一户人家出嫁，达到生存的目的。

2016年11月2日　星期三　晴

由于经常在村庄中转悠，与村民也渐渐熟悉起来，但是很多村民仍对我的身份和来历进行推测。有的说我是打着学生调查的幌子前来调查贪污腐败的；有的认为我是骗子，专门找年龄大的老人；还有的认为我是即将上任的乡镇干部，来考察情况了。我也是听孙占邦姥爷给我讲的，各种传言都有。孙占邦老人经常给村民解释："小伙子就是我们家的一个亲戚，就是北边赵庄人，现在老师给的有任务，教写咱们村解放前的事情呢。"老书记说话就是有权威,很快澄清了村民对我的看法,也就融入村庄中了。心中感慨,幸好邓老师认识到在河南调研的困难性和复杂性,让非河南籍的调研员都撤出了河南,否则那些来自其他省份的调研员真的很难进入村庄。河南的村庄看似一马平川,但是在村庄内部仿佛都有着一张无形的网,将村庄与外界隔断开来,任何非亲非故的陌生人想要进入村庄接近村民都是异常困难的。

2016年11月3日　星期四　晴

今天主要让姥爷带着我在村子里寻找一些传统时期的坑、井、砖窑、场等公共物品的遗迹。通过对孙占邦老人的访谈,得知村中由孙长祚独资修建的一口井并不是孙长祚自己愿意修建的,而是被日本人强迫修建的。当初日本人占领夏侯村之后,发现村民只吃粮食,不吃蔬菜也不吃肉,就强令村民开辟菜地,让孙长祚捐出几亩地并且打了一口井,让所有村民都在此种菜。这口井是村中最年轻的井,井很大,在夏侯村村口的一处空地上。我跟随孙占邦老人找了十几分钟,硬是没有找到,询问周边的农户才知道,三年前他们盖房子施工的时候觉得井太碍事(影响交通),就把井填平了,真是可惜啊。随后按照孙占秀姥爷绘制的地图,寻找村庄其他的公共水井。然而所有的井都在修路或建房时填平了,只有一口井还在,就是村中王氏宗族和孙氏宗族共用的一口琉璃井。但是来到这口井旁的时候,井上边不仅

图13　笔者与孙占邦老人寻找传统时期的井和坑

有一个非常大的石板,并且石板上还有成堆的柴火,需要动用小型吊车或叉车才能将大石板移开。热心的村民问我:"要不我们叫个吊车吧?"我表示不用了,不需要如此兴师动众,看这口井的破坏程度,恐怕掀开石板也看不到往日的影子了。

2016年11月4日　星期五　晴

今天继续对孙占邦老人进行访谈,主要访谈"村庄治理"部分。孙占邦老人今年88岁,在1949年前已经有20岁,对传统时期村庄治理的认识和体会毕竟比只有81岁的孙占秀老人要深入一些。由此看来,我们在寻找老人的时候,很多事情可能80岁的老人都讲不清楚,必须寻找年龄更大的老人。通过孙占邦老人的讲述,传统时期夏侯

村内不仅有保长，而且有甲长、联保书记、"保长腿儿"和会计等人物。

其中保长的具体人物和人物关系同孙占秀老人讲述的基本一致。甲长一般由村中户家担任，都是附近一片儿（居住片区）最有钱的农户。甲长也负责收取本片区的赋税和摊派。由于很多人都交不起赋税，且户家家中人多地多，能否交齐赋税和摊派，主要依靠的就是户家。很多穷人都是向户家借钱交税，因为家中根本没钱，吃都吃不饱。但是到了后期，由于时局混乱和大量村民外出逃荒，户家也交不起赋税了，上级官兵一来收税，保长和甲长都会被批评，甚至挨打，因此也就没有人愿意做甲长了。村民想了个办法，就是"轮流做甲长"。最开始是一家（一户）一个月。后来由于土匪和官兵来村庄的日子一般都是那几个月，有人觉得不公平，就一家（一户）十天。再后来一家做一天甲长，土匪或官兵来村中收税，这一天谁做甲长谁倒霉。

2016年11月5日　星期六　晴

今天继续访谈治理部分，并且要求孙占邦老人带着我寻找村中其他80岁以上的老人，跟他们也随便聊聊，看看有没有什么补充的。在孙占邦老人的带领下，见到了91岁高龄的孙占炳老人和96岁高龄的杨广坤老人。其中孙占炳老人精神状态良好，语言表述流畅，但是由于曾经被土匪抓走了好几年，其对村中的情况不是很了解，但是对土匪却非常了解。而杨广坤老人已经偏瘫，坐在轮椅上，并且整个人有着严重的听力问题，基本上无法交流，往往是我这边说了一句，然后再吆喝两遍，随后由孙占邦老人再吆喝一遍，但是对方迟迟没有反应，等上两三分钟，才唉声叹气了两下，就不说话了，交流十分困难。

图14　孙占炳老人

2016年11月6日　星期日　晴

随着访谈的深入，接触的老人不断增多，真是越来越感受到孙占秀老人的稀有。能够对过去村庄整体概况有一个准确的把握，关心村庄事务、关心他人事务且愿意交流，并且能描述清楚的80岁以上的老人太难得了。即使做了20多年老书记的孙占邦老人，经过几天的访谈也经常出现思维混乱、不愿交流或者时空混杂的情况，经常将大集体时代的事情与1949年前的事情搞混了。孙占邦老人在这几天的访谈中经常有事外出，可能是对访谈疲乏了。今天临走的时候，孙占邦老人建议我如果调查村庄治理，就去山庄村研究研究，因为那时候土匪的老巢就在那里，并且我们村好几个人都去那里干过苦力，村庄关系已经延伸至山庄村。说走就走。在家乡调研就是这么方便，根本不用让孙局长跨乡镇协调，因为山庄村有我的大姨。提前联系好大姨夫，让其帮忙把村中80岁以上的老人叫到家里几个，如果不方便就等我过去了一起去找，但是请他提前联系好，我要去访谈一下山庄村土匪的历史。

到达大姨家中已经中午1点。大姨已经准备好了饺子，就等我来了给我下锅呢。我说："我吃过饭了，我今天主要来做任务的，时间比较紧迫，可不能让我吃饭喝酒啊。"大姨虽然显得有一些失落，但是仍然表示理解。大姨夫已经提前联系好董月廷、董海廷等老人。计划在两天或三天时间内对这些老人进行简要的访谈，重点放在治理部分。

2016年11月7日　星期一　晴

今天完成了对董月廷和董海廷老人的访谈。

董月廷老人现年86岁，身世非常可怜。刚见面时，86岁高龄的老人依然要带上打农药的物品准备下地干农活，而他的儿子都外出务工了，家中只有老人一个。1949年前，董月廷老人家中共有6个姐姐，老人在家中是最小的也是唯一的男丁。在自己8岁的时候，父母就都去世了。老人非常不愿意回顾这一段历史，认为过去太穷、太苦。在1949年前，老人以拾粪为生，捡拾的猪粪、牛粪拿到集镇上出售，或者直接到本村的户家家中换取粮食。由于本地土匪比较多，因此捡拾粪便较为容易，收成也不错。一天最多可以捡拾100—200斤的动物粪便，而200—300斤粪便即可换取5升左右的粮食，一升粮食约两斤，也就够老人吃饭了。此外，老人还通过给土匪做苦力、干粗活为生。家中没有地，在父亲母亲去世之后，就把所有的田地卖掉求生了。董月廷的姐姐们各自出嫁，也没有能力顾及董月

图15　笔者与董月廷老人在家中访谈

廷的生活。据老人回忆，大土匪王深和张继坤入驻山庄村之前，村中有两个大地主。一个是吴东舟，是本地有名的"赤脚医生"，世代行医，积累了约500亩的耕地，但是由于其有一个儿子跟着陈毅将军干八路，在土匪到来的时候，家中所有家产都被土匪

霸占了，其本人也外逃，不知去了哪里。还有一个户家是王希贤，有100余亩耕地，由于为人不好，吝啬小气并且放高利贷，土匪到来的时候，同村农户纷纷向土匪揭发说王希贤有钱，土匪就把这个王希贤的家抄了，人也杀了。董月廷老人在跟着土匪做工的时候，认识了不少土匪，很多土匪都是安阳滑县或者开封的痞子流氓，也有很多可怜人，也是家中人都由于各种原因死绝了，自己没有办法才做了土匪。做土匪虽然不能富贵，但是却能够吃饱饭。大部分土匪也并不做坏事，甚至在日本人到来之后，号称"中国人不打中国人"，专打日本人。但是土匪为了立威，也必然要打杀一些村中的"刺头"，如果有农户反抗土匪，下场还是非常凄惨的。

下午与董海廷老人进行访谈。董海廷老人现年88岁，其老伴儿赵玉珍老人已经90岁高龄了。见面的时候，老两口正在家门口晒太阳，显得非常惬意。1949年前，董海廷老人家中有三五亩地，但是由于其曾经给土匪做工，算是参加过"反革命"工作，因而被评为了中农。据董海廷老人回忆，土匪在山庄村修小寨的时候，动用了周围十里八乡的很多男丁，每个村都要出人，不出人就挨打。土匪都是找保长要人。保长都是村里的光棍，都是一些没有家室的可怜人。因为这些光棍经常被农户欺负，有着丰富的"被欺负"经验，脸皮也厚，由这种人跟政府和土匪交往是最合适的，政府对这种人也没有好办法。土匪的小寨有炮楼，炮楼高三丈（九米多），四角四个炮楼，非常坚固，并且炮楼之间有高达两丈、厚约一丈的土城墙，整个小寨固若金汤。农户都愿意给土匪打工。到小寨中干活，土匪会给一些粮食和布匹，如果能说会道，还可能获得土匪的奖赏。

随着不断地访谈，逐渐发现董海廷老人相对沉默寡言，但是其妻子赵玉珍却是十分活跃，不断给我讲一些1949年前的人物和历史。董海廷老人表示："她说的都对，家里从来都是她当家，她比我厉害。"赵玉珍老太太之前是户家的闺女，会读书写字，只是因为后期家中得罪人了才"屈尊下嫁"给董海廷老人。在长期

图16 董海廷和赵玉珍夫妇

的夫妻生活中，赵玉珍老人在对外交往、想办法做决定方面都比董海廷老人要厉害，因此家里一般是赵玉珍老人说了算，钱也都是老太太管着。

2016年11月8日　星期二　晴

最近在村庄调研过程中发现村民有时候非常可爱，总是喜欢讲一些只有本村人能够听得懂的冷笑话，也喜欢将一些村民所干的糗事口口相传，有些甚至作为歇后语。村民用这样的方式不断维持着相对趋同的价值观，一旦有农户做出了与其他农户不同的行为，就会被笑话，如"四妮吃点心——留不住了"。意思就是从前有一个村民叫"四妮"，是个男孩，因为家中一直生女孩，而他刚生下来的时候性别特征不是很明显，家人误以为又是个女孩，就叫他"四妮"，谁知道后来竟然是个男孩，家里人就延续了这个叫法。四妮非常贪吃，过年到老丈人家走亲戚时，父母给他准备了两封馃子、两串柿饼，但是四妮走着走着就饿了，忍不住吃了一块点心。一尝之下这么好吃，就忍不住又吃了一块。由于老丈人家比较远，还没到老丈人家中，两盒点心就被四妮吃完了。因为这个事件而产生了"四妮吃点心"这样的歇后语。夏侯村村民教育子女不要贪吃，都会把这个故事讲给小孩子，让小孩子引以为戒，不要成为笑柄。可能在传统时期，嘲笑也是教育的一种，所有农户都不希望自己被嘲笑，因而总是表现得中规中矩。

这个教育办法延续至今。昨天访谈的董海廷老人被村民戏称为"马克思"，因为其一直不刮胡子，确实有几分革命家的"风采"，因而总是被村民嘲笑。但是在革命时期，能够被称为"马克思"无疑是一个光荣的事情，因此董海廷老人留胡子的习惯也延续到了今天。

2016年11月9日　星期三　大雾/扬尘

早上一起床，昨天本非常晴朗的天突然起了大雾，可能是因为平原地区空气不流动的原因。今天本来准备到县城去一趟，把村中这几天访谈中遗漏的部分和一些有争议的部分找孙占秀姥爷商量一下，谁知道出门没有看皇历啊，有种"伸手不见五指"的感觉，开车也不好开。都说平原地区的土地会呼吸，在封丘这片没有工业化的农业型县城，存在大片没有被钢筋水泥土覆盖的农田，没有阻隔土地的呼吸，这大雾，可能就是土地呼出的白气吧。

大雾怕日出，可是今天还没有等到日出就出事了。在去爱馨敬老院访谈占秀姥爷的路上，眼看就要到达目的地，开始一天的工作，碰到一个胡乱开车的司机。这个司机不得了啊，来来回回地走蛇形路线，完全没有任何转向灯提示。碰到这样的选手，根据我8年驾车经验，肯定快速超过。等对方的BYD车向右边拐弯的时候，我从左边按着喇叭，赶紧超过去；谁知道对方向右一打方向，原地就来了个180度的掉头，我赶紧按喇叭，并且减速；谁知道对方根本没有任何减速的迹象，"砰"的一声，撞上了。这个笨蛋，真是耽误我的工作。不过想想对方也挺倒霉的，开着新车，因为一时大意,又得自己修车,还得赔偿我的修车款。在此衷心提示各位:遇到车祸一定不要紧张,下车后,打开警示灯,拍摄现场照片,不要破坏现场。随后一定要拨打110或122,让交警到现场,记录、备案、定损,不要听对方瞎胡扯、瞎忽悠。在偏远地区,尽量不要私了,因为很多规则,你是不可能完全掌握的,稍不留神,有理就变没理了。在处理事故的过程中,跑去给姥爷汇报一下,今天的访谈可能要开始得晚一些。

2016年11月10日　星期四　阴

今天突然收到邓老师的通知,说要后天展开河南各地区的调研巡视和慰问,让我安排一下行程,并做一下预算。河南地区调研员很多,并且分布较为分散,如果坐公车,邓老师是非常辛苦的,并且至少可能需要半个月才能走一遍,因此我建议邓老师采用租车的方式来展开巡视。邓老师对我非常信任,完全同意了我的建议和规划,并且让我尽快实施。我这心里苦啊,车刚被撞,还没有修好,邓老师后天就要来,我这要在今明两天时间内完成各地调研员的联系,并且做出行程规划,最关键的是还要租车并按时赶到地点接邓老师,时间紧迫,压力很大。赶紧催促修车行快速修车,一定要在今天下午之前把车修好。随后赶紧查阅租车地点。本来准备在郑州租车,因为郑州的租车市场较为成熟。但是由于邓老师决定自北向南、自东向西巡视,而郑州在河南最中部,在郑州租车之后还要北上,可能不方便,最关键的是郑州租车并不便宜,因此赶紧让家中的朋友打听是否有租车行,要租一辆七座商务车,最好是别克GL8。没想到在神州租车完全空白的济源,竟然还真有租车行,并且清一色的GL8,价格也不贵,车况很好,真是运气好啊。做好行程规划后,发到河南调研微信群中,请各位调研员做好准备。车修好之后(车漆未干),立刻驱车赶回河南济源,到家时已经晚上8点。

2016年11月11日　星期四　阴

今天早上一起床,就赶紧准备去租车行洽谈租车事项,主要是搞价。最终老板一天便宜了50元,并且以今天不算的优惠让我把车租走了。但是押金必须多一点,要两万现金,或者把一辆车放在租车行。因为济源地区最近资金链断裂的商人很多,有的商人无所不用其极,有的商人甚至用租车行的车去做抵押贷款,老板对前来租车的客户产生了严重的信任危机。我表示理解,就把自己的车抵押在了租车行,并且交纳了5000元的押金。

下午把车洗了洗，检查了一下轮胎就出发到张航同学的调研点（鹤壁浚县）接上张航同学，准备明天一起到安阳高铁站接邓老师了。抵达浚县已经晚上8点，随便找了一家旅店睡下了。

2016年11月20日

在过去的9天时间内，我有幸陪同邓老师完成了在河南地区的巡视。行程共计3000公里，按照时间先后顺序，途经安阳市内黄县、鹤壁市浚县、新乡市封丘县、开封市开封县和兰考县、焦作市武陟县和沁阳市、济源市、洛阳市孟津县、洛阳市偃师市、许昌市禹州市、平顶山市郏县、漯河市源汇区、周口市项城市等10个地市的14个县级行政单位，除魏晨同学的驻马店调研点、李双

图17　邓老师在焦作沁阳市与农户访谈

胜老师的南阳市调研点和商丘市调研点之外实现了"巡视全覆盖"。经过9天紧凑的巡视，即使身强力壮的邓老师也觉得有些疲惫。在跟随邓老师巡视期间，第一现场观摩邓老师对农户的访谈，使我个人获益匪浅，更进一步掌握了"关系-层级"调查法，也更有信心做好今后的调研。我求学这么多年，从未见过有老师可以如此深入地融入学生，如此认真地在农村调查的第一线，真心感谢邓老师和学院提供的平台和支持，使我们真正感受到了"田野调查"的魅力，也有了做学问的成就感。

图18　邓老师在许昌禹州市与农户访谈

图19　邓老师在漯河市源汇区与农户访谈

2016年11月21日至11月30日

邓老师在巡视完我所调查的夏侯村之后，认为我所调研的村庄可能过于贫穷，因而显得某些社会关系不够丰富，建议我换一个调研点试访谈一段时间，比如在济源市的平原地区选几个村庄。原（阳）、延（建）、封（丘）地区自古以来就是灾荒较多的地区，"黄河""蝗虫""汤恩伯"三灾聚首民国更使得民不聊生，致使本地的人民形成了单一的生存导向的社会底色。人们一心只求生存，也就是活下来，没有那么多的社会惯习和社会组织，使得调研可能陷入"单一陷阱"。邓老师建议我去济源寻找村庄试调研，但在建议我换村的同时，又有些心疼我前期做下的工作。心里很感激邓老师，理解学生的不易，尊重学生的劳动。经过在济源一段时间的研究对比，发现济源和典型的黄河流域平原型村庄有着十分显著的差异。民风、民俗是一方面，生活方式和粮食作物是另一方面，硬件（自然条件）的不同使得人文条件有一种显著的"非平原特性"。此外最重要的困惑是在济源市的各个乡村中，平原地区的乡村历史记忆普遍比较短，一旦爆发天灾人祸，就都会往山区的村中避难；相反山区的村庄历史形态和社会关系保存较为完整，尤其是小浪底水利枢纽工程所涉及的大峪镇、下冶镇的一些移民村，生产关系、租佃关系、雇工关系、市场关系等都非常丰富。但是毕竟是山区村庄，与平原农耕村庄有很多差异，不知道是否符合我们"黄河流域平原村庄"的研究目标。向邓老师汇报后，邓老师让我自己决定。

2016年12月1日　星期四　晴

经过一系列思考，我认为虽然在济源调查更为方便，就在自家门口，但是担心济源的村庄不是"黄河流域平原地区农耕村庄"，并且"济源是山区"也是整个豫东地区对济源的共识，济源的人民群众认为"济源市的风俗文化和生产习惯更类似于山西，而不是河南"。为了研究的严谨性，我决定重返夏侯村，扩大搜寻范围，试图发现更多的社会惯习和社会组织。

这次过来，还有一个重要的任务，就是村庄视频拍摄工作。前两天一直在构思脚本。遵循着徐老师指点的"旱""大""聚""合""稳"五大特征写出了脚本，虽然比较有新意，但是被邓老师批评不深入，没有深刻反映出夏侯村的底色，还是要一根主线、一条线索。下午，在徐济民叔叔的帮助下，联系到了封丘文广局的相关人员。在翟记者的帮助下，获取了关于封丘人文历史、民风民俗的一些宝贵音像资料，希望会对拍摄小组有帮助。晚上，再次拜见了占秀姥爷，一是关心其腿病是否好转，二是希望姥爷可以为我的调研指点迷津。姥爷建议我回村找孙占邦老人，说他是目前夏侯孙氏的"掌门人",身体好,85岁高龄,思路也很清晰。决定明天登门拜访。

### 2016年12月2日　星期五　晴

封丘县虽然没有工业,但是也有着非常严重的雾霾,自昨晚22点到今天早上,都是雾霾红色预警。不过个人认为,封丘的雾霾不能叫雾霾,更像一层薄薄的黄土弥漫在空中,也许叫"沙尘"更为合适。

妈妈担心我在老家村子里能不能受得了,坚持让他的老同学帮忙在县城安排房间,让我白天访谈,晚上住在县城,有空调,这样可以暖和一点。我执拗不过,只能过来。进城之后,不禁感慨现代化的生活确实舒适、便捷。传统与现代化的鸿沟在封丘这片土地上并未得到消减,反而在随着市场经济的发展而不断扩大。在南北、东西城市差距不断缩小的同时,农村差距却在不断扩大,我想归根结底还是思想观念的问题。北方的市场化程度低于南方,农民接触工商业的频率、深度和广度都不及南方农村居民,由此引起市场化冲击不够,思想观念长期保持传统形态。此外,北方的家长制更加专制,老一辈的家长在家户中仍然有绝对核心权力。这就使得年轻人虽有现代化思想,却没有决定现代化走向的社会职责和推动现代化进程的物质支配权力。

上述简单的一些想法都是在考察北方传统社会底色之后才有的,可见我们的研究还是有很强的现实意义的。在市场经济高度发展、社会结构不断转型的现代社会,传统与现代化依然在发生着频度很高的碰撞。挖掘传统,才能更好地理解现代化。单纯地鼓吹现代化,或者主张复古传统,都不是尽善尽美之道。只有通过对比,才能更好地理解现代化的内在含义,才不致在老年人与中年人之间形成互不理解、互不包容的代沟。

### 2016年12月3日　星期六　晴

一向睡眠很好的我,竟然在昨晚有些失眠。凌晨2:30从床上惊醒,打开微信,发现邓老师回复了我的脚本:"没有突出村庄特色,只是写出了因为灾害引发的行为。要突出自然环境引起的惯习。"想来想去,还是没有想明白,自己真的尽力突出自然因素对夏侯村的影响了,也是一个逻辑、一条主线,怎么算是村庄特色呢?想了一个多小时,竟然睡意全无,非常苦恼。

由于视频拍摄小队即将进村,我这脚本必须在这两天通过啊,于是决定放缓访谈步伐,抽一上午时间再按照邓老师的指点专心修改视频拍摄脚本。反复对比郭瑞敏同学的脚本，发现黄河流域的村庄竟然如此类似，就连"扛长工"这样的地方性话语都类同。山西的"少租佃、多雇工"的农业生产形态，竟然与河南的如出一辙。

这与往届两期在华南宗族地区和长江流域地区的感受完全不同。在宗族村庄，"十里不同风，五里不同俗"，甚至两个邻近村庄说的都不是同一种方言。在长江流域的村庄，虽然语言差异小一些，但是规则性差异却很大。长江流域的社会更为进步，很多社会生产生活都有着数字化、成文的规定。而黄河流域却大为不同，"千村一面，百里同俗"，然而却没有明文政策规定，很多事情的处理，都是靠自身道德、意志的约束。这种现象的历史成因到底是什么？是因为靠近国家权力中心，被人为规制化？还是因为靠近皇室，而盲目附会？或者是因为黄河流域粮食产量很低，只是"果腹社会""求存社会"，人们最关心的始终是活下来，而规则仅仅是大户人家的游戏？真的有待于我们深入思考。惯行的力量如此之强，跨度如此之广，这在华南宗族村庄和长江流域村庄是不能想象的。或许这也是北方人"安土重迁""不求改变"，南方人"思维灵活""规则精细"的历史缘由。

2016 年 12 月 4 日　星期日　晴

昨晚和编写封丘县志的朱朝彬和翟振亮老人约好，今天去他们那里看地契。老人很讲信用，8 点半如约来到民政局地名办公室，两位老人已在此恭候多时了。

老人非常豪气地拿出了自己珍藏多年，说是自己收藏的地契中保存最完整、最官方的地契。地契写于民国三年（1914 年），有当时国民政府的印花税票和大红印章，一式两份。但是这样官方的地契可能反映不出民间交易的内容，就询问老人是否有民间草书地契。老人说，民间地契很多，怕你觉得不正规，就没有拿，家里木头盒子里，一盒子呢。由于中午要去开封接视频拍摄小分队，没有时间去老人家里拿，也就没有看到。和翟振亮老人约好，改天去看。

图 20　翟振亮老人展示民国器物

随后，与老人聊了两个小时。见到了 1955 年的国库券和国民政府时期的关金券，都是非常难得的东西。老人酷爱收集文物，手中拿的文明棍竟然是民国时期的古物，中间藏有暗器，将龙头抽出，竟是一把锋利的四棱刺刀。棍子是纯铜打造，刺刀为精钢锻造，没有一点铁锈的痕迹，放在手中沉甸甸的，很有质感。老人说，这是 10 多年前花了 800 元人民币买来的。我只能"望物兴叹"，穷学生啊。后来将聊天话题转移到了视频拍摄工作上，希望老人能够提供一些民国时期的牲口用具、劳动工具等。但是老人表示担忧：这劳动工具可以找到，但大多数已经不能再使用了，十分脆弱；就算勉强使用，也没有拉车的牲口了，现在的牛都是吃肉用的，不会拉车。这也是未来两天视频拍摄工作的难中之难。客观物质形态严重的破坏，使得豫北黄河流域村庄的传统生产、生活场景很难复原。想办法克服吧。最后，老人建议，可以从网上搜索牲口犁地的视频资料，应该很多。感慨：新时期的老年人，思路也很灵活啊。

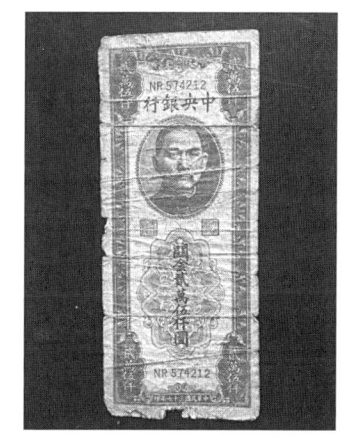

图 21　民国时期的关金券

下午两点，接到两位年轻的小导演——张亚楠和纪安。两位都是 2016 级的一年级硕士，非常年轻，且亚楠来自陕西省会西安，纪安同学更是来自国际化大都市北京。虽然来自大城市，却可以踏踏实实钻进农村搞研究，在佩服她们吃苦精神的同时，也担心她们能不能受得了农村的冷。途中对纪安同学开玩笑说："你这是不是纪晓岚的后人啊？来自北京，姓纪的可真不多。"纪安同学虽是女生，也不在意。虽然我年长她们五六岁，不敢说是同龄人，但都是年轻人，相见马上熟络。希望未来工作可以顺利开展，早日完工。

2016 年 12 月 5 日　星期一　阴

昨日风和日丽、暖阳高照的天气没有珍惜；今天早上一起床，北方典型的雾霾天气使得能见度非常的低，加上大风蓝色预警，风力达到 6 级，给我们的拍摄工作带来了巨大的挑战。我们三个人本满怀信心地准备好好拍摄的，竟然碰到了这样的事情。

在这样的大风天气，大疆无人机根本不能顺利起飞，再加上摄影小分队前两天刚出了一起"坠机"事故，使得大家根本不敢使用无人机进行航拍。只得从人物做起，突出对人物的拍摄。正好大风天，老大爷、老大娘们都在自家窝着，人也好找。上午的拍摄在孙占邦姥爷的带领下，十分顺利地进行着。这几天由于要让占邦姥爷帮忙，给他提了两箱牛奶。姥爷坚持不收，但是老奶奶（占邦姥爷的妻子）却说"感谢主吧"，还说我有慧根，一定要让我加入天主教。我只能无奈地对老奶奶解释："我是共产党员啊，不能信仰宗教。"老奶奶却不理解，坚持让我加入。由于今天还有别的事情，没时间和老奶奶聊天，约定好改天过来学习天主教，老奶奶这才放行。

中午吃饭时候，把两个大城市来的小姑娘都冻坏了，直说要喝热汤，什么暖和吃什么。就带他们去吃了"冯村熬馍"。吃过饭后，暖和了一些，但是一出饭店大门，凛冽的寒风立马就给我们降温了。下午遇到了拍摄的第一个难点：没有盐碱地了。由于现在地下水位的下降，传统时期的盐碱和内涝都不复存在，历史土地形态无法复原。开动脑筋，决定人工制造盐碱地。正好找到一块刚撒上生石灰来消毒的菜地，白花花的，恰似过去的盐碱地，但是更白一些，也白得没有盐碱地那么均匀。没有办法，只能"瘸子里边挑将军"，将就着"取景"，尽量还原传统耕地形态。

由于实在太冷，下午4点就收工了。由于两个小姑娘拍摄兴致还很高，就决定到孙占秀姥爷的养老院去，拍一些和占秀姥爷访谈的画面，并且让姥爷口述一些传统时期的土匪治理。下午5点，姥爷去吃饭了，我们就吃吃饭各自告别，整理资料了。

2016年12月6日　星期二　晴

早上一起床，就看到纪安师妹发来的天气预报"今天仍然是大风蓝色预警"。真是天公不作美啊。不过凌晨4点起来，看到的星星、月亮都很清晰，想着应该是大晴天，能见度应该很高。起床观察后，果不其然，太阳十分清晰，天空也是蓝蓝的，但就是阵风太大。不知道无人机能不能正常使用。

来到拍摄地点，还好，村里的风不是很大，估计可以使大疆无人机正常起飞。谁知，两位师妹给了我一个大大的"惊喜"：学院配套的平板电脑无法保存图像，使得无人机白飞了一圈。只得再一次放弃航拍，改为拍摄村庄建筑、街道和胡同。中午吃过饭，返回市区的酒店进行装备更新，再一次返回村庄。无奈，上午风和日丽的时候没有好好拍摄，此时的风已经超过5级，而大疆无人机的安全使用范围却是3级风以内。安全起见，在车里等风小，俗话说"大风怕日落"，应该会有能拍摄的时候。等待期间，向封丘电视台求助，看看能不能借一个防风性能比较好的、大一点的无人摄影机。真是不巧，前两天封丘电视台的大无人机刚刚摔坏，也是只有一台小无人机，也是不建议在大风状况下使用。等吧。等了一会儿，风丝毫不见变小，只能先去别的地方拍土围子，也就是1950年代修建的村庄围堰遗址。到了这里，由于有楼房阻隔，感觉风比较小，纪安摄影师就决定让大疆无人机升空试一下，看看是否稳定。运气不错，竟然可以正常使用。终于完成了难得的航拍镜头，确实漂亮。随后，又航拍了胡同、街道、房屋，安全返回。

图 22　在寒风中拍摄村庄视频

2016 年 12 月 7 日　星期三　晴

天气预报真是不准，尤其是小县城的。平时没什么事情的时候，天气预报不准点也没有什么影响，当真正需要注意天气影响，且天气起决定性作用时，才深深地意识到，在自然科学高度发达的今天，仍然是"天有不测风云"。天气很好，万里无云，微风，非常适合拍摄。原本预报的天气是"阴、雾霾"。

再一次带上两个小姑娘和大疆无人机，进入村子。无论何时，只要放飞大疆无人机，都会引来一大堆人的围观。这充分说明了村中百姓精神生活的缺乏，闲人太多了。

一堆人好不热闹，甚至还因为观看无人机升空，导致了一场轻微的车祸：一个老大爷骑着电动车，看着无人机；一位大叔也是盯着无人机，根本不看路。大叔没有看到电动车，老大爷也没看到大叔，"砰"的一声，电动车就撞上了大叔。幸好两个人都没事，要不我们的罪过就大了。上午，张亚楠同学发生了水土不服的情况，早上没吃早饭，肚子很疼。只要不是非让她拍摄的情况下，就让她躺在车里休息。可能是这几天吃的凉菜多了，也可能这几天紧张的拍摄，把小姑娘累坏了。中午 12:00，在邀请群众演员表演"栽桑棵"和"埋灰橛"之后，记录村庄传统形态的纪录片素材已经全部拍摄完毕了，就剩下记

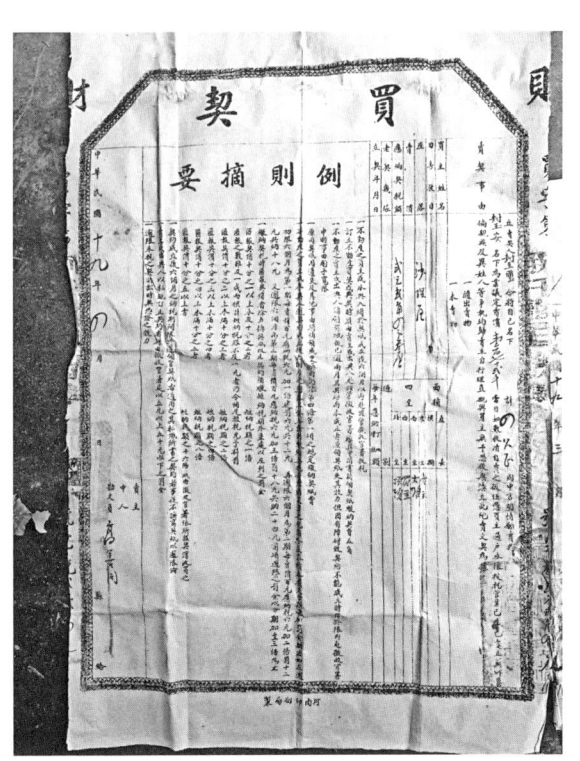

图 23　民国时期的官方土地买契

录村庄实态（当下状况）的一些现代镜头。拍摄当下的东西，进展很快。上午12:30完工，由于小姑娘身体不舒服，我也不好意思让她们直接去下一个点拍摄。就让她们整理整理东西、休息休息再出发吧，小姑娘也真不容易。女同志不得不承认，她们和男同志相比之下，有着天然的生理弱点。

下午，我去了陈固乡梅口村，找翟振亮大爷，拍摄民国时期的民间地契、典契和分家合同，收获颇丰。没有想到，可以反映历史面貌的珍贵文档，竟然在民间一所基本废弃的破房屋一旮旯的发霉木头盒子里放着。国家对文物的保护，太不重视了啊。上层动荡、底层稳定，动荡的上层社会经常冲击稳定的底层社会，这也许是几千年来中国传统社会的"钟摆式底色"。所以，国家并不能保证文物的安全，反而使"高手在民间""宝贝在民间"的事情时有发生。而民间百姓，并不了解，也不具备应有的知识和条件去保存这样珍贵的东西，就只能任由其破败、损毁，最终遗失。

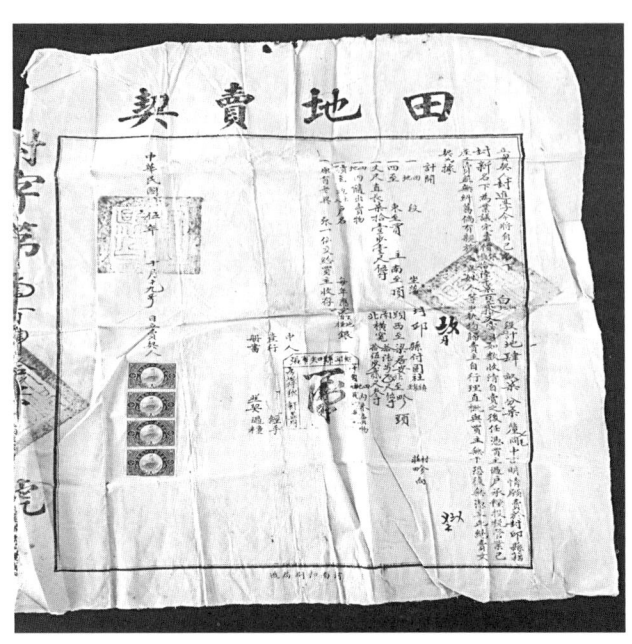

图24 民国时期的官方土地卖契

2016年12月8日 星期四 晴

早上起了个大早，因为亚楠和纪安要前往下一个调研点鹤壁浚县进行拍摄了。由于封丘交通非常不便，没有直接前往浚县的车，途中需要倒车，而两位小导演携带了非常重的摄影器材，为了方便对接，在浚县调研的张航同学就建议她们到新乡高铁站乘坐地铁前往鹤壁市，随后张航同学到高铁站接她们。在我们河南，贵客前来必须有接有送啊，反正我的调研也不着急这一天两天，就把她们俩送到了新乡高铁站。两个人买的9点多的票，以为我开车送她们很快就能到。她们真是低估了封丘的交通不便程度，如果走低速到新乡高铁站可能需要将近两个小时，就算是上高速，也至少需要一个半小时。于是我只能7点就去酒店接她们。两个小姑娘也起了个大早，再加上这几天比较劳累，尤其是亚楠，身体也一直不舒服，坐上车就睡了。

送到高铁站后,握手告别。战友就是这样,虽然只有短短几天的接触,但是由于志同道合、兴趣相投的原因,分别还是有些不舍的。

送走两位小导演之后,返回村庄继续调查。

2016年12月9日  星期五  晴

今天观摩了夏侯村村民的葬礼,场面隆重而气派。据村民讲述,如今举行一场规模差不多的葬礼,就至少需要5—8万块钱。

首先是买棺材,虽然已经提倡火化,但是仍然需要棺材。即使是租用火葬场的水晶棺(带冷冻功能)也至少需要1000元左右,而土葬的棺材,至少需要3000多元,好一点的棺材就需要5000—6000元。

图25  村民参与丧宴的盛况

其次,最大的花费是请客吃饭。如今的请客与过去不同,有无限扩大的趋势。传统时期夏侯村村民办葬礼,一般都是只请本家亲戚、姻亲和关系非常好的朋友吃饭即可。如今的村民办葬礼,基本上全村的人都会去吃饭,一桌可以坐下8—10个人,每桌至少8凉8热1个汤。村民一般都是采用最省钱的做菜办法,都是主家买菜,聘请厨师上门做菜,厨师自带锅碗瓢盆。一般情况下根据劳动量大小的不同,葬礼的全程至少要给厨师团队3000—5000元的报酬。一般农户办葬礼,至少要吃两天饭:出殡的前一天晚上,各个方面的亲戚和宾客都会到场吃一次,这一次相对简单,一般是6个凉菜6个热菜;出殡当天中午所有宾客又要再吃一顿饭,这是最重要的一餐。普通农户举办葬礼至少需要准备100—150桌饭菜,每桌饭菜最低的成本(不包含厨师工资)也需要250—300元,单单是请吃饭,就至少需要花费28000—50000元。

图26  厨师在准备丧宴

再者,家庭条件较好的农户还要摆戏台或者放烟火。请唱戏的花销根据戏班规模和水平的不同差距比较大,但是请人唱一晚上戏至少需要 4000—5000 元,放一场烟花至少需要 5000—8000 元。

除此之外,葬礼过程中的灵棚、社火(纸人纸马)、花供、鞭炮、烟酒都需要大量的花费。因此村民认为如果没有钱,死都死不起。操办葬礼的花费在逐年增加,村民参与葬礼随礼的金额也在与日俱增。据村民讲述:过去(2000 年左右)一家 50—100 元都非常体面了,现在没有个 100—200 元都拿不出手,关系稍微好一点的至少都是 500 元以上。女儿女婿虽然不用出钱办葬礼,但是必须随礼,一般都是在 3000—5000 元,或者更多。

图 27　葬礼中的社火

图 28　葬礼中的灵棚

# 本卷后记

经过精细的筹划、调查、写作与编排，《中国农村调查》（总第51卷·村庄类第20卷·黄河区域第1卷）终于与读者见面了。2015年初，在徐勇教授、邓大才教授的统筹规划之下，华中师范大学中国农村研究院正式启动了村庄调查、家户调查和口述史调查三大"世纪工程"。在徐勇教授和邓大才教授的亲自主持下，三大工程同时启动，而村庄调查是三大调查中最复杂、最庞大、最深入的调查。新版中国村庄调查以"村"为调查单位，主要围绕"村庄形态与实态"展开，以1949年之前的村庄形态为调查起点和主要内容，同时调查1949年之后到当下60多年的村庄变迁与实态，涵盖村庄由来、自然、经济、社会、文化、治理等六个方面。通过2—3个月的驻村调查，调查员与农民同吃同住同劳动，在田野调查中搜集了大量的、翔实的、第一手的文献资料、访谈资料、视频资料、录音资料与图片资料，并在此基础上撰写了村庄形态与实态调查报告。本卷就是在众多调查报告中，选录了两份质量较高的调查报告，合体编辑而成。

2016年9月正式启动"黄河区域村庄调查"项目，中国农村研究院有70多位老师、博士生走进陕西、山西、河南、河北、山东、安徽、江苏等省的多个地级市的村庄，与村庄明白人访谈，与老人们聊天交谈，走进乡镇与县政府档案部门查询资料，撰写调查日志，然后进一步撰写调查报告。正是调查员们深入扎实的调查，中期不厌其烦的整理，后期认真仔细的写作，使得本卷能收录到较为完美的调查报告。在后期，调查员们已经返校，就通过电话与村民们反复核实，这使得本卷的文本表述更加准确。在此，感谢各位调查员认真负责的态度以及为学术执着求索的品质。

本卷的问世，首先要感谢为调查员们提供调研支持与帮助的邯郸市、封丘县等县政府以及所属职能部门的各位领导。同时，更要感谢接受调查员们访谈，并为调查员们提供支持的农民朋友：你们耐心地为调查员们详细讲解1949年之前的小农形态，你们热心地为调查员们翻箱倒柜找资料，你们将调查员们视为自己的家人，使调查员在调研中感受到了家的温暖。有的调查员与村庄融为一体，成为村庄一分子，有的调查员成为你们的干儿子、干女儿，有的调查员则成为村民们的知心人……正是你们的热心、好客、慷慨、无私鼓舞了我们的调查员，使调查员每每在调查低谷中有所发现、有所收获，最终完成驻村调查与报告写作。如果说田野是我们调查员的第二课堂，那么村庄的农民朋友则是我们调查员的老师。以农为师，方能深入田间地头，深耕、深挖与扎根，而这离不开你们的帮助与关怀。

调查员刘燕在邯郸市的调查，首先要感谢邯郸市民政局老龄办闫雪主任，永年区民政局局长杜伟，老龄委李媛主任、魏宁同志，区政府王腾飞同志，临洺关镇镇政府，河北铺村村委会等对调查工作的支持与帮助。其次，要感谢李会臣、赵春京、宋天增、薛连生等老人热情地接受访谈。最后，要感谢赵海京及其儿子赵聚涛、女儿赵瑞雅和郭须善等，不仅在生活上给予调查员以无微不至的照顾，而且在驻村调查和资料收集方面给予了极大的支持。

调查员孙云龙在封丘县的调查，首先要感谢河南省民政厅老龄办李本谦处长、杨淑霞副处长、贺小兵和张萌的大力支持，感谢封丘县民政局孙国鹏副局长和封丘县副县长郭文思的热情接待，感谢夏侯村村支书杨杰以及会计闫长生等对驻村调查提供的极大便利和帮助。最后，要感谢孙占秀、孙占邦、孙占炳、孙占玉、杨广坤、班青云、闫金明、赵清枝、王金凤、韦秀花、董海廷、董月廷、惠秀荣、孙东槐、连树桐和刘素珍等老人耐心地接受调查员访谈，并且提供了丰富而真实的写作素材。

要特别指出的是，徐勇教授和邓大才教授为本卷的写作、审稿、编排等倾注了极大的心血。从调查的筹划布局到提纲的设计修改，从调查培训到调查开展，从调查指导到调查汇报，从材料使用到报告写作，两位老师都全程参与，并悉心指导调查员们写作、修订、完善报告。酷暑当头，两位老师深入村庄，开展"现场教学"，指导调查员们调查；在百忙之中认真阅读各位调查员的调查汇报，及时予以指导；在报告写作阶段认真审阅报告并及时纠正错误，有时在车上微信指导调查员，有时直到凌晨还在审阅……正是两位老师的辛勤付出与孜孜不倦的教诲，本卷才得以迅速地、高质量地完成。

本卷收录了两份村庄调查报告。一是刘燕的《情推理助：农商结合型村庄的发展与治理——黄河区域河北铺村调查》，共计 26 万字。二是孙云龙的《官民共治：黄泛区移民型村庄的权力与秩序——黄河区域夏侯村调查》，共计 35 万字。

最后，非常感谢江苏人民出版社的徐海社长、杨建平副总编对黄河区域卷书稿出版工作的支持，感谢汪意云编审、鲁从阳副编审、陈俊阳编辑在文稿的校对、编辑、排版与印刷等方面所付出的细心工作。本卷的审稿、统稿、编辑与校对等工作由李华胤负责，内容核实与修改等工作由各位调查员负责，在此一并表示感谢。

由于编者的水平有限，错漏之处难以避免，敬请专家、学者及读者批评指正，我们将在今后的编辑中不断改进和完善。

编者谨记